JOSEF
RAMPOLD
EISACKTAL

SÜDTIROLER LANDESKUNDE
IN EINZELBÄNDEN

1

Vinschgau

2

Pustertal

3

Überetsch und Bozner Unterland

4

Burggrafenamt und Meran

5

Eisacktal

6

Ladinien

7

Bozen, Salten, Sarntal, Ritten, Eggental

EISACKTAL

Landschaft zwischen Firn und Reben

Auf alten und neuen Wegen vom
Brenner nach Bozen

von

JOSEF RAMPOLD

Vierte, überarbeitete Auflage
Mit 12 Farbaufnahmen und 48 Schwarzweißbildern

VERLAGSANSTALT ATHESIA - BOZEN

Umschlagbild: Sankt Verena im unteren Eisacktal
mit Blick zum Schlern

1981

Alle Rechte vorbehalten
© by Verlagsanstalt Athesia, Bozen (1969)
Gesamtherstellung: Graphische Betriebe Athesia, Bozen
ISBN 88-7014-166-7

Vorwort

Als die Verlagsanstalt Athesia mit dem ehrenvollen Auftrag an mich herantrat, für die Reihe „Südtiroler Landeskunde in Einzelbänden" das gesamte Eisacktal mit allen Nebentälern zu bearbeiten, da war mir von allem Anfang an klar, wie schwierig es sein würde, die geradezu unmeßbare Fülle dieses Stoffes zu bewältigen; es galt, die Flut von Einzelbildern aus nahezu allen Wissensgebieten in einer nur zu kleinen Schale aufzufangen und gleichzeitig darauf zu achten, daß einem flüssig lesbaren Text zuliebe eine trockene Anhäufung von Fakten und Daten vermieden würde. Dabei war es von allem Anfang an mein Bestreben, mit größter Gründlichkeit und Zuverlässigkeit an die Arbeit zu gehen; von dieser Bemühung künden das Literaturverzeichnis und die im Text verstreuten Hinweise, die meine Arbeit — so hoffe ich — auch für wissenschaftlich orientierte Benützer einigermaßen brauchbar machen. Inwieweit es mir gelungen ist, auf dem schmalen Pfad zwischen korrekter Landesbeschreibung einerseits und aufgelockerter Natur- und Landschaftsschilderung anderseits zu wandeln, muß ich dem Urteil der Leser und Benützer dieses Buches überlassen.

Es ist mir ein Anliegen, an dieser Stelle all derer zu gedenken, die durch unermüdliche und von tiefer Liebe zum Land beseelte Arbeit die nötigen Vorarbeiten für ein solches Buch geleistet haben; ihre Namen finden sich im Literaturverzeichnis. Von denen, die mir durch Auskünfte und Ratschläge behilflich waren, nenne ich Herrn Baron Eduard von Sternbach, Schloß Wolfsthurn in Mareit, die Herren Dr.-Ing. Georg Innerebner, Hanns Forcher-Mayr, Dr. Peter Ortner und Dr. Otto Brandstätter in Bozen, Dr. Volker Lutz und Hans Fink, Brixen, und meinen Bruder Dr. Georg Rampold in Sterzing.

Dieser Dank wäre nicht vollständig, wollte ich derer keine Erwähnung tun, die mich von frühester Jugend an durch dieses geliebte Eisacktal geführt haben. Mein aus alter Sterzinger Familie stammender Vater wies mir den Weg zu den tiefen Quellen, aus denen Volk und Land lebt, und meine aus dem sonnigen Meran in den Norden des Landes verpflanzte Mutter hat mir schon früh die Augen für das Erhabene und ebenso für das Schöne in den kleinen und stillen Dingen geöffnet; dem Andenken meiner nun schon lange verstorbenen Eltern sei daher dieses Buch gewidmet.

Bozen, im Frühjahr 1969

Josef Rampold

Vorwort zur vierten Auflage

Mein Handbuch über das Eisacktal hat sich unter Einheimischen und Gästen eine so erfreuliche Anzahl von Freunden erworben, daß es nunmehr nach verhältnismäßig kurzer Zeit schon in vierter Auflage vorgelegt werden muß.

Die Genauigkeit, mit der ich bei der ersten Abfassung vorgegangen bin, hat sich insofern bezahlt gemacht, als für diese Neuauflage keine wesentlichen Korrekturen notwendig geworden sind. Ich habe jedoch in den Jahren seit dem ersten Erscheinen dieses Buches auf Grund von Lektüre und von zahlreichen Begehungen alle jene Fakten gesammelt, die sich in unserer schnelllebigen Zeit in ziemlich großer Anzahl als Neuerungen oder Veränderungen ergeben haben — leider nicht immer zugunsten des kostbaren Eisacktaler Landschaftsbildes. Dieses vorwiegend statistische Material ist nunmehr in den Text eingearbeitet und zeigt den Stand der Dinge auf, wie er dem Zeitpunkt entspricht, da dieses Buch zum vierten Mal allen Freunden Südtirols und im besonderen des Eisacktales vorgelegt wird.

Bozen, im Frühjahr 1981

Josef Rampold

I. Eisacktal — Gestalt und Wesen

Wenn in diesem topographischen Reisehandbuch das Eisacktal als eine Einheit in Form eines handlichen Bandes aufscheint, so soll damit keineswegs gesagt sein, daß es sich hiebei etwa um eine tatsächliche Einheit handelte; das Gegenteil ist der Fall, und zwar in einem Ausmaß, wie es sich in den Zentralalpen kaum ein zweites Mal findet. Die Wasser des stürmischen Eisacks werden in seinem nördlichen Einzugsgebiet aus den Stubaier und Zillertaler Gletschern genährt, hoch herab von Zuckerhütl (3505 m) und Wildem Pfaff (3457 m) im Westen und vom Hochfeiler (3510 m) im Osten, sie haben einst die weite Sumpflandschaft des Sterzinger Mooses gebildet und tauchen dann in die tiefen Wälder um Sachsenklemme und Mittewald ein, bevor sie sich in den sonnenerfüllten Talkessel von Brixen ergießen, wo die ernsten Nadelwälder des Nordens zurücktreten und Platz geben für die Edelkastanien von Vahrn und die köstlichen Reben von Neustift.

Gemächlicher durchmißt der Eisack das breiter werdende Tal, das jetzt durch ausgeprägte Mittelgebirgsbänder zu beiden Seiten begleitet wird; auf ihnen breiten sich nun die wichtigsten Siedlungen aus, deren landschaftliche Schönheit von der Talstraße aus nur erahnt werden kann. Erst Klausen liegt wieder im Tal, an der beginnenden Verengung des Flußlaufes, die dann bei Kollmann mehr und mehr zur steilwandigen, schwierig befahrbaren Felsschlucht wird; hier gilt noch mehr als bisher, daß der flüchtige Reisende auf Eisen- und Autobahn vom Tal des Eisacks mit seinen lieblichen Höhenterrassen so gut wie nichts zu sehen bekommt; verwundert wird er das Lob des unteren Eisacktales singen hören und es nicht verstehen. Nur die Schlernfelsen schauen bis herab in die kühle Schlucht — und vom Schlern aus muß man das untere Eisacktal gesehen haben, die Hochfläche von Kastelruth und Völs, die grünen Wellen des Rittens mit seinen spielzeugkleinen Dörfern; nur dann weiß man um das Geheimnis dieses Tales, das von den kühlen Gletschern kommt und in den sonnigen Bozner Talkessel mündet; sittsam plätschern hier die Eiswasser zwischen Obst- und Weingärten dahin, an den Hängen mit immergrünen Zypressen vorbei, vorbei an Oleander und Kalikanthus, wo zwischen heißen Steinmauern die Zikade unermüdlich musiziert.

Es liegt auf der Hand, daß sich solch geographisch-klimatische Verschiedenheit auf alle Lebensbereiche auswirkt, vor allem in der bäuerlichen Welt; zwischen dem Einödhof von Pfitsch, Pflersch oder Ridnaun auf 1500—1600 Metern Höhe und dem behäbigen Obst- und Weinhof der Brixner Gegend oder von Leitach und Sankt Justina nächst Bozen liegen Welten — und doch ist beides Eisacktal und beides ist Tirol.

*

Die große, stets fühlbare Bindung dieser Talschaft ist der Brennerweg, diese Nord-Süd-Verbindung von europäischer Bedeutung, die vom prähistorischen Saumpfad bis zu Eisenbahnlinie und Autobahn unserer Tage reicht. Diese Bedeutung ist es, aus der die Berechtigung abgeleitet werden kann, einen Teil jener Straße zusammenfassend darzustellen, über die einst Bernstein- und Salzhändler zogen, und über die sich heute der Strom der Sonnenhungrigen nach dem Südland ergießt. Diese Straße ist zu einem Teil Schauplatz der weltumspannenden Größe Roms und der Völkerwanderung gewesen, und sie sah mehr als sechzig Züge deutscher Kaiser zu Krönung, Kampf und Tod in Rom. Die Einheit der Talschaft wurde historisch durch Belehnung vom Kaiser an die Bistümer Brixen und Trient gefestigt; mit Infel und Krummstab sollte die Kaiserstraße gesichert werden und durch das Schwert der bischöflichen Vögte; deren mächtigste, die von Schloß Tirol, gaben dem Land an der Etsch und im Gebirge die Landeseinheit.

Unzählbar sind die Züge der Reisenden, deren Wege zum Symbol der Verschmelzung von abendländisch-christlicher und antiker Kultur wurden: Goethe ist dem Eisack entlang gezogen, und Dürer hielt in Klausen Rast, um das Städtchen zu zeichnen; ihr Andenken ist beständiger als das an die Generäle des korsischen Imperators, deren Spuren aus den Jahren 1797 und 1809 mit Feuer und Blut gezeichnet sind — und hochgemut ist noch immer die Erinnerung daran, daß von diesem Tal ausgehend — in Sterzing — der Aufstand der Tiroler Bauern begann, die nicht die Knechte fremder Herren sein wollten.

*

In unseren Tagen ist Südtirol mehr und mehr zu einem europäischen Ferienort geworden; daß sich Eigenwilligkeit und bäuerlicher Konservativismus ohne Selbstaufgabe mit fortschrittlichem Geist zu paaren wußten, hat gerade dem Eisacktal viele Freunde gewonnen, die im Fremdenverkehr noch keine genormte Industrie und im Gestalten des Urlaubs noch eine Kunst sehen. Wer im Bereich dieses südtirolischen Bergtales völlige Einsamkeit und Stille sucht, wird sie auf vielen Wegen im Bereich der Berge und Hochalmen finden; in den Sommermonaten herrscht hier zuweilen noch die jahrtausendealte Lebensform nach dem Muster, wie es Hamsun im „Segen der Erde" gezeichnet und der Tiroler Dichter Oberkofler besungen hat. Bauernhof und Dorf im Mittelgebirge bieten die Möglichkeit wirklicher Entspannung und naturverbundenen Lebens in den knapp bemessenen Tagen unserer Freizeit. Die größeren Orte schließlich bergen ebenso wie die verzweigten Seitentäler einen ungeahnten Reichtum an Kunstschätzen, und sie erfüllen jeden Wunsch nach Komfort und Eleganz und Möglichkeit zum Sport. Der Alpinist findet in den Sarntaler und Pfunderer Bergen noch die großen Linien einer unversehrten Berglandschaft, er hat Zugang zu den Eisriesen der Zentralalpenkette, und durch die Seitentäler der Eisackfurche findet er den Weg zu den bleichen Felsen der Dolomiten. — Auch der raschen Entwicklung des Skisportes in den letzten zwei Jahrzehnten wurde fast überall Rechnung getragen.

*

Der Menschenschlag des Eisacktales wird schon von älteren Autoren gelobt als *ein gesundes, kräftiges Geschlecht mit unbeugsamer Haltung und guter Gesichtsfarbe* (Staffler). Dazu wäre noch zu sagen, daß die Bevölkerung im allgemeinen gutmütig und freundlich ist, fleißig und verläßlich; aber auch hier zeichnet sich die Herbheit der nördlichen Gebirgsgegend ebenso im Wesen des Menschen ab wie der offene und fröhlichere Charakter südlich bestimmter Landschaft. Für den bäuerlichen Bereich gilt, daß sich vor allem an der Westseite des Tales (Sarntaler Alpen) der bajuwarische Typus mit blonden Haaren und blauen Augen dominant erhalten hat, während die östlichen Seitentäler südlich des Brixner Talkessels — vor allem natürlich das Grödental ab dem Felsriegel von Pontíves — zum Teil deutlich dem untersetzteren, dunkleren rätisch-ladinischen Menschenschlag zuneigen. — So gilt auch hier, was für Landschaft, Klima und Vegetation zutrifft und was der alte Topograph Johann Jakob Staffler schon vor mehr als 120 Jahren bündig formuliert hat: *Das Eisacktal schließt gleichzeitig den Norden und den Süden ein.*

II. Die drei Hauptteile des Tales

Eine Übersicht

DAS OBERE EISACKTAL (WIPPTAL) UND STERZING

Vom Brenner bis zur alten Brixner Klause

Wie schon eingangs erwähnt, bildet dieser nördliche Teil des Eisacktales eine geographische und klimatische Einheit; der leicht überschreitbare Brennersattel (zwischen zwei in Luftlinie knapp 20 km auseinanderliegenden Dreitausendern — Pflerscher Tribulaun, 3096 m, im W und Kraxentrager, 2998 m, im O — senkt sich der Zentralalpenkamm hier auf nur 1370 Meter) stellte schon im Altertum kein nennenswertes Hindernis dar, so daß sich auf der Basis schon früher siedlungsmäßiger Einheiten später die von Schloß Tirol bzw. Meran ausgehende Landeseinheit nördlich und südlich dieser Senke ausformen konnte. Ebenso reichte eine wichtige Flurbezeichnung nach beiden Seiten: Aus dem römischen Straßenkastell *Vipitenum* wird später ein *locus Wibitina* (um 990, im Raum des heutigen Sterzing), der im 12. Jh. als *Wibetwald* (walderfüllte Brennersenke) wieder aufscheint und später als Wipptal zwischen Brenner und Mittewald nächst Franzensfeste in Gebrauch ist; um 1500 geht dann der Name *auf das für Steuerzwecke geschaffene, beide Abdachungen des Brenners umfassende Landesviertel Wipptal* über, das heute als Bezeichnung für das Tal der Sill zwischen Brenner und Matrei und weiter auch bis Innsbruck in Gebrauch ist (so Huter im „Sterzinger Heimatbuch").

Rein geographisch jedoch ist der Raum eindeutig gegen Norden abgegrenzt, da sich nahe dem Brennerpaß in West und Ost die Eisriesen der Stubaier und Zillertaler Hauptkette aufbauen; somit ist die Brennerlinie Wasserscheide zwischen Adria und Schwarzem Meer und überdies ausgeprägte Wetterscheide. Und bietet auch der Raum diesseits und jenseits der Brennersenke im Hinblick auf die ursprüngliche Bevölkerung, auf Siedlungsformen und Geländeformationen kaum Unterschiede, so weisen doch schon vereinzelte typische Merkmale der Vegetation und der Atmosphäre unverwechselbar auf den Charakter der Alpensüdseite; trotz aller Herbheit ist das obere Eisacktal ein echtes Stück Südtirol. Ein Blick aus dem Torbogen des Zwölferturmes auf die zinnenumrahmte und blumengeschmückte Neustadt von Sterzing kündet unwiderlegbar davon.

Unser Raum wird nun im Westen (Pflersch- und Ridnauntal) vom Stubaier Hauptkamm und von einer Ausläuferkette (Kreuzspitzenkamm bis Jaufensenke) und im weiteren von den Sarntaler Bergen umrahmt, im Osten von der Kammlinie der grünen Pfunderer Berge, bis diese beiden Gruppen Sporne gegen Süden richten, die bei Franzensfeste den Eisack in eine steile Schlucht drängen; hier stand einst, westlich ober der heutigen Autobahn und Staatsstraße, die alte Brixner Klause, die wir als Südgrenze des Wipptales oder oberen Eisacktales gelten lassen wollen; hier, in der Nähe der alten Rienzmündung, wo die Ladritscher Brücke den Übergang ins Pustertal vermittelt und auch die Autobahnabzweigung liegt, wo prähistorische Befestigungen am Ochsenbühel, der Schlachtort Spinges (1797), die Festung Franz' I. und Bunker aus der Zeit Mussolinis die Talgabel bewachen, hier bei den ersten Rebstöcken von Aicha soll die Grenze des oberen Eisacktales oder südlichen Wipptales sein.

DAS BRIXNER BECKEN

Von Franzensfeste bis zur Talmündung von Villnöß

Mit Absicht wurde der Ausdruck „mittleres Eisacktal" vermieden, da sich der Mittellauf des Flusses hier zu einem sonnenerfüllten Becken weitet, in das sich die alte Bischofsstadt Brixen schmiegt. Nördlich davon breitet sich die im Landschaftsbild Südtirols einzigartige, nahezu herzförmige Hochfläche von Natz-Schabs aus, ein von Eisack und Rienz geformter und umbrandeter alter Talboden; dieser letzte Teil der Rienz, der von Osten aus dem Lüsental die Lasanke empfängt, wird zum Eisacktal gerechnet, da einmal die historische Grenze zum Pustertal nordwestlich bei der Mühlbacher Klause liegt und zum andern in geologischer Vergangenheit die Rienz hier nördl. der erwähnten Hochfläche in den Eisack mündete.

Im weiteren rechnen wir zu diesem Bereich des Eisacktales den Stock der Plose (2504 m) mit dem vorgelagerten Mittelgebirge von Sankt Andrä, das Tal von Afers, das den ersten Zugang zu den Dolomiten vermittelt (Peitlerkofel, 2874 m) und das Tal von Villnöß, das nun seinerseits unmittelbar an einer der schönsten Dolomitengruppen Anteil hat (Nordwände der Geislergruppe, Sass Rigáis, 3025 m).

Im Westen des Talkessels mündet das waldreiche und weltvergessene Schalderer Tal bei Vahrn; gegen Süden dehnt sich das Mittelgebirge des Pfeffersberges an den Hängen der Königsangerspitze. Schließlich sind wir mit den arkadischen Kastanienhainen von Feldthurns an der südlichen Grenze des Brixner Talkessels, gegenüber der durch Klausenit-Vorkommen gekennzeichneten Mündung des Tales von Villnöß.

KLAUSEN UND UNTERES EISACKTAL

Durch die Eisackschlucht und über alte Höhenwege nach Bozen

Mit der wichtigsten brixnerisch-bischöflichen Zollstätte an der „Klause" zwischen Säbener Burgfels und Eisack beginnt unser dritter und letzter Abschnitt; er ist durch die mähliche Verengung des Tales gekennzeichnet, durch den Beginn des sogenannten „Kuntersweges", der südlich von Klausen bei Kollmann seinen Anfang nimmt. Vor der Erbauung dieses Talweges (1314) mied die Brennerstraße die Eisackschlucht und führte von hier auf die Höhe des Rittens, der nun unser Tal im Westen bis Bozen begleitet. —

Die Ostseite dieses Teiles ist stärker gegliedert und trägt ebenfalls einen alten Höhenstraßenzug über Kastelruth, Seis und Völs, der bei der Mündung des Grödentales ansetzt; aus Gröden selbst kam der uralte *Tròi Payàn*, der „Heidenweg", als wichtiges Verbindungsglied zwischen ladinischem und deutschem Bereich. Nur dieser deutsche Anteil des Grödentales kann Gegenstand der vorliegenden Darstellung sein; der Rest ist einem gesonderten Band über Ladinien vorbehalten (von Gunther Langes; vgl. hiezu das Literaturverzeichnis).

Schließlich nimmt das Eisacktal nach den Höhen von Seiser Alm und Schlern mit vorgelagerter Terrasse von Osten das aus dem Rosengarten her ziehende Tierser Tal auf und — in wilder Schlucht mündend — schon im Bozner Talkessel das Eggental, das jedoch einer Betrachtung des Bozner Talkessels mit seiner unmittelbaren Umgebung vorbehalten bleiben muß (= Bd. 7 der vorliegenden Landeskunde, von Josef Rampold). Dasselbe gilt für den bereits genannten Ritten, der zu einem guten Teil Gegenstand der näheren Bozner Umgebung ist. Sein Osthang jedoch, mit der Rampe des alten Straßenzuges („Römerstraße", oder besser „Kaiserstraße") ist noch Teil der vorliegenden Beschreibung.

III. Historischer Überblick

Wenn sich auch die historische Entwicklung des Eisacktales im wesentlichen mit der des gesamten Landes an der Etsch und im Gebirge deckt, so ist dieses Tal doch vergleichbar mit einer Schlagader, durch die jene Ströme pulsieren, die das Geschick Tirols entscheidend bestimmt haben; was sich in Tirol auswirkte, an ideellen und materiellen Einflüssen, kam von Norden oder Süden über diesen Brennerweg. Dies gilt schon für die Zeit, da der Mensch auf der Suche nach Kupfererzen immer weiter ins Gebirge vordrang.

Bis vor kurzem galt als herrschende Lehrmeinung, daß die nördlichen Täler Südtirols erst in der Bronzezeit besiedelt wurden, während für die Bozner Gegend (Steinkistengräber bei Eppan) das Spät- und Endneolithikum bezeugt ist (2300—1800 v. Chr.), und weiter im Süden (Vatte bei Zambana) sogar ein Skelett aus dem Epipaläolithikum (um 6000 v. Chr.) gefunden wurde. — Neuerdings sind nun jedoch bedeutende Steinzeitfunde auch im Pustertal getätigt worden, so durch Reimo L u n z ein Depot von prächtig erhaltenen Steinbeilen und Gerätschaften auf der Sonnenburg (spätneolithisch, um 1800 v. Chr.; vorl. Bericht in „Dolomiten", Jg. 1976, Nr. 194), und erst in allerjüngster Zeit kamen im geschichtsträchtigen Stadtteil Stufels in Brixen Spuren einer lithischen Werkstätte zum Vorschein, mit Silexwerkzeugen und sonstigen Microlithen, die bis in die Mittlere Steinzeit zurückreichen (ca. 7. Jahrtausend v. Chr.; vorl. Bericht von Lorenzo D a l R i in „Dolomiten", Jg. 1976, Nr. 207). — Stufels zeigt weitere Siedelreste in kontinuierlichem Ablauf, und nach dem nahen Melaun (Gräberfeld der Älteren Eisenzeit) ist die wichtige „Melauner Kultur" benannt, die sich beiderseits der Brennersenke ausgebreitet hat.

War man es gewohnt, diese Urbevölkerung bisher mit dem Namen „Illyrer" abzustempeln, so sieht dies die heutige Forschung anders und vermeidet diese Bezeichnung. Man kennt mit einiger Sicherheit nur die Einflüsse, die von außen her auf diese Urbevölkerung eingewirkt haben, so etwa die keltische Wanderung, Stoßrichtungen der Etrusker und Veneter von Süden her und schließlich auch die Kimbernzüge; man will sogar im trentinischen Cembratal ein „Zimberntal" sehen und ebenso in der Sprache der Dreizehn Gemeinden nördlich von Verona ein „kimbrisches" Idiom — doch sind diese Meinungen wissenschaftlich nicht untermauert. Diese Sprachinseln (Fersental, Sieben und Dreizehn Gemeinden) dürften eher auf Relikte aus der Völkerwanderungszeit und auf spätere Ansiedlungen von Bergknappen zurückgehen.

Die Forschung spricht nun dieser Urbevölkerung Südtirols und der umliegenden Alpengebiete staatenbildende Kraft ab; die Sage jedoch kennt ein „Königreich der Fanes" (in den Dolomiten), den „König" Laurin und einen „rätischen König" Arostages. Wenn wir mit der modernen Sagenforschung annehmen, daß diese Bildungen einen historischen Kern haben müssen, so weist dies doch auf größere Bevölkerungseinheiten hin.

Sei dem wie immer wolle: Für die Römer waren diese Alpenbewohner im rauhen Norden „Räter", und mit diesem Sammelnamen bezeichneten sie auch ihre Provinz „Rätien", in der unser Eisacktal liegt, allerdings ohne Eisackschlucht unmittelbar nördl. vom heutigen Bozen; es ist wahrscheinlich, daß die Südgrenze der Provinz Rätien beim heutigen Kollmann (gegenüber dem an der Mündung des Grödentales liegenden Waidbruck) verlief, denn hier muß auch die dem Namen nach und durch spärliche Funde (vgl. S. 333) überlieferte Straßenstation *Sublavione* zu suchen sein; andere verlegen die Südgrenze Rätiens an den Thinnebach bei Klausen. Demnach scheint das, was wir als „Klausen und unteres Eisacktal" bezeichneten (Abschn. II/3) nach der Eroberung des gesamten Gebietes unter Drusus und Tiberius (16/15 v. Chr.) im wesentlichen noch Teil der italischen Region *Venetia et Histria* (Huter) gewesen zu sein, während die Abschnitte II/2 und II/1 unseres Tales Teil der rätischen Provinz gewesen sind *).

Wo nun die „Schlacht" gegen die „Räter" von den Römern geschlagen wurde, ist nicht mehr zu ermitteln (vgl. zu dieser umstrittenen Frage S. 366); die Volksüberlieferung nennt die Gegend um St. Sebastian („in der Weit") nächst Unterinn am Ritten. Historisch überliefert ist uns nur der wagemutige Brückenschlag des Drusus, jener *Pons Drusi*, den wir im Bereich des Bozner Vorortes Rentsch zu suchen haben.

---

*) Für kurze Zeit — unter Napoleon I. — ist die Linie bei Kollmann wieder Grenze geworden, und zwar zwischen Napoleons „Königreich Italien" und dem Königreich Bayern (1810—1814); demnach hat Napoleon, der bekanntlich gerne historische Reminiszenzen auch ältesten Datums berücksichtigte, den vor rund 1800 Jahren italisch gewesenen Teil abgespalten; bei dieser radikalen und den damaligen Gegebenheiten keineswegs Rechnung tragenden Teilung kam das Gebiet nördlich dieser Linie zu Bayern und das Pustertal zur sog. Illyrischen Provinz. — Von dieser „Napoleonlinie" sollte zu Zeiten des Pariser Vertrages (1946) nochmals die Rede sein (vgl. die letzte Seite dieses Abschnittes).

Wo die Römer Land eroberten, bauten sie Straßen. Den Vorzug gaben sie auch nach der Eroberung des Eisacktales der Strecke Trient *(Tridentum)—Pons Drusi—Statio Maiensis* *) — und weiter durch den Vinschgau und über den Reschen und Fernpaß nach Augsburg *(Augusta Vindelicorum)*.

Ein zweiter Ast dieser *Via Claudia Augusta* (nach *Claudius*, 41—54 n. Chr.) kam von *Aquileja* her über den Kreuzbergpaß und durch das Pustertal und bog an der uralten Straßengabel nördlich des Brixner Beckens in die Brennerlinie ein; die Verbindung der beiden Trassen erfolgte wohl erst um 200 n. Chr., wobei heute noch umstritten ist, ob diese Linie die Eisackschlucht ("Kuntersweg") benützte oder — wie dann sicherlich der mittelalterliche Kaiserweg — den Umweg über den Ritten machte. Jedenfalls stammen die mächtigen Steinplatten mit Fahrrillen, die man beim Autobahnbau auf dem Brenner gefunden hat, aus der Zeit dieses späteren Ausbaues der Straße durch *Septimius Severus* (193—211); diese Platten mit den genormten Fahrrillen sind heute auf dem Parkplatz nördlich der Staatsgrenze zur Schau gestellt.

Die Römer betrieben nach der Eroberung jene kluge Politik, die ihrem Reich noch langen Bestand sichern sollte: sie beließen den "Barbaren" **) weitgehend Sitte und Eigenart, und es entsprach einem echten Bedürfnis der Bevölkerung, sich die Umgangssprache der neuen Herren anzueignen, die ja auch für viele neue Begriffe gebraucht wurde, die man erst von den römischen Händlern und Soldaten kennenlernte. Schließlich sind es auch Räter gewesen, die wiederholt unter römischen Feldzeichen kämpften, so etwa auch, als es galt, dem Hunnensturm zu wehren. Als der Glanz Roms erlosch, war dies für das Land an Etsch, Eisack und Inn der Verlust der staatlichen Existenz und Geborgenheit.

Eine direkte Auswirkung der Herrschaft der Erben des Römerreiches ist historisch nicht nachweisbar; doch ist es sicherlich begründet, daß gerade in Südtirol die Gestalt des großen Theoderich so lebendig als Dietrich von Bern weiterlebt. Unklar bleibt, wie weit in der folgenden Epoche der Einfluß der Langobarden nach Norden reicht; manche Forscher (Teßmann, Schaffran) nehmen an, daß der Herrschaftsbereich des langobardischen

---

 *) Hier war wiederum Grenze zwischen Italien und Rätien, vermutlich an der Töll bei Meran; wohl Vorläufer des C a s t r u m M a i e n s e, das im Meraner Stadtteil Mais weiterlebt.

**) Sie nannten die Völkerschaften beiderseits des Brenners "B r e o n e n" und "G e n a u n e n"; der Talfluß war der "I s a r c u s" der Römer, seine Anwohner die "I s a r k e n".

15

Herzogtums Trient bis herauf an die Grenzen der rätischen Provinz reichte, also bis *Sublavione*-Kollmann oder Säben und bis zur Töll bei Meran.

Das entscheidende Ereignis in dieser Phase der Geschichte des Eisacktales und damit Tirols ist das Vordringen der benachbarten B a j u w a r e n im 6. Jahrhundert, die sicherlich mit den Langobarden in harte Auseinandersetzungen gerieten. Man glaubt, daß die Bajuwaren von den Rätern gegen die von Osten herandrängenden Slawen zu Hilfe gerufen worden sind. Tatsache ist, daß es gelingt, die Slawen über das Toblacher Feld zurückzuwerfen; der Festigung dieser Grenze und der Slawenmission dient die Gründung von Innichen durch den Bayernherzog Tassilo III. im Jahre 769. Ein bajuwarisches *Castellum Bauzanum* ist für den Raum Bozen (auf dem Virglberg?) schon um 680 bezeugt.

Rätoromanen und Bajuwaren leben nun friedlich nebeneinander und im Laufe der Jahrhunderte miteinander. Die Namenkunde gibt uns ein relativ deutliches Bild, indem sie alte rätische Flur- und Ortsnamen und die Namen der bajuwarischen Besiedlung und Rodung beleuchtet. Das rätische Element hält sich zäh, so etwa im Vinschgau und im Oberinntal bis ins 17. Jh., und in den Dolomitentälern ist es heute noch lebende Muttersprache der Ladiner, ebenso wie das Rätoromanische im schweizerischen Graubünden. Wie bereits im Abschnitt I erwähnt, zeichnet sich bajuwarischer und rätischer Typus heute noch in der Bevölkerung ab.

Noch etwas eint die alte und die jüngere Bevölkerungsschicht: Es ist die Christianisierung des Landes, die schon unter Rom begann und nun weiter um sich greift; als die Bajuwaren eisackabwärts zogen, da fanden sie auf steilem Fels oberhalb Klausen einen Bischofssitz vor, S a b i o n a, das heutige Säben, das damals noch dem Patriarchat *Aquileja* unterstand. In der Folgezeit werden die Bajuwaren wahrscheinlich von iro-schottischen Missionaren und vom *einheimischen romanischen Klerus* (Sparber) im wesentlichen missioniert, während im bayerischen Stammland vor allem St. Emmeran, Korbinian und Rupert tätig sind.

Die bayerische Grafschaft Norital (spätere, verschobene Form schon ‚Nurichtal', um 923) *des Frühmittelalters verband das mittlere Inntal über das Wipptal und über den Brenner hinweg mit dem Eisacktal bis gegen Bozen hin zu einer festen Einheit* (Wiesflecker in „Die Brennerstraße"); das ist die weitere Entwicklung, in der sich nun ein Markstein abzeichnet, der für die Geschichte des Eisacktales und des ganzen Tirol wohl der wichtigste genannt werden darf: die deutschen Kaiser beziehen unser Tal und damit den gesamten, wichtigen Brennerübergang in ihre Italienpolitik ein; das Eisacktal wird zur „Kaiserstraße" (oder wenn man will zur „Krönungsstraße") und muß als solche entsprechend geschützt werden, sie muß in verläßliche Hände kommen. Im Jahre 1027 verleiht Kaiser Konrad II. dem Brixner Bischof Hartwig die Grafschaft an Eisack und Inn als Reichslehen, 1091 kommt das Pustertal (Grafschaft *Pustrissa*) dazu, während die 1004 schon durch König Heinrich II. erfolgte Belehnung der Grafschaft Trient ebenfalls 1027 bestätigt und durch Schenkung der Grafschaft Bozen und Vinschgau erweitert wird. Damit wird die Einheit des Paßlandes beiderseits des Brenners gefestigt.

Nun sind die Bischöfe zwar schon vorher kraft ihres geistlichen Amtes Reichsfürsten gewesen, sie üben aber ihre gerichtliche und militärische Gewalt nicht aus; sie geben diese Gewalt in die Hände mächtiger weltlicher Vögte, und diese schaffen das Land Tirol — auf Kosten der bischöflichen Macht. Aus dem Herrschaftskampf der bayrischen Andechser Grafen, der mit den Welfen versippten Eppaner und der Grafen von Tirol gehen diese als Sieger hervor; nach ihnen bekommt das „Land an der Etsch und im Gebirge" den Namen T i r o l. Vielfältig sind die Beziehungen des dergestalt gewordenen Landes zum süddeutschen Raum und dessen bayrischen und schwäbischen Klöstern und Bistümern, die vielfach Weingüter im Etschland besitzen (Augsburg, Eichstätt, Freising, Regensburg); von hier aus (Ottobeuren) erfolgen Neugründungen in Tirol (Marienberg), aus diesem Raum kamen weitere Siedler und rodeten das Land, und diese Zeit ist es auch, die eine dichte Bestückung des Landes mit Burgen zur Folge hat.

Von den Tiroler Grafen ist es vor allem M e i n h a r d II. gewesen, der mit unerhörter Energie auf Kosten der Bischöfe seine Macht zu erweitern wußte und im Zuge dieser Kämpfe rücksichtslos die Burgen der Anhänger der Bischöfe brach. Außerdem verstand er es, die Freundschaft Rudolfs von Habsburg zu gewinnen, den er gegen Ottokar unterstützt hatte. Bis auf das Pustertal, das er seinem Bruder Albert (Grafschaft Görz) übergeben mußte, hatte Meinhard das Land fest in der Hand. Nach seinem Tode gewinnen die Bischöfe wieder an Boden, da Tirol zum Streitobjekt zwischen Wittelsbachern und Luxemburgern

2   17

wird. Das nächste einschneidende Ereignis ist die Erwerbung Tirols durch R u d o l f IV. v o n Ö s t e r r e i c h aus der Hand von M a r g a r e t h e M a u l t a s c h im Jahre 1363, die durch öffentliche Proklamation in Bozen, im ehemaligen Ansitz Niederhaus, vollzogen wurde. Nun ist T i r o l ö s t e r r e i c h i s c h und bleibt bei Habsburg bis 1918, mit Ausnahme der oben erwähnten Zerstückelung durch Napoleon I. Auch unter dem neuen Status bleiben die Bischöfe Reichsfürsten und verlieren dem Buchstaben des Gesetzes nach ihre weltliche Macht erst 1803 im Zuge der allgemeinen Säkularisierung.

Die erwähnte Übergabe wurde vorbereitet in Meran, der damaligen Landeshauptstadt, unter Zustimmung aller Landstände, unter denen auch die freien Tiroler Bauern ihre Vertreter haben. Dieser Tiroler Landtag (höherer Klerus, Adel, Stände und Bauern unter dem Vorsitz des Landesfürsten und der zwei Fürstbischöfe) ist eine uralte, mustergültige demokratische Verfassung, die vorübergehend sogar selbständig regierte (1444). Um 1420 verlegen die Landesfürsten ihren Sitz von Meran nach Innsbruck; unter Friedrich mit der leeren Tasche, der gegen die Unbotmäßigkeit der tirolischen Adeligen einen schweren Stand hatte (vgl. hiezu das Stichwort Oswald von Wolkenstein), unter seinem Sohn S i g i s m u n d d e m M ü n z r e i c h e n, der mit dem berühmten Humanisten und zeitweiligen Bischof von Brixen, dem K a r - d i n a l N i k o l a u s v o n K u e s (C u s a n u s) in langwierigem Streit lag, und schließlich unter Kaiser M a x i m i l i a n I. erlebte Tirol eine glänzende Zeit, die vor allem auch durch den Bergsegen einen unerhörten Aufschwung mit sich brachte.

Die Zeit der R e f o r m a t i o n schlägt auch in Tirol Wellen, auch hier rebellieren die Bauern unter der Führung des M i c h e l G a i s m a i r, der ebenso Aufrührer wie Theoretiker einer modern anmutenden Reform ist; wir werden uns im Abschnitt über Sterzing mit ihm näher zu befassen haben.

Im S p a n i s c h e n E r b f o l g e k r i e g wissen die Tiroler Schützen, deren „Landlibell" (Aufgebotsordnung) noch von Kaiser Max I. stammt, die Vereinigung der französischen und bayerischen Truppen zu verhindern, und im ersten Koalitionskrieg (1797) verteidigen die Tiroler tapfer den Eingang zum Pustertal (Schlacht bei Spinges).

Schließlich bewähren sich die Schützen im weltberühmt gewordenen F r e i h e i t s k a m p f v o n 1 8 0 9, der nach anfänglichen Erfolgen zur oben erwähnten Zerstückelung Tirols führt. Die einzelnen Phasen dieses Kampfes werden, soweit sie das

Eisacktal betreffen, in den geschichtl. Anmerkungen zu den einzelnen Orten behandelt. — Das tragische Ende des Ringens von Anno neun wird durch die europäische Gesamtsituation bald gemildert; 1814 ist Tirol wieder frei und mit Österreich vereinigt, der Blutzoll der Freiheitskriege ist nicht vergebens gewesen, und Tirol hatte seinen in der Literatur der damaligen Zeit viel gepriesenen ideellen Teil an der Befreiung Europas vom Joch Napoleons geleistet.

In die Zeit nach dem Wiener Kongreß (1815) fällt die Einigungsbestrebung Italiens, die eine ihrer geistigen Wurzeln in Napoleons „Königreich Italien" hatte. Dieses sog. *Risorgimento* (Wiedererhebung) hat das Ziel der Beseitigung fremder Herrschaft (Bourbonen im Süden, Österreich im Norden) und der Schaffung des Nationalstaates, das nach großen Opfern und Kriegen (1848, 1859, 1866) im Jahre 1870 (Rom wird Hauptstadt) endlich erreicht wird. Nun fehlen dem Staat nur mehr zwei italienischsprechende Gebiete, Trient und Triest; trotzdem ist der Jubel groß, das Nationalbewußtsein feiert Triumphe. Nur wer die langwierige Bemühung Italiens um seine nationale Einigung kennt, kann die Situation Südtirols auch in unserer Zeit richtig beurteilen.

Gleichzeitig mit dem Ruf nach Trient und Triest ertönt schon früh der Ruf nach der *Brennergrenze*, so etwa aus dem Munde *Mazzinis*. Andere, wie der Held des Trentino, *Cesare Battisti*, wollen die Ziele des *Risorgimento* — Italien den Italienern — rein erhalten wissen und wollen sich mit einer Grenze Italiens an der Sprachgrenze bei Salurn bescheiden. In St.-Germain wird am 10. September 1919 anders entschieden: Italien erhält die für damalige Begriffe strategisch günstige Grenze am Alpenhauptkamm.

Die Herrschaft Italiens im eben zugesprochenen Südtirol ist zunächst, bis zur Machtübernahme durch die Faschisten, maßvoll; die späteren, sattsam bekannten harten Maßnahmen haben die Entwicklung — vor allem durch die staatlich geförderte Zuwanderung unter dem Faschismus — in unseliger Weise weitergetrieben. Höhepunkt des Schachers um ein altes Kulturvolk ist das unrühmliche Umsiedlungsabkommen im Zeichen der „Achse", das 1939 von *Hitler* und *Mussolini* geschlossen wird; noch kurz vorher hatte *Mussolini* seinem nördlichen Nachbarn nicht getraut und einen „Alpenwall" (zahlreiche Militärstraßen im Grenzgebiet, Garnisonen, Bunkersysteme) errichtet.

Das Umsiedlungsabkommen hat viel Not über das Land gebracht und die Bevölkerung in einen nahezu unlösbaren Ge-

19

wissenskonflikt gestürzt. Die sich überstürzenden Kriegsereignisse, die für das Eisacktal mit schweren Streckenbombardierungen verbunden waren, brachten die bereits begonnene Abwanderung der 86 Prozent, die sich für die Umsiedlung nach Deutschland entschlossen hatten, zum Stillstand. Durch die Möglichkeit der sog. Rückoption bereits abgewanderter Südtiroler ist manche Härte nachträglich gemildert worden.

Diese Rückoption ist u. a. enthalten in den Durchführungsbestimmungen des sog. Pariser Vertrages, der 1946 zwischen den Außenministern Italiens (Degasperi) und Österreichs (Gruber) geschlossen wurde. Er enthält ein Autonomieversprechen für Südtirol, in das anschließend auch das Trentino einbezogen wurde, nachdem Österreich die Annexion Südtirols nicht erreichen konnte, wobei u. a. auch die oben erwähnte „napoleonische Linie" zwischen Klausen und Bozen diskutiert wurde. Um die Auslegung und Durchführung dieses Pariser Vertrages ist es im Jahrzehnt zwischen 1960 und 1970 zwischen Südtirol und dem italienischen Staat zu Streitigkeiten gekommen, die mit Sabotageakten im Lande (die „Feuernacht" des 11. Juni 1961) begannen und später auch blutige Opfer auf beiden Seiten gefordert haben; diese Attentate sind zu einem späteren Zeitpunkt nahezu ausschließlich von Österreich aus über die Grenze vorgetragen und stets auch in Grenznähe verübt worden (Stein-Alm am Brenner, Landshuter Hütte, Pfitscher Joch usw.). Dies hatte zur Folge, daß die Grenze hermetisch abgeriegelt und daß alle Schutzhütten in Grenznähe von Militär besetzt wurden, was naturgemäß die Touristik in diesen Gebieten völlig lahmgelegt hat.

Die neueste Entwicklung ist durch eine Politik der Versöhnung gekennzeichnet; eine Kommission aus elf Italienern und acht Südtirolern („Neunzehnerkommission") hatte der Regierung Lösungsvorschläge für die behängenden Streitfragen unterbreitet, die der Südtiroler Volkspartei als Schriftstück („Paket") im Sinne von Zugeständnissen der römischen Zentralregierung übergeben und von der Partei im November 1969 mit knapper Mehrheit angenommen wurden. Derzeit werden die einzelnen Punkte dieses Abkommens Punkt für Punkt behandelt, und es ist zu hoffen, daß damit die den Südtirolern 1946 in Paris garantierte Autonomie in absehbarer Zeit zur vollendeten Wirklichkeit wird.

Für den Benützer dieses Buches wirkt sich dies insofern aus, als er sich nun wieder ungehindert in Grenznähe bewegen und die Grenze nicht nur am Brenner, sondern seit Sommer 1973 auch ungehindert am Pfitscher Joch überschreiten kann. Auch die Schutzhütten sind mittlerweile wieder freigegeben, müssen jedoch zum Teil erst gründlich wieder instand gesetzt und neu verpachtet werden. Zu beachten ist, daß nach wie vor im gesamten Grenzgebiet die Pflicht zur Ausweisleistung besteht.

Oberes Eisacktal, Ausschnitt aus der Landkarte des Warmund Ygl, Prag 1604/05. — Nach einem Neudruck durch den Österr. Alpenverein, 1962.

IV. Allgemeine geographische Situation

**Geologischer Aufbau — Bergbau — Klima — Flora — Fauna —
Wirtschaft — Siedlungsform und Mundart — Verkehrswege —
kirchliche Einteilung**

Das Eisacktal mißt zwischen dem Brenner (1370 m) und Bozen
(265 m) eine Länge von rund 85 Kilometern (Staatsstraße) und
hat somit einen Höhenunterschied von 1105 Metern zu überwinden.

Es nimmt mit dem Eisackursprung seinen Anfang in der Zentralalpenkette, an der Brennersenke zwischen den Stubaiern (die
eine Untergruppe der Ötztaler Alpen sind) und den Zillertalern;
hier herrschen *im allgemeinen kristalline Schiefer vor, Schiefergneise, Glimmerschiefer* u. a. (Klebelsberg). Bemerkenswert sind
die Marmoreinlagerungen, die sich gegen Westen hinziehen (Ridnauntal mit dem „Sterzinger Marmor", Texelgruppe, Laaser Marmor im Vinschgau) und ebenso Dolomit der Triasformation, am
Pflerscher Tribulaun vor allem; dieser hängt mit Kalkkögeln,
Serles, Telfer Weißen und Weißspitze bei Gossensaß zusammen
und *bildet eine zusammenhängende Decke über dem Urgebirge
der Ötztaler, Stubaier und Zillertaler Alpen* (Dalla Torre). Der
Name „Dolomit" geht interessanterweise auf dieses Vorkommen zurück, da *Déodat de Dolomieu* auf seiner Reise über den
Brenner (1789) bei Sterzing im Bachschutt Steine fand, deren
kohlensaurer Kalk großenteils durch Bittererde (Magnesia) ersetzt ist. So ist das Gestein des Tribulauns von Pflersch Namengeber für die ganze Gruppe der südlicher gelegenen Kalkalpen
geworden, die *Dolomieu* zu Ehren ihrer Zusammensetzung nach
als „Dolomiten" weltberühmt geworden sind.

Das *Rückgrat der gegen Osten ziehenden Zillertaler Alpen ist
der granitische ‚Zentralgneis'* (Klebelsberg); Tonalit-Granit auf
einer Linie Meran—Pustertal ist dann auch die Grenze zwischen
Zentral- und Südalpen im geologischen Sinn.

Ein einstmaliger großer See, später riesige Sumpffläche
(„Moos"), ist das gewaltige Sterzinger Becken, das durch einen
Bergsturz südlich von Stilfes gestaut worden war. Die Aufschüttung erfolgte vor allem durch den aus dem Ridnaun kom

menden Mareiter Bach und durch den Pfitscher Bach; das Ridnauntal hat seinerseits den innersten Teil ebenfalls wieder durch einen Bergsturz gebildet, und ein kleinerer Bergsturz erfüllt auch das Seitental von Ratschings, durch dessen Mündung die begehbar gemachte Gilfenklamm mitten in weißem Marmor führt. Diesen Bergsturz von Ratschings hat die Sagengestalt des „Pfeifer-Huisele" auf dem Gewissen, wie wir anläßlich der Begehung dieses Tales noch genauer ausführen werden. Im gegenüber mündenden Pfitschtal ist das Talinnere ebenfalls durch einen Bergsturz aufgestaut.

Unterhalb des Sterzinger Beckens tritt das Tal bei Mauls in die oben erwähnte Granitzone ein.

Südlich der Brixner Klause verläßt der Eisack den Granit (*Brixner Granit,* früher hauptsächlich bei Graßstein gebrochen und u. a. zu Kanonenkugeln verwendet) und tritt wieder in Schiefergestein (Quarzphyllit) über. Von der geologisch älteren Mündung der Rienz in den Eisack, noch nördl. des Plateaus von Natz-Schabs, war schon im Abschnitt II die Rede; in der sogenannten „Rigge" hinter Neustift (siehe dort) treten diese geol. Verhältnisse deutlich zutage.

Die typischen Mittelgebirgsterrassen sind im Brixner Becken gut herausgearbeitet (Tschötsch im Westen, Sankt Andrä im Osten) und begleiten weiterhin das Tal. Durch den Schuttkegel von Albeins und die nahe der Mündung des Villnößtales liegende Felsschwelle der „Klamm", die der Eisack hier passiert, ist das Brixner Becken gegen Süden merklich abgeschlossen. Das Tal von Villnöß ist bereits eine typische Dolomitenlandschaft, deren gewaltige Türme (Ferméda, Sass Rigáis, Odle, Furchétta und gegenüber — zwischen Afers und Villnöß — die Aferer Geiseln) einmal schon bei Franzensfeste und dann wieder auf der Höhe von Albeins zu Bahn und Straße herübergrüßen.

An der Kammlinie zwischen Villnöß und Gröden (Alm Raschötz) im Osten und zu Füßen der Kassianspitze im Westen von Brixen beginnt nun die geologische Formation, die dem Untereisacktal, dem Bozner Becken und den Gebirgszügen bis zur Valsugana ihre typische Eigenart verleiht — die Bozner Porphyrplatte. Mit seinem meist rötlichen Grundton verleiht dieses Eruptivgestein der Landschaft unverkennbare Wärme und auch Weichheit, und die auf ihr abgelagerten eiszeitlichen Schotter tragen am Südende unseres Eisacktales bereits berühmte Rebengelände; auf der Höhe von Kastelruth, Seis und Völs leuchtet roter Sandstein zwischen dem Grün der Wiesen und Wälder hervor. Über Porphyr und Sandstein bauen sich hier die gewaltigen Dolomitriffe auf, allen voran der Schlern mit seiner unverwechselbaren Silhouette. Das Tal des Eisacks selbst ist hier in der Tiefe Felsschlucht *(die größte Porphyrschlucht der Erde,* nach Dalla Torre) und in ebenso wilder Szenerie empfängt es den zwischen himmelhohen Felsen dahintobenden Eggentaler Bach, der in letzter Zeit (1966) das Tal selbst und die nördlichen Vororte von Bozen arg verwüstet hat. Beide Schluchten führen aus dem Orkus ins Elysium, weit breitet sich das Tal und gibt Raum für den sonnigen Bozner Talkessel. — So entspricht auch — grob gesehen — der geologische Aufbau unseres Tales der in Abschnitt II begründeten Dreiteilung: Das Obereisacktal (Wipptal) liegt im Bereich der k r i s t a l l i n e n S c h i e f e r z o n e mit dem G r a n i t g ü r t e l, das Brixner Becken wird vorwiegend von Q u a r z p h y l l i t bestimmt, während sich das Untereisacktal ungefähr mit der Bozner P o r p h y r- p l a t t e deckt; im Osten sind die Seitentäler und Terrassen von Brixen südwärts durch die D o l o m i t e n bestimmt.

An B o d e n s c h ä t z e n ist das Gebiet reich gewesen; die Vorkommen von Zinkblende und silberhältigem Bleiglanz am Schneeberg in Ridnaun und im Pflerschtal, das reiche Vorkommen dieser Metalle und überdies von Kupferkies am Pfunderer Bergwerk nächst Klausen und der Abbau dieser Bodenschätze haben das Wirtschaftsleben des Obereisacktales und der Gegend um Klausen in ihrer Weise bestimmt, die wir uns heute nur mehr mit Mühe vorstellen können. Sterzing überhaupt verdankt seine Bedeutung und seinen Aufschwung nahezu in erster Linie seinem Bergbau („Fuggerstädtchen", nach den Fuggern als Gewerken). Heute ist davon direkt kaum mehr etwas zu sehen, wenngleich der Kenner noch eine Unmenge von „Knappenlöchern" vorfindet, zuweilen in geradezu abenteuerlicher und exponierter Lage (vgl. Pflersch). Teilweise in Betrieb ist heute noch das Bergwerk am Schneeberg, mit 2345 m eines der höchstgelegenen Bergwerke in ganz Europa (Näheres darüber unter Ridnaun). Neuerdings ist auch der lange Zeit stillgelegte Abbau von Ratschinger Marmor durch eine Firma aus Deutschland wiederaufgenommen worden. Die übrigen verlassenen Stollen werden heute höchstens noch von Mineraliensammlern mit Gewinn aufgesucht. Als Fundstelle für Mineralien ist außerdem das Gebiet von Pfitsch und das Tal von Burgum, ein kleines Seitental des Pfitschtales, berühmt. Bekannt ist auch das heute allerdings nahezu erschöpfte Vorkommen der sogenannten „Theiser Kugeln" *(Achat- oder Amethystkugeln, auch Chalcedonkugeln,* nach Dalla Torre) in der Nähe des Dorfes Theis am Ausgang des Villnößtales; sie liegen *in den Augitporphyrgängen, welche den Theiser Quarzporphyr durchbrechen* (Staindl). Als berühm-

teste Fundstelle für Mineralien im Bereich des unteren Eisacktales ist das Gebiet der Seiser Alm zu nennen.

Die Gebirgsformation bestimmt weitgehend auch das K l i m a
des Eisacktales. Dieses ist im Obereisacktal, in Sterzing und
vor allem in den Seitentälern des Sterzinger Beckens und im
Pflersch gewiß rauh, aber gesund und im Sommer eine erfrischende Wohltat; in ansonsten schneearmen Wintern ist dieses Gebiet immer schneesicher, so etwa das Skigebiet um
Gossensaß (Amthorspitze, Weißspitze und Ladurns), am Brenner
(Zirog), am Roßkopf und am Jaufen (Kalch, Jaufenpaß). Die
Niederschläge fallen auf den Höhen und in den Hochtälern reichlich, in den Talweitungen normal. Das Trinkwasser der Gegend
ist ausgezeichnet und überdies zur Bewässerung für die Landwirtschaft im allgemeinen in ausreichendem Maße vorhanden.

Der Raubbau an Holz (vor allem, als der Abtransport zu Zeiten
des Baues der Brennerbahn sehr bequem war) hat arge Murbrüche zur Folge gehabt, die heute durch kostspielige Schutzbauten eingedämmt werden müssen. Die Schneegrenze liegt um
die Brennersenke bei 2800 m (Südhang), der höchste Hof im
oberen Eisacktal ist der Stauderhof in Ridnaun (1566 m); ähnliche Höhen werden auch im Egger Tal bei Stilfes und im Jaufental erreicht (Schluppes), während in der klimatisch günstigeren
Brixner Gegend die Obergrenze der Dauersiedlungen noch höher
steigt (Pedaferer in Afers, 1670 m; Villpeder in Lüsen, 1637 m;
Munthöfe in Villnöß, 1580 m, und, als höchster des gesamten
besprochenen Gebietes, der Oberst in der Rotte Sackschmöll oberhalb von Latzfons im Thinnetal, auf 1689 m). Die Vergletscherung ist an der Südseite des Zentralalpenkammes naturgemäß
geringer als an der Nordabdachung; immerhin ist der Übeltalferner im innersten Ridnaun mit 10,23 qkm nach dem Sulden-
ferner in der Ortlergruppe (10,90 qkm) der zweitgrößte des Landes. Die Wintertemperatur von Sterzing liegt bei —3,3°, ist aber
noch immer ungleich höher als im Pustertal (Bruneck —5,1°;
Toblach —6,2°). Das Brixner Becken weist ungleich günstigere
klimatische Bedingungen auf; der Winterdurchschnitt liegt hier
bei —1,3°, das Frühlingsmittel bei 9,0° (Bozen 12°) und das
Herbstmittel bei 8,9°. Diese günstigen Temperaturbedingungen
südlich der Brixner Klause ermöglichen bereits den Weinbau;
in manchen Wintern gibt es hier im Talgrund keine geschlossene Schneedecke mehr, doch darf das Skigebiet der Plose über
Brixen (2504 m) wiederum als schneesicher gelten. Für Klausen
und das untere Eisacktal gelten ähnliche Werte, die erst wieder
im Bozner Talkessel namhafte Steigerungen erfahren (Bozen

fällt sogar im Jänner-Mittel nicht unter 0°; — alle Temperatur-messungen nach Klebelsberg, Dalla Torre bzw. neuerdings Fliri).

Wie schon in der Charakteristik der ganzen Talschaft gesagt wurde (Abschn. I), reicht entsprechend diesen klimatischen Bedingungen die F l o r a von der hochalpinen Stufe bis zum Pflanzenkleid des Mittelmeerklimas. Zypressen stehen schon in den Gärten Brixens und im Eisacktal bei Atzwang, während in sehr geschützten Lagen Bozens sogar Zitronen zum Reifen gebracht werden. Der für den Bozner Talkessel typische Flaum-eichengürtel *(Quercus pubescens)* reicht bis gegen Villanders und Feldthurns, meist vergesellschaftet mit der Mannaesche *(Fraxinus ornus)* und an sehr sonnigen Felsen mit dem Zürgel-baum *(Celtis australis);* aus diesem Holz wurden seinerzeit die Vorderladerstöcke der österr. Armee gefertigt, später die Peit-schenstiele für die Fuhrleute auf der Brennerstraße. Sehr hart ist auch das Holz der Kornelkirsche *(Cornus mas),* das früher für die Zahnräder der Mühlen Verwendung fand. An sehr son-nigen Felsen des unteren Eisacktales wächst der Feigenkaktus *(Opuntia vulgaris,* im Volksmund *Teufelspratzen* oder wegen der Verwendung als Schweinefutter auch *Fackendistel* genannt), wäh-rend der Perücken-Sumach *(Rhus cotinus)* im Herbst mit seinen wunderschönen Farbtönungen von gelb bis dunkelrot so man-chen typischen Eisacktaler Pflasterweg säumt. Zuweilen tref-fen sich diese vom Süden her reichenden Pflanzen mit tief her-absteigenden Bergblumen, wie beispielsweise unter vielen an-deren Plätzen auch nahe beim Weiler Ums nächst Völs am Schlern: hier steigt die rostrote Alpenrose *(Rhododéndron fer-rugineum L.)* am Nordabhang des Tschafón auf etwa 1000 m ab, während unweit davon am Peterbühel, 900 m, die Edel-kastanie *(Castánea satíva)* steht. Aus der Brixner Gegend berich-tet Meusburger (Brixner Heimatbuch), daß im sogenannten „Kitzloch" hinter der Millander Kirche im Mai die Alpenrose blüht und sechs Wochen später auf gleicher Höhe oder sogar noch etwas höher wiederum die Edelkastanie — und dies beides in nächster Nachbarschaft der Weinrebe. — Über weitere Pflan-zengrenzen und nennenswerte Vorkommen wird jeweils unter dem Abschnitt „Naturkundliches" bei den einzelnen Ortschaften und Berggebieten berichtet.

Das Eisacktal ist an seinen Hängen im oberen Teil vor allem durch ausgedehnte Fichtenwälder gekennzeichnet, vielfach mit Lärchen durchsetzt; diese bilden vor allem am Ritten die schö-nen Lärchenwiesen als Hochweiden, die schütter bestanden sind und nur einmal im Jahr gemäht werden. Das Untereisacktal hat bedeutende Föhrenbestände; ausgesprochenen Mischwald (Birken, Buchen, weiter im Süden die bereits genannte Flaumeiche, dazu Nadelholz) haben vor allem die Abhänge und Ränder der Mittelgebirge.

Im Brixner Becken, um Klausen und Feldthurns, an den Hängen des Rittens und gegenüber im Völser und Prösler Ried kennzeichnen Obstpflanzungen, Edelkastanien und Weinberge die Landschaft. Man unterscheidet im Eisacktal zwei grundverschiedene Anbauarten des Weines; bis in die Klausener Gegend reicht der aus dem Etschtal vorgedrungene P e r g l b a u (von lat. *pergula*, Weingeländer) mit laubenartigem Gerüst. Für die klimatisch rauhere Brixner Gegend ist der S t e c k e l e b a u (von Stab, „Stecken", auch *Strarebe* genannt) typisch, wenn er auch heute zurückgedrängt wird. Durch die Bodennähe und bessere Sonnenbestrahlung gab und gibt diese Anbauform ein Wachstum in noch relativ hohen Lagen. — Als eine Sonderform der Brixner und Klausener Gegend mag die sogenannte „Ackerpergl" oder „Ackerzeile" gelten, deren Gerüst im Querschnitt die Form eines großen Y hat.

Bezüglich der Qualität der Eisacktaler Weine zitieren wir ein Urteil, das anläßlich der 50. Bozner Weinkost (1972) gefällt worden ist:

Ob es sich um die Hauptsorten Sylvaner und Traminer oder um den in geringeren Mengen anzutreffenden Rheinriesling, Ruländer oder Müller-Thurgau handelt — die Gesamteigenschaften aller dieser Weine erinnern an die berühmten Weißweine nördlich der Alpen. Dank ihrer fruchtigen Säure und ihrer prickelnden Frische gehören die Brixner/Eisacktaler Weißweine zu den besten Italiens, wobei ihre allgemeinen Eigenschaften für eine längere Lagerung günstig sind. Sie eignen sich hervorragend als Aperitif, zu Vorspeisen und Fischgerichten.

In der Gegensätzlichkeit von alpiner Landschaft und dem eben geschilderten Rebgelände liegt eines der schönsten und größten Geheimnisse des Eisacktales, das sich allerdings nur dem Bergwanderer voll erschließt: Es ist der Weg aus Felsregionen und von blumenübersäten Almen durch die tiefgrünen Hallen der Wälder und hinaus über die wogenden Wiesen und Äcker der Mittelgebirge; deren Abhänge, hier vielfach „Ried" genannt, führen den Wanderer in nahezu unvermitteltem Übergang zu Kastanie und Rebe und weiter bis in die kühle Eisackschlucht. (Vgl. als Beispiel einer solchen Wanderung den Abstieg vom Schlern über Seis und St. Oswald oder über Ums und durch das Prösler Ried.)

Wenig ist im Rahmen dieses Buches über die F a u n a des behandelten Gebietes zu sagen: Im Süden des Tales liegt die Smaragdeidechse *(Lacérta víridis*, im Volksmund Gruenz, auch

Groanz) zwischen warmem Gestein, und auch die Schildviper *(Vipera áspis)* ist hier anzutreffen und ebenso zuweilen der südeurop. (ital.) Skorpion, dessen Stich ungefähr wie der einer Wespe schmerzt. Am Rand des Bozner Talkessels ist die ungifti-ge Äskulapnatter häufig und erreicht dort beträchtliche Größe *(Eláphe longíssima),* während von den Zikaden (im Volksmund „Tschigallen") schon die Rede war. Gar nicht selten sind im unteren Eisacktal die „Maringgelen", wie man hierzulande die Gottesanbeterin *(Mantis religiosa)* nennt, jenes grausame Insekt, das in seiner Freßgier die eigenen Artgenossen und *sogar den schwächeren Ehepartner nach, ja manchmal schon während der Begattung aufzufressen beliebt* (so H. Forcher-Mayr in „Schlern", Jg. 1949, S. 17 ff., mit Abb.). — Als vom Prototyp wesentlich ver-schiedene geographische Subspecies sind die im folgenden ge-nannten Tagfalter-Arten im Eisacktal festgestellt worden, für deren Beobachtung vor allem Kollmann als wichtige Station galt (1870—1912) — bevor die chemischen Präparate der Land-wirtschaft dem Dasein dieser zarten Lebewesen vielfach ein Ende bereiteten: *Parnassus apollo rubidus* (Klausen-Bozen); *Melitaea maturna Wolfenbergeri* (oberstes Eisacktal); *Melitaea dejone berisali Rühl* (Brixen-Kollmann); *Satyrus actea cordula* (Brixen-Blumau); *Chrysophanus alciphron gordius Sulz* (Franzens-feste-Waidbruck) und *Lycaena jolas O.* (Brixen-Kardaun). Der Verf. verdankt diese entomologischen Angaben einer freundli-chen Mitteilung des Herrn Hanns F o r c h e r - M a y r, Bozen. — Neben Reschen/Etschtal ist das Eisacktal das wichtigste Durch-zugsgebiet für viele V o g e l a r t e n von Nord nach Süd und umgekehrt; so streichen durch die Brixner Gegend außer ge-wöhnlichen Arten (Wildenten, Wildgänse, Kiebitze, Reiher, Kampfläufer, Schnepfen u. a.) auch sehr seltene Arten wie Flamingos *(Phoenicopterus ruber),* Sichler *(Plegadis falcinellus;* schon Dalla Torre schreibt: *1878 zwei Sichelreiher),* Eistaucher *(Gavia immer),* Sterntaucher *(Gavia stellata)* u. a.; ihre nördliche Verbreitungsgrenze bzw. eine viel zahlreichere Verbreitung als nördlich des Alpenkammes haben die Felsenschwalbe *(Ptyono-progne rupestris),* die vor allem an den Felsen oberhalb der Mahr bei Brixen vorkommt, der rotköpfige Italiensperling *(Passer dom. italiae),* Alpensegler *(Apus melba),* Mauerläufer *(Tichodroma mu-raria),* das Steinrötel *(Monticola saxatilis),* Blaumerle *(Monticola solitarius)* und hin und wieder der Bienenfresser *(Merops apiaster);* an kleinen Zuflüssen und Tümpeln am Eisack unterhalb von Brixen kann man den sonst schon recht selten gewordenen Eis-vogel *(Alcedo ispida)* im Sommer regelmäßig beobachten. Auch die Nachtigall *(Luscinia megarhynchus)* kommt da und dort im

Eisacktal vor, so etwa vor allem um Barbian herum (freundliche Mitteilung von Benützern dieses Buches und vor allem von Herrn Dr. Peter O r t n e r, Bozen). — Der Wildbestand ist im allgemeinen gut und wohl gehegt; Rehe sind auf Wanderungen häufig zu beobachten, ebenso Füchse und Hasen. Hirsche gibt es seit etwa 1950 im Eisacktal wieder in beträchtlicher Anzahl, so vor allem in Lüsen (40—50) und im Gebiet von Mauls und Sterzing (ca. 70). Schwarzwild wechselt in seltenen Fällen von Norden über den Alpenkamm. Beachtlich sind die Gemsenbestände im gesamten Bereich (etwa 1500 Stück), wobei vor allem das Obereisacktal (rund 800), Lüsen und das Schlerngebiet zu nennen sind; Murmeltiere kommen in Lüsen und in Villnöß vor, seltener im Schlerngebiet, wo man zuweilen auch noch den Steinadler sieht. Soweit die Bergbäche nicht durch die Kraftwerke in ihrem ursprünglichen Lauf gestört sind, dürfen sie als gute Fischwasser gelten. Dalla Torre berichtet vom Fang einer nahezu 1 m langen, 5,3 kg schweren Forelle im Jahre 1898 bei Sterzing. Die Bachforelle *(Salmo Trutta fario L.)* bevölkert fast alle Bergseen im Bereich des Eisacktales, die Regenbogenforelle *(Salmo irideus* bzw. *gairdneri)* wurde in die Schrüttenseen (per Hubschrauber) und in den Radlsee eingesetzt. Elritze und Bachsaibling bevölkern ebenfalls die meisten Seen, während der Vahrner Obersee am meisten Arten beherbergt (Spiegelkarpfen - *Cyprinus carpio;* Schleie - *Tinca tinca;* Rotauge - *Rutilus rutilus;* Hecht - *Esox lucius;* Aal - *Anguilla anguilla).* — Durch die mehr und mehr um sich greifende Gewässerverschmutzung ist auch in Südtirol der Fischbestand schwer gefährdet worden, doch kämpft der Landes-Fischereiverband unermüdlich um die Erhaltung der wertvollen Bestände. Die Einrichtung von zentralen Müllvernichtungsanlagen auf Talschaftsebene sowie ein rigoroses, derzeit in Ausarbeitung befindliches Landesgesetz für den Gewässerschutz wird ebenfalls dazu beitragen, daß die Gewässer wieder rein und ein erfreulicher Anblick werden. — Alle Angaben bezügl. der Fischerei verdankt der Verf. einer freundlichen Mitteilung des Herrn Dr. Volker L u t z, Brixen. — Über das letzte Vorkommen bzw. über den Fang oder Abschuß von Wolf und Bär wird an den einzelnen Orten berichtet.

Abschließend zur Betrachtung all der kostbaren Güter an Morphologie, Flora und Fauna, die einem reizvoll abgestuften Klima entsprechen, mag es angebracht sein, an dieser Stelle das Problem Naturschutz zu erörtern. Derzeit sind in Südtirol mehrere Naturparks geplant, deren einer — Sarntaler Alpen — fast die ganze rechte Flanke unseres Tales oberhalb der Dauerbesiedlungsgrenze umfaßt, während ein zweiter, der Naturpark

Schlern (errichtet 1975), den Schutz des Südteils der Seiser Alm und eben des Schlernmassivs anstrebt. Wie überall in Europa sind die um diesen Schutz tätig bemühten Naturfreunde — darunter auch der Verfasser dieses Buches — dem Spott, der Gegnerschaft und zuweilen auch der Gehässigkeit jener Kreise ausgesetzt, die in profitgieriger Kurzsichtigkeit die Vermarktung der allerletzten Schätze des Alpenraumes betreiben.

Die W i r t s c h a f t des Tales ist, wie die des ganzen Landes, in einer tiefgreifenden Umwälzung begriffen; wenn Klebelsberg in seiner „Südtiroler Landeskunde" noch schreiben konnte, daß die Wiesenfläche zugunsten des Ackerbaues stark eingeschränkt sei, so hat sich dies nahezu ins Gegenteil verkehrt, seit das Land Anschluß an die EWG-Länder suchen muß. Heute steht im Obereisacktal und auf den Mittelgebirgen die Viehzucht (Braunvieh) im Vordergrund, während die Äcker mehr und mehr zurückgehen, abgesehen von geringeren Anpflanzungen für den Eigenbedarf. Eng in Zusammenhang damit steht die Almwirtschaft, die durch die Verlagerung des Gewichtes auf die Viehzucht an Bedeutung wiederum gewonnen hat; doch sind die unrentablen Privatalmen seltener geworden und man versucht, Alminteressentschaften und Genossenschaftsalmen zu fördern. In dem vorwiegend gebirgigen Gebiet spielt auch das Zugpferd noch eine gewisse Rolle; es wird hauptsächlich der am Salten, im Sarntal, auf dem Ritten und im Obervinschgau gezüchtete Haflinger verwendet. Die Schafzucht ist ziemlich zurückgegangen, da die Eigenverarbeitung von Wolle so gut wie nicht mehr praktiziert wird.

Von fast ebenso großer Bedeutung wie die Viehzucht ist für unser Tal die Waldwirtschaft, in der viele Talbewohner Arbeit finden; da und dort (Mittewald, Brixen) ist sie mit holzverarbeitender Industrie gekoppelt. Im Süden sind die Hänge zum Teil schon seit Jahrzehnten und Jahrhunderten stark abgeholzt. Die neuere Entwicklung hat es mit sich gebracht, daß mit Hilfe öffentlicher Gelder zahlreiche landwirtschaftliche Wege durch Wiesen und Wälder gebaut wurden, um Holz und Heu mit Traktoren abtransportieren zu können. Dabei werden Belange der Touristik, der Jagd und vor allem des generellen Landschaftsschutzes oft schwer beeinträchtigt, anderseits muß man jedoch die Notwendigkeit eines rentablen Transportes anerkennen. — In diesem Zusammenhang eine Wort zu den Siedlungsformen: Der Bauernhof entspricht meist dem Typ des sogenannten *Wipptaler Hauses* (Wopfner), der sich vom Schönberg nördlich des Brenners bis gegen die Brixner Klause hinzieht: *Wohn- und Wirt-*

schaftsgebäude hintereinander angeschlossen, mit der Längsachse parallel dem Hang. Für das mittlere und untere Eisacktal gilt der „Paarhof" (Wohn- und Wirtschaftsgebäude getrennt) mit mannigfaltigen Abwandlungen als Grundform.

Nur ganz am Rande kann in diesem gedrängten Rahmen etwas zur M u n d a r t des Eisacktales bemerkt werden, die ja durchaus nicht einheitlich ist, sondern vielfach starke Ausstrahlungen der Nebentäler aufgenommen hat. Dr. Egon K ü h e b a c h e r weist darauf hin („Schlern", Jg. 1963, S. 51 ff.), daß das deutsche Tirol rein bayrischen Bestand erst östl. einer Linie Zillermündung—Mühlbacher Klause aufweist; für unser Eisacktal gilt also, daß hier ein *alemannisches Substrat ... heute noch durchscheint,* und zwar gegen Westen (Vinschgau) immer stärker fühlbar; zu diesen Beständen kommt noch *der Nachklang einer vorgermanischen, ja vorrömischen Alpenbevölkerung und ihrer Sprache, wie er besonders in zahlreichen Ortsnamen deutlich wird.* Wir bringen zur Eisacktaler Mundart nun eine Probe, die uns Herr Hans F i n k in liebenswürdiger Weise zur Verfügung gestellt hat:

DERHOAM

Du mogsch die ganze Welt ausgiehn,
wo man derhoam isch, dunkt's oan schien,
weil sem die Muettersproche klingg,
weil man die alt'n Liedlan singg
und weil oan Kirchturm, Bach und Stoan
va weit'n zuerüeft: Bleib derhoam!
Jetzt wißt ös, w'rum grod 's Eisacktol
üns 's liebschte isch va ganz Tirol!

Hans Fink

Den Bestand an typischen Ausdrücken der Eisacktaler Mundart hat Fink in seinem Buch „Eisacktaler Sagen, Bräuche und Ausdrücke" verzeichnet; eine neue, weit umfangreichere Sammlung („Tiroler Wortschatz an Eisack, Etsch und Rienz") ist 1972 als Schlern-Schrift (Nr. 250) erschienen. Schließlich sei auch für eingehendere Studien auf den „Tirolischen Sprachatlas" verwiesen, den der oben genannte Dr. E. Kühebacher bearbeitet hat (vgl. Lit.-Verz.).

Die I n d u s t r i e spielt noch nicht die Rolle, die ihr zugedacht ist, da sie ja zahlreichen Bauernsöhnen Arbeitsplätze bieten soll. Wie bereits erwähnt, hat die holzverarbeitende Industrie größere Bedeutung, darüber hinaus auch die mechanische (Sterzing) und die optische (Brixen); Klausen und Brixen haben überdies Textilindustrie, Baumaterialien-, Elektro- und Futtermittelindustrie, Schabs ein Werk für Beton-Fertigteile. Nur ein relativ geringer Prozentsatz der Bevölkerung ist in Handel, Handwerk und Gewerbe beschäftigt.

Viel Staub hat der Plan des Konzerns *Continental* aufgewirbelt, der 1969 den Plan vorlegte, eine Gummireifenfabrik mit bis zu insges. 1500 Arbeitsplätzen zu errichten; als die Behörden tatsächlich für dieses Vorhaben südlich von Brixen (gegen Albeins) einen Platz und auch Gelder zur Verfügung stellten, kam es zu einem wahren Aufstand der Naturfreunde, eines großen Teiles der Brixner Bürgerschaft, der Vertreter des Gastgewerbes und vieler Brixner Kurgäste, die allesamt eine Luftverseuchung im Brixner Talkessel befürchteten. Die ungute Spannung ging so weit, daß nun bald ganz Südtirol in zwei Lager gespalten schien — hie pro, hie contra *Continental*. Auch der Verfasser dieses Buches trat dem in Brixen gegründeten *Schutzring* bei, der sich gegen die Großindustrie mit allen Folgeerscheinungen wandte, wohl aber die Errichtung bodenständiger mittlerer Betriebe befürwortete. — Die Lösung war kein „Sieg" der Naturfreunde, sondern kam so, daß die *Continental* ganz plötzlich und von sich aus von dem Projekt zurücktrat; es war dem Konzern nicht gelungen, die staatlichen Beihilfen in der erwarteten Höhe zu bekommen, und überdies ließen gleichzeitige innerbetriebliche Umstrukturierungen den Bau des Zweigwerkes Brixen nicht mehr opportun erscheinen. — In das für die *Continental* bereitgestellte Gelände sind nun im Lauf der letzten Jahre einheimische und auswärtige Betriebe (Holzverarbeitung, Aluminiumverarbeitung, mechan. Werkstätten usw.) eingezogen. —

Neben Viehzucht mit etwas Ackerbau und der Waldwirtschaft hat im Brixner Becken und in Teilen des unteren Eisacktales der Obst- und Weinbau einige Bedeutung, wobei die Qualität die Quantität übertrifft (z. B. die Weißweine von Neustift). — Von wesentlich größerer Bedeutung ist für den gesamten Verlauf unseres Tales und ebenso für dessen Nebentäler der Fremdenverkehr. Als historischer Verkehrsweg von europäischer Bedeutung verfügt das Eisacktal seit eh und je über bedeutende Gasthäuser und Raststätten an dieser Straße. In neuerer Zeit haben überdies alle großen und auch kleineren Ortschaften die nötigen Einrichtungen für den Fremdenverkehr geschaffen; nicht selten ist daher heute im Eisacktal wie auch im übrigen Lande eine Art „kombinierten" Einkommens: Man vermietet Zimmer an Gäste, ist in der Industrie oder im Handwerk tätig und betreibt gleichzeitig eine kleine Landwirtschaft; dies gilt vor allem für das Einzugsgebiet größerer Ortschaften. — In den Bergtälern hat man zur Unterstützung des Bergbauerntums verschiedentlich

Anstrengungen gemacht, um den „Urlaub am Bauernhof" zu verwirklichen.

Abgesehen von der oben erwähnten beruflichen „Vermischung" kann gesagt werden, daß im Eisacktal noch immer etwa ein Drittel der Bevölkerung in der Landwirtschaft tätig ist, während der Rest Industrie, Fremdenverkehr und andere Berufe umfaßt. Um die aktuellen wirtschaftlichen Probleme besser auf breiter Ebene lösen zu können, hat sich nach dem Vinschgau nun auch im Eisacktal die Idee einer „T a l g e m e i n s c h a f t   E i s a c k - t a l" durchgesetzt, die vor allem auf dem Gebiet des Fremdenverkehrs tätig ist und auch die Erhaltung des Landschaftsbildes anstrebt. Vordringlichstes Ziel ist die Bewahrung des Bergbauerntums. — Da die Situation im oberen Eisacktal (Wipptal) in verschiedener Hinsicht von jener des Brixner Beckens und der Umgebung von Klausen abweicht, ist im Jahre 1980 die Abspaltung und Neugründung einer „T a l g e m e i n s c h a f t   W i p p - t a l" erfolgt, während die in diesem Buch behandelten Gemeinden des unteren Eisacktales (Kastelruth, Völs, Tiers, Karneid und Ritten) zu Beginn des Jahres 1973 der „T a l g e m e i n - s c h a f t   S a l t e n - S c h l e r n" beigetreten sind.

Abschließend muß zum Thema „Wirtschaft" noch einiges über die Elektrizitätswirtschaft gesagt werden, die unter Österreich etwa 20 Werke mit 30 000 kW im ganzen Lande aufwies; in den letzten zehn Jahren hat Südtirol mehr als 3 000 Mill. kWh geliefert (Fiebinger), wovon auf unser Eisacktal ein bedeutender Anteil entfällt (Werke von Kardaun und Brixen mit Leistungen über 50 000 kWh, dazu weitere 11 Werke zwischen 1000 und 50 000 kWh); diese gewaltige Produktion von Energie (Südtirol-Trentino liegt nach der Lombardei an zweiter Stelle von ganz Italien) hat wesentlich auch die Verhandlungen um den „Pariser Vertrag" bestimmt. — So gilt für die Wirtschaft des Eisacktales das, was Fiebinger schreibt: *Neben dem Holz und der Viehzucht, dem Wein und dem Obst* (und dem Fremdenverkehr, Anm. d. Verf.) *gehören die Wasserkräfte zur natürlichen Wirtschaftsbasis des Landes.*

Eng in Zusammenhang mit diesen wirtschaftlichen Problemen steht die Situation der V e r k e h r s w e g e im Eisacktal. Die B r e n n e r s t r a ß e (Staatsstraße Nr. 12) ist trotz beachtlicher Verbreiterungsarbeiten und Begradigungen sowie der Behebung der ehemals 13% aufweisenden Steigung bei Pontigl ihren Anforderungen längst nicht mehr gewachsen und ein Engpaß im europäischen Straßennetz, der mit Recht gefürchtet wird; der Ausbau auf 9 m Straßenbreite ist laufend im Gang, doch haben noch mehrere Teilstrecken die keineswegs ausreichende Breite von 6,5—7 Metern.

Entlastet wird diese Straße jedoch weniger durch diesen Ausbau, sondern nur durch die B r e n n e r a u t o b a h n, die erste Autobahn über die Alpen, die nunmehr mit Anschluß an die 1972 fertiggestellte Inntal-Autobahn ab Innsbruck in ihrer gesamten Länge ohne Unterbrechung oder Umfahrung benützbar ist, nachdem das Stück Bozen—Modena (228 km) schon wesentlich früher dem Verkehr übergeben worden war. — Erstmals in ihrer gesamten Länge befahren werden konnte die Brennerautobahn zu Ostern 1974.

Die Strecke Brenner—Modena (313 km) ist Teilstück der Europastraße E 6 (Oslo—Rom) und trägt die Bezeichnung A 22; Ausfahrten im Raum Eisacktal finden sich in Sterzing, nördl. von Brixen (Abzweigung Pustertal), nördl. von Klausen (Abzw. Gröden) und im Raum Kardaun-Bozen (Bozen-Nord). Planung und Ausführung des Projektes stammen von den Ingenieuren *Guido de Unterrichter* und *Bruno Gentilini*. — Die Autobahn hat im Eisacktal eine Breite von max. 24 Metern (je 2 Fahrbahnen zu 7,5 m, Mittelstreifen 3 m, 2 Kriechspuren zu 2,5 m und teilw. Gehsteige zu 0,5 m; die 22 Tunnels haben jeweils getrennte Röhren zu ebenfalls 7,5 m Fahrbahnbreite). Die Gesamtlänge der Tunnels beträgt im Eisacktal 10 km, während 4,9 km auf Brücken und 10,3 km auf Viadukten geführt werden, die von Pfeilern getragen werden, die teilweise mitten im Eisack oder auch in einem Stausee (Franzensfeste) stehen; der längste Viadukt ist jener von Gossensaß — ein Gegenstück zur Europabrücke — mit 1030 m Länge, einer Mittellichte von 120 m und dem höchsten Pfeiler von 100 m Höhe.

Die Höchststeigung beträgt 3,7%, die mittlere Steigung 1,3%; der Kurvenradius von 500 m läßt in diesem Teil Höchstgeschwindigkeiten von 120 km/h zu (österr. Seite Maximalsteigung 6%, Kurvenradius 350 m). — Man hat die endgültigen Gesamtkosten für die ganze Brennerautobahn mit 245 Milliarden Lire errechnet (davon 25 Milliarden Grundablöse); Kilometerpreis zwischen 450 Millionen (Ebene) und 2 Milliarden (Eisackschlucht).

Die Anpassung der schwierig zu legenden Trasse an die Landschaft ist während des Baues vielfach kritisiert worden, da gewaltige Stütz- und Abschirmmauern notwendig waren und teilweise auch als Auflage von der Eisenbahnverwaltung gefordert wurden (hauptsächlich im Betonpfeilerwald bei Franzensfeste). Ein endgültiges Urteil über die Anpassung der Brennerautobahn an das Gelände ist in den früheren Auflagen dieses Buches nicht gefällt worden, da es sich noch um eine Baustelle handelte, für die von den Ingenieuren Begrünungen und Natursteinverkleidungen versprochen wurden. Heute muß leider gesagt werden, daß diese Auflagen zum Schutz der Landschaft vielfach nicht eingehalten worden sind.

Eine gesonderte Erwähnung verdient auch die B r e n n e r - e i s e n b a h n, die im Jahre 1967 hundert Jahre alt wurde. Ihr Bau, der im Tale zunächst viele Gegner hatte, brachte große wirtschaftliche Umwälzungen mit sich (vgl. unter „Sterzing"), erwies sich aber als genial projektiert. Diese Bahnlinie hat geradezu unglaubliche Belastungen in Krieg und Frieden über sich ergehen lassen (Maximum 374 000 Waggons im Kriegsjahr 1942/ 43), doch sie war allem gewachsen, sie wurde weder durch die Bomben des Zweiten Weltkrieges noch durch die Unwetter der letzten Jahre jemals auf nennenswerte Zeit unterbrochen; stets konnte man auf ihr wieder fahren, noch b e v o r die Straßen wieder instand gesetzt waren. Man baute von 1863—1867 an der eingleisigen Strecke, die jedoch schon für das spätere Doppelgleis vorprojektiert war. Die Strecke Bozen—Innsbruck mißt 120 Kilometer, hat 30 Tunnels und kostete 32 Millionen Gulden, das sind 270 000 Gulden pro km. Der Projektant der Linie, Ing. Karl von Etzel, erlebte die Fertigstellung seines Werkes nicht mehr, er starb eineinhalb Jahre vor der Eröffnung der Linie; sein Denkmal steht am Brenner im Bahnhofsgelände. Die Elektrifizierung der Strecke erfolgte in den Jahren 1929/30. In die Zukunft weist die Planung einer ganz neu zu erstellenden Schnellbahn München —Verona, für die es im Bereich des Brenners und des Eisacktales bereits zwei Projekte gibt: Ing. *Ferruccio M a r i n*, ehemals stellvertretender Generaldirektor der ital. Eisenbahnverwaltung schlägt einen 40,3 km langen Tunnel Innsbruck—Sterzing und eine tiefgreifende Modernisierung der Strecke Sterzing—Bozen vor, wofür der ital. Staat bereits bedeutende Mittel in Aussicht gestellt hat. Dies würde für das ganze Eisacktal bedeuten, daß es von einer Autobahn-Baustelle zu einer Eisenbahn-Baustelle würde, auf Jahre hinaus; gegen dieses Projekt wurde bereits verschiedentlich protestiert, vor allem von seiten Brixens, das durch die völlige Neutrassierung der Eisenbahn schwere landschaftliche Einbußen hinnehmen müßte.

Viel moderner ist das Projekt des österr. Ingenieurs Robert N e u n e r, der einen B r e n n e r - B a s i s t u n n e l zwischen Innsbruck und Sankt Leonhard in Passeier vorschlägt (50 km), direkt unter dem Tribulaun durch, mit einer Abzweigung von dort zum regionalen Netz nach Sterzing (12 km), das ab hier wohl modernisiert, im wesentlichen aber nicht grundlegend ab-

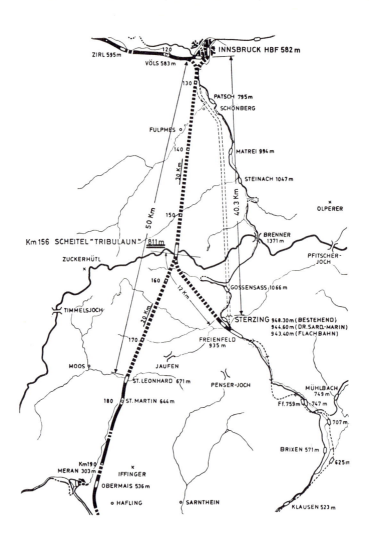

Die Skizze zeigt die zwei bestehenden Flachbahnprojekte unter dem Alpenhauptkamm. In Fettdruck (westl.) das Projekt Neuner und östl. der Basistunnel Innsbruck—Sterzing nach Marin; eine allerneueste Variante sieht die Ausfahrt sogar erst im Raum Franzensfeste-Brixen vor.

geändert werden soll. Die Hauptlinie der Flachbahn, auf der Höchstgeschwindigkeiten bis zu 250 km/h und mehr möglich sein werden, soll dann durch das Passeier, rund um Meran (Tunnels) und weiter bis Bozen und Verona geführt werden.

Einigkeit besteht unter den Ländern Bayern, Nordtirol, Südtirol-Trentino und der Lombardei vorläufig nur über die dringende Notwendigkeit einer Modernisierung der Brennerlinie, und ebenso ist sicher, daß die Errichtung einer großen Zollabfertigungsstation bei Sterzing und dringende Arbeiten am Bahnkörper Bozen—Brenner demnächst in Angriff genommen werden sollen; auf welche Weise in fernerer Zukunft der Brenner untertunnelt wird, läßt sich heute noch nicht mit Sicherheit sagen. —

Schließlich soll hier noch ein Blick auf die k i r c h l i c h e E i n - t e i l u n g unseres Bereiches geworfen werden, da sich diesbezüglich im Jahre 1964 eine grundlegende Neuerung ergeben hat. Mit Dekret des Heiligen Stuhles vom 8. August jenes Jahres wurde die Diözesangrenze zwischen Trient und Brixen entsprechend der Provinzgrenze zwischen diesen beiden Ländern gezogen, was praktisch der Neuformung der zwei Diözesen gleichkam; Trient trat seinen sogenannten deutschen Anteil (zu dem ein Teil des Vinschgaues und der südliche Landesteil, darunter auch das Untereisacktal bis Albeins gehörte) an Brixen ab, das seinerseits Buchenstein und Ampezzo an das Bistum Belluno verlor. Die neue Diözese, in der unser Eisacktal nun zur Gänze liegt, heißt offiziell „Bozen-Brixen" und hat ihren Sitz in Bozen. Trient, seit 1929 Erzdiözese, wurde Sitz eines Metropoliten, dem Bozen-Brixen als Suffraganbistum unterstellt ist.

Das Eisacktal, wie es in diesem Buch behandelt wird, umfaßt die folgenden Dekanate: Stilfes (seit 1950 ständiger Sitz in Sterzing), Brixen, Klausen, Kastelruth und Bozen I (das ist u. a. der ganze Ritten und der Talgrund des Eisacktales von Atzwang abwärts, mit den Pfarren Karneid und Blumau); das ladinische Gröden, von dem hier nur der deutsche Anteil behandelt werden kann, bildet ein eigenes Dekanat.

V. Das obere Eisacktal (Wipptal) und Sterzing

Vom Brenner bis zur alten Brixner Klause

DER BRENNER. Seehöhe 1370 m, 2600 Einwohner (Gesamtgemeinde mit Gossensaß und Pflersch; davon 1105 Italiener. Die Ortschaft Brenner selbst hat ca. 950 Einwohner *); nach Innsbruck 38 km — nach Gossensaß 10.5 km **): Straßen- und Bahnzollamt, Postamt (Postleitzahl 39041), Büro des Ital. Automobilklubs (ACI); Jahresmittel 3,8°C — Niederschlag 923 mm. — Banken, Reisebüro, Taxi, mehrere Gasthäuser.

Der Brennerpaß ist eine etwa 7 km lange Talfurche in klimatisch rauher und windiger Lage mit gefürchteten Wetterstürzen und Kälteeinbrüchen, auch im Sommer. Die Lawinengefahr ist durch Schutzbauten weitgehend eingedämmt, doch berichtet Beda Weber noch aus den Jahren 1827 und 1835/36 von Lawinen, die mehrere Fuhrwerke verschütteten, und auch in neuester Zeit sind einzelne Häuser durch Lawinen bedroht worden; so gingen z. B. noch Ostern 1970 Lawinen auf Straße und Eisenbahn nieder, wodurch abgestellte Fahrzeuge verschüttet wurden, und zu Ostern 1975 blieben alle Verkehrswege am Brenner wegen einer katastrophalen Lawine tagelang blockiert. Diese Lawine hatte am 5. April zwei Autos mit insgesamt sechs Insassen verschüttet, die erst nach 14 Tagen als Leichen geborgen werden konnten. — Großzügige Lawinenverbauungen in der Höhe sind erst im Entstehen, und so war der Brenner auch im Jänner 1977 tagelang blockiert.

Von den Seen, die das Hochtal ursprünglich zu beiden Seiten des Scheitels ausfüllten, existiert nur mehr nördlich der Staatsgrenze der Brennersee, der von Autobahn, Eisenbahn und Staatsstraße umfahren wird; zahlreiche Baustellen haben ihn seiner herben Schönheit beraubt. Etwas tiefer, von der Autobahn in eleganter Trassenführung am Hang überbrückt, liegt auf österreichischem Boden die alte Zollstelle A m L u e g mit dem in den Grundmauern romanischen St.-Sigmund-Kirchlein (heutige Form

---

*) Die Einwohnerzahlen beziehen sich, wo nicht ausdrücklich anders vermerkt, auf die letzte offizielle Volkszählung von 1971.
**) Gemeint sind die Kilometer der Staatsstraße.

um 1500). Die ursprünglich sehr kleine Siedlung Brenner mit der alten Kirche zum heiligen Valentin liegt zum überwiegenden Teil auf italienischem Staatsgebiet. — Heute ist die Ortschaft auf gewaltige Größe angewachsen, sie hat das größte Bahnhofsgebäude von ganz Südtirol, zahlreiche Ämter (Zoll für Bahn und Straße usw.), Transportfirmen, Kaufläden, Tankstellen und Gasthäuser; das Zollgelände an der Autobahn ist großzügig ausgebaut, mit 20 Personen- und 4 Lastkraftwagenspuren, einem Zollplatz von 700 m Länge und 140 m Breite und einem Parkplatz für Fernlastzüge — der vor allem bei den nicht abreißen wollenden Zöllnerstreiks der letzten Jahre gute Dienste geleistet hat. Die gesamte Anlage wird zur Vermeidung von Stauungen durch Fernsehkameras und Elektronenaugen von der Mautstelle Schönberg (zwischen Matrei und Innsbruck) aus gesteuert. Mit einer enormen Steigerung des Brennerverkehrs wurde gerechnet, nachdem bereits 1965 insgesamt 4,852.000 Personen in Richtung Süden und 4,796.000 Reisende in Richtung Norden den Brenner überschritten haben (Eisenbahn und Staatsstraße). Seit der Eröffnung der Autobahn ergeben sich jedoch Spitzen (wenn auch nicht unbedingt Gesamtwerte), die weit über den vorgesehenen Berechnungen liegen; so reisten allein im Juli des Jahres 1979 eindreiviertel Millionen Menschen auf Eisenbahn, Staatsstraße und Autobahn in Südrichtung über den Brenner, mit einer Rekordbelastung der Verkehrswege am 11./12./13. August; in diesen drei Tagen betrug der Brennerverkehr in den beiden Richtungen 400.000 Einheiten (Angaben der Tagespresse).

Über die Brenner-Eisenbahn haben wir bereits in der allgemeinen Einleitung referiert. Im Bahnhofsgelände steht das Denkmal für den aus Württemberg stammenden Ingenieur Karl von Etzel (1812—1865), nach dessen Projekt die Bahn zwischen 1863 und 1867 erbaut wurde. — Das Ortsbild ist überdeutlich vom Charakter eines vielbenützten Grenzüberganges gezeichnet, von der Unruhe eines beständigen Kommens und Gehens, so daß die stille und herbe Landschaft der Paßfurche kaum Beachtung findet. Architektonisch unschön gestaltete Beamten- und Arbeiterhäuser, Kasernen sowie das rußige Bahnhofsviertel überdecken den kaum mehr erkennbaren alten Kern der Siedlung Brenner.

Das Anwachsen der Ortschaft Brenner brachte es mit sich, daß die relativ kleine P f a r r k i r c h e   z u m   h l.   V a l e n t i n nicht mehr ausreichte. Der Turm dieser Kirche weist noch ins 14. Jh. zurück, im übrigen ist die Kirche das Produkt von Umbauten im 17. Jh. und einer Vergrößerung um 1790; die Holzskulpturen der hl. Maria und des hl. Valentin stammen aus dem Anfang des 16.

bzw. Ende des 15. Jahrhunderts (WG) *). — Die neue P f a r r -
k i r c h e M a r i a a m W e g e entstand in den Jahren 1960/62
nach Entwürfen des Bozner Architekten Luis P l a t t n e r; der in
Terrakotta gearbeitete Kreuzweg ist ein Werk der Südtiroler
Künstlerin Maria D e l a g o (1963 Trägerin des Kunst- und Kulturpreises „Walther von der Vogelweide").

G e s c h i c h t l i c h e s : Der Brenner wurde *spätestens seit*
der Frühbronzezeit (etwa 1700 v. Chr.) regelmäßig begangen
(Huter). Von der hallstatt-latènezeitlichen Provinz auf dem
Boden des historischen Tirol ungef. im 7. Jh. v. Chr. war bereits die Rede; seither ist der Brenner Bindeglied für jedes
politische Staatswesen zu beiden Seiten, bis 1919. —
N a m e : Die Volksetymologie läßt König Attila-Etzel über den
Brenner ziehen und den Wald samt den darin versteckten Räu-
bern nieder-*brennen* (Dalla Torre); lange Zeit brachte die Forschung den Namen in Zusammenhang mit dem bereits genannten *Breonen* (so auch Stolz); die ital. Bezeichnung für die
Zillertaler Alpen lautet *Alpi Breonie di Levante,* für die Stubaier
Alpi Breonie di Ponente. Der Vollständigkeit halber sei noch
die Ableitung vom Gallierfürsten *Brennus* erwähnt. —
Die heute allgemein als stichhältig anerkannte Ableitung ist
die vom 1280 urkundlich belegten Hof eines P r e n n a r i u s;
dieser Name weist eindeutig auf Brandrodung in dem dicht
bewaldeten Gebiet *(Wibetwald).* Man vermutet, daß der Hof
nahe der Valentinskirche lag, die *vielleicht Nachfolgerin der*
in einem Reisegedicht des Venantius Fortunatus (um 570)
gen. Valentini templa ist (Huter). Eine Herberge ist um 1400
erwähnt, bestand aber sicher schon länger, Poststation ist der
Brenner seit dem 16. Jh. — Der nach Plutarch oft zitierte Zug
der Kimbern über den Brenner, wobei sich die harten Kämpfer
zum „Rodeln" bergab nackt auf ihre Schilde gesetzt hätten,
ist für unsern Paß historisch nicht erwiesen; man ist heute
eher geneigt, den Kimbernzug über den Reschen „rodeln" zu
lassen. — Über Zeit und Straße der Römer und deren Spuren
am Brenner vgl. Abschn. III. — Als Hospiz diente wahrscheinlich auch der Hof, der an Stelle des heutigen Gasthauses
„Brenner-Wolf" stand (ca. 1½ km südl. der Kirche, östl. der
Eisenbahnlinie). Der Hof ist 1288 belegt und mußte — so die
Volksüberlieferung — bei Tag und Nacht die Türen unver-
sperrt haben. Der „Wolfenwirt" mußte wegen des Baues der
Autobahn abgebrochen werden, lebt aber dennoch weiter, da
man ihn samt Kapelle unter weitgehender Bewahrung des alten
Bestandes (Stube) etwas höher am Hang unter Anleitung des
Denkmalamtes wieder aufbaute. — Es ist nun hier nicht der

---

*) Die Buchstaben WG verweisen auf die grundlegenden kunsthistorischen
Arbeiten von Josef Weingartner (siehe Literaturverzeichnis); wo es
möglich war, wurde an Ort und Stelle die heutige Situation überprüft.
Hier erwähnte Statuen und dgl. mußten wegen der Häufung von
Kirchendiebstählen vielfach in die Pfarrhäuser verbracht werden.

Platz, das farbige Bild unzähliger Italienreisen zu entwerfen. Von den mehr als 60 deutschen Kaiserzügen war der Karls V. im Jahre 1530 der letzte. Ebenso rollte vor allem im 15. Jh. der Handel Venedigs mit Deutschland über den Brenner. Im Span. Erbfolgekrieg, im ersten Koalitionskrieg und im Jahre 1809 wickelten sich am Brenner keine namhaften Gefechte ab, wohl aber an den Engstellen südlich („Sachsenklemme") und nördlich davon. Auch in den beiden Weltkriegen unseres Jahrhunderts war der Brenner nie Kampfgebiet. Hitler traf sich dreimal hier zu Besprechungen mit *Mussolini;* in der Folge davon rollte fast das gesamte Material mit Mannschaft des „Afrikakorps" über den Brenner, und ebenso sah die stark bombardierte Strecke (21 Tote am Brenner selbst, 21. 3. 45) den Rückzug der deutschen Südarmee 1945.

Am Postgasthaus, von dessen altem Bau einzig und allein ein Spitzbogenportal erhalten ist, findet sich eine Gedenktafel zur Erinnerung an den Aufenthalt G o e t h e s (9. Sept. 1786) anläßlich der ersten Italienischen Reise. Nachdem Goethe seinem Reisetagebuch zunächst eine sehr eingehende Schilderung der geol. Situation am Brenner anvertraut, will er noch das Postgasthaus zeichnen, was aber laut eigener Aussage nicht zur Zufriedenheit gelingt. Da ihn der Wirt zur Fahrt durch die Mondnacht beredet, willigt Goethe zur Weiterfahrt ein: *... so nahm ich ihn* (den Rat) *doch, weil er mit meinem inneren Triebe übereinstimmte, als gut an. Die Sonne ließ sich wieder blicken, die Luft war leidlich; ich packte ein und um sieben fuhr ich weg. Die Atmosphäre ward über die Wolken Herr und der Abend gar schön.* — Etwas später benennt Goethe den Eisack, an dem er entlangfährt, mit *Etsch.* Gleich danach steht der schöne Satz: *Der Mond ging auf und beleuchtete ungeheure Gegenstände. Einige Mühlen zwischen uralten Fichten über dem schäumenden Strom waren völlige Everdingen.* (E. war niederländ. Landschaftsmaler, 1621—1675, und stellte u. a. mit Vorliebe die norwegische Gebirgsnatur dar.)

Mehrfach verbürgt (Langes) ist die Anekdote, daß sich der Wirt der alten „Brennerpost" — ein landauf und landab bekanntes Original — gerühmt habe, sein Haus sei mit einer Dachrinne versehen, deren einer Abfluß zur Adria, der andere zum Schwarzen Meer hin entwässere.

Der E i s a c k entspringt westlich oberhalb der Kirche auf einer kleinen Alm (Sattelmähder, 1 Std. vom Brenner) unterhalb (nördlich) des S a t t e l b e r g e s (2113 m), über den die Grenze verläuft. Er bildet im Blickfeld der Ortschaft Brenner einen Wasserfall (32 Meter) und biegt dann in scharfem Knick als Bächlein gegen Süden. Der N a m e E i s a c k ist umstritten, doch ist er sicherlich wie auch Vipitenum „illyrischen", also vorrömischen Ursprungs. Bei dem römischen Dichter *Albinovanus* erfahren wir, daß der *Isargus* sich vom Blut der Gefallenen gerötet habe. Der Name wird mit dem keltischen *Isar* und *Isère* in Zusammenhang gebracht und als *zornig dahinstürmend* gedeutet. Jedenfalls wurden, wie bereits erwähnt, die Anwohner von den Römern *Isarken* genannt. Interessant ist, daß der griech. Geograph Strabon einen älteren Namen überliefert, und zwar *Atagis;* die ladinischen Grödner nennen den Fluß in ihrer sehr alten Sprache heute noch *Adesch* (K. F. Wolff). — Nahe dem Ursprung liegt die S t e i n a l m (1743 m), Schauplatz einer bislang ungeklärten Explosion, bei der zwei Italiener und ein aus Südtirol stammender Finanzwächter im Jahre 1966 ums Leben kamen; die Alm war bis 1450 noch ein ganzjährig besiedelter Bauernhof. Manche Forscher (Scheffel, Wopfner) nehmen sogar an, daß die Römerstraße von Gossensaß am sonnigen Giggelberger Hang anstieg, die W e c h s e l a l m (ca. 1960 m; der Name angeblich von Pferde-„Wechsel") berührte und über die Steinalm ins Obernberg führte. Cartellieri nimmt an, daß dieser Weg bis zum Ausbau der Trasse über den Brennersattel durch *Septimius Severus* benützt wurde; die heutige Forschung ist jedoch auf Grund von Münzfunden und des in Abschnitt III erwähnten Straßenpflasters mit Fahrrillen gänzlich von dieser Theorie abgekommen (Näheres zu diesen Theorien bei Holzmann, vgl. Lit.-Verz.).

Die S i l l hingegen entspringt am Nordabhang des W o l f e n - d o r n s (2776 m) auf österr. Staatsgebiet, berührt die Griesbergalm und biegt nahe dem Gasth. „Kerschbaumer" in nördliche Richtung ab.

Für A u s f l ü g e ist das Gebiet nicht sonderlich geeignet, da derzeit das Begehen und Überschreiten des Grenzkammes außerhalb des eigentlichen Passes nicht gestattet ist. An sich wäre das Gebiet durch Militärstraßen, die unter *Mussolini* noch vor den Zeiten der „Achse" Berlin-Rom erbaut wurden, bestens erschlossen. Dienten sie friedlichen Zwecken und könnte man die eine oder andere Kaverne auf dem vor allem im Westen schönen Höhenzug zur alpinen Schutzhütte ausbauen, so könnte das Gebiet im Sommer und Winter einen blühenden Fremdenverkehr haben. So durchzieht eine dieser Armierungsstraßen mit Zubringern von Brennerbad und Gossensaß aus den Grenzkamm vom Sattelberg bis zum P o r t j o c h (2110 m), einem alten Übergang vom Pflersch- ins Obernbergtal. Im Osten berührt ein analoger Straßenzug das Gebiet der Z i r o g e r A l m (1762 m), von wo aus ein landschaftlich schöner Übergang (Weg 4a bis zum Joch, dann 4) über das S c h l ü s s e l j o c h (2209 m) nach Kematen in Pfitsch gemacht werden kann (3 Std.). Da hier Straße und Weg nicht direkt im Grenzkamm, sondern im Bereich eines nach Süden ziehenden Astes (Wolfendorn-Weißspitz) verlaufen, können sie touristisch begangen werden. Das Gebiet ist vor allem für den W i n t e r s p o r t hervorragend geeignet und absolut schneesicher. Die Zufahrt erfolgt mit Lifts von Brennerbad aus bzw. ab Schelleberg über etwa 3—4 km sehr schmale Straße (Abzw. 2 km südl. von Brennerbad von der Staatsstraße). Das Berggasthaus Ziroger Alm und die etwas höher gelegene (20 Min. Fußweg) E n z i a n h ü t t e auf der Leitneralm (1903 m) sind ganzjährig geöffnet; beide Hütten haben Telephon und Zentralheizung. Von hier führen mehrere sehr sportliche Abfahrten zur Brennerstraße hinunter; Tourenfahrer erreichen in 2 Std. über ideale Skihänge die Flatschspitze (2567 m; am Anfang des Aufstiegs kurzer Lift).

Von S a g e n der Gegend ist die des Almgeistes zu erwähnen, der unter dem Namen „Zirogermandl" bekannt ist. Das ist ein kleines, buckliges Männlein, das den Sennern viel Ungemach bereitet, die Milch austrinkt und dergleichen mehr. Das Zirogermandl kann sich aber auch in einen Riesen verwandeln (Fink).

Das B r e n n e r b a d (1326 m; Abzw. von der Staatsstraße etwa 3 km südl. des Passes) am Ausgangspunkt der Skilifts hat einstmals glänzende Tage gesehen, so etwa, als bei der um 1400 erstmals urkundlich erwähnten Heilquelle der Landesfürst Sigismund der Münzreiche mit seiner Gemahlin Eleonore von Schottland hier Erholung suchte (1460; erste Erwähnung 1338).

Bald danach wurde die warme Quelle (21,6 - 22,9°; nach Dalla Torre) verschüttet, wohl durch solche Erdbeben, wie in der Gegend später auch registriert wurden (vor allem 1907 und 1976); vom Reichspfennigmeister Zacharias Geizkofler (Näheres unter Sterzing) ist das Bad 1607 wieder erschlossen und mit einer Stiftung für arme Badegäste versehen worden. Laut schriftlicher Anordnung des Geizkoflers fiel das Bad nach dem Aussterben des Geschlechtes um 1730 an die Stadt Sterzing, die mehrere großzügige Gebäude aufführen ließ („Geizkoflerhaus", „Sterzinger Hof", eine eigene Kirche 1886); seit 1869 hielt jeder Schnellzug an der eigens geschaffenen Haltestelle der Brennerbahn. Henrik Ibsen, Richard Strauß, Franz Lehár, Leo Fall u. v. a. m. suchten in dieser Glanzzeit des Bades in dem *alkalisch-eisenhaltigen, an Kohlensäure, Schwefelsäure und Kalk reichen Wasser* (Dalla Torre) Heilung vor allem von rheumatischen Beschwerden und — in Zusammenwirken mit der reinen Höhenluft — von Katarrhen und Keuchhusten. Da das Klima der Gegend rauh ist, empfiehlt eine Badeanweisung aus dem Jahre 1608, sich *insonderheit mit einem warmen Schlafrock oder Pelz zu versehen.* — Im Jahre 1899 ging der ganze Komplex mit Ausnahme des Armenbades in die Hände einer

„Brennerbad-Gesellschaft" über, die 1902 ein Grandhotel errichtete, das 1922 ein Raub der Flammen wurde. Danach wurde das Bad von der Gesellschaft verkauft und konnte die Rekordzahl von 1200 Badegästen pro Sommer (1883) nicht mehr annähernd erreichen. Vorübergehenden Aufschwung brachte der Skibetrieb im nahen Zirog; an kalten Wintertagen konnte man auf einer kleinen Brücke über das dampfende Wasser der warmen Quelle mit den Skiern vor die Haustür des Badgasthauses fahren; einen zusammenfassenden Abriß über die wechselvolle Geschichte des Brennerbades gibt Hans K r a m e r in „Schlern", Jg. 1972, S. 183 ff., mit Abb. und Literatur.

Den ersten tödlichen Schlag hatte das Bad noch vor dem Brand des Jahres 1922 durch die Grenzziehung am Brenner erhalten, da seither die Bewegungsfreiheit der Gäste stark eingeengt wurde. Den Rest hat dieser Fichtenwaldidylle jedoch der Bau der Autobahn gegeben, und heute stehen nur mehr Ruinen im abgeholzten Gelände; die Kapelle schaut aus blinden Fenstern — das ehemals so berühmte Brennerbad ist ausradiert. — Dies bezieht sich allerdings nicht auf die guten und gern besuchten Gaststätten zwischen Autobahn und Staatsstraße, und ebenso nicht auf den florierenden Skibetrieb im nahen Zirog. — Die Quelle des Brennerbades steht zum Verkauf, und angeblich bestehen von seiten der Gemeinde Sterzing Pläne zur Wiederbelebung des alten Bades. Nicht unerwähnt bleibe die Schildbürgeridee, laut derer man das Wasser der warmen Quelle zur Berieselung der Brennerautobahn verwenden sollte, um sie schneefrei zu halten. — Derzeit (1980) ist ein neues „Gasthaus Brennerbad" im Bau. —

VOM BRENNERBAD BIS GOSSENSASS: Noch ein gutes Stück südlich von Brennerbad ist der Brennersattel eine nahezu ebene Talfurche; dann beginnt das früher mit Recht gefürchtete starke Gefälle von S c h e l l e b e r g, in alten Berichten auch die *Ybl Kör* (üble Kehre) genannt. Das Straßenstück war vor allem im Winter häufig durch Fernlaster blockiert, so daß die Staatsstraße dort neuerdings (seit 1965/66) in einer gewaltigen Serpentine verläuft, an deren südl. Beginn das alte Straßengasthaus P o n t i g l liegt (in dem Holzmann ein *ponticulum*, also eine Brückenstelle der Römerstraße sieht; 1916/17 ging hier vom Hühnerspiel eine gewaltige Lawine nieder, die das ganze Tal abriegelte und ihre Schneemassen noch bis zur jenseitigen Eisenbahnlinie hinaufschleuderte). — Tief unter uns in unzugänglicher Schlucht rauscht der Eisack, am rechten Talhang ober ihm zieht die Eisenbahnlinie (zwei kurze Tunnels) durch, um dann ab Station Schelleberg (die eigentlich auf dem Giggelberg liegt) zur Kehre ins Pflerschtal anzusetzen, mit der sie die Schelleberger Steigung bewältigt (Kehrtunnel beim Weiler Ast, 762 m lang); die Autobahn hingegen bleibt auf der linken Talseite und überbrückt in gleichbleibendem Gefälle auf einem riesigen Viadukt das Tal bei Gossensaß, um dann darunter wieder auf der rechten Talseite aufzusetzen und hier auf einer Westrampe sich in den Sterzinger Talkessel zu senken.

Um Schelleberg (laut Volksetymologie ein *Schelmenberg*, nach einer nicht mehr existierenden Spelunke, nach Fink jedoch aus althochdeutsch *scelo* für Zuchthengst, also *Roßweide* abzuleiten) rankt sich auch die S a g e vom „Schneider Putz", der die Fuhrleute durch das Hinabkollern von großen Steinen belästigte und daher nach seinem Tod geistern mußte. Ein Sterzinger Kapuziner bannte den Unhold auf die Ziroger Alm (daher auch mit dem „Zirogermandl" identifiziert) und auch auf das Hühnerspiel (= Amthorspitze); hier muß er zur Strafe — ein Tiroler Sisyphos — Felsblöcke bergauf rollen, die stets kurz vor dem Gipfel wieder zu Tal kollern. (Paulin, im „Führer durch Sterzing".)

Tatsächlich war das Wegstück durch Lawinen, Felsstürze und Murbrüche gefährdet und mit Recht gefürchtet; es mag sich in früheren Zeiten wohl auch Raubgesindel hier herumgetrieben haben. — Bald jedoch tritt der alte Brennerweg und die heutige Straße ein in die freundliche Talweitung von Gossensaß.

An dem steilen Straßenstück knapp vor der Ortschaft findet sich ein in die Felswand eingelassener K r i e g e r f r i e d h o f (87 Urnen) für italienische Soldaten, die im Ersten Weltkrieg gefallen sind. Es handelt sich natürlich nicht um Soldaten, die hier am Brenner gefallen wären, da ja mit Ausnahme von einigen südlichen Grenzgebieten der Raum des heutigen Südtirol niemals Kampfgebiet war. So wurden die sterblichen Überreste dieser Soldaten erst geraume Zeit nach Kriegsende hierher an die Brennergrenze verbracht. — An den hohen Blutzoll, den Gossensaß und Umgebung in beiden Weltkriegen zu entrichten hatte, erinnert im Ort selbst die leiderfüllte Pietà am K r i e g e r d e n k m a l von Franz Santifaller (derzeit deponiert). Das Denkmal selbst entwarf der akad. Maler Heiner G s c h w e n d t aus Klausen.

GOSSENSASS. Seehöhe 1100 m, 950 Einwohner (531 im Jahre 1900); zum Brenner 10,5 km - nach Sterzing 6 km; Schnellzughaltestelle; Hauptort (Markt) und Sitz der Gemeinde Brenner (bestehend aus Brenner, Pflerschtal und G. mit insges. 2600 Einw., davon 1105 Ital.). Garnison; Post- und Telegraphenamt (Postleitzahl 39040), Arzt, Apotheke, Mittelschule, Reisebüro, Banken, mech. Werkstätte und Taxi; Schwimmbad, Tennisplätze und 7 Skilifts; zahlr. Hotels und Gasthöfe, u. a. die Hotels der Gründerfamilie Gröbner. — Temperatur im Jahresdurchschnitt 5,5° C (Brenner 3,8° C, Sterzing 6,2° C). — Das Bergmannswappen wurde anläßlich der Markterhebung im Jahre 1908 verliehen, ist jedoch heute nicht mehr offizielles Gemeindewappen; als solches wurde es durch das 1938 erteilte Brennerwappen ersetzt. — Partnerschaft mit Seefeld (Obb.). — Auskünfte bezügl. des Fremdenverkehrs (850 Betten, auch in Pflersch) durch Kurverwaltung Gossensaß. — Außenstelle Gossensaß/Pflersch der Alpenvereinssektion Sterzing.

Die eben erwähnte Gefällestufe von Schelleberg (200 m auf 4 km) schützt die Lage von G o s s e n s a ß vor dem allzu rauhen Brennerwind; so entwickelte sich hier an der Einmündung des von Westen her ziehenden Pflerschtales wohl schon früh eine Siedlung, deren ursprüngliche Funktion die eines Rastortes vor dem Aufstieg zum Brenner an seinem steilsten Stück war, für die es reichlich „Vorspann" besorgen hieß. Huf- und Zeugschmiede, Wagner, Gastwirte und „Schmirber", also Leute, die sich um Achsen und Lager der schweren Fuhrwerke und schnellen Kutschen kümmerten, auch „Bremser", die den sehr wenig anstrengenden Beruf hatten, bei der Rast in steiler Steigung dem Wagen einen Bremsklotz unterzuschieben — das alles gab es in Gossensaß; heute noch hat sich der Ort etwas vom alten Charakter der Raststätte an einem historisch bedeutenden Straßenzug erhalten, wenngleich in unseren Tagen die hier ansetzende Steigung durch die Kunst moderner Straßenbauer ihre Schrecken fast verloren hat und die Wirtschaft des Ortes in andere Richtung orientiert ist. — Wenige Spuren, die wir im folgenden bei einem Rundgang durch den Ort aufsuchen wollen, erinnern heute noch daran, daß Gossensaß ähnlich wie Sterzing im 15. und 16. Jh. Mittelpunkt eines ausgedehnten B e r g b a u g e b i e t e s (Silbergruben in Pflersch und Vallming) war. Das brachte Reichtum und Wohlstand, denn in der Blütezeit hausten hier 1000—1200 Bergknappen, die so hoch dran waren, daß sie silberne Schuhnägel trugen, wie eine alte Überlieferung vermeldet.

Die Lage des Marktes ist günstig und klimatisch bevorzugt, so daß reine Höhenluft, erfrischende Kühle und der Odem weiter Wälder in der Umgebung den Ort in der zweiten Hälfte des vergangenen Jahrhunderts zum beliebten Höhenluftkurort werden ließen. Immerhin ist die Lage so günstig, daß der sonnseitig ansteigende Giggelberg früher als *Kornkammer von Sterzing* (Holzmann) galt. — Sind die Linien dieser Wiesen, Äcker und Wälder weich und lieblich, so steht in gewaltigem Gegensatz dazu der Pflerscher Tribulaun, ein Monolith aus hellem Triasdolomit, die Gegend mit Macht bestimmend und beherrschend; der Kontrast zwischen den Felsen des Tribulauns und den ganz nahe schimmernden Gletschern des Talschlusses, um die sich in tieferer Lage die grünen Wogen der Almen und Wälder breiten, findet in diesem Teil der Alpen kaum seinesgleichen.

Die Eröffnung der Brennerbahn im Jahre 1867 brachte seit dem Erlöschen des Bergbaues wieder neues Leben nach Gossensaß. Die Hotelier- und Pionierfamilie G r ö b n e r verstand es, dem damals kleinen Dorf rasch den Ruf eines idealen Ferienortes zu verschaffen. Dies wurde mehr als durch vieles andere dadurch bewirkt, daß der berühmte norwegische Dramatiker Henrik I b s e n (1828—1906) hier zwischen 1876 und 1889 siebenmal zum Sommeraufenthalt weilte. Sein Drama „Der Volksfeind" wurde in Gossensaß vollendet, die „Wildente" entstand zur Gänze in der Stille der herben Obereisacktaler Landschaft. Das Familienarchiv der Gröbner verfügt noch über Briefe des Dichters, die von der innigen Freundschaft zu seinen Gastgebern künden und ebenso von der Liebe, mit der er an Gossensaß und an der ganzen Umgebung hing.

Karl Schadelbauer erzählt im „Schlern" (1928) einige köstliche A n e k d o t e n um den berühmten Gast. So liebte er es z. B. sinnend am Eisackufer oder am Pflerscher Talbach entlangzugehn und dort oft lange dem Toben der wilden Bergwasser zuzusehen; dies trug ihm unter den Einheimischen den Namen „das Bachmandl" ein. Neugierige Stubenmädchen wiederum fanden heraus, daß Ibsen an seinen Manuskripten niemals Korrekturen vornahm, während es in den Papieren des Dichters Oskar von R e d w i t z genau umgekehrt aussah. Auch Redwitz (1823—1891, lyr.-ep. Dichtung „Amaranth", Drama „Philippine Welser" u. a.) weilte oft zur Sommerfrische in Gossensaß. — Besonders liebte Ibsen auch das frische Bier, dem er abends gerne zusprach, doch wollte er nur davon trinken, wenn ein neues Faß angeschlagen wurde. Hier fand nun der große Norweger in der Kellnerin „Nannele" seine Meisterin: um den Dichter bei Laune zu halten, hieb die Kellnerin im Nebenraum zuweilen auch munter mit dem Schlegel auf ein altes Faß, und prompt ging der berühmte Gast in die Falle und wollte sofort ein „frisches" Bier. — Eine weitere Anekdote bezieht sich auf den berühmten ungarischen Orientalisten Hermann V a m b é r y, der u. a. 1863/64 als Derwisch verkleidet Westturkestan bereist hatte, um die Heimat der Magyaren zu entdecken. Der Gelehrte huldigte rauhen Sitten und feuerte seinen kleinen Sohn im Speisesaal mit den Worten „friß, Bub, friß" beständig zu guten Leistungen in der Nahrungsaufnahme an. Machten die anwesenden Damen ihrem Entsetzen ob solchem Gehabe in allen möglichen fremden Sprachen Luft, so erklärte der Gelehrte plötzlich in aller Seelenruhe: „Meine Damen, Sie können über mich Bemerkungen machen in was immer für einer Sprache Sie wollen, ich verstehe Sie doch."

Zum Ruf des jungen Kurortes haben auch viel die Reiseschriftsteller Heinrich N o ë und Ludwig S t e u b beigetragen; Joseph Viktor von S c h e f f e l verlegte die Sage von Wieland dem Schmied nach Gossensaß, doch ist dies — trotz einer nachweisbaren uralten Tradition des Schmiedehandwerkes im Ort — reine literarische Erfindung. — All dies jedoch kündet von einer zweiten Glanzzeit des Ortes nach dem Segen der Bergbaujahre. Im Jahre 1899 wird Gossensaß offiziell „Kurort" und 1908 erfolgt die Erhebung zum Markt, verbunden mit der Erlaubnis, ein Wappen zu führen; als erster Ort von ganz Tirol leistet sich Gossensaß schon 1886 eine elektrische Beleuchtungsanlage (Sternbach). — Schließlich muß an dieser Stelle auch noch des berühmten Alpenerforschers Dr. Eduard A m t h o r gedacht werden, der 30 Jahre lang die Tiroler Berge durchstreifte und mit besonderer Vorliebe in Gossensaß weilte. Ihm zu Ehren wurde das Hühnerspiel (2750 m) in „Amthorspitze" umbenannt (vgl. „Umgebung"). — Die beiden Weltkriege brachten teilweise den Zusammenbruch der Hotellerie und fügten dem Ort schwere Schäden zu; heute ist Gossensaß wieder beliebter Urlaubsort mit den entsprechenden Einrichtungen und vor allem ein überaus beliebtes Wintersportgebiet (siehe dort), das vor kurzem auch noch auf das für den Skilauf hervorragend geeignete Pflerschtal (Ladurns) ausgedehnt worden ist, womit auch ein Anschluß an das Skigebiet des Sterzinger Roßkopfes in greifbare Nähe rückt. Die Lage des Ortes in unmittelbarer Nähe der Autobahnausfahrt Sterzing bzw. des österr. Straßenanschlusses am Brenner kann diesen Projekten nur förderlich sein.

Ein G a n g d u r c h d e n O r t sollte in erster Linie zur alten Knappenkapelle (1510 von den Bergleuten gestiftet) S t. B a r b a r a a m F r i e d h o f führen, die noch beredtes Zeugnis einstiger Glanzzeit des Ortes ist. Die im Grundriß quadratische, zweigeschossige Kapelle ist ein Werk des Sterzinger Meisters Adam Scheiter; sie hat im Obergeschoß ein Spitzbogenportal aus weißem Marmor mit Bergwerkwappen und Totenkopf, daneben die Inschrift: *dise capell ist geweicht in der edlen jungckfraw sand barbara* (WG); ein stark übermaltes Wandgemälde zeigt den Tod Mariens mit Stifterfamilie am Sockel (Lienhart Pffarchyrcher, 1515). Das Glanzstück der Kapelle ist jedoch der g o t i s c h e F l ü g e l a l t a r (um 1520, unbekannter Meister, wahrscheinlich ein Tiroler). Das reiche Rankenornament umschließt die im Mittelschrein stehenden Figuren St. Barbara, Laurentius und Sebastian, während die Flügel innen im Relief, außen in etwas derben Gemälden Szenen des Marienlebens darstellen. Die Flügel der Predella zeigen u. a. auch den Bergwerkspatron St. Daniel; wesentliche Teile des Altars und weitere Holzskulpturen (Kruzifix, Apostelbüsten, Schmerzensmann, Sankt Barbara — alle um 1500) mußten leider derzeit deponiert werden. — Der Flügelaltar ist das Schmuckstück des Ortes. Erich Egg schreibt darüber: *In diesem Altar ist die letzte Blüte der Spätgotik mit den ersten Regungen der Renaissance vereinigt, ein typischer Zug der reichen Kunstblüte Tirols unter Kaiser Maximilian, zum Teil verursacht durch den Wohlstand der Bergwerke.*

Etwas erhöht über dem Marktflecken steht die von außen einfache, innen jedoch mit reichem Barockschmuck verzierte P f a r r k i r c h e z u r U n b e f l e c k t e n E m p f ä n g n i s, ein Werk des Priester-Bauherrn Franz de Paula P e n z (Weihe des völlig umgestalteten Baues, der erstmals 1478 als Stiftung der sog. Jörgenbruderschaft erwähnt wird, um 1754). Fast die gesamte Ausstattung der Kirche stammt aus dieser jüngeren Zeit, ausgenommen ein Kruzifix mit natürl. Haaren (Anf. d. 16. Jh.s), der Taufstein und der Weihwasserstein (dieselbe Zeit); ein spätgotischer Kreuzweg aus Silber stammt ebenfalls vom Anfang des 16. Jh.s, wurde aber 1858 ergänzt. Die Deckenfresken (Krönung Mariä, Tempelaustreibung) sind Meisterwerke des Augsburger Malers Matthäus G ü n t e r, im Jahre 1751 geschaffen und 1967/68 durch den Brunecker Peskoller fachkundig restauriert.

Nur wenige alte Knappen- und Gewerkenhäuser haben sich erhalten, wie etwa das schöne „Ralserhaus" (Ludw. Gröbner, Nr. 45) in der Hauptstraße, das der berühmte Architekt Clemens H o l z m e i s t e r sehr feinfühlend restauriert hat; es ist mit Fresken des Bozner Meisters Rudolf S t o l z geschmückt und trägt über der quadergefaßten Rundbogentür eine Erzstufe als

Mittelpunkt eines hübschen Freskos mit Bergknappenmotiven; auch am Haus gegenüber ist eine Erzstufe eingemauert. — Etwas darober erinnert der gartenbautechnisch hübsch angelegte Ibsen-Platz mit neuem Gemeindehaus an den berühmten Gast von Gossensaß (Gedenktafel 1976 am Musikpavillon). — Von der Burg Raspenstein südlich des Ortes (Erbauungszeit ungewiß, doch schon 1221 auf Begehren des Bischofs Berthold von Brixen durch Graf Albert III. von Tirol geschleift) hat sich bis auf Mauerreste im Boden keine Spur mehr erhalten.

Geschichtliches: An prähistorischen Funden wird nur ein Mahlstein für eine Handmühle erwähnt (Dalla Torre). Um 1200 wird der Ort erstmals urkundlich genannt *(Gozzensaz)*. Um den Namen ist viel gerätselt worden; lange Zeit hielt sich die Theorie, es handle sich um einen *Gotensitz*, eine Siedlung von versprengten Goten (vgl. die analoge, jedoch auch nicht untermauerte Theorie, die vorwiegend blonden und blauäugigen Sarntaler Bauern seien „Goten"). Beda Weber will, daß sich hier die *Gossen* (Bergbäche) im Eisack ab-*setzen*. Heute führt man den Namen allgemein auf den *Sitz eines* (bajuwarischen) *Gozzo* zurück. —

Aus dem Jahre 1427 datiert eine Bergwerksordnung, aber schon früher, 1350, wurden Silbergruben im Pflerschtal auf 2100 m Höhe (!) verliehen (Sternbach/Fischnaler). Heute noch heißt ein gegen Pflersch hin führender Weg „Silbergasse"; um 1462 wird ein Bergrichter namens Peter Fabian erwähnt, und im ganzen 15. und 16. Jh. ist Gossensaß zeitweilig neben Sterzing Berggericht (Huter). Schutzpatronin der Sprengmeister unter den Knappen ist St. Barbara, deren Patronat schon früh auch auf die Artillerie übergeht, da Kaiser Max diese Knappen als *Stückmeister* für seine Kanonen heranzieht (Sternbach). Nach und nach verfällt der Bergbau (laut Dalla Torre auf Grund von Raubbau) und 1818 endgültig eingestellt. — Anders weiß es die Sage: Danach herrschte Wohlstand allerorten, und der Übermut der Knappen kannte keine Grenzen. Zwar beteten noch einige

> *Oh heilge Barbara, Du edle Braut*
> *Mein Seel und Leib sind Dir anvertraut* (Heilfurth)

aber ansonsten führten die Knappen ein liederliches Leben (laut anderer Version ein „lutherisches" Leben). Höhepunkt des Frevels ist, daß die Knappen einem lebendigen Ochsen die Haut abziehen und Salz auf das gequälte Tier streuen (Wandersage). *Da schaute der Ochs zum Himmel und rêrte* (Heilfurth). Aber nun war es genug — man hörte plötzlich in den Bergen ein Klingeln von Silber und Gold und das Bergwerk war verfallen. Aber heute noch wird der 4. Dezember, der Tag der hl. Barbara, im Obereisacktal festlich begangen, so etwa im

Bergwerk auf dem Ridnauner Schneeberg und in den Marmorbrüchen von Ratschings; auch die Mineure und Sprengmeister, die beim Autobahnbau beschäftigt waren, feierten ihre Schutzpatronin stets in feierlicher Weise.

Die Umgebung von Gossensaß ist landschaftlich überaus reizvoll; als Hauptausflugsgebiet mag, vor allem für den Sommer, das Tal von Pflersch gelten, das gesondert behandelt wird; sehr hübsch ist der bereits von Ibsen geschätzte Weg entlang dem Pflerscher Bach und — parallel dazu, aber etwas höher — der Flaner Wald mit sehr stillen Wegen (Nr. 19, 20). Auf ihnen lassen sich die zerstreut liegenden Häuser des Viertels Außerpflersch erreichen. — Über den gegenüberliegenden sonnigen Giggelberg führt der Fußweg Nr. 1 zur Haltestelle Schelleberg der Brennerbahn und weiter zum S a n d j o c h im Grenzkamm (2166 m), dessen touristische Überschreitung jedoch untersagt ist. Der Reiseschriftsteller Heinrich Noë berichtet von dieser Gegend in seinem Buch „Die Brennerbahn" eine hübsche A n e k - d o t e:

Die Bahn zieht hier — um die Höhe des Giggel- bzw. Schellebergs zu gewinnen — eine weite Schleife ins Pflerschtal und führt an deren Ende, bei der Höfegruppe Ast, durch einen Kehrtunnel wieder in die Gegenrichtung zum Gossensasser Bahnhof. Nun ging es in den Kindertagen der Brennerbahn so gemütlich zu, daß sich junge Burschen den Spaß erlaubten, in Schelleberg aus dem talwärts fahrenden Zug auszusteigen, über die Wiesen von Giggelberg herunterzulaufen und am Bahnhof Gossensaß mit dem Bierglas in der Hand das heranpustende Züglein zu erwarten. — Dieser Kehrtunnel wurde im Weltkrieg 1939/45 mehrfach Transportflugzeugen zum Verhängnis, die von Süden kamen und sich an der Bahnlinie orientierten; sie flogen demnach statt auf den niederen Brennersattel in Richtung des Talschlusses von Pflersch, der unvermittelt steil zur Gletscherregion anstieg. In einigen Fällen gelang es den Piloten nicht mehr, die schweren Maschinen hochzuziehen und so zerschellten sie an den Felshängen von Innerpflersch.

Die eigentlichen B e r g t o u r e n von Gossensaß finden sich an der Ostseite des Eisacktales; man kann das H ü h n e r s p i e l (auch Amthorspitze, 2750 m) heute mit Hilfe von Skilifts „ersteigen" und mit mehreren Schleppliftanlagen dem W i n t e r - s p o r t huldigen; außerhalb der gepflegten Pisten lassen sich überdies sehr schöne S k i t o u r e n unternehmen und sichern Gossensaß den Rang eines S k i o r t e s   e r s t e r   K l a s s e mit absoluter Schneesicherheit und reizvoller Möglichkeit zu gemütlicher Einkehr in den gutgeführten Gasthöfen in Gossensaß selbst. Erst in allerjüngster Zeit ist das äußere Pflerschtal mit dem Skigebiet von L a d u r n s in das Wintersportgebiet von Gossensaß einbezogen worden (siehe unter „Pflersch").

Das Gebiet wird — zu Unrecht — im Sommer weniger begangen, obwohl Dalla Torre vom Hühnerspiel etwa schreibt: *Nicht eine bestimmte Formation, sondern die überaus große Anzahl von vielfach pflanzengeographisch gar nicht zusammengehörigen Arten machen den Berg für den Botaniker zu einem der lohnendsten. Viele Arten der östl. Alpen, bes. der Tauernkette, erreichen hier die Westgrenze ihrer Verbreitung; zugleich treffen westalpine aus dem Ötztal hier ein.* Ähnliches mag für die charakteristische, dem Hühnerspiel benachbarte W e i ß s p i t z e (2716 m) gelten, deren kecke Spitze aus hellem Dolomit fast wie ein Wahrzeichen der Gegend ist. Der wenig begangene Kamm senkt sich ab der Weißspitze und biegt im Saun (2068 m) gegen Westen zur Schmuderer Kuppe und gegen den Sterzinger Kessel ab. Ein reizvoller Übergang führt von der Hühnerspiel-Alm (Lift ab Gossensaß, 1830 m) zur Riedberger Alm (1947 m, Weg Nr. 11) und von dort meist entlang einer ausgebauten Militärstraße oder besser über Abkürzungswege nahe den Plonhöfen (auch Plunhöfe geschrieben) vorbei über die Schmuderer Kuppe nach Sterzing. Diese Plonhöfe (um 1288 *zu Montplan)* sind sehr alte, rätoromanische Siedlungen und ein schönes Ausflugsziel von Sterzing her.

Hans Fink berichtet von den Plonhöfen die folgende S a g e : *Auf einem der Plunhöfe stahl eine Katze Eier und Butter. Der Knecht legte sich auf die Lauer und schoß auf den diebischen Kater, den er bei der Tat ertappte.*
Das Vieh war wohl verwundet, aber nicht tot, und stöhnte entsetzlich. Sich seiner erbarmend, bespritzte es die herbeigeeilte Bäuerin mit etwas Weihwasser. Da lag anstelle der Katze nur mehr ein schwarzer Fetzen da. Die Hexe aber, die man bei Diebstählen immer in Verdacht gehabt hatte, lag zur selben Stunde in Ried bei Sterzing tot im Bett.

Unter n a t u r k u n d l i c h e E r s c h e i n u n g e n sind vor allem die zahlreichen Erdbeben zu verzeichnen, als deren Mittelpunkt der Raum Sterzing-Gossensaß gilt. Dalla Torre berichtet von 84 Erdstößen in der Zeit zwischen dem 28. Mai und 11. Juli 1891, deren stärkste beiderseits des Brenners, bis Franzensfeste und Matrei, spürbar und häufig von rollendem Geräusch begleitet waren. Weitere Erdbebenstöße werden bis 1907 herauf verzeichnet, und stark spürbar waren auch die Beben von 1976. — Wiederholt ist der Ort auch durch Hochwasser bedroht; im Jahre 1737 tun alle Gastwirte ein Gelübde, um drohende Wassergefahr abzuwenden und verpflichten sich u. a., Tanz, Trunk und andere

52

Lustbarkeit mehr am Zügel zu halten. Doch schon bald schränkte man einzelne Punkte wieder ein — nachdem die Gefahr gnädig vorübergegangen war (Schadelbauer). Aus der Chronik des Augsburger Kaufmannes Burkhard Zink ist zu entnehmen, daß der ganze Ort am 26. Mai 1447 ein Raub der Flammen wurde (ebda.). — Wassernot und Überschwemmung brachten weiterhin auch die Jahre 1882 und 1884.

DAS PFLERSCHTAL. Seehöhe 1094 m (Außerpflersch) und 1245 (Innerpflersch, Kirche); 656 Einwohner in zahlreichen Weilern und Höfegruppen; Länge des Tales 16 km, davon 9 km 7,5 m breite, zum Großteil asphalt. Straße bis Innerpflersch und seit 1980 weiter bis zur Höfegruppe Stein. Pflersch ist Teil der Gemeinde Brenner. Eisenbahnhaltestelle am Südausgang des Kehrtunnels im Weiler Ast; Autobus Sterzing—Gossensaß—Pflersch; Pensionen und Gästezimmer in Außerpflersch; in Innerpflersch (Weiler Boden) 2 Gasth., eines davon das Pfarrhaus. — Fremdenverkehrsamt gemeinsam mit Gossensaß. — Skigebiet Ladurns in Außerpflersch, Übungsskilift in Innerpflersch.

Die Aussicht ins ebene, kräuterreiche Tal Pflersch ist eine der lieblichsten im ganzen Gebirge.

(Beda Weber)

Man wurde sich anläßlich des Baues der Brennerbahn der Tatsache bewußt, daß hier in damals einzigartiger Weise eine Eisenbahnlinie auf 4½ km Luftlinie an die Gletscher heranführte. Margarete Kadner-Gröbner berichtet in ihren Jugenderinnerungen („Schlern"), der Erbauer der Brennerbahn, Ing. Etzel, habe sie vor die Tür ihres einfachen Gasthauses in Gossensaß geführt und gesagt: *Mit dem Blick auf die Gletscher müssen Sie ein Hotel bauen, das ist Ihre Zukunft.* Wie wir bereits wissen, brachte diese Lage zusammen mit anderen günstigen Aspekten dem Ort tatsächlich einen gewaltigen Aufschwung. Heute hat man den genannten Gletscherblick auch vom großen Gossensasser Autobahnviadukt aus, allerdings nur im schnellen Vorübergleiten. — Das K l i m a dieses Hochtales ist milder, als es seine Höhenlage vermuten ließe. Schon Dalla Torre führt dies auf die von Ost nach West gerichtete Lage des Tales zurück, nennt das Klima im Vergleich zur Brennergegend *warm und gesund* und nennt das Pflerschtal *ein ausgezeichnetes Beispiel des Einflusses der Talrichtung auf die Fruchtbarkeit.* Für den geologischen Aufbau ist

53

der im Tribulaun sehr schön sichtbare *Pflerscher Kalkkeil* kennzeichnend, der sich vor allem an der Weißwandspitze im Talgrund und auch gegenüber, an den sog. Telfer Weißen (Name!) gut beobachten läßt. So zeigt sich dem Beschauer ein Hochgebirgstal, in dem sich eine großartige Felswildnis über sanfteren grünen Wogen aufbaut. Der mächtige Wall der Tribulaune (Obernberger und Gschnitzer auf österr. Gebiet bzw. nach Norden vorgeschoben, das Tal beherrschend nur der Pflerscher Tribulaun) schützt das Tal vor rauhen Nordwinden, die niedrigeren Höhenzüge im Süden gewähren den lauen Südwinden Zutritt. *Der Schnee schmilzt in diesem Thale früher und der Sommer ist hier wärmer als in den meisten Seitenthälern des Landes, weil die Sonne durch den Strahlen-Reflex von dem Kalkgestein der Nordgebirge doppelte Kraft erhält. Darum gedeihen Roggen, auch Weitzen hier trefflich, und dieser noch bei den innersten Höfen zu Hinterstein nicht weiter als 2 Stunden vom Saum des Ferners* (Staffler). Als Gefahr nennen schon diese älteren Autoren den Ausbruch der Wildbäche, deren Toben noch in unseren Tagen die Anlage von wirksamen Schutzbauten notwendig macht. Vor allem nahe der Eisackmündung mußte der Pflerschbach reguliert werden und hat dadurch die hübsche Uferpromenade erhalten, die Ibsen so sehr liebte.

Staffler berichtet die S a g e, an dem in den Talbach mündenden Schreiergraben lasse sich der *Schreiergeist* sehen und treibe dort sein Unwesen, bald klein wie ein Zwerg, dann wieder groß wie ein Riese. — Den N a m e n Pflersch wollte man von *Vallorgia* (steilwandiges Tal) ableiten (Mitt. des DuÖAV, Jg. 1901), während K. F. Wolff (Bozner Hauskalender, 1970) die urkundl. belegte Form *Valurse* als *Val d'urs* gleich *Bärental* deutet; beide Versuche sind jedoch unbefriedigend, wenngleich wir ihnen in der Annahme einer romanischen bzw. vorromanischen Form zustimmen können.

Für A u s f l ü g e und B e r g t o u r e n ist das Tal hervorragend geeignet; es schenkt noch den Zauber einer vielfach völlig unberührten Berglandschaft und jene Stille, die so manchem berühmteren Ziel in den Alpen längst schon abhanden gekommen ist. Auf Jägersteigen in den endlosen Wäldern und auf Hirtenwegen zwischen den Hochalmen kann man stundenlang wandern, ohne einem Menschen zu begegnen. — An erster Stelle muß das Gebiet des T r i b u l a u n s (3096 m) genannt werden, wenn auch dieses Gebiet einmal durch die Grenzziehung von 1919 und zum anderen durch die Sicherungsmaßnahmen, die zwischen 1961 und 1970 an der Grenze ergriffen werden mußten, schwerstens beeinträchtigt wurde.

Der Hauptstützpunkt, die T r i b u l a u n h ü t t e (am Sandes-See, früher auch „Sonnen-See", 2368 m, ab Innerpflersch auf Weg 7 in 2½ Std.; hier der Koggraben-Wasserfall, 60 m); CAI Sterzing, 1892 durch die Sekt. Magdeburg des DÖAV erbaut, 1960 vergrößert, 36 Betten, ist nunmehr seit dem Abklingen der Feindseligkeiten zwischen Italien und Österreich wiederum bewirtschaftet (Telephon 0472/6 24 70). — Ausweisleistung kann verlangt werden. — Über das Schicksal dieser und anderer Schutzhütten vgl. Paul M a y r, „Die Enteignung der Alpenvereinshütten 1923", Bozen 1966.

Der Tribulaun galt noch um 1847 als unersteiglich (Staffler); es wird auch davon berichtet, daß auf dem Gipfel Wünschelruten für den zu holen wären, der die Ersteigung wage. Im Jahre 1872 erreicht H. Waitzenbauer den niedrigeren Ostgipfel, und 1874 gelingt dem berühmten Führer Grill-Kederbacher mit Hofmann und Winhard die erste Ersteigung, und zwar aus dem nördl. Gschnitztal. Aus dem Pflerschtal findet der Führer Niederwieser 1883 einen Anstieg, der später mit Drahtseilen gesichert wurde und als mittelschwierig gelten konnte. Diese Versicherungen sind heute verfallen und daher der Anstieg sehr gefährlich. Eine beliebte, schwierige Klettertour bietet der Westgrat. — Die Südwand des westl. anschließenden Goldkappels bezeichnete kein Geringerer als Hermann Buhl als seine schwierigste Kletterfahrt, die er nie mehr wiederholen würde.

Ähnliches wie für die Tribulaunhütte gilt auch für die M a g d e - b u r g e r H ü t t e, neben dem Rochollsee am Stubenferner. Auch sie ist seit 1971 wieder zugänglich und bewirtschaftet. Diese Hütte liegt auf 2423 m und erschließt den vergletscherten Talschluß mit einigen — nach alpinen Begriffen — leicht erreichbaren Dreitausendern, so etwa Weißwandspitze, 3018 m, Schneespitze, 3172 m, östl. und westl. Feuersteine, 3267/3250 m, Aglsspitze, 3194 m, u. a. m. — 1887 von der Sekt. Magdeburg erbaut, heute CAI Sterzing, von Innerpflersch auf Steig Nr. 6 in 3 Std. (Materialbahn); 1980 grundlegend restauriert, 60 Schlafplätze; Auskünfte über beide Hütten und auch jene von Pfitsch und Ridnaun durch den Alpenverein Südtirol, Sektion Sterzing oder Ortsstelle Gossensaß. Telephon 0472/6 24 72

Abgesehen von den genannten Hochgebirgstouren lassen sich eine ganze Reihe von H ö h e n w e g e n und Ü b e r g ä n g e n machen, wozu keine besonderen alpinen Kenntnisse und Erfahrungen, wohl aber gutes Orientierungsvermögen nötig sind. Berühmt ist der P f l e r s c h e r H ö h e n w e g, der vom Weiler Ast ausgehend (Nr. 32, dann 32 A) das gesamte Tribulaunmassiv auf einer Höhe von ca. 2300 m bis zur Tribulaunhütte quert und im Portjoch einen (dzt. nicht benützbaren) Übergang zu den schönen Seen des Obernberger Tales erreicht. Geübte Geher können — nun nahe der Dreitausendmetergrenze — die Querung von der Tribulaunhütte auf Nr. 7 bis zur Magdeburger Hütte fortsetzen. Dieser großartige Höhenweg hat allerdings während der durch die genannten Grenzzwischenfälle bedingten Sperre gelitten, ist aber im Trakt Portjoch - Tribulaunhütte 1975 durch den AVS Sterzing wieder gut instand gesetzt worden.

Von Übergängen ins Ridnauntal sei jener genannt (Nr. 27), der von Innerpflersch-Kirche über die Alrießalm und durch das gleichnamige Tal und die Maurerspitz-Scharte jenseits bergab nach Maiern führt; dieser landschaftlich ungemein schöne Übergang führt allerdings von 1245 m auf 2511 m und senkt sich dann auf 1450 m, so daß man gut 6—7 Stunden rechnen muß. Reizvoll ist es auch, die südseitig gelegenen Almen L i d o f e n s, A l r i e ß, T o f r i n g und L a d u r n s auf allerdings nur teilw. markierten Wegen von oben her in einer langen Talquerung zu berühren und nach Außerpflersch abzusteigen. Diese Wanderung ist floristisch und geologisch interessant und von großer landschaftlicher Schönheit. Schließlich sei noch das weltvergessene T a l v o n V a l l m i n g mit der gleichnamigen A l m genannt, vor allem auch als Kostbarkeit für den touristischen S k i l a u f als Abfahrt vom Roßkopf.

Obwohl die vorgenannten Almen Tofring und Alrieß 1969 durch einen Wirtschaftsweg erschlossen wurden, ist das Gebiet noch wenig gestört. Dies gilt im Sommer auch für die Alm Ladurns, die im Winter ein sehr beliebtes S k i g e b i e t geworden ist; von der Talstation (Weiler Ast, ca. 4 km ab Gossensaß) führt ein Sessellift über 577 m Höhenunterschied zur Alm (1710 m) und ein Schlepplift weiter bis auf eine Höhe von 2015 m. Die Schneelage ist an diesen Schattenhängen immer sehr gut.

Eine F a h r t d u r c h d a s T a l bietet eine Reihe von schönen Blickpunkten, vor allem immer wieder zum Tribulaun und zur geol. ungemein interessanten Weißwandspitze. Die Nordhänge, durchzogen von schimmernden Wasserfällen, stürzen in unheimlicher Steilheit zutal; Schotterwerke und Sägen weisen auf die Nebenberufe vieler Bauern im Tal hin. Man passiert die Weiler und Streusiedlungen N a ß t a l, V a l l m i n g (Gasth. Pflerscher Hof, einfache Kapelle), K i e s e r e n g e r n (Gasth. Plattner, Kapelle), die Haltestelle der Eisenbahn A s t (oberhalb der Talstraße, mehrere Gehöfte und Kapelle, an der Straße die Talstation des Sesselliftes nach Ladurns), weiters A n i c h e n und erreicht schließlich auf der Straße Kirche und Weiler B o d e n (auch St. Anton) in Innerpflersch (1254 m).

Die Pfarrkirche zum hl. Anton Abt wird 1418 urkundlich erwähnt und im Zuge des blühenden Bergwerksbetriebes 1482 vergrößert und neu geweiht. Das Spitzbogenportal dieser Kirche findet sich heute an der neugot. Friedhofskapelle (Knappenwappen); der Turm stammt aus dieser Zeit, das heutige Langhaus wurde 1881 in neurom. Stil erbaut; auch der Altar aus dieser Zeit, nicht jedoch die Holzstatue des hl. Anton Abt, die aus dem Ende des 15. Jh.s stammt und Rest eines ehem. Flügelaltars sein dürfte; der Kopf später umgearbeitet. Altarblatt (St. Anton) von Josef R e n z l e r 1836 (WG).

Als Besonderheit mag gelten, daß sich hier in Pflersch noch erhalten hat, was früher vielfach gang und gäbe war: der Seelenhirte von Pflersch ist gleichzeitig auch um das leibliche Wohl der ihm Anvertrauten besorgt; er führt den Pfarrhof auch als Gasthaus, das früher als wichtiger Stützpunkt für Tribulaunbesteigungen galt; einige Grabsteine im Friedhof erinnern an so manches Opfer, das dieser Berg gefordert hat. Ebenso wird man daran erinnert, daß in der Glanzzeit von Gossensaß und zur Zeit der alpinen Erschließung des Tales der Bergführerberuf manchem Talbewohner einen hochwillkommenen Nebenverdienst verschaffte (Windisch, Eisendle und vor allem Mühlsteiger, der sich auch in den Dolomiten einen Namen machte). Ein Jakob Eisendle (1811—1868), *Bauer und Erfinder in Pflersch*, wie er sich selbst nannte, wurde als geschickter Konstrukteur von Apparaten aller Art weit über sein Tal hinaus bekannt; Proben seines Schaffens zeigt das 1973 eröffnete Museum für Tiroler Landeskunde in Innsbruck.

Auf neuerdings (1979) gut ausgebauter Straße geht es nun weiter talein zu den Weilern E r l (heute noch viele Erlen am Bach), A u ß e r s t e i n und H i n t e r s t e i n (1500 m); hier gab es einst einen Silberplatter-Hof (Bergbau! Heutiger Name Hofpichler), der schon um 1288 belegt ist. — Zwei Höfe in Hinterstein wurden zu Ostern 1975 von einer Lawine verschüttet. — Hans Fink berichtet von diesen Knappenhöfen folgende S a g e:

> *Die ältesten Knappenhöfe in Pflersch sollen die Höfe Steiner, Thunler und Knappen (heute Walten Friedl) in Stein sein, von denen der Steiner mit 2½ Stunden den weitesten Weg zur Kirche nach Gossensaß hatte. Er soll stets einen weißen Mantel getragen haben und es wäre mit dem Ersteläuten in Gossensaß so lange gewartet worden, bis man seiner vom Pfarrturm aus ansichtig wurde, sobald er nach Außerpflersch kam.*

Auf Vergletscherung und späteren Gletscherschwund, durch den Bergbaustollen wieder freigegeben wurden (Holzmann), weist eine andere Sage hin, die den Feuersteingletscher zum Schauplatz hat (Fink):

Demnach sei dieser Gletscher einmal eine blühende Alm gewesen, von übermütigen Sennern bewohnt, die einst einem „Bettlermandl" die Tür gewiesen hätten. Ja, sie hätten sogar aus Käse ein Kegelspiel geformt und mit Butterkugeln danach „geschoben". Als der Bettler diesen Frevel sah, verfluchte er Alm und Leute, worauf es unaufhörlich zu schneien begann, bis alles eine Schneewüste war, kirchturmhoch mit Eis und Schnee bedeckt. (Eine ähnliche Sage erzählt im ladinischen Bereich nahezu dasselbe von der Vergletscherung der *Marmolata*.)

Die G e s c h i c h t e des Tales ist unlösbar mit dem einst blühenden B e r g b a u verbunden. Es ist vor allem das Verdienst Holzmanns gewesen, an Ort und Stelle und oft in sehr unzugänglichem Gelände den Spuren des alten — oder wie Holzmann meint: prähistorischen — Bergbaues nachzuspüren.

Tatsächlich sind eine ganze Reihe von N a m e n, die in der Nähe alter Stollen vorkommen, zweifellos vorrömisch (vgl. oben Lidofens, Tofring, Ladurns, Vallming u. a. m., alle mit dem Ton auf der letzten bzw. vorletzten Silbe); ähnlich wie am benachbarten Schneeberg in Ridnaun fällt auf, in welcher beträchtlichen Höhe nach Fahlerz mit Silbergehalt geschürft wurde; laut Holzmann wurden Stollen durch den Rückgang des Feuersteingletschers wieder zugänglich, aus denen die Hirten Grubenholz zum Feuermachen holten. Nach alter Volksmeinung *wurde in das Berginnere von Pflersch mehr Holz hineingebaut als heute in den Wäldern steht.* — Auch den Namen des „Stubenferners" leitet Holzmann von einer Knappenbehausung ab. Ebenso sind „Silberböden" oberhalb der Tofring-Alm nachgewiesen, doch stellt das Stollensystem der „Hängenden Wand" an Unzugänglichkeit und Abgelegenheit alles in den Schatten: In einer senkrechten Felswand auf ca. 2300 m zwischen Lidofens und Alrieß finden sich — laut Begehungsbericht Holzmanns — Stollen neben Stollen, als Zugang eine künstlich in den Fels gehauene „Stiege", und unterhalb der Wand konnte eine Art Erzweg in Serpentinen ermittelt werden; über den Bergbau im 15. und 16. Jh. siehe auch unter „Gossensaß".

Interessant sind auch Spuren der Arbeitsmethoden in frühester Zeit: Kohlenreste deuten auf Zerklüftung durch Feuer, während anderwärts Spuren der Sprengung durch Schwellung von Holzkeilen festgestellt wurden; Holzkeile (Buche, Legföhre) wurden in Felsritzen getrieben und durch eine einfache Vorrichtung längere Zeit mit Wassertropfen beträufelt. Das durch die Nässe bedingte Anschwellen des Holzes entwickelte eine gewaltige Sprengkraft; als wegen der Attentate des Jahres 1961 die Bauern in Südtirol nur mit Mühe Sprengstoff für landwirtschaftl. Zwecke, Wegbauten usw. bekommen konnten, hat man sich wieder da und dort auf dieses uralte Sprengsystem besonnen und es mit Erfolg angewendet. — Laut Dalla Torre waren dann auch *Höhenlage, Holz- und Wassermangel sehr störend* für den Bergbaubetrieb, und ebenso muß der Transport aus den Hochlagen sehr problematisch gewesen sein. — Als Beweis dafür, daß hier schon in prähistorischer Zeit Bergbau betrieben wurde, sieht Holzmann die seltsamen Felszeichnungen auf einem Felsblock, unmittelbar neben dem Eingang zu einem verfallenen Bergwerksstollen am Ausgang der sogenannten „Hölle", dem großartigsten Wasserfall (46 m), den der Pflerscher Bach nahe den Höfen von Hinterstein bildet.

Allein wegen dieser Felszeichnungen ist ein Ausflug nach Hinterstein lohnend, aber ebenso trifft hier in hohem Maße auch zu, was schon Dalla Torre schreibt: *Das Pflerschtal ist besonders in seinem eisumschlossenen, in der Schneespitze kulminierenden Hintergrund reich an erhabenen Landschaftsbildern.* — Schon von der Kirche in Innerpflersch sieht man ein Stück des wilden Wasserfalles zur „Hölle". Für eineinhalb Kilometer verfolgt man nun die neue Straße, bis man bei einer Brücke auf den alten Wiesenweg abzweigen kann, der zu den fünf Höfen von Hinterstein führt, die ein prächtiges Bild echten Tiroler Bergbauernlebens bieten. Tatsächlich wächst hier noch der Weizen, und angesichts der blitzsauberen, blonden Kinderschar braucht einem um das Schicksal dieser Höfe noch nicht bange sein. Beim „Hofer" liegt hinter dem Haus ein prächtiges Beispiel für jene bislang nicht befriedigend erklärten Schalensteine (runde, künstlich ausgebohrte Vertiefungen, wie kleine Wannen, die — wie manche glauben — als Behälter für Talg dienten, der zu kultischen Zwecken entzündet wurde). — Vom „Hofer" kommt man in zehn Minuten zur wilden Schlucht der „Hölle"; sie „raucht", das heißt es sprühen tatsächlich Gischt und Sprühregen aus dem wilden Tobel. Sieht man die „Hölle" von weitem „rauchen", so bedeutet dies, daß man sich auf das Wetter verlassen kann. — Etwas unterhalb der Steinhöfe, wo die Schlucht langsam zu verflachen beginnt, findet sich — heute fast ganz zugewachsen — ein Stolleneingang und daneben der Stein mit den Felszeichnungen. Anläßlich einer Begehung der Stelle im August 1968 und im November 1971 konnte der Verf. das schöne Sonnenrad (Kreis mit gekreuzten Durchmessern, etwa 8—9 cm), ein einfaches Kreuz und drei hakenkreuzartige, in gleicher Technik eingemeißelte Symbole feststellen; es handelt sich auch hier um eine Art Rad, denn die Querbalken der Hakenkreuze sind abgeschrägt bzw. fast abgerundet. Eine vergleichbare Figur findet sich übrigens im Museum zu Cividale, als Schmuckstück aus einem langobardischen Grab, während das Sonnenrad eine auffallende Entsprechung in einer Steinquader des Torturmes der Ruine Straßberg bei Gossensaß hat; der Torbau war 1971 eingestürzt, und dabei kam das Symbol erst zum Vorschein. Es wurde beim Wiederaufbau an gut sichtbarer Stelle eingemauert. — Die Bedeutung und das zweifellos hohe Alter dieser Zeichnungen sind von kompetenter Seite noch nicht geklärt; Holzmann sieht, wie bereits erwähnt, zusammen mit anderen fachkundigen Besuchern des rätselhaften und von Urzeithauch umwobenen Platzes in den Steinzeichnungen der „Hölle" den Beweis für den prähistorischen Bergbau im Pflerschtal, während andere Forscher (Innerebner) die Felszeichnungen für mittelalterlich halten. — Sei dem wie immer wolle: ein Besuch der Steinhöfe an dem durch viele Stollenlöcher, Felsinschriften und Jahrzahlen gekennzeichneten Weg zur Magdeburger Hütte zeigt die Landschaft des obersten Eisacktales in ihrer ganzen Schönheit. Fesselnd ist hier die Verbindung von dunkel glänzendem Urgestein mit silbernen Wassern und hellem Dolomit, prächtig sind die himmelhohen, leuchtenden Firnfelder, unvergeßlich bleibt der Duft der Bergeschen im Frühling und das Grün der Erlen, die von den Steinhöfen bis zur Mündung den Talbach von Pflersch begleiten.

VON GOSSENSASS NACH STERZING

Gleich südlich von Gossensaß senkte sich früher die Brennerstraße in einer gefährlichen Steilkurve („Lamse"), die heute durch zwei Straßentunnels umfahren wird, wodurch auch ein beschrankter Bahnübergang der alten Straße ausgeschaltet werden konnte. Die Eisenbahnlinie führt hier ein Stück durch das alte Eisackbett, während für den Eisack selbst zur Erbauungszeit der Bahnlinie ein Tunnel durch den hier vorspringenden Fels — auf dem Raspenstein stand — gebohrt werden mußte; ein weiterer Straßentunnel (alle drei zwischen 1963 und 1967 fertiggestellt) begradigt jene Kurve, die früher gegen das Dörfchen Ried hin ausholte. Die Autobahn setzt hoch über Gossensaß bei den Platzhöfen zu dem bereits erwähnten Viadukt an und überspannt Fluß, Bahn und Staatsstraße hinüber auf die Schulter von Steckholz, derart ein Gegenstück zur Europabrücke jenseits des Brenners bildend. Von S t e c k h o l z (Gasthaus an der ehemaligen Militärstraße, die Gossensaß mit Thuins verbindet und zum Roßkopf ausholt) führt die Autobahntrasse, das kleine Tschöfs mittendurch in zwei Teile schneidend, in Richtung Westrampe des Sterzinger Talkessels.

Älter als all die hier genannten Verbindungen aus neuerer und neuester Zeit ist der historische Brennerweg, der von Gossensaß her kommend (heute schmaler Fahrweg, Mark. Nr. 21) zweifellos die Feste S t r a ß b e r g berührte, deren Ruine heute noch malerischer Schmuck dieses Gebietes ist, abseits vielbefahrener Straßen in idyllische Ruhe versunken.

Die langgestreckte Anlage von Straßberg paßt sich dem schmalen und von Natur aus nicht sehr geschützten Burghügel an. Das um 1200 erbaute Schloß kam als brixnerisches Lehen in den Besitz der Landesfürsten und durch sie an verschiedene Familien, so u. a. auch an die Frundsberg (1363—1502), deren berühmtestes Mitglied, der Feldhauptmann Jörg von F r u n d s - b e r g im Langhaus der Sterzinger Pfarrkirche eine Mariensäule gestiftet hat (1528). Die Feste kam später auch an die F u g g e r, schließlich im 18. Jh. an Franz Andreas von S t e r n - b a c h und ist heute in bäuerlicher Hand.
Straßberg war bis in das 16. Jh. Pfleg- und Gerichtssitz für das obere Eisacktal. Die Verleihung an hervorragende Familien erklärt sich aus der strategisch wichtigen Lage der Burg am Brennerweg (Name!). Gut erhalten sind noch der innen offene, 1971 restaurierte Torturm mit Viereckzinnen, der Bergfried und Teile der Ringmauern. Wie bereits erwähnt, kam beim Wiederaufbau des Torturmes eine Steinzeichnung zutage, und zwar das nahezu gleiche Sonnenrad, wie wir es beim Stolleneingang nächst der „Hölle" in Hinterpflersch gesehen haben. Die Halbruine beherbergt heute ein bäuerliches Anwesen und kann besichtigt werden (zu Straßberg und zum Zeichenstein sehr ausführlich mit Abb. Martin Bitschnau in „Schlern", Jg. 1971, S. 299, sowie O. Trapp in „Tiroler Burgenbuch" III, S. 82 f.). Der S p a z i e r g a n g von Gossensaß über Straßberg, Ober- und Unterried und durch den Bannwald bis zum Gasthaus „Maibad" am nördl. Stadtrand von Sterzing (Weg Nr. 21, 2 Std.) gehört zu den lohnendsten Ausflügen der Gegend und ist das landschaftlich schöne Gegenstück zur jenseitigen Rampe von S t e c k h o l z, von wo aus man wiederum den schönsten Blick herüber auf Straßberg hat.

Etwas südlich vom Schloß führt ein blau-gelb markierter Weg hinunter zum aufgelassenen Gasth. „B l ä t t e r m ü h l e" (Gefecht im Kriegsjahr 1809) an der Staatsstraße, doch führte der alte Brennerweg hier nicht wie heute weiter durch die Eisackschlucht, sondern überquert als Fußweg einen malerischen Sattel und senkt sich erst beim P f l a s t e r e r h o f (der Name weist auf die Verpflichtung zur Erhaltung der Straße) in die Mündung der Eisackschlucht, die nun auch von der heutigen Staatsstraße durchmessen wird. Bald zweigt von ihr nach links (östl.) die Zufahrt zu den Weilern O b e r - und U n t e r r i e d ab.

Die zerstreuten Häuser liegen auf 1065 bzw. 1014 m, gehörten früher zum Burgfrieden Straßberg mit besonderen Rechten und Pflichten und sind heute Teil der Gemeinde Sterzing, mit 187 Einwohnern; der Ort verfügt über Privatzimmer und ein Gasthaus. Die Pfarrkirche zum hl. Stephan hat einen Turm aus der Zeit um 1400 (erste Erwähnung der zweifellos älteren Kirche um 1492). An der Fassade St. Stephan, Marmorskulptur aus der ersten Hälfte des 17. Jh.s, von WG als *gute Arbeit* bezeichnet. Altäre *prächtige, frühbarocke Säulenbauten, schwarz und vergoldet.* Hochaltarblatt (Marter des hl. Stephan) von Stephan Keßler, 1670; Seitenaltarbilder aus derselben Zeit, ebenso die Kanzel.

Wir kehren nun (Bahnunterführung) über die Zufahrtsstraße wieder auf die Brennerstraße zurück und erblicken gleich rechts, am sogenannten „Geierhaus", einem ganz unscheinbaren Gebäude, zwei gotische Bilder, St. Jakob und St. Christoph, den „Wegeheiligen" darstellend (um 1430, WG); das Fresko wird von vielen Südlandreisenden erwähnt und besonders genau vom Kunsthistoriker Berthold Riehl (1858—1911) gewürdigt. Riehl hält es für bedeutsam, daß die innen so unscheinbare Behausung nach außen hin so würdigen Schmuck eines *geübten Malers, wohl der Brixner Schule angehörend,* zeigt. Riehl stellt fest, daß äußere Wandgemälde dieses Alters und dieser Qualität in Bayern und Nordtirol fehlten. *Nur in einer Gegend, in der die Wandmalerei damals bereits breiteste Wurzel gefaßt hatte, ist es denkbar, daß sich an einem Bauernhause ein gutes spätmittelalterliches Wandgemälde findet; in Brixen war dies, wie im Pustertal und in Bozen, damals der Fall.* — Heute sind die Bilder durch Abgase und Schmutz fast völlig zerstört. —

Schräg gegenüber vom Geierhaus steht das heute als Gaststätte in Verwendung stehende alte Zollhaus von Lurx, ein sehr schöner Bau mit Erker und Eckturm (16. Jh.) und prächtigen Schmiedeeisengittern, durch eine unsachgemäße Erhöhung in der Proportion leider nachhaltig gestört.

Die Zollstätte am Lurx war bis ins 18. Jh. Einhebestelle mit *kleinem Tarif.* Ursprünglich im Besitz der Augsburger Bischöfe, ist der Zoll ab 1400 in Händen der Grafen von Tirol. *Im 14. Jh. wurde hier zeitweilig der Silberzoll für die Münzstätte Meran erhoben* (Huter). — Das kleine Zolleinnehmerhaus aus der Zeit Maria Theresias steht übrigens auch noch; es waren dies nach einer ganz bestimmten Norm errichtete Zweckbauten, von denen auch jener zu *Torbole* am Gardasee noch erhalten ist.

Besonderes Augenmerk verdienen die Mühlen im Bereich des Zollhauses von Lurx, darunter die sog. „Färbermühle", zum gleichnamigen Anwesen in der Sterzinger Altstadt gehörig und ehemals noch im Besitz des Großvaters des Verfassers dieses Buches. Wenn G o e t h e an der oben zitierten Stelle *(Einige Mühlen zwischen uralten Fichten über dem schäumenden Strom...)* von „Strom" spricht, so sah er diese Mühlen zwar noch vor Sterzing (nächste Eintragung: *Als ich um neun Uhr nach Sterzing gelangte...)*, aber wohl kaum oberhalb von Gossensaß, da man den Eisack vor dem Zufluß des Pflerscher Baches kaum „Strom" nennen kann. So ist es gut möglich, daß Goethe mit der genannten Vedute den malerischen Winkel am alten Zollhaus in Lurx mit den dort heute noch stehenden hohen Bäumen und eben der „Färbermühle" gemeint hat. Die alte Brennerstraße mußte ja, von Ried kommend, an diesen Mühlen vorbei direkt zum Zollhaus führen.

Gleich nach dem Zollhaus steht an der Staatsstraße die S a l - v a t o r k a p e l l e von Lurx; sie gehört bereits zur Pfarre Wiesen (am Eingang ins Pfitschtal), wurde 1643 an Stelle eines Bildstöckls errichtet und ist im Charakter der Loretokapellen gehalten (WG).

Nach dem Passieren des Lurxer Zolles wird der Blick auf die S a r n t a l e r B e r g e (rechts die Plattspitze, 2548 m) frei, mit dem spitzen Kirchturm von T h u i n s im Vordergrund. Bevor die Straße in einer schwachen Biegung mit leichtem Gefälle in den eigentlichen Stadtbereich von Sterzing führt, zweigt nach rechts eine kleine Zubringerstraße ab (unsachgemäß renov. Bildstock), die in wenigen Minuten zum Weiler T s c h ö f s (Gemeinde Sterzing) führt. Auf der Höhenstraße (früher „Wolfengasse", oberhalb der Autobahntrasse) von Tschöfs nach Thuins zu wandern ist immer noch einer der reizvollsten S p a z i e r - g ä n g e im Sterzinger Talkessel. Das reizend gelegene Tschöfs mußte allerdings harten Tribut an die Erfordernisse des modernen Verkehrs zahlen, denn es wird durch die Autobahn genau in der Mitte geteilt.

Auch dieser Weiler, auf 1036 m gelegen, mit 76 Einwohnern, liegt auf historischem Boden. Innerebner hat hier drei Urzeitsiedlungen festgestellt (Ziegelmühlegg, Hatzlerbühel, Tschöfser Kirchhügel); die auffallend regelmäßige, kegelförmige Gestalt der drei Kuppen hat schon 1914 den Forscher Adrian Egger zu Grabungen ermuntert, die reichliches Tonscherbenmaterial und Beingeräte zutage treten ließen; er hat seine Funde dem Zeitraum von der mittleren Bronzezeit bis in die späte Hallstattzeit zugeteilt; heute sind die Kuppen durch Schotterabbau und durch die Autobahnarbeiten stark verändert bzw. zum Großteil gänzlich abgetragen.

Zu erwähnen ist an dieser Stelle, daß Tschöfs der Heimatort des Tiroler Bauernführers Michel G a i s m a i r ist, mit dem wir uns unter dem Stichwort „Sterzing" noch näher zu befassen haben werden. Der Turm der K i r c h e S t. P e t e r u n d P a u l stammt wie der von Ried aus der Zeit um 1400, das Langhaus hat seine heutige Form um 1688 erhalten. Das Innere — ein *Musterbeispiel für den frühen, schweren Barock* (WG) — stammt aus der Zeit der Erbauung, mit reicher Stuckdekoration. Mehrere Holzskulpturen (St. Petrus, Kruzifix, Schmerzensmann, alle aus dem 15. Jh.) sind derzeit deponiert.

Hier in Tschöfs, auf der hübschen Terrasse des Gasthauses „Ralser" (Jahrzahl 1473 am Portal) läßt es sich noch immer gut sitzen und buchstäblich den Jahrtausenden nachsinnen. Der Kirchhügel, das Ziegelmühlegg — sie bergen wohl noch manches halbverkohlte Gebein aus einer Zeit, in der im Sterzinger Talkessel noch alles versumpft war und die ersten Menschen diese sonnigen Hänge besiedelten (um 1500 v. Chr.), deren Namen — Tschöfs, Raminges — eindeutig vorrömisch sind. Wahrscheinlich führte auch von hier — zum Teil der Trasse der heutigen Autobahn entsprechend — über die Höfegruppen M a t z e s und F l a n s und S t e c k h o l z der älteste Brennerweg, älter noch als die Route über Straßberg; heute haben all diese Weiler eine Zufahrt durch die ehemalige Militärstraße zum Roßkopf, die nunmehr in die Verwaltung des Landes übergegangen und asphaltiert worden ist. Zu Füßen des Tschöfser Kirchhügels zieht diese historische, älteste Brennerstraße vorbei, und nicht weit im Norden zweigt die genannte Militärstraße gegen den Roßkopf ab, die in jüngerer Zeit (um 1935 erbaut) einmal die Brennergrenze schützen sollte. — Musik unserer Tage aber ist das nicht abreißen wollende Summen schneller Autos und das Dröhnen schwerer Lastzüge, die unermüdlich über die Autobahn rollen, diese jüngste Form des europäischen Nord-Süd-Weges über den Brenner.

Schließlich wandert der Blick vom Tschöfser Kirchhügel aus hinüber zu den Sarntaler Bergen, zur Plattspitze (2548 m) und nun auch weiter zum Gipfel des Sarntaler Weißhorns (2705 m). Daran schließt sich gegen Osten der Kamm des Zinseler (2422 m), der sich dann gegen die Einsattelung des Penser Joches (2214 m) hin senkt.

Unmittelbar vor den Augen des Beschauers aber weitet sich ein in schönstes Grün gebetteter Talkessel, aus dessen nördlichem Saum spitze Türme hervorlugen, steile Dächer in vielfach gebrochenen Linien, und der zinnengeschmückte Stadtturm, der „Zwölferturm". Breit und fest liegt dahinter die Pfarrkirche zu Unserer Lieben Frau im Moos. Wir sind in Sterzing. —

STERZING

Wanderer, kommst du nach Sterzing ...
so leg' dieses Buch einmal beiseite und geh' langsam von Nord gegen Süd, zwischen winkeligen Altstadthäusern durch, über die Hauptstraße zum feierlichen Schritt durch den Bogen des Zwölferturms: vor dir liegt eine lichterfüllte Straße, von zinnengeschmückten Häusern flankiert, einem langen Festsaal gleich, dessen Erker und Fenster von roten Blumen überquellen; vor den edlen Linien des Rathauses steht mit leicht geneigtem Haupt Sankt Johann von Nepomuk und schützt die Stadt vor Überschwemmung durch den wilden Vallerbach. — Es ist gut, hier vor einem der alten Gasthäuser zu sitzen, zu schauen und nur den Stimmen dieser schönen Stadt zu lauschen.
Erst nach solcher Rast sollte man sorgsam das Erlebnis „Sterzing" seinen Anfang nehmen lassen.

Angaben allgemeiner Art: Seehöhe 948 m, 5010 Einw. (Gemeinde mit den Weilern Tschöfs, Ried und Thuins), davon 1302 Ital. u. 13 Ladiner; Einw. der Stadt um 1900: 1672; um 1847: 1418; nach Gossensaß 6 km; nach Brixen 30 km; Wappen zeigt krückenbewehrten Pilger (Starz) mit Rosenkranz im Schutz des Tiroler Adlers (früheste Form als Siegel 1328); St. ist Schnellzughaltestelle und Autobahnausfahrt; Post- und Telegraphenamt (Postleitzahl 39049), Bezirksgericht, große Garnison, höhere Schulen (2 Untermittelschulen, Kaufmänn, Lehranstalt, deutsches und ital. Gymnasium bzw. Lyzeum), Krankenhaus, mech. Werkstätten und Zweigstellen größerer Automobilfirmen; großer Parkplatz und Abfahrt der Autobusse am Nordrand der Stadt, bei der Abzweigung der Umfahrungsstraße (Tankstellen); Rettungsdienst Weißes Kreuz Tel. 4 44 44: Sportzentrum in Bahnhofsnähe: Tennisplätze, geheiztes Freischwimmbad, Turnhalle und Sportplatz, Eislaufplatz, Hallenbad (eröffnet im Sommer 1976), Reitschule und Reitturniere im Sterzinger Moos. — Auskunft durch Kurverwaltung Sterzing am Stadtplatz, dort auch Orientierungstafel; alpine Auskünfte durch Sektion Sterzing des Südt. Alpenvereins (Postanschrift Kurt Leitner, Fischerweg 2) oder durch die Außenstellen der Sektion in Ridnaun, Gossensaß und Mareit. — Seilbahn zum Roßkopf, dort Skigebiet mit Schlepplifts; 1000 Betten (im Sommer 1500) in zahlr. Pensionen, Hotels und Gaststätten aller Kategorien, teilw. histor. oder kunsthistor. bedeutend (vgl. „Gang durch die Stadt"); Sterzing unterhält eine Partnerschaft mit der Stadt Kitzbühel. — Temperatur im Jahresdurchschnitt 6,2° C (Gossensaß 5,5° C - Brixen 9,6° C).

Die L a g e und im besonderen die V e r k e h r s l a g e haben ähnlich wie im Fall Gossensaß, aber hier noch in viel höherem Maße zur sehr frühen Bildung einer Ortschaft beigetragen, wenngleich der Talgrund des großen Kessels fast durchwegs ein Sumpf gewesen ist. Klimatisch mild und günstig im Schutz vor Nordwinden gelegen sind die Höhen - von Thuins, Tschöfs und Flains, wo wir demnach auch die rund 20 urgeschichtlichen Siedelplätze antreffen, die Innerebner verzeichnet (Sterzinger Heimatbuch); war nun einerseits das schon betrachtete Gossensaß Rast- und Rüstplatz vor der gefürchteten Brennersteigung, so gilt dies für Sterzing noch viel mehr. Der günstige Platz am Bernstein- und Salzweg, die strategische Position an der Römerstraße und darauf folgend die Raststätte an der Kaiserstraße sind für die Entwicklung der Stadt Sterzing maßgeblich geworden. Dazu kommt noch die Mündung wichtiger Täler mit den entsprechenden Urwegen, die Sterzing auch zum Umschlag- und Handelsplatz werden ließen. Durch das P f i t s c h t a l war die früher vielbegangene Verbindung zum Zillertal gegeben, der alte Weg über Stilfes und Egg zum P e n s e r J o c h ins Sarntal war ebenso bedeutend (heute moderne Paßstraße mit etwas geändertem Verlauf), schließlich führt ein wohl schon in prähistorischer Zeit benützter Weg über den J a u f e n p a ß nach M e r a n, und ebenso ließ die Suche nach Erz und Marmor die Talwege nach R a t s c h i n g s , J a u f e n t a l und schließlich nach R i d n a u n bis nahe an das Bergwerk vom Schneeberg erstehen. Im Mittelpunkt dieses Strahlenbündels alter Wege und Paßstraßen hat sich jene Streusiedlung entwickelt, die wir als die Vorstufe der späteren Römermansion *V i p i t e n u m* zu betrachten haben (siehe unter „Geschichte").

Die h e u t i g e V e r k e h r s s i t u a t i o n sei hier kurz skizziert: Die Staatsstraße umfährt den verkehrsbehindernden Stadtkern, in einem weiten Bogen gegen Osten ausholend; in ihn mündet auf der Höhe des Bahnhofes die P f i t s c h e r Talstraße (23 km bis Stein und weitere 9 km zum Pfitscher Joch), während im Süden der Stadt die Straße zum J a u f e n p a ß (18 km) abzweigt, von der wiederum die P e n s e r - J o c h - S t r a ß e (17 km) abgeht. Schließlich ist (Abzw. bei Gasteig) die J a u f e n t a l e r S t r a ß e (6 km) und die Straße nach R i d n a u n zu nennen (Abzw. ebenfalls bei Gasteig von der Jaufenstraße, 19 km bis Maiern); von dieser letztgenannten Straße zweigt im Weiler Stange die (Marmor)-Straße nach R a t s c h i n g s (ca. 10 km) ab. Schließlich hat dieses ganze Straßennetz noch Anschluß an die B r e n n e r a u t o b a h n .

Diese günstige Lage hat schon in frühesten Zeiten die W i r t - s c h a f t der Stadt gefördert. Vom reichen Bergbausegen wird

66

noch die Rede sein, die Bedeutung als Rastort an wichtigem Wege wurde bereits erwähnt. Als der Bau der Brennerbahn (1867) vorübergehend das Fuhrmannswesen mit all seinen Hilfs- und Zubringerdiensten lahmlegte, wurde der V i e h z u c h t und M i l c h w i r t s c h a f t (Großmolkerei, früher auch Molkerei- schule) durch die Trockenlegung des Sterzinger Mooses (1875/ 77, um 450.000 Gulden, unter Bürgermeister Johann Kofler) neuer Auftrieb gegeben. B r a u n v i e h z u c h t, H o l z w i r t - s c h a f t (zahlreiche Sägewerke) und F r e m d e n v e r k e h r (auch im Winter) sind heute die Haupteinnahmequellen der Be- völkerung von Sterzing und seiner Nebentäler.

Gab es früher nur eine bescheidene Heimindustrie (Hornschnitze- rei, und zwar hauptsächlich Gebrauchsgegenstände wie Bestecke und dgl. mehr, jetzt nur mehr kunstgewerbliche Gegenstände) so verfügt Sterzing heute über eine bedeutende M a s c h i n e n - f a b r i k und E i s e n g i e ß e r e i (Gebr. Leitner), die sich u. a. auf die Herstellung von Skilift- und Seilbahnanlagen speziali- siert hat, und auch in der M a r m o r - und N a t u r s t e i n - i n d u s t r i e sind seit dem Zweiten Weltkrieg wiederum Ar- beitsplätze geschaffen worden; über diesen Wirtschaftszweig, der vor allem Ridnaun, aber auch Pfitsch und das Sterzinger Moos (Torfstiche) betrifft vgl. H. Tinnefeld in „Schlern", Jg. 1970, S. 433 ff. — Die als „modernste Zollstation Europas" 1975 eingeweihte Z o l l a b f e r t i g u n g s z o n e am Südrand des Talkessels nahe Elzenbaum hat die Schönheit des Landschafts- bildes schwer beeinträchtigt (Burgen!) und ist überdies schon von allem Anfang an nicht recht funktionsfähig gewesen; zahl- lose Streiks haben zu gewaltigen Stauungen der schweren Fern- laster geführt, die ihrerseits wiederum durch ein Übermaß an Abgasen die Umwelt verpesten. — Zwischen den beiden Welt- kriegen wurde Sterzing im Zuge der durch *Mussolini* betriebenen Errichtung des bereits genannten „Alpenwalles" eine bedeu- tende G a r n i s o n; für die ausgedehnten Kasernenanlagen mußten allerdings wiederum wertvolle Kulturgründe zur Verfü- gung gestellt werden, und wie überall in der Welt sind solche militärische Zweckbauten nicht unbedingt eine Zierde der Land- schaft. — Wenn es trotzdem gelingt, durch eine besonnene Bau- planung die noch immer beeindruckende Schönheit des weiten Talkessels mit dem Blick zu den Gletschern in Ridnaun und mit der Silhouette der mittelalterlichen Stadt im Mittelpunkt zu be- wahren, dann wird die alte Raststätte an der Brennerstraße auch in unserer modernen Zeit immer mehr Gäste aus aller Welt in ihren Bann ziehen.

G e s c h i c h t e : Die Stadt hat in dem handlichen „Führer durch Sterzing und Umgebung" und in dem wissenschaftl. sehr wertvollen „Sterzinger Heimatbuch" (vgl. Lit.-Verz.) eine vorbildliche Beschreibung in allen Belangen erhalten. Es kann daher im Rahmen dieses vorliegenden Buches nicht auf Einzelheiten eingegangen werden, und es sollen auch nicht Forschungsergebnisse wiederholt werden. Wohl aber wird versucht, die historische Entwicklung in ihren großen Linien nachzuzeichnen und in den Rahmen eines Eisacktalführers einzuordnen. — Von den U r z e i t s i e d l u n g e n war bereits bei Tschöfs die Rede. Innerebner hat ähnliche Siedlungen am Eingang ins Pfitschtal (Burgstall, Gschleiboden) beschrieben und vor allem auf die drei Burghügel von Sprechenstein, Reifenstein und der Thumburg verwiesen. Sie alle bargen vorgesch. Fundstücke und sind die natürlichen Beherrscher der Gegend, *Inselkuppen* im weiten Moos; vor allem aber ist in dem von Wildwassern stets bedrohten Gebiet der felsige K r o n p l a t z - H ü g e l (auch *Custoza* genannt) von Bedeutung; hier wurden Gräber aufgedeckt, Bronzeringe und Fibeln gefunden, hier vermutet die Forschung (Innerebner) das *Castellum Vipitenum* und im Sattel dahinter — der heute von der Autobahn durchschnitten wird — sucht man den zugehörigen *vicus* (heute noch Ortsbezeichnung „in der Vill"); Beweis für diese Theorie könnte auch die hier anzunehmende Einmündung des alten Jaufenweges sein. — Die Theorien, denen zufolge das röm. *Vipitenum* im nördl. Stadtteil (der sog. Lahn) zu suchen sei, nachdem es durch einen Ausbruch des bis in unsere Zeit gefürchtete Vallerbach verschüttet wurde, sind heute hinfällig geworden; die Römer bauten nicht, wo Wassergefahr herrschte. Immerhin führte aber ihre Straße mitten durch die heutige Neustadt, denn bei Ausschachtungsarbeiten wurde dort 1979 ein Meilenstein (Sept. Severus, 200 n. Chr.) gefunden.

Außer diesem Meilenstein, Streufunden und einem römischen Grabstein ist uns von *Vipitenum* nichts erhalten geblieben. Der Grabstein *(Postumia Victorina und Claudius Raeticianus)* könnte den röm. Friedhof nahe dem Kronplatzhügel bezeichnen; er wurde — laut Inschrift von 1497 — beim Ausheben des Grundes zur heiligen Pfarrkirche *zu untrist im grunt* gefunden und ist heute an der nördl. Langhausmauer der Sterzinger Pfarrkirche (innen) als altehrwürdiger Zeuge eingefügt, zusammen mit dem Stein, der von der Auffindung berichtet.

Zweifel daran, daß das röm. *Vipitenum* nun auch wirklich im Raum des heutigen Sterzing zu suchen sei, hat Innerebner überzeugend zerstreut, indem er vergleichende Messungen anhand der einzigen, allerdings mangelhaft überlieferten römischen Straßenkarte *(Tabula Peutingeriana,* Kopie der Weltkarte des *Castorius* um 300 n. Chr. durch Konrad Peutinger und *Itinerarium Antonini,* Anf. des 4. Jh.s) anstellte. Anhand der eindeutig nachgewiesenen Stationen *Sublavione* (Kollmann), *Se-*

batum (Sankt Lorenzen), *Matreio* (Matrei) und *Veldidena* (Wilten) im Vergleich zu den heutigen Entfernungen, ergibt sich schlüssig, daß *Vipitenum* wirklich im Sterzinger Talkessel zu suchen ist.

Wir kommen damit zum N a m e n der Siedlung, der jedoch in seiner Urform bis heute nicht geklärt, sicher aber vorrömisch ist; Wolff versucht ihn aus fassanisch *vivèna* (= Waldfee) zu deuten, als ein „Frauenfeld" in Zusammenhang mit der (jedoch zweifellos jüngeren) Sage vom Sterzinger Moos. — Nach dem Verfall des Römerkastells bleibt der Name lebendig; er taucht wiederholt in Urkunden auf (827/28 *Uuipitina* in der sog. *Quartinus*-Urkunde, von der noch die Rede gehn wird), 980 *Vallis Vipitina*, 1170 *Wibital)* und wird zum Talschaftsnamen, der bis heute weiterlebt (Wipptal).

Die Vorform für Sterzing begegnet uns 1180 latinisiert als *Sterzengum*, und es wird allgemein angenommen, daß dieser Ort nicht an derselben Stelle liegt wie das abgekommene Kastell. Im neuen Namen, einem echten „-ing-Namen" von german. Typus, sieht Finsterwalder einen Mann namens *Starz;* dies soll ein Spottname sein, der auf den untersetzten Wuchs eines Menschen hindeutet, also ein Name aus der Alltagssprache. — Die Volksüberlieferung läßt einen Pilger namens *Störz* (auch *Störzling, Sterzling)* den ersten Bürger einer Neugründung sein. Er habe sich dort eine Hütte gebaut, wo heute das sog. Fischerhaus steht (am Südrand der Stadt), das als das älteste Haus von Sterzing gilt. — An seiner Fassade heute ein hübsches Wappen mit dem Tiroler Adler und dem verkrüppelten Pilger.

Früher glaubte man, die Römer hätten hier eine Münzstätte gehabt und *Sesterzen* geprägt, was dem neuen Ort den Namen gegeben hätte.

Die neue Siedlung blüht dank der verkehrsgünstigen Lage schnell auf und erlangt unter Meinhard II. von Tirol (1258—1295) das Stadtrecht; Otto von Görz-Tirol verleiht den Bürgern von Sterzing das alleinige Recht des Weinausschankes *zwischen den beiden Mittewalden* (d. i. Brenner und Mittewald bei Franzensfeste) und dem Jaufen. Um dieses Recht lag Sterzing in der Folgezeit mit Gossensaß häufig in Streit. — Die Ummauerung der Neustadt dürfte ebenfalls unter Meinhard II. fallen, die Altstadt war nie ummauert. Wichtig war für Sterzing, daß Herzog Rudolf IV. im Jahre 1363 auf Bitten der Stadt die Umgehung auf der sog. Hochstraße verbot und den Verkehr nun zwangsläufig auf das Zentrum lenkte. Nun blüht der Handel so sehr auf, daß eine Florentiner Familie mit Genehmigung des Landesfürsten eine P f a n d l e i h - a n s t a l t eröffnen kann und schließlich verleiht Erzherzog Ernst 1415 einen W o c h e n m a r k t.

69

Das bedeutendste Ereignis für Sterzing ist jedoch das A u f -
b l ü h e n   d e s   S i l b e r b e r g b a u e s in den benachbarten
Tälern. In diesen Zeiten (etwa seit 1400) ist Sterzing eine
reiche Stadt; Friedrich mit der leeren Tasche erwirbt Berg-
werksanteile, und groß ist die Zahl der Gewerken (Unterneh-
mer), die durch den Bergbau Reichtum und Ansehen gewinnen.
Zu den Gewerken gehört auch der Deutsche Orden, der seit
1263 ein Hospital (Hospiz) bei der Pfarrkirche innehat, und
auch die Fugger sichern sich große Anteile. Fischnaler berichtet, daß die meist aus Schwaben und Württemberg stammenden Knappen rund 10 000 an der Zahl waren, während Sterzing selbst nur 1700 Einwohner hatte.

In diesem Reichtum liegt auch der Schlüssel zur baulichen
Schönheit der Stadt mit ihren Kirchen und Ansitzen, die sich
zum Teil bis auf den heutigen Tag erhalten hat. Die prächtige
Geschlossenheit der Hauptstraße in der Neustadt dankt die
Stadt diesem Reichtum der Bergbauzeit, der ein Wiederauf-
bauen *aus einem Guß* (Fischnaler) nach einem verheerenden
Brand um die Mitte des 15. Jh.s ermöglichte (daher „Neustadt"). Diese *schönste Straße Südtirols* (Fischnaler) ist uns
bis auf den heutigen Tag nahezu unversehrt erhalten geblieben.
In dieser Zeit entstehen die prächtigen Bauwerke der Stadt,
Rathaus, Pfarrkirche mit Flügelaltar und viele andere Kunstwerke; der rege Handel zwischen Nord und Süd brachte auch
geistige Anregung und Austausch. Zeitweilig erscheint Sterzing als der Mittelpunkt Tirols, viermal wird hier Landtag
gehalten; im Jahre 1904 treffen sich hier 7000 Bauern aus ganz
Tirol zu einem *Bauerntag,* dessen Ergebnis die Gründung des
heute noch blühenden T i r o l e r   B a u e r n b u n d e s gewesen ist.

Abgesehen von Truppendurchzügen, Einquartierungen u. dgl.
bleibt Sterzing von kriegerischen Wirren weitgehend verschont
— auch die Bomben des Zweiten Weltkrieges fallen außerhalb
der Stadt, bei der Straßen- und Bahnbrücke am Sprechenstein-
kofel und beschädigen dieses Schloß schwer. —

Karl V. sucht und findet im Schmalkaldischen Krieg Asyl in
Sterzing, in den Bauernkriegen wird unter Michel Gaismair das
Deutsche Haus geplündert (1525).

Im F r e i h e i t s k r i e g von 1809 spielt Sterzing eine wichtige Rolle: Andreas Hofer gibt hier am 11. April seinen Passeirer und Sterzinger Schützen Befehl, zwei bayrische Kom-
panien anzugreifen; da die Bayern jedoch über ein Geschütz
verfügten, blieb der Angriff zunächst stecken; da schoben drei
Sterzinger Mädchen Heuwägen vor, hinter denen sich Scharfschützen decken konnten, durch die es gelang, die Bedienungs-
mannschaft des Geschützes außer Gefecht zu setzen, so daß
sich auch die Infanterie ergab (Kramer). Dieses Gefecht gilt
als der Auftakt zum Krieg von 1809 — aber Sterzing war es
auch, wo Hofer nach dem Frieden von Schönbrunn seine Ab-

dankung unterzeichnen mußte. An die Rolle, die Sterzing 1809 spielte, erinnert ein Denkmal in dem kleinen Park zwischen Staatsstraße und Eisack, am Weg von der Stadt zum Bahnhof. Auf einem Felsblock mit dem Stadtwappen und der Jahreszahl 1809 kauert ein Bronze-Adler (von J. Parschalk, 1863—1923), der eine zerbrochene Fahne zwischen den Krallen hält.

Ein G a n g d u r c h d i e S t a d t sollte, wie eingangs erwähnt, vom Nordende über die Hauptstraße bis an den südlichen Stadtrand führen; das Bild der Sterzinger Neustadt mit Zwölferturm, Rathaus, Lauben und Bürgerhäusern ist eine S e h e n s w ü r d i g - k e i t a l l e r e r s t e n R a n g e s und demnach auch zur Fußgängerzone erklärt. Für die gelungene Erneuerung von Neustadt und Rathaus erhielt Sterzing 1980 ein Ehrendiplom der kulturellen Organisation „E u r o p a n o s t r a". — Im einzelnen sollen nun zuerst die Kirchen betrachtet werden, in denen sich prächtige Kunstgegenstände und herrliche architektonische Formen zu einer überaus glücklichen Harmonie vereinen. Dies gilt im besonderen Maße auch für die stattliche P f a r r k i r c h e z u U n - s e r e r L i e b e n F r a u i m M o o s. Die Lage der Kirche wurde laut Volksüberlieferung außerhalb der eigentlichen Stadtsiedlung festgesetzt, damit die Ridnauner Bergknappen es „näher hätten", da ja viel von ihrem Geld in dem gewaltigen Bau stecke; wir wissen, daß die Kirche vermutlich auf einem römischen Gräberfeld steht (vgl. oben den *Postumia*-Stein), und außerdem hält sie unmittelbar Nachbarschaft mit dem Haus des Deutschen Ritterordens, dem ja die Sorge für die Rompilger, die Krankenpflege und die Seelsorge der ganzen Pfarrei Sterzing oblag.

Der Chor der Kirche wurde 1417—51 durch den Sterzinger Baumeister Hans F e u r erbaut, der auch anderwärts rege tätig war (Tramin); am Langhaus, das *den neugewonnenen Wohlstand des Bergbaues deutlich macht* (Egg), wurde von 1497 bis 1525 gebaut. Für die gewaltigen Säulen wurde unter der Bauleitung von Hans Lutz von S c h u s s e n r i e d (Pfarrturm Bozen) weißer Marmor verwendet, den die Sterzinger Steinmetzen Thomas und Adam S c h e i t e r (Barbara-Kapelle in Gossensaß) kunstvoll bearbeiteten. Laut Inschrift hat Jörg von Frundsberg (Stifterwappen, St.-Georg-Statue) eine der Marmorsäulen gestiftet. Besonders reich geschmückt ist das S ü d - p o r t a l der Kirche, entworfen von Mattheis S t ö b e r l, dem wir noch mehrmals begegnen werden, gemeißelt von Th. Scheiter, mit Gedenkinschrift an die Grundsteinlegung durch Maximilian I. im Jahre 1497 (E. Egg schreibt den Entwurf des Portales dem Niklas Türing zu). — Der Turm der Sterzinger Pfarrkirche war ebenso gigantisch geplant wie das Langhaus, ist jedoch ein eigenartiger, gedrungener Torso geblieben; die einen machen Geldmangel, andere — weit glaubhafter — den sumpfigen Boden für den Abbruch des Turmbaues verantwortlich. — Das heutige Bild der Kirche ist im wesentlichen das Ergebnis der Barockisierung um 1753 (Entfernung der Gewölberippen u. a.); die dem Geist dieser Zeit entsprechenden Deckengemälde von Adam M ö l k h haben sich farbenfroh und farbenfrisch erhalten; WG spricht von ihrer *festlichen Stimmung.* — Aus dem reichen Schatz der Kunstdenkmäler der Kirche sei der Seitenaltar zwischen den beiden Türen genannt, mit einer Kreuzigungsgruppe *(starker Ausdruck des qualvollen Todeskampfes,* WG) von Mattheis Stöberl, um 1500 (WG). Aus späterer Zeit stammt der Taufstein (um 1550, Sterzinger Marmor). — Einen besonderen Schmuck des würdigen Gotteshauses bilden die zahlreichen G r a b s t e i n e, vor allem an der Südwand des Langhauses, zum großen Teil wiederum schöne Arbeiten aus weißem Marmor, darunter auch (Westseite) der auf Ofenkacheln (1672) erhaltene „Wilde Mann" der Herren von Wild (vgl. Ansitz „Wildenburg"); außerdem finden sich die heute noch lebendigen Namen der Familien Jöchl, Flamm u. a. Besonders schön ist das Grabmal des Georg Leffler von Pyxenhausen (1602) mit einer Auferstehung Christi, ein Werk des flämischen Meisters Alexander C o l i n (1529—1612), von dem auch die Reliefs am Maximilianssarkophag in der Innsbrucker Hofkirche stammen. Das moderne Kriegerdenkmal mit seinen eindrucksvollen Fresken ist ein Werk des Südtiroler Künstlers Heiner G s c h w e n d t (1956, zwischen Friedhof und Deutschhaus).

Der H o c h a l t a r im 1860 regotisierten Presbyterium wurde 1871 geschaffen und enthält nur mehr Bruchstücke des weltberühmten M u l t s c h e r - A l t a r e s, der 1456—1459 von dem Meister aus Ulm geschaffen wurde, und zwar die Muttergottesstatue mit Christkind im Mittelpunkt; sie hat, im Gegensatz zu anderen Teilen des Altars, den angestammten Platz nie verlassen. — Zu den übrigen Teilen des 1781 entfernten Altares vgl. den Abschnitt über das „Multscher-Museum" am Stadtplatz.

Vom ursprünglichen Altar stehen heute wieder Sankt Barbara, Ursula, Apollonia und Katharina im Schrein des Hochaltares, ebenso im linken Schiff eine stark überarbeitete Kreuztragung, die ebenfalls Multscher zugeschrieben wird oder zumindest unter seinem Einfluß steht; der Kunsthistoriker E. Egg ist geneigt, die Kreuztragung und die aus dem Presbyterium derzeit deponierten Apostel- bzw. Bischofsbüsten dem in Brixen und Sterzing (1466—1480) tätigen Bildschnitzer Hans H a r d e r zuzuschreiben. — Derzeit (1980) wird die Kirche einer durchgreifenden Restaurierung unterzogen, nachdem schon zuvor am Triumphbogen ein Jüngstes Gericht (Ende 16. Jh.) freigelegt worden ist. Einige gefährdete Grabsteine nun im Inneren der Kirche. — Zur Baugeschichte vgl. den Laurin-Kunstführer Nr. 24 von E. Theil mit instruktiven Abb.

Gewiß stehen die übrigen Kirchen im Schatten des gewaltigen Domes am Südrand der Stadt, doch hat auch die älteste Kirche Sterzings, die S p i t a l k i r c h e zum Hl. G e i s t auf dem Stadtplatz, gegenüber dem Zwölferturm, hohen künstlerischen Rang, nicht so sehr was den eher einfachen, dreischiffigen gotischen Bau (Ende 14. Jh.) anlangt, als vielmehr im Hinblick auf den schönen F r e s k e n s c h m u c k des Innenraumes.

Weingartner schreibt die lebendigen Darstellungen (Kindermord zu Bethlehem, Hl. Drei Könige, Passionsszenen u. a.) in zierlichen Rahmenornamenten, mit Figuren von *höfischer Eleganz* dem *Meister der vierten Arkade des Brixner Kreuzganges, vermutlich J o h a n n v o n B r u n e c k* zu (um 1415; genaue Beschreibung in dem im Ort erhältlichen „Kleinen Kunstführer" Nr. 15 von Edmund Theil, „Spitalkirche in Sterzing").

Wenig besucht und kaum bekannt, künstlerisch aber hochbedeutsam und die stimmungsvollste Kirche von Sterzing, ist die kleine Hauskirche S t. P e t e r u n d P a u l i m J ö c h e l s t u r m.

Man betritt die werktags gesperrte Kirche (Schlüssel, auch zum Jöchlsturm, im Multscher-Museum am Stadtplatz) über einen winzigen Vorhof durch das Hauptportal, das mit schönem, geschnitztem Maßwerk verziert ist; ebenso zeigen Seitenportal und vor allem die Sakristeitür schönste gotische Formen; der Weihwasserstein, kelchförmig, aus weißem Marmor, ist *ein kleines Juwel aus dem 15. Jahrhundert* (Fischnaler); der eigentliche Schatz der Kirche, der gotische Flügelaltar von F r i e d - r i c h P a c h e r, wurde von den Besitzern des Jöchlsturmes, den Grafen Enzenberg (seit 1644 bis heute), zur Zeit der Barockmanie entfernt und von den Besitzern in das ebenfalls ihnen gehörige Schloß Tratzberg, später in das Museum Ferdinandeum nach Innsbruck verbracht. Der heutige, schöne Barockaltar stammt von Anton S i e ß, 1768; Erbauer der Kirche sind die Herren Jöchl von Jöchlsthurn, 1474. Eine Maria mit Kind (WG, 1. Hälfte 14. Jh., *starke gotische Ausbiegung, mandelförmig geschlitzte Augen...*) wird laut Fischnaler als Wundertäterin in Wassernot verehrt, die in Sterzing sehr häufig war. Die Statue soll laut Legende vom Eisack angeschwemmt worden sein. — Außen neben dem Seitenportal ein stark zerstörtes Fresko (Maria zwischen Petrus und Paulus?), das Friedrich Pacher zugeschrieben wird.

Der b a r o c k e n E p o c h e gehören vier weitere Kirchen und Kapellen an, deren künstlerischer Rang mit den bisher genannten und behandelten Gotteshäusern nicht Schritt halten kann, wenngleich ihr Besuch für den sich längere Zeit im alten Eisackstädtchen Sterzing aufhält. Die 1337 erwähnte M a r - g a r e t h e n k i r c h e am westl. Stadtrand hat aus dieser Zeit nur noch den Turm erhalten; sie ist im übrigen ein *wuchtiger,*

73

frühbarocker Bau (WG), nach den Plänen des vielbeschäftigten Kirchenbaumeisters *Pietro D e l a i* errichtet. Als *typischer Kapuzinerbau* wird die gleich benachbart liegende K l o s t e r k i r c h e z u r h l. M a g d a l e n a von Weingartner eingestuft; immerhin wird im Kloster eine schöne Madonna mit knittrigem Faltenwurf aus der Zeit um 1500 aufbewahrt und ebenso sind die Altarblätter *gute Bilder* (WG). Das Klostergebäude selbst dient seit 1971 dem deutschen Lyzeum (Realgymnasium) als vorläufige Heimstatt, da sich die wenigen noch in Sterzing verbliebenen Kapuzinerpatres in ein kleineres Gebäude zurückgezogen haben.

Die zum Komplex des Deutschen Hauses gehörende E l i s a b e t h k i r c h e, ein achteckiger Bau von *Giuseppe D e l a i* (1970 restauriert), zeigt schönsten Barock, vor allem in den feinen Stukkaturen des süddeutschen Meisters Feuchtmayr; die Deckengemälde sind 1733 von dem Augsburger Maler Matthäus G ü n t e r geschaffen worden, dem wir bereits in der Pfarrkirche von Gossensaß begegnet sind; hier in der Deutschhauskapelle begann der Meister seine Tätigkeit und verewigt sich in Tirol zum ersten Mal.

Als die genannte Elisabethkirche 1970 neu eingedeckt wurde, fand man im Turmknauf vermoderte Reliquien und deponierte ebendort eine silberne 500-Lire-Münze, eine goldene Papst-Gedenkmünze und eine Erinnerungsmünze an die erste Mondlandung des Menschen.

Gehen wir die Jaufenstraße weiter stadteinwärts, einer hübschen Allee entlang, so kommen wir zum barocken, achteckigen „Kreuzkirchl", zur Kirche S a n k t S a l v a t o r, um das die Straße eine ehrerbietige Runde drehen muß. Jahrzahl und Initialen an der Eingangswand — 16 P D 92 — weisen auch hier auf *Pietro D e l a i;* vor der Kapelle steht ein Bildstock, den 1516 Joachim Eppaner laut Inschrift gestiftet hat.

Der Rundgang durch die schönen und ehrwürdigen Kirchen von Sterzing wäre nicht vollständig, wollte man es vergessen, dem M u l t s c h e r - M u s e u m am Stadtplatz (Mithrasplatz) einen Besuch abzustatten. Hier stehen die berühmten Flügelgemälde, nach neuerer Forschung einem Mitarbeiter Multschers, dem „Meister des Sterzinger Altars" zugeschrieben, einem kongenialen Könner, der sich der Gesamtkonzeption des damals bedeutendsten Künstlers aus dem süddeutschen Raum zu fügen wußte. Die Flügelgemälde (Verkündigung, Geburt Christi, Anbetung der Könige und Tod Mariens) mußten 1940 zwangsweise von der Stadt an den Staat verkauft werden (9 Millionen Lire), damit *Mussolini* sie Hermann Göring zum Geburtstag schenken konnte.

Durch eine glückliche Fügung blieben die Tafeln erhalten, kamen im Zuge einer geradezu unwahrscheinlichen Odyssee 1948 wieder nach Italien und schließlich 1959 endlich wieder an die Stadt Sterzing zurück. So stehen Figuren in der Pfarrkirche (siehe dort), die Flügel im eigens dafür geschaffenen Museum, zusammen mit den Schreinwächtern St. Georg und Florian (aus Multschers eigener Hand), mit den Prophetenbüsten, mit vier vorhanghaltenden Engeln und Fialenresten. Kleinere Stücke des Altares, so etwa zwei kronentragende Engel (Nationalmuseum München) und ein hl. Johann Baptist (ebendort) sind noch verstreut, manches ist unwiederbringlich verlorengegangen (zwei tuchtragende Engel, Tabernakelteile usw.). — Man wird der Meinung des Innsbrucker Kunsthistorikers Otto L u t t e r o t t i zustimmen, wenn dieser meint, die Schaffung des Multscher-Museums sei eine große Tat der Stadt Sterzing, doch müsse eine Vereinigung aller Teile und eine W i e d e r a u f s t e l l u n g des Sterzinger Altares immer letztes Ziel aller denkmalpflegerischen Bemühungen sein. Es wäre dies ein Fest für Sterzing, ähnlich jenem Mahl im Jahre 1459, zu dem der Kirchpropst dem Meister aus Ulm zwei Maß Malvasier reichen ließ, und dazu *an der Tafel* 1331 Gulden Rheinisch, zur guten und glücklichen Vollendung des großen Werkes (Fischnaler). — Schließlich sei hier noch angemerkt, daß sich außer Sterzinger Bürgern und Gemeindevertretern vor allem auch der Leiter des Bozner Museums und Vertreter des Denkmalamtes, Prof. *Nicoló R a s m o*, um die Heimkehr der Multscher-Tafeln große Verdienste erworben hat. — Besuchszeiten des Museums 9—11.30 und 15—17.30 Uhr. —

Eine R e k o n s t r u k t i o n des Altares findet sich in dem neuesten Buch über den Meister, „Hans Multscher und seine Ulmer Schaffenszeit 1427—1467", von Manfred T r i p p s, Weißenhorn 1969, und ebenso im Kleinen Laurin-Kunstführer Nr. 18 von Edmund Theil („Der Multscher-Altar in Sterzing", Bozen 1972), der an Ort und Stelle erhältlich ist. Beide Werke gehen auch ausführlich auf die Odyssee der Multscher-Tafeln ein; wie sehr die ursprüngliche Anordnung des Sterzinger Altares umstritten ist, geht vor allem aus der ganz ausgezeichneten Arbeit von Tripps hervor, der seinerseits wiederum auch die bahnbrechenden Forschungen von *Rasmo* berücksichtigt.

Außer diesem Museum für rein kirchliche Kunst hat Sterzing im R a t h a u s noch ein weiteres S t a d t m u s e u m, so daß wir einen Rundgang zu den schönsten und sehenswerten a l t e n H ä u s e r n u n d E d e l s i t z e n hier beginnen wollen. Das Rathaus, das *schönste von Nord- und Südtirol* (Fischnaler), wurde zwischen 1468 und 1473 erbaut; mit seinem prächtigen E r k e r beherrscht es den Eingang der Lauben; der Entwurf dazu stammt wahrscheinlich von Maximilians I. Hofbaumeister Jörg K ö l d e r e r, von dem Fischnaler glaubt, daß er ein Sterzinger sei. Alles an dem würdigen Gebäude ist schön und traditionsgebunden, der Lichthof typisch für die Sterzinger Neustadt. Wir nennen vor allem das Lusterweibchen (Donauschule, um 1520), Wandgetäfel, Balkendecken, Türen und Schlösser und die schönen Schmiedeeisengitter im Lichthof. An der Wand u. a. ein Epitaphium (1600), aus der Totenkapelle der Pfarre hierher verbracht, dem Hans Geizkofler von seinen 12 Kindern errichtet.

Im Rathaus wird eine beachtenswerte Kunstsammlung verwahrt, darunter ein Renaissancehausaltar von 1590, Zunftzeichen, Stiche und Urkunden, die Schützenfahne vom Sterzinger Moos usw. Der gotische Theatersaal, in dem Vigil Raber (siehe unten) spielte, ist 1978 vorbildlich restauriert worden. — Den seltsamen Türkenkopf am Erker soll Jörg Kölderer in Erinnerung an seinen Vater angebracht haben, der — selbst tödlich getroffen — seinem Gegner noch das Haupt abgeschlagen haben soll.

Wohlabgewogen fügt sich in das prächtige Bild der Neustadt die N e p o m u k s t a t u e vor dem Rathaus, 1739 zur Bannung der Überschwemmungsgefahr durch den Straßberger Pfleger Dr. Wilhelm Wohlgemut gestiftet. Es finden sich heute noch Spuren der Vorrichtungen, um die wilden Wasser des nördlich der Stadt von Roßkopf und Raminges kommenden Vallerbaches einzudämmen. Die B ü r g e r h ä u s e r der Neustadt sind reich an malerischen Lichthöfen, Zinnengiebeln, Marmorspitzbogen mit Wappen (z. B. Gasth. „Flamme"), Fenstergittern und sonstigen schönen architektonischen Elementen. In den Räumen finden sich vielfach noch prächtige Täfelungen und Balkendecken, so etwa im „Schwarzen Adler" am Stadtplatz im ersten Stock ein Tragbalken mit Jahrzahl 1498 mit Inschrift *(Gegruesse pistu Maria)*. Erzstufen über Portalen erinnern an den Bergbausegen. — Ein Typ für sich ist das Wirtshaus an der Hauptstraße, meist so gebaut, daß durch die große Einfahrt Roß und Wagen hindurchfahren konnten, bis zu den rückwärts gelegenen Stapelräumen und Stallungen. Die heutigen G a s t h ä u s e r erinnern noch deutlich an diese frühere Einteilung, als noch das Fuhrmannswesen die Stadt beherrschte und bei einem Wirt nicht selten 50 und mehr Pferde im Stall standen, während die Fuhrleute in großen Kammern für fünf bis zehn Personen Unterkunft fanden; ein gutes Beispiel für eine solche Gebäudeanlage bietet das Gasthaus „Lilie", wo das Portal am Bogenscheitel die Inschrift *zu dem ulrich pro(t)pauch MCCCCLXI iar* trägt; aber auch die Gasthöfe zum „Mondschein", „Grauen Bären", „Schlüssel" usw.

zeigen diese charakteristische Anlage. — In dem vorerwähnten Gasthaus „Zur Lilie", dessen Fassade ein schöner Christophorus ziert, soll übrigens auch P a r a c e l s u s gewohnt haben, als ihn die Stadtväter im Jahre 1534 zur Heilung von der Pest beriefen; damals entstand das „Pestbüchlein" des großen Arztes.

Um das G e i z k o f l e r h a u s (Nr. 167) rankt sich eine hübsche A n e k d o t e: Das Haus war nach dem Aussterben der Gewerkenfamilie als „Fürstenhaus" (Absteigequartier hoher Herren) an die Landesfürsten gekommen und im 18. Jh. von der österr. Regierung der Stadt übergeben worden, die es an Private weiterverkaufte. Als nun Josef II. durch Sterzing reiste, wollte er nicht in einem Gasthaus, sondern im „eigenen Haus" übernachten. So mußten die Stadtväter Hals über Kopf den neuen Besitzer bitten, das Haus zur Verfügung zu stellen, und sogar das alte, ebenfalls verkaufte Bett eines Geizkoflers wurde beschafft. Der Kaiser hat, wie aus einem zeitgenössischen Bericht hervorgeht, bestätigt, im „eigenen Haus" gut geruht zu haben (nach J. B. Bauer, „Schlern").

Stundenlang läßt es sich durch die Hauptstraße, unter den Lauben und durch malerische Seitengassen schlendern. Besonders hübsch ist der Durchblick aus dem „Jaufengaßl" (mit dem abgekommenen Jaufentor) auf den Edelsitz Wildenburg oder die Vedute durch das „Schwalbengaßl", das etwas unterhalb des Zwölferturmes von Osten her mündet. Schließlich schreiten wir durch den Bogen des Z w ö l f e r t u r m e s wieder gegen Norden, auf den S t a d t p l a t z.

Der Zwölferturm aus Granitquadern hat seinen hübschen Zinnengiebel nach einem Brand im Jahre 1867 bekommen und ist neben dem Wappen mit dem Adler und „Starz" zum neueren Wahrzeichen der Stadt geworden. Früher hatte er einen kirchturmartigen Holzaufsatz. — Den Grundstein zum Zwölfer-Torturm hat Herzog Sigismund 1486 gelegt. — Der Stadtplatz wird von den bereits genannten Spitalkirche, dem anschließenden Multscher-Museum (im alten Bürgerspital) und dem Gasthaus zum „Schwarzen Adler" mit seiner hübschen unsymmetrischen Giebellinie flankiert. An der Ostseite des Platzes, etwas zu Unrecht in den Hintergrund gerückt, stand bis 1980 eines der wichtigsten historischen Denkmäler der Gegend, der allerdings nicht in Sterzing, sondern bei Mauls aufgefundene M i t h r a s s t e i n, ein weiterer Zeuge aus der Zeit der Römerherrschaft im Lande. Er wurde 1589 in einer Gebirgshöhle gefunden, kam 1797 nach Innsbruck und dann nach Wien. Nach dem Ersten Weltkrieg wurde er von Italien zurückverlangt und 1925 in Sterzing aufgestellt. Mithras ist ein persischer Lichtgott, dessen Kult bei den römischen Veteranen sehr verbreitet war; unter *Aurelian* schien diese Sekte fast führend zu werden (Fischnaler); der Sterzinger Stein zeigt Szenen aus dem Wirken des Mithras in symbolhafter, schwierig zu deuten der Art. Das Gestein ist das der Gegend von Mauls, wo ihn zwei Reisende 1707 eingemauert finden und beschreiben. — Im Herbst 1980 ist der Mithrasstein zusammen mit dem auf S. 68 erwähnten Meilenstein in den Lichthof des Rathauses versetzt worden.

Unser Weg führt uns weiter gegen Norden durch die A l t s t a d t, deren architektonische Linie viel schlichter ist als die der Neustadt, dafür aber den anheimelnden Charakter einer Bürger- und Handwerkersiedlung trägt, über der sich die stattliche Baulichkeit des Gasthauses zur „Krone" erhebt, in der die alte Sankt-Johann-Kapelle steckt, die Heinrich von Böhmen 1321 hier erbauen ließ. Das schöne Wirtshausschild hat Heinrich Heine hier zur Einkehr verlockt, und auch Andreas Hofer hat hier Quartier genommen; das Haus ist heute noch wegen seines künstlerisch wertvollen Mobiliars sehenswert.

Unser Gang durch die Stadt führt uns auch zu einigen E d e l - s i t z e n im Stadtbereich, von denen dem künstlerischen Rang nach der J ö c h l s t u r m an erster Stelle genannt werden muß, von dessen Hauskapelle zu den Heiligen Petrus und Paulus bereits die Rede war. Der turmartige Bau wird von vier kräftigen Treppengiebeln bekrönt und hat schöne Fenstergitter mit barocken Stuckrahmen aus späterer Zeit. Die schweren Fenstergitter dienten noch bis vor kurzem einem praktischen Zweck, da der Jöchlsturm als Sitz des Bezirksgerichtes bis 1969 mit einer Haftanstalt verbunden war. Berühmt sind die geschnitzten Holzdecken im ersten und zweiten Stock, die zu den *schönsten und sehenswertesten kunstgewerblichen Schnitzereien von Südtirol* (WG) gehören. Die aus der Brunecker Gegend stammenden Gewerken Jöchl haben den Ansitz um 1469 in die heutige Gestalt gebracht. Der Garten wurde von den derzeitigen Besitzern, den Grafen E n - z e n b e r g, der Stadt als Park zur Verfügung gestellt und von der Gemeindeverwaltung gartenbautechnisch sehr hübsch für seine neue Bestimmung hergerichtet.

Das ebenfalls bereits genannte D e u t s c h e H a u s diente lange Zeit seiner ursprünglichen Bestimmung als Pflegeheim und Krankenhaus; seit das neue, große Bezirkskrankenhaus in der sog. Lahn unterhalb der Autobahntrasse 1977 fertiggestellt worden ist, soll es ein Altersheim werden.

Das älteste Spital der Stadt war im heute nördlichsten Haus der Stadt, in der sogenannten „Färbe", so benannt nach einer hier früher betriebenen Färberei und Lodenwalkerei. Das Haus ist sehr alt und zeigt Spuren wiederholter Übermurungen durch den nahebei in den Eisack mündenden Vallerbach. Dieses älteste Spital (Hospiz) hatte bereits einen ständigen

Geistlichen. Im Jahre 1241 entstand die neue, weit größere Herberge am entgegengesetzten Ende der Stadt, nahe der Mündung des Jaufenweges, und wurde 1254 Kommende des D e u t - s c h e n O r d e n s, der auch die Seelsorge innehatte. Der schöne altertümliche Bau zeigt Wappen und Marmorgrabsteine; in der Komturswohnung kulturhistorisch überaus wertvolle Darstellungen aus der Geschichte der Stadt, die über Zünfte, Handwerk, Trachten usw. reichen Aufschluß geben. — Die dazugehörige Elisabethkirche wurde bereits weiter oben mit den übrigen Kirchen der Stadt behandelt.

Schließlich muß hier auch noch der Edelsitz W i l d e n b u r g mit zinnengekröntem Haupttrakt, hübschen Erkern und schönem Renaissanceportal mit Hufeisengitter genannt werden. Der Ansitz liegt außerhalb der alten Stadtmauer an der Hochstraße, schräg gegenüber der Mündung des „Jaufengaßls", wo einst das Jaufentor den Zugang vom Westen her vermittelte.

Laut Inschrift und Wappen (Wilder Mann) hat der in den Türkenkriegen hochbewährte Herr Johann von Wild, Pfleger zu Reifen und Sprechenstein, die drei wohl älteren Gebäudeteile, die früher „Tanzl-Fuggerhaus" genannt wurden, im Jahre 1672 in die heutige Form gebracht. Im Hausgang des Südtraktes Grabstein des Johann Prugger, Relieffigur in ritterlicher Rüstung, Marmor. Im Hause wird auch eine Madonna mit Kind aufbewahrt; der scharfbrüchige Faltenwurf und das liebliche Gesicht der Madonna ließen Weingartner annehmen, daß die Holzskulptur aus der Werkstatt des Michael Pacher, wenn nicht sogar in Teilen aus dessen eigener Hand stamme, während *Rasmo* neuerdings dazu neigt, die Plastik dem bereits genannten Hans Harder zuzuschreiben und mit 1460—70 anzusetzen (in „Michael Pacher", München 1969, S. 239); in früheren Arbeiten schloß *Rasmo* die Möglichkeit nicht aus, daß es sich um ein Jugendwerk Michael Pachers handle. Kacheln eines leider zerstörten Ofens (ein Muster auch im Volkskunstmuseum in Innsbruck) zeigen den „Wilden Mann" mit Keule in der Hand. Anschließend an den Nordtrakt hat sich ein Stück der alten Stadtmauer erhalten. — Der Ansitz ist heute bürgerlicher Besitz (Familien Rampold, Sojer-Zelger). Anläßlich der 300-Jahr-Feier des Bestehens der Wildenburg in ihrer heutigen Form wurde im Flur des Mitteltraktes von den derzeitigen Besitzern ein in Erz gegossenes Chronogramm angebracht, das wir als neueres Beispiel dieser poetischen Gattung hier anfügen wollen:

In CeLebratIone tertII CentenarII
VILLae VIrI feroCIs DenoMInatae
posIta
(die Großbuchstaben ergeben die Jahrzahl 1972)

Wie aus den Prachtfassaden der Neustadt herausgehoben und an einen stillen Platz jenseits des Mühlbaches versetzt, wirkt der Ansitz H e i d e n s c h a f t mit einem schönen, durch drei

Stockwerke reichenden Mittelerker. Den barocken Giebel erhielt das alte Gewerkenhaus zugleich mit barocker Stuckdecke im Inneren erst im 18. Jahrhundert. Das Gebäude ist derzeit leider in einem sehr schlechten Bauzustand.

Bevor wir uns der Umgebung der Stadt zuwenden, soll kurz noch einiger berühmter P e r s ö n l i c h k e i t e n gedacht werden, die aus Sterzing stammen oder hier wirkten. Mehrfach war bereits von der angesehenen Humanistenfamilie der G e i z k o f l e r die Rede, die zu den Gewerkenfamilien der Stadt gehörten und außerdem als Rechtsberater und Wirtschaftsfachleute in den Diensten der Fugger standen. Wiederholt bekleideten Mitglieder der Familie öffentliche Ämter in Sterzing und Gossensaß; interessant ist die Selbstbiographie des Dr. Lukas Geizkofler, der ein weitgereister Mann war (Manuskript im Museum Ferdinandeum, teilw. Abdruck in „Die Brennerstraße", Jahrbuch des Südt. Kulturinstitutes, Band 1, 1961); in diesen Memoiren findet sich u. a. der Abschnitt *De miseriis Studiosorum* („Von den Leiden der Studenten"), worin Geizkofler als die vier Hauptgefahren *öffentliche Unsicherheit, Geldborgen, Verführung durch Frauen und nächtliche Schlägereien* nennt. Des Lukas Neffe Zacharias brachte es als „Reichspfennigmeister", kaiserlicher Rat und oberster Proviantmeister in den Türkenkriegen zu höchsten Ehren. — Um etwa 1480 wird dem Brotbäcker Michl Raber ein Sohn, V i g i l R a b e r, geboren, der mit der Entwicklung des deutschen Dramas und Theaters unlösbar verbunden ist. Sterzing war ein Zentrum des Fastnachtsspieles, und Raber hat zwischen 1511 und 1535 zweiunddreißig Spieltexte aufgezeichnet; der Sterzinger war Kulissenmaler, Regisseur, Stückeschreiber, Verleiher von Texten und Verfasser eines Wappenbuches in einer Person — von der für die damalige Zeit typischen Vielseitigkeit einer begnadeten Künstlernatur. Was Raber leistete, war mehr als bloßer *umbgang in der vasnacht. Diese Überlieferung schließt Fastnachtsscherz und Ständesatire, Tanzspiel und Reformationsstück, Kultakt und Heldensage, Minneallegorie und Ansätze zum modernen Seelendrama zusammen* (Thurnher). — Vigil Raber starb 1552 in Sterzing und erhielt ein Begräbnis auf Kosten der Stadt; die Benennung einer Sterzinger Mittelschule und eine Gedenktafel an seinem Geburtshaus in der Neustadt (Nr. 8) sowie der „Vigil-Raber-Saal" erinnern heute noch an den berühmten Sohn Sterzings. Von dem genialen Bildschnitzer und Maler M a t t h e i s S t ö b e r l (erste Hälfte des 16. Jh.s) wird in Zusammenhang mit seinem Hauptwerk, dem Altar der Magdalenenkirche in Ridnaun, noch zu sprechen sein; er war Sterzinger und scheint hier eine Werkstatt unterhalten zu haben. Der „Maler" H a n s S c h n a t t e r p e c k, der Schöpfer des gewaltigen Flügelaltars von Lana, scheint 1478 als „Bürger zu Stertzingen" auf, später als Bürger von Meran, ist aber wohl sicher gebürtiger Schwabe gewesen. — Sterzing muß ein Zentrum der bildenden Kunst dargestellt haben, mit den bereits erwähnten Steinmetzen und Baumeistern Hans F e u r, Thomas und Adam S c h e i t e r und vor allem auch mit dem der zweiten Hälfte des 15. Jh.s angehörenden Hans H a r d e r, der in Brixen und Sterzing bezeugt ist und wahrscheinlich gebürtiger Sterzinger war. Laut Erich Egg stammen auch der Innsbrucker Glocken- und Figurengießer Peter L ö f f l e r (gest. 1530) sowie der Hofmaler Paul D a x (gest. 1561) aus Sterzing.

Neuerdings hat man dem Bauernanführer Michael G a i s m a i r wiederum großes Interesse entgegengebracht, vor allem aus der Sicht des Ostblocks (vgl. J. Macek, „Der Tiroler Bauernkrieg und Michel Gaismair, Prag 1960). Auch im eigenen Land versucht man wieder einmal, Gaismair vor den politischen Karren zu spannen. Um Objektivität bemüht ist J. Bücking („M. Gaismair", Stuttgart 1978), und den besten Überblick gibt — sine ira et studio — H. Reinalter in „Schlern", Jg. 1979, Seite 610 ff. mit der ganzen Lit. — Gaismair stammte vermutlich aus einer nicht unbegüterten Gewerkenfamilie bäuerlichen Standes. Einen Gaismairhof gibt es in Tschöfs, doch gilt das Hölzlgut im dortigen Weiler Feld als der Heimathof der Familie. Der junge Mann (geb. 1490/95) hat zweifellos überdurchschnittliche Fähigkeiten gehabt, denn er brachte es zum bischöflichen Sekretär und Zolleinnehmer. Der Bauernaufstand sah ihn als „Lutherischen" an der Spitze der Aufrührer (1525), nachdem er schon lange vorher revolutionäre Theorien entwickelt hatte. Bedeutsam ist seine nach 1525 entwickelte „Landesordnung" (unter Einfluß Zwinglis), die Tirol als utopischen kommunistischen Alpenstaat mit der Hauptstadt Brixen sieht (Text in „Schlern", Jg. 1932, S. 375 u. 425). Nach dem Scheitern einer „Eroberung Tirols" von der Schweiz aus tritt er in venezianische Dienste und lebt auf einem Landgut bei Padua selbst *glänzend wie ein Cardinal*. 1530 erliegt er dort den von der Innsbrucker Regierung gedungenen Meuchelmördern, die sich das auf den Gesuchten ausgesetzte Kopfgeld verdienen wollten. — Wir wissen, daß Gaismair verheiratet war, denn laut Sterzinger Verfachbuch vom Jahre 1525 hat der damalige Stadtrichter Andrä Walch dem Propst von Neustift ausgehändigt, was die Frau des Michel Gaismair offensichtlich beim Bauernsturm gegen das Stift als Beute eingeheimst hatte. Dabei ist unter anderem — ausgerechnet — ein Rosenkranz, versilbert und vergoldet. (Aukenthaler in „Schlern", Jg. 1947, S. 18; über Gaismairs Regiment in Brixen und den Sturm auf

Neustift siehe unter diesen Stichworten.) Auch sein Bruder Hans war revolutionär gesinnt; er gehörte, wie damals viele Leute aus der Sterzinger Gegend, der Sekte der Wiedertäufer an und wurde deshalb 1526 hingerichtet. Zahlreiche Mitglieder der Sekte, die ihrem Irrglauben nicht abschwören wollten, mußten damals das Land verlassen und haben vor allem in Mähren eine neue Heimat gefunden. — Der Südtiroler Dichter Hubert Mumelter hat die Gestalt Gaismairs in einer Novelle gezeichnet (in „Zwischen den Zeiten"), Franz Kranewitter und Josef Wenter verfaßten Gaismair-Dramen. — Die Meranerin Henriette von Schrott-Pelzel hingegen hat einen Familienroman der Geizkofler geschrieben. *Toxites* nannte sich der 1515 in Sterzing geborene Michael S c h ü t z, ein Humanist, der nach Studien in Tübingen, Wittenberg, Pavia, Basel und Paris im Jahre 1544 in Speyer vom Kaiser zum Dichter gekrönt wurde, *obwohl er dem engeren Kreise Luthers angehörte* (Sterzinger Führer, S. 89).

Von den vielen späteren Künstlerfamilien soll nur die der Krippenschnitzer P r o b s t herausgegriffen werden, von denen wir Augustin und Benedikt im Brixner Diözesanmuseum, im Dorfmuseum Gufidaun und in Völs am Schlern wieder begegnen werden. — Eine Gedenktafel am Haus Dr. Kofler in der südl. Sterzinger Vorstadt erinnert daran, daß hier 1778 der *Körner Tirols*, der Freiheitskämpfer und nachmalige Domkapellmeister zu St. Stephan, Johann Baptist Gänsbacher, geboren wurde, als Komponist ein Freund C. M. von Webers. — Ebenfalls aus Sterzing stammen Vater und Sohn Anton und Friedrich M i t t e r - w u r z e r, gefeierter Sänger der Vater und Schauspieler der Sohn, der berühmte Darsteller der Ibsen-Figuren und aller klassischen Heldenrollen am Wiener Burgtheater. — Schließlich müssen noch der Schriftsteller Karl D o m a n i g (1851—1913; Gedenktafel am Geburtshaus, Neustadt Nr. 44) und der verdienstvolle Forscher und führende Heraldiker Conrad F i s c h n a l e r (1855—1941) als Söhne Sterzings genannt werden. Während Fischnalers wissenschaftliche Werke nichts an Bedeutung eingebüßt haben, sind die Bücher Domanigs leider so gut wie vergessen, obwohl gerade die Problematik des in eine patriarchalische Bauernwelt einbrechenden Fremdenverkehrs (Drama „Der Gutsverkauf", Roman „Die Fremden") in Tirol noch immer aktuell ist. — An den Freiheitskämpfer (1809) und Schützenhauptmann Georg H a t z l (1773—1845) erinnert eine Gedenktafel am Raiffeisengebäude. — Aus neuerer Zeit müssen schließlich noch der Historiker Josef H i r n (1848—1917, Hauptwerk „Tirols Erhebung im Jahre 1809") und der bedeutende Komponist Josef Eduard P l o n e r (1894—1955) genannt werden (Gedenktafel am Geburtshaus).

DIE NÄHERE UMGEBUNG VON STERZING

Einen sehr hübschen Blick auf die Altstadt bietet die Kuppe von S c h m u d e r s mit ihren zerstreut liegenden Gehöften, die über die bereits erwähnte Militärstraße erreicht werden kann, die von hier weiter zu den Plonhöfen führt. Sie hat die Markierungsnummer 24 und beginnt bei den Bahnschranken nördlich der Station Sterzing. Kurz danach, beim Gasthaus „Sonnenheim", führt als Abkürzung der Straße ein Weg Nr. 3 nach links bergan, während die Straße selbst den Weiler F l a i n s (auch Fluens) mit hübscher Kirche erreicht. (Heutige Form aus der Mitte des 16. Jh.s, nach einem Brand im Jahre 1938 renoviert. Schönes Spitzbogenportal, Altar zwischen Gotik und Renaissance, mit Johanneskopfschüssel in der Predella.) — Verfolgt man den Weg 24 weiter über die Ortschaft Wiesen am Eingang ins Pfitschtal (siehe dort) und über den Wendelhof am Westhang des G s c h l i e ß e n e g g s (1671 m), so erreicht man in einer guten Stunde ab Sterzing die Burg S p r e c h e n s t e i n auf wehrhaftem Felsvorsprung, den südöstlichen Wächter des Sterzinger Talkessels; hierher gelangt man auch über die Staatsstraße und parkt südl. des Burgfelsens beim Gasth. „Burgfrieden" (Tankstelle); von hier steiler Fußweg (15 Min.) zum Schloß.

Der Burghügel nachweisbar schon vorgeschichtlich besiedelt. Die prächtige Lage gewährt einen eindrucksvollen Blick auf die Stubaier Gletscher. Der runde Turm (selten die Rundform in Südtirol, im Eisacktal sonst nur in Gufidaun) ist der älteste Teil der Burg, um 1241 erwähnt. Im Palas weist die Jahrzahl 1511 auf die heutige Form; dazwischen ist noch die Ringmauer mit quadergerahmtem Spitzbogentor erhalten. Sehenswert ist die E r a s m u s k a p e l l e , im letzten Krieg durch Bomben schwer beschädigt, aber sachgemäß restauriert. Sie zeigt Reste von Wandmalereien des späten 16. Jh.s und hat in der Apsis gute Fresken von 1515 (WG). Der kleine Flügelaltar von Hanns Meuchwez (1505) ist *stark restauriert* (WG). — Die Burg war tirolisches Lehen der Trautson und kam 1780 durch Erbschaft an die Fürsten Auersperg, in deren Besitz sie heute noch steht. Eine Besichtigung ist derzeit leider n i c h t möglich, da wegen mehrerer Einbrüche (Waffenkammer) erst Sicherheitsvorkehrungen getroffen werden müssen. Ausführlich zu Sprechenstein vgl. A. von Zallinger in O. Trapp, „Tiroler Burgenbuch" III, S. 101—140.

Sehr gut kann ein Besuch von Sprechenstein mit der Besichtigung der gegenüber auf einem Felsriff im Moos thronenden Burg R e i f e n s t e i n verbunden werden (Fahrstraße nach Elzenbaum durch das Sterzinger Moos, mit Überführung der Autobahn). Dieses Schloß gehört nach Lage und Anpassung in die Landschaft zu den schönsten von Südtirol und birgt auch im Innern wertvolle Kunstschätze. Auf kaum einer anderen Burg des Landes kann man sich so gut in die Ritterzeit zurückversetzen wie in Reifenstein, dessen Burghügel von besonderem landschaftlichen Liebreiz ist; er mag durch den Gegensatz zwischen dem wuchtigen und ernsten Gemäuer der Burg und dem grazilen Bau der St.-Zeno-Kapelle mitbedingt sein. Ein Frühherbsttag auf dem Burghügel von Reifenstein, erhellt von den Stubaier Firnen und umwärmt vom ersten Vergilben der Birken und Lärchen, verträumt zwischen dem blauen Himmel der hohen Berge und dem Feuerrot der Vogelbeeren, ist Inbegriff all der herben Schönheit des oberen Eisacktales.

Ältester, der romanischen Epoche angehörender Teil der Anlage ist der Bergfried, der von den Herren von Stilfes, die sich nachher nach der Burg *von Reifenstein* hießen, um 1170 durch einen Wohnturm ausgebaut wurde. Der Brunnenhof (beachtenswert die Technik der Wasserableitung von den Dächern in die Zisterne), weitere Wohnräume des großen Palas und die Vorburg stammen aus der Zeit, in der die Burg an den Deutschen Orden überging (um 1470, zahlreiche Wappen); die Vorburg zeigt in geradezu klassischer Weise Fallgitter (erneuert), Schießscharten und die zur Hauptburg über den Halsgraben hin verbindende Zugbrückenanlage, heute eine feste Brücke. Burgenkundlich besonders interessant sind die niedrigen, dunklen Landsknechtskammern, einfache Holzkästen mit Eselsrücken-Türen; auch eine Landsknechtsküche mit offenem Herd wird gezeigt. Schließlich findet sich im Bergfried ein wahrhaft schauerliches Verlies, in das die Gefangenen buchstäblich von oben „geworfen" wurden; unweit davon ein Folterbalken mit Wölbungen für Gesäß und Fersen der peinlich zu Verhörenden. Nach neuerer Version (Trapp) handelt es sich kaum um eine Folterstätte, da hiefür der Raum zu groß und gewissermaßen viel zu „festlich" wäre. Diese einleuchtende Theorie weist auch darauf hin, daß man aus guten Gründen in der mehr oder minder schalldichten „Kammer" folterte. — Immerhin stehen sich auf Reifenstein düsteres Verlies und lieblicher Burghügel, Folterbalken und Blumengarten unmittelbar gegenüber — Zeichen einer Zeit, die mit unerbittlicher Konsequenz nach ihren Gesetzen und in großen Maßstäben lebte. — Für den Forscher aufschlußreich sind die Fischgrätenlagerungen im Obergeschoß des Bergfrieds *(opus spicatum)*, die auf das bemerkenswerte Alter des Burgkernes hinweisen. Von höchster Wohnkultur kündet die „Gotische Stube" im Unterbau des Palas; sie zeigt am Mobiliar reichgeschnitztes Maßwerk und Rankenornament sowie besonders feine Arbeiten am Deckenbalken auf unterlegtem rotem Leder, kupferne Ziernägel in der Täfelung und feinste

Intarsienarbeiten an den Wandkästchen; Glanzstück ist jedoch
der „Grüne Saal" mit seiner phantasievollen, reichen spätgotischen Ornamentenmalerei und mit dem ganz außergewöhnlich
schönen Holzgitter (Fischblasenmaßwerk), das einen Erker des
Raumes als Altarraum abschließt. Das Gitter zeigt in jedem Feld
ein anderes Muster; auf der Pariser Weltausstellung des Jahres
1900 wurde der ganze Raum mit Gitter als Kopie im *Chateau
Tyrolien* gezeigt. Erwähnt sei als Kuriosum noch die „Nie-
mandstür" mit Bildnis eines Mannes und Inschrift:

> *niemantz heis ich was man*
> *thut das ziet man mich;*

es ist der, den man aller Übel zeiht, der „Niemand", dem alles
in die Schuhe geschoben wird.
Die hübsche Zenokapelle an der gegenüberliegenden Kuppe des
Felsriffes wird schon 1330 erwähnt, hat jedoch ihre heutige
Form und den Altar mit gedrehten Säulen (Altarbild St. Zeno
und Georg, von K e ß l e r) erst um 1660 erhalten. — Reifenstein ging unter bayrischer Herrschaft als Ablöse für das Post-
regale an die Grafen Thurn und Taxis über, die das Schloß
heute noch besitzen und im Sommer auch bewohnen. Reifenstein kann ganzjährig besichtigt werden, und im Sommer kann
der Besucher das Glück haben, von den kunstsinnigen Besitzern
persönlich geführt zu werden. — Zu Reifenstein vgl. Theil,
Laurin-Kunstführer Nr. 27 und Trapp, „Tiroler Burgenbuch"
III. Neuerdings Schalensteinfunde am Burghügel (vgl. Menara).

In dem zu Füßen des Reifensteiner Burghügels liegenden Weiler
E l z e n b a u m hat man wiederholt römische Münzen gefunden,
und in den heute bäuerlichen Anwesen „Zantturm" und „Senf-
tenberg" erkennt man doch deutlich die Spuren alter Türme
und Edelsitze; bemerkenswert die Riesenesche beim Girtlerhof.
Ein schönes altes Haus ist auch der „Löwenwirt"; hier wird eine Schützenscheibe aufbewahrt, die in sehr gelungener Form
die S a g e v o m S t e r z i n g e r M o o s darstellt.

Das Sterzinger Moos, aufgestaut durch den Bergsturz von
Stilfes, war vor seiner Trockenlegung (1875—1877) ein beliebtes
Jagdgebiet für Wasser- und Sumpfvögel und unter den Botani-
kern wegen seiner seltenen Sumpfflora berühmt. Schon Dalla
Torre verzeichnet, daß bei Elzenbaum Tonscherben in 2—5 m
Tiefe gefunden wurden und vermerkt: *vielleicht einst Pfahlbau;*
nach der Volksmeinung liegt hier eine durch den Ausbruch des
Pfitscher Sees (siehe dort) begrabene „Stadt"; die S a g e jedoch hat schon seit eh und je die alten Jungfern ins Moos verbannt; hier müssen all jene elend dahinsiechen, die trotz aller
Anstrengung keinen Lebensgefährten finden konnten. Kein Wunder, daß die alten Jungfern rebellisch werden, wenn da ein
junger Fuhrknecht über den Knüppeldamm daherkommt: bit-
tend recken sie die Hände nach dem begehrten Mann, und auf

85

der Schützenscheibe beim „Löwenwirt" sieht man, wie eine ihr blutrotes Herz an einer Stange aus dem Sumpf hält, eine andere gar — ihren prallgefüllten Geldbeutel. — Eine künstlerisch hochstehende Darstellung der Sage findet sich auch in der Taverne des Gasth. „Schwarzer Adler" am Stadtplatz in Sterzing (von Albert Stolz). — Brauchtumskundlich interessant sind die früher häufig geübten „Moosfahrten", bei denen als alte Jungfern verkleidete Burschen von einem Wagen ins Moos gekippt wurden. Im Zusammenhang damit sind auch mehrere „Mooslieder" überliefert, aus denen noch als Refrain der Ausruf einer sitzengebliebenen Liebhaberin unter den Kindern in Sterzing lebendig ist: *I hätt ja woll oan g'habb' g'habb, g'habb / aber i han's net g'wagg, g'wagg, g'wagg . . .* — Bei diesem Spottvers wird das Quaken der einstmals im Moos zahlreich vorkommenden Frösche nachgeahmt, das ja für die ganze Sage Pate gestanden haben dürfte. — Das Gegenstück zur Jungfernsage, daß nämlich die alten Junggesellen auf dem Roßkopf *Wolken schieben* (gutes Wetter machen) oder auch *so lange Gänsekot kauen müssen, bis er zu weißem Wachs wird* (sic, bei Dalla Torre) ist nie so populär geworden wie die Sage vom Moos selbst, die heute — ein seltenes Beispiel — fast unter der gesamten Südtiroler Bevölkerung noch als sprichwörtliche Wendung lebendig ist.

War es früher ein stilles Wandern, von Elzenbaum am Rande des Mooses weiter zur T h u m b u r g, so hat man heute die Autobahn zur Rechten, und zur Linken, an den Hang gerückt, die große Zollabfertigungsanlage.

Die Thumburg lehnt sich an einen bewaldeten Hügel, der ähnlich wie der von Reifenstein aus dem Moos ragt. Der nicht sehr wehrhafte, später mit Zinnen bewehrte Wohnturm zeigt noch ein steingerahmtes Rundbogenfenster und im Inneren einfaches Getäfel. — Seit 1834 führt die Familie von Klebelsberg das Prädikat der Thumburg, die heute bäuerlicher Besitz ist (Gastwirtschaft).

Von den Spaziergängen an der Westseite des Talkessels ist jener zu dem unter die schönen Lärchenwiesen des K ü h b e r g e s hingebetteten Dörfchen T h u i n s (1066 m, Gemeinde Sterzing, 332 Einw.) zu erwähnen, das man auf einem Fußweg von der Margarethenkirche aus (20—30 Min.) oder mit Auto über die mehrfach erwähnte Höhenstraße Sterzing—Thuins—Telfes—Roßkopf mit Querverbindung nach Tschöfs und Steckholz erreicht.

Thuins ist wie Tschöfs als sehr alte, schon vorrömische Siedlung ausgewiesen; der Namen *Teines* erscheint zusammen mit anderen Namen der Umgebung in der sog. Q u a r t i n u s - U r k u n d e des Jahres 827. Diese Schenkungsurkunde an das Kloster Innichen (Traditionsbuch des Hochstiftes Freising, im Reichsarchiv München, Faksimilierung und Kommentar durch

A. Sparber in „Schlern-Schriften", Nr. 12) wird vom Hrsg. als *wichtigste Urkunde zur Geschichte der Sterzinger Gegend* bezeichnet; sie ist vor allem namenkundlich von Bedeutung. — Die gotische K i r c h e   z u m   h l. J a k o b stammt aus dem Jahre 1511 (Turm), wurde aber zu Beginn des 17. Jh.s umgestaltet; auch die Einrichtung stammt fast ausschließlich aus dieser Zeit. — Zum Verweilen lädt ein Gasthaus im Dorf selbst, inmitten einiger noch erhaltener schöner alter Bauernhäuser. Der übrige Bereich des einst reizvollen Weilers ist durch zum Teil geschmacklose Neubauten beeinträchtigt.

Von B e r g t o u r e n, die Sterzing zum Ausgangspunkt haben, muß in erster Linie der Hausberg der Stadt, der R o ß k o p f (2182 m), genannt werden. Zwar kann man auf der vorerwähnten Straße bis nahe an die R o ß k o p f h ü t t e (1860 m) mit dem Auto fahren oder die neue S e i l b a h n (seit 1966) benützen — doch wird der schönste Weg auf den Roßkopf immer der „klassische" Anstieg über Bildstock und Rastplatz „Herrentisch" (gutes Wasser) zu den prächtigen Almwiesen, zur Hütte und weiter zum Gipfel ("Köpfl") bleiben (ab Stadtteil „Lahn", Weg 23, 3—4 Std.). Die Aussicht von dem isoliert gelegenen Gipfel, vor allem auf den gegenüberliegenden Pflerscher Tribulaun, wird mit Recht gerühmt.

Geübte Geher setzen die Kammwanderung auf Nr. 23 zu den T e l f e r   W e i ß e n (2566 m) fort (etwa 1½ Std.) und steigen von dort durch das einsame Vallmingtal zur gleichnamigen Alm und weiter nach Gossensaß ab (Weg 19 A, 3—4 Std.).

Zum Abstieg wählt man am besten den bei der Hütte beginnenden Weg Nr. 19, der über die Höfegruppe R a m i n g e s (1445 m, Landgasthaus, hübsche Kapelle) in 1 Std. 30 Min. (ab Hütte) wieder in die Stadt führt. — Der Roßkopf ist seit Eröffnung der Seilbahn vor allem als W i n t e r s p o r t p l a t z mit absolut sicherer Schneelage beliebt geworden; an der Bergstation der Seilbahn (Restaurant; AVS-Schutzhaus) setzen mehrere Lifts zur Gipfelhöhe an. — Von hier — aus Raminges — stammt der Ski-Abfahrtsläufer Herbert P l a n k (Olympia-Innsbruck 1976, Bronzemedaille), während der Sterzinger Peter G s c h n i t z e r 1980 im Rodel-Doppel olympisches Silber gewann (Lake Placid).

Von n a t u r k u n d l i c h e n   E r s c h e i n u n g e n ist die des Sterzinger Mooses bereits behandelt worden; von den B e r g - b l u m e n, die hier die Nordgrenze ihrer Verbreitung erreichen, seien nur einige sehr bekannte genannt, so die „Schlernhex" (Alpengrasnelke, *Armeria alpina*) und die große (Schopf-)Teufelskralle (*Physopléxis comósa L. Schur.*), beide noch am Hühnerspiel (Amthorspitze), dann die Berg-Osterglocke (*Pulsatilla montana*)

und die Ährige Glockenblume *(Campanula spicata)* um Sterzing und *Anemone baldensis* am Roßkopf. Bemerkenswert eine prächtige Eiche im Stadtteil „Garbe" (Gerberei!), die wohl nördlichste.
17 Ü b e r s c h w e m m u n g e n gab es zwischen 1400 und 1879, zu welchen noch die Überschwemmung des Jahres 1927 zu zählen ist. Viele dieser Hochwasser gehen auf den gefürchteten Vallerbach zurück, gegen den in der „Lahn" bereits 1455 eine Schutzmauer errichtet wurde; aber erst 1933 wurde er so gründlich eingedämmt, daß diese Gefahr als gebannt betrachtet werden darf und somit in der „Lahn" ein neues Viertel entstehen konnte, mit Schulen, Kindergärten und Wohnhäusern. Auch E r d b e b e n sind in nicht geringer Anzahl verzeichnet, so vor allem das unter „Gossensaß" bereits erwähnte Beben des Jahres 1891 und weitere Stöße bis 1909 und natürlich 1976.
Die P e s t schließlich hat, laut unserer Quelle (Dalla Torre), in Sterzing viermal zugeschlagen, und zwar in den Jahren 1473, 1521, 1534 (Aufenthalt des Paracelsus) und 1564.

DIE SEITENTÄLER DES STERZINGER TALKESSELS

DAS PFITSCHTAL. Seehöhe von 948 m (Wiesen, Gemeindesitz) über 1441 m (Außerpfitsch) bis 1490 m (Stein in Innerpfitsch); das ganze Tal bildet eine Gemeinde mit 2210 Einwohnern (271 Ital.) in zahlreichen Weilern und Höfegruppen; Länge des Tales 32 km, davon ca. 23 km teilweise schmale, aber gut ausgebaute und asphaltierte Straße bis Stein. Von hier 9 km ehem. Militärstraße zum Pfitscher Joch (Schutzhaus). Der Ausbau der gesamten Strecke (Staatsstr. 705) im Gange. — Autobusverbindung Sterzing-Innerpfitsch (St. Jakob); rund ein Dutzend Gasthäuser und Pensionen (Privatzimmer) zwischen Wiesen und Stein, mit etwa 550 Betten. — Fremdenverkehrsamt in Sterzing, Stadtplatz. Postleitzahl 39040.

Das Pfitschtal steht an landschaftlicher Schönheit und Erhabenheit den übrigen Seitentälern des oberen Eisacktales um nichts nach; in verkehrsgeographischer Bedeutung ist es wichtig, da hier ein früher vielbenutzter Übergang, das P f i t s c h e r J o c h (2248 m), über den Alpenhauptkamm führte. Demnach ist Innerpfitsch vor 1918 weitgehend nach dem nördlichen Anschlußtal, dem Z e m m g r u n d (auch Zamsertal oder „Pfitschergütl"), einem Seitenast des Zillertales, orientiert gewesen, was sich heute noch dem Kenner im Dialekt hörbar abzeichnet und im einzelnen volkskundlich wohl noch zu untersuchen wäre. Jedenfalls hat man auch nach der Grenzziehung den Pfitscher Bauern die alten Weiderechte auf der Zillertaler Seite belassen. Schließlich führt auch eine einst wichtige Querverbindung durch das Tal, und zwar von Pustertal-Pfunders über das **P f u n d e r e r J o c h** (2575 m) bzw. von Mühlbach-Vals über das **S a n d j o c h** (2646 m) absteigend nach Kematen und von dort im Anstieg über das bereits genannte **S c h l ü s s e l j o c h** (2209 m) zum Brennerbad (siehe dort).

Wir Menschen des 20. Jahrhunderts machen nur zu leicht den Fehler, solche Verbindungen als ungünstig oder schlecht gangbar zu betrachten, da wir in Eisenbahn- oder Autobahnmaßstäben zu denken begonnen haben. Wenn man sich jedoch vergegenwärtigt, wie schlecht die Straßen- und Verkehrsverhältnisse in den Tälern noch vor hundert Jahren waren, dann erkennt man erst den Wert dieser enorm abkürzenden Höhenwege. Wir wollen dies an unserm Beispiel aufzeigen: Mußte ein Bauer etwa von Pfunders nach Gossensaß, so hatte er auf der Straße über Mühlbach und Franzensfeste rund 55—60 km (alte, kurvige Straßen gerechnet) zu bewältigen; nur 18 km Luftlinie trennten ihn jedoch auf dem Jochweg von seinem Ziel, das er gewiß recht beschwerlich, aber in relativ kurzer Zeit erreichte. — Wir wissen von solchen Gängen, vor allem von Wallfahrten und Pilgerzügen, auf denen pro Tag an die 9—10 Stunden gegangen und im Auf und Ab Höhenunterschiede bis zu 3000 Metern bewältigt wurden.

Durch die Grenzziehung von 1918 hat das Pfitschtal fühlbare Einbuße erlitten; was dieses Tal jedoch am meisten schädigt, ist der Umstand, daß trotz zahlreicher Bemühungen und Petitionen die Straße teilweise immer noch gefährlich ist.

So müssen Steilstufen durch mäßigeres Gefälle überwunden und ganze Straßenstücke lawinensicher verlegt werden. Es waren im Winter 1969/70 zum Beispiel nicht weniger als zehn Lawinen auf die Straße niedergegangen und hatten das Tal so vollständig abgeriegelt, daß es vorübergehend durch Hubschrauber versorgt werden mußte. — Wegen dieser schweren Beeinträchtigung ist die Bevölkerungszahl in Pfitsch rückläufig und die Zahl der Abwanderer im Steigen. Als Lichtblick wird die Tatsache gewertet, daß mit Sommer 1973 der Übergang über das Pfitscher Joch als offizielle Grenzübertrittsstelle eingestuft wurde (1. Juni bis 30. Sept., für Fußgänger, zwischen 7 und 21 Uhr).

Alle landschaftliche Schönheit, alle Bemühung um den Feriengast im Tal selbst werden vorläufig noch durch die schlechten Verkehrsverhältnisse aufs empfindlichste beeinträchtigt. Der Ausbau der Talstraße und vor allem die Fertigstellung des **S t r a ß e n ü b e r g a n g e s ü b e r d a s P f i t s c h e r J o c h** könnten den fleißigen Bewohnern dieses rauhen, aber in seiner Hochgebirgsumrahmung einzigartig schönen Bergtales eine wohlverdiente Besserung der Lebensverhältnisse bringen. Von Süden her ist die Straße immerhin vorhanden, sie bedarf — wie bereits erwähnt — nur mehr einer Verbesserung; aus dem Zillertal, wo 1975 das größte Kraftwerk Österreichs (517.500 kWh) im Zemmgrund entstand, reicht derzeit (1980) die Straße bis zu 4 km ans Joch und soll demnächst fertiggestellt werden. Nach Ausräumung all dieser Schwierigkeiten könnte die Pfitscher-Joch-Straße eine Berühmtheit unter den Alpenstraßen werden, führt sie doch ähnlich wie die Großglocknerstraße unmittelbar an einen gewaltigen Eisriesen heran, an den höchsten Gipfel der Zillertaler Alpen, den H o c h f e i l e r (3510 m).

Das Tal ist nun nicht allein von einer Krone himmelragender Eisriesen überragt, sondern zeigt an seiner Süd- und Ostflanke die eigenartig bizarren Zackenreihen der weltverlorenen P f u n d e r e r   B e r g e, die ihrer berühmteren Nachbarn wegen kaum begangen werden, obwohl ihre Halden hoch hinauf begrünt und ihre Täler Inseln einer völlig unberührten Bergnatur geblieben sind. Diese Schönheit der Pfunderer Berge ist alles eher als „sensationell", sie erschließt sich nur dem wahren Kenner und dem, der lange und mühevolle Wege in tiefer Einsamkeit nicht scheut. Der einzige Stützpunkt an der Pfitscher Seite, die S t e r z i n g e r   H ü t t e (im Burgum-Tal, erbaut 1888/89 von der Sektion Sterzing des österr. Touristenklubs, auf 2511 m im Bereich riesiger Serpentinblöcke gelagert), war viele Jahrzehnte hindurch verfallen und ist erst 1980° durch die Alpenvereinssektion Sterzing wieder erneuert und benützbar gemacht worden, als einfacher, im Sommer bewirtschafteter Stützpunkt.

Die während der Südtirol-Differenzen 1960—70 gesperrten bzw. zerstörten Schutzhütten im Grenzgebiet sind heute zum Teil wieder geöffnet und erschließen somit das prächtige B e r g t o u r e n - g e b i e t von Pfitsch.

Teilweise durch Sprengung zerstört (1966), derzeit jedoch von den ital. Finanzwächtern freigegeben und wieder voll bewirtschaftet ist das private P f i t s c h e r - J o c h - H a u s (2277 m, 12 km schmale Straße von St. Jakob; Weg Nr. 3, die Straße abkürzend, in 1¾ Std. ab Stein); am Joch die P f i t s c h e r S e e n, *von Gletschern ausgekolkte Becken* (Dalla Torre); in der Umgebung großer Reichtum an Mineralien, ebenso reiche Alpenflora. — Seit Sommer 1972 wiederum benützbar und bewirtschaftet ist die L a n d s h u t e r   H ü t t e (2690 m, Sekt. Landshut, 1899, auf Weg 3 A von Platz bei St. Jakob in 4 Std.); diese Hütte war von österr. Seite zur Sprengung vorbereitet (1966), doch wurde die Sprengladung rechtzeitig entdeckt. Sie

erschließt den das Tal gegen Norden abgrenzenden Hauptalpen-
kamm zwischen K r a x e n t r a g e r (2998 m, 1 Std. ab Hütte,
für Geübte unschwierig), W i l d s e e s p i t z e (2733 m, leicht,
1 Std.) und dem W o l f e n d o r n (2776 m, eine weitere Std.,
ebenfalls relativ leicht). Als P f i t s c h e r H ö h e n w e g berühmt ist die Verbindung zwischen Pfitscher-Joch-Haus und
Landshuter Hütte (Nr. 3); nur am Rande, als Kuriosum, sei
erwähnt, daß die Landshuter Hütte durch die Grenze von 1918
in zwei Hälften geteilt wurde: die Räume der Hütte sind zum
Teil ital., zum Teil österr. Staatsgebiet (der österr. Teil durch
den ÖAV bewirtschaftet). Umstritten ist bis heute, ob die
W i e n e r H ü t t e (Sekt. Wien, 1906; 2665 m, ab Stein auf
Weg Nr. 1 in 4 Std.) durch ein Sprengstoffattentat oder durch
eine Lawine zerstört wurde (1967); jedenfalls ist dieser wichtigste Stützpunkt für die Ersteigung des H o c h f e i l e r s (für
Geübte mit Hochgebirgsausrüstung relativ leicht, 3 Std. ab
Hütte) derzeit völlig unbenützbar, was dem Touristenverkehr
im Pfitschtal alles eher als zuträglich ist. Gerade hier wären
auch die Gegebenheiten vorhanden, um den W i n t e r s p o r t
bis tief in das Frühjahr unter idealen Bedingungen ausüben zu
können. — Als touristischen Stützpunkt hat die Hochtouristen-
gruppe der AVS-Sektion Bozen in Zusammenarbeit mit der Sektion Sterzing im Talschluß von Pfitsch (Oberbergtal) auf der
Moräne zwischen den Nordwänden von Hochferner (3463 m)
und Griesferner eine Notunterkunft („Biwakschachtel") erstellt;
die im Sommer 1972 eingeweihte Hütte hat neun Schlafplätze
und liegt auf 2429 m Höhe. Der Zugang führt entweder von
Stein aus dem Talbach entlang (3 Std.) oder — wesentlich
kürzer — von der am weitesten gegen Osten ausholenden
Kehre der Pfitscher-Joch-Straße aus (1 Stunde; Auskunft und
Schlüssel über die AVS-Sektion Sterzing).

Entscheidend für das T a l und seine g e o g r a p h i s c h e S i -
t u a t i o n ist geworden, daß an Stelle der heutigen W e h r
(1362 m) in geol. Vergangenheit (Schlern-Stadium?) ein gewaltiger Felssturz das Tal abgeriegelt hat, dessen Blöcke heute noch
dort die Steilstufe kennzeichnen, die früher nur durch Fußwege,
später durch einen geschickt angelegten Fahrweg (1824) bewältigt wurde und heute in weitem Bogen durch die Talstraße (seit
1933) überwunden wird. Dahinter staute sich ein gewaltiger
See auf, der an die 10 km taleinwärts gereicht haben mag und
eine beträchtliche Tiefe erreicht haben dürfte. Durch einen Ausbruch an der natürlichen Staumauer und durch Verlandung mit
dem Geschiebe der Seitenbäche entstand das heutige nahezu
flache Talbecken mit seinen vielen, für das Tal charakteristi-
schen Heuhütten; sie künden, zusammen mit den dichten Wäldern an den Talhängen, von den Haupterwerbsquellen der Bevölkerung.

Dieser Ausbruch des hier mit Recht vermuteten Sees (ein „Fischerhaus" in Kematen) hat der Phantasie der Bewohner viel zu schaffen gemacht; er soll (urkundl. nicht belegt) im Jahre 1100 stattgefunden haben (Dalla Torre), bedingt durch seitliche Abrutschungen, die den See hinaus-*pfitschen* ließen, *bis ins Sterzinger Moos.* (So die Volksetymologie zu „Pfitsch".)

Der N a m e ist umstritten; eine Theorie liebäugelt mit lat. *picea* (Fichte), eine andere (Schneller) mit *ad fictas,* was soviel wie „bei den Wehrbauten" hieße und auf den historisch beglaubigten Bau einer Wehrmauer hinweist, die hier tatsächlich errichtet wurde, um weitere Ausbrüche zu verhindern, worauf ja auch der heutige Name „Wehr" noch hinweist. — Heute ist es eine Betonmauer, die einen Rest des alten Sees noch zur Elektrizitätsgewinnung aufstaut, als eine der ersten Stufen des großen Wasserkraftwerk-Systems, das sich durch das ganze Eisacktal bis Bozen hinzieht. — Quellen zur G e s c h i c h t e des Tales fließen nur spärlich; in Kematen sind die Reste des sog. „Trautson-Turmes" (fast 2 m dicke Mauern mit Rundbogentür) nahe der Kirche in einem Bauernhaus belegt. Durch Heirat der Hedwig von Pfitsch ist der Turm 1627 an die Trautson gekommen, die sich demnach „Trautson von Reifenegg und Pfitsch" nannten (vgl. Trapp, Burgenbuch III, S. 99).

Eine F a h r t d u r c h d a s T a l zeigt uns, daß nur der äußere Teil, bis zur Wehr, eine wesentlich ältere Geschichte hat als das flache Becken des Talinneren. So finden sich nördlich oberhalb von Wiesen, an den Hängen von Schmuders, die bereits genannten Urzeitstationen Burgstall und Gschleiboden, als vom Hang abgesetzte Kuppen aus dem Tal gut sichtbar (auf dem Burgstall heute ein Kreuz). W i e s e n (948 m) ist Sitz der Gemeinde Pfitschtal und, wie der Name besagt, auf schönen Wiesenplan hingebettet, ein beliebter Sommerfrischort mit mehreren Gasthöfen.

Die Straße führt vom Bahnhof Sterzing, der bereits auf Pfitscher Gemeindegrund liegt (Grenze linkes Eisackufer), durch eine Eisenbahnunterführung und an Kasernen vorbei zunächst zur hübschen, achteckigen H e i l i g g r a b k a p e l l e im Ortsteil M o o s. Die der Landschaft gut angepaßte Kapelle wurde von Daniel von Elzenbaum, Pflegsverwalter in Sterzing, erbaut und 1682 geweiht. Auch die Einrichtung (Ölgemälde) aus dieser Zeit (WG). — Die P f a r r k i r c h e z u m H l. K r e u z wurde um 1514 errichtet, im Inneren aber 1827—1830 entgotisiert und auch im Stile dieser Zeit eingerichtet. Bemerkenswert die Altarblätter von Josef R e n z l e r (1827), ein spätroman. Christus aus der 2. Hälfte des 13. Jh.s (deponiert; Abb. in „Schlern", Jg. 1938, S. 107) und ein Glasgemälde aus der Erbauungszeit (St. Helena mit dem Stifter Leonhard Pfarrkircher, 1515; vgl.

92

die Barbarakapelle in Gossensaß. — S c h l o ß M o o s, ein Turm, der um 1325 im Besitz der Trautson war und im 16. Jh. von den Geizkoflern in die heutige Form gebracht wurde, enthält schöne Gewölbe, einen *malerischen Treppenaufgang* (WG) und hat schöne Fenstergitter. Der vorbildlich instand gehaltene Bau dient heute als Altersheim; ebenso fällt der nahe gelegene Ansitz W i e s e n h e i m (landwirtschaftl. Schule) durch seine hübsche und gepflegte Fassade angenehm auf. — Hervorzuheben ist das K r i e g e r d e n k m a l (Bronzerelief, 1970) von Karl G r a s s e r (geb. 1923 in Kortsch bei Schlanders), und als naturkundliche Besonderheit darf die Hausrebe am Bacherhof gelten, an der noch Portugiesertrauben ausreifen (948 m).

Außer diesen kirchlichen und profanen Kunstdenkmälern erzählt noch der Name „Schmelzerhof" von der Geschichte des Ortes; hier wurde das im Pfitsch gewonnene Erz (Kupferkies) verhüttet. Der Bergbau (1636—1705, nach Sternbach) spielte im Pfitsch nie eine so bedeutende Rolle wie in Pflersch oder gar in Ridnaun, doch erinnern Abraumhalden und Transportweg (auch für Schwefelkies) noch an diese einstige Erwerbstätigkeit. — Heute stapelt sich in Wiesen und nahe dem Bahnhof Sterzing das Nutzholz aus den Pfitscher Wäldern zu ansehnlicher Menge. Außerdem findet sich in Wiesen auch eine Niederlassung jener Firma aus Deutschland, die im Sterzinger Moos Torf, im benachbarten Pfunderer Tal Chlorit-Schiefer und im innersten Pfitschtal (Stein) weitere Schiefer-Steinbrüche abbaut.

Kurz nach Wiesen, beim Gehöft „Archer", zweigt von der Talstraße nach rechts eine Zufahrtsstraße zum Weiler T u l f e r (1240 m) ab.

Der Ort erscheint in der schon mehrfach genannten *Quartinus-*Urkunde als *Tuluares* 827 und ist wegen seiner günstigen Lage wohl schon früher besiedelt gewesen, zumal auch hier nach Kupfer- und Schwefelkies gegraben wurde. — Das Mariahilf-Kirchlein des Ortes wurde um 1675 erbaut. — Tulfer hat auch eine sehr geschätzte und schneesichere Rodelbahn.

Die Talstraße beginnt nach dieser Abzweigung zu steigen und erreicht nach 7 km (ab Sterzing) den Weiler A f e n s (1250 m) mit einer Schutzengelkapelle (erbaut 1730, die Einrichtung 18. Jh., WG) und einem Gasthaus. Kurz darauf überquert die Straße den Talbach bei der „Wehrsäge", wo früher der alte, direkte Fahrweg von der Steilstufe der Wehr herabkam; die Straße holt nun weit aus (in der Serpentine Abzweigung nach Obertulfer) und erreicht in mäßiger Steigung die Staumauer der W e h r (1362 m, 10 km ab St.); von hier hat man einen hübschen Blick auf Kirche und Gehöfte von Kematen (Staffler: *ein Bild von holdester Einsamkeit...*), dem man sich nun auf ebener Straße nähert. Am Nordende des heutigen Stausees die Häuser von

R i e d, wo der Sage nach ein goldener Widder vergraben ist, den die Leute verehrten, bevor sie vom hl. Valentin bekehrt wurden; Schatzsucher haben an dieser Stelle oft nach Gold gegraben, aber der Widder ist nicht mehr zutage gekommen (Fink, Dalla Torre). — Gegenüber die Höfegruppe B u r g u m an der Mündung des gleichnamigen Tales, das vor allem wegen seines M i n e r a l i e n r e i c h t u m s bekannt geworden ist. Dalla Torre zählt für das ganze Pfitsch an die 60 Mineralien auf, darunter *Beryll, blau, von seltener Größe, Diopsid bis 30 cm lang, Rutil bis 15 mm lang* usw. usw. Beda Weber weiß schon 1838 von dem Reichtum zu erzählen: *In mineralogischer Hinsicht enthält das Thal noch viele verborgene Schätze. Einst gab es hier eigene Sammler, die mit den aufgefundenen Steinen nach Innsbruck handelten.* Und bei Staffler (1847) steht: *... wer kennt nicht die herrlichen Sphene, die Perikline und Adulare, den funkelnden Versuvian, die Turmaline, die hellrothen Granaten, die Cyanite, die Strahlsteine, Rutile, den Rhätizit, den Rautenspath, den Spargelstein und den Asbest aus Pfitsch. Pfitsch ist noch immer das Thal, welches nicht aufhört, der Wissenschaft Schönes und Neues fast alljährig vorzulegen.* — Das beliebte „Steinrösl" *(Daphne striata)* hat hier die Ostgrenze seiner Verbreitung in den Zentralalpen. — Von Burgum erreicht man auf dem Weg 2 vorbei an Burgumalm und an der verfallenen Sterzinger Hütte in 6 Std. die W i l d e K r e u z s p i t z e (3134 m, höchster Gipfel und zentrale Berggestalt der Pfunderer Gruppe).

Nach insges. 13 km wird beim Weiler W i e d e n die Abzw. nach F u ß e n d r a ß (1387 m, *Fuß am Draß* nach Sternbach), an der Mündung des D r a ß b e r g t a l e s erreicht. (Die in den Karten verz. Benennung *Großbergtal* ist laut Sternbach und Staffler als falsch anzusehen.) Durch dieses Tal führen Weg Nr. 17 und unmarkierte Almwege in 3—4 Stunden zum Pfunderer bzw. (zur Gänze auf Nr. 17) zum Sandjoch.

K e m a t e n (1441 m, 15 km) ist der Siedlungskern des Hochtales und lag wohl ursprünglich am Ufer des Talsees. Der hübsche Ort hat zwei Gasthäuser (eines davon im nahe gelegenen Weiler G r u e b e n) und ist schon durch seinen N a m e n (lat. *caminata*, soviel wie „geheizter Raum") als sehr alte Siedlung ausgewiesen. — Mehrere Mineraliensammler im Ort, sehenswert die Sammlung Obermüller.

Eine Kirche wird 1345 erwähnt, von einem Bau des Jahres 1468 steht noch das Presbyterium; die heutige P f a r r k i r c h e z u m h l. N i k o l a u s wurde durch Einbeziehung des obgenannten Chores 1804—1809 errichtet und hat aus dieser Zeit Seitenaltarbilder von A. F. A l t m u t t e r sowie ein Hochaltarbild, den hl. Wolfgang darstellend, von Anton S i e ß (1786). Im Dorfbild fallen einfache, aber hübsche Wandmalereien an den urtümlichen Bauernhäusern auf. — Nicht unerwähnt soll der Streit um die neue Pfarrkirche bleiben, den der damalige Pfarrer Anton Norz zusammen mit seinem Kooperator gegen die harten Pfitscher Bauernschädel auszutragen hatte. Die Bauern von Kematen wollten nämlich vom oben erwähnten Ausbau der Nikolauskirche zunächst nichts wissen und sabotierten den Bau mit allen Mitteln, wobei sie sogar nicht davor zurückschreckten, im eben erstellten Gewölbe des Neubaues die Kirchtagsböller abzuschießen. Als der Neubau dennoch endlich fertig war, versammelten sich die Bauern noch immer trotzig im kleinen Raum der alten Kirche — bis der Pfarrer ihnen dorthin das Allerheiligste nachtrug und damit um Versöhnung bat, die nun auch endlich zustandekam (hiezu K. F. Wolff in „Bozner Hauskalender", Jg. 1970, S. 104 f.).

Im Weiterweg wird das Amphitheater des Talschlusses immer großartiger und mehr und mehr von den Eisdomen der Hochfernerspitze (3463 m) und des Hochfeilers beherrscht. Aber auch G r a b s p i t z e (3058 m) und R o t e s B e i l (2949 m) auf der Pfunderer Seite rücken in wilder Steilheit nahe an die Talsohle heran. Der idyllische Seegrund wechselt zu hochalpiner Szenerie, Wildbäche brechen aus den Hängen und wetteifern mit der Musik des Jochwindes. — Der Ortsteil K n a p p e n mit dem gastlichen „Knappenhof" erinnert daran, daß auch hier noch der Bergbau geblüht hat. S a n k t J a k o b schließlich (1446 m, 20 km ab Sterzing, Kasernen, Gasthäuser, Geschäft; Stützpunkt für Bergtouren, Übungslift, auch beim „Knappenhof") ist der Hauptort von Innerpfitsch, das sich noch in den Weilern S a n d, T ö t s c h, H o l z und S t e i n (1490 m; Gasthaus) bis in die blumenreiche Almregion von Ober- und Unterberg hineinzieht.

Die P f a r r k i r c h e z u m h l. J a k o b u s, mit guten Deckengemälden (Josef Renzler, 1823) stammt samt der ganzen Einrichtung aus den Jahren 1821—24; wesentlich interessanter ist die gotische a l t e K i r c h e, von der sich das Portal, die Sakristei und der Spitzturm mit gekuppelten Schallfenstern aus der Erbauerzeit erhalten haben, während das Tonnengewölbe erst später eingezogen und der heutige Chor hinzugebaut wurde, nachdem Kirche und Friedhof durch eine Lawine im Jahr 1817 schwer beschädigt worden waren. Sehr schön, mit ausdrucksstarken Gesichtern, sind die Seitenstatuen Petrus und Paulus am Hochaltar (beide um 1530) im Gegensatz zur Pietà aus späterer Zeit; daß die Deckenfresken (St. Jakobus mit Heiligen) *eine ungewöhnlich derbe Arbeit um 1789* (WG) sind, wird jeder Betrachter unterschreiben. — Die Volksüberlieferung weiß, daß man zur Reformationszeit (die „lutherischen" Bergknappen!) hier Frevel getrieben, Wein getrunken und Karten gespielt habe, wofür zur Strafe eine Lawine herabgesandt worden sei (Fink); zweifellos war der Ort schon vor der uns bekannten Katastrophe des Jahres 1817 durch Lawinen bedroht. — Von eigenartigen und im Lande einzigartigen Votivgaben erzählt Hermann Mang in „Heimatliche Kirchfahrten"; demnach wurden früher hier von Wallfahrerinnen Zöpfe aus Flachs als Votivgaben gespendet, wenn eine Krankheit Haarausfall gebracht hatte oder solcher zu befürchten war. — Auch sonst ist altes Brauchtum in Pfitsch noch lebendig; hier kommt noch die Martinigans auf den Tisch, ganz nach Oswald von Wolkensteins Rat: „trink Martinwein und gens iß!" Auch „Kathrein stellt Tanz und Räder ein" wird hier noch befolgt; am Tag der hl. Katharina (25. November) drehen sich der Heiligen mit dem Rad zu Ehren nicht einmal Nähmaschinen (Haider).

Mehr als Jahrzahlen und Urkunden jedoch spricht die alte gotische Kirchentür mit ihrem einfachen, aber würdigen Schnitzwerk vom harten Leben der Bauern in Pfitsch. Verwittert und rissig, gleich den Arbeitshänden alter Leute, kündet sie von den Stürmen und Schneewehen, von den Regenschauern und ebenso von Sonne und Firnenlicht über dem himmelhohen Bergtal von Pfitsch. —

Schon Jahrzehnte vor dem Aufblühen des Alpinismus sagt Beda Weber über unser Tal: *Der Landschaftsmahler ist hier in seinem eigentlichen Elemente, wenn er die Natur in ihren erhabensten Parthien, ihr tausendgestaltiges Leben in den heiligsten Momenten mahlen will.*

DAS RIDNAUNTAL. Der äußere Teil (Sterzing/Gasteig —Mareit; 9,5 km) wird auch M a r e i t e r Tal genannt; es nimmt von Südwesten her in diesem Bereich zwei Nebentäler auf, das J a u f e n t a l und das Tal von R a t s c h i n g s; ab Mareit zieht sich das eigentliche Ridnauntal über 14 km bis zum Ende der Straße in M a i e r n bzw. bis zur sog. Erzaufbereitung; die Straße ist jetzt fast durchwegs asphaltiert und 7,5 m breit. Seehöhe von 976 m (Ortschaft Stange, Gemeindesitz) über 1039 m (Mareit) bis 1370 m (Maiern). Einwohnerzahl der gesamten Gemeinde (Haupttal mit den zwei Nebentälern) 3277, davon 61 Italiener. — Mehr als ein Dutzend Gasth. und Pensionen, auch in den Seitentälern, mit rund 320 Betten. Postamt im Hotel „Sonklar", Ridnaun (Postleitzahl 39040); Fremdenverkehrsamt für Ridnaun (und Pfitsch) in Sterzing, Mithrasplatz.
Autobusverbindung Sterzing—Mareit—Maiern und Stange —Ratschings bzw. Gasteig—Jaufental.

Die rätselhaften Felszeichnungen (Sonnenräder?) an einem Stolleneingang der „Hölle" in Innerpflersch (zu S. 59)

← Der Pflerscher Tribulaun (3096 m), von der Tofring-Alm aus gesehen (zu S. 54)

Halle des Schlosses Wolfsthurn in Mareit (zu S. 122)

Die Gilfenklamm an der Mündung des Ratschingstales (zu S. 121) ➤

Sankt Jakob in Pfitsch mit den hoch hinauf begrünten Pfunderer Bergen (zu S. 90 u. 95)

◄ St. Magdalena in Ridnaun, von „maist' matheis stöberl 1509" (zu S. 124)

Die Sterzinger Neustadt mit dem schönen Rathauserker (zu S. 75) ➤

104 Die Brennerautobahn zwischen Gossensaß und Sterzing (zu S. 34)

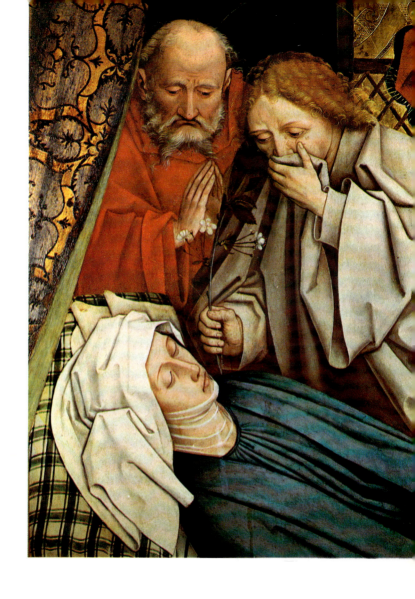

„Meister des Sterzinger Altares": Der Tod Mariens,
Ausschnitt aus einem Flügelbild des Multscher-Altares (zu S. 74)

Der Peitlerkofel (2875 m), nördlichster Eckpfeiler der Dolomiten; im Schatten des Hauptgipfels die Nordwand (zu S. 243 u. 272)

Neustift bei Brixen, Wirkungsstätte der Augustiner-Chorherren im Eisacktal (zu S. 190)

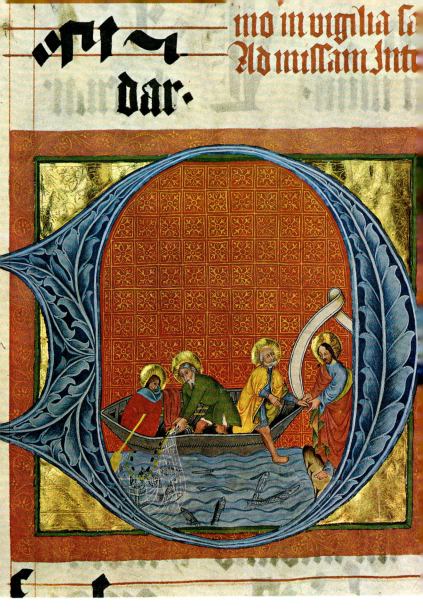

Initiale aus dem Graduale des Friedrich Zollner, den Fischfang aus dem Evangelium zum Fest des hl. Andreas darstellend (um 1442); Neustift, Bibliothek (zu S. 195)

Das durch eine Seilbahn und mehrere Skilifts gut erschlossene und schneesichere Skigebiet des Roßkopfs (2182 m) bei Sterzing; im Hintergrund die Sarntaler Alpen (zu S. 87)

Schloß Sprechenstein bei Sterzing (zu S. 83)
Holzgitter im „Grünen Saal" von Reifenstein (zu S. 83)

Der „Stafler" in Mauls gehört zu den traditionsreichen Gasthäusern am alten Brennerweg. Im Bild vorne links ist die früher an der Hauswand angebrachte Kopie des in der Nähe gefundenen römischen Inschriftensteines („Quartinus-Stein") zu erkennen (zu S. 145)

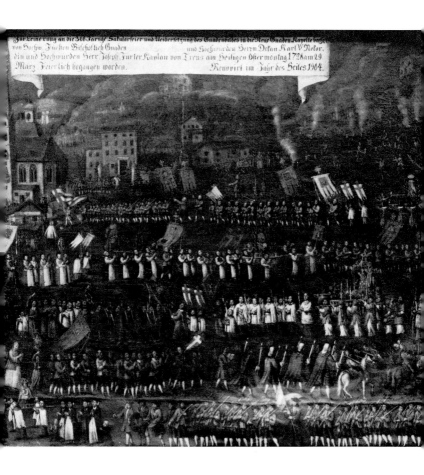

Feierliche Übertragung des Gnadenbildes von Maria Trens in die neu erbaute Kapelle, am Ostermontag 1728. Der Ausschnitt zeigt unter anderem rechts von der Bildmitte „Die Ehrwürd. geistlichket, Ihro hochwürden und gnaden He Dechant und Pfahrer zu Stilfes, Das Gnadenbilt, von zwölf Priestern getragen und Ihre hochbischöflichgnaden Graff V. Sarnthan..." (ganz rechts am Bildrand; zu S. 138)

Edelkastanien sind die Wappenbäume des Eisacktales; besonders prächtige Exemplare finden sich in Vahrn, Feldthurns und auf der Tschötscher Heide (Bild; zu S. 248)

In der Kirche von Viums auf der Hochfläche von Natz-Schabs werden schöne Kerzenstangen aus der Mitte des 16. Jh.s verwahrt (zu S. 229)

Eingebettet in Wiesen und Wäldern: Lüsen-Dorf mit der Pfarrkirche zum hl. Georg (zu S. 233)

Das R i d n a u n t a l mit seinen Nebentälern ist ein wesentlicher Bestandteil des Sterzinger Raumes und von großer Bedeutung für die Wirtschaft und den Fremdenverkehr des gesamten Gebietes. Verkehrsgeographisches Gewicht erhält das Tal durch den seit ältesten Zeiten benützten J a u f e n w e g, der eine wichtige Verbindung mit dem Etschtal darstellt und einstmals die Hauptverbindung des nördlichen Landesteiles nach M e r a n, der alten Hauptstadt (bis zum 15. Jh.) des „Landes an der Etsch und im Gebirg" gewesen ist. — Hiezu würde gut die Deutung des N a m e n s passen, den Wolff auf idg. *reidho (= fahren) zurückführt und in Parallele zum vielbefahrenen Straßenzug über den Ritten bei Bozen stellt.

Die vielen Weiler und Einzelhöfe, vor allem am Telfer und Mareiter Sonnenberg, zeugen vom Fleiß der Bergbauern und bestimmen zusammen mit Waldwirtschaft, Fremdenverkehr und dem heute noch lebendigen B e r g b a u auf dem Schneeberg das Wesen und den Charakter dieses in seinen höheren Lagen sehr einsamen Bergtales. Es gibt in Südtirol nur mehr wenige Hochlagen, auf denen sich ursprüngliches und urtümliches Bergbauernleben so gut erfassen und auch am Rande miterleben läßt, wie im Tal von Ridnaun, wenngleich auch hier die gewiß notwendigen Höfesanierungen und Güterwegebauten zuweilen recht unverständig und rücksichtslos durchgeführt wurden; desgleichen sind durchaus nicht alle Neubauten eine Zierde der Landschaft.

Entsprechend seiner schon historischen Bedeutung nennt das Tal einige bedeutende Kostbarkeiten sein eigen, so das prächtige Barockschloß W o l f s t h u r n der Freiherren von Sternbach in Mareit und den kostbaren Flügelaltar der Knappenkirche S a n k t M a g d a l e n a in Innerridnaun. Schließlich muß noch die landschaftliche Schönheit dieses Tales gepriesen werden, von dem schon Dalla Torre sagt, das es *große Herrlichkeiten* birgt. Der Naturforscher meint damit vor allem den majestätischen, vom Übeltalferner erfüllten T a l s c h l u ß, der von Zuckerhütl (3505 Meter), Wildem Pfaff (3457 m) und Wildem Freiger (3419 m) beherrscht wird. — Doch wäre es ungerecht, wollte man den markanten Mareiter Stein (2041 m) nicht nennen, der unter seinem dichten grünen Mantel reinweißen Marmor birgt und wie ein mächtiges Riff die eiszeitlichen Gletscherströme geteilt hat; er könnte das Wahrzeichen des Mareiter Tales genannt werden.

Zu seinen Füßen tobt der Ratschinger Bach durch eine schmale Klamm zu Tal. Diese Klamm — heute durch eine sichere Konstruktion gefahrlos gangbar gemacht — führt auf weite Strecken durch reinen Marmor; unter dem Namen G i l f e n k l a m m ist sie als eine naturkundliche Sehenswürdigkeit ersten Ranges bekanntgeworden.

Tiefe Wälder, weite grüne Wiesen, von dunkleren Buschzeilen fein säuberlich unterteilt, mit knorrigen Eschen bestandene „Gassen", das Gold der Kornfelder und die kugelrunden Zwiebeltürme der Telfer Kirchen, rote Blumen auf verwittertem Söller und darüber die hellen Sonnenspiegel der Gletscher — das ist Ridnaun. Gleich nach der Autobahnunterführung an der Sterzinger Ausfahrt zweigt von der Ridnaun/Jaufen-Straße nach rechts ein Zubringer zu der unter „Sterzing" mehrfach erwähnten Militärstraße zum Roßkopf ab; sie ist heute gleichzeitig Zufahrt (3 km) über Thuins in das Doppeldorf T e l f e s (Obertelfes, an der Straße, 1247 m; Untertelfes 1233 m). Ein Güterweg Telfes—Mareit ist vor kurzem fertiggestellt worden.

Die sonnseitige Lage dieser Ortschaft hat sicher schon zu sehr früher Besiedlung geführt. Immerhin scheint *Telues* schon in der *Quartinus*-Urkunde (827) auf; mit unendlichem Fleiß ist der Hang bebaut, durch zahlreiche Stützmauern zu ebenen Terrassen geformt. Holzmann nennt mit Wopfner diese ebenen Äcker *rätische Fluren* und nimmt für sie ein hohes Alter an, ungleich höher als für die (bajuwarische) Besiedlung des Talinneren und der schattseitigen Gebiete gegenüber. Der Siedlungsraum reicht vom Roßkopf (Almregion, rund 2000 m) über Wald zu den Ackerfluren, die sich bis in die vom Mareiter Bach geschaffene Erlenau (ca. 960 m) hinabziehen. —

Telfes hat zwei Pfarrkirchen, in denen abwechselnd Gottesdienst gehalten wird. S t. V e i t in Obertelfes ist ein spätgotischer Bau (1522), der 1824 entgotisiert wurde; die hübsche, für das Landschaftsbild kennzeichnende Zwiebelhaube stammt ebenso wie in Untertelfes aus dem Jahre 1700 bzw. 1708. Die Einrichtung der Kirche im übrigen aus der Zeit der Umgestaltung. WG hebt ein Kreuzigungsbild am Seitenaltar (Mitte 18. Jh.) in *wirkungsvollem Helldunkel* hervor. — S t. N i k o l a u s in Untertelfes wurde 1831 ebenfalls entgotisiert, doch sind hier mehrere Elemente des ursprünglichen Baues (Portal, Spitzbogenfenster im Chor, Spuren des Gewölbes) noch erhalten. Aus der Einrichtung dieser Kirche sei das Altarblatt des aus Telfes stammenden Anton S i e ß (St. Nikolaus, um 1766) und vom Seitenaltar eine Maria mit Kind (Mitte 15. Jh., neu gefaßt) hervorgehoben. — Telfes ist Fraktion der Gemeinde Ratschings mit 300 Einw. und hat Gasth., Fremdenzimmer und öffentl. Telephon. — In der österr. Zeit gab es zwischen Ober- und Untertelfes nur ein Gasthaus; es gehörte dem Gastwirt, Bauern, Sägewerkbesitzer und Pfarrer Franz Meixner, der den Landkreis Sterzing als Abgeordneter im Wiener Parlament von 1911 bis 1917 vertrat.

Eine der schönsten Mittelgebirgswanderungen, die sich im oberen Eisacktal machen läßt, führt von Telfes (Autobus ab Sterzing oder zu Fuß über Thuins, 45 Min.) über die Einödhöfe des Mareiter Sonnenberges (zu Beginn Güterfahrweg) nach Innerridnaun (Markierung 18 bzw. höher verlaufend und schöner 18 B; Gehzeit etwa 3 Std., kaum Höhenunterschiede); wie schon eingangs erwähnt, betritt man hier ein Reich echten Tiroler Bergbauerntums und lernt auf einem solchen Weg von Land und Leuten mehr kennen, als wenn man hundertmal nur auf den Hauptverkehrsstraßen dahinfährt.

Vom Weg 18 B noch höher muß steigen, wer den Hochparegger-Hof erreichen will, der als typisch für das Gebiet gelten darf (1264 *in Ridenowe,* zit. b. Huter); während Hochparegg ein reiner Holzbau ist, finden wir in tieferen Lagen eine auffallend reichliche Verwendung von Mauerbau, was Wopfner (in Schlern-Schrift 12) auf den steigenden Holzbedarf zur Erzverhüttung zurückführt. Tatsächlich konnte das Schneeberg-Erz seit 1560 nicht mehr zur Gänze in Ridnaun verhüttet werden, sondern kam bereits zum Teil in die Fuggersche Schmelzhütte nach Graßstein. Über das sagenumwobene Gehöft Stranses (der „Stranses-Riese", ein gefürchteter Raufbold) erreichen wir wieder Weg 18 und verfolgen ihn, nun in weltabgeschiedener Einsamkeit über mehrere Höfe, darunter Rapont und Reisig, bis Sankt Magdalena in Innerridnaun. Von den letztgenannten Höfen berichtet Holzmann, er habe dort vor etwa eineinhalb Jahrzehnten noch offene Herde angetroffen. Ein von Mareit ausgehender, heute schon zum Teil fertiggestellter Güterweg soll die wirtschaftliche Lage dieser Extremsiedlungen verbessern helfen.

Ein weiterer hübscher Spaziergang sei hier noch kurz erwähnt, da er ebenfalls an der Sonnenseite verläuft: Unmittelbar vor der sog. Laager Brücken, die den hier regulierten Mareiter Bach (auch *Geilbach* oder *Fernerbach)* überspannen, zweigt von der Staatsstraße nach rechts als Nr. 10 eine kleine Straße zu den Weilern Ober- und Unterackern ab, beide zu Telfes gehörend. Man kann von diesem Weg aus in die Erlenauen und Sanddünen des hier breit dahinziehenden Mareiter Baches eindringen und findet einen Naturbadestrand von einzigartigem Reiz (dies auch noch unterhalb der Laager Brücken); zwar ist das dahinmurmelnde Gletscherwasser für ein Bad viel zu kalt, doch finden sich abflußlose, bei Hochwasser aufgefüllte Wasserarme und Teiche, die von der Sonne über dieser idyllischen Landschaft im Hochsommer genügend erwärmt werden. — Es muß allerdings leider gesagt werden, daß dieser Naturbadestrand beiderseits der Laager Brücken durch Regulierung, „Bonifizierung" der schönen Auwälder und durch die Anlage einer Industriezone in den letzten Jahren stark eingeengt worden ist. Die Gegend hat — zusammen mit dem Sterzinger Moos — der technischen Entwicklung große Opfer bringen müssen.

Wir müssen aber wieder zurück auf die Staatsstraße, die uns in insgesamt etwa 2 km ab Sterzing nach G a s t e i g (970 m, einfache Kirche zum hl. Josef, Bau und Einrichtung um 1740; Gaststätte „Gasteiger Hof" und Campingplatz) führt. Hier teilt sich die Straße in drei Äste: Etwas vor der Ortschaft in die Ridnauner Talstraße, die Jaufenstraße und schließlich von dieser abgehend in die Straße ins Jaufental. Wir verfolgen zunächst die R i d - n a u n e r T a l s t r a ß e bis an ihr Ende und befassen uns anschließend erst mit den Nebentälern und der dazwischenliegenden Jaufenstraße.

Eine F a h r t d u r c h d a s T a l auf der guten, asphaltierten Straße bringt uns vorbei am Kirchlein von S c h ö n a u (2 km ab Gasteig; schöne gotische Bauelemente, um 1500) und vorbei am hangseitig gelegenen Pockenhof (turmförmiger Trakt mit Erker und Fenstergittern, Wappen von 1635) in die Ortschaft S t a n g e (976 m).

Der N a m e des Ortes erklärt sich daraus, daß die Brixner Bischöfe hier 1241 eine Zoll-Stange errichteten, eine Zollstation am alten Jaufenweg, als dieser hier vorüberführte. Eine ähnliche Bezeichnung wiederholt sich am „Eisenstecken" in der Vill, wo heute die Autobahn durchschneidet, ehe sie sich ins Sterzinger Moos senkt; als nämlich um 1400 der Jaufenweg die „Stange" umging und schon direkt Gasteig erreichte, führte er über diese neue Zollstelle in die Stadt und erreichte neben der „Wildenburg" das (heute nicht mehr bestehende) Jaufentor, von welcher Stelle heute noch das „Jaufengaßl" in die Neustadt führt. — Der Ort Stange mit seinen rund 320 Einw. ist Sitz der Gemeinde Ratschings (Wappen ein sich aufbäumender Wolf, siehe Wolfsthurn in Mareit); die Namengebung ist insofern etwas irreführend, als die Gemeinde ihren Namen nicht nach dem Haupttal Ridnaun, sondern nach dem Seitental Ratschings bekommen hat, das hier bei der „Stange" abzweigt. Der Ort hat mehrere Gasth., Fremdenzimmer und ist beliebte Sommerfrische. Die ehemals selbständige Großmolkerei der Stange ist heute mit jener von Sterzing vereinigt. Die Spezialität der Sterzinger Gegend, ein nach bäuerlicher Art zubereiteter Graukäse, der früher hauptsächlich aus der Sennerei in der Stange kam, wird heute nur mehr von der Molkerei in Stilfes und zum Teil noch auf den Almen hergestellt; er wird jedoch so gut wie in allen Gasthäusern geführt. — Laut Sternbach ist das Gasth. „Schafer" das alte Zollhaus; an der Fassade ein-

gemauert St. Christoph unter einem turmartigen Bau, laut Inschrift aus Schloß Reifenegg stammend, mit Jahrzahl 1243; hiezu WG: *Das merkwürdige und schwer datierbare Stück ist aber wohl kaum vor dem 14. Jh. entstanden.*
Für Burgenliebhaber lohnt es sich, mühsam durch Gebüsch zu den Ruinen von R e i f e n e g g am rechten Talsporn des Ratschinger Tales emporzusteigen (20 Min.); der halbverfallene Turm an schon prähistorisch bezeugter Siedelstelle, einst Wächter am alten Jaufenweg, ist von hohen Bäumen umgeben und vom Tal aus kaum sichtbar. Der Bergfried mit *ungewöhnlich sorgfältig gearbeiteten Buckelquadern* (WG) und 2 m dicken Mauern hat über dem alten Rundbogeneingang das schöne Hufeisenwappen der Trautson, die den Turm seit 1243 zu Lehen hatten; später führten u. a. die Geizkofler davon das Prädikat und heute ist die Ruine in bürgerlichem Besitz. — Unter dem Turm liegt ein Schatz, bewacht von einem Hund mit buschigem Schweif; wer damit in Berührung kommt, erblindet (weitere Schatzsagen bei Fink). — Es zeigen sich am Fundament des Bergfrieds tatsächlich deutliche Spuren von Schatzsuchern. — Ein neuer Güterweg, der von der großen Westkehre der Jaufenstraße über die Gehöfte Untergschwendt und Burkt (wohl *Burghof)* nach Jaufensteg führt, vermittelt von oben her einen Zugang. (Zu Reifenegg vgl. Trapp, Burgenbuch III, S. 181 f.)

Die eigentliche Sehenswürdigkeit des Ortes aber ist die G i l f e n - k l a m m. *Es gibt eine Anzahl von Klammen mit berühmten Namen, jedoch durch reinsten weißen Marmor führt nur die Gilfenklamm* (Sternbach). Unter dem Namen „Kaiser-Franz-Josef-Klamm" wurde die Schlucht in den Jahren 1894—95 durch Förderung Einheimischer und mit Hilfe des Alpenvereins gangbar gemacht. Die Holzkonstruktionen verfielen und verfaulten allmählich in Kriegs- und Nachkriegszeiten, doch ist die Steiganlage durch die Gilfenklamm seit einigen Jahren wieder vorbildlich instand gesetzt und kann von jedermann gefahrlos begangen werden (einwandfreie Geländer, Brücken usw.; Gedenktafel an Errichtung und Wiederherstellung am talseitigen Beginn der Schlucht). Man kann entweder die in der „Stange" abzweigende Ratschinger Straße bis J a u f e n s t e g (1150 m, Gasthaus, Autobushaltestelle) fahren und von dort die Klamm abwärts oder auch von der Ortschaft Stange die Klamm im Auf- und Abstieg begehen (1½ Std. ca.; Eintrittsgebühr; Kartenausgabe an beiden Enden der Klamm, neuerdings auch an der talseitigen Mündung der Klamm ein Gasthaus). — Wer ohnehin in der Gegend weilt oder auch nur die nahe vorbeiführende Jaufenstraße benützt, sollte sich das Naturschauspiel der Gilfenklamm nicht entgehen lassen. Im sog. „Kirchl" vor allem verdichten sich die Bilder der Klamm zu einem tosenden Tanz urweltlicher Kräfte.

Nach kurzer Fahrt von der Ortschaft Stange talein ist M a r e i t (1039 m), der historische und kirchliche Mittelpunkt der Talschaft, erreicht. Der Ort ist hübsch an eine Talstufe gelagert und wird vom Schloß W o l f s t h u r n beschützt; der Gegensatz zwischen dem hochherrschaftlichen Barockbau und den an den Hang geduckten Bergbauernhöfen ist von reizvoller Eigenart.

Der Ort ist mit rund 700 Einw. die größte geschlossene Siedlung des Tales und verdankt seine Entstehung zweifellos seiner Lage am wichtigen Jaufenübergang. Dieser führte, wie Sternbach überzeugend nachweist (Sterzinger Führer und Heimatbuch), ursprünglich nicht im Bereich der heutigen Straße, sondern berührte — von der Jaufensenke direkt nach Ratschings absteigend — den Wachtturm Reifenegg bzw. auch den bereits genannten Jaufensteg und erreichte danach Mareit. Hier war die wichtige Brücke, die den ältesten Weiterweg über Telfes nach Sterzing ermöglichte. Sternbach geht sogar so weit, hier in Mareit das Kastell (nicht die Siedlung) *Wipitin* zu suchen. — Laut Huter besteht hier ein *Herrschafts- und Eigenpfarrbezirk (1189/96 Fridericus plebanus de Moreit) der Grafen von Eppan. 1237 ging er an die Grafen von Tirol bzw. deren Lehensleute, die Wölfe von M. (Lupi de Wibetal) über.* — Die Pfarre kommt später (1648) an die Deutschordenskommende Sterzing. — Die Bedeutung des Ortes wird auch durch die nahen M a r m o r - b r ü c h e sowie durch die Lage am alten E r z w e g vom Schneeberger Bergwerk her unterstrichen. Demnach ist Schloß W o l f s t h u r n auch die erste Sehenswürdigkeit des Ortes. Weingartners Bemerkung, *die streng einheitliche Barockanlage, in Tirol ein Unikum,* hat dazu verführt, Wolfsthurn als das einzige Barockschloß Tirols zu bezeichnen; das ist falsch, denn auch Ehrenburg im Pustertal wurde nachträglich barockisiert, kann sich allerdings an Geschlossenheit der Anlage mit Wolfsthurn nicht messen. Der mächtige Bau ist hufeisenförmig angelegt und zeigt gegen das Dorf einen Vorgarten mit Zinnenmauer und Pavillon, dahinter die Fassade mit Dreieckgiebel in der Mitte und den flankierenden Türmen. Rückwärts schließen die Seitentrakte einen Hof mit Springbrunnen ein; eine malerische Allee führt — ausgehend von einem Fischteich — hierher zum Torgebäude. *Der heutige Südturm ist der ursprüngliche Bergfried, dessen vermauerte Zinnen im Dachraum* (und auf einer älteren Darstellung im Sterzinger Führer! - der Verf.) *noch zu sehen sind* (WG). — Die Innenräume sind bewohnt und können nicht besichtigt werden; ihren barocken Schmuck nennt WG *fein und vorzüglich;* sie enthalten u. a. zwei sehr schöne Majolika-Öfen sowie kostbare Wandbehänge mit ungemein lebhaften und kulturgeschichtlich wertvollen Hof- und Jagdszenen. — Die Größe der Anlage ließ die volkstümliche Redensart aufkommen, die Besitzer des Schlosses *könnten an jedem Tag des Jahres zu einem anderen Fenster ihres Hauses hin-*

ausschauen. — Aus der Franzosenzeit (1809) stammt die mündliche Überlieferung, man habe nach der Schlacht im Sterzinger Moos die gefangenen Franzosen zum Teil in den Wolfsthurn gebracht und dort nicht sehr schonend behandelt. Aus späterer Zeit stammen die Reisekutschen der Schloßherren, die heute noch wie zur Abfahrt bereit in der Durchfahrt des Schlosses stehn, und an die allerjüngste Zeit erinnern die eisernen Böller, die unter der Herrschaft des Faschismus nicht mehr abgefeuert werden durften und damals im Schloß deponiert wurden.

Aus Sicherheitsgründen gesperrt sind leider auch der Innenhof und die K a p e l l e , ein dem Schloß ebenbürtiger, wunderschöner Barockbau, geschmückt mit Fresken von dem uns schon seit Sterzing und Gossensaß bekannten M. G ü n t e r. Weingartner urteilt: *Mit dem bunten Schmuck der Fresken und der goldenen Einrichtung einer der schönsten Innenräume des 18. Jahrhunderts in Südtirol.* Versilberte und vergoldete Figuren von Heiligen und von Engeln flankieren auch das Mariahilf-Bild (1738) des Hauptaltares. — Franz Andrä Wenzel von Sternbach hat 1727 den Wolfsthurn erworben und zum schönsten profanen Barockbau Südtirols gestalten lassen. Das Schloß ist heute noch im Besitz seiner Nachkommen; vgl. auch Trapp, Burgenbuch III, S. 192 ff. — Zum Schloß gehörte auch der ehemalige Pferdestall am Fuß des Burghügels, ein schönes altes Gebäude, das erst vor kurzem mit viel Geschmack zu einer Gaststätte umgebaut worden ist.

Die P f a r r k i r c h e z u m h l . P a n k r a z hat vom ursprünglichen Bau nur mehr den hohen Spitzturm mit den spitzbogigen Schallfenstern erhalten. Im übrigen ist die Kirche das Ergebnis eines Umbaues aus dem Jahre 1687, und ihre Einrichtung stammt zum Großteil aus dieser Zeit. Der Hochaltar ist ein Werk des Mareiter Tischlermeisters Johann Schaitter (1780); die Statuen St. Stephan und Laurentius nennt WG *gute Arbeiten, ebenso die Reliefs und Wappen der Seitenaltäre.* Zwei ältere Seitenstatuetten (St. Florian und Leonhard) sind dzt. deponiert. — In der F r i e d h o f s k a p e l l e die volkskundlich interessanten Darstellungen von *Tod und Tödin.* — Etwas außerhalb des Dorfes steht das neue Kindergartengebäude (1972), das mit Unterstützung der Vereinigung „Stille Hilfe für Südtirol" erbaut worden ist; der Bau fügt sich architektonisch gut in die Szenerie von Kirche, Burghügel und Bauernhöfen.

Ein schöner, ursprünglich spätgotischer Bau ist der Pfarrhof, und ebenso ist der Bildstock vor dem Dorf bemerkenswert, aus weißem Marmor mit Bergwerkswappen, 1537. — In der C h r i s t l k a p e l l e über dem Talbach (18. Jh.) eine Krönung Mariens von J. A. Z o l l e r und — wiederum kulturhistorisch interessant — eine hl. Kummernus mit dem Geigerlein. — Wie nicht selten in abgelegenen Gegenden, so hat sich auch in Mareit einiges an altem B r a u c h t u m erhalten. So berichtet

Friedrich Haider in „Tiroler Brauch im Jahreslauf" (vgl. Lit.-Verz.) vom sog. „Hochzeitsesel", der bei festlichen Bauernhochzeiten noch vorgeführt wird: es ist dies ein rohgezimmerter, nahezu lebensgroßer Esel auf Rädern, der von einigen Burschen während des festlichen Mahles in die Stube gezogen wird. Auf dem Esel sitzt ein Bursch mit einer Pfanne und rührt darin rote und blaue Stoffpuppen herum, nach denen die Braut tappt; erwischt sie keine Puppe, dann schaut es mit dem erhofften Nachwuchs schlecht aus, erwischt sie gleich zwei, dann stehen übers Jahr Zwillinge ins Haus, bei Rot Mädchen, bei Blau natürlich Buben. —

Mareit ist guter Ausgangspunkt für W a n d e r u n g e n u n d B e r g t o u r e n, so über Nr. 25/25 A zum Mareiter Stein (3 Std.) und zu den Höfen am Sonnenberg (Nr. 18); der Ort hat zwei Gasthäuser, Geschäfte und öffentl. Telephon.

Nach Mareit gewinnt die Straße am schattseitigen Hang an Höhe, passiert einige Gehöfte und Weiler, darunter E n t h o l z, K n a p - p e n (Bergbau!) und G a s s e; die alte Talstraße, ein in Teilen noch erhaltener alter Pflasterweg (Nr. 9), führt den Wanderer nahe dem Talgrund gemächlicher ans gleiche Ziel; stets hat er nun den vergletscherten Talschluß vor sich und mit jedem Schritt nähert er sich jener Talstufe, wo auf einem mit Birken bestandenen Hügel, neben dem geduckten Mesnerhof, das Juwel des Tales steht, die a l t e K n a p p e n k i r c h e S t. M a g d a - l e n a.

Schon Lage und Einheitlichkeit des spätgotischen Baues (1482 geweiht) sind sehenswert; der Hügel, auf dem die Kirche steht, ist als Blickpunkt auf die hehre Bergwelt wie ein Altar aus Gottes Hand. Von begnadeter Künstlerhand jedoch stammt der rein gotisch erhaltene Innenschmuck der Kirche, das Chorgestühl und daneben der ältere, bescheidene Altar der hl. Magdalena, von einem unbekannten Meister um 1470 (neuerdings dem Sterzinger Hans Harder zugeschrieben und dzt. in Mareit deponiert). — Aber da war die Zeit, in der die Bergknappen silberne Schuhnägel trugen, da in Sterzing (1497) der Grundstein zum mächtigen Hallenbau der Pfarrkirche gelegt wird — und zu dieser Zeit geben die Knappen von Ridnaun beim Sterzinger Meister Mattheis S t ö b e r l einen neuen, größeren Altar in Auftrag. Der Altar ist eindeutig datiert, durch Inschrift auf Pergament: *das werch hat gmacht maist' matheis stöberl 1509.* Der sehr gut erhaltene, aber neu gefaßte Altar zeigt die Himmelfahrt der in Fell gekleideten Magdalena, daneben St. Georg und Laurentius. Zu Füßen der Heiligen sind zwei Bergknappen bei der Arbeit dargestellt, im Gespreng Maria, Barbara, Katharina und der Auferstandene, in der Predella die Beweinung Christi und an den dazugehörenden Flügeln St. Nikolaus, Erasmus, Veit und St. Anna selbdritt. Die Flügel schließlich zeigen außen Passionsszenen und innen das Leben der hl. Magdalena. Vom rechten (neugot.) Seitenaltar wurden 1974 drei wertvolle Statuen aus der Stöberl-Werkstatt gestohlen. — Die Kanzel ist aus weißem Marmor gearbeitet. —

Im Jahre 1980 wurde die Kirche neu eingedeckt, gesichert und restauriert; der Mesnerhof ist leider verlassen. Wegen einer Besichtigung wende man sich an das Pfarrhaus Ridnaun.

Soweit die Kunsthistoriker, das fachmännische Urteil. Es besagt dem nicht viel, der nicht einmal im Licht und in der Stille eines späten Nachmittages in dieser kostbaren Kirche war, deren vergoldetes Schnitzwerk ebenso andächtig macht wie das Silber der hohen Berge ringsum. —

Wir sind nun in dem flachen Talbecken von Ridnaun, das einmal ein See gewesen sein soll, abgeriegelt durch die wohl von einem Bergsturz herrührende Schwelle, auf der Sankt Magdalena steht. Der Fernerbach hat sich hier durch wildes Blockwerk eine Schlucht gegraben, von der Sternbach meinte, man sollte sie ähnlich wie die Gilfenklamm für die Touristik erschließen.

In R i d n a u n (1342 m), das wie das ganze Tal zahlreiche Ü b e r s c h w e m m u n g e n durch Ausbruch des Eissees am Übeltalferner (1755, 1821, 1855, 1868) über sich ergehen lassen mußte, ist seit langem der „ S o n k l a r h o f " (Postamt) ein touristischer Stützpunkt; als Gegenstück zur Amthorspitze in Gossensaß hält hier nämlich eine Erhebung im Stubaier Kamm, die S o n k l a r s p i t z e (3471 m), die Erinnerung an den verdienten Geographen Karl Sonklar, Edler von Innstätten (1816 bis 1885) aufrecht, der als der Begründer der wissenschaftlichen Orometrie gilt. — Von hier führt ein Übergang durch das einsame V a l t i g l s an der gleichnamigen Alm vorbei und über das R a t s c h i n g s j o c h (2210 m) in das gleichnamige Nachbartal (Nr. 26 bis zum Joch, dann unmark. und steil, etwa 4 Std.). Schließlich darf Ridnaun auch in bescheidenem Maße als S k i g e b i e t bezeichnet werden, da im Bereich des „Sonklarhofes" ein Übungsgelände besteht. Außerdem ist das ganze Gebiet für die heute leider nahezu völlig abgekommene S k i t o u r sehr geeignet.

Die P f a r r k i r c h e z u m h l. J o s e p h ist ein barocker Bau, 1768 geweiht. Die Deckengemälde von Josef H a l l e r (1766) sind *flott gemalt, ein bezeichnendes Beispiel der besonders von M. Günter beeinflußten tirolischen Rokokomalerei* (WG). Sehenswert auch der ganze Altar, eine *bedeutende Arbeit um 1780* (WG). Die schönen Statuen von Joh. P e r g e r.

Von Ridnaun taleinwärts folgen die Weiler K a l c h e r n (malerische Kapelle aus dem 17. Jh.), R i e d und schließlich die

125

Höfegruppe M a i e r n (1370 m) mit Gasthaus (Autobushaltestelle) und weiterer Straßenverbindung bis zu den Anlagen der
E r z a u f b e r e i t u n g (Endstation der Autobuslinie, 1417 m).
In diesem hochalpinen Bereich fällt vor allem das auf einem
gletschergeschliffenen Buckel stehende Kirchlein S a n k t L o -
r e n z auf, ein lieblich in die herbe Landschaft komponiertes
Gotteshaus mit dreiseitigem Chorabschluß, Dachreiter und Spitz-
bogentür, 1390 schon erwähnt und 1482 umgebaut; die Einrichtung stammt aus dem 17. Jh. — Schräg gegenüber steht der uralte P f i t s c h e r h o f mit Spitzbogenportal, Gewölbe und Balkendecken (16. Jh.). Das schöne Wegkreuz vor dem Haus datiert Weingartner mit 1400, die Hausfresken sind weit jüngeren
Datums (St. Florian, Johannes von Nepomuk).
Südwestlich oberhalb von Maiern, an der Mündung des Stauden-
bergtales, liegt der höchste Hof des Tales, der S t a u d e r (1566
Meter), somit auch der höchste Hof des oberen Eisacktales; der
Flur- und Almname der Gegend, V a l m e z ó n (auch Falbeson,
um 1288 Valmizzan) kündet vom hohen Alter der Siedlung.

Vom Stauderhof in Valmezón stammte die R i d n a u n e r
R i e s i n, Maria Fastnauer, auch „Tiroler Moidl" genannt (1879
bis 1917). Als die Moidl in die Volksschule ging, war sie um
so viel größer als die Mitschüler, daß Ortskundige sie am
Schulweg für die junge Mutter der Kinder hielten. Auf die
Frage danach sagte das Mädchen mit tiefer Stimme: „Naa,
i bin selber no a Schuelerin!" Und schon in dieser Zeit war
der Hunger des Mädchens so groß, daß man sein Essen in Fut-
terkübeln kochen mußte — was auf einem armen Bergbauernhof
zum Problem werden mußte. — Gäste des „Sonklarhofes" hatten demnach auch die Idee, wie der Lebensunterhalt der mittlerweile auf 2,17 Meter herangewachsenen Moidl zu bestreiten
wäre. In Begleitung einer ihrer Schwestern zog die Riesin nun
in die Welt und kam um 1900 herum durch ganz Europa, nach
Wien, Paris und London; dadurch, daß sich die „Tiroler Moidl"
in Zirkus und Varieté zur Schau stellte — sie trug unter dem
langen Rock noch zehn Zentimeter hohe Schuhe — verdiente
sie so viel, daß sie ihre Angehörigen unterstützen konnte; bei
jedem Kontrakt stellte sie aber die Bedingung, mindestens dreimal in der Woche im geschlossenen Wagen zur Messe geführt
zu werden. Ein Zirkusriese wollte die Moidl heiraten; sie hätte
einen Ring gebraucht mit dem Durchmesser eines Fünfgulden-
stückes, aber die Moidl hatte zuviel Heimweh, um einem Mann
in die Fremde zu folgen. Nach Hause schrieb sie: *Meine Lieben
zu Haus, ihr wißt gar nicht, wie gut ihr es habt, im stillen einsamen Ort, wenn auch manchmal das Essen fehlt. Aber trotzdem müssen wir dem lieben Gott danken, daß ihr weit fort
seid vom Stadtgetümmel, wo Tag und Nacht keine Ruhe ist...*
Soweit die Geschichte von der Ridnauner Riesin, die ein zutiefst

126

einsamer und unglücklicher Mensch gewesen sein muß und am liebsten im heimatlichen Ridnaun auch in großer Armut gelebt hätte, sich aber in aller Welt begaffen lassen mußte. So geriet sie, ob sie wollte oder nicht, weit von daheim fort, weiter wohl, als irgendjemand von Ridnaun je gekommen ist. (Handschr. Bericht von Leo Zößmayr, Mareit, der die Riesin noch selbst gekannt hat, aus dem Jahre 1968). — Das gewaltige Bett der „Tiroler Moidl" ist bis zum heutigen Tag auf dem Stauderhof erhalten geblieben; eine Abbildung der Riesin findet sich in „Reimmichlkalender", Bozen 1961, S. 47.

Ähnlich wie in Pflersch und Pfitsch hat die H o c h t o u r i s t i k durch die seinerzeitige Sperrung bzw. militärische Besetzung der Schutzhütten (1960—1970) schwere Beeinträchtigungen erfahren, von denen sich das Tal erst langsam erholt. Der in umgekehrter Richtung bereits erwähnte, nicht vergletscherte U b e r g a n g i n s P f l e r s c h über die Maurerspitzscharte mit leichter Möglichkeit zur Ersteigung der W e t t e r s p i t z e (2718 m; Gipfelkreuz 1969, Höhe 10,5 m) kann jedoch empfohlen werden, ebenso ist der sehr mühsame Übergang über das L a z z a c h e r T a l entlang dem Erz-Gondellift auf den Spuren der alten Transportwege (siehe unten) über die R a t s c h i n g e r S c h a r t e (2480 m) in die innerste Talmulde von Ratschings möglich, doch ist das P o s c h - H a u s (2113 m) heute zerstört und kann somit nicht mehr als Stützpunkt auf diesem Weg dienen. (Das Haus wurde früher, in Erinnerung an die Erz-„Kästen", auch Wirtshaus „Kasten" genannt.)

Von Maiern gerade weiter hinauf ins sog. Moaregeten-Tal und über den Aglsboden (Sperrmauer, Wasserfall 23 m, Felsschliffe) zur Unteren Aglsalm (Nr. 9 A; nach der Alm Abstecher zum P f u r n s e e auf nicht einfachem Steig möglich; besser von der Teplitzer Hütte zum See); Weg Nr. 9 führt zur Oberen Aglsalm und schließlich — vereint wiederum mit 9 A — zur G r o h m a n n - h ü t t e (2254 m, 1887 durch die Sekt. Teplitz des DÖAV errichtet, derzeit nur notdürftig eingerichtet und versperrt; Schlüssel über CAI *(Club Alpino Italiano* bzw. AVS Sterzing); unweit davon die F e u e r s t e i n - H ü t t e (2586 m, auch Teplitzer Hütte, von dieser Sektion 1889 errichtet), seit dem Sommer 1976 wiederum bewirtschaftet (vorsichtshalber in Maiern fragen). Von der Grohmann-Hütte nun weiter auf Weg 9 (Gletscherausrüstung, Seil!) zur B e c h e r - H ü t t e (3190 m, in einzigartiger Lage auf dem Südgrat des Wilden Freigers, 1894 Sekt. Hannover, heute CAI Verona, über 50 Übernachtungsmöglichkeiten; hierher ab Maiern 6—7 Std.). Die Becher-Hütte ist Ausgangspunkt für den W i l d e n F r e i g e r (3419 m) auf Felssteig und teilw. über

127

Gletscher, für Geübte leicht, jedoch nur mit guter Sicherung. Früher wurde hier sonntäglich in einer eigenen Kapelle — es war die höchste von ganz Tirol — eine hl. Messe gelesen, um den einheimischen Bergführern vor allem den Besuch einer Sonntagsmesse zu ermöglichen; die Hütte ist 1980 nach umfangreichen Reparaturarbeiten wieder benützbar. Für den W i l d e n P f a f f (3457 m, 1½ Std., schwierig) und das Z u c k e r h ü t l (3505 m, bereits jenseits der Staatsgrenze, 2½ Std., schwierig) und schließlich für die S o n k l a r s p i t z e (3471 m, 1½ Std., schwierig) liegt die M ü l l e r - H ü t t e günstiger (auch „Pfaffenniederhütte", 3148 m, 1894 Sektion Teplitz); sie liegt direkt an der Grenze, zwischen Freiger und Pfaff, ½ Std. von der Becher-Hütte über den Gletscher; ca. 80 Schlafplätze, seit dem Sommer 1976 wiederum bewirtschaftet.

Dies bedeutende hochalpine Tourengebiet hat durch die obgenannten Einschränkungen viele Besucher verloren, wird aber — seit der Wiederinstandsetzung der meisten Schutzhäuser — wieder in zusehends ansteigendem Maße begangen; es muß jedoch ausdrücklich festgestellt werden, daß die Markierungen bzw. Sicherungsanlagen in den letzten Jahren nicht verläßlich instand gehalten werden konnten. Erst wenn die Schutzhäuser alle wieder renoviert und bewirtschaftet sind, wird das Gebiet wieder einwandfrei begehbar sein.

Gute Geher dürfen sich auch ohne Benützung von Stützpunkten an die großartige S i e b e n - S e e n - R u n d e im Talschluß von Ridnaun wagen, die zunächst durch das Lazzacher Tal zum vorerwähnten Posch-Haus führt (Nr. 13 A), von dort steil zu den Moarer Egetenseen, weiter über die Mittleren Egetenseen zum Trüben See (Nr. 33), von dort zum Übeltalferner (Grohmann-Hütte) und auf Nr. 9 zum Ausgangspunkt Maiern zurück (7—8 Stunden, Juli bis Oktober, je nach Schneelage).

Südlich vom Übeltalferner, und damit auch vom Grenzkamm sich absetzend, erstreckt sich der unvergletscherte Kreuzspitzenkamm, der sich an der H o h e n K r e u z s p i t z e (2746 m) scharf nach Osten wendet und nun leicht absinkend auf Quote 2130 m die Senke des J a u f e n und damit die Grenze zwischen den Stubaier und Sarntaler Bergen erreicht. In diesen Zug gelagert, orographisch eigentlich bereits dem Passeier angehörend, ist das B e r g w e r k a m S c h n e e b e r g (2345 m), das jedoch schon früh in Richtung des Bergbauzentrums Sterzing/Gossensaß durch das Ridnauntal und seinen obersten Ast, eben das Lazzacher Tal, abgebaut wurde; anläßlich einer Bergwerkssynode im Jahre 1479 wurde der Schneeberg vom Berggericht an der Etsch losgelöst und dem näheren Berggericht Sterzing einverleibt, doch scheint dies eine reine Formalität gewesen zu sein, und wir dürfen mit Sternbach annehmen, daß Silber und Blei vom Schneeberg schon seit Beginn des dortigen Bergbaues (wohl um 1200; um 1237 urkundlich Schneeberger Silber als Tauschmittel) in diese Richtung transportiert wurde.

Um 1486 erreicht der Bergbau am Schneeberg mit 70 Stollen und einer Belegschaft von 1000 Knappen die höchste Blüte, die rund hundert Jahre anhält. Als Gewerken finden wir den Bischof von Brixen, die Fugger, die Geizkofler, die Jöchl und viele andere mehr, schließlich den Deutschen Orden und auch Kaiser Ferdinand I. — Nach dem Niedergang des Bergbaues um 1600 (durch den Raubbau der Fugger verschuldet; so nach Sternbach), wird der Betrieb in bescheidenen Grenzen immerhin noch aufrechterhalten. 1772 wird die Kapelle „Maria Schnee" nach einem Lawinenunglück erbaut, dem kurz zuvor 19 Knappen zum Opfer gefallen waren. 1726 wird der sog. „Kaindlstollen" in Betrieb genommen, eine Verkürzung des Transportweges um je 200 Höhenmeter im Auf- und Abstieg über die Schneebergscharte. Um 1850 beuten noch Knappen auf eigene Faust die Halden aus, nachdem die offizielle Einstellung schon 1789 erfolgt war. Im Jahre 1856 wird der Betrieb durch die Bergverwaltung Klausen wiederaufgenommen, es entsteht das Poch- und Waschwerk in Maiern und die bis Mareit führende „Obere Erzstraße", die heute noch auf den Landkarten verzeichnet ist; in Mareit, gegenüber dem Schloß, wurde das Erz über einen sog. „Bremsweg" (am Schräghang mit Gegengewicht und Bremsvorrichtung) zu Tal geliefert. Solche „Bremsberge" dienten schließlich für den gesamten Erztransport in der anfänglichen Steigung (Wasser als Gegengewicht) und dann für den Abtransport (5 Bremsberge) im Lazzacher Tal. Die Erzstraßen durch das Ridnaun- bzw. Mareiter Tal hatten Anschluß an die eben (1867) in Betrieb genommene Brennerbahn. — Sternbach weist darauf hin (Sterzinger Führer), daß diese hochinteressante technische Anlage im Jahre 1880 etwa immerhin wiederum zur Förderung von 4234 Tonnen Erz (bei Beschäftigung von 300 Knappen) diente.

Nach dem Ersten Weltkrieg wurde der Schneeberg Staatsbesitz und ging im Pachtweg an eine Trentiner Firma über, die das Aufbereitungswerk in Maiern modernisierte und eine Erzschwebebahn errichtete. Heute ist diese Bahn ab Maiern aufgelassen, da von hier aus Lastwagen eingesetzt werden können. Vom Bergwerk selbst bis Maiern ist der Betrieb 1966 radikal modernisiert worden: Die Firma AMMI *(Azienda Minerali Metallici Italiana)*, die seit dem Jahre 1940 das Bergwerk führt, erbaute einen Felstunnel im Lazzacher Tal und vom Ende des Tunnels einen gedeckten Weg bis zum Posch-Haus (Wh. „Kasten"); von dort wird das Erz (Zink- und Bleiblende in hoher Konzentration) mit einem 3,7 km langen Gondellift bis Maiern transportiert.

Heute ist der Schneeberg selbst, der einmal mit Recht das Prädikat „höchstes Bergwerk von Europa" führte (2345 m), verlassen; die vorerwähnte Kapelle ist zerstört, desgleichen der Großteil der Baulichkeiten; ein Trakt des alten Knappenwohnhauses ist jedoch vom CAI *(Club Alpino Italiano),* Sektion Meran, als hochalpines S c h u t z h a u s ausgebaut worden und ist im Sommer voraussichtlich bewirtschaftet (Auskunft CAI, Meran). — Heute lebt das Bergwerk (mit dem erwähnten Transport- und einem Knappenlift) nur mehr auf halber Höhe (1986 m), doch arbeiten derzeit immerhin 70 Knappen in dem völlig modernisierten Betrieb (Knappensiedlung und Aufbereitung in Maiern; auch eigene traditionelle Musikkapelle der Knappen). In dieser Form lebt der Schneeberg heute weiter. — Es ist allerdings anzumerken, daß der Betrieb Ende 1979 neuerdings in eine wirtschaftliche Krise geraten ist, so daß den Knappen der Verlust ihrer Arbeitsplätze droht.

Der Schneeberg ist von großem n a t u r k u n d l i c h e m Interesse; schon 1558 (im sog. „Tiroler Landreim" des Georg Rösch von Geroldshausen) wird die Flora gepriesen: *Der Schneeperg und ander Perg mehr / geben wohlriechende Speickh her / Edle Kreuter und Wurzen mangerlei.* — Mit *Speickh* meint der Reim offensichtlich *Primula minima* (Zwergprimel), die hier die Nordwestgrenze ihrer Verbreitung in den Zentralalpen hat. — Dalla Torre rühmt den M i n e r a l i e n r e i c h t u m der Gegend (an die 40 Arten aufgezählt, *Reichtum berühmt;* sehr schön die Granaten im ganzen Ridnaun, noch bis Thuins bei Sterzing und viele im Bett des Mareiter Baches). — Im Jahre 1864 wurde vom Bauern Peter Braunhofer aus Mareit beim Bergwerk in einer sog. Prügelfalle ein Wolf gefangen (Max Sternbach, „Schlern", Jg. 1930, S. 499).

Über die Entstehung des Bergbaues ist eine hübsche S a g e überliefert: Ein Passeirer Gemsjäger sieht am Ufer des Alpsees eine Frau sitzen, mit silberschimmerndem Kleid und goldblitzendem Geschmeide. Sie zeigt dem Jäger funkelndes Gestein in Hülle und Fülle und verspricht ihm all diese Schätze, wenn er künftighin das Wild schonen wolle. Der Jäger zerschmettert vor den Augen der Frau seine Armbrust und leistet heilige Schwüre; da füllt ihm die Erscheinung die Taschen mit Edelsteinen und zeigt ihm Silberadern. Sie droht mit schwerer Strafe, wenn er seinen Schwur brechen würde, und verschwindet. — Nun beginnt der Bergsegen zu blühen, aber den Jäger übermannt in alten Tagen nochmals die Jagdlust, und er erlegt einen prächtigen Steinbock. Da löst sich ein Eisblock vom Firn, zermalmt den Frevler und am nächsten Tag finden die Knappen kein Silber mehr, sondern nur mehr wertloses Gestein (Heilfurth, Dalla Torre).

DAS RATSCHINGSTAL. In der Ortschaft Stange mündendes Seitental des Mareiter Tales, Teil der gleichnamigen Gemeinde mit 270 Einw.; Seehöhe von 976 m (Stange) über 1280 m (Kirchdorf Bichl, auch Innerratschings) bis 1483 m (Flading); Gasth. in Jaufensteg (oberes Ende der Gilfenklamm) und Innerratschings (öffentl. Fernsprecher). Autostraße („Marmorstraße") mit Autobusdienst ab Sterzing, 11 km ab Stange, teilweise noch schmal und kurvig, im Ausbau bis zum Weiler Flading im Talschluß. — Auskünfte über Unterkunft und Touristik im Büro des Verschönerungsvereins, Sterzing, Mithrasplatz (Stadtplatz). — Doppelsessellift zur Rinner Alm und drei Skilifts bis zu 2120 m (Anschluß Jaufen); HU 850 m; schneesicher (Sporthotel).

> *Die Gegend biethet dem Liebhaber großartiger Landschaftsbilder die schönsten Schauspiele der Berg- und Wasserwelt.* (Beda Weber)

Das ist das Tal von R a t s c h i n g s, eine einsame und „heroische" Landschaft, oftmals durch Wildwasser vermurt und im Talinneren durch einen gewaltigen Bergsturz geprägt, im Charakter dem Ridnaun- und Jaufental nicht unähnlich und doch mit besonderer Note; manchem Kenner gilt es als das schönste Tal im Bereich des ganzen Ridnaun/Mareit.

Die Nordseite und das weite innere Talbecken gehören noch dem unvergletscherten Teil der Stubaier Alpen an (Kreuzspitzkamm bis zum Jaufen), die südöstliche Begrenzung, der sanfte Höhenrücken von Platsch, ist Teil des Jaufentales und damit der Sarntaler Berge.

Wer Ratschings sagt, sagt Marmor; sechs Kilometer lang und einen breit ist der Marmorkeil unter dem Mareiter Stein, und wiederholt tritt er zutage: einmal in der Gilfenklamm und hoch darüber, über dem Weiler P o r d a u n (1160 m) in einer Höhe von 1700 m an der Nordflanke des Mareiter Steins; der Transportweg über den Platzhof nach Pordaun existiert schon seit dem 15. Jh. und wird von der Firma, die heute wieder Marmor abbaut, nach entsprechendem Ausbau in wesentlichen Teilen benützt. Ein weiteres Marmorvorkommen liegt 1 km nordwestlich von der Ratschingser Kirche und ein letztes schließlich nahe der Höhensiedlung F l a d i n g (1483 m) im Talschluß.

Schwaighöfe in Ratschings, darunter bereits *Malfladie* (Flading?), scheinen in einem Urbar der Herren von Rottenburg des Jahres 1380 auf, doch weist der N a m e in viel ältere Zeit; Wolff führt ihn auf vorrom. *runcinjes* gleich *kleine Rodung* zurück.

131

Im Jahre 1498 beginnen die Marmorlieferungen für den Bau der Sterzinger Pfarrkirche, 1561 gehen Lieferungen nach Innsbruck für die Hofkirche und die Triumphpforte; auch für Schloß Schönbrunn in Wien wurde Marmor aus Ratschings verwendet.

In loser Folge ziehen sich ab dem uns schon durch die Gilfenklamm bekannten J a u f e n s t e g (1150 m) Einzelgehöfte und Weiler bis zum Hauptort. Hier steht in hübscher Lage die S t . - A n d r e a s - K i r c h e .

Eine Kirche wird 1339 erwähnt; der heutige Bau um 1753, mit Fresken von Adam M ö l k h (vgl. Pfarrkirche Sterzing); das Deckenbild wurde 1902 gemalt. Die ganze Einrichtung aus der Erbauungszeit der Kirche.

Der Bergsturz im einsamen Weiler F l a d i n g, der durch Wildwasser und Lawinen (so auch 1951) schwere Wunden erlitten hat, geht auf Kosten des P f e i f e r - H u i s e l e, der ein arger Zauberer war und dem Volksmund nach aus Flading stammte.

Das Huisele ritt meist auf einem Esel, konnte sich in eine Fliege verwandeln, die gern Rahm schleckte, beherrschte die Kunst, mit dem Schlitten b e r g a u f fahren zu können, aber der Schlitten war aus Totenbeinern. Das Huisele konnte Wetter machen und ganze Täler „ausschwenzen" (überfluten); in Sterzing hat er einmal einen Hahn vor ein schweres Holzfuhrwerk gespannt und der Hahn hat die schweren „Museln" (Stämme) wirklich weggezogen. Das Huisele war mehr ein Schalk als nur böser Hexenmeister, und einmal hat ihm eine seiner Untaten sogar leid getan. Er wollte nämlich das Passeiertal „ausschwenzen" und hatte schon mit Hilfe eines schwarzen Bockes in großen Sieben Wasser hinaufgeschafft, zum Übelsee unter der Kreuzspitze. Den Berg wollte er in den See schieben, und Wasser und Steine sollten ins Passeier hinunterbrechen; aber da hallten laut die Passeirer Glocken herauf, die „Platter Goasschellen" und die „Stuller Hafendeckel" — das Teufelswerk kam ins Wanken, die Glocken bannten es und alles zusammen stürzte dem Huisele ausgerechnet auf die Gegenseite hinunter, ins heimatliche Ratschings. So ist der Bergsturz von Flading zu erklären. (Wiedergeg. nach Holzmann, der auch ein Buch über das Huisele geschrieben hat, „Pfeifer-Huisele, der Tiroler Faust"; es scheint, daß es sich um den 1680 in Meran als Zauberer enthaupteten und nachher verbrannten Matthäus Haensele, vulgo Pfeiffer-Haensele, handelt.) — Bei Heyl und Fink findet sich keine Erwähnung dieser legendären Gestalt in Zusammenhang mit dem Obereisacktal, wohl aber bei Zingerle (S. 461), der das Huisele allerdings aus Tulfer in Pfitsch (ebenfalls Bergsturzgebiet) stammen läßt. — Fink, berichtet jedoch außerhalb seiner Sagensammlung — „Schlern" 1968 — von der „Rache" des Huisele: Im Jahre

132

1956 wurde bei einem Sterzinger Musikfest in allegorischer
Weise das Huisele mit dem Hahn und der Holzfuhre dargestellt;
im selben Sommer noch ging über Ratschings ein gewaltiges
Gewitter nieder, das argen Schaden anrichtete. Es soll nun tatsächlich noch alte Leute gegeben haben, die dies als Rache
des Huisele für die in Sterzing erlittene „Verhöhnung" betrachtet hätten.

DAS JAUFENTAL. Es ist ein bei Gasteig mündendes
Seitental des Mareiter Tales und Fraktion der Gemeinde
Ratschings; Seehöhe 1050 m (Außerthal) über 1164 m
(Mitterthal) bis 1527 m (Schluppes); 400 Einw., schmale
Autostraße bis Schluppes (ab Gasteig ca. 6 km), Gasth.
in Mitterthal mit öffentl. Fernsprecher.

Das Jaufental war einst das schönste der Sterzinger Hochtäler.
Vom Jaufen bis Gasteig fiel es schön gleichmäßig ab. Ein
Weinfaßl hätte man vom Jaufen bis Sterzing rollen lassen
können, ohne daß es Schaden genommen hätte. Die großen
Städel beim Joggl in Hinterthal und beim Gander in Mitter-
thal sollen schon von den Römern zum Einstellen der Saum-
ware und der Pferde benützt worden sein . . . (Fink).

Heute ist es das stillste, abgelegenste der Sterzinger Hochtäler,
ein grünes Paradies für Ruhesuchende. Es hat keinen Anteil
mehr an den himmelragenden Stubaier Fernern und hat deshalb
auch keineswegs rein hochalpinen Charakter; es ist bereits
typisch für die Sarntaler Berge, denen es angehört, wenngleich
es ganz und gar gegen Sterzing hin orientiert ist, wohin auch
der Holzreichtum des Tales wandert. Das Jaufental ist eng und
steilwandig, es öffnet sich nur zu einigen Siedlungsflächen, die
erst im Tal sichtbar werden, und es steckt voller abgelegener
und idyllischer Winkel.
Am meisten Leben herrschte seinerzeit in A u ß e r t h a l (1050 m),
wo zwei Übergänge münden, die früher viel begangen wurden:
der Weg vom Penser Joch herunter durch das Seitbergtal (Mark.
15 B), das bei den Sennhöfen mündet, und der andere parallel
verlaufende Weg Nr. 15, der auch vom Joch herunterkommt
und den einstigen Schwaighof von G o s p e n e i d (1460 m) berührt, heute ein kleiner Weiler mit sieben Höfen. (Der Schwaighof laut Stolz schon 1288 belegt; er leistete 300 Käse Zins.)
Der Weg Nr. 15 von Sterzing (Schießstand) über den Weiler
I n n e r r u s t (1228 m; auf gleicher Höhe, 15 Min. östl. die Höfegruppe A u ß e r r u s t) war früher ein beliebter Anstieg zum
Z i n s e l e r (2422 m, auch Stilfser Joch genannt), der als mar-
kante Berggestalt den Sterzinger Talkessel im Süden überragt.

Ein anderer Weg, Nr. 14, berührt zunächst Außerrust und steigt dann über die prächtig gelegenen Höfe von G u p p (1459 m) zum Gupper Wetterkreuz und weiter zum Zinseler (beide Wege um die 5 Std.). Heute wird dieser Gipfel sehr bequem vom Penser Joch aus (Autostraße) in etwa 1 Std. erreicht (ca. 250 m Höhenunterschied); zu Unrecht werden daher die eben genannten Wege vernachlässigt — und um so unberührter und schöner sind sie geblieben, zumindest in ihrem oberen Verlauf. Die genannten Höfe von Rust, Gupp und Gospeneid haben kürzlich einen neuen Güterweg als höchst notwendige Zufahrt bekommen. — Der vorhin erwähnte Übergang vom Sarntal über das Penser Joch und durch das Seitbergtal wurde viel als Wallfahrerweg nach St. Magdalena in Ridnaun benützt. Die moderne Penser-Joch-Straße (seit 1933) hat all diese alten Höhenwege in Vergessenheit geraten lassen.

Zurück nach Außerthal; die Kapelle zum hl. Anton (um 1716) hat in der danebenstehenden B r u n n e n k a p e l l e eine sehenswerte Holzskulptur aus dem 17. Jh., Christus mit dem Brunnenrohr in der Seitenwunde. — Die Straße wechselt bei Außerthal an das rechte Bachufer und erreicht bald nach den Sennhöfen den Hauptort des Tales, M i t t e r t h a l (1164 m).

> Die P f a r r k i r c h e z u r hl. U r s u l a stammt in ihrer heutigen Form aus dem Jahre 1516 (Jahrzahl am Dachgesims), der Spitzturm ist Teil einer älteren, 1389 geweihten Kirche. An der Außenwand Christus als Schmerzensmann, mit allegorischen Bildern, um 1400 (WG). Die Reliquien am Seitenaltar aus Schloß Prösels bei Völs am Schlern hierher verbracht (Stiftung des Komturs Georg Friedrich Graf Spaur).

Noch einsamer, noch malerischer wird das Tal im Bereich der Höfegruppe H i n t e r t h a l (auch „Obertal", 1302 m) und S c h l u p p e s (1527 m); der Hof ist wie Gospeneid ebenfalls schon 1288 belegt und hat heute den Charakter einer Hochalm, ein Weiler buchstäblich am „End der Welt" — dort, wo sie am schönsten ist.

> DIE JAUFENSTRASSE. Sterzing (948 m) — Jaufen (2130 m), 18 km, asphaltiert, 6,23% mittlere Steigung, teilw. etwas schmal, auch im Winter fast immer freigehalten. Vom Jaufen 41 km nach Meran. Autobusdienst Sterzing—Meran.

Wie bereits erwähnt, ist der alte (schon seit prähist. Zeit begangene) Jaufenweg anders verlaufen als die heutige Straße.

Wir kennen eine Route, die westlich des heutigen Überganges an der Jaufensenke ansetzte und ziemlich direkt nach Innerratschings führte (diese Trasse entspricht — ungefähr — dem heute mit 13 B markierten Weg); später wurde im oberen Teil jener Saumschlag verwendet, durch den auch die heutige Straße führt, doch von K a l c h (1443 m) ging der alte Weg an Reifenegg vorbei direkt zur „Stange" bzw. unter Umgehung derselben zum Jaufensteg und von dort weiter über Pordaun nach Mareit, Telfes, Thuins und Sterzing. Dieses letzte Stück wurde wiederum nach Bändigung des Mareiter Baches auf die Linie Stange—Gasteig (hierher später direkt wie heute) —Laager Brücken—„Eisenstecken" verlegt, so daß man sich die Gegensteigung nach Telfes sparte. Eduard Sternbach hat diese alten Jaufenwege in sehr scharfsinniger Weise untersucht und rekonstruiert (Sterzinger Führer und Heimatbuch).

Die heutige Straße (1912 eröffnet) benützt den nordwestlichen Hang des Höhenrückens von Platsch zwischen Jaufental und Ratschings und erreicht die Jaufensenke nahe der Mündung des Jaufentales, am Fuß des Kammes, der von der J a u f e n s p i t z e (2481 m, Weg Nr. 11, 2 Stunden vom Paß, für Geübte leicht) gegen Nordwesten zieht. Nach 10 km ist in zahlreichen Serpentinen K a l c h erreicht, ein alter Rastplatz an der Straße (Gasth. „Jägerheim" und neuerdings ein Großhotel, dessen Dimensionen keineswegs in Einklang mit der Landschaft stehen; 1809 war hier das Hauptquartier Andreas Hofers während der Kämpfe um Sterzing, das später in die „Vill" verlegt wurde); heute ist der Ort beliebtes S k i g e b i e t mit einem Sessellift zum P l a t s c h j o c h (1801 m, Jausenstation in sehr sonniger Lage) und einem Übungslift. —

Nun 8 km weiter zum J a u f e n (2130 m, Sterzinger Jaufenhaus auf 1990 m). Der Jaufen ist absolut schneesicheres S k i g e b i e t (Übungslifts beiderseits des Passes und auf der Kalcher Alm; ein Gasth. auch an der Passeirer Rampe der Straße).

Der Jaufen ist ein sehr altes Hospiz. Im nahen Jaufental wurde ein bronzenes Lappenbeil mit Öse gefunden. Historische Nachrichten sind seit dem Beginn des 12. Jh.s überliefert, ein *hospicium* um 1300 belegt. Der Betreuer durfte Wein aufschenken, mußte sich aber um verirrte Reisende kümmern. Im 17. Jh. wird die heutige Kapelle errichtet, doch hat um 1302 schon eine ältere Kapelle existiert; von der heutigen Einrichtung ist ein volkskundlich interessantes Bild zu erwähnen, das menschliche Schwächen und Laster darstellt. — Eine schöne B e r g t o u r führt einigermaßen geübte Geher auf markiertem Steig südostwärts in einer guten Stunde auf die aussichtsreiche

135

Jaufenspitze (2481 m; vgl. hiezu Menara-Rampold, „Südtiroler Bergtouren", S. 54 u. 140). — Der N a m e Jaufen wurde von älteren Autoren als *Mons Jovis* (Berg des Jupiter) und später allgemein mit lat. *iugum* (romanisch *juf*) gleich *Joch, Bergübergang* gedeutet (so Stolz in Schlern-Schrift Nr. 12, S. 128; eine umfassende Arbeit zu den über die gesamten Alpen verbreiteten Jaufen-Namen von E. Sternbach steht kurz vor der Vollendung und wird im „Schlern" erscheinen).

DAS EISACKTAL SÜDLICH VON STERZING

Südlich der Pforte, die durch die Schlösser Sprechenstein und Reifenstein gebildet wird, dehnt sich das Sterzinger Moos nochmals zu ansehnlicher Größe. Der regulierte Eisack, die Eisenbahnlinie und die Autobahn ziehen heute mitten durch dieses trockengelegte Stück, das im Zweiten Weltkrieg einem Rangierbahnhof Platz bot und zusammen mit den Brücken unter dem Sprechenstein-Kofel Ziel zahlreicher Bombenangriffe war, von denen Sterzing jedoch gänzlich verschont blieb; an Stelle des ehemaligen Rangierbahnhofes ersteht heute im Anschluß an die Zollstation Sterzing eine neue Viehverladerampe statt der unzulänglich gewordenen Anlage von Franzensfeste.

Ein sehr alter Weg führt am östlichen Talhang vom bergseitigen Sattel hinter Sprechenstein mit Abstecher zu den G s c h l i e ß - h ö f e n (ca. 1300 m) weiter nach Maria Trens; dieser landschaftlich überaus schöne Weg ist als Fußweg von Sterzing über Sprechenstein nach Trens sehr zu empfehlen (mit Nr. 24 durchgehend markiert, etwa 2—2½ Std.); tiefer, stets dem Hangknick am Rande des Mooses folgend, windet sich heute die Staatsstraße, während die Römerstraße hier wohl an der westlichen Talflanke über eine Linie Stilfes—Elzenbaum—Kronbühel bei Sterzing verlief; auch diese Trasse ist heute ein empfehlenswerter Spaziergang (blau-gelbe Lokalmarkierung). So zeichnet dieses wie manches andere Stück des Brennerweges die Entwicklung vom Urweg auf den Höhen über Römerstraße und habsburgische Poststraße bis zu Eisenbahn und Autobahn. — Rund 5 km nach Sterzing durchschneidet die Staatsstraße den Weiler F r e i e n -

f e l d (937 m), Sitz der Gemeinde, der die Ortschaften T r e n s, M a u l s und S t i l f e s angehören, mit insges. 2150 Einwohnern, davon 68 Italiener (Auskünfte durch Fremdenverkehrsverein Freienfeld, Postleitzahl 39040). — Freienfeld ist eine kleine, in der Talmitte gelegene Ortschaft mit 705 Einwohnern und liegt heute unmittelbar an der Autobahn; der Ort ist Eisenbahnhaltestelle für Trens und Stilfes und hat drei Gasthäuser.

In Freienfeld wurden beim Bau der Brennerbahn neben dem heutigen Gasthaus „Blieger" römische Münzen gefunden und ebendort Ende der achtziger Jahre des vorigen Jahrhunderts ein r ö m i s c h e r M e i l e n s t e i n, der eine Inschrift aus der Zeit des *Septimius Severus* (201 n. Chr.) trägt. Innerebner hält es nicht für ausgeschlossen, daß hier die Römerstraße von der östl. an die westl. Talseite wechselte, Sternbach betrachtet dies als durchaus wahrscheinlich; der Stein befindet sich gegenwärtig im Museum Ferdinandeum zu Innsbruck (Innerebner und M. Außerhofer in „Schlern" 1976, S. 18 f.).

Während Freienfeld den Charakter einer Raststätte an vielbefahrener Straße hat und im Gasthaus „Lener" einen sehr schönen, alten Bau besitzt (an der Täfelung in der Gaststube die Jahrzahl 1425) ist M a r i a T r e n s (992 m), etwas höher an der östlichen Tallehne gelegen, ganz und gar vom Wesen eines echt tirolischen W a l l f a h r t s o r t e s bestimmt.

Auch diese Siedlung ist sehr alt, sie erscheint in der *Quartinus*-Urkunde als *Torrentes*, was man mit lat. *am Wildbach* gedeutet hat; deshalb wohl auch in älteren Quellen die Bez. *Trens an der Lahn* (Sparber). 1895 wurde von C. Fischnaler in einem Keller eine frühmittelalterliche Grabstele, ein Ehepaar darstellend, gefunden, *unter den alten Funden unseres Landes einzigartig* (Sparber); die ebenfalls heute im Ferdinandeum verwahrte Steinskulptur wird (Sparber) ins 7. oder 8. Jh. verlegt. — Es fällt auf (Abb. in „Schlern" 1928), daß hier in annähernder Ähnlichkeit das S o n n e n r a d wieder auftaucht, dem wir in Pflersch in der „Hölle" und am Torturm der Ruine Straßberg begegnet sind. — Im Jahre 1407 wurde hier durch die Trautson von Sprechenstein eine Wochenmesse und 1443 eine tägliche Messtiftung durch die Gemeinde Trens getätigt; die Wallfahrt entstand jedoch schon im 14. Jh. zu dem nach der Sage von einem Bauern im Wildbach gefundenen G n a d e n b i l d der Gottesmutter. Das Bild „wollte" von der Stube des Bauern in die Kapelle und verließ nachts auch die versiegelte Stube. — Soweit die Überlieferung; bezeugt ist, daß 1345 in Trens eine Marienkapelle stand (Ablaßbrief), die viel verehrt wurde und Anlaß zur Ausgestaltung des Wallfahrtsortes gab. An die Legende erinnert heute noch die sog. „Auffindungskapelle" am südöstl. Ortsrand an der sog. „Lahn" mit kulturhist. interessantem Altarbild.

Der *schöne spätgotische Bau* (WG) der heutigen Wallfahrtskirche wurde im Jahre 1498 durch den Pfarrer Johann A r b erbaut, der auch den Bau einer neuen Kirche im benachbarten Stilfes betrieb (1477—79); die Einkünfte des Ortes erlaubten den Bau dieser zwei schönen Kirchen mit reicher Innenausstattung; ihre spitzen Türme sind die Wahrzeichen des sogenannten *Unterlandes*, wie man in Sterzing diesen südlichen Teil des Mooses nennt. — Besonders wird von Weingartner auch die Madonna mit Kind über dem Hauptportal gerühmt, eine *virtuos gearbeitete Marmorfigur*, die vermutlich von Christof T ü r i n g stammt. — Die Gnadenkapelle, ein Werk des *Giuseppe D e l a i*, wurde 1726/27 angebaut, und 1753 bis 1754 wurde das ganze Innere unter Leitung von Adam M ö l k h barockisiert, was Staffler zu der Bemerkung veranlaßt, die Kirche sei *durch den Ungeschmack des vergangenen Jahrhunderts verdorben* worden — ein Urteil, dem man heute nicht mehr unbedingt beipflichten wird, wenngleich Mölkh sich in Trens nicht von derselben Meisterschaft zeigte wie in Sterzing. — Der Altarschrein an der Westmauer des Langhauses, das Mittelstück eines kleinen Flügelaltares mit Statuen, stammt aus der Zeit um 1520, die Altarblätter malten S c h ö p f (Himmelfahrt, um 1805) und Josef R e n z l e r (St. Josef bei der Zimmermannsarbeit, 1809, ein *schönes Werk*, nach WG). Interessant ist das Kruzifix auf Goldgrund, um 1600, mit einem gefälschten Monogramm Dürers.

Die Häufung von Wunderheilungen und das Aufblühen des Wallfahrtsortes ermöglichten den Bau der bereits erwähnten Gnadenkapelle mit einem Marmoraltar von *Cristoforo B e n e d e t t i*. Hierher wurde 1728 in großartiger Prozession das Gnadenbild (Muttergottes mit Kind, um 1470, meist in barocke Prunkgewänder gehüllt) übertragen; eine volkskundlich hochinteressante Votivtafel (Trachten, Schützen, Fahnen usw. bemerkenswert) kündet von dem großen Ereignis; ebenso sind spätere Votivtafeln als Zeugen eines vielbesuchten Wallfahrtsortes sehenswert. Huter nennt für 1850 die Zahl von 18 000 jährlichen Wallfahrern, für 1950 20 000; heute noch pilgert das Südtiroler Volk in all seinen Anliegen zur Trenser Muttergottes, und so mancher legt noch den alten Wallfahrerweg von der „Reiterkapelle" (siehe unten) zur Wallfahrtskirche auf den Knien zurück oder den ganzen Weg von weit her zu Fuß, wie etwa die Sarner, die trotz der Penser-Joch-Straße noch heute durch das Tal von Egg nach Trens wallfahren. Neuere Votivtafeln künden von den Weltkriegen, von Bombenschrecken, Gefangenschaft und

Heimkehr. — Die Trenser Wallfahrtskirche wurde 1969 einer umfassenden Restaurierung unterzogen.

An eine Phase der Napoleonischen Kriege (1797) erinnert die schlichte „R e i t e r k a p e l l e" an der Staatsstraße an der Abzweigung des Wallfahrerweges. In Unkenntnis des für die Tiroler siegreichen Gefechtes von Spinges (2. April, bekannt durch den Heldenmut der Katharina Lanz, des „Mädchens von Spinges") war eine versprengte Reiterschar durch das Eisacktal weiter nach Norden gedrungen, wurde aber bei Trens erfolgreich zurückgeschlagen. Daran erinnert heute noch eine hübsche Darstellung, vier Reiter auf sich aufbäumenden Rossen und darunter die Inschrift: *Bis hierher und nicht weiter / kamen die feindlichen Reiter!*

Im D o r f b i l d von Trens fallen zahlreiche Mariendarstellungen auf und hübscher Wandschmuck am Haus Nr. 51. Im Gasthaus „Pircherwirt" steckt der Turm der Edlen von Trens, die den Turm um 1429 E p p u r g nannten. — Trens hat heute 220 Einw. und verfügt über mehrere Gasth., Pensionen und zahlr. Fremdenzimmer. — Eine Hausweinrebe am Strutzerhof.

Ein ziemlich steiler, unmarkierter Bergweg („Lottersteig") führt von Trens in einer guten Stunde zu den prächtig gelegenen Höfen von P a r t i n g e s (1379 m, mit Kapelle) oder, am Hang bleibend, auf Markierung 2 und 2 A nach V a l g e n e i n (auch Vallgenäun, Vallgeneun; immer mit dem Ton auf der letzten Silbe), in 1109 m Höhe entzückend mit der spitztürmigen Kirche auf einer Kuppe am Osthang des Tales gelegen, an Stelle einer prähistorischen Siedelstätte. Der N a m e dieses Weilers hat Staffler dazu veranlaßt, darin ein *Vallis Genaunorum* zu sehen, nach dem Stamm der Genaunen, doch leuchtet dies keineswegs ein, da an dieser Stelle von einem „Vallis = Tal" nicht die Rede sein kann. Wolff will auf Grund der Urkundenform *Valkaney* (1449) ein rätoroman. *Val canèda* (Schilfrohrtal) nicht ausschließen, obwohl auch dafür ein ausgeprägtes Seitental fehlt.

Die S t. - V a l e n t i n - K i r c h e, ein um 1500 an prähistorisch bezeugter Stätte sehr sorgfältig ausgeführter Bau, ist ein köstlicher Schmuck dieser Partie des Eisacktales und hat sich unversehrt aus der Erbauungszeit erhalten. — Der Weiler hat rund 50 Einw. und gehört zur Gemeinde Freienfeld. Von hier weiter auf Weg 2 nach Niederflans (siehe unter „Mauls") und ins Sengestal. — In der Nähe des Kirchleins, von der Staatsstraße gut sichtbar (Ortsende Freienfeld, Blickrichtung südostwärts), die prähistorische Station des H u n d s l o c h e s, eine auffallende Höhle.

An der Trens gegenüberliegenden Talseite, jenseits von Staatsstraße, Eisenbahn und Autobahn, liegt der ebenfalls sehr alte und einstmals als Dekanatssitz bedeutende Ort S t i l f e s (963 Meter), den die historische Brennerstraße im Gegensatz zur heutigen passierte.

Als letzter Ort der Sterzinger Umgebung taucht Stilfes in der *Quartinus*-Urkunde als *Stilues* auf; der Ort ist sicher schon sehr früh wichtiger Stützpunkt an der Brennerstraße gewesen, mit einem mächtigen Turm (Sternbach), der im heutigen Gasth. „Traube" (Wieser) steckt; man hätte von hier Blickverbindung zum Zantturm nach Elzenbaum und zum Schloß Welfenstein (siehe unter „Mauls"). Um 990 ist ein Adalpert von Stilfes bezeugt, Mitglied des Geschlechts der Herren von Stilfes, die bald danach Reifenstein in ihren Besitz brachten. Die Pfarre (St. Peter ist fast immer Kennzeichen für hohes Alter) ist laut Sternbach um 1000 nachzuweisen, laut WG 1214 erstmals erwähnt. Der schon bei Trens erwähnte Pfarrer A r b baute 1477—79 ein neues Gotteshaus, von dem der Spitzturm heute noch steht, während das Langhaus zum Chor einer 1840 bis 1843 erbauten Kirche wurde; das Hauptportal von 1479 ist bei diesem Neubau mitverwendet worden. Die Deckengemälde schuf Christoph Brandstätter um 1844, und auch die üibrige Ausstattung stammt aus dieser Zeit, ausgenommen vier heute weiß gefaßte Seitenstatuen am Hochaltar (1450, 1525) und eine Marienstatue mit *scharfkantigem Faltenwurf, zierlichem Kopf und freier Bewegung* (WG) aus dem Ende des 15. Jh.s. An den Außenwänden Grabsteine der Stilfer Pfarrer, darunter *hans arb, gest. 1505.* — Zu Beginn des 17. Jh.s wird Stilfes Dekanat, worauf auch der edelsitzartige Pfarrhof hinweist. 1950 wird der Dekanatssitz nach Sterzing verlegt. —

Aus Stilfes stammt auch der bedeutende Barockbildhauer Johann P e r g e r (1729—1774), der für die Pfarrkirchen von Steinach, Ridnaun, Brixen und vor allem für Toblach gearbeitet hat, dessen Pfarrkirche die reifsten Werke von Pergers Kunst zeigt; Perger, seit 1767 Mitglied der Wiener Akademie, stand im Zenith seines Schaffens, als ihn in Toblach eine tückische Krankheit im Alter von erst 45 Jahren dahinraffte (zu Perger vgl. Karl Gruber: „Der Barockbildhauer J. P.", Diss. München 1972).

Nicht so bedeutend wie Perger ist der ebenfalls aus Stilfes gebürtige Bildhauer Jakob G r a t l (1736—1804), der die Statuen des barocken Hochaltares der Sterzinger Pfarrkirche schuf; er war der Lehrer des Jakob P i r c h s t a l l e r aus Trens, von dem die Vorhalle des Brixner Domes, der Hochaltar der Meraner Pfarrkirche und der Altar des Klosters Marienberg im Vinschgau stammen. Ebenso ist hier (im Weiler Egg oberhalb von Stilfes) 1883 der Brixner Historiker Anselm S p a r b e r geboren, auf dessen Bedeutung wir im Ehrenalbum der Brixner Persönlichkeiten noch näher eingehen werden. —

140

Seit 1968 eine Südtirolerin, Erika L e c h n e r aus Meransen, die Olympische Goldmedaille im Rennrodeln erobern konnte, hat dieser Sport großen Aufschwung genommen: in Stilfes besteht eine bedeutende Kunstrodelbahn, auf der auch international beschickte Rennen ausgetragen werden können. —

In eine Güterstraße umgewandelt wurde der ehemals hübsche Feldweg 16 A von Stilfes südlich zum B a d M ö d e r s, das heute leider leer steht und dem Verfall preisgegeben scheint. Früher war es ein gerne besuchtes Heilbad in stiller Waldlage.

Staffler lobt das Schwefelbad *M e d e r s* als heilsam bei Hautausschlägen, chronischen Geschwüren und Frauenleiden. Dalla Torre definiert das Wasser wie folgt: *Alkalisch-salinisches Wasser, klar, geruch- und geschmacklos, soll bei längerem Stehen bei 15^0 angenehm salzig schmecken.* — An den einstmals kultivierten Badebetrieb erinnern heute inmitten allgemeinen Verfalls nur mehr die herrlichen Laubbäume des Parkes, eine Rotbuche, schöne Linden und eine auffallend an den Wuchs einer Pappel gemahnende Eiche.
Hiezu wird dem Verf. mitgeteilt: „Alle Spitzeichen stammen durch Mutation von einer Sommereiche *(Quercus robur festigiata)* ab, die den Wuchs einer Spitzpappel aufweist und noch heute bei einem Dorf nahe Darmstadt steht. Ich möchte daher annehmen, daß es sich in dem geschilderten Fall um eine Mutation — vielleicht ganz eigener Art — handelt." (Frdl. Mitteilung von Dr. Peter O r t n e r, Bozen.) — Zusammen mit den Kastanien im nahen Niederried sind wir mit den genannten Exemplaren an einer weit gegen Norden vorgeschobenen Grenze, die für die klimatisch günstige Lage des Möderer Bades spricht, das vor allem der Morgensonne ausgesetzt ist; doch entspricht der stimmungsvolle und lauschige Platz dem heutigen Urlaubsideal nicht mehr, das einen kupferrot gebrannten Schädel und einen Sonnenbrand am ganzen Körper als nahezu erste Forderung stellt.

Auf der Höhe von Möders sind wir an der Südschwelle des „Sterzinger Sees"; hier wird der gewaltige, heute zu einer reizvollen Hügellandschaft umgeformte Bergsturz von Stilfes in Windungen vom Eisack durchschnitten, während die Staatsstraße jenseits des Flusses die Gefällestufe der sog. M a u l s e r H ö h e zu überwinden hat. Diese landschaftlich überaus malerische Zone wollte Sternbach noch zum Naturschutzgebiet erklärt wissen; heute schneidet die Autobahn auf weitgespannter Brücke mittendurch. — Das Gebiet ist geologisch interessant: Staindl spricht die Vermutung aus, das der Bergsturz einen gewaltigen See bis in den Raum der heutigen Sterzinger Altstadt aufgestaut habe, bis zu 100 m Tiefe. Der Felssturz sei während der letzten Rückzugsphase der Würmperiode niedergegangen. Hier stellt Staindl auch die sog. *Maulser Trias* fest, die von Stilfes zur Ruine Welfenstein und weiter zur Mündung des Sengestales führt, hier die Schlucht des sog. „Himmelreiches" bildend. Der nach Süden anschließende Abschnitt Mauls—Franzensfeste wird vom *Brixner Granit* beherrscht.

Während der Geologe derart die Gefällestufe der Maulser Höhe untersuchen wird, führt uns die Straße von Bad Möders weiter nach N i e d e r r i e d (987 m), einem kleinen Weiler an der Mündung des E g g e r B a c h e s (siehe unten) mit einer hübschen kleinen Barockkapelle (um 1648). Bei einem Bildstock am nördl. Ortsrand stehen zwei schöne Edelkastanien; es dürfte sich um das nördlichste Vorkommen von *Castánea sativa* im Eisacktal handeln, wenn man von dem Exemplar im Schloßhof zu Wolfsthurn in Mareit (1065 m) absieht, das allerdings in geschützter Lage an einer Mauer steht; der Baum trägt immerhin nach sehr heißen Sommern noch bis zu 20 Star wohlschmeckende Kastanien (frdl. Mitteilung von Ed. Sternbach).

In ebensolcher Abgeschiedenheit wie Niederried liegt P f u l t e r s rechts von der Mündung des Egger Baches. Beide Weiler haben Verbindungssträßchen (Autobahn-Unterführungen, beschrankte Bahnübergänge) zur Staatsstraße südl. des Burghügels von Welfenstein (siehe unten), sind aber untereinander nur durch einen Fußweg verbunden; nicht einmal ein Hinweisschild kündet derzeit (1976) von der verträumten Existenz dieser reizend gelegenen Weiler, die in wenigen Metern Luftlinie von der Autobahn Inseln eines tiefen Friedens sind. — Von hier führen steile Fußwege durch das E g g e r T a l bergan, zu den Höfegruppen E g g (1498 m) und O b e r e g g (1580 m). Wir sind hier im Bereich des alten P e n s e r - J o c h - W e g e s, auf dem einst ein reger Verkehr zwischen Stilfes und dem Eisacktal einerseits und dem inneren Sarntal (auch P e n s e r T a l) anderseits herrschte. Es spricht vieles — vor allem die langjährige kirchliche Zugehörigkeit (bis 1818 Pens mit Reinswald und Durnholz beim Dekanat Stilfes) — dafür, daß die Besiedlung des inneren Sarntales vom Eisacktal her über Egg und das Penser Joch erfolgte. Im Dialekt jedoch und auch in der Bauweise (Paarhof im Sarntal, Einhof im Wipptal) zeichnen sich Unterschiede ab (hiezu Sparber in „Schlern", Jg. 1920, S. 199 ff.).

DIE STRASSE ÜBERS PENSER JOCH. Sterzing (948 m) —Penser Joch (2214 m) 17 Kilometer, 7,4% mittlere Steigung, durchgehend asphaltiert, im Winter geschlossen; vom Penser Joch nach Bozen 49 km. Die Straße 1933 als Militärstraße erbaut, ist heute Staatsstraße; im Sommer Autobusverbindung mit Sterzing.

Der Bau dieser Paßstraße hat die alten Wege von Stilfes nach Egg (siehe oben) wieder in Einsamkeit versinken lassen, nachdem auch der hier einstmals in geringem Ausmaß betriebene Bergbau nicht wieder aufgenommen wurde (Schwefel- und Kupferkies, um 1600). Die Straße windet sich durch den bewaldeten Nordosthang des Zinselers empor (Abzweigung bei der Sterzinger Pfarrkirche, im Raum der Autobahnausfahrt). Sie bietet einige prächtige Rückblicke auf den Sterzinger Talkessel und biegt dann auf der Höhe des Weilers E g g (Gasth., Kapelle) in das nördliche Gehänge des Egger Tales ein; von hier wird in einer großen Schleife bald die Höhe des P e n s e r J o c h e s (2214 m) gewonnen, eines uralten Paßüberganges, was durch den Fund eines Bronzebeiles bestätigt wird.

Die Aussicht auf die hoch hinauf begrünten Berge des Sarntales wird beherrscht von der mächtigen Felspyramide des S a r n t a l e r W e i ß h o r n s (2705 m) westlich des Joches. Man erreicht diesen schönen Gipfel vom Joch aus (Rasthaus „Alpenrosenhof") auf Nr. 12A (2½ Std.), muß aber beim eigentlichen Gipfelaufbau große Vorsicht walten lassen, da zunächst ein Schneefeld begangen und dann steiler Fels erstiegen werden muß. Sicherung unbedingt notwendig, für Geübte jedoch leicht. — Ein weiterer Ausflug ist der bereits genannte Weg 14/15 zum Z i n s e l e r (2422 m) in etwa 1 Std. — Eine großangelegte Kammwanderung beginnt am Penser Joch und führt zunächst (Weg 14) zur T a t s c h s p i t z e (2526 m), dann ein Stück den Kamm weiter und gegen Osten absteigend zum P u n t l e i d e r S e e (1850 m), dem schönsten See der gesamten Sarntaler Berge, wenn nicht der Zentralalpen im Bereich Südtirols überhaupt. Weiterweg auf Nr. 14 zur Puntleider Alm und von dort entweder (Nr. 14) nach G r a ß s t e i n (etwa 5 Std. ab Penser Joch) oder über das „Onser Bild" auf Nr. 16 nach P f u l t e r s mit etwas längerer Gehzeit. Diesen Weg im Aufstieg mit Abstieg nach Graßstein siehe im „Südtiroler Wanderbuch" des Verf. (vgl. Lit.-Verz.). — Abschließend sei noch erwähnt, daß der Verfasser auf folgende Besonderheit der aussichtsreichen Lage des Penser Joches aufmerksam gemacht wurde: einige Schritte hinter dem Schutzhaus auf der Paßhöhe findet sich der vermutlich einzige Punkt Tirols, von dem aus man einerseits durch die Talfurche des Sarntales den Aussichtsturm auf dem Penegal (Mendel) und gegen Norden das

Hafelekar über Innsbruck sehen kann — also nahezu die gesamte Längsachse von Nord- und Südtirol. (Freundl. Mitteilung von Herrn Dr. Otto Brandstätter, der seinerseits wiederum von Herrn Erich Amonn auf diese Besonderheit aufmerksam gemacht worden ist.)

VON MAULS BIS FRANZENSFESTE

Über das eben erwähnte hügelige Bergsturzgelände von Stilfes senkt sich die Staatsstraße am östlichen Talrand, das Gefälle der Maulser Höhe überwindend; der Blick jedes Südlandreisenden ist von der natürlichen Paßfurche zwischen dem steilen Talhang und dem rechts davon auf einem Hügel ragenden Schloß W e l - f e n s t e i n gefesselt. Vom eiligen Auto aus vermeint man, hier ein Stück schönstes Mittelalter bewahrt zu sehen.

Zweifellos ist der Platz auch schon sehr früh befestigt worden, doch sind von dem 1271 im Besitz des Otto Welf erwähnten Bau nur mehr wenige und durchaus nicht ins Auge fallende Mauerreste erhalten. Alles übrige stammt von dem N e u b a u, den der aus Innsbruck stammende und seinerzeit in Deutschland als Landschaftsmaler sehr angesehene Edgar M e y e r zwischen 1893 und 1897 errichten ließ und der unschwer Vorbilder der damaligen „Burgenromantik" erkennen läßt. Im Volksmund nannte man den Neubau sehr treffend *Zuckerschlößl*. Meyer hatte das Schloß auch innen mit wertvollen Kunstgegenständen ausgestattet; sie wurden allesamt das Opfer einer verheerenden Brandkatastrophe, die im August 1918 das neue Welfenstein in Schutt und Asche legte. Dabei verbrannten unter vielem anderen auch wertvolle, aus der Wildenburg in Sterzing stammende Gobelins. Als Brandursache wird Kurzschluß vermutet. — Aus der Zeit der Erneuerung der Burg stammen heute noch einige Zierpflanzen aus den prächtigen Gärten, die der Münchner Künstler terrassenförmig hatte anlegen lassen. Die vom Brand nicht gänzlich zerstörten Mauern wechselten in Kriegs- und Nachkriegsjahren mehrfach den Besitzer, waren vorübergehend auch zu einer Hotelpension ausgebaut (unschönes Wohngebäude als Toreinfahrt) und sind jetzt im Besitz des Enkels des Erbauers. — Die strategische Lage der von Welfenstein beherrschten Engstelle ist bedeutend gewesen. Vom 16. bis zum 18. Jh. wurde hier von den Transportzügen ein einträgliches Weggeld erhoben (Huter). Noch älter als diese Sperre ist jedoch die auf der Kuppe oberhalb (östl.) der Straße festgestellte Urzeitstation „Haller Christe" (Innerebner), die am alten Höhenweg liegt, der von Trens über Valgenein her zieht. Ganz in Nähe dieser prähistorischen Stelle findet sich ein Zeichen allerneuester Zeit: ein gewaltiger Bunker, der zu *Mussolinis* Alpenbefestigung gehörte und heute Ruine ist.

Die Gegend von M a u l s ist in mehrfacher Hinsicht bedeutender h i s t o r i s c h e r B o d e n. Wie bereits unter „Sterzing" erwähnt, wurde hier in der Nähe an nicht näher zu bezeichnender Stelle, vielleicht im Bereich der Schlucht des sog. „Himmelreiches", die der Sengesbach oberhalb des Ortes, vor seiner Vereinigung mit dem Gansör- bzw. Maulser Bach bildet, der M i - t h r a s s t e i n gefunden (1589). Die Tatsache, daß der persische Lichtgott in Grotten und Berghöhlen verehrt wurde, spricht für diese Fundstelle; jedenfalls war der Stein bis 1797 am alten Zollhaus in Mauls eingemauert und kam dann nach Innsbruck, später (1818) nach Wien und von dort, wie bereits erwähnt, nach dem Kriege an Italien zurück. Nächst dem Felsriff von Welfenstein wurde ein weiterer r ö m i s c h e r I n s c h r i f t e n - s t e i n gefunden, der sog. „*Quartinus*-Stein" *(D. M. AVRELIAE . RVFFINAE . MATRI . AELIVS . QVARTINVS* - zit. und Abb. bei Innerebner, Sterz. Heimatbuch). Innerebner schließt nicht aus, daß dieser *Quartinus*, der hier einen Grabstein für seine Mutter *Ruffina* setzte, ein Vorfahr jenes Trägers gleichen Namens war, der uns von der *Quartinus*-Urkunde her mehrfach bekannt ist.

Das Original des gut erhaltenen Steines steht im Museum Ferdinandeum zu Innsbruck, eine Kopie wurde straßenseitig am alten Zollhaus neben dem Gasthaus „Stafler" eingelassen, 1971 jedoch durch den Aufprall eines aus der Kurve schleudernden Autos zerstört. Sterzinger Heimatfreunde haben zwei Jahre später eine neue Kopie aus weißem Ratschinger Marmor anfertigen lassen, die nunmehr in einem kleinen Hof gegenüber dem obgenannten Gasthaus aufgestellt worden ist.

Mauls wird damit zu einer der bedeutendsten Fundstätten für römische Altertümer im ganzen Lande, wenn man den unweit davon in Stilfes gefundenen, bereits erwähnten Meilenstein auch noch heranzieht. Es mag dies mit der verkehrsgeographisch wichtigen Lage der Ortschaft zusammenhängen: zwei alte Höhenwege schneiden hier das Tal, der bereits erwähnte über das Penser Joch ins Sarntal über den Weiler Egg und jener durch das Tal des Maulser Baches, vorbei an der Höfegruppe R i t z a i l (1498 Meter) hinauf zum V a l s e r J ö c h l (1935 m), das einen früher wichtigen Übergang ins Valser bzw. Pustertal bildete und Anschluß an den Höhenweg Valgenein—Trens—Sprechenstein— Sterzing hat. Ziehen wir schließlich noch die lokale S a g e zu Rate, dann ergibt sich das Bild einer einstmals vielleicht wirklich wesentlich belebteren Gegend, als sie dies heute ist:

Das stille Hochtal von S e n g e s — heute eine ausgedehnte Alm von großer landschaftlicher Schönheit — war einst eine große, blühende Stadt, die aber verschüttet worden ist. Die Glocken dieser Stadt hat man in Mauls aus dem Bach ausgegraben. — Für einen Bauern auf Senges, Konrad Plank, Kugelgasser (heute Untersenges-Alm) wurde bis vor kurzem noch in Stilfes im Rahmen der Quatemberbitten gebetet. Um 1288 sind noch mehrere Höfe in Senges bezeugt, darunter auch solche mit Getreideanbau, und Schwaighöfe (die heutige Obersenges-Alm). Den N a m e n deutet Wolff aus einem altladinischen *senyes* (Zeichen) und meint, man müsse in den zahlreichen Höhlen der Gegend nach Felszeichnungen Ausschau halten. — Die Mündungsschlucht von Senges, das bereits genannte „Himmelreich", ist leider durch Sprengungen stark verändert worden; man hat nach wertvollem Gestein gesucht, aber nur Schotter gefunden und das Naturdenkmal als öde Baustelle hinterlassen.

Der an der Gegenseite mündende Maulser Bach ist ein wilder Geselle und mußte in letzter Zeit unter großem Aufwand eingedämmt werden (alljährliche Bittprozession gegen Hochwassernot am Sonntag nach St. Nepomuk).

Zur G e s c h i c h t e des Ortes Mauls (940 m, Fraktion von Freienfeld, 489 Einw., mehrere Gasth. und Pensionen, Telephon, Taxi, Tankstelle) haben wir um 990 die Erwähnung *vallis runcalis Mules* (Huter); unter Adalpert von Stilfes dürften Egger Tal, Maulser Tal und Ritzail gerodet worden sein. 1634/37 tritt in Mauls, wahrscheinlich durch spanische Soldaten eingeschleppt, erstmals die P e s t w e l l e jener Jahre auf und fordert in dem kleinen Ort 83 Tote. In den Freiheitskriegen des Jahres 1809 hat der alte Weg über das Valser Jöchl wiederholt eine Rolle gespielt, vor allem auch 1796 für die Schlacht bei Spinges.

Mauls ist deutlich in zwei Siedlungskerne geschieden: an der alten und heutigen Brennerstraße liegt das altehrwürdige Fuhrmannsgasthaus „ S t a f l e r ", heute eine bekannte Gaststätte, die sich ihre typisch tirolische Eigenart durch die Jahrhunderte bewahrt hat und in den Grundzügen auf die Erbauungszeit des alten Schlosses Welfenstein zurückgehen dürfte, ebenso wie dies Sternbach für das schöne Gebäude des Seeberhofes und für die Marienkapelle (1698) annimmt. — Die Steigerung des Verkehrs auf der Brennerstraße hat einige neue Gastbetriebe an der alten Raststätte entstehen lassen.

Zufahrtswege führen von der Brennerstraße zum eigentlichen Dorfkern in fast versteckter Lage. Am Bach ein Bildstock mit einer neuen Statue des Dorfpatrons St. Oswald (das gotische Original ist vor wenigen Jahren verschwunden); daneben verfällt eine alte Mühle.

Im Dorfbild fallen hier — wie auch in Freienfeld und bis Mittewald — hübsche bäuerliche Schnitzereien als Brunnenfiguren auf. Wer da von der Straße den Weg zur Kirche hin geht, versäume nicht sich umzudrehen und den schönen Blick auf das Tal von Egg zu genießen, der sich von der Straße unten nicht so gut darbietet. Hatte man auf der Maulser Höhe noch den Hauptgipfel des gegenüberliegenden Sarntaler Kammes, die T a t s c h - s p i t z e (2526 m) im Blickfeld, so beherrscht von hier aus gesehen nunmehr die S c h e i b e n s p i t z e (2330 m) die Szenerie.

Die P f a r r k i r c h e z u m h l. O s w a l d ist 1329 erstmals genannt (Schenkungsurkunde im Pfarrarchiv: *Fritz der Pube von Laymgrube und Agnes mein Hausfrawe . . .* schenken einen Feldertrag; der Flurname Laimgrube lebt heute noch als *Luehmgruebn*). Im Jahre 1433 wird ein Neubau erwähnt; aus dieser Zeit stammt nur mehr der Spitzturm. Die heutige Kirche mit Einrichtung (Hochaltar: Ehrung des hl. Oswald durch die Muttergottes; rechter Seitenaltar: Tod des hl. Josef, beide von Josef R e n z l e r um 1830 und am linken Altar Johannes und Paulus von Anton S i e ß, 1775) wird von Weingartner mit *spätes Stadium des Brixner Kirchenbaustils der Rokokozeit* eingestuft. — In der Totenkapelle (Schlüssel im Pfarrhof) lebensgroße Figuren von „Tod" und „Tödin".

Mauls ist eine ideale S o m m e r f r i s c h e für den, der das einfache, ländliche Leben sucht und inmitten eines Ausflugsgebietes Quartier nehmen will, das Mittelgebirgswege ebenso einschließt wie weite Almgründe, Hochgebirgsseen und wenig begangene Gipfel bis über 3000 Meter Höhe.

Als schöner H ö h e n w e g sei der Übergang auf Weg Nr. 2 über die Höfegruppe N i e d e r f l a n s (1288 m, St.-Anton-Kapelle aus dem 18. Jh. mit volkskundlich interessanter Darstellung „Christus in der Kelter", Abb. in „Schlern", Jg. 1966, S. 118) nach Valgenein genannt; man erreicht Niederflans entweder direkt aus dem Talgrund oder geht zunächst entlang der Schlucht des „Himmelreiches" bergan, um hier den Weg 2 (Güterweg Flans—Sennes-Alm) zu gewinnen. Ein Halbtagsausflug ist die Runde von Mauls nach R i t z a i l (1498 m) und von dort ober der Schlucht durch auf Weg 2 und wiederum nach Niederflans bzw. Mauls zurück (Weg 10 und 2); Weg 10 führt von Ritzail weiter zum bereits genannten Valser Jöchl. Ritzail (mundartl. *Ritzóal)* ist eine der entlegensten Gebirgssiedlungen von ganz Tirol und ebenfalls sehr alt (erste Erwähnung 990). Um dorthin zu kommen, benützt man zuerst ein Stück die neue Forststraße ins Maulser Tal (im Winter Rodelbahn) und erreicht den Weiler zu Fuß auf steilen Bergwegen oder auf dem 1974 erbauten Güterweg, der die Lastenseilbahn von einst ersetzt. Ritzail hat eine Kapelle zum hl. Antonius, und bis 1974 existierte hier auch eine eigene Schule (1972 noch elf Schüler). — Die neue Zufahrt soll nun über Leben oder Tod in diesem Weiler entscheiden, wo fast kein Meter Wiese oder Ackerland ebener Boden ist. — Der Weiterweg zum Valser Jöchl, vorbei an alten Heuhütten, hübschen Birkengruppen und Beerensträuchern gehört zu den schönsten Wanderungen im Obereisacktal.

Wenig besucht werden die einsamen Berghöfe zu P l a n (1340 Meter), südlich von Mauls sehr unzugänglich an der östl. Berglehne gelegen und nur auf steilen Fußwegen zu erreichen. Die Bauern bringen das Holz mit Materialseilbahnen zu Tal. — Auf dem alten, direkten Steig von Mauls nach Plan war *beim ersten Ausgleiten der Sturz in die schauerige Tiefe unvermeidlich*, wie es bei Staffler heißt, der auch vom Todessturz einer Magd von diesem Weg berichtet. — Die Höfe zu Plan sind vielleicht die einsamsten im ganzen Eisacktal, und einer von den beiden Höfen ist bereits verlassen. Der Weg (1¼ Std. ab Mauls) ist noch wie zu Stafflers Zeiten, bei gutem Wetter jedoch ungefährlich, wenn man die nötige Vorsicht walten läßt. — Der Weiterweg vom Hof (unmarkiert) führt sehr steil auf die P l a n e r A l m (1938 m), deren stille Bergschönheit mit Worten schwer zu beschreiben ist.

An B e r g t o u r e n sei vor allem die zur W i l d e n K r e u z - s p i t z e (3134 m), zum beherrschenden Doppelgipfel der Pfunderer Berge, genannt. Beide Wege, Nr. 2 von Mauls über die Alm Senges und Nr. 20, die vor Ritzail links (unter einer Materialseilbahn durch) abgeht und das sogenannte Gansörtal benützt, sind lang und anstrengend; in beiden Fällen wird es gut sein, auf Senges oder auf der Gansöralm ein Heulager als „Stützpunkt" zu beziehen. Den seltsamen Namen Gansör versucht Wolff mit *camp de sòura* (oberes Feld) zu erklären (?). Die Wege vereinigen sich beim W i l d e n S e e (2538 m).

Der W i l d e S e e wäre, hätte er den Abfluß nicht zur Rienz hin, der größte See des Eisacktales. Er dehnt sich in einem weiten Kar unterhalb der Wilden Kreuzspitze und ist oft noch im Juli mit Eis bedeckt. Keinerlei Leben herrscht in ihm, und nur der Steinadler zieht zuweilen seine Kreise über dem stillen Kar.

Die S a g e weiß davon, daß Leute, die Unrecht tun, in den Wilden See verbannt werden. Der See ist ein sogenannter „Wettersee", er „brüllt" zuweilen, und das bedeutet schweres Unwetter, wenn nicht gar Unglück, das über das ganze Land hereinbricht. Es geht hier die Gestalt des greisen Mähers um, der am See die Sense dengelt (Fink, Gedicht von Franz Rampold, „Schlern", Jg. 1933, S. 402). Hervorzuheben ist, daß der Valser Gemsjäger Bartl Graf am Wilden See im Jahre 1880 ein Bronze-Lappenbeil gefunden hat (heute Mus. Innsbruck). Außerdem wurde der See schon früh vermessen, und zwar durch den Kuraten von Vals am 29. Dez. 1834. Zwei beherzte Männer halfen ihm — trotz aller Sagen und Schauermärchen um den See — die 80 cm dicke Eisdecke durchzuhacken und 46 m

Tiefe zu loten; der See ist 590 m lang und 300 m breit (Umfang ca. 5 km).

Etwas höher noch, unmittelbar unter dem Gipfel der Kreuzspitze, findet sich nochmals ein Schmelzwassersee, die „Schwarze Lacke". Die Aussicht von der Wilden Kreuzspitze ist an klaren Tagen so weitreichend wie kaum eine andere im ganzen Land. Der Berg wird heute meist von Vals her erstiegen, da man hier bis ins innerste Tal fahren und die neue Brixner Hütte als Stützpunkt benützen kann. Die genannten Wege von Mauls (Nr. 2 und 20) sind mühsam und lang (10—11 Std. ab Mauls und zurück) und werden sehr wenig begangen; der Wiederaufbau der Sterzinger Hütte (1980) in Pfitsch-Burgum (ab hier 2½ Std. zum Gipfel) hat diese Seite wieder mehr belebt. — Abgesehen von den großen Entfernungen und Höhenunterschieden (Mauls—Gipfel rund 2200 m!) ist eine Besteigung der Wilden Kreuzspitze bei gutem Wetter nicht schwierig. Wer sie unternimmt, wird es nicht glauben können, daß es solche Einsamkeit in nur 8 km Entfernung (Luftlinie) von der Brennerautobahn noch gibt — und noch lange geben wird.

Nicht leicht wird man sich von Mauls und seinen weltfernen Höhen trennen, von den Einödhöfen und den alten Mühlen, die von Holunderbäumen überwachsen werden. Mit dem Einbiegen in die Staatsstraße wird der Reisende wieder Spielball eines hektischen Verkehrs, eines Stromes, der unablässig gegen Süden zieht. Nur zu leicht wird dabei ein Blickpunkt übersehen, an der Geraden unterhalb Mauls: wie ein Turm aus Urwelttagen, das Haupt meist mit Schnee bedeckt, so steht im Norden der Pflerscher Tribulaun, das Wahrzeichen des oberen Eisacktales. Das nun folgende enge Stück des Eisacktales mit seinen steilen, bewaldeten und von Felspartien durchsetzten Hängen hat der Volksmund treffend „Im Sack" genannt. Dort, wo von den Westhängen der Puntleider Bach herabstürzt, weitet sich das Tal ein wenig, um den paar Häusern von G r a ß s t e i n (844 m) Raum zu geben.

Die Schreibweise Graßstein ist jener mit ss — Gras-stein — vorzuziehen, da es noch bei Staffler richtiger *Großstein* heißt und sich der Name zweifellos auf einen seit langem bezeugten Steinbruch (ital. *Le Cave*) bezieht. Hier wurden bis zum Ersten Weltkrieg Bau-, Zier- und Pflastersteine für Innsbruck gewonnen, früher, wie bereits erwähnt, Kanonenkugeln. Der Granit für die Festung Franzensfeste wurde n i c h t, wie vielfach behauptet wird, hier gebrochen, sondern bei Pfalzen (siehe unter „Franzensfeste"). Der Waldreichtum der Gegend führte dazu, daß die Fugger hier eine Schmelzhütte für das am Schneeberg gewonnene Erz unterhielten; diese Schmelzhütte war früher

149

in der Nähe von Sterzing gestanden und mußte auch wegen der Rauchbelästigung verlegt werden — ein frühes Beispiel von Umweltschädigung. — Graßstein ist Fraktion der Gemeinde Franzensfeste mit 117 Einw. und Eisenbahnhaltestelle; das Gasthaus „Klapfer" ist Ausgangspunkt für den Weg Nr. 15 (Bergler Tal und Alm) und für den Weg Nr. 14, der an den Höfen von Puntleid (Güterstraße) vorbei zur Puntleider Alm und weiter in insg. 3½ Std. zum P u n t l e i d e r S e e (1850 m) führt.

Der S e e v o n P u n t l e i d ist das Juwel dieser sonst eher anspruchslosen Gegend; von den Millionen Südlandreisenden ahnt kaum einer, woran er hier gedankenlos vorbeigerast ist; die steilen Wälder hüten schweigend das Geheimnis der silbernen Wasser von Puntleid, die sie hoch über ihren Wipfeln tragen.

Gewaltige Holztrümmer beim Seeabfluß zeigen, daß dieser See schon sehr früh zur Holztrift genützt und bewirtschaftet wurde; er wird von der Bachforelle, dem Bachsaibling und der Elritze bewohnt. An einem Julitag des Jahres 1965 konnte der Verf. hier ein eigenartiges, dem Fischer jedoch sicherlich vertrautes Phänomen beobachten: bei einem Gang rund um den See wurde plötzlich der Kies, über den sich breit der Zufluß ergießt, auf fast unheimliche Art lebendig; Hunderte von kleinen Fischen waren hier, im ganz seichten Grund, sozusagen in der Sonne gelegen und stürzten nun, sich fast überschlagend, dem tieferen Wasser zu. — Nur Bergwanderern, die in der Begehung von ausgesetzten Hirtenpfaden und in der Orientierung sehr sicher sind, kann der sehr schöne Übergang vom Puntleider See ins Bergler Tal angeraten werden; von hier auf Weg 15 zurück nach Graßstein.

Staatsstraße, Eisack, Eisenbahn und Autobahn drängen sich hier im engen „Sack"; die Autobahn steht mit ihren Tragpfeilern mehrmals mitten in den schäumenden Fluten. Etwas südlich von Graßstein steht zwischen Autobahn und Brennerstraße das aus Granitquadern um die Jahrhundertwende erbaute Gasthaus „Zur S a c h s e n k l e m m e " (Tankstelle, Campingplatz).

Ein D e n k m a l hinter dem Gasthaus, neben der Kapelle und heute nahe an einen Pfeiler der Autobahn gerückt, erinnert an die Kämpfe, die hier 1797 und 1809 stattgefunden haben. Nicht nur an dieser Stelle, sondern im ganzen Engpaß des Eisacktales zwischen Franzensfeste und Graßstein mußten die Franzosen und ihre Verbündeten am 4. und 5. August 1809 eine vernichtende Niederlage hinnehmen. Zunächst waren es nur rund 500 in Eile aufgebotene Tiroler Schützen, die bei der Eisackbrücke im heutigen Franzensfeste Steinlawinen herrichteten und der aus Sachsen bestehenden Vorhut der 2500 Mann des französischen Generals *Rouyer* einen blutigen Empfang bereiteten; die Unglücklichen wurden von den Steinen getroffen und stürzten in den Fluß, ertranken zu Dutzenden und wurden im übrigen eine Beute der Scharfschützen. Es wird überliefert, daß der Eisack damals rot von Blut geflossen sei. — Tags darauf stießen die Tiroler den erschöpften französischen Truppen bis Mittewald nach, und wiederum verloren die Feinde fast die Hälfte ihrer nunmehrigen Mannschaft, die sich schließlich in regelloser Flucht nach Sterzing zurückzog. Dort hielt der Marschall *Lefèbvre* schlimmes Strafgericht über seine Leute und zieh sie der Feigheit; er selbst aber kam, ebenfalls von Sterzing aus vorstoßend, nicht einmal über Mauls hinaus und mußte sich schließlich nach Innsbruck zurückziehen, nicht ohne in der Umgebung Sterzings seine Spuren durch Feuer und Plünderung hinterlassen zu haben. — So war es einer Handvoll tapferer Bauern gelungen, den von der Natur aus hervorragend zur Verteidigung geeigneten Engpaß der Eisackschlucht nicht nur zu halten, sondern von hier aus sogar zum erfolgreichen Gegenstoß anzusetzen. — Das vorerwähnte Denkmal wurde 1902 vom Andreas-Hofer-Verein in Wien gestiftet, zum Gedenken an die Tiroler und ihre beklagenswerten Gegner.

Die K a p e l l e St. A n n a im S a c k hat ihre gotische Form des Jahres 1512 weitgehend bewahrt und besitzt ein schönes, aber restaurierungsbedürftiges Fresko aus dem 16. Jh. an der Westwand des Langhauses; den Schlüssel zu der sehr sorgfältig instand gehaltenen Kapelle, aus der 1974 zwei Barockengel gestohlen wurden, erhält man im nebenstehenden Gasthaus.

Weiter führen alte und modernste Verkehrswege durch die schmale und felsdurchsetzte Waldschlucht; an mehreren Stellen ist hier die Brennerstraße in den Jahren 1965 und 1966 vermurt worden, so daß umfangreiche Schutzbauten notwendig geworden sind, und die Straße zum Teil sogar in Tunnels unterhalb der gefährlichsten Murbrüche geführt werden muß. Nur wenige und gefährliche Jägersteige führen hier die östlichen Steilhänge empor, und die Höhen der K a m p e l e s p i t z e (2089 m) und des B r a n d e c k s (1743 m), die das Eisacktal vom Valser Tal schneiden, werden ausschließlich von jener (Ost-)Seite her als gute Almgründe genützt. Etwas weniger steil ist der Waldhang im Westen mit der S c h e i b e n s p i t z e (2383 m) als beherrschendem Punkt; er bietet immerhin einigen Hochalmen (Sackalm, Mitterwalder Alm) Platz.

Auf der Straße ist nun bald nach dem Gasthaus „Sachsenklemme" der Weiler M i t t e w a l d (800 m) erreicht.

Goethe schreibt: *In Mittelwald Punkt zwölf fand ich alles in tiefem Schlafe, außer dem Postillon, und so ging es weiter auf Brixen ...;* der Ort ist alte Poststation, und als Goethe hier vorbeifuhr, verwaltete die hier heute noch ansässige Familie von Pretz das Postmeisteramt. *Die Umgebung ist schauervoll und enge, die geringe Ackerfläche aber fruchtbar, und zeugt von der Nähe der Rebe. Der Nußbaum gedeiht hier ohne Zwang . . .* (Staffler).

Mittewald ist Fraktion von Franzensfeste mit 372 Einw. und hat eine Eisenbahnhaltestelle; im Ort eine Außenstelle der Alpenvereinssektion Brixen. Der Ort beherbergt einen der b e - d e u t e n d s t e n   h o l z v e r a r b e i t e n d e n   B e t r i e b e des Landes (Fertigbauelemente, Fertighäuser, Holzfaserplatten usw.). Die Autobahn überbrückt hier Eisack und Staatsstraße von West nach Ost und bleibt nun bis Franzensfeste (Tunnel) am linken Eisackufer.

Die P f a r r k i r c h e z u m h l. M a r t i n hat ihren Turm noch aus gotischer Zeit, das Langhaus ist wie das von Mauls um 1830 vom Kuraten Prantl aus Pfitsch in die heutige Form gebracht worden, und auch hier arbeitete Josef R e n z l e r (Deckengemälde, Tod und Legende des hl. Martin, 1832; Altarbilder 1834, 1835 und 1846). Bau und Ausstattung der 1973 durch Diebstahl geschändeten I s i d o r k a p e l l e im Friedhof stammen aus den Jahren 1705—1708. Eingemauerte Kanonenkugeln am Haus v o n P r e t z und Gasthaus „ T h a l e r " erinnern an die schweren Kämpfe des Jahres 1809.

Zu Unrecht hat Staffler die Gegend *schauervoll und eng* genannt, und er hätte dies gewiß nicht gesagt, wenn er die köstliche Waldfrische des F l a g g e r t a l e s gekannt hätte, das von den Höhen der Sarntaler Berge gegen Mittewald herabzieht.

Ein markierter Almweg (Nr. 16) führt durch das Tal zur Unteren und Oberen F l a g g e r a l m (1619 m bzw. 1900 m) und weiter in den weiten Hochkessel des Sulzbodens, der von T a g e w a l d h o r n (2706 m), J a k o b s p i t z e (2745 m) und L i f f e l s p i t z e (2600 m) umrahmt wird. An der tiefsten Stelle des Kammes, direkt an der Flaggerscharte (2455 m), liegt die F l a g g e r s c h a r t e n - H ü t t e (auch Marburg-Siegener-Hütte, erbaut durch die Sekt. Marburg im Jahr 1914, heute CAI-Sekt. Brixen, 25 Schlafplätze, im Sommer bewirtschaftet, sonst nur mit Schlüssel der CAI zugänglich) als wichtiger Stützpunkt für die große Überschreitung des Ostkammes der Sarntaler Berge vom Penser Joch bis zum Ritten. — Auf Weg 13 können die genannten Berge im Hüttenbereich bis direkt zum Gipfel oder nahe dorthin relativ leicht in jeweils 1—2 Stunden erreicht werden. Der Anstieg zur Hütte ab Mittewald erfordert 5—6 Std., während man von Durnholz im Sarntal nur etwa 3 Std. rechnet. — Der Blick von der Hütte und den umliegenden Bergen auf Pfunderer Gruppe und Dolomiten ist berühmt.

Auch im Flaggertal wurde im 16. und 17. Jh. B e r g b a u betrieben, und zwar auf Kupfer- und Schwefelkies und auf Magnet-(Arsen-)Kies, an der Kontaktzone zwischen dem Granit, der das äußere Tal beherrscht und ihm den steilwandigen, engen Charakter verleiht, und zwischen dem Quarzphyllit des inneren Tales. Da der Flaggergranit auch Kalzit in ziemlich reicher Menge enthält („Kalkgranit") finden sich hier überraschenderweise auch kalkliebende Pflanzen, zuweilen eng vergesellschaftet mit kalkmeidenden Arten. Eine Bestandsaufnahme der Flora des Flaggertales findet sich im „Schlern" (Jg. 1951, S. 446 ff.) aus der Feder von F. P r e n n, der schon früher die Avifauna dieses einsamen Hochtales bearbeitet hatte („Schlern", Jg. 1924, S. 112 ff.); sehr anschaulich schildert das malerische Flaggertal und seine Bergumrahmung Hans K i e n e, der vor allem das Naturschauspiel des großen Wasserfalles (57 m) im Tal rühmt (Zsr. DuÖAV 1926/S. 61) und Menara S. 66/148.

Auf der Weiterfahrt von Mittewald zum Weiler O b e r a u (756 m) wird auf der Höhe des Gasthofes „Peißer" einmal kurz der erste Dolomitgipfel auf unserer Reise vom Brenner nach dem Süden sichtbar; wie eine gewaltige steinerne Pflugschar ragt plötzlich der Gipfelaufbau der F u r c h e t t a (3025 m) noch weit entfernt über den Wäldern von Afers und Villnöß in den südlich blauen Himmel und wird gleich wieder von anderen grünen Kulissen verdeckt. Kurz, aber das Herz hoch erhebend, ist dieser erste Gruß der „Bleichen Berge".

In Oberau eine Gedenkstätte („Sachsenfriedhof") an die Kämpfe der „Sachsenklemme" nahe beim Gasthaus „Peißer". Die P f a r r k i r c h e zur H e i l i g e n F a m i l i e von J. und L. Peißer 1669 erbaut, ist im Jahre 1720 abgebrannt und 1721 neu errichtet worden und hat auch die Einrichtung fast zur Gänze aus dieser Zeit. — Oberau ist Fraktion der Gemeinde Franzensfeste mit 40 Einw. und großem Sägewerk. Beginn des Autobahntunnels, der hier am Osthang des Tales die Enge von Franzensfeste umgeht, südlich davon den Stausee von Franzensfeste überquert und dann wiederum am Westhang des Tales Brixen umfährt.

Gleich nach Oberau biegt die Staatsstraße in scharfem Knick über die historische, 1809 heißumkämpfte Oberauer Eisackbrücke in den wichtigen Verkehrsknotenpunkt Franzensfeste ein.

Verfolgt man, vom linksufrigen Brückenkopf ausgehend, einen ebenen Weg oberhalb des Eisackufers, so trifft man auf ein stark zugewachsenes Stück Pflasterweg mit tiefen Rillen, das von manchen Forschern (vor allem *A. De Bon* in *„Da Fortezza al Passo di Brennero", Venezia 1938*) als römisch angesehen wird. Denkt man sich den modernen Stausee von Franzensfeste fort, so erscheint eine Trassenführung der Römerstraße an dieser Seite durchaus denkbar, da auf dieser Linie, mit Überschreitung der urzeitlich gut belegten Hochfläche von Natz-Schabs, bis Brixen kein Brückenschlag notwendig war, und auch die vom Pustertal kommende *Via Claudia Augusta Altinate* gut einmünden konnte.

153

FRANZENSFESTE. Seehöhe 747 m; 1312 Einw. (Gemeinde mit Graßstein und Mittewald), davon 542 Italiener; zum Brenner 34 km - nach Brixen 10 km; Bahnhof für alle Schnellzüge, Frachtenbahnhof mit Zollstation, Abzweigung der nichtelektrifizierten Bahnlinie ins Pustertal. - Südl. des Ortes bei der Festung Abzweigung der Staatsstraße ins Pustertal (Bruneck 34 km), und ein Stück weiter südlich — ungefähr auf halbem Weg nach Brixen-Stadt — die Autobahnausfahrt Brixen, ebenfalls mit Anschluß an das Pustertal; Geschäfte, Banken, Tankstelle, Hotel und Fremdenzimmer, Eislauf- und Tennisplatz, Post- und Telegraphenamt (Postleitzahl 39045). Auskünfte durch Gemeindeamt Franzensfeste.

Seine heutige Größe verdankt der Ort der Erbauung der Brennerbahn und dem großen Personalaufwand, den Zollstelle, Frachtenumschlagplatz und Transportunternehmungen benötigen. Seit 1935 ist zwischen dem Ort und der südlichen, an der Eisackklamm gelegenen Festung der Eisack zu einem gewaltigen See aufgestaut worden, der zusammen mit dem Stausee von Mühlbach im Pustertal das große Elektrizitätswerk von Brixen speist, und den ehemaligen Weiler U n t e r a u unter seinen Fluten begraben hat. Der Ort selbst mit seinem großen Verschubbahnhof und seinen Zweckbauten ist — abgesehen vom schon früh erwähnten und traditionsreichen Gasthof „Reifer" mit schattigem Garten — ohne besondere Reize, hat aber im Bergtal von R i o l ein reizvolles Ausflugs- und Erholungsgebiet, das kaum jemand kennt.

Das kleine Hochtal zieht ungefähr parallel zum Flaggertal gegen Westen; auf einfachem Fahrweg Nr. 3 erreicht man in etwa 1½ Std. die Höfegruppe Riol (1277 m), die anläßlich des Kampfes um die „Sachsenklemme" von Soldaten des Generals *Rouyer* gänzlich eingeäschert worden ist. Die Grundrechte der Gegend eigneten ursprünglich dem Kloster Neustift; der Salcherhof zu Riol wird seit 800 Jahren von ein und derselben Familie bewohnt und gehalten. So nahe sind sich hier Unruhe eines vielbefahrenen Verkehrsknotenpunktes und die jahrhundertealte Beständigkeit eines alten Tiroler Berghofes. Auf einem sehr alten Wallfahrtsweg kann man über den Salcherhof an den Hängen des Scheibenberges den schon oberhalb von Vahrn gelegenen Weiler Spiluck erreichen, diese Wege sind erst kürzlich neu markiert worden. — Man kann auch von Riol das Tal weiter ansteigen (stets Nr. 3) und den S p i l u c k e r S a t t e l (1850 Meter) gewinnen. Weg 3 führt von hier abwärts und — bei einer Kreuzung (ab hier Nr. 2) — hinauf zur K a r s p i t z e (2517 m), einem schönen und leicht erreichbaren Aussichtsberg; von der vorerwähnten Kreuzung abwärts gelangt man auf

Nr. 2 in kurzer Zeit nach Spiluck (siehe unter „Vahrn"). — Die Zugehörigkeit des Weilers Riol (mundartl. *Rigoal)* zur Fraktion Neustift der Gemeinde Vahrn war lange sehr umstritten, da große Teile der Ortschaft Franzensfeste auf dem Gebiet von Riol und damit sozusagen in der „falschen" Gemeinde lagen. Der Streit zwischen der alten Bindung an Neustift und der durch die moderne Verkehrssituation bedingten Entwicklung ist vor kurzem zugunsten der Gemeinde Franzensfeste entschieden worden.

Beherrschend und kennzeichnend für die ganze Gegend ist jedoch die F r a n z e n s f e s t e, jenes monumentale Festungswerk, das in den Jahren 1833—1839 errichtet wurde und nach Kaiser Franz I. von Österreich benannt worden ist.

Ursprünglich war eine Ausdehnung des Festungswerkes bis gegen die Schabser Höhe hin geplant, mußte aber wegen zu hoher Kosten aufgegeben werden. Teuer genug ist das Werk auch so gekommen, denn man erzählt sich die hübsche A n e k - d o t e, daß Ferdinand I., der höchstpersönlich zur Einweihung der Festung gekommen war, gefragt habe, ob die Festung aus Silber erbaut worden sei; Beiträge habe er jedenfalls in diesem Sinne genug bewilligen müssen. — Sparber weist darauf hin, daß sich der Bau vor allem deshalb so sehr verteuert habe, weil man nicht den als zu wenig hart geltenden Granit von der Umgebung und aus Graßstein verwendet, sondern die Quadern den weiten Weg von Pfalzen bei Bruneck her transportiert habe. Die Festung, die aus einer breiten Talsperre und aus einem zweiten Werk etwas höher am westl. Hang besteht, ist von General von S c h o l l nach dem sog. Montalembertschen System gebaut. (Marc René Marquis de Montalembert, 1714—1800, gilt als der Erfinder des polygonalen Festungsbaues.) Die gewaltige Anlage brauchte nie in Funktion zu treten, dient aber heute noch militärischen Zwecken und ist Sperrgebiet, so daß man auch die kleine Kapelle (1845 geweiht) nicht besichtigen kann, die laut Weingartner eines der frühesten Beispiele für den neugotischen Baustil in Tirol ist. — Nach der Besetzung Roms durch die Alliierten im Zweiten Weltkrieg wurde der Goldschatz der *Banca d'Italia* in der Festung verwahrt (Langes). —

Da der Ort erst durch die Festung und den Bahnbau entstand, ist auch die P f a r r k i r c h e z u m h l. H e r z e n J e s u im Ort selbst ein neuromanischer Bau aus der Zeit um 1900; lediglich ein Holzrelief (Predella, heute über der Eingangstür) aus der 2. Hälfte des 16. Jh.s wurde aus einer Kirche der Umgebung hierher verbracht. — Bei einem Bombenangriff im April 1945 wurden in Franzensfeste 3 Personen getötet, aber noch viel schlimmer war die Hochwasserkatastrophe des Jahres 1927, bei der 16 Menschen den Tod in den Fluten fanden; der Eisenbahndamm wurde auf eine Länge von 150 m fortgespült.

Die modernen Verkehrslinien durchschneiden die Festung nach mehreren Seiten; erst vor wenigen Jahren hat man der Staatsstraße eine Unterführung durch den Mitteltrakt der Festung gebahnt, um einen beschrankten Bahnübergang auszuschalten. Die Pustertalbahn fährt ebenfalls mitten durch die Festung, während die Autobahn am westlichen Hang zwischen Haupttrakt und Höhenfestung hindurchgezogen wurde.

Im Bereich der Festung liegt auch die L a d r i t s c h e r B r ü c k e, der alte Übergang von der Brennerlinie zum Pustertal, über die auch heute die Staatsstraße führt, während die Eisenbahn noch höher auf einer Stahlkonstruktion die 80 m tiefe Schlucht des Eisacks überwindet, der hier zum See von Franzensfeste gestaut wird. — Im N a m e n Ladritsch vermutet Wolff ein an der alten Römerstraße liegendes *latericium* (Ziegelwerk), das uns allerdings die Funde bis heute noch schuldig geblieben ist.

Als *hängende Brücke* wird dieser Übergang schon 1178 erwähnt (Sternbach); die im Jahre 1809 heißumkämpfte Brücke wurde 1786 erbaut. Am 10. April 1809 kämpften hier Tiroler Bauern gegen eine Abteilung des Oberstleutnants *Wrede*, den sie zwar nicht aufhalten konnten, doch blieb die Brücke in der Hand der Bauern. Nachher zogen die Tiroler die Bohlen der Brücke ab, um dem gegen das Pustertal vorrückenden General *Bisson* den Weg abzusperren. — Der Punkt ist von eminenter strategischer Bedeutung, wie auch durch die Unterminierung des nahe gelegenen Ochsenbühels zu Zeiten von *Mussolinis* „Alpenwall" und den darüberliegenden Schlachtort Spinges dokumentiert wird. Dieser Sporn ist die eindeutige Abgrenzung des oberen gegen das mittlere Eisacktal, nicht jedoch unbedingt gegen das Pustertal, das rein historisch und auch dialektographisch gesehen eigentlich erst bei der Mühlbacher Klause beginnt. — Zwischen Ochsenbühel und Ladritscher Brücke an den Hang gelehnt ist der kleine Ort A i c h a (732 m; 192 Einw.), bereits zur Gemeinde Natz-Schabs gehörend. *Mit der Linde ein schönes Ortsbild* (WG) ergibt die N i k o l a u s k i r c h e, mit einem Turm aus dem Jahre 1403 und einem Langhaus aus Granitquadern, im späten 16. Jh. zur Zeit der verfallenden Gotik erbaut; die Einrichtung gehört bis auf die Kanzel (1660) dem 18. Jh. an. In der F r i e d h o f s k a p e l l e finden sich die bei Weingartner genannten *guten Arbeiten* (vier Heilige aus der 2. Hälfte des 17. Jh.s) nicht mehr; sie sind durch Schmerzensmann und schmerzhafte Muttergottes ersetzt. Auch das sehr sehenswerte Votivbild, das an einen Wagenunfall um 1681 erinnert, konnte bei einer Besichtigung der Kirche (1968) nicht mehr gefunden werden; wahrscheinlich mußte es wegen drohender Diebstahlsgefahr wie so vieles deponiert werden. (Eine Abbildung der interessanten Tafel in „Schlern", Jg. 1931, S. 128.) Das Friedhofskreuz mit flatterndem Lendentuch stammt aus der

1. Hälfte des 16. Jh.s (WG). Trotz aller Vorsichtsmaßnahmen wurde erst noch 1975 eine Statue der Rosenkranzmuttergottes mit vier Engeln gestohlen. — Von der Linde, deren Alter man auf 500 Jahre schätzt, wird vermutet, daß sie an einer alten Gerichtsstätte steht; die gotische Steinbank rings um ihren mächtigen Stamm wurde 1971 in vorbildlicher und dankenswerter Weise erneuert.

In Aicha und im benachbarten Schabs wächst der erste, der allererste Wein. Die Volksüberlieferung weiß von der *Weinglocke* zu berichten, die jeweils um Mitternacht erklang, aber nicht um die Stunde anzugeben, sondern um die Leute daran zu mahnen, daß sie sich auf die andere Seite drehen sollten, damit das saure Weinlein nicht eine Seite der Magenwand durchbrenne... (Fink). Wo heute die Autobahn schnurgerade aus der Talsperre von Franzensfeste hinausschießt, da kroch früher das alte Brennersträßlein mühsam den Berghang empor, zu einer Zollstätte am Weg, von der heute kaum mehr ein Mauerrest steht. Es war die alte B r i x n e r   K l a u s e (bis 1803 Nordgrenze des geistlichen Fürstentums Brixen), an der unser Weg durch das obere Eisacktal endet und wo wir einhalten wollen, bevor wir hinabsteigen in den Talkessel von Brixen.

Der Wunderbrunnen in Neustift (zu S. 196)

VI. Das Brixner Becken

Von Franzensfeste bis zur Talmündung von Villnöß

Wir blicken über die Tallandschaft von Brixen: Welche Fülle, welches Licht! Und dieser Zauber über den Kastanienhainen und Weingeländen! Weich fließen die Töne und zart sind die Schatten, die dort über Hügeln, über Bergzügen, um alte Sitze und uralte Kirchen verblauen.

Das ist Brixen. Das ist das Eisacktal, das in seinem unerschöpflichen Reichtum an einzigartigen Landschaften kaum seinesgleichen hat. Man kann es das romantische Land an sich nennen. Nirgends sonst ist das Herz so von Musik und Poesie erfüllt wie bei dieser Schau über Tal und Höhen und zu sonnengoldumsponnenen Gletschern in weiter Ferne — ein Juwel der Alpen, wo sich Nord und Süd so zauberschön vermählen und jedes wieder seine Reize bewahrt . . .

Paul Tschurtschenthaler

Nach dem Riegel von Franzensfeste senken sich die Straßen und Wege zu sanftem Gefälle, als sollte der Reisende eilends in das Licht des B r i x n e r   T a l k e s s e l s getragen werden. Auf der Höhe des Vahrner Obersees wird die Trennlinie zwischen dem schluchtenbildenden Granit der Sachsenklemme und dem Quarzphyllit der Brixner Gegend überschritten; die Formen der Hügel und Berge werden weicher und sanft — es ist, als breite das Tal weit seine Arme aus, um allen Glanz der alten Bischofsstadt umfangen zu können.

Drüben bei Vahrn steht der heilige Hain der Edelkastanien; gegen Neustift zu, am Sonnenhang des Beckens, ist alles mit Reben übersät. Hier wächst der köstliche weiße Silvaner und grüner Ruländer, nicht mehr so sehr der *Brichsner rot Summerwein* des Landreimes von 1558; selten ist noch zwischen den Reben der Mandelbaum, häufiger der Pfirsichbaum. In den Gärten der Stadt stehen vereinzelt Zedern neben Zypressen, und im Jänner blüht manchmal schon der gelbe Winterjasmin. Der meist als *Kalikanthus* bezeichnete winterblühende Gewürzbaum *(Chimonanthus praecox)* mit dem unverkennbaren Honigduft hat an der Sonnseite des Brixner Beckens (Schloß Krakofl) die Nordgrenze seiner Verbreitung. Bis in die 20er Jahre unseres Jahrhunderts gehörte noch der Maulbeerbaum zum Bild der Stadt; schon 1479 hatten die Klarissen die Seidenraupenzucht eingeführt, die dann endgültig in unseren Jahren der Kunstfaser weichen mußte. Die im Landreim erwähnten *Brichsner Öpfl* wachsen heute wieder, in schönen und gepflegten Kulturen und bestimmen das Bild der Umgebung. Neuerding (1968) sind Versuche, die Chinesische Stachelbeere *(Actinida cinensis)* zu züchten, in Brixen erfolgreich gewesen. Auch hier sind die wilden Bergflüsse eingedämmt worden und nichts erinnert mehr an die rund fünfundzwanzig großen Überschwemmungen, die von der Chronik verzeichnet werden; daran, daß die Gegend durch zahlreiche Erdbeben erschüttert wurde (allein 18 Beben im 19. Jh., nach Dalla Torre), gemahnen noch so manche Stützpfeiler an älteren Häusern, die auch den stark spürbaren Erdbebenstößen von 1976 standgehalten haben.

Von den Gärten, Häusern und Türmen der Stadt wandert der Blick gegen die Mittelgebirge mit ihren reizenden Dörfern, eingebettet in Wälder, Wiesen und Äcker, die im Sommer da und dort noch in goldenen Wellen atmen oder gegen den Herbst hin das altrosafarbene Kleid des Buchweizens anlegen. Darüber breitet sich wiederum ein weiter Waldmantel, bis zur Almregion, die nur im Norden von den Firnen der Zillertaler Alpen überstrahlt wird, während der Stock der P l o s e (2504 m) im Osten und der K ö n i g s a n g e r (2439 m) im Westen nur sanftere Kuppen bilden. Gegen Süden schließlich verliert sich der Blick in eine flimmernde Ferne, an deren Seiten wie eine Folge von hauchzarten Kulissen die Linien der Wälder und Berge einander ablösen. — Es ist Zeit, nun durch eines ihrer alten Tore die Stadt Brixen zu betreten.

BRIXEN

A n g a b e n a l l g e m e i n e r A r t : Seehöhe 559 m; am 1. Jänner 1979 insgesamt 16.170 Einwohner (= Gemeinde, mit Albeins, Elvas, St. Andrä und Tils), davon (Gemeinde) 5486 Italiener und 131 Ladiner; Einwohner des reinen Stadtgebietes 10 364 (im Jahre 1921 waren es im Stadtgebiet 6845, davon 1559 Ital.). — Nach Staffler hatte die Stadt im Jahre 1847 insges. 2971 Einwohner. — Nach Sterzing 30 km - nach Klausen 11 km. — Schnellzugsbahnhof und Autobahnausfahrt im Norden der Stadt, mit Abzweigung Pustertal, ebenso von der Staatsstraße.

Bezirksgericht, höhere Schulen (Handels- und Berufsschulen, humanistisches Gymn. mit ital. Unterrichtssprache sowie das deutsche humanistische Gymnasium im bischöfl. Vinzentinum, Realgymnasium; Schülerheime und Konvikte; Missionshäuser, Krankenpflegerinnenschule, Priesterseminar u. Lehrerbildungsanstalt; Kinderdorf); Krankenhaus und Sanatorien (Guggenberg'sche Wasserheilanstalt); mech. Werkstätten, Garagen und Vertretungen größerer Automobilfirmen. Großes geheiztes Freischwimmbad, Eislaufplatz; Sauna im Hotel „Temlhof" sowie im Garni „Angerer"; vollautomatischer Sportschießstand in Neustift; Tennisplätze (im Winter überdacht und geheizt), Minigolf; Seilbahn ins Skigebiet der Plose mit zahlreichen Lifts. — Post- und Telegraphenamt (Postleitzahl 39042); Rettungsdienst Weißes Kreuz Tel. 22 44 44. Alpine Auskünfte: Sektion Brixen des Südt. Alpenvereins mit den Außenstellen Mühlbach, Mittewald, Vintl und Terenten, Vahrn und Feldthurns; Anschrift der AVS-Sektion: Große Lauben 14/2; CAI *(Club Alpino Italiano)* Tel. 2 29 43. — Banken und Geldwechsel; Reisebüro „Eisacktalreisen" (Stadelgasse) und „Tourdolomit" (Großer Graben); Auskunftspavillon der Kurverwaltung in der Bahnhofstraße, nahe dem Sonnentor, durch das man von Westen die Innenstadt betritt. Büro des Automobilklubs gegenüber Kurverwaltung. Die Altstadt wird nahezu autofrei gehalten, Großparkplatz vor Sonnentor. — 5000 Betten in Gaststätten aller Kategorien, die histor. oder kunsthistorisch bedeutenden siehe „Rundgang durch die Stadt".

Temperatur im Jahresdurchschnitt 9,6° C (Sterzing 6,2° C Klausen 9° C); durchschnittl. Niederschlag 649 mm (Fliri). — Brixen unterhält eine Partnerschaft mit der Stadt Regensburg (vgl. unten die Ausstellung der Schenkungsurkunde). Das Wappen, Lamm mit Osterfahne, erscheint erstmals auf einem Siegel des Bischofs Landolf (1296—1301) im Jahre 1297 und schon 1304 im Stadtwappen.

Über den D o m p l a t z fuhr noch in unserem Jahrhundert der Bischof, gefolgt vom Domkapitel, in der Karosse zum Hochamt; in fast blendender Helle stechen die Türme durch den tiefblauen Himmel, Wegweiser in die Ewigkeit. Sayn-Wittgenstein stand hier vor der Kathedrale und notierte: *Die Sonne schien heiß, Schwalben schossen durch die Luft — nur in Florenz noch habe ich so viele dieser heiteren Vögel gesehen...* — Ein Bild wahrhaft fürstlichen Glanzes bietet dieser schöne Platz, der vor mehr als tausend Jahren Teil des großen Landgutes P r i h s n a war, das König Ludwig das Kind am 13. September 901 — laut in Regensburg ausgestellter Urkunde — dem Bischof Zacharias von Säben zum Geschenk machte. Mit diesem Datum sind wir bereits bei der G e s c h i c h t e der Stadt angelangt: Schon der Nestor der Brixner prähistorischen Forschung, Prälat Adrian E g g e r (1868—1953), hatte auf dem sogenannten Nössingbühel, einer hinter Neustift liegenden Felskuppe, eine ausgedehnte Urzeitsiedlung festgestellt, die seit 1966 von Archäologen der Universität Padua untersucht wird. Man sprach zuerst von neolithischen Datierungen, doch weist der vorläufige Grabungsbericht (zit. und rez. in „Schlern", Jg. 1970, S. 37, und 1971, S. 123) in die frühe Bronzezeit. Ebenso ist auf dem sogenannten P l a b a c h e r H ü g e l (an der Straße nach Lüsen) ein bronzezeitliches Dorf entdeckt worden (um 1300 v. Chr.); dieser Epoche scheinen die meisten der insgesamt 64 festgestellten Urzeitstätten anzugehören, die Innerebner verzeichnet („Schlern" 1960) und deren Erforschung wir vor allem dem oben erwähnten Prälaten Adrian Egger verdanken. Bedeutend ist die der späteren Hallstattzeit angehörende Siedlung, die an Stelle des heutigen Stadtteiles S t u f e l s aufgedeckt wurde und vielfach als der eigentliche Stadtkern angesehen wird. Was nun für den Nössingbühel nicht sicher zutraf, hat sich in allerjüngster Zeit (vgl. S. 13) für Stufels erwiesen: es scheint demnach sicher zu sein, daß hier am sonnigen Berghang schon in der Mittleren Steinzeit (ca. 7. Jahrtausend v. Chr.) Menschen gesiedelt haben. —

Für die Forschung bedeutender jedoch ist die Aufdeckung von über 70 urgeschichtlichen Brandgräbern im Jahre 1908 bei M e l a u n (siehe dort und Abschn. III); schließlich glaubt Sparber, daß am sog. „Raindlegg" an der Elvaser Straße das Hauptgebäude des bereits erwähnten königlichen Meierhofes Prihsna zu suchen ist. Derselbe Autor verweist auf die zahlreichen vorrömischen Namen der Gegend und damit auch auf das ungeklärte Brixen selbst. Dieser N a m e wurde früher aus dem altkeltischen Wort *brig* oder *breg* abgeleitet, was soviel wie Berg o d e r Fluß bedeuten sollte, also schon im Grunde völlig unklar war.

Ebenso alt oder noch älter scheint die P f a h l b a u s i e d l u n g zu sein, deren Reste man auf dem Plateau von N a t z -

S c h a b s entdeckt hat (siehe dort, unter „Laugener Schichten").
Mit der königlichen Schenkung des Jahres 901 (Urkunde im
Diözesanarchiv) und der schon früheren Erwähnung als *Pressena* in der uns bekannten *Quartinus*-Urkunde (die hier 828
bestätigt wurde) tritt unser *Prihsna*/Brixen jedenfalls in das
Licht der Geschichte. Erst Mitte des 10. Jh.s aber wird der
Bischofssitz von Säben (siehe dort) hierher in das „Landgut"
(das man sich als sehr ausgedehnten Landbesitz vorstellen
muß) übertragen. Sparber weist darauf hin, daß ja zuerst reguliert, entsumpft und kultiviert werden mußte (vgl. den Namen
„Runggadgasse" - *via runcata),* um die Voraussetzungen für
einen Bischofssitz mit Dom, Residenz usw. zu schaffen. Unter
dem Bischof A l b u i n erscheint die Verlegung als vollendete
Tatsache (990). *Die planmäßige Anlage der Urbs (heutige
Stadt- oder Laubengasse) wird auf Bischof H a r t w i g (1022/39)
zurückgeführt, der auch die St.-Michaels-Kirche gebaut und
Bürgerstadt und Dombezirk (Dom, Kreuzgang, Taufkirche zu
Sankt Johann, Bruderhof, Bischofsburg) in einem Mauerviereck
zusammengefaßt hat* (Huter). Von dieser Befestigung stehen
heute noch das S o n n e n t o r und das S ä b e n e r T o r;
ebenso hat sich beim „W e i ß e n T u r m" (Turm der Pfarrkirche, Wahrzeichen der Stadt) das M i c h a e l s t o r erhalten.
Die übrigen Teile der Stadt (Runggad, Altenmarkt, Tratte, Grieß
und Stufels) wurden erst später in die Befestigung einbezogen.
Mit seiner spätestens um 1039 vollendeten U m m a u e r u n g
ist Brixen die *ä l t e s t e S t a d t D e u t s c h t i r o l s* (Sparber).
Mitte des 13. Jh.s ist Brixen eigener Gerichtsbezirk, 1294 hat
es eine Pfandleihanstalt, 1380 erhält es Stadtrecht; Bürgermeister sind erst seit dem 15. Jh. bezeugt; es scheint, daß
die bürgerlichen Freiheiten durch den Widerstand des Stadtadels und des Domklerus lange Zeit eingeschränkt blieben
(Huter).

Von einschneidender Bedeutung wird für die Stadt das Jahr
1027, in dem die Bischöfe die Grafschaften an Eisack und Inn
als Reichslehen erhielten (vgl. Abschnitt III); gewiß hat auch
die Lage der Stadt an der Brennerstraße zu ihrer Entwicklung
wesentlich beigetragen, doch liegt die eigentliche Bedeutung der
Stadt in ihrem Charakter als Bistumssitz — und dies bis auf
den heutigen Tag, wenngleich formell 1964 der Sitz des Bistums
Bozen-Brixen nach Bozen verlegt — und die Übersiedlung des
Bischofs *de facto* im Sommer 1972 vollzogen wurde.

Wesentliche Kapitel der K i r c h e n g e s c h i c h t e spielen
sich demnach in Brixen ab: Im Jahre 1048 wird ein Brixner
Bischof P a p s t (Poppo als Damasus II.; er regierte nur 23
Tage). Im Zuge des Investiturstreites berief Heinrich IV. im
Einverständnis mit Bischof Altwin im Jahre 1080 eine B i -
s c h o f s s y n o d e nach Brixen ein, die Gregor VII. zugunsten
des Wibert von Ravenna (Clemens III.) absetzte und damit

162

das 20jährige Schisma einleitete, in dem sich Brixen vorwiegend auf die Seite der kaiserlichen Partei stellte. Der selige H a r t m a n n (1140/64) gründete N e u s t i f t (siehe dort); es ist hier nicht der Platz, auf die übrigen Brixner Bischöfe einzugehen; Anselm Sparber hat darüber ein grundlegendes Buch verfaßt („Die Brixner Fürstbischöfe im Mittelalter"). In der Zeit zwischen 1543 bis 1634 wütet auch in Brixen sechsmal die P e s t und rafft ein Drittel der Bevölkerung hinweg. Unter dem Kardinal N i k o l a u s v o n K u e s (1440 bis 1464), genannt C u s a n u s, entbrennt ein Streit zwischen Bischof und dem Landesfürsten S i g i s m u n d, der das Bistum an den Rand des Abgrundes bringt. Es gelingt dem großen Humanisten nicht, die weltlichen Rechte vom Landesfürsten wiederzugewinnen. — Mit dem Beginn des 13. Jahrhunderts setzt eine rege B a u - t ä t i g k e i t ein und verleiht vor allem dem Dombezirk das vielfach noch bis heute erhaltene Bild, nachdem eine gewaltige Feuersbrunst die ursprüngliche Münsteranlage um 1174 völlig zerstört hatte; insgesamt ist die ursprünglich wohl nur aus Holzbauten bestehende Stadt bis 1444 dreimal zur Gänze abgebrannt. Eine Hochblüte der Kunst erlebt die Stadt um die Mitte des 15. Jahrhunderts und später, zum Teil wohl auch unter dem Einfluß Michael P a c h e r s (gest. 1498); zwischen dem 14. und 16. Jh. entsteht der weltberühmte K r e u z g a n g als Spiegelbild der spätgotischen Brixner Malerschulen, und zu ebendieser Zeit blüht auch die Bildschnitzerkunst, mit Hans K l o c k e r vor allem. Die Kunst der Steinmetzen verraten die Bischofsgräber, die Kunstfertigkeit der Gold- und Silberschmiede zeigt der D o m s c h a t z im alten Kapitelhaus.

Im B a u e r n k r i e g des Jahres 1525 kommt die Bischofsstadt in schwerste Bedrängnis; der Aufstand der Bauern bricht los, wie einer der ihrigen, Peter P a ß l e r aus Antholz, hingerichtet werden soll; der Todgeweihte wird befreit, die Stadt fast kampflos erobert, da viele Bürger mit den Aufständischen sympathisieren. Die bischöfliche Burg muß erstürmt werden (Spuren am Eisentor noch heute sichtbar). Fürstbischof, Adel und Domherren hatten sich hier wie kurz danach auch in Neustift noch rechtzeitig in Sicherheit gebracht. Es kommt zu wüsten Ausschreitungen, Schändungen und Entweihungen. Der unter „Sterzing" bereits genannte Rebellenführer Michel G a i s - m a i r residiert zwei Monate lang in der bischöflichen Burg. Schließlich gelingt es Ferdinand I. den Aufstand niederzuschlagen; fünf der Bauernführer werden auf dem Domplatz enthauptet. — Gaismairs modern anmutende Pläne — Tirol als Bauernrepublik, ähnlich der Schweiz, mit dem geographischen Mittelpunkt Brixen als Hauptstadt — blieben Utopie.

Im Jahre 1604 endlich genehmigt Fürstbischof Ch. A. von S p a u r das für die Entwicklung der Stadt eminent wichtige Stadtrecht, das der Bürgerschaft die nötige Bewegungsfreiheit gibt. Trotzdem bewahrt Brixen seinen Grundcharakter und wächst auch äußerlich (Neubau des Domes 1745/58) zu einer *geistlichen Residenz konservativer Prägung* (Huter) heran. Früh wird der Bistumssitz auf dem Gebiet des S c h u l w e s e n s führend (Domschule um 1000); schon vor der Maria-Theresianischen Schulordnung (1774) hatten um 1700 die Terziarschwestern eine Mädchenschule errichtet und ebenso die Englischen Fräulein um 1743; Sparber erwähnt, daß Brixen schon um 1550 eine kleine Druckerei hatte, die heute noch in der Verlagsanstalt W e g e r fortlebt.

1796 muß der Bischof fliehen; der franz. General *J o u b e r t* nimmt Quartier in der Hofburg. Das Klarissenkloster wird zum Lazarett der franz. Soldaten, von dem aus sich der T y p h u s verbreitet und 400 Brixner Einwohner dahinrafft. Außerdem stöhnt das ganze Brixner Becken unter der Last der Einquartierungen. — 1803 wird das Brixner Fürstentum s ä k u l a r i - s i e r t, d. h. mit Österreich bzw. Tirol vereinigt, das Bistum verliert den Großteil seines Vermögens, was einer Verarmung der Stadt gleichkommt. 1807 wird Brixen mit ganz Tirol bayrisch, bald darauf wird das Priesterseminar aufgehoben, ebenso Neustift. 1809 ist Brixen, bis zum verhängnisvollen November, nie Kriegsschauplatz, entsendet aber Truppen; Führer ist der Wirt des Gasthauses in der Mahr (südl. der Stadt an der Straße nach Tschötsch), Peter M a y r, gebürtig vom Ritten bei Bozen (vgl. unter „Siffian"); nach der letzten Schlacht am Bergisel belagern verhetzte Bauern französische Truppen, die um Brixen stationiert sind; nach ihrer Entsetzung durch Gen. *Severoli* am 6. Dezember halten die Franzosen furchtbares Strafgericht: 200 Häuser in der Umgebung gehen in Flammen auf; Peter Mayr wird verraten und in Bozen erschossen (vgl. das Stichwort „Mahr"). Nach Napoleons Niederlage wird Brixen 1814 zusammen mit ganz Tirol wieder mit Österreich vereint. — In den folgenden Jahren sank Brixens Bedeutung ab, gewann aber wieder vor allem unter dem Bischof Vinzenz G a s s e r (1856 bis 1879), an den die Gründung des Knabenseminars V i n z e n - t i n u m erinnert. Dieses für die Kulturgeschichte Tirols eminent wichtige Institut, dessen Kirche ein wichtiges Beispiel für den umstrittenen Nazarenerstil ist (A. von Felsburg), während der Festsaal mit Szenen aus Wolframs Parzival die tirolische Romantik (E. und A. von Wörndle) verkörpert, konnte 1973 seinen hundertjährigen Bestand feiern; zu diesem Anlaß erschien eine Sondernummer des „Schlern" (Heft 4/5), aus der sich die Geschichte des Vinzentinums, seine kulturelle Leistung und vor allem die staunenswerte Anzahl von bedeutenden Männern ablesen läßt, die hier ihre Ausbildung genossen haben. — Die Wirtschaftslage der Stadt war im 19. Jh. nicht günstig; auch hier brachte die Eröffnung der Brennerbahn zunächst ein Erliegen des Fuhrmannswesens. Die aus strategischen Gründen im Bereich der Franzensfeste abgeleitete Pustertalbahn (1871) berührte Brixen wiederum nicht und schloß so die Stadt vom lokalen Eisenbahnverkehr weitgehend ab. — Größtes Übel aber war die Gefahr dauernder Überschwemmung und ungesunder Versumpfung in deren Gefolge. Ungefähr zur gleichen Zeit wie in Sterzing entschloß man sich endlich 1883/85 zur F l u ß - r e g u l i e r u n g, vor allem am Zusammenfluß von Rienz und Eisack; dies brachte auch in Brixen wirtschaftlichen Aufschwung. Es gelang, den Ort in den Rang eines K u r o r t e s zu erheben und den Obst- und Weinbau zu fördern. Vieles von diesen Bestrebungen machte der E r s t e W e l t k r i e g wieder zunichte, obwohl Brixen von ihm nur indirekt betroffen wurde. Die Erinnerung daran hält der S o l d a t e n f r i e d - h o f in Nähe des Vinzentinums wach, in dem deutsche und österreichische Gefallene der nahen Dolomitenfront beerdigt sind.

1920 wird Brixen mit ganz Südtirol italienisch und später G a r n i s o n s s t a d t. Auch der Zweite W e l t k r i e g 1939—1945 forderte seine Opfer, da in Brixen vereinzelt Bomben fielen und an Soldaten und Zivilisten 42 Todesopfer zu beklagen waren (4. Okt. 1944); wesentlich häufiger wurde das südlich von Brixen liegende Albeins wegen seiner Eisenbahnbrücke über den Eisack bombardiert. — Seit 1945 hat Brixen auf vielen Gebieten einen erfreulichen Aufschwung genommen, vor allem im Hinblick auf den F r e m d e n v e r k e h r. Außerdem konnte die Stadt den Rang eines g e i s t i g e n Z e n t r u m s wahren, obwohl, wie bereits erwähnt, der Sitz des Bischofs 1964 nach Bozen verlegt wurde.

Geblieben ist jedoch das renovierte Priesterseminar, das Vinzentinum, weltliche Mittel- und Oberschulen. Ein Haus für Sommerkurse der U n i v e r s i t ä t P a d u a wurde errichtet und ebenso ein Studienzentrum unter dem Namen N i k o l a u s - C u s a n u s - A k a d e m i e. Der alljährlich hier stattfindende K i n d e r ä r z t e - K o n g r e ß ist zu einer ständigen, viel beachteten Einrichtung geworden. Das B r i x n e r K i n d e r d o r f dient einer aktuellen Erziehungsaufgabe unserer Tage.

Das hübsch an den Hang des Pfeffersberges gruppierte „Dorf" ist mit Hilfe edler Spender aus Südtirol, Österreich und Deutschland nach Plänen des Brixner Architekten Othmar B a r t h (Kulturpreis „Walther von der Vogelweide", 1970) erstellt worden und bietet verlassenen Kindern ein gediegenes Zuhause. Der Besuch dieser Stätte tätiger Nächstenliebe ist dem Verfasser dieses Buches zum bleibenden Erlebnis geworden. — Mit der Betrachtung dieser Einrichtung haben wir die Geschichte Brixens bis in die jüngste Zeit verfolgt. Von der Gegenwart ist zu sagen, daß sie vom Aufblühen des Fremdenverkehrs und durch eine lebendige industrielle Entwicklung bestimmt wird.

Wie schon eingangs erwähnt, wird man einen G a n g d u r c h d i e S t a d t am besten am Domplatz beginnen und sich einen

165

Teil jenes Bereiches kirchlicher Kunst vornehmen, der wie kein zweiter in ganz Tirol auf verhältnismäßig gedrängtem Raum eine Fülle von erlesenen Werken darbietet. So wird unser „Gang" zunächst auch nur einer von vielen sein können, denn nichts wäre ein schlimmer verfehltes Beginnen, als diesen heiligen Bezirk in der Art des modernen Herdentourismus „mitnehmen" zu wollen, in einem Male etwa zu „absolvieren".

So könnte man versonnen und versunken viele Tage lang im K r e u z g a n g sitzen und dort an den Wänden in der Bibel lesen, aber nicht nur das: im magischen Helldunkel der Gewölbe werden, je nach Tageszeit verschieden beleuchtet, Jahrhunderte lebendig — in Eisen gewappnete Ritter scheinen zu erwachen, Sankt Georg, der Drachentöter, Goliath, mächtig und groß, daneben Landleute im härenen Gewand, Bauern und Gesinde, Edelfräulein im Gefolge Mariens und darüber groß und ernst der Gekreuzigte. *Die altertümliche Anlage mit den romanischen Arkaden, den gotischen Gewölben und den schönen Durchblicken einerseits auf den Dom, anderseits auf die Johanniskirche, ist eines der stimmungsvollsten Denkmäler von ganz Tirol . . .* So steht es bei Weingartner, von dem wir wissen, daß es ihm oft schwer fiel, stets nur nüchterner Kunsttopograph zu sein, zumindest in seinem Hauptwerk; aber hier, beim Kreuzgang, steht das ganz unwissenschaftliche Wort *stimmungsvoll* — und es steht zu Recht. Wer hier verweilt, spürt die Stimmung und das Leben der Bürgerschaft einer alten Stadt zu einer Zeit, da sich die Domherren namhafte Künstler kommen ließen und nach ihren Wünschen nun die kostbaren Wandgemälde stifteten; fast immer ist auch der Stifter selbst verewigt, meist bescheiden an der Seite kniend. Bürger und Bauern standen staunend vor dieser Pracht, und wer nicht lesen konnte, war deshalb kein Geringerer; hier hatte er das Alte und das Neue Testament auf engem Raum, als eine *biblia pauperum*, wie man diese Fülle von Darstellungen treffend genannt hat. Dafür, daß dieser Kreuzgang völlig harmonisch in das Leben der Bürgerschaft einbezogen war, spricht auch die Tatsache, daß vier Arkaden frei blieben und nicht mit Bildern geschmückt wurden, weil hier Wanderhändler ihre Ware feilbieten durften, sozusagen an den Stufen des Tempels und nur am Rande des geheiligten Bezirkes. Das „Stimmungsvolle" mag nun wohl auch darin liegen, daß dieses bunte Leben noch heute nicht erloschen scheint, sondern wie durch magische Macht in den Wandgemälden festgehalten wurde für alle Zeit. — Hätte Brixen auch nichts anderes als seinen kostbaren Kreuzgang — es wäre dennoch herrlich und berühmt unter allen Stätten der Kunst in Südtirol.

166

Der Kreuzgang (nach Waschgler *das größte Denkmal alpen-ländischer Wandmalerei*) wurde nach 1200 erbaut als Bestand-teil des romanischen Dombaues, der die ursprüngliche Anlage nach dem Brand von 1174 ablöste; er war Bindeglied zwischen den ältesten Münsterbauten, also zwischen Dom, Palast und Kapelle des Bischofs, Wohnung der Kanoniker und Domschule sowie Taufkapelle (WG). Diese Anlage war mit einer flachen Holzdecke versehen, die Wände trugen schon romanische bzw. frühgotische Fresken, von denen die der Christina-Legende in der IV. Arkade (Beginn der Zählung nach der dritten „leeren" Arkade) noch Zeugnis ablegt (um 1340). Um 1370 wurde der ganze Kreuzgang eingewölbt und mit diesem Jahr beginnt nun auch die Ausschmückung mit den spätgotischen Fresken, die uns bis heute erhalten sind. Als der heutige Dom erbaut wurde, ließ man die alten Grabsteine der Bischöfe im Kreuzgang auf-stellen und später sehr zum Schaden der Fresken dort auch ein-mauern.

Es ist ein Verdienst des Historikers und Topographen Georg T i n k h a u s e r (1811—1873), die zuständigen Wiener Be-hörden von der Notwendigkeit dringender Restaurierungsarbei-ten am Kreuzgang überzeugt zu haben; die Grabsteine wurden entfernt und vor allem das Grundwasser abgeleitet. Die Re-staurierungsarbeiten von 1890/93 erwiesen sich allerdings eher als Schädigung, und erst seit 1955 wird der Kreuzgang Schritt für Schritt fachkundig restauriert, wobei alle Übermalung ab-genommen und der Originalbestand belassen wird. Große Ver-dienste um diese endgültige Bewahrung des Kreuzganges hat sich der derzeitige Leiter des Landesdenkmalamtes, Dompropst Dr. Dr. h. c. Karl W o l f s g r u b e r (Vogelweiderpreis 1971), in Zusammenarbeit mit dem heute emeritierten Vertreter des staatl. Denkmalamtes, Dr. *Nicolò R a s m o,* erworben.

Für ein eingehendes Studium der Vielzahl der dargestellten Motive sei hier auf die derzeit neueste und beste Darstellung durch Karl Wolfsgruber verwiesen („Dom und Kreuzgang", vgl. Lit.-Verz.); diese kleine und überaus preiswerte Broschüre deutet die einzelnen Fresken und stellt die Künstler vor, so den *Meister der IV. Arkade* (heute als Meister Hans von Brun-eck gesichert), den Meister Leonhard von Brixen, Ruprecht Potsch u. a. — Es würde den Rahmen dieses Buches sprengen, wollte man die Motive der einzelnen Arkaden hier nochmals anführen, und der Verf. hat um so mehr davon abgesehen, als es ihm doch nicht möglich wäre, auch nur im geringsten über die oben angeführte Arbeit Wolfsgrubers hinauszugehen. — Er-wähnt sei nur noch die von Weingartner hervorgehobene Tat-sache, daß die Fresken *ohne einheitliches Programm* angebracht wurden, was sich aus der zeitlichen Verschiedenheit der Stif-tungen durch die Domkleriker ohne weiteres erklären läßt. Manche haben darin einen künstlerischen Mangel sehen wol-len, andere sagen mit mehr Berechtigung, daß gerade dadurch die Universalität dieses Kunstwerkes noch gesteigert wurde. — Der genannte kleine Führer durch den ganzen Dombezirk liegt im Dom zum Verkauf bereit.

Von den übrigen Bauten des Dombezirkes steht die T a u f - oder J o h a n n e s k i r c h e ihrem Wesen nach dem Kreuzgang am nächsten und ist auch direkt mit ihm verbunden, und zwar aus der Südwestecke (III. Arkade) des Kreuzganges (wegen Restaurierungsarbeiten meist gesperrt; Auskunft im Diözesanmuseum). Die Überlieferung will, daß in dieser Kapelle die unter „Geschichte" erwähnte Bischofssynode getagt habe, durch die Gregor VII. abgesetzt wurde; diese Ansicht ist von mehreren Autoren übernommen worden, doch vertritt die neuere Forschung (Weingartner, Sparber, Wolfsgruber) die Ansicht, daß die heutige Kapelle nicht vor dem Beginn des 13. Jh.s erbaut wurde. Ob nun das umstrittene „Brixner Konzil" (1080) in einer Vorgängerin der heutigen Kapelle am gleichen Ort stattgefunden hat, wird sich wohl nie mehr klären lassen.

Den eigentlichen Wert der Kapelle macht wiederum ihr würdiger F r e s k e n s c h m u c k aus. Zwischen Romanik und Gotik stehen die im 19. Jh. grob übermalten (Egg: *barbarische Übermalung)* Fresken der Oberwände des Schiffes (Salomon, Sophia, Propheten, an der Seite Patriarchen und Kirchenväter). Frühgotisch *(hervorragende Arbeit, stark erneuert,* WG) ist der Zyklus der Nordseite des Altarraumes und an der Triumphbogenleibung; WG hebt die *merkwürdig charakteristische Häßlichkeit* der Teufel und Schergen an der Kreuzigungsgruppe hervor. Außerdem finden sich noch Bilder der Erasmuslegende, um 1400, die WG dem Meister der X. Arkade zuschreibt; daneben Christus in der Leidenskelter, Madonna, Johannes und St. Katharina, mit den Heiden disputierend. Derzeit ist eine fachgemäße Wiederherstellung der Fresken im Gange.

Mit der Apsis in die VIII. Arkade schneidend, ist die Kirche zu U n s e r e r L i e b e n F r a u i m K r e u z g a n g Bindeglied zwischen diesem und der ehemaligen bischöflichen Wohnung (heute Gericht) und diente als bischöfliche Hauskapelle. Die Kirche ist ein ursprünglich rein romanischer Bau, der um 1380 eingewölbt wurde. Zwischen diesem Gewölbe und der ursprünglichen Decke haben sich wertvolle Fresken aus der Zeit um 1215 erhalten; sie sind aus dem heutigen Kirchenraum nicht sichtbar und nur mit besonderer Erlaubnis zu besichtigen. Die Fassade der Kirche ist der Westfassade des Domes mit seinem klassizistischen Vorbau angegliedert (1790), die Innenausstattung der heutigen Kirche stammt mit Ausnahme einer Holzskulptur der hl. Ottilie und der in den Boden eingelassenen Grab-

168

steine aus dem 17. und 18. Jh. — Volkskundlich interessant ist die Madonna im Ährenkleid am Altar im Seitenschiff (1655).

Die oben erwähnten r o m a n i s c h e n F r e s k e n sind Teile eines *monumentalen Gemäldezyklus'* (WG) und zeigen Halbfiguren in Flachbögen und eine zweite Reihe von stehenden Heiligen. Darüber Gestalten von Propheten und Sibyllen. *Das Ganze stellt in allegorischer und antithetischer Form das Reich des Guten und Bösen dar* (Weingartner). — Der Zyklus wurde von Bischof Konrad von R o d a n k (1200—1216) vermutlich nicht nur in Auftrag gegeben, sondern wohl auch ikonographisch bestimmt und erdacht. *Rasmos* neueste Forschungen schreiben diese Fresken derselben Hand zu (eines Meisters *Hugo*, bezeugt im Gefolge Konrads), wie die aufsehenerregenden Freskenfunde eines Iwein-Zyklus im nahen Schloß Rodenegg (1972); ebenso scheinen Teile der erwähnten Fresken in der Johanneskapelle am Kreuzgang (Salomons Thron, Patriarchen und Kirchenväter an der Westwand) hierher zu gehören und sind demnach rein romanisch (vgl. hiezu *Rasmo:* „Wandmalereien in Südtirol", Bozen - *Calliano*, 1972, S. 9 ff.).

Haben wir unsern Rundgang mit Romanik und Gotik begonnen, so sind wir nun allgemach vorbereitet auf das Fest fürstlichen Barocks, das der mächtige B r i x n e r D o m unserem Auge bietet. Sein Innenraum ist *eine glückliche Verbindung des feierlich wuchtigen italienischen Barocks (Tonnengewölbe, Marmorpilaster) mit süddeutschen Formen (Lünettenfenster, Deckenmalerei) des beginnenden Rokokos* (Wolfsgruber). Der Bau selbst ist das Ergebnis einer umfassenden Neugestaltung aus den Jahren 1745—1755 (Vorbau 1790), die von den Elementen der romanischen und gotischen Epoche nur wenig unangetastet ließ. Es sei daher ein kurzer Blick auf die B a u g e s c h i c h t e des Domes geworfen, der sich auf die Arbeiten Weingartners und Wolfsgrubers (vgl. die oben angegebene Broschüre) stützt:

Von der ältesten Anlage, die um die Mitte des 10. Jh.s vollendet war, und die Wolfsgruber den *ottonischen Dom* (dreischiffiges Langhaus mit flacher Decke) nennt, hat sich so gut wie nichts erhalten, nachdem diese Kirche dem schon mehrfach erwähnten Brand des Jahres 1174 zum Opfer gefallen war. Der r o m a n i s c h e Dom, ein Ziegelbauwerk aus dreischiffigem Langhaus mit schon früher (zwischen 1140 und 1164, unter Bischof Hartmann) errichteten Fassadentürmen bestehend, wird 1237 durch Bischof Eberhard von Salzburg geweiht. Die unteren Partien der beiden Türme, Teile der Langhausmauern und die Mauern des Querschiffes (WG) sind von diesem Bau noch erhalten. Unter Nikolaus *Cusanus* entsteht der g o t i s c h e Hochchor, und außerdem werden mehrere Kapellen angebaut, darunter zwischen den beiden Türmen eine Oswaldkapelle, die

169

der berühmte Dichter und Ritter Oswald von Wolkenstein gestiftet und mit einem Denkstein (vgl. „Alter Friedhof") versehen hat. Der Nordturm erhielt 1610 seine heutige Form, der Südturm wurde ihm während des großen Umbaues der Kirche zum B a - r o c k angeglichen. Diesen Umbau, der besser ein Neubau genannt würde, leitete der Baumeister *Giuseppe D e l a i* aus Bozen, unter Mitarbeit von Stephan F ö g e r aus Innsbruck, später auch von baukundigen Geistlichen (Penz, Tangl) unterstützt. Die Fassade im klassizistischen Stil, mit den drei Diözesanpatronen St. Kassian, Ingenuin und Albuin, wurde nach Entwürfen Jakob P i r c h s t a l l e r s zwischen 1785 und 1790 errichtet.

Das I n n e r e der Kirche wird beherrscht von der kühlen und vornehmen M a r m o r k u n s t des Theodor *B e n e d e t t i* aus *Mori* (1697—1783), der Sockel und Pilaster, Chorgeländer und Hauptaltar sowie den Johannes-Nepomuk-Seitenaltar geschaffen hat, wozu er die verschiedensten Arten von Marmor verwendete, so den weißen aus *Carrara*, den braunroten *Rocchetta* und den gelben *Brentonico* aus dem Trentino sowie den grüngrauen Chloritschiefer aus Pfunders („Pfunderer Marmor"); auch für die acht Seitenaltäre (alle zwischen 1753 und 1821) wurden von den Baumeistern Faber, *Oradini* und Defant kostbare Marmorarten verwendet, so afrikanischer *Pavonazzo* (Sankt-Anna- und Allerheiligenaltar), rostroter Marmor aus Korfù (Kreuzaltar), genuesischer *Verde antico* (Salvatoraltar) und sizilianischer Marmor (St. Agnes).

Über dieser kühlen marmornen Schönheit jedoch entfalten sich in unerhörter Farbenpracht und schwungvoller Bewegung die D e c k e n g e m ä l d e, Meisterwerke aus der Hand des Tiroler Künstlers Paul T r o g e r (1698—1762), der aus Welsberg im Pustertal stammt und in Wien zu hohen künstlerischen Ehren kam. Das zentrale Stück, die „Anbetung des Lammes", gruppiert in Form einer mächtigen Spirale mehr als 200 Figuren um den Berg des Lammes; dieses Gemälde allein umfaßt eine Fläche von über 250 qm. Die Querarme zeigen den Patron St. Kassian, als Lehrer und zum andern als Zerstörer einer Götterstatue (auf Säben, WG). Über der Orgelempore schuf Troger das „Engelkonzert", darunter Mariä Verkündigung, im Chor die Aufnahme der Gottesmutter in den Himmel. — In der Vierung hatte Troger gleichzeitig mit den bereits genannten Bildern (1748—1750) eine Scheinkuppel geschaffen, die leider durch die unglückliche Restaurierung von 1894—97 stark beeinträchtigt wurde. — Der moderne Volksaltar mit dem lehrenden und segnenden Christus ist ein Werk des aus dem Vinschgau stammenden Bildhauers Martin R a i n e r (Vogelweiderpreis 1975).

Von der übrigen Ausstattung der Kirche seien die schönge-
schnitzten, dunklen Nußholzbänke erwähnt, ebenso die Sanctus-
leuchter (Flandern, um 1500), die beiden Lüster (Augsburger
Arbeiten um 1600) und die Wandarme (Nürnberg, um 1680).
Schließlich müssen noch die Altarblätter genannt werden, darunter vor allem am Hauptaltar der Tod Mariens von *Michelangelo* U n t e r b e r g e r (1695—1758), *eine großzügige Komposi-
tion mit pathetisch bewegten Figuren und wirkungsvollem Helldunkel* (WG). Die Statuen (hier und am Johannes-Nepomuk-
Altar) sind Meisterwerke des Ladiners Dominikus M o l i n g. Das
Altarblatt des Sakramentsaltares (Rosenkranzkönigin) stammt
von Franz Unterberger, die Verklärung Christi am Salvatoraltar
und das Martyrium der hl. Agnes von Christoph Unterberger;
damit ist die Familie der berühmten, aus *Cavalese* stammenden
Maler in Brixen würdig vertreten. Der aus Telfs in Nordtirol
stammende Joseph S c h ö p f (1745—1822) schließlich schuf das
Blatt des Allerheiligenaltares und ebenso das Altarbild des Kreuz-
altares.

Im Dom selbst, in der Vorhalle, im schmalen Gang zwischen
Dom und Frauenkirche, der zum Kreuzgang führt, und schließlich im Arkadengang an der nördl. Langhausmauer finden sich
zahlreiche Grabsteine für Bischöfe und Domherren, die ursprünglich im Dom in den Boden über den wirklichen Gräbern eingelassen und daher vielfach auch stark abgetreten wurden. Heute
finden sich die Epitaphien der seit dem Umbau verschiedenen
Bischöfe in den Querarmen und im Mittelschiff des Domes, darunter klassizistische Arbeiten und Werke unserer Zeit (der
letzte, zwischen 2. und 3. Seitenaltar der Epistelseite: Johannes
Geisler, † 1952; Grabmal von Hans Andre); von den in Lebens-
größe in der Vorhalle aufgestellten Grabsteinen seien die des
Ulrich Putsch (gest. 1437) und des Christoph von Schrofenstein
(gest. 1521) besonders hervorgehoben. — Nur e i n e Holzskulptur steht im Brixner Dom, und zwar die um 1520 von Hans
L e i n b e r g e r aus Landshut geschaffene Madonna, ein Geschenk Pius' XII. an die Diözese Brixen.

Die Verbindung zwischen dem Dom und der Stadtpfarrkirche
zum hl. Michael wird durch den a l t e n F r i e d h o f hergestellt, der heute zu einer schönen Grünfläche umgewandelt wurde, in deren Mitte einsam eine Totenleuchte (1483) an die frühere Bestimmung des Platzes erinnert. Gleich am Eingang (vom
Domplatz her) gemahnt die Bronzefigur eines sterbenden Krie-
gers an die Gefallenen beider Weltkriege; das eindrucksvolle
Monument ist ein Werk des Bildhauers Othmar W i n k l e r.

Aber noch aus anderem Grund mag so mancher seinen ersten Gang in Brixen zum alten Friedhof richten: an der östlichen Begrenzungsmauer dieses stillen Gottesackers ist der Gedenkstein eingelassen, den der ruhelose Ritter und Sänger Oswald von W o l k e n s t e i n 1408 in einer von ihm gestifteten, heute verbauten Seitenkapelle des Domes anbringen ließ. Man kann sich gut vorstellen, daß Oswald selbst die Darstellung beeinflußt hat, die den Einäugigen mit mächtigem Bart zeigt, den Helm mit Pfauenfedern in der Linken, die Kreuzfahrerstandarte in der Rechten, mit gewaltigem Schwert gegürtet; die sporenbewehrten Eisenschuhe ruhen auf den Wolkensteinischen Teilwappen. — Die Gebeine Oswalds liegen in Neustift, aber hier in Brixen steht er wie ein Wächter im alten Friedhof, nun doch wieder im Frieden mit dem Krummstab und nicht weit entfernt vom Grabmal jenes Bischofs Ulrich Putsch, den er mit der Waffe in der Hand bekämpft hatte (vgl. zu Oswald das Stichwort „Neustift" und vor allem „Seis am Schlern").

Jenseits des alten Friedhofs steht, kleiner als der Dom der Bischöfe, die Pfarrkirche der Bürger. Diese dem h l. M i c h a e l geweihte K i r c h e wurde um 1500 an Stelle einer schon um 1038 bezeugten Kapelle erbaut. Die hohe, gemauerte und weißgetünchte Achteckpyramide des „ W e i ß e n T u r m e s " ist der Überlieferung nach eine Nachfolgerin eines früheren „Schwarzen Turmes", der 1444 abgebrannt sein soll. Der untere Teil des heutigen Turmes wurde um 1300 errichtet, der obere laut Inschrift im Glockenhaus um 1459; nicht Dom oder Kreuzgang, sondern dieser „Weiße Turm" ist zum Wahrzeichen der Stadt geworden.

Die Kirche bekam 1740 die heutige Empore und wurde 1757/1758 barockisiert, *das Innere 1955 mustergültig erneuert* (WG). Die barocken Deckengemälde stammen von Joseph Hautzinger aus Wien, einem Schüler Trogers. Zwei Altäre stammen von Theodor *B e n e d e t t i*, der eine mit einer Taufe Christi von Franz U n t e r b e r g e r, der andere mit einer Holzskulptur (Simon von Cyrene hilft Christus das Kreuz tragen, 15. Jh. — nach Wolfsgruber eine der bedeutendsten gotischen Holzskulpturen in unserem Land — von einem unbekannten Meister) und dahinter Troß der Kreuztragung, ebenfalls von F. Unterberger. — Zu beachten ist ein Kruzifix an der Evangelienseite unter der Orgelempore, Anfang 16. Jh., *mit sorgfältiger anatomischer Durchbildung, naturalistischem Ausdruck des Todeskampfes und kleinknitterigem Lendentuch mit fliegenden Zipfeln* (WG). Die Orgel ein *herrlicher, fünfteiliger, bewegter Aufbau . . . mit reichem Schnitzornament. Das Werk von Rochus Egedacher, 1739* (WG).

Organischer Bestandteil des Dombezirkes und wohl schon der ältesten Münsteranlage sind jene Gebäude (Kapitelhaus, auch „Bruderhof" genannt, Domschule und Kapitelkeller), die einst die älteste Schule des ganzen Landes beherbergten (Domschule um das Jahr 1000), später dem D i ö z e s a n m u s e u m Unterkunft boten, dann der K r i p p e n s c h a u, die beide heute in die restaurierte Hofburg verlegt sind. Im Kapitelkeller hingegen ist — in den ehemaligen Räumen für die Krippenschau — der kostbare D o m s c h a t z sachkundig verwahrt. — Diese in ihrer Art einmaligen Sammlungen enthalten Kunstschätze von unermeßlichem Wert, wobei das Wort „unermeßlich" ganz wörtlich zu nehmen ist, in materieller und ideeller Bedeutung. Gewiß unterliegt auch dieses Museum dem Schicksal aller solcher Sammlungen; der Kunstfreund wird in einem Winkel seines Herzens immer bedauern, daß hier viele Stücke gedrängt stehen und ihrer Erhaltung wegen aus der Umwelt verbannt werden mußten, in der sie Teil des geistigen Lebens waren. — Es sei an dieser Stelle nochmals mit Bedauern darauf hingewiesen, daß es das zunehmende verbrecherische Treiben einer gottlos gewordenen Welt notwendig gemacht hat, die Zeugnisse kirchlicher Kunst von den einsam gelegenen Hügelkirchen und Kapellen zu entfernen und in Pfarrhäusern und Museen sicherzustellen, wo sie trotz aller Fürsorge gewissermaßen des geistigen Lebens in einer ihnen angemessenen Umwelt beraubt werden. — Die Brixner Sammlung jedoch trägt diesen musealen Charakter nur bedingt; so werden alljährlich am Tag des Hauptpatrones der Stadt, des heiligen K a s s i a n (am 2. Sonntag nach Ostern), die herrlichen Stücke des kostbaren Domschatzes (Inventar siehe unten) in feierlicher Prozession durch die Stadt getragen. Wer Brixen wirklich kennen will, sollte unbedingt diese Prozession erleben; mehr als dies Bücher tun können, kündet sie von der jahrtausendalten Tradition dieses geistigen und geistlichen Zentrums am alten Brennerweg.

Die Hauptverdienste um den Ausbau der Sammlung hatte sich Prälat Adrian E g g e r erworben, den wir bereits als den führenden Prähistoriker der Brixner Gegend kennen. Die Gönnerschaft des Amerikaners Mr. M a c N u t t, der bis 1927 den Edelsitz Ratzötz in Milland besaß, ermöglichte den Ausbau der Räume des Kapitelhauses für Museumszwecke, während derzeit die letzten Arbeiten im Gang sind, das gesamte Diözesanmuseum in der bischöflichen Hofburg unterzubringen. — Hier nun zunächst das Inventar des Brixner Domschatzes:

Die glockenförmige *Casula* (Meßgewand) des heiligen Brixner Bischofs und Mitpatrons A l b u i n mit Adlermuster auf

173

purpurroter Seide (Byzanz, um 1000), wahrscheinlich ein Geschenk Heinrichs II. an den Bischof von Brixen (Wolfsgruber), ist das berühmteste Stück der Sammlung. Die meisten Stücke des Domschatzes rufen die Erinnerung an große Bischöfe wach, so etwa die M i t r e n des seligen Hartmann und jene des Bischofs Bruno (mit eingewirktem Namen) sowie der K a r d i - n a l s h u t, von dem man annimmt, daß ihn der Kusaner getragen hat. Kostbare M o n s t r a n z e n, R e l i q u i a r e und das wahrscheinlich aus Zypern stammende und über *Cividale* als Geschenk des Dogen *Contarini* nach Brixen gekommene Kästchen aus Z e d e r n h o l z mit reichem Goldschmuck sowie feine Elfenbeinarbeiten stehen neben den schönen R e - l i q u i e n b ü s t e n, unter denen die der hl. Agnes als die wertvollste gilt (um 1490, von Valentin Schauer, Brixen). — In den Sälen des ersten Stockwerkes der Hofburg, die nach modernsten Methoden neu eingerichtet und dementsprechend gesichert sind, findet sich die mittelalterl. P l a s t i k u n d M a l e - r e i, entwicklungsgeschichtlich angeordnet von der Romanik (Madonnen) bis zur Hochblüte der Gotik, die von Bruneck ausgehend durch Meister Michael Pacher ausstrahlt und in Brixen vor allem Hans K l o c k e r zu Höchstleistungen anspornt, nachdem schon um 1450 Brixen unter Meister L e o n h a r d zu einem *Hauptsitz der Altarkunst* (Wolfsgruber) wird. An Tafelbildern ist der Reichtum des Museums nicht so groß, doch finden sich immerhin Arbeiten von Friedrich P a c h e r, Marx R e i c h - l i c h, Simon von T a i s t e n u. a. Die Bildersammlung von Neustift ergänzt diesen Schatz des Diözesanmuseums. — Noch in Aufstellung begriffen sind Kunstwerke des 17. und vor allem des 18. Jahrhunderts. Mit Bildern und Skizzen sind die bereits genannten Unterberger und Troger vertreten, als Bildhauer ist der ebenfalls schon vom Dom her bekannte Dominikus Moling aus Wengen im Abteital führend. Als besondere Kostbarkeit dieser Sammlung sei ein signierter Bildentwurf von *T i e p o l o* hervorgehoben; so ist der große Anreger (M. Günter!) in Brixen durch ein Original vertreten. — Hervorzuheben ist auch die im Museum befindliche Auswahl von prachtvollen schmiedeeisernen G r a b k r e u z e n. —

Glanzstücke der K r i p p e n s a m m l u n g sind die zwei sogenannten „Lodron-Krippen", die auf Fürstbischof K. F. Graf Lodron (1791—1828) als eifrigen Förderer dieses Kunstzweiges zurückzuführen sind. So schufen in seinem Auftrag die Stiefbrüder Alois Augustin und Josef Benedikt P r o b s t aus Sterzing die gewaltige Jahreskrippe mit über 4000 Figuren und F. X. N i ß l aus dem Zillertal seine Weihnachts- und die stilistisch vollendete Passionskrippe. — Die neue Krippenschau in der Hofburg (ebenerdig) bringt nicht mehr die frühere Gesamtgruppierung der Krippen, sondern zeigt Details in gut ausgeleuchteten Vitrinen; es finden sich auch neuere Arbeiten (Delago) und Krippen aus Wachs oder Papier.

B e s u c h s z e i t e n : Museum und Krippenschau nur werktags 9—12 und 14—17 Uhr (Krippenschau zu Weihnachten auch sonntags). Domschatz 10 bis 12 und Mai-Oktober 15 bis 17 Uhr. F ü h r u n g d u r c h d e n D o m b e z i r k : Die Kurverwaltung Brixen bietet den Gästen der Stadt derzeit in den Sommermonaten (Juli, August, September) eine kostenlose Führung zu den obgenannten Sehenswürdigkeiten; die diesbezüglichen Termine sind am Domportal angeschlagen. — Das Diözesanmuseum in der Hofburg ist, wie bereits erwähnt, noch nicht vollständig eingerichtet; hier soll auch die p r ä h i s t o r i s c h e S a m m l u n g ihre endgültige Heimstatt finden.

Und jetzt treten wir aus der weihevollen Stille des geheiligten Bezirkes in das bunte Leben der Stadt. Die Brixner sind aufgeschlossen und humorvoll, ein Menschenschlag, der in derselben Sonne wächst wie die Rebe. Nur so konnte es zur köstlichen Deutung kommen, die der alteingesessene Brixner den drei Bischofsstatuen an der Domfassade gibt: Sankt Ingenuin preßt die Hand ans Herz, „heiß ist es heute, gottlos heiß", stöhnt er, und Sankt Albuin auf der anderen Seite reckt fragend die Hand zu Sankt Kassian in der Mitte, „was soll man denn gegen diese Hitze und Trockenheit tun?" Er aber, der Hauptpatron, weiß um die einzig richtige Lösung; mit weit ausgestreckter Hand weist er entschieden auf die gegenüberliegende Seite des Platzes, wo sich die schmale Domgasse öffnet und ein Humpen als Wirtshausschild baumelt: „Zum F i n s t e r w i r t gehn wir, ein Viertel trinken..."

Nun, wir folgen getrost diesem Rat und finden viel hübsches altes Inventar und gute Gemälde in der ehemaligen Kapitelschenke, darunter einen Schrank mit der Eisacktaler Tracht, und dort, wo schon so mancher Kriegsknecht und Söldner Labung fand, kosten wir den von St. Kassian empfohlenen Tropfen unter dem schönen, alten Wirtshausschild. Drüben, in den Lauben, leuchten in verführerischem Goldglanz geschmiedete Wirtshausschilder, und so geht es hin und hin, altersgraue Stuben, heimelige Gemächer, Bürgerhäuser mit echtem und falschem Zinnengiebel und mit kostbaren Fenstergittern, ganz besonders schön das Haus Nr. 1 (Pfaundlerhaus), zusammen mit Kirche und Michaelstor (gute Fresken vom Anfang 16. Jh. 1979 aufgedeckt) einen entzückenden kleinen Platz bildend, auf dem die Marktfrauen *Brichsner Öpfl* und allerlei Köstlichkeiten bieten.
Unser Gang durch die nunmehr vom Lärm der Autos befreite Stadt hat keinerlei Richtung und Programm, wir schlendern nur mit wachem Auge dahin, biegen in die winkeligen Seitengassen ein, in denen sogar Verliebte hintereinander gehen müs-

175

sen, durch diese Seitengassen, deren Linien vielfach gebrochen und unterbrochen sind durch einen brennroten Blumenstock oder ein neugieriges Gesicht am Fenster auch. Am Ende der Lauben wacht am Hauseck der „Wilde Mann", eine dreiköpfige, schwarz gefaßte Holzplastik aus dem Ende des 16. Jahrhundets. Wenn es am Karfreitag zwölfe läutet ... wenn man das e i n - m a l erleben könnte, anstatt der Karfreitagsratschen, dann würde der Wilde Mann aus allen drei Mäulern Goldmünzen ausspeien; schon mancher hat darauf gewartet, aber es ist nie etwas daraus geworden ... (Heyl); viel hat man um diese drei Köpfe gerätselt, ein „dreifacher Janus", so meinte mancher, Vergangenheit, Gegenwart und Zukunft — oder doch einfach nur der Mann am Dreiweg Große Lauben, Kleine Lauben und Gasse zum Säbner Tor, das wird es wohl sein. Ein Brixner Studentl meinte einmal, der Teufelskerl schaue einfach nach allen Seiten, aus welchem Wirtshaus die Herren Studiosi zu später Stunde eben kämen. —

Wir haben diesbezüglich auch die Qual der Wahl, können aber die Mittagsrast zu einem Besuch der M e n h i r - S t u b e im Gasthaus „Fink" nützen.

Besitzer des Hauses in den Kleinen Lauben ist der Südtiroler Volkskundler und Sagenforscher Hans F i n k, Träger des Kunst- und Kulturpreises „Walther von der Vogelweide" 1966, und Ehrenmitglied der Universität Innsbruck, 1973; Fink entdeckte 1955 an der Maueruinfriedung eines Hauses in Tötschling einen sog. M e n h i r, d. i. eine figurale Steinsäule bislang noch weitgehend ungeklärter Herkunft und Bedeutung (deutlich das Motiv des Dolches); Menhire wurden in Südtirol in Algund, in Tramin und bei St. Verena am Ritten (siehe dort) gefunden, außerdem sonst in den franz. *Cevennen* und in Ligurien. Fink richtete im ersten Stock seines Hauses eine eigene Stube mit Dokumenten zu diesem Fund ein, der am Treppenaufgang zusammen mit einem späteren Fundstück, einem sog. „Menhirmantel" (1966, bei Tschötsch) zu sehen ist. Das traditionsreiche Haus hat seit einer Erweiterung (1972) noch weitere überaus gediegen eingerichtete Stuben im Brixner bzw. Eisacktaler Stil erhalten.

Oder aber wir wandern hinaus, vor die Tore der Stadt, wo am Ende der Trattengasse die einstige „Herberge am hohen Feld" steht, ein schönes Gebäude mit Madonnenfresko, heute landauf und landab als Hotel „Zum E l e f a n t e n" bekannt.

Als der Meister der III. Arkade im Kreuzgang um 1470 den Tod Eleazars unter einem Elefanten darstellen sollte, da geriet er in arge Not, denn er wußte nicht, wie dieses Vieh wohl aussehen mochte; gewiß war ihm nur, daß es einen gewaltigen Rüssel habe. So sehen wir im Kreuzgang ein — Pferd, bewehrt mit einem langen, gewundenen Nahrungsschlauch, köstlich anzusehen. — Aber nur rund 80 Jahre später, da sollten die Brixner sehen, wie ein wirklicher, ein ganz echter Elefant aussieht; 1551 schrieb man, da kehrte Erzherzog Maximilian von Österreich in der Herberge „Am hohen Feld" ein, und in seinem Gefolge war, begafft von weither zusammengelaufenem Volk, ein leibhaftiger Elefant, ein Geschenk des Königs von Portugal. Es war die Sensation schlechthin, und die Spuren dieses namengebenden Elefanten sind weit zu verfolgen. Zwar ging der Dickhäuter schon nach zwei Jahren ein, wurde aber pietätvoll ausgestopft und kam später in die Kuriositätensammlung des Bayernherzogs Albrecht V. Schließlich landete das Monstrum im Bayrischen Nationalmuseum zu München, von wo es im Zweiten Weltkrieg entfernt und vor Bomben sichergestellt wurde. Doch erwischte der Gast aus Indien hier zuviel Feuchtigkeit und beendete seine zählebige Existenz in diesen Jahren (nach F. S. Prast, „Schlern" 1952). Seinen Brixner Auftritt kann man an der Fassade und auf einem Fresko im Halbstock des Hauses bewundern, das wegen seiner schönen Bilder und des echten altertümlichen Inventars weitum bekannt ist. — Ein Prunksessel, aus dem rechten Vorderfußknochen und dem Schulterblatt des legendären Elefanten gefügt und mit dem Wappen Maximilians II. geschmückt, steht allerdings nicht hier, sondern im Benediktinerkloster Kremsmünster (Abb. in „Schlern", Jg. 1974, S. 112). — Historisch interessant ist auch das G ä s t e b u c h des Hauses.

Nicht weit vom „Elefanten" steht ein schöner Bildstock an alten Wegen, heute dem Lärm des außerhalb vorbeibrausenden Verkehrs entzogen; er zeigt gute Fresken des frühen 15. Jahrhunderts. Unweit davon steht, einem Pfahlbau nachempfunden, der eigenwillig moderne Bau, in dem alljährlich die Sommerkurse der Universität Padua sowie Ausbildungskurse für Südtiroler Mittelschullehrer („Supplentenkurse") abgehalten werden, mit allgemein zugänglicher, gut ausgestatteter B i b l i o t h e k (auch Bestände deutschsprachiger Literatur; eine weitere gute Bibliothek am Domplatz).

Oder wir pilgern am Seminar vorbei gegen Süden, die Rungadgasse hinaus in die „Schwesternau", so benannt nach den frommen K l a r i s s e n, die seit alters in stillem Frieden diesen Bezirk bewohnen. Hier wie auch im Norden, in der Stadelgasse etwa, geht die Stadt nach und nach in ländliche Bezirke über, die Häuser werden niedriger, Gärten schieben sich dazwischen, und gerade hier in der Schwesternau ergibt sich aus gewundener Straße, aus Blumengarten und Klostermauern ein überaus malerisches Bild, besonders in den frühen Morgenstunden, wenn die Schwalben über die erwachende Au hinschrillen, dazwischen die Glocken zum Gebet rufen und nur dann und wann eine Nonne im dunklen Habit über die Straße huscht.

Die K l a r i s s i n n e n k i r c h e zur hl. Elisabeth (schon 1235 erwähnt und älteste Niederlassung dieses in strenger Klausur lebenden Ordens auf deutschem Boden) hat ihre heutige Form 1683 erhalten, die Einrichtung stammt fast zur Gänze aus dem 19. Jh. — Bemerkenswert einige Marmorgrabsteine an der nördlichen Außenmauer und im Inneren ein Kreuzwegbild von Franz U n t e r b e r g e r. Im anstoßenden Franziskanerkloster ein Fresko der Brixner Schule, Anfang 15. Jh., *vorzügliche Arbeit, darunter Spuren eines Gemäldes des 14. Jh.s* (WG). Ebendort Reste (Altarschrein) eines Flügelaltares aus dem 15. Jh. von Hans K l o c k e r.

In der Nähe der Klarissinnen Kloster und Kirche der K a p u z i n e r (1630 geweiht), worin das Votivbild sehenswert ist, auf dem Fürstbischof Andreas Spaur als Stifter dargestellt ist, mit Brixen im Hintergrund (1645).

Von den übrigen K i r c h e n i m S t a d t b e r e i c h muß noch die E r h a r d k a p e l l e am Beginn der Kleinen Lauben im Bereich der alten „Blaugasse" erwähnt werden, da sie schon sehr früh, im 9. Jh., als St. Thomas im Walde erwähnt sein soll und sicher als Gotthardskapelle im 13. Jh. bestand (Neuweihe zu St. Gotthard und Erhard 1371). Der heutige Bau stammt samt Einrichtung aus der Zeit von 1800 und später; er dient seit 1972 als evangelisches Gotteshaus, für das in diesem Jahr zwei neue Glocken geweiht wurden. Die S c h u t z e n g e l k i r c h e in Stufels ist wegen ihrer heute noch erhaltenen romanischen Apsis und eines hübschen Altarbildes von Joh. Georg Dominikus G r a s m a i r (1. Hälfte 18. Jh.) bemerkenswert, während Weingartner Altäre und Kanzel in der Kirche S t. J o s e p h bei den Englischen Fräulein (heutige Form 1845) *reichen, feinen Klassizismus* nennt. Das Altarblatt (Tod des hl. Josef) angeblich von J. A. Z o l l e r um 1770. Die W a l l f a h r t s k i r c h e M a r i a h i l f, nördl. an der Staatsstraße im Viertel Zinggen gelegen, hat schöne Seitenaltarblätter von Joseph S c h ö p f. — Ein Stück südlich dieser Kirche steht direkt an der Brennerstraße das sog. „Glockengießerhaus", das Stammhaus der Maler- und Glockengießerfamilie G r a s m a i r (heute Graßmayr), ein schönes altes Gebäude mit Fresken des Joh. G. D. Grasmair (stark verstaubt und verblaßt) und guten Fenstergittern. Seit 1830 ist die Werkstätte endgültig nach Innsbruck übersiedelt, und heute noch werden dort die Glocken für das ganze Land gegossen, so etwa im Frühjahr 1969 das neue Geläute für den Bozner Dom. — Das Haus beherbergte später die aus dem „Katholischen Preßverein" hervorgegangene Verlagsanstalt Tyrolia bzw. A t h e s i a die in Brixen gegründet wurde, ihre Hauptniederlassung je doch heute in Bozen hat. Zu diesem Verlag, in dem das vorliegende Buch erscheint, gehören im Raum Eisacktal je eine Buchhandlung in Sterzing und in Brixen sowie eine Filialdruckerei am letztgenannten Ort, die in einem Nebengebäude des alten Glockengießerhauses untergebracht ist.

In beeindruckender Weise vermischt sich in Brixen das Bild einer liebenswürdigen alten Stadt mit Formen guter moderner Architektur, so vor allem was einige terrassenförmig angelegte Villen am Kranebitter Berg anlangt; mehr und mehr scheint hier Brixen mit dem am Rand der Natzer Platte gelegenen Elvas zusammenzuwachsen. Man erreicht diesen Teil der Stadt vom Weißen Turm her über die Adlerbrücke, so benannt nach dem benachbarten alten Gasthaus gleichen Namens. Hübsch ist der hl. Johannes von Nepomuk (1766) an der Brücke, weniger deren nüchterne Eisenkonstruktion im Baukastenstil. Jenseits des Eisacks setzen sich noch winkelige Gäßchen durch den Stadtteil Stufels fort, während sich das Bild gegen die erwähnten Gartenviertel von Kranebitt und gegen Süden auflockert, vor allem durch die R a p p - A n l a g e n und den E i s a c k d a m m; diese Räume wurden durch die bereits erwähnte Regulierung von Eisack und Rienz (1883/85) gewonnen und bieten hübsche Spaziergänge mit reizvollen Ausblicken zum Dombezirk. In der Nähe, in sehr ruhiger und klimatisch günstiger Lage, errichtete 1889 der damalige Bürgermeister Dr. Otto von G u g g e n b e r g die heute noch im Besitz dieser Familie befindliche K u r - a n s t a l t (Kneippkuren u. a.); die Gemeinde Brixen plant in diesem Bezirk die Errichtung eines Kurmittelhauses und eines modernen H a l l e n b a d e s. Die erwähnte Flußregulierung, in deren Rahmen auch das Eisackbett bis Sarns begradigt wurde, gab dem Obstbau großen Aufschwung. Eine Doppelbrücke überspannt heute Rienz und Eisack knapp vor ihrem Zusammenfluß und stellt die Verbindung nach Lüsen her (siehe dort), während die Rienz allein noch nahe der Rienzschlucht durch die U n t e r - d r i t t e l b r ü c k e im Bereich der sogenannten „Hachl" überspannt wird. Hier standen einst große Sägewerke, da an dieser Stelle das Holz aus dem Pustertal angetriftet wurde; heute sind die Spuren dieser Zeit verschwunden, weil sie dem modernen Elektrizitätswerk in der „Hachl" Platz machen mußten. — Von dem Projekt, die Rienz in der „Hachl" für ein Kraftwerk aufzustauen (Kapazität 80 Mill. m³), hört man im Augenblick nichts mehr, nachdem sich die Brixner gegen diesen *Stausee im Rücken der Stadt* energisch zur Wehr gesetzt hatten.

Wie bereits in Abschnitt IV angedeutet, hat Brixen eine beachtliche I n d u s t r i e, so vor allem die Werke der Firma D u r s t, deren optische Erzeugnisse Weltruf genießen; der Neubau am Südrand der Stadt mit seinen Montagehallen (Entwurf Arch. Othmar Barth) wurde von seiten der Landschaftsschutzkommission als vorbildlich für die Architektur eines Industriebetriebes anerkannt. Daneben hat Brixen Textilindustrie, Sennereien (1975 10 Mill. Liter Milch), Gießerei A l u p r e s s, holzverarbeitende Industrie (eine Pappefabrik am Pfeffersberg) und Sägewerke; von dem Debakel um die geplante Ansiedlung der *Continental*-Reifenwerke ging bereits im Abschnitt IV die Rede.

In der näheren Umgebung von Brixen hat sich keine einzige mittelalterliche B u r g auch nur annähernd erhalten. Dies mag unter anderem auch darin begründet sein, daß an wirklich wehrhaften Plätzen im Vergleich zum oberen Eisacktal (Sprechenstein, Reifenstein) und zum unteren Eisacktal (Trostburg, Hauenstein, Aichach u. v. a. m.) im Brixner Talkessel mit seinen sanften Formen nur wenig Auswahl ist. Immerhin künden Mauerreste am Ostabhang des Talkessels im Bereich von Karnol, Bad Burgstall und Melaun (siehe dort) von ehemaligen festen Plätzen der urkundlich belegten Herren von Karnol, Neuenburg und de Monte, während im Westen kümmerliches Mauerwerk von der Burg Pfeffersberg sichtbar ist, die als Besitz der Voitsberger von Vahrn zusammen mit deren dortigem Schloß um 1277 durch Bischof Bruno gebrochen wurde. So bleibt im Umkreis der Stadt nur die ebenfalls durch Bischof B r u n o (den Gründer von Bruneck) um 1265 errichtete R e s i d e n z, die seither als bischöfliche Burg diente, nachdem die alte Bischofswohnung im Münsterkomplex (deren Hauskapelle die Liebfrauenkirche war) aufgegeben wurde. Die Anlage dieser neuen b i - s c h ö f l i c h e n B u r g mit dem heute noch bestehenden Graben als W a s s e r b u r g, ist im wesentlichen unverändert geblieben, wenngleich die Burg unter Kardinal A n d r e a s v o n Ö s t e r r e i c h (1591—1600) durch Albrecht *L u c c h e s e*, den Erbauer von Schloß Amras bei Innsbruck, in einen Renaissancepalast umgewandelt wurde, vor dem heute eine riesige *Paulownia imperialis* steht. Die Kapelle und die heute noch erhaltene Fassade mit den barocken, stuckgerahmten Fenstern, schuf Bischof Kaspar Ignaz K ü n i g l (1702—1747).

Sehenswert ist der L o g g i e n h o f der bischöfl. Burg mit 24 Terrakottafiguren, Mitglieder des Hauses Habsburg darstellend, von Meister Franz R e i c h l e (aus Schwaben, gest. 1642 als Hofbildhauer in Brixen) zwischen 1596 und 1608 geschaffen. Die Räume der Burg sind im Stil des 17., 18. und frühen 19. Jh.s dekoriert; sie zeigen schönes Getäfel, Kassettendecken, zahlreiche Wappenmalereien, ein Deckenfresko des Antonio

G r e s t a und im Arbeitszimmer des Fürstbischofs einen Ofen mit Kacheln, die Szenen der Argonautensage darstellen und von Bartlmä D i l l R i e m e n s c h n e i d e r stammen. — Diese *Fürstenzimmer* werden fallweise als Ausstellungsräume verwendet und können besichtigt werden.

Altar, Portal und Kommuniongitter der H o f k a p e l l e sind Werke des *Cristoforo B e n e d e t t i*. Die Kapelle zeigt reiche Stuckdekoration und wertvolle Glasfenster. Die umstrittenen Bilder des Brixner Malers J. Hintner (WG: *schlechte Wandbilder)* decken ältere und vermutlich bessere Arbeiten von C. Waldmann, der das prächtige Deckengemälde schuf (hiezu ausführlich nach dem neuesten Forschungsstand K. Wolfsgruber in „Schlern", Jg. 1973, S. 19 ff., mit Abb. — Wolfsgruber konnte auch das bisher irrtümlich dem J. G. D. Grasmair zugeschriebene Altarbild der *Immaculata* dem bedeutenden Ulrich G l a n t s c h n i g g zuweisen. — Es wurde bereits gesagt, daß seit der 1972 erfolgten Übersiedlung des Diözesanbischofs nach Bozen der Ausbau der ehemals fürstbischöflichen Hofburg zum Diözesanmuseum stufenweise erfolgte und derzeit (1980) noch nicht zur Gänze abgeschlossen ist. Nach Fertigstellung wird Brixen über eines der schönsten Museen des gesamten süddeutschen Raumes verfügen.

Zum Bereich der bischöflichen Burg gehört auch die 1901 zur Jahrtausendfeier der Schenkung von *Prihsna* errichtete G e - d e n k s ä u l e (1907 von Norbert Pfretschner fertiggestellt) mit dem Brixner Lamm auf hoher Säule und dem Empfänger der Schenkungsurkunde, Bischof Zacharias, davor. Auf Bronzetafeln ist der Vorgang der Schenkung dargestellt, auf einer anderen der Abschied des Tiroler Freiheitskämpfers Peter Mayr von seiner Familie, vor der Erschießung am 20. 2. 1810 in Bozen. Abschließend zum Bereich der bischöfl. Gebäude ist noch der jenseits des Domes gelegene Sitz der theologischen Fakultät, das S e m i n a r g e b ä u d e zu nennen. Es ist, wie die angebaute K i r c h e H l. K r e u z nach Entwürfen des geistlichen Baumeisters Georg T a n g l erbaut worden (1764—1771) und birgt als kostbaren Schatz im Inneren u. a. den B i b l i o - t h e k s r a u m mit einheitlich verzierten Bücherschränken und Deckengemälden von F. A. Z e i l l e r. Hier werden wertvolle Handschriften und Inkunabeln aufbewahrt, darunter ein Missale von 1113 (WG). — Die Kirche entstand 1767 ebenfalls nach Entwürfen von Tangl an Stelle einer 1157 geweihten Kapelle. Laut Weingartner ist sie mit ihren Rocaillestukkaturen Vorbild für fast alle späteren Landkirchen der Diözese Brixen. Die Deckengemälde und Giebelbilder am Altar auch hier Werke von Zeiller, die Altarbilder von Kaspar J e l e (1869/70). In den Boden eingelassen Grabmal des Bischofs R i c h e r, der das früher an dieser Stelle befindliche Kreuzspital gegründet hat (Bronzemedaillon, 16. Jh.). Ein weiteres Denkmal mit Brustbild erinnert an den 1782 gestorbenen berühmten Brixner Historiker Dr. Joseph R e s c h. — An die ursprüngliche Lage des Gebäudekomplexes (Heiligkreuzspital „auf der Insel", 1157) erinnerte noch in den ersten Jahrzehnten unseres Jahrhunderts eine Holzbrücke, die über einen Wassergraben zum Seminar führte. *Über's Brüggele gehn* hieß man es daher, wenn ein Südtiroler Gymnasiast sich zum Theologiestudium entschloß. J. Weingartner hat darüber unter diesem Titel einen Roman mit autobiographischen Zügen geschrieben. — In unmittelbarer Nachbarschaft des Priesterseminars wurde im Jahre 1962 das nach Plänen des Architekten Dr. Othmar B a r t h geschaffene moderne Gebäude der *C u s a n u s* - A k a d e m i e eingeweiht.

Wie schon im „Gang durch die Stadt" vermerkt wurde, bergen die alten Gassen eine Fülle hübscher architektonischer Elemente, so vor allem das ehemals als Sitz der Herren von Säben (Säbener Tor!) dienende L a c h m ü l l e r h a u s; die hübschen Fronten der Häuser am Großen Graben entsprechen weitgehend der alten Stadtmauer, das S t. - M i c h a e l s - T o r zwischen Pfarrkirche und Pfarrplatz (hier Nr. 1 das schöne Pfaundlerhaus mit guten Fenstergittern) ist noch ein originaler Bestandteil der alten Stadtbefestigung. Außerhalb des Tores steht der M i c h a e l s b r u n n e n mit einer vom Südtiroler Bildhauer Hans P l a n g g e r geschaffenen Figur, Sankt Michael als Lichtträger im Kampf gegen das Böse (1951). — Bemerkenswert ist das gegenüber dem Seminar liegende „Café zum Gries" mit schönem Adlerfresko und Balkenwerk im gotischen Gewölbe.

Den gegen Norden gerichteten Blick beherrscht der hübsche Ansitz K r a k o f l am Abhang des Kranebitter Berges; leider existiert die kleine Buschenschenke im Bereich des Schlosses nicht mehr, von der aus man einen prächtigen Blick auf die Stadt hatte. Der alte Feigenbaum an dieser Stelle könnte das nördlichste Exemplar seiner Gattung im Eisacktal sein. Jenseits von Eisack und Rienz fallen die Edelsitze K ö s t l a n (Kassettendecken, Gewölbe, Loggiengänge und Wappen des Bischofs Jesse Perkhofer über zwei Portalen; ein Kruzifix aus der Werkstatt des Meisters Leonhard, um 1460; der Name von *Castellanus,* dem bischöfl. Burggrafen) und unweit davon der zinnengeschmückte bischöfliche Hof T r u n t auf.

Unser Besuch in Brixen wäre Stückwerk, wollten wir nicht abschließend einen Blick auf berühmte und verdienstvolle P e r s ö n l i c h k e i t e n werfen, die aus Brixen stammen oder dort längere Zeit gelebt und gewirkt haben. Zum einen Teil sind sie schon im Abschnitt „Geschichtliches" oder bei der Betrachtung der Kunstdenkmäler genannt und gewürdigt worden, zum andern sollen sie an dieser Stelle aufgezählt werden.

Von den Brixner Fürstbischöfen haben wir im historischen Abschnitt schon gehört, so daß wir uns mit der markantesten Gestalt aus der langen Reihe, mit dem Humanisten, Philosophen und Kardinal Nikolaus von Kues an der Mosel, genannt *Cusanus*, hier etwas genauer auseinandersetzen können. Nikolaus Krebs, wie sein bürgerlicher Name lautete, wurde 1401 als Sohn eines wohlhabenden Winzers und Schiffers geboren und wurde schon in jungen Jahren zum Doktor des Kirchenrechtes promoviert. Im Jahre 1437 geht er nach Rom, 1448 wird er Kurienkardinal, zwei Jahre später Fürstbischof von Brixen und päpstlicher Legat für ganz Deutschland. Gleichzeitig mit dieser sprunghaften Karriere des Theologen geht ein gewaltiger Bildungsgang des ernsten und genial begabten Mannes als Historiker, Philosoph, Astronom und Mathematiker. *So ist er der erste große Universalgeist einer neuen Zeit, an Tiefe und Weite des Denkens hat man ihn mit Leibniz verglichen, als Naturwissenschaftler ist er ein Vorläufer von Kopernikus und Kepler* (Sayn-Wittgenstein). Schließlich hat er in seiner *Concordantia Catholica* eine neue Verfassung für das Reich entworfen und ebenso einen Reformplan für die Kurie.

Glücklos war der Kardinal in seiner Tätigkeit als Reformator des Bistums Brixen. Das begann schon damit, daß der Kardinal vom Brixner Domkapitel abgelehnt wurde, da man einen anderen Kandidaten vorgesehen hatte. Zunächst entwickeln sich die Reformpläne nach dem Willen des Kardinals, doch schon bei der Reform des Klarissinnenklosters in Brixen stößt er auf Widerstand, muß Bann und Interdikt anwenden, worauf sich die Nonnen fügen und bei dieser Haltung bleiben, auch später, wie die Gegenpartei siegt. Unter Sigismund werden sie drei Jahre lang des Landes verwiesen.

Konsequent in der Haltung, jedoch gegen den *Cusanus*, bleiben auch die Nonnen des Klosters Sonnenburg im Pustertal. Die streitbare Äbtissin Verena verweigert hier strikt die Einführung der Klausur und ruft in ihrem Zwist mit dem Kardinal den Landesfürsten Sigismund zu Hilfe. *Dieser war gern bereit, das Kloster zu schützen, weil er ihn (den Cusanus) wegen seiner Sittenstrenge haßte. Dies ist leicht erklärlich, da der Hof Sigismunds in Innsbruck wegen seiner Mätressenwirtschaft berüchtigt war* (Sparber). So weitet sich der Streit in verhängnisvoller Weise aus, und der Kusaner ließ sich in der Hitze des Gefechtes zu einem Übermaß in der Anwendung der Mittel Bann und Interdikt hinreißen. Auf die Spitze wurde die Erbitterung getrieben, als des Kardinals Hauptmann Gabriel von

P r a c k am *Crep de Santa Grazia* beim Hof Überstein zwischen Maria Saalen und Oberpalfrad, am alten Weg nach Enneberg, eine Schar von Bauern niedermetzelte, die gegen den Willen des *Cusanus* dem Kloster Sonnenburg heimlich des Nachts Zins und Zehent ablieferten. Sie waren durch einen von der Äbtissin entsandten Trupp Soldaten unter J o b s t v o n H o r n s t e i n dazu gezwungen worden; Hornstein selbst geriet in die Gefangenschaft des bischöflichen Richters und Hauptmannes. Es kam in der Folge zur Vertreibung der Nonnen aus dem Kloster und als Gegenschlag Sigismunds zur Verhaftung des Kardinals in Bruneck, wobei ihm ein Vertrag abgepreßt und anschließend freies Geleit gewährt wurde; neuere Forschungen (Hallauer, vgl. Lit.-Verz.) lassen den Vorfall vom *Crep de Santa Grazia* in einem wesentlich anderen, für den Kardinal günstigeren Licht erscheinen. Im Band 2 der vorliegenden Landeskunde (S. 22 ff.) hat sich der Verfasser bemüht, den komplizierten Sachverhalt nach dem neuesten Stand der Forschung darzulegen. — Nach der Brunecker Erniedrigung wendet sich Nikolaus nach Rom, vor wo aus durch Pius II. über Sigismund und dessen Anhänger Bann und Interdikt verhängt werden, woran sich aber nur wenige halten, darunter die Klarissinnen, die wegen dieser konsequenten Haltung wie bereits oben erwähnt, vorübergehende Verbannung auf sich nehmen müssen. — Der Streit hat den Kusaner zutiefst getroffen. Sayn-Wittgenstein zitiert eine Briefstelle aus dem Jahr 1461: *Ich bin alt, will den Frieden und wünsche vor meinem Tode meinem Bistum den Frieden wiedergegeben zu sehen. Des Treibens der Kurie bin ich müde . . . —*

Aber erst nach des Kardinals Tod kommt ein Vergleich zustande, und um seine Nachfolge stritten sich drei Kandidaten sieben Jahre lang. — Der Tod hatte Nikolaus in *Todi* im Jahre 1464 erreicht, auf der Fahrt nach *Livorno*, wohin er in päpstlicher Mission unterwegs war. Seine Gebeine ruhen unter einem Grabstein in der römischen Kirche *San Pietro in Vincoli;* jeder, der mit der Geschichte des Landes an Etsch, Eisack und Rienz verbunden ist, wird nach dem Besuch des Moses von Michelangelo in dieser Kirche dem Grabstein und dem Andenken des *Cusanus* seine stille Reverenz erweisen. —

Es hat nicht an Versuchen gefehlt, die Gestalt des großen Denkers und vor allem auch seinen Streit mit Verena künstlerisch zu gestalten (Fragment eines Dramas von Hermann von Gilm und Roman „Äbtissin Verena" von Rudolf Greinz), doch ist dies bisher nur unbefriedigend und ohne grundlegende historische Vorarbeit geschehen. Es steht jedoch außer Zweifel, daß dieser historische Stoff — der große, moderne Geist, der an den Widrigkeiten der Wirklichkeit scheitert — wohl wert der Formung durch einen genialen Autor wäre.

Der Franziskaner J o h a n n e s N a s wird 1580 Weihbischof von Brixen, eine der prägnantesten und eigenwilligsten Gestalten der Gegenreformation, ein temperamentvoller Prediger, wortgewaltig wie sein Gegner Fischart und manchmal überspitzt in seinem Spott und in seiner Polemik, stets schlagfertig und kampflustig; seine zum größten Teil erhaltenen Schriften sind ein wichtiges Dokument für die zum Teil noch wenig erforschte deutsche Literatur des 16. Jh.s. Nas stammte aus Unterfranken (1534) und stirbt 1590 in Innsbruck als Hofprediger.

Um 1500 wirkt an der Brixner Domschule der berühmte Humanist und Komponist Peter T r e i b e n r a i f f, der sich, ganz der Mode der Zeit und der Wissenschaft folgend, in einen *„Petrus Tritonius Athesinus"* umlatinisiert. Das um 1550 in Brixen bezeugte Passionsspiel dürfte aus dem Kreis um Treibenraiff stammen; er ist außerdem der Verfasser des *Hymnarius*, des ältesten katholischen Gesangsbuches, das 1524, also im gleichen Jahr wie Luthers Kirchenlieder erschien.

Sicher Brixner, zumindest der näheren Umgebung (geb. 1790 im Weiler Pairdorf bei Tschötsch) entstammend, ist Jakob Philipp F a l l m e r a y e r, der als Bauernbub auf der Tschötscher Heide das Vieh hütete, sich als begabter Schüler von 1803—1809 an der Brixner Domschule ausbildete und später Professor für Geschichte und Orientalistik, Mitglied des Frankfurter Parlamentes und Meister einer vielbewunderten Prosa und hierin vor allem der Landschaftsschilderung geworden ist. Seine „Fragmente aus dem Orient", Frucht zweier Orientreisen, wurden erst vor kurzem zusammen mit Ausschnitten aus dem übrigen gigantischen Werk in Bozen bei Athesia neu aufgelegt (1979; hgg. von F. H. Riedl); alle Ehrungen, alle Kämpfe und wissenschaftlichen Fehden, alle Eindrücke der märchenhaften Welt des Orients konnten in Fallmerayer niemals das Bild der Heimat verdrängen, die Kastanienhaine der Tschötscher Heide und das stille Schalderer Tal. Berühmt ist die Stelle aus den „Fragmenten", die auf einer Reise 1840—1842 am Berg Athos in Griechenland, vor einem Wegkreuz entstand:

> . . . *ich dachte an die Heimat, an die romantischen Waldszenen am Eisack in Tirol, an die Rebgelände und Kastaniengruppen seiner entzückenden Mittelberge; an euch dachte ich, Schalderstal, rauschender Forellenbach, tiefe Waldöde, sommerliche Lüfte und ziehendes Gewölk — Symbol der Jugend und der Vergänglichkeit; an dich, hölzernes Wetterkreuz im Birkenlaub,*

*an dem der Knabe scheu und andächtig so oft vorüberging.
Sitz der Wonne und der Lust, wie könnte ich deiner je vergessen!*

Fallmerayer ist 1861 in München gestorben, wo er sein letztes Lebensjahrzehnt verbrachte. Sein Andenken wurde in der bayrischen Wahlheimat hochgehalten, wie aus einem Urteil Steinitzers (um 1920) hervorgehen mag:

Reichtum an Gedanken, ein vornehmer Stil, heitere Ironie und treffende Satire zeichnen seine Schriften aus. Ein freier Geist, war er für des deutschen Volkes Eintracht und Sammlung begeistert; in bezaubernder Sprache schildert er die Stätten des klassischen Ostens.

Aus neuerer Zeit ist aus dem literarischen Leben Brixens Aemilian S c h ö p f e r (1858—1936) zu nennen, auf dessen Initiative die Gründung des „ K a t h o l i s c h e n   P r e ß v e r e i n s " (1887) zurückgeht, aus dem als Nachfolger die Verlagsanstalt T y r o l i a in Innsbruck und A t h e s i a in Bozen hervorgingen, in der dieses vorliegende Buch erscheint. — Von ebensogroßer Bedeutung für das Südtiroler Geistesleben ist die im Jahre 1920 in Brixen erfolgte Gründung der Zeitschrift für Heimat- und Volkskunde „ D e r   S c h l e r n " durch Franz J u n g e r (1882—1934), um den sich bald ein Kreis scharte, dem namhafte Gelehrte angehörten, wie Josef W e i n g a r t n e r (1885—1957), der nachmalige Propst von Innsbruck und führende Kunsthistoriker, der Geologe Raimund von K l e b e l s b e r g (geb. 1886 in Brixen, gest. 1967 in Innsbruck), der Atomphysiker Arthur M a r c h (geb. 1891 in Brixen, gest. 1957 in Bern), der u. a. als Gastprofessor in Oxford lehrte (vgl. „Schlern", Jg. 1957, S. 201 ff.) und viele andere; das Verfasserlexikon des „Schlern", der 1980 im 54. Jahrgang erscheint, spiegelt alle Namen wider, die sich in unserem Jahrhundert um das Tiroler Geistesleben verdient gemacht haben. Diese Zeitschrift erscheint bei Athesia, Bozen, die Schriftleitung hatte durch Jahrzehnte der verdienstvolle Gelehrte Karl M. M a y r (Bozen, 1886—1972) inne und nach ihm bis Ende des Jahrganges 1971 Dompropst Prof. Dr. Karl Wolfsgruber (geb. 1917 in Percha; Vogelweiderpreis 1971 und 1972 *Doctor honoris causa* der Universität Innsbruck); seit Beginn des Jahres 1972 leitet der junge, aus dem Ahrntal stammende Volkskundler Dr. Hans G r i e ß m a i r die Redaktion der wichtigsten Südtiroler Kulturzeitschrift.

Die S a g e n f o r s c h u n g hat in dem Brixner Johann Adolf H e y l (1849—1927) ihren führenden Mann; in unseren Jahren ist der bereits genannte Hans F i n k (geb. in Brixen 1912) auf diesem Gebiet durch ein Buch über Eisacktaler Sagen und wesentliche Arbeiten zur Mundartforschung (vgl. Lit.-Verz.) hervorgetreten, nachdem schon Hermann M a n g (geb. 1883 in Tarrenz, Oberinntal, gest. 1947 in Brixen) viel Gutes auf volkskundlichem Gebiet geleistet hat. Hervorgehoben muß werden, daß der bereits genannte Franz Junger unter dem Pseudonym P e r l u n g e r im „Schlern" eine Reihe von Skizzen schönster Prosa veröffentlicht hat, deren hoher literarischer Wert fast unbeachtet geblieben ist; die Schönheit dieser Sprache steht in einer echten Nachfolge Fallmerayers. Unter den zeitgenössischen literarischen Talenten ist vor allem Maria Veronika R u b a t s c h e r (Künstlerroman „Der Lusenberger" u. a.) zu nennen. Auf die b i l d e n d e K u n s t hat vor allem Michael P a c h e r eingewirkt, der vielleicht in Neustift geboren wurde, und von Bruneck aus das Kunstschaffen im Lande beeinflußt hat.

Die Frage nach seinem Geburtsort ist nach wie vor offen; der Neustifter Chorherr und Archivar Dr. Max S c h r o t t hatte zunächst den uralten Pacherhof (oberhalb des Klosters, heute unter Denkmalschutz) und später auch den Pacherhof im nahen Raas studiert, die wohl beide auf die gleiche Sippe zurückgehen (hiezu *Cultura Atesina* XX/13 ff.). *R a s m o* hingegen spricht sich in seinem neuen, großen und umfassenden Werk über Michael Pacher (München 1969) für eine Gadertaler Abstammung des Meisters aus.

Seinen Vetter (?) F r i e d r i c h finden wir mit mehreren Werken im Raum Brixen vertreten und haben hier überhaupt die gesamte B r i x n e r S c h u l e mit den teilweise unbekannten M e i s t e r n d e r v e r s c h i e d e n e n A r k a d e n im Kreuzgang. Der früher wegen einer Signatur Jakob S u n t e r genannte Künstler ist vermutlich identisch mit dem urkundlich häufig bezeugten M e i s t e r L e o n h a r d. Als Schüler Pachers gelten Marx R e i c h l i c h und Andreas H a l l e r; Rupert P o t s c h ist in Brixen um 1508 bezeugt. Als Brixner B i l d h a u e r schließlich darf Meister Hans K l o c k e r bezeichnet werden, dessen Hauptwerke allerdings in Pinzon und Bozen stehen. Die Söhne des Glockengießers G r a s m a i r in Zinggen, Joh. Georg Dominikus Grasmair (vgl. Ringler in „Schlern", Jg. 1969, S. 503 ff.) und sein Bruder Anton, haben als Maler des 17. und 18. Jh.s einen guten Namen, der Wiener Maler Stephan K e ß l e r ließ sich 1645 in Brixen nieder und Franz U n t e r b e r g e r aus *Cavalese* lebte 40 Jahre in Brixen. Josef Anton P i c h l e r (1697—1779), Sohn eines Brixner Arztes, gilt als der Wiedererwecker der antiken Steinschneidekunst; seine Söhne *Giovanni* (begraben im Pantheon in Rom) und *Luigi* (Professor an der Akademie in

Wien) übertrafen noch den Ruhm des Vaters. *Ihre Karneole, Amethyste und Kristalle . . . sind das Entzücken aller Sammler gewesen, übrigens auch Goethes, der eine Sammlung von Abdrücken hoch in Ehren hielt* (Waschgler).

Durch die Erfindung von mechanisch bewegten Puppen machte der 1785 im Pitztal geborene Josef Christian T s c h u g g m a l l viel von sich reden; sein erfinderisches Talent wurde von Fürstbischof Graf Lodron erkannt und gefördert. Die „Tschuggmallschen Automaten" entzückten Metternich und wurden von ihrem Erfinder auf Reisen durch ganz Europa gezeigt. Die Gönnerschaft des Brixner Bischofs ermöglichte es dem „Mechanikus", in Vahrn zu leben und dort eine Werkstatt zu unterhalten; Proben von Tschuggmalls Erfindungen sind im 1973 eröffneten Landeskundemuseum zu Innsbruck ausgestellt. — Auch der aus Lana stammende Johann K r a v o g l (1823—1889) unterhielt in den letzten Jahren seines Lebens in Brixen eine mechanische Werkstätte. Kravogl hatte auf der Pariser Weltausstellung einen funktionierenden Elektromotor ausgestellt und dafür eine Silbermedaille bekommen. Der nach außenhin unbeholfene, scheue Mann konnte jedoch seine Erfindung kommerziell nicht verwerten; angeblich wurden ihm auch in Paris seine Konstruktionsgeheimnisse entlockt (vgl. „Schlern", Jg. 1929, S. 4). — In diesem Zusammenhang sind auch die Brüder Julius (1909—1964) und Gilbert (geb. 1912) D u r s t zu nennen, die das für Brixen bedeutsame gleichnamige Industriezentrum (optische Geräte) ins Leben gerufen haben und gemeinsam 35 deutsche und österreichische Patente ihres Fachgebietes innehaben (hiezu E. Attlmayr in „Beiträge zur Technikgeschichte Tirols", Heft 2/1970, S. 55 ff., und zu Kravogl Heft 1/1969, S. 58 ff.).

Aus neuerer Zeit sind die Bildhauer Alexander D e j a c o (1877 bis 1936), Walter B a c h e r (1908—60) und die Maler Josef D u r s t (der Vater der obgenannten Techniker, geb. 1878 in Wien, gest. 1950 in Brixen), Sebastian H u m e r (1896—1965) und Eddy von F e r r a r i , einer der bedeutendsten zeitgenössischen Maler Südtirols, zu nennen. — Ebenso seiner Geburt nach Brixner war der im „Simplizissimus" (2500 Blätter) zu hohen Ehren gekommene Eduard T h ö n y (geb. 1866 in Brixen, gest. 1950 in Holzhausen am Ammersee. — Von den Lebenden ist noch Professor Alois S t a i n d l zu nennen, Geologe und hochverdienter Fachmann um die Wiederbelebung alter Volkstänze, der den Kulturpreis „Walther von der Vogelweide" für 1976 erhielt. Mit dem gleichen Preis wurde für 1975 der bereits genannte Bildhauer Martin R a i n e r (geb. 1923 in Unser Frau im Schnalstal) ausgezeichnet, der seit vielen Jahren in Brixen lebt und arbeitet.

Als besonderer Förderer des Fremdenverkehrs gilt der Tiroler Landtagsabgeordnete Dr. Otto von G u g g e n b e r g, der von 1903 bis 1913 Bürgermeister der Stadt war und in dieser Zeit zahlreiche öffentliche Bauvorhaben (Elektrizitätswerk, Wasserleitung, Kanalisation usw.) und den Bau der bereits genannten Kuranstalt durchführte. Sein Sohn, Dr. Otto von G u g g e n b e r g (1887—1971) gehörte 1919 jener Kommission an, die in Bern die Selbstbestimmungsverhandlungen für Südtirol führte, war 1946 Mitglied der Delegation in Paris, die wiederum die alten Rechte für Südtirol forderte („Pariser Vertrag") und 1948 bis 1958 Abgeordneter in der römischen Kammer; von 1952 bis 1954 leitete er auch als Obmann die Südtiroler Volkspartei.

Als K i r c h e n m u s i k e r bedeutend sind Ignaz M i t t e r e r (1850—1924) und Vinzenz G o l l e r (1873—1953), während wir auf dem Gebiet der h i s t o r i s c h e n F o r s c h u n g den Prähistoriker Adrian Egger bereits hervorgehoben haben. Bedeutend sind auf diesem Gebiet die Arbeiten von R e s c h (geb. 1716 in Hall, gest. 1782 in Klausen) und S i n n a c h e r (Franz Anton, 1772—1836) sowie von Dr. I. M a d e r, während unter den Kunsthistorikern Heinrich W a s c h g l e r hier angeführt werden muß. Als S i n o l o g e (Inhaber einer Univ.-Lehrkanzel) hat sich der in Brixen als Gymnasialdirektor tätig gewesene Martin B e n e d i k t e r (1907—1969) einen Namen gemacht; er ist auch mit Übertragungen chinesischer Lyrik an die Öffentlichkeit getreten. Als T h e o l o g e n haben die Bischöfe Vinzenz G a s s e r (1856—1879; die „Leuchte des I. Vatikanischen Konzils") und Dr. Simon A i c h n e r (1884—1904; führender Kirchenrechtler) hohen Ruf. Träger des Vogelweiderpreises 1965 war Dr. Anselm S p a r b e r (geb. 1883 auf den Berghöfen von Egg über Stilfes, gest. 1969 in Brixen); er war Ehrenbürger der Gemeinde Freienfeld und Träger des Ehrenringes der Stadt Brixen. Aus dem reichen Schaffen des Theologen und Historikers haben wir das Werk „Die Brixner Fürstbischöfe im Mittelalter" (Bozen 1968) bereits genannt. — Der derzeitige Bischof, Dr. Joseph G a r g i t t e r (seit 1952 Bischof von Brixen, seit 1961 Administrator der Erzdiözese Trient, seit 1964 Bischof der Diözese Bozen-Brixen) hat sich durch die Gründung der schon mehrfach erwähnten *Cusanus*-A k a d e m i e große Verdienste erworben; er wurde 1976 mit dem Ehrenzeichen des Landes Tirol ausgezeichnet wie vor ihm schon die Dichterin Maria Veronika Rubatscher und Dompropst Prof. DDr. Wolfsgruber. — Zum Gedenken an den Gadertaler Dr. Vijo Pupp (1900—1969), langjähriger Landeshauptmann und Landesschützenmeister, wurde 1980 im Stadtpark eine Büste aufgestellt (von Bernhard Kerer, Brixen). —

DIE UMGEBUNG VON BRIXEN

An dieser Klimagrenze, wo sich *Nord und Süd so zauberschön vermählen*, wird jeder Spaziergang zum Erlebnis, und jede Bergfahrt reicht von sonnensatten Weinlauben bis zu Legföhre und Fels; zart und fast schüchtern ist hier der Frühling, viel verhaltener als im Prunk des Etschlandes, mit weißen Lichtern da und dort — hoh und rein waltet der Sommer und sachte geht er über in einen Herbst von klassischer Reife. Ein beständiger Wechsel von Form und Farbe, von aller Tönung zwischen Morgenrot und Mondsilber beherrscht diese Wege durch eine Landschaft, in der Bauernhaus und Hügelkirche, Edelsitz und Klosterbau so erdverwachsen sind wie Kastanienhain und Waldesdunkel, Bergbach und Silberspiegel einsamer Seen.

Wohin könnte man besser Faustens Osterspaziergang antreten als aus dem *hohlen, finsteren Tor* der Stadt hinaus gegen NEUSTIFT, durch Felder und Weingärten, dem linken Eisackufer entlang zum altehrwürdigen Konvent der Augustiner-Chorherren! Zwar führt, abzweigend von der Brennerstraße im Norden der Stadt, eine Autostraße nach Neustift (2,5 km ab Brixen), doch sollte man sich nicht um den Genuß des vorerwähnten S p a z i e r - g a n g e s bringen, der sich als Halbtagsausflug durch das R i g g e r t a l gut bis S c h a b s fortsetzen läßt (Brixen, Adlerbrücke—Neustift Nr. 16, 45 Min.; Neustift—Schabs Nr. 8, 1½ Std.; Rückkehr mit Autobus); man entgeht so dem lauten Besucherstrom, der zunächst beim B r ü c k e n w i r t (sehr schöne Holzkonstruktion der Brücke) durch gute Labung abgefangen wird und sich von hier zur Besichtigung aufmacht.

Seit eh und je ist es schwierig gewesen, in Neustift die Kunstkenner und die Weinbeißer genau auseinanderzuhalten, und im Klosterkeller verwischen sich diese Grenzen oft in erstaunlichem Maße; dieser Keller, mit seinem schönen Gewölbe und den alten Balken, fast an Auerbach in Leipzig gemahnend, ist zusammen mit den Wirtschaftsgebäuden des Stiftes heute noch uralte Klostertradition. Seit der Gründung im Jahre 1142 obliegen die nach der Regel des hl. Augustinus lebenden Chorherren den klassischen klösterlichen Aufgaben, und sie tun dies in allen Bereichen bis auf den heutigen Tag, im Pflegen von Chorgesang und Kirchenmusik, in der Bibliothek — der schönsten des Landes —, im Behüten einer kostbaren Gemäldesammlung, im Klosterkonvikt und in mustergültigem Obst- und Weinbau, in der Bewahrung der kostbaren Kunstschätze aus mehreren Stilepochen und nicht zuletzt in der Seelsorge auch außerhalb des Stiftes; achtzehn Seelsorgen werden von Neustift betreut, darunter das benachbarte Natz, dann Pfalzen, Kiens und Olang im Pustertal und Völs am Schlern. Eine neue Aufgabe haben sich die Chorherren von Neustift mit der Abhaltung sogenannter Tourismus-Seminare gestellt, in denen die seelsorglichen Probleme des sprunghaft anwachsenden Fremdenverkehrs aber auch Expertengespräche über weitere Wissensgebiete auf dem Programm stehen. — Als Neustift noch an der alten Brennerstraße lag und der Verkehr ins Pustertal hier seine Abzweigung hatte, gehörte zu den Obliegenheiten der Chorherren auch die Unterhaltung einer Fremdenherberge und später auch eines Spitals; der berühmteste Mann, der sich hier eingepfründet hat, ist Oswald von Wolkenstein gewesen, der auch im Kreuzgang an nicht genau zu bestimmender Stelle begraben liegt.

Nu kumt, myne vil liben kint,
di von mynem vater bekomen sint!
ir sult mit mir ewiglich
besizen mynes vaters rich.

(Aus dem Neustifter Osterspiel, um 1391)

Das Deckenfresko von Matthäus G ü n t e r in der Vorhalle der Stiftskirche, der *schönsten Barockkirche des Landes* (Schrott) stellt die historisch belegte G r ü n d u n g des *neuen Stiftes* durch den seligen Bischof H a r t m a n n dar, dem der fromme und reiche R e g i n b e r t von Säben mit Gemahlin Christine mehrere Höfe und Landgüter zur Verfügung stellte (1142); nach Legende und Auffassung des Malers wurde das Stifterpaar durch den Tod des vierjährigen Söhnleins Ulrich zur Trennung von aller irdischen Habe bewogen. Daß Neustift als Siedlungsgebiet jedoch um Jahrtausende älter ist, weisen die bereits unter der Vorgeschichte Brixens erwähnten Grabungen am nahen Nössingbühel aus. — Der erste Klosterbau wurde 1190 durch einen Großbrand zerstört. Turm und Langhausmauern der Kirche stammen von einem Neubau, den Propst K o n r a d v o n R o d a n k nach dem Brand errichten ließ und der heute noch in den Grundzügen trotz späterer Umformung zu erkennen ist. Um 1370 werden Kirche und Kreuzgang gotisiert, 1465 hat die Kirche acht Altäre, *ohne Zweifel meist gotische Flügelaltäre* (Sparber). Die vermutlich aus dem Weiler Neustift stammenden Künstler M i c h a e l und F r i e d r i c h P a c h e r sind an der Ausgestaltung dieser Zeit maßgeblich beteiligt (Kirchenväter-Altar von Michael, heute Alte Pinakothek München und ebendort zwei Altäre des Marx R e i c h l i c h, Tafelbilder von Friedrich Pacher u. a. in der Gemäldegalerie des Stiftes); sie schmücken auch Sakristei (Michael Pacher: Kirchenväter, Evangelistensymbole, Madonna; heute freigelegt) und Kreuzgang. Dieser wird im 17. Jh. übertüncht und ähnlich wie in Brixen zur Anbringung von Grabdenkmälern für die Pröpste verwendet. Die Pacher-Fresken liegen auf einer älteren Schicht (ca. 1370). — Ende des 15. Jh.s drohte die Türkengefahr. Durch 40 Jahre wurde die ganze Anlage mit einer Ringmauer umgeben und mit Türmen bewehrt, wovon heute noch wesentliche Teile erhalten sind; alle Bauern aus der Umgebung sollten sich hierher flüchten können. — 1525 überfallen an die 5000 Bauern das Stift und plündern es aus; auch wertvolle Schriften gehen zugrunde. — Der gotische Chor und das noch romanische Langhaus werden 1735—1737 unter dem uns vom Brixner Dom her bekannten *Giuseppe D e l a i* barockisiert, nachdem Teile der Wohntrakte um den Mittelhof schon früher in dieser Richtung gestaltet worden waren. — Unter Joseph II. wurde das Stift zwar nicht aufgehoben, in seiner Wirksamkeit jedoch beengt. Unter der bayrischen Herrschaft wird Neustift 1807 a u f g e h o b e n und der Besitz beschlagnahmt; viele wertvolle Gemälde und Handschriften kommen nach München bzw. Innsbruck. — Im weiteren Verlauf des 19. Jh.s erholt sich Neustift wiederum, nachdem es durch Franz I. 1816 wieder in s e i n e a l t e n R e c h t e tritt. Da die Chorherren nun das Brixner Gymnasium zu betreuen haben, wird ihre Klosterschule zur Musikschule und zum Singknabeninstitut. Die Mittelschule mit Öffentlichkeitsrecht mußte vor wenigen Jahren ihre Tore schließen; ein Teil der Abtei dient jedoch noch als Schülerheim. Da Teile des Stiftes 1945 als Militärmagazin benützt wurden, wurde es bombardiert und teilweise beschädigt; der Wiederaufbau erfolgte 1947—52 unter großen Opfern. 1956 wurde die Stiftskirche zur Basilika erhoben. Zum Zeichen der engen Verbundenheit zwischen der Diözese und dem Kloster Neustift wurde am 12. Dezember 1968, dem Tag des seligen Hartmann, eine Reliquie in wertvollem Schrein von den Vertretern des Brixner Domkapitels feierlich nach Neustift überbracht.

Nach diesem Blick auf die bewegte G e s c h i c h t e des Chorherrenstiftes soll nun ein kurzer Rundgang durch den gesamten Komplex angetreten werden, auf dem wir uns durch eine an der Pforte erhältliche Broschüre führen lassen können, die vom langjährigen und verdienten Bewahrer der Kunstschätze, dem Chorherren Prof. Dr. Max S c h r o t t (1894—1972) verfaßt worden ist (vgl. Lit.-Verz.). Wir können hier — ähnlich wie beim Brixner Kreuzgang — keineswegs über die Arbeit des berufensten Fachmannes hinausgehen, sondern beschränken uns darauf, aus eigener Anschauung und an Hand der inhaltsreichen Broschüre auf die wesentlichsten Merkmale k u n s t h i s t o r i s c h e r N a t u r hinzuweisen; für eine eingehende Besichtigung aller Räume wende man sich an den Chorherren Martin Peintner, den Nachfolger des Herrn Max Schrott.

192

Der B a u p l a n geht auf das Idealmodell von St. Gallen (820) zurück, mit dem Hauptblock Turm, Kirche, Kreuzgang und Klausur. Über die Kirche ist Wesentliches schon unter dem historischen Überblick gesagt worden. Im Gegensatz zu Sparber *(glänzendes Kunstwerk des Rokokos)* sehen Schrott und Egg eher den Stil des *späten Barocks.* Stukkateure der Wessobrunner Schule (A. Gigl, sowie Joh. und Jos. Gratl) haben in Zusammenarbeit mit dem Architekten D e l a i der Kirche ihr heutiges, einheitlich wirkendes Gesicht gegeben und auch manches an den Altären gearbeitet, deren Entwürfe von dem uns schon bekannten Theodor B e n e d e t t i und von S a r t o r i stammen. Das Hochaltarblatt, die Himmelfahrt Mariens, schuf Ignaz M i l l d o r f e r 1744, die Blätter der Seitenaltäre sind Werke von Christoph und Franz U n t e r b e r g e r (Sankt Hartmann und Augustin bzw. Joh. Nepomuk), von M i t t e r w u r - z e r (Magdalena und Mutter Anna) und von J. G. D. G r a s - m a i r (Rochus und Sebastian). — Matthäus G ü n t e r war erst dreißig Jahre alt, als er die Deckenfresken schuf, die von manchen *flott,* von anderen *flüchtig* genannt werden; sicher ist, daß sie im Banne des großen *Tiepolo* entstanden. Außer der bereits erwähnten Gründung von Neustift zeigen die in illusionistischer Manier gearbeiteten Fresken (geschickte Scheinwölbungen, täuschender Übergang von Fresko zur Stukkatur) im Hauptschiff Szenen aus dem Leben des hl. Augustin, im Altarraum die Dreifaltigkeit, in den Seitenschiffen Kirchenlehrer und Heilige. Als Meisterstück dieser Scheinarchitektur gilt jene an der Decke der zweiten Kapelle links, wo in Verlängerung einer Figur ein Fuß von der bemalten Fläche herabhängt; wie der derzeitige Abt, Prälat Dr. Chrysostomus G i n e r anläßlich einer Führung vor Kongreßteilnehmern 1971 lächelnd bemerkte, kämen sehr viele Leute ausgerechnet wegen dieses Fußes in die Neustifter Basilika. — Während die Kunst des Architekten und der Stukkateure im Innenraum der Stiftskirche fast alle Stilepochen zu vereinen wußte, ist die angebaute M a r i e n k a p e l l e („Gnadenkapelle") ein originaler Bau des *südlichen Hochbarocks* (Egg), 1695/96 von G. B. D e l a i erbaut, mit Stukkaturen von *Carlo C o n s i g l i o* (nach WG von Simon D e l a i). Diese Gnadenkapelle (in der sehr viele Hochzeiten gefeiert werden) hat unter der Bombardierung am schwersten gelitten und wurde von dem Innsbrucker Bildhauer Hans A n d r e mit eigenen Zutaten restauriert. — Die Kuppelfresken stammen von Ägid S c h o r, die übrigen Fresken (Marienleben) von Caspar W a l d m a n n; die am Hochaltar von *Benedetti* stehende Madonna ist eine schöne, allerdings mit neueren Zutaten versehene Plastik um 1500, mit *hoheitsvollem Antlitz, wellig fließendem Haare und reichbewegtem, knitterigem Faltenwurf* (WG).

Wenn die Kunstkritik heute einhellig die Schönheit der Kirche lobt, so muß dies nicht unbedingt einem jeden Geschmack

193

entsprechen, da hier die letzte Gelöstheit des süddeutschen Rokokos noch nicht erreicht ist. Schrott weist darauf hin, daß dem Kontrakt mit den Stukkateuren (15. 12. 1736) zu entnehmen ist, daß dieser herrliche Schmuck ursprünglich rein weiß gehalten war. — Es muß dem Urteil des Beschauers überlassen bleiben, ob die spätere farbige Fassung (1896) für die Kirche ein Vorteil gewesen ist.

Beeindruckend ist der Gegensatz, wenn man aus diesem Barockhimmel des mittleren 18. Jahrhunderts in die andächtige Stille des gotischen Kreuzganges tritt, in dessen Bereich der große Oswald von Wolkenstein nach einem bewegten Leben letzte Rast gefunden hat (vgl. auch den alten Friedhof Brixen und das Stichwort „Seis am Schlern"). — Der Dichter hat sich hier eine gute Ruhestätte gesucht: nahe ist der wehrhafte Turm, als Kirchturm nicht anders gefügt denn der Bergfried einer ritterlichen Feste, nahe ist Bibliothek und Chor, Pflegestätten für Wort und Lied; ein paar Gewölbebogen weiter von dem engen Raum, in dem des Dichters sterbliches Gebein ruht, da perlt noch heute Wein von der Traminer Rebe, deren Lobpreis Oswald zu Lebzeiten so laut gesungen hatte. Nur für das Bild der oft besungenen und nie vergessenen Jugendgeliebten ist kein Platz in der klösterlichen Stille. —

Während der Grabstein des Dichters verschollen ist, finden wir das schöne Epitaph eines Nachfahren, Wilhelm von Wolkenstein (gest. 1577), den Ritter überlebensgroß darstellend; daneben das Glanzstück unter den Grabmälern, gleich neben dem heutigen Eingang zur Kirche: hier kniet Oswald von Säben (gest. 1464) auf einem Löwen, vor sich das Wappen, über sich den Gnadenstuhl, Maria und Heilige um sich. Kaum minder schön ist der nun schon der Renaissance angenäherte rote Stein des Christoph Truchseß von Staz als zweitnächster Stein neben dem des Säbeners. Diese Grabsteine — auch der des Oswald von Wolkenstein — sowie die Grabsteine der Pröpste waren bis 1735 in der Kirche selbst untergebracht. — Der Kreuzgang, ursprünglich flach gedeckt und schon in der ersten Hälfte des 14. Jh.s mit Fresken geschmückt (heute teilweise aufgedeckt), wurde unter Propst Konrad (etwa um 1370) eingewölbt und im 15. Jh. mit einer neueren Freskenschicht übermalt. Aus dieser Epoche stammt das in der 3. Arkade freigelegte und relativ gut erhaltene Bild der Legende vom reichen Prasser, das Friedrich Pacher, von manchen auch seinem Vetter (?) Michael zugeschrieben wird. Die Teufelsfratzen des unerhört lebendigen Bildes erinnern fast an Hieronymus Bosch, obwohl eine Beeinflussung von dieser Seite nicht gut möglich ist. — Auch italienische Meister (die schöne Verkündigung mit der Taube in der 9. Arkade) und Hans von Bruneck haben im Kreuzgang gearbeitet. — Noch liegen ungehobene Schätze hinter den um 1636 übertünchten Mauern, und Schrott bemerkt zu Recht, daß eine abschließende Gesamtdarstellung der Neustifter Kreuzgangfresken derzeit noch nicht möglich ist. Nach und nach werden die Fresken freigelegt, so etwa 1962 in der 11. Arkade die B a r b a r a l e g e n d e durch *N. Rasmo*. — Besonders bemerkenswert ist die schöne gotische Tür im Osttrakt des Kreuzganges, mit einem Christusbild; sie führt in den Kapitelsaal. Ein urspr. romanischer Anbau mit got. Gewölbe ist die V i k - t o r k a p e l l e, deren wertvoller Freskenschmuck (Zug der Hl. Drei Könige, 14. Jh.) vor kurzem restauriert wurde. Die Kapelle wurde im Jahre 1979 auch feierlich wiederum neu geweiht.

Geistiger Mittelpunkt des Stiftes ist die B i b l i o t h e k mit dem herrlichen, von dem Trentiner *S a r t o r i* geschaffenen Saal, dessen Rokokostukkaturen 1771—1776 Meister M u s a c k aus Sistrans bei Innsbruck formte. Für die Restaurierung des wertvollen Raumes hat der Freistaat Bayern in einer Geste echter Nachbarschaftsgesinnung im Jahre 1973 die Summe von 120 000 DM zur Verfügung gestellt. — Groß ist der Reichtum der Bibliothek an Handschriften, die zum Großteil im Kloster selbst entstanden sind und Meisterwerke der Minuskel- und Miniaturmalerei enthalten. Nochmals sei darauf hingewiesen, daß hier die ältesten Spielzeugnisse gefunden wurden, die aus Mitteldeutschland nach Tirol gelangt sind, darunter eine mit 1391 zu datierende Handschrift, die ein Oster-, ein Fronleichnam- und ein Maria-Himmelfahrts-Spiel enthält. Wie neuere Forschungen ergeben haben (vgl. das Lit.-Verz. unter dem Stichwort „Kühebacher), bezeugen diese Texte zwar nicht — wie bisher angenommen — die früheste Tiroler Spieltätigkeit für Neustift, wohl aber haben sie sicher als Anregung für das geistliche Theater gewirkt. Hervorragende Gelehrte haben diese Tradition durch die Jahrhunderte bewahrt; wir nennen hier nur den Linguisten Dr. Joh. Chr. M i t - t e r r u t z n e r (1818—1903), der über 15 Sprachen beherrschte und für die Missionen in Zentralafrika Grammatiken der dortigen Dialekte verfaßte, was Steinitzer zu der hämischen Bemerkung veranlaßte, daß diese Neger, dermaßen gebildet, dann als *„färbige Engländer gegen uns Barbaren im Weltkrieg kämpften"* (1922). — Hier ist auch der 1957 verstorbene Kirchenmusiker Prof. Joseph G a s s e r zu würdigen, und im Zusammenhang mit dem Thema „Musik" ist anzumerken, daß man den Geburtsort des bedeutenden Tonsetzers Leonhard L e c h n e r (16. Jh.) außer in Bozen auch in Neustift bzw. im nahen Aicha sucht.

In Zusammenhang mit der Bibliothek von Neustift muß auch die wertvolle G e m ä l d e s a m m l u n g des Stiftes erwähnt werden, war doch *Neustift von ca. 1400—1800 ein Gradmesser für*

die Güte heimatlicher Bildkunst (M. Frei in „Stifte und Klöster").
Im Jahre 1807 wurden dem Stift 111 Kunstwerke geraubt, darunter die bereits erwähnten Flügel von M. Pachers Kirchenväteraltar (1812 nach München verbracht). Trotzdem verfügt das Stift noch immer über hervorragende Schätze, so vor allem über Tafelbildwerke aus der Glanzzeit des Kunstschaffens um Neustift, von dem Frei sagt, daß es *wenn nicht gar die eigentliche, so mindestens die zweite Heimat der Pacher* war.

Als älteste Stücke der Galerie sind eine Kreuzigungsgruppe um 1400 unter böhmischem Einfluß zu nennen und ein Votivbild aus dem Kreis um Meister Hans von Bruneck (Anfang 15. Jh.); ebenso enthält die Sammlung hervorragende Werke von Friedrich P a c h e r (Katharina-Altar, Barbara-Altar) und die reifsten Werke des Meisters von U t t e n h e i m; von Marx R e i c h l i c h stammen zwei grandiose Tafelbilder, die Passion Christi darstellend, und mehrere andere Werke werden seiner Schule zugeschrieben. Aus späterer Zeit nennen wir hervorragende Bilder von Ägid S c h o r, Joh. B. H u e b e r, Stephan K e ß l e r, Ulrich G l a n t s c h n i g g, J. G. D. G r a s m a i r und Franz U n t e r b e r g e r.

Mitten im schönen Klosterhof lenkt ein eigenartiger Brunnen den Blick des Besuchers auf sich; der um 1508 gegrabene Ziehbrunnen ist unter dem Namen „ W u n d e r b r u n n e n " bekannt, da im Fries des achteckigen Pagodendaches die sieben Weltwunder dargestellt sind, von Nikolaus S c h i e l um 1669 gemalt und 1973 fachgerecht restauriert. Neben dem Koloß von Rhodos, dem Tempel der Diana von Ephesos, dem Mausoleum von Halikarnass, der Stadtmauer von Babylon, den Pyramiden, dem Leuchtturm von Alexandria und der Zeusstatue des Phidias prangt — als achtes Weltwunder — unser Neustift. Über den tatsächlichen Ruf des Stiftes wollen wir den Dominikanerpater Felix F a b e r zu Worte kommen lassen, dessen Reisebericht (1483) eine Reihe von treffenden Urteilen für die Südtiroler Reiseetappen enthält:

Neustift besitzt eine große Kirche mit kostbarem Ornat und eine gute Bücherei. Es sind dort gereifte und ehrerbietige Männer und ich glaube, ich habe nie einen genaueren und besseren Chorgesang als in diesem Kloster gehört.

Die außerhalb des eigentlichen Klosterblockes, aber noch innerhalb des zu Zeiten der Türkengefahr erbauten Befestigungsringes liegende M i c h a e l s k a p e l l e wird allgemein nur die „ E n g e l s b u r g " genannt und hat wirklich Ähnlichkeit mit dem römischen Vorbild. Die 1190 erbaute Erlöserkirche war ursprünglich eine Nachahmung der Heiliggrabkirche von Jerusalem

Die Franzensfeste am südlichen Ende des oberen Eisacktales, nach einem Stich von F. Würthle um 1850 (Ausschnitt); rechts von der Festung ist die Ladritscher Brücke zu erkennen (zu S. 155)

Der Ansitz Garten in Vahrn,
das Musterstück eines Eisacktaler Edelsitzes (zu S. 221)

Blick von den Höhen um St. Andrä gegen Norden auf Brixen; rechts im Hintergrund Neustift, links Vahrn, überwölbt vom Scheibenberg, an dessen Sonnseite die Rodung von Spiluck zu erkennen ist (zu S. 160, 220 u. 222)

Der Menhir von Tötschling (zu S. 176 u. 248) ➤

Um 1480 stellte der Meister der III. Arkade im Brixner Kreuzgang den Tod des Eleazar unter einem Elefanten dar; rund 50 Jahre später sahen die Brixner, wie ein Elefant wirklich aussieht. An dessen Besuch erinnert heute noch das berühmte Haus „Zum Elephanten" (zu S. 176)

Gedenkstein des Oswald von Wolkenstein
im alten Friedhof zu Brixen (zu S. 172, 194 u. 379) ➤

Flügelaltar und Fresken im Chor der St.-Nikolaus-Kirche in Klerant, Brixner Malerschule (vermutlich Meister der III. Arkade) um 1474 (zu S. 238)

◀ Kapitelsaal im Brixner Diözesanmuseum (zu S. 173)

Das Innere des Brixner Domes
mit den Deckengemälden von Paul Troger (zu S. 170)

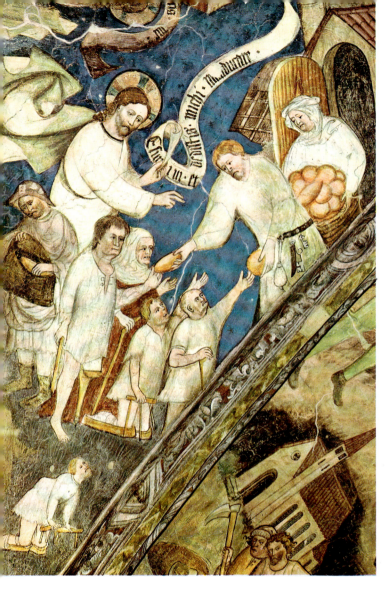

Detail aus den Fresken des Brixner Kreuzganges (XI. Arkade, die leiblichen Werke der Barmherzigkeit, unbekannter Meister) (zu S. 166)

Gotischer Bildstock in Albions, um 1503 (zu S. 330) ➔

Blick vom Villanderer Berg gegen Norden auf Klausen und Säben. Im Hintergrund die sanfte Kuppe der Plose (zu S. 273 u. 288)

Grabsteine der Brixner Bischöfe, heute in die Vorhalle des Domes eingelassen. Das Bild links zeigt den Bischof Ulrich Putsch, die rechte Aufnahme gibt den meisterhaft gearbeiteten Sarkophag des Christoph von Schrofenstein wieder (zu S. 171)

Sankt Magdalena in Villnöß, im Hintergrund die Nordwände der Geislergruppe mit Furchetta (links) und Sass Rigais (zu S. 269)

Grünglasierte Figurenkachel, an mehreren Öfen im Schloß Feldthurns, das Wappen des Bischofs Thomas Spaur darstellend, der den Ausbau des Schlosses durch seinen Vorgänger und Oheim, Kardinal Christoph Madruz, im Jahre 1587 vollendete (zu S. 256)

Das alte Klausen hat nur eine Straße... (zu S. 278)

Kloster Säben gegen Villnöß,
im Hintergrund Aferer Geiseln und Peitlerkofel (zu S. 288)

Die malerische Dorfgasse von Villanders (Aufnahme aus den dreißiger Jahren; zu Seite 323)

Dreikirchen — ein Bild, „das ohne Beispiel im ganzen Lande dasteht..." (zu S. 349)

Der schiefe Kirchturm von Barbian im unteren Eisacktal
(zu S. 348)

und als solche ein *typisch byzantinischer Zentralbau* (Schrott); Zinnen, Torturm und Dachreiter der zweigeschossigen Kirche sind Zutaten des ausgehenden 15. Jahrhunderts, da man die Kirche in die Befestigungsanlagen gegen die Türkengefahr einbezog, wogegen die Kreuzgurten des Gratgewölbes im Erdgeschoß die ältesten Bauelemente des gesamten Klosterbereiches darstellen. Die Kirche wurde im Bauernkrieg 1525 schwer beschädigt, 1544 wiederhergestellt und 1901 restauriert, nach Urteil von Schrott nicht mit glücklicher Hand. Das Kreuzigungsfresko über dem Eingang wurde erst 1958 freigelegt, und seither ist auch der gesamte Bau einer gründlichen Restaurierung bzw. Rückrestaurierung durch das Denkmalamt unterzogen worden. Er dient neben dem Gottesdienst von Fall zu Fall auch der Darbietung kirchenmusikalischer Werke.

Dem irdischen Vergnügen dient heute die ehemalige malerische K l o s t e r s c h m i e d e, in die man 1976 aus dem Klosterhof den K e l l e r verlegt hat, in dem nun die köstlichen Eigenbauweine des Stiftes verkostet werden können. — Moderne landwirtschaftliche Einrichtungen zeugen davon, daß die Chorherren noch immer Lehrmeister auf diesem Gebiet geblieben sind, und deutlich sieht man die Spuren, daß die Augustiner bis vor kurzem völlig autark gewesen sind, mit Stallungen und Futterhaus, einer alten *Torggl* (Weinpresse; heute beim „Brückenwirt"), mit Wagnerei, Mühle und Wasserwerk als Energiequelle; die Schleusen hiefür sieht man heute noch am Weg ins Riggertal, und 1980 wurden die noch gotischen Fachwerkbauten sorgsam restauriert, obwohl das Stauwerk bei Franzensfeste dem Kloster buchstäblich das Wasser abgegraben hat. In seiner mehrfach erwähnten Schrift bedauert Max Schrott, daß *die Idylle des Wasserrades für Mühle und Schmiede zerstört* ist. — Mag man sich im unverfälscht erhaltenen Klosterkeller darüber trösten, daß diese geruhsame Zeit auch für das Neue Stift zu Ende gegangen ist und — das Glas mit unvergänglich edlem Silvaner in der Hand .— zusammen mit Schrott ausrufen: *Oh, diese alles nivellierende, stolze, räuberische Technik!*

Der eigentliche W e i l e r N e u s t i f t (590 m) besteht aus wenigen Höfen, von denen drei am Eisack im Riggertal liegen, während sich die übrigen Einzelgehöfte beiderseits der Pustertaler Straße an die sonnigen Rebhänge von Kranebitt lehnen. Von diesen Häusern ist der Edelsitz H o f s t a t t hervorzuheben, dessen heutige malerische Ansicht auf Um- und Neubauten nach der Zerstörung um 1809 zurückzuführen ist; dasselbe gilt für den um 1550 erbauten Edelsitz H a n b e r g in Kranebitten, der seine heutige Form um 1890 erhielt. — Der Weiler Neustift

selbst gehört zur Gemeinde V a h r n (Telephonanschlüsse derzeit jedoch unter „Brixen" im Tel.-Buch) und hat rund 450 Einwohner (Auskunft Fremdenverkehrsamt Vahrn oder Kurverwaltung Brixen).

Es mag hier angebracht sein, einige Worte zum Südtiroler Landesbrauch zu sagen, der unter der Bezeichnung T ö r g g e l e n
bekannt ist und gerade in der Neustifter Gegend einige berühmte
Hochburgen hat, wie etwa den alten Pacherhof. In allen Wein-
gegenden des Landes wandert der Kundige in den Tagen nach
der Weinlese zu den Wallfahrtsorten des neuen Jahrganges, geführt vom verlockenden Duft, der aus den Kellern in die klare
Herbstluft steigt; das „Törggelen" hat nichts mit „torkeln", wohl
aber mit der Weinpresse, der „Torggl", zu tun, die ihrerseits
wieder mit dem lateinischen *torquere* (pressen, drehen) ver-
wandt ist. Gemeint ist also das Verkosten des „neuen" Weines
am Weinbauernhof selbst, wenngleich man natürlich auch in
den Gaststätten diesem Brauch huldigen kann. Unwandelbarer
Bestandteil dieser nahezu kultischen Handlung ist, daß zum Verkosten des Weines gebratene Kastanien in heißer, krachender
Schale gereicht werden.

Das echte „Törggelen" kann man sich — wie viele wahrhaft
schöne Dinge dieser Welt — nicht kaufen. Um im Weinbauernhof das Gastrecht zu genießen, bedarf es langjähriger Freundschaft oder persönlicher Empfehlung durch Einheimische. Als
Freund der Familie sitzt der Gast am alten, rissigen Stuben-
tisch, über dem das Kruzifix lehnt. Der Bauer selbst — und
kein anderer — steigt in die geheimnisvolle Kühle des Kellers
und holt im Tonkrug den Wein; mit geradezu feierlicher Ge-
bärde stellt er ihn auf den Tisch. Immer wartet er auf das
Urteil des Gastes, nie würde er den eigenen Wein anpreisen.
Hartes, dann und wann noch selbstgebackenes Brot kommt
auf den Tisch, auch heiße Kartoffeln in der Schale mit Butter,
dazu Kastanien und Nüsse und natürlich Speck aus der eigenen Selchküche, im Stück auf dem Holzbrett, mit dem eigenen Taschenmesser zu schneiden. — Bedächtig wird geprüft
und begutachtet, der Wein gegen das Licht gehalten und be-
urteilt nach Gehalt und Farbe, nach Feuer und Kraft. Wenn
Kenner sich zu solchem Tun feierlich versammeln, dann wird
mehr geschwiegen als gesprochen — nur der Jugend löst der
neue Wein die Zunge zu fröhlichem Lied.

In Neustift und im Bereich von Elvas, am Fuß des Pfeffersberges und an den sonnigen Hängen um Klausen, im Völser
und im Prösler Ried, im uralten Weinbaugebiet von Siffian
am Ritten und schließlich im Bozner Leitach gibt es noch
Eisacktaler Törggelehöfe, wenige an der Zahl und unter Ken-
nern fast geheimgehalten; denn auch hier ist die *alles nivel-*

lierende Technik am Werk und zwingt den Weinbauern dazu, die Maische nicht selbst zu verarbeiten, sondern den großen Kellereien zu liefern. Man muß beizeiten dazuschauen, daß die köstlichen Eigenbaubestände genützt werden, ehe der Vorrat schwindet. — So und anders liefert das Eisacktal den köstlichsten Tropfen, aber nichts ersetzt die rechte Törggelefahrt an den Tagen des späten Herbstes, jenen Gang in die bäuerliche Welt und zu den Wurzeln, aus denen unser Leben kommt. —

Das Tal des Eisacks zwischen Neustift und der Ladritscher Brücke heißt man „I n d e r R i g g e "; das einst von mächtigen Flußschottern ausgefüllte Tal zeigt wenig bekannte E r d p y r a m i - d e n, die allerdings nicht so gut ausgebildet sind wie die viel berühmteren am Ritten. Brenner- und Pustertaler Straße, Eisenbahn und Autobahn verlaufen so, daß man kaum in diese idyllische Einöde sieht, die vor allem erdgeschichtlich interessant ist: ursprünglich lag hier der Zusammenfluß von Rienz und Eisack; es folgte die genannte Schotterauffüllung und drängte die Rienz in ihr heutiges Bett. Der Eisack floß ursprünglich ebenfalls abseits des alten Laufes etwa in der Gegend des heutigen Vahrner Sees, brach sich aber dann am Ochsenbühel ein neues Bett, eben durch „die Rigge". Interessante Schotter-Steilwände, in denen teilweise noch von der Rienz angeschlepptes Dolomitgestein steckt, geben dem Riggertal eine eigenartige, bizarre Formation. Zu Füßen des Ochsenbühels schließlich verengt sich das Tal zur ungangbaren Granitschlucht, so daß der hübsche Fußweg Nr. 8 rechts an den Hang ausweichen muß und in steilen Kehren die Höhe von Schabs erreicht. Außer der bereits genannten Urzeitstation am strategisch wichtigen Ochsenbühel, hat Prälat Adrian Egger im Riggertal noch mehrere Ringwälle und Siedelspuren gefunden. Da man im Pustertal die Zähne eines Zahnrades „Riggel" nennt, wollte der sprachkundige Pfarrer Staudacher wegen der bizarren Formen der Talränder die „Rigge" derart abgeleitet wissen, doch wird man sich besser an Finsterwalder halten, der den urkundl. belegten Namen *in der Rigke* aus altdeutsch *rick* in der Bedeutung *Gasse* bzw. *Engpaß* deutet, was gut zur Eisackschlucht passen würde. — Die innere Riggerschlucht wird heute übrigens von dem Straßenstück überbrückt, das die Verbindung Autobahnausfahrt Brixen-Pustertal herstellt.

Zu erwähnen ist noch, daß laut Weingartner die Riggerhöfe einst edelsitzartig ausgebaut und unter dem Namen „Riggburg" und „Friedburg" von Adelsfamilien bewohnt waren; das Feuerwerk der Franzosen im Jahre 1809 sorgte dafür, daß aus dieser Zeit nur mehr wenige Spuren vorhanden sind, so etwa zwei steingerahmte Spitzbogentüren beim Hinterrigger und ein Eckerker in der Vorderrigge. Leider muß gesagt werden, daß zumindest noch vor einiger Zeit das Eisackbett zwischen Rigge und Neustift traurigster Verschmutzung preisgegeben war und daß die hübsche alte Holzbrücke zu den Riggerhöfen vor wenigen Jahren abgebrannt ist. — Weingartner vermerkt in seinem schönen „Südtiroler Bilderbuch" (vgl. Lit.-Verz.) am Felsriegel neben der Brücke in der Vorderrigge ein Vorkommen von *Primula viscosa* (= *Primula hirsuta All.* - klebrige Felsprimel) in auffallend niedriger Lage, da diese Blume nur selten unter 1000 m absteigt. — Wer in nächster Umgebung von Brixen ein nahezu unberührtes und in seiner Eigenart nicht alltägliches Gebiet sucht, der wandere von Neustift ins Riggertal. Gewaltige, runde Granitblöcke im Flußbett künden von der Zeit, in der es noch keinen Stausee von Franzensfeste gab und die Eisackwogen mit Macht aus der Enge der „Rigge", an Neustift vorbei, gegen die Weite des Brixner Talkessels rollten.

VAHRN UND SCHALDERS. Seehöhe 670 m (Schalders 1166 m), Abzweigung von der Brennerstraße 3 km nördl. von Brixen mit Autobahnunterführung; Vahrn—Schalders asph. schmälere Bergstraße, 3,5 km. Vahrn ist Hauptort der Gemeinde mit den Fraktionen Neustift (siehe dort) und Schalders, mit insgesamt 2951 Einwohner, davon 626 Italiener und 9 Ladiner; Schule und Konvikt „Salern" der Kapuzinerpatres mit häßlichem Sichtbeton-Neubau; Jugendherberge; Garnison, Post- und Telegraphenamt (Postleitzahl 39040). Raiffeisenkasse (Geldwechsel), mechan. Werkstätte an der Brennerstraße. Eisenbahn- und Autobushaltestelle (Lokalverkehr mit Brixen). — Die beliebte Sommerfrische hat seit alters her gute Gasthöfe, Hotels und Pensionen (ca. 600 Betten). — Freischwimmbad im Vahrner See, ebendort Camping, 2 Tennisplätze. — Ortsstelle des Alpenvereins Brixen, Fremdenverkehrsamt. — Das Klima mild und trocken; Jahresmittel 8,4° C; 680 mm Niederschlag. — Das Gemeindewappen ist jenes der Herren von Voitsberg.

Schon früh haben sich die Brixner Bischöfe, die Neustifter Chorherren und die Adeligen von Brixen in Vahrn Landgüter erworben und dem Ort den Charakter eines bukolischen Gefildes gegeben, das an Hochsommertagen frische Luft und Erquickung bot, einmal vom Schatten des Pfeffersberges gespendet, zum andern auch aus anderer Quelle. So schreibt Staffler vom alten Vahrner Bad: *Das dabei befindliche Gasthaus, dessen Keller we-*

*gen ihrer außerordentlichen Kühle berühmt sind, ist den Brixenern
das Lieblingsziel ihrer Sommerausflüge.*

Die eigentliche Berühmtheit von Vahrn jedoch ist ein köstliches
Geschenk der Natur: es ist der oft besungene H a i n v o n
E d e l k a s t a n i e n zwischen der Ruine Salern und dem Spilucker Bach, jene Schwelle, die der von Norden kommende Wanderer fast andächtig überschreitet, festlich gestimmt zum ersten
Begrüßungstrunk; denn die Kastanie gehört zur Rebe, sie stützt
mit knorrigen Armen die tastenden und zarten Finger der Wein-
ranke. — Es ist schön, unter dem unendlich grünen Dach dieses
geheiligten Hains zu sitzen; nur da und dort blitzt die Sonne
durch — alles andere ist wie ein hellgrüner Himmel, der sich
am Abend des Jahres ins Rostrote verfärbt, ganz so, als wenn
in diesen Kronen tagelang die Sonne unterginge.

Die G e s c h i c h t e des Ortes ist eng mit der Brixens verbunden. Die Herren vom St.-Michaels-Tor erbauten die Burg
V o i t s b e r g und nannten sich danach. Als sie sich gegen
den Bischof, ihren Lehensherrn stellten, eroberte der streitbare Bischof B r u n o ihre Burg und ebenso die in ihrem Besitz befindliche Feste Pfeffersberg und zerstörte beide (vgl.
S. 180). An Stelle der zerstörten Burg, auf einem gegenüberliegenden Hügel, errichtete der Bischof den Gerichtssitz S a -
l e r n, dessen Mauerreste heute noch das Bild des Ortes beherrschen. Mehrere E d e l s i t z e künden davon, daß sich hier
zahlreiche einflußreiche Familien niedergelassen haben. Besonders schön ist der Ansitz G a r t e n, ein zinnengeschmückter
Bau am Weg von Vahrn nach Spiluck, jenseits des Baches, der
im Volksmund auch noch „Ruschitte" genannt wird; diesseits
des Ufers als Gegenstück ein sehr schöner alter Bauernhof. —
Der Ansitz Garten ist Schauplatz des einst vielgelesenen Ro-
mans „Zwei Menschen" von Richard V o ß, der wiederholt in
Vahrn weilte. Bemerkenswert sind auch der Ansitz G a l l h o f
und die Häuser H u b e n b a u e r, S t i e g l h o f und Z i e g l -
h o f; die drei letztgenannten bringen mit Freitreppe und Loggia
einen Hauch des Überetscher Stils nach Vahrn, der gut zu
Lage und Klima paßt. — Die ebenfalls hübsch ins Dorfbild gefügte P f a r r k i r c h e z u m h l. G e o r g wurde, wie die
Brixner Kirchen und Neustift, um die Mitte des 18. Jh.s barockisiert; aus der Bauzeit der Kirche stammt der Grabstein
des Hans Pallauser aus weißem Marmor (1390) und eine Madonna aus derselben Zeit, und hohes Lob erhält d a s F r e s k o
d e r K r ö n u n g M a r i e n s von Weingartner: *... gemalt
von Meister Leonhard von Brixen (1474), die wunderbar frisch
erhaltenen Farben und die entzückenden Engel, die einen Tep-
pich halten, in die Posaune blasen oder auf der Orgel, Harfe,
Laute und Zither spielen* („Südtiroler Bilderbuch"). — Leider
muß vermerkt werden, daß den Straßenräubern unserer Tage

auch diese Kirche nicht heilig war; im März 1973 wurden die Monstranz und ein wertvoller Kelch gestohlen. Und da schon von betrüblichen Dingen die Rede geht, soll an dieser Stelle auch gesagt sein, daß man den berühmten Vahrner Kastanienhain in letzter Zeit leider mit Häusern verbaut und verstellt hat, die auch anderwärts ihren Platz hätten finden können.

Wer den schönsten Blick auf Brixen haben will, der muß von Vahrn aus die W a n d e r u n g zum kleinen Weiler S p i l u c k antreten. Steil führt der alte Plattenweg (Nr. 2) der Ruschitte entlang hinauf zu den in etwa 1300 Metern Höhe sich ausbreitenden, verstreuten und an den Hang geduckten Gehöften, in deren Mittelpunkt es seit einigen Jahren ein kleines Gasthaus gibt. Wer diese eineinhalb Stunden Fußweg scheut, kann Spiluck auch auf einer neuerdings gut ausgebauten, asphaltierten Straße erreichen, wofür man ungefähr auf Halbweg von Vahrn nach Schalders rechts abzweigen muß. Seit Ausbau dieser Straße gibt es jetzt drei Gasthäuser in Spiluck — Auf alle Fälle aber sollte man es nicht versäumen, sich den kurzen, ebenen Weg zur sogenannten „Platte" zeigen zu lassen; das ist ein felsiges, aussichtsreiches Eck mit einem ganz und gar unvergeßlichen Blick auf die alte Bischofsstadt und darüber hinaus auf die Türme der Geislerspitzen und weiter bis zum Langkofel; wer Brixen erkennen und mit e i n e m Blick umfassen will, der muß auf die Spilucker Platte steigen.

Der Weiler ist günstiger Ausgangspunkt für mehrere B e r g - t o u r e n : so kann man auf Weg 2 und später 3 über den Spilucker Sattel den Übergang nach R i o l machen (2½ Std.). Eine gute Stunde mehr braucht, wer den Spilucker Sattel über den 1963 m hohen Scheibenberg auf Weg 2 A erreicht (Orientierung nicht ganz einfach). — Den Weg zum Salcherhof über Franzensfeste siehe S. 154 in umgekehrter Richtung. — Schließlich kann man schon vor (südl.) dem Spilucker Sattel auf der Fortsetzung von Nr. 2 die K a r s p i t z e (2517 m) in 4 Stunden ab Spiluck ersteigen.

Ein weiterer schöner S p a z i e r g a n g führt von Vahrn über den für Autos gesperrten Weg Nr. 1 in nördl. Richtung über das alte, heute dem Verfall preisgegebene V a h r n e r B a d zum V a h r n e r O b e r s e e (30 Min.).

Der N a m e erklärt sich aus der geologischen Vergangenheit der Gegend: Bevor sich der Eisack beim Ochsenbühel seine Bahn in das heutige Riggertal gebrochen hatte, muß sein Bett zwischeneiszeitlich hier gewesen sein; diese Furche ist heute noch für die ganze Gegend von Vahrn charakteristisch. Nun wurde hier der Eisack durch das Geschiebe der Ruschitte zu zwei Seen aufgestaut, deren u n t e r e r heute nur mehr eine

222

moosige Wiese ist. Geblieben ist jedoch, wenn auch an den Rändern stark zugewachsen, der O b e r s e e.

Wie schon in Abschnitt III gesagt und im einzelnen dargelegt wurde, sind dank sorgsamer Hege der Fischreichtum des Vahrner Sees und die Verschiedenheit der Arten, die er beherbergt, rühmlich bekannt. Man vermerkt es wohltuend, daß gut fünf Minuten vor dem See beim Gasthaus „V a h r n e r S e e" (auch Campingplatz) alle Fahrzeuge geparkt werden müssen, so daß die Ruhe des Sees nicht durch Motorenlärm gestört wird. Obwohl der Verkehr auf Eisenbahn, Autobahn und Staatsstraße nur in wenigen hundert Metern Luftlinie vorüberbrandet, ist der malerisch mit Schilf umstandene See eine stille Oase geblieben, durch Waldstreifen vom Lärm abgeschirmt — ein ideales Ausflugsziel für naturliebende Menschen.

Waldeinsamkeit macht stolze Seelen und gibt kühne Gedanken, dem verzagten Säkulum zum Trotz... im Gefühl der Waldunabhängigkeit lachte ich beinahe laut beim Gedanken, wie oft der Mensch im Okzident aus Unkunde wahren Glückes nach Phantomen hascht und wie oft er feige um kindischen Flitter, um törichten Lohn, Ehre, Gut und Zufriedenheit verkauft...
(J. Ph. Fallmerayer, „Fragmente aus dem Orient")

Lassen wir den *kindischen Flitter* zurück, machen wir uns auf den Weg in die tiefen Wälder des Tales von S c h a l d e r s. Die neue, asphaltierte Straße überlassen wir dem, der's eilig hat; wir haben die Wahl, uns der munteren Gesellschaft des Schalderer Baches zu versichern und hier in köstlicher Kühle eine Dreiviertelstunde lang den alten Talweg zunächst bis zum S c h a l d e r e r B a d zu verfolgen. Im Winter ist dieser Weg eine beliebte und gut ausgebaute R o d e l b a h n.

Das Bad selbst ist nicht mehr als solches in Betrieb, sondern wird heute als Ferienkolonie geführt; eine einfache Gaststätte wird jedoch noch offengehalten. — Früher war das Bad weitum berühmt. Staffler lobt die *balsamischen Lüfte, die Geist und Körper stärken* und das eisenhältige Wasser, das *in Magenleiden, in Anschoppung des Unterleibes, in der Hypochondrie und bei ähnlichen Beschwerden sehr heilsam* sei. Das Bad wurde vor allem auch von Überetscher Weinbauern aufgesucht, um *hier den Magenweinstein aufzulösen* (Mader).

Ein anderer Weg führt, von Vahrn ausgehend, zwischen alter und neuer Straße sehr hübsch über Wiesenwege von Gehöft zu Gehöft in das kleine Kirchdorf, das nur aus wenigen Häusern besteht (Gasthaus); dafür breiten sich gut ein Dutzend Einzelhöfe am Sonnenhang und ziehen sich hinauf bis nahe unter die Schalderer Alm, die von der Karspitze überragt wird.

Die **Kuratialkirche zum hl. Wolfgang** besitzt eine
Statue des Kirchenpatrons aus der Zeit um 1500. Die 1436 geweihte Kirche wurde im 17. Jh. umgebaut, der Hochaltar entspricht den barocken Werken, die in der Brixner Gegend um
die Mitte des 18. Jh.s entstanden sind. — Der Bildstock vor
dem Badhaus ist ein Werk des Vahrner Bildschnitzers Raphael
Barath, um 1652 (WG).

Von Bad Schalders wandern wir eineinhalb Stunden den heute
zu einer Forststraße ausgebauten alten Talweg in mäßiger Steigung bergan (Nr. 4); die Höfe hier im Talinneren gehören zu
den entlegensten des Landes. Wenn die Kinder im Winter ins
Dorf hinaus zur Schule gehen, sehen sie meist keinen Zaun
mehr — alles liegt unter meterhohem Schnee. Der große und
schöne **Steinwendthof** an der sonnseitigen Talflanke
(1548 m) mit einer alten und einer erst vor wenigen Jahren
errichteten neuen Hauskapelle ist Besitz und Sommerfrische der
Augustiner-Chorherren von Neustift. Ein Marterl beim Hof kündet davon, daß hier im Jahre 1830 sieben Bauern am Heimgang
von der Christmette durch eine Staublawine verschüttet wurden:
*Es sei jedem Menschen Kunde / Grad um die Mitternachtsstunde /
War der Todesengel schrecklich keck / Und nahm von den Sieben
Sechse weg.* —
Ungefähr gegenüber von Steinwendt zweigt von unserem Weg 4
die steile Markierung 5 ab, von der sich nach einer knappen
Stunde die Nr. 13 nach links (östl.) trennt; sie führt in weiteren
30—45 Min. zu jenem See, der sich mit dem Puntleider See
den Rang streitig macht, der schönste im Kranz der Sarntaler
Alpen zu sein; wir sind am **Schrüttensee.**

> Richtiger muß von den **zwei** Schrüttenseen die Rede sein;
> der eben geschilderte Weg dient übrigens besser zum Abstieg,
> um die Runde zu schließen, die man von Brixen—Tils—Gast-
> haus „ **Feichter** " (1349 m, in prächtiger Lage über der Stadt;
> bis hierher auch mit Auto) und von hier über den Weg 13
> beginnt (Feichter — Schrüttenseen etwa 3 Std.; Schalders —
> Schrüttenseen eine halbe Stunde mehr).

Über die Schrüttenseen steht im „Südtiroler Wanderbuch" des
Verfassers: *Es gibt in Südtirols Bergen nur sehr wenig Plätze, die
diesem an Schönheit gleichkommen ... kristallklare Seen zwischen
Millionen von Alpenrosen, zwischen sattgrünen Zirbeln und hellen
Steinlammern.* — Im großen Schrüttensee, der nachweisbar schon
sehr früh von der bischöflichen Mensa mit Bachforellen bewirtschaftet wurde, gibt es diese Art heute noch; den Fischer wird
es interessieren, daß man hier zum Großeinsatz von Regenbogenforellen per Hubschrauber geschritten ist, und zwar mit gutem

Erfolg, wenngleich jeweils im Frühjahr ein Teil der größeren Fische (ab 300 g ca.) abzuwandern versucht und in den bald versiegenden Abflüssen verendet (Mitteilung Dr. Lutz). Neuerdings ergibt sich für den großen See die Gefahr des Auslaufens, da der alte Sperriegel in stets steigendem Maß wasserdurchlässig geworden ist. Man versucht jedoch, diese Gefahr durch Beton-„Injektionen" zu bannen.

Von den Schrüttenseen führt eine Markierung 7 in 45 Min. zur Lorenzischarte (2198 m) und stellt damit die Verbindung her zu Königsanger (2439 m) und Radlsee (2557 m; Schutzhaus der Sekt. Brixen des Südtiroler Alpenvereins, Näheres unter dem Stichwort „Radlseehütte"); hierher ab Schrüttensee etwa 2 Stunden.

Schließlich muß noch der früher vielbenützte Übergang von Schalders nach Durnholz im Sarntal erwähnt werden, der über die Schalderer Scharte (2329 m) führt; man rechnet von Schalders nach Durnholz am gleichnamigen See 5½ Stunden (Weg Nr. 4). Von Sarntal/Durnholz über die Schalderer Scharte zum Bad Schalders und von hier, stets am Hang bleibend, über Spiluck und von dort an den Hängen des Scheibenberges zum Salcher nach Riol führt ein uralter Wallfahrtsweg, der schließlich Maria Trens bei Sterzing zum Ziel hatte. Derzeit besteht ein Projekt, diesen schönen Höhenweg von Durnholz über die Scharte nach Schalders zu einer gänzlich unnotwendigen Straße auszubauen, und ebenso ist der Schalderer Bach — einer der schönsten ungestört dahertobenden Bergbäche Südtirols — in Gefahr, für eine Bewässerungsanlage abgeleitet zu werden.

Die Beziehungen zwischen Schalders und Sarntal sind noch immer deutlich nachweisbar, vor allem etwa im Brauch des sogenannten „Klöckelns", das im Sarntal noch eifrig geübt wird und bis nach Schalders, zum Pfeffersberg und noch nach Feldthurns ausstrahlt. Es handelt sich um einen uralten heidnischen Brauch (Besänftigung böser Naturgeister durch Opfer), der später mit der christlichen Herbergssuche („anklocken", also anklopfen) verbunden und auf die drei letzten Donnerstage im Advent verlegt wurde; Lärm, Vermummung und „heiliger Kreis" weisen noch auf die heidnische Wurzel, während die „Klöckellieder" schon vielfach christlichen Inhalt haben.

DIE HOCHFLÄCHE VON NATZ-SCHABS. Seehöhe 772 m; von der Pustertaler Straße zu erreichen (Brixen —Schabs 5,5 km) oder von Brixen über Elvas nach Natz, auf Lokalstraße 4,5 km; Autobusdienst ab Brixen für alle Orte des Plateaus. Die Eisenbahnhaltestelle Schabs ist aufgelassen. — Sitz der Gemeinde in Schabs, insgesamt 1297 Einw. (davon 88 Italiener), verteilt auf die Fraktionen Natz, Raas, Viums und Aicha (unter Franzensfeste behandelt); Elvas, am Südrand der Hochfläche gelegen, gehört zur Gemeinde Brixen. — Öffentl. Fernsprechstelle im Raspenhof, Natz; mechan. Werkstätte und Postamt in Schabs (Postleitzahl 39040). Raiffeisenkasse in Schabs und in Natz. — Zahlreiche Gasthöfe und Pensionen (400 Betten) an der Pustertaler Straße, an der Straße Brixen—Elvas und in den Ortschaften selbst. Auskünfte: Verschönerungsverein oder Gasthof „Stern", Schabs. — Das Wappen, ein weißer Reiherkopf in drei rote Flammen auslaufend, ist jenes der Herren von Sebs und Lyne, die sich später *von Schabs* nannten.

Die Hochfläche von Natz-Schabs nimmt in der Landschaft des Eisacktales, ja ganz Südtirols, eine absolute Sonderstellung ein; dieses nahezu herzförmige Stück zwischen Eisack und Rienz, der alte Talboden eiszeitlicher Gletscherströme, ist von seltsamer Herbheit, fast einer Heide des Nordlandes gleich; der Wind, der von den schimmernden Pfunderer Bergen her kommt, tollt durch Busch und Feld und kräuselt den trüben Spiegel einsamer Hochmoore. Das sind die Reste von dem See, der hier aus dem Jahre 1526 noch als gutes Fischwasser bezeugt ist; dazu vermeldet der Landreim des Geroldshausen (1558) auch die *Schäbser räsch Hasen* — also so recht eine Gegend zum Jagen und Fischen und zur Rast wohl dort, wo es sich heute noch gut einkehren läßt, am rebenreichen Hang von Neustift, Kranebitt und Stufels. Der unmittelbare Übergang steckt auch im Silvaner, der dort wächst, oder im Wein, der den köstlichen Namen „Steinraffler" trägt: da ist die ernste Welt der Felsen und Wälder auf seltsame Weise vermählt mit allem Leichtsinn ewig sonniger Tage.

Zur G e s c h i c h t e der Gegend ist schon unter „Brixen" vermerkt worden, daß sich auf dem Plateau zahlreiche Urzeitsiedelstätten nachweisen ließen, die vor allem von Adrian Egger erforscht wurden („Brixner Heimatbuch"); nach dem sog. „Laugen", einer durch den Gletscher ausgeschliffenen Felsmulde, die 1489 vom Kloster Neustift als Fischwasser bewirtschaftet wurde und später versumpfte, benennt Egger die L a u g e n e r K u l t u r und glaubt, daß *Leute der La-Tène-Zeit... dort Häuser auf Pfählen gebaut haben;* als besondere Merkmale der Laugener Kultur nennt Egger u. a. Rundhenkel, abgeschnürte Gefäßböden, tauförmige Ornamente an den Henkeln, plastische Leisten usw. — Egger geht sogar so weit, in dieser *Natzer Platte eine natürliche Großfestung der Urzeit* zu sehen (vgl. die Arbeit unter diesem Titel in „Schlern", Jg. 1951, S. 80—81, sowie das neue Werk von R. Lunz, „Ur- und Frühgeschichte Südtirols", Bozen 1973).

Der N a m e des Hauptortes (um 1057 urkundl. *Novzes* bzw. *Nozes)* wurde von Schneller mit *nux* (Nußbäume), von Steinberger jedoch mit einer älteren, vorroman. Wurzel *nauda* (Sumpf) zu deuten versucht.

G e o g r a p h i s c h müßte man das Plateau von Natz-Schabs östl. der Wasserscheide bereits zum Pustertal rechnen, da es im Einzugsgebiet der Rienz liegt. Es wurde jedoch schon im Abschn. II darauf hingewiesen, daß das gesamte Plateau, ja darüber hinaus auch noch Rodeneck, Mühlbach und Vals zum „Eisacktal" gerechnet werden, da man das Pustertal aus historischen Gründen (1271—1500 Grenze zwischen Tirol und Vordergörz) und auch aus daraus resultierenden dialektgeographischen Gründen (Linie Zillermündung - Mühlbacher Klause, vgl. Kühebacher in „Schlern" 1963) stets bei eben dieser M ü h l b a c h e r   K l a u s e beginnen läßt. Da nun Band 2 der vorliegenden topographischen Reihe (Rampold, „Pustertal"), Mühlbach, Rodeneck und Spinges noch einbeziet, soll für dieses Buch S c h a b s   a l s   N o r d g r e n z e gelten, um ein unnötiges sich Überschneiden der Beschreibungen zu vermeiden. Das in Band 2 nicht behandelte L ü s e n t a l wird jedoch im folgenden Gegenstand unserer Betrachtung sein.

Obwohl alle Orte des Plateaus heute durch gute Straßen miteinander verbunden sind, lassen sich noch viele W a n d e r - w e g e auf dieser eigenartigen Hochfläche begehen; so ist etwa der Fußweg von Brixen über den Ansitz Krakofel und die Törggelestation „ G u g g e r " nach E l v a s (814 m; Weg 1/2) und von dort (zuerst noch 2, dann 3) über den schönen P a c h e r - h o f absteigend nach Neustift ein beliebter Spaziergang, in seinem ersten Teil auch großartige Tiefblicke in die R i e n z - s c h l u c h t vermittelt.

Über diese wilde Schlucht führt eine (nicht begehbare) Hängebrücke (160 m lang) und bringt in einer gewaltigen Rohrleitung aus Lüsen bzw. vom Hang der Plose das für die Natzer Hochfläche so lebenswichtige Wasser; diese 1957 von der Firma *Mannesmann* erstellte Trinkwasser- und Großberegnungsanlage (Verteilungsnetz von 50 km Länge) gilt als die größte ihrer Art in Europa und hat längst die letzten Ziehbrunnen *(Ziggl)* verdrängt, die noch nach dem Ersten Weltkrieg mit ihren langen Hebearmen typischer Bestandteil des herben Landschaftsbildes von Natz-Schabs gewesen sind.

Die K i r c h e   S t.   P e t e r   u n d   P a u l in Elvas wird, wie Weingartner vermerkt, *angeblich schon 1077 erwähnt;* der

Spitzturm stammt jedoch erst aus dem Jahre 1609, die Form und Einrichtung der Kirche aus dem beginnenden 18. Jh., die Friedhofskapelle aus dem 17. Jh. — Der Kirchplatz ist überaus schön und aussichtsreich; erwähnenswert sind auch die hübschen Hausfresken am Felderhof. Vom „V ö l k l w i r t" in Elvas gingen zu Beginn unseres Jahrhunderts wesentliche Bestrebungen zur Veredelung des Brixner Weinbaues aus, was ebenso für den Vater des heutigen Bauern auf dem P a c h e r - h o f im nahen Neustift gilt, den wir als klassisches Ziel von Wanderungen zum „Törggelen" schon erwähnt haben. Die genannten Weinbauern haben hier den Veltliner, den Silvaner, den Ruländer und den Müller-Thurgau angebaut und in der Veredelung der Rebe sowie in der fachgemäßen Verarbeitung ihrer Frucht als wahre Pioniere gewirkt, denen der Brixner Wein heute viel von seinem guten Ruf dankt.

Elvas ist mit N a t z (891 m) durch eine Straße verbunden, die am obenerwähnten Laugen vorbeiführt; eine Straße ersetzt auch den hübschen alten Fußweg von Elvas nach R a a s (837 m), doch kann man hier gut und gern querfeldein seine Wege suchen und muß nur darauf achten, daß man einem militärischen Sperrbereich mit eigener Straße nicht zu nahe kommt (im Umkreis deutliche Verbotsschilder).

Die zu Neustift gehörende P f a r r k i r c h e z u d e n H e i l i - g e n P h i l i p p u n d J a k o b in Natz hat den Turm von 1400 (Helm aus neuerer Zeit) und das Langhaus um 1500, aus Granitquadern erbaut. Die Madonna am Hochaltar mit musizierenden Engeln und den Heiligen Agnes und Ursula ist *pacherisch, um 1400* (WG). — S t. Ä g y d i u s i n R a a s ist angeblich schon 1173 geweiht, der heutige Bau ist spätgotisch mit neugotischer Einrichtung. — Raas lag bis vor kurzem abseits der Verkehrswege und hatte sich ein überaus idyllisches Dorfbild bewahrt. Besonders schön der Blick vom Weg nach Elvas, wenn plötzlich Brixen mit seinen Türmen ins Blickfeld tritt. — In Raas hat sich auf Grund eines alten Gelöbnisses aus der Zeit um 1850 — die Kirche war damals am Ägydiustag (1. Sept.) in höchster Feuersgefahr gewesen — der schöne Brauch der B r o t s p e n d e bis in unsere Tage erhalten. So wurden z. B. 1974 an die 600 roggene Schüttelbrote gebacken und nach einer feierlichen Andacht an die Kirchgänger verteilt; der Totengräber erhielt eigens 30 Brote, wie seit 300 Jahren. Als 1976 in der Kirche ein neuerlicher Brand ausbrach, konnte das Gotteshaus gerettet werden.

Eine weitere lohnende W a n d e r u n g in diesem Gebiet führt von Raas über Natz nach V i u m s (897 m; Weg 4 und 1) und von dort steil absteigend in die Rienzschlucht, die hier in der sog. „Rundl" überbrückt wird. Der Fluß windet sich hier in einer Rundung um den steilen, bewaldeten Burghügel der gewaltigen Feste R o d e n e g g, den man in steilen Serpentinen (1 Stunde ab Viums) ersteigen kann.

Von den Kirchen der Natzer Hochfläche ist S t. M a g d a l e n a in Viums wohl die schönste. Der gotische Bau (um 1500, der Turm im 17. Jh. verändert) enthält einen hübschen Altar mit Marienbild, in dem Weingartner eine Arbeit von Stephan Keßler vermutet. — Im April 1975 wurde die Kirche aller ihrer kostbaren gotischen und barocken Skulpturen beraubt, kurz vor eine Alarmanlage eingebaut werden sollte; vorher deponiert wurden nur die Kerzenstangen. — Die Fassade des „Viumser Hofes" schmückt ein Fresko mit dem „Lauterfresser" (siehe unten), von Siegfried Pörnbacher (1975).

Unsere Wanderung über die Natzer Hochfläche endet in S c h a b s (772 m), dem hübschen Verwaltungssitz der Gemeinde, an der Pustertaler Straße („Schabser Höhe") gelegen und durch Straßen mit Viums, Natz und Schabs/Elvas verbunden. Sehr gut läßt sich eine Überquerung des Plateaus von Schabs auf der bereits erwähnten Markierung Nr. 8 durch das Riggertal schließen, wofür man Neustift als Ausgangs- und Endpunkt wählen kann. Am Flötscher Weiher (Gasthaus) werden internationale Wettbewerbe im Eisschießen ausgetragen.

Die bedeutenden Lehmvorkommen des hier angetrifteten Geschiebes ließen eine große Z i e g e l e i entstehen, an die sich jüngst ein Industrieunternehmen für Beton-Fertigteile angeschlossen hat. Außerdem gibt es hier Großgärtnereien für Zierpflanzen und Bäume aller Art. Laut Dalla Torre erreicht der gelbe Fingerhut *(Digitalis lutea)* hier seine Nordgrenze.

Die P f a r r k i r c h e z u r h l. M a r g a r e t h wurde in ihrer heutigen Form um 1500 aus Granitquadern erbaut, der Turm nach dem Vorbild des „Weißen Turmes" in Brixen errichtet. Das Ende des 18. Jh.s barockisierte Innere zeigt Deckengemälde von Brixner Malern (Schor, Mitterwurzer) und einen reich ausgestatteten Hochaltar, zum Teil aus dem 17. Jh., Tabernakel und Altarbild (Kopie nach Christoph Unterberger) aus dem 19. Jh. (WG). — Im Befreiungskrieg der Tiroler hat sich Peter K e m e n a t e r, Wirt zum „Stern" in Schabs, durch Tapferkeit rühmlich hervorgetan (Gedenktafel).

Da und dort in den Dörfern der Natzer Hochebene ist noch die Erinnerung an den bösen L a u t e r f r e s s e r lebendig, der drüben im Rodenegger Schloß abgeurteilt wurde für all seine Schandtaten, seinen Henkern aber noch auf dem Weg zur Hinrichtungsstätte entkam.

Diese in der Brixner Gegend weitverbreitete S a g e hat durchaus handfeste historische Unterlagen, da uns die Prozeßakten aus dem Jahre 1645 erhalten geblieben sind. Der „Lauterfresser", mit dem bürgerlichen Namen Matthäus Perger genannt, stammt wie sein nachmaliger, im · besseren Sinne berühmten Landsmann Fallmerayer aus dem Weiler Pairdorf am Pfeffersberg. Seinen Übernamen verdankte er seiner Vorliebe für „lautere" (flüssige) Nahrung. Ähnlich wie das Pfeifer-Huisele konnte er sich in eine Mücke verwandeln, schlechtes Wetter machen und ungetreue Liebesleute wieder zusammenbringen. Lesen hatte er — laut eigener Aussage im Prozeß — durch Entziffern von ihm bekannten Grabschriften gelernt; er hatte auch ein „Büchl" über den Lauf der Planeten und wußte daraus Schicksale zu deuten — ein kleiner *Cagliostro* aus Tirol. Für seine Verwandlungskünste brauchte er aber unbedingt Erde, und als er zum erstenmal zum Richtplatz geführt wurde, da wußte er es so anzustellen, daß ihm ein kleines Kind eine Handvoll Erde auf den Schinderkarren warf — und schon war er als Mücke über alle Berge. Beim zweitenmal aber — so die Sage, ohne urkundlichen Beleg — lötete man den Zauberer in zwei metallene Halbkugeln ein, hackte ihm zuvor noch die Hand ab und briet ihn solange am Feuer, bis er zu Asche zerfiel. Nach anderer Version wurde er in heißem Öl gesotten und konnte nicht entkommen, weil man im Umkreis geweihte Dinge aufgestellt hatte. („Schlern" 1923; mehrere Gewährsleute, darunter der Vater des Verf.)

DAS LÜSENTAL. Seehöhe von ca. 600 m (Mündung des Lasankenbaches in die Rienz) bis zur Peitlerscharte (2361 m); die Siedlung „Dorf" (Sitz der Gemeindeverwaltung) liegt auf 971 m; das ganze Tal zwischen Peitlerkofel (2874 m) und der Lasanke-Mündung bildet eine einzige Gemeinde mit den sieben Fraktionen (urkundl. *Oblate, Obley)* Kreuz, Huben, Berg, Rungg, Flitt, Petschied und Dorf, mit insges. 1358 Einw., davon 7 Ital. Lüsen hat eine Musikkapelle seit dem Jahr 1814. — Die nunmehr verbreiterte, gut ausgebaute und bis Petschied asphaltierte Straße führt von Brixen (Adlerbrükke) zunächst am Westhang der Plose entlang, biegt beim „Walder" nach Osten und erreicht nach 13 km den Hauptort Lüsen-Dorf: ab Petschied führt die Straße vorerst für Forstzwecke schon nahe an das Würzjoch, wo sie demnächst an die Höhenstraße Brixen—Gadertal Anschluß finden wird. — Jahresdurchschnittstemperatur laut Dalla Torre 6,8° C. — Autobusverbindung Brixen—Lüsen. — Öffentl. Fernsprecher (Geschäft Melauner; Postleitzahl 39040); Schalter der Spar- und Vorschußkasse Brixen (Geldwechsel). — Mehrere Gasthäuser an der Straße und im Ort (ca. 300 Betten im Gemeindebereich); Auskünfte durch Verkehrsverein Lüsen. — Die Kabinenseilbahn nach Lüsen-Berg (1450 m; Gasthaus

„Tulp") ist durch eine Straße ersetzt. Güterwege zu fast allen Fraktionen, so auch zum Weiler Kreuz mit Anschluß nach Rodeneck. — Das Wappen entspricht einem Original des Jahres 1607 (in der fürstbischöfl. Konsistorialkanzlei Brixen).

Das Lüsental reicht von der Traube bis zum Zirbelzapfen.

(Joh. Jak. Staffler)

Seit Menschengedenken haben die Bauern von Lüsen gegen das Toben der Wildwasser zu kämpfen, vorab gegen den wilden G f a s e b a c h, der die endlose Weite der Lüsener Alm aus tausend kleinen Rinnsalen entwässert und dann in steilem Lauf gegen das Dorf herunterbricht; noch 1966 spülten die Wildwasser hier und drinnen in Petschied alles Menschenwerk hohnlachend vor sich her, und tagelang war die Straße nach Lüsen unterbrochen, waren die Gehöfte von Lüsen-Berg von der Welt fast abgeschnitten, da die Bergwege zu Gießbächen geworden waren; umfangreiche, in den letzten Jahren durchgeführte Wildbachverbauungen sollen Lüsen in Zukunft vor solchen Gefahren beschützen.

Sobald sich aber die Gewitterwolken verziehen und Sonnenstrahlen durch die aufsteigenden Nebel schießen, zeigt sich in Lüsen eine schöne Welt aus Wiesen, Wald und himmelnahen Berghöfen, aus deren Bereich man in die Weite der großen L ü s n e r A l m steigen kann; als Stützpunkt haben wir da oben die S t a r k e n f e l d - und die K r e u z w i e s e n - H ü t t e (1925 m) mit berühmtem Blick zu den Nordwänden des Peitlerkofels. Tagelang läßt sich's über diese Almböden schlendern, und man wird kaum einem Menschen begegnen, höchstens schweigsamen Hirten in schweren Mänteln, die am Abend vielleicht erzählen, von dem Riesen auf Niwenól, der so stark war, daß ganz Lüsen zitterte, wenn er den Roggen drosch; nach seinem Tod machte man aus der Stange des Drischels eine ansehnliche Dachrinne und aus dem Drischel selbst einen Wassertrog fürs Vieh; und der Großvater wußte noch vom Stieropfer zu erzählen, das alljährlich zum Ulrichstag (4. Juli) am Parseider Boden zu Petschied dargebracht wurde, wobei man das Fleisch des in großen Kesseln gesottenen Tieres an die Armen verteilte; das half gegen Krankheiten des Viehs. Als 1822 ein neuer Kooperator den uralten Brauch abschaffte, da gab es großen Schaden im Stall; die Leute waren recht ungehalten und nannten den Priester den *Stierkooperator* (Fink, Dalla Torre).

231

Lüsen ist so recht eine Gegend für erholsame Ferien; die Schattseite hat endlose Wälder, während die hübschen Höfe *theils auf dem wohnlichen Gehänge der nördlichen Gebirgsflanke* (Staffler) verteilt sind; es gibt hier wenig Lärm, nicht viel Verkehr und keinerlei Sensation — groß sind die Linien der Landschaft, deren wirtschaftliche und verkehrsgeographische Bedeutung das Tal schon relativ früh in das Licht der G e s c h i c h t e treten läßt:

König Arnulf schenkt der bischöfl. Kirche Brixen 893 den *forestis ad Lusinam,* der spätestens seit dem 13. Jh. Sitz eines bischöfl. Gerichtes ist. Schon aus dieser frühen Zeit ist die Rivalität zwischen Rodeneck und Lüsen bezeugt, die heute noch unter der Bevölkerung lebendig ist. Huter sieht darin ein Abwehren des Vordringens der Herren von Rodenegg, da die Brixner Bischöfe in Lüsen einen wichtigen Lieferanten von Naturalien hatten (bischöfl. Meierhof im Dorf).
Bedeutend ist die Rolle des Tales als Bindeglied zwischen dem Brixner Talkessel einerseits und dem Pustertal bzw. dem ladinischen Gadertal anderseits. So führt ein einst vielbegangener Weg über das S t . - J a k o b s - S t ö c k l (2026 m) nach Montal und St. Lorenzen (heute Weg Nr. 2, 5—6 Std. von Lüsen nach Montal), und ebenso ist der Übergang über das L ü s e n e r   J o c h (2008 m) nach dem ladinischen Untermoi wichtig (Weg 13, 5—6 Std., teilweise Güterweg). Schließlich reicht die Lasanke bis zur eingangs erwähnten P e i t l e r - s c h a r t e (2361 m; Weg 1, 5½ Std. ca., Straße im Ausbau) bzw. bis zum H a l s l (auch Kofeljoch, 1866 m), das den Übergang wahlweise nach A f e r s oder ins V i l l n ö ß vermittelt. — Fink berichtet sogar davon, daß einst der Bau der Pustertal-Eisenbahn durch Lüsen projektiert gewesen sei (wohl um Brixen zum Knotenpunkt zu machen), doch sollen diese Pläne am schlechten Gestein des Rungger Klocker gescheitert sein; im Inneren dieser Kuppe nagt unablässig ein vielhundertjähriger *Wurm,* der auch Schuld daran trägt, daß sich immer wieder Bergstürze und Muren ins Tal ergießen (Fink). — Wie wild und unwegsam die Gegend hier lange Zeit war, mag auch daraus hervorgehen, daß laut Pfarrchronik Lüsen hier noch 1782 der gefürchtete Luchs erlegt wurde, der laut Staffler als der gefährlichste Feind der Schafe, Rehe und Hirsche galt. — Hinsichtlich der Tiroler Freiheitskriege ist von Lüsen wenig zu vermelden, höchstens die Tatsache, daß sich die zur Schlacht von Spinges entsandten Lüsener Schützen beim Rodenecker Wirt so lange verspäteten, daß sie gar nicht mehr zu kriegerischen Ehren kamen (Fink). — Aus der neueren Dorfchronik ist der verheerende B r a n d des Jahres 1921 zu nennen, dem fast das ganze Dorf Lüsen zum Opfer gefallen ist; es soll sich um eine bis heute nicht restlos geklärte Brandstiftung gehandelt haben.

Ganz Lüsen mit seinen weiten Wanderwegen und vielfach sanften Kuppen hat als S k i g e b i e t eine bedeutsame Zukunft, vor allem seit es endlich gelungen ist, die Höfe von Lüsen-Berg mit einigen guten Verbindungswegen (früher Seilbahn) zugänglich zu machen. So ergibt sich auch im Sommer eine Reihe von W a n d e r u n g e n auf dem Lüsner Berg und auf den darüberliegenden Almen. Wir nennen hier vor allem den Aufstieg über den reizend gelegenen Weiler F l i t t (1381 m; großartiger Blick zum Peitler; in der 1913 erbauten Kapelle Teile eines gotischen Altares um 1510) zur Kreuzwiesen-Hütte und weiter gegen Westen über die Alm, mit Abstieg zum Wh. „Tulp" (auch umgekehrt zu begehen) oder (Fortsetzung der Wanderung bis zum wunderschön gelegenen V i l l p e d e r H o f (1637 m) mit Marienkapelle. — Die Weiler Rungg und Flitt sind heute bereits über eine Forststraße zu erreichen, die bis zum Weiler K o m - p a t s c h reicht; diese Höfegruppe mit einfacher Kapelle schließt taleinwärts an die Häuser von Flitt an.

Der Ansitz der Herren von M a y r h o f e n („Moar") im Dorf wurde schon genannt. Bis zu einer durch Erbteilung bedingten Auflösung im Jahre 1941 war der „Moar" einer der größten Höfe des Eisacktales, und noch heute ist er der größte in Lüsen. Seinerzeit aber zählte der alte Bauer einmal 99 Leute am Tisch und wollte einen Hundertsten einladen, fand aber keinen mehr, der frei war. Für die 22 Knechte und Mägde wurden die *Schlutzer* (gefüllte Teigkrapfen) mit dem Schubkarren in die Stube gefahren (nach Fink). — Die P f a r r k i r c h e z u m h l. G e o r g wurde 1502 geweiht und 1773 bis 1775 erweitert und barockisiert; renoviert nach dem Brand im Jahr 1921. Die Einrichtung ist durchwegs neueren Datums, mit Ausnahme der Monstranz (Meister Christoph, 1490) und einer Pietà um 1430, neu gefaßt im 19. Jh., sowie zweier Grabsteine aus weißem Marmor (1511/1512).

Interessanter ist die neben der Pfarrkirche stehende S a n k t - K i l i a n - K i r c h e, die 1683 erneuert wurde, so daß vom ursprünglichen Bau um 1400 nur Teile erhalten sind. Der Flügelaltar hat einen alten Hauptschrein, während die Flügel um 1880 übermalt wurden; die Seitenaltäre sind 17. Jh., die Kreuzigungsgruppe mit Maria und Johannes Ende 15. Jh.

Schließlich muß noch S t. N i k o l a u s i n P e t s c h i e d genannt werden, und zwar vor allem deshalb, weil Innerebner („Schlern" 1946) hier ein altes Quellheiligtum vermutet (vgl. auch die Sage vom Stieropfer!). An der Evangelienseite des Chores entspringt eine Quelle, die außerhalb der Kirche in einem Trog gefaßt wird; früher zogen vor allem Augenleidende hierher, um Heilung zu finden. Die chemische Zusammensetzung des Wassers ist nicht erforscht. Schließlich verweist Innerebner noch auf einen *Gschliererbühel* in der Nähe (ca. 90 m über der Kirche), auf dem Adrian Egger Scherbenfunde aus der Bronzezeit (2000—1000 v. Chr.) tätigte. Die Volksüberlieferung weiß auch von einem verschütteten Loch zu berichten, in dem ein heidnischer Altarstein zu sehen gewesen wäre (Innerebner, Fink).

Die Lüsener („Li'ssna", wie sie selbst in ihrem an das Pusterische anklingenden Dialekt sagen) haben im 16. Jahrhundert das W i e d e r t ä u f e r t u m hartnäckig bewahrt; doch scheint auch hier wie anderwärts das Sektierertum seinen Nährboden in der damaligen üblen sozialen Lage gefunden zu haben. Diese Not war es wohl auch, die den vom heute abgekommenen Dosserhof in Lüsen stammenden Balthasar D o s s e r zum Rädelsführer eines neuen Bauernaufstandes werden ließ. Dosser war von Haus aus Müller, sank aber zum vagierenden „Gardtknecht" herab, wie man damals die brotlosen Landsknechte nannte, und hatte den Kopf voller wirrer Ideen, die vor allem darauf ausgerichtet waren, für sich und seine Lebensgefährtin ein gutes Auskommen ohne geregelte Arbeit zu schaffen. So war er, der um 1520 in Lüsen geboren wurde, nach etwa zwanzigjähriger Kriegszeit *wie die meisten seiner Spießgesellen ein armer Schlucker ... von heute auf morgen lebend, ohne ein fixes Wollen, nicht nach einem scharf umrissenen Programm wie Gaismair ...* (A. Hollaender in „Schlern", Jg. 1931). — Schon aus diesem Urteil geht hervor, daß Dosser nicht annähernd das Format eines Gaismair hatte; er wurde dann auch noch vor dem ungenügend vorbereiteten Aufstand in Klausen samt seiner Konkubine gefaßt, auf den Tag zu Weihnachten 1561. Schon am 20. Februar 1562 erging gegen Dosser und einige seiner Komplizen das Todesurteil. Dosser selbst wurde am 26. Februar vor dem Rathaus in Innsbruck bei lebendigem Leibe gevierteilt.

Die Pfarrchronik von Lüsen enthält Abschriften der Gerichtsprotokolle, die im „Schlern", Jg. 1953, vom Pfarrer Ed. Mair unter der Eggen publiziert wurden. Hier ist auch vermerkt, daß die Dosser 1886 mit dem Tod des kinderlosen Kassian Dosser in Lüsen ausgestorben sind.

Im gegenteiligen und positiven Sinne berühmt wurde der Pfarrer Anton K u e n (1740—1811) aus Lüsen, der es vor allem wegen seiner Volksschulreformen verdient, rühmend hervorgehoben zu werden. Der Brixner Historiker und Sagenforscher Joh. Adolf H e y l hat diesem Mann ein Denkmal gesetzt („Gestalten und Bilder aus Tirols Drang- und Sturmperiode", Innsbruck 1890), der im Auftrag des Bischofs Leopold v o n S p a u r in Brixen die „Innsbrucker Schulreform" des Jahres 1771 durchführte (Stoll, vgl. Lit.-Verz.).

Schließlich sei noch hervorgehoben, daß der derzeitige Bischof der Diözese Bozen-Brixen, Exz. Dr. Joseph G a r g i t t e r (geb. 21. 1. 1917 in Brixen), aus Lüsen stammt. Der Name ist auf den derzeit nicht mehr bewohnten Hof G a r g i t t (1507 m) in steiler Berglage hoch über dem Dorf zurückzuführen.

PLOSE UND ST. ANDRÄ. Am Fuß und am Westabhang des Brixner „Hausberges" Plose (gegen das Eisacktal beherrschend im Blickfeld der „Telegraph", 2504 m) liegen die zur Gemeinde Brixen gehörenden Ortschaften Milland, Sarns und St. Andrä mit den Weilern St. Leonhard, Melaun und Klerant mit insges. ca. 2250 Einw.; Seehöhe wie Brixen (Milland, Sarns) bzw. 950 m die Mittelgebirgsterrasse von St. Andrä; Verbindungsstraße am linken Eisackufer und von ihr abzweigend die Plosestraße, asphaltiert, 27 km von Brixen bis Kreuztal und weiter (schmäler) zur Plosehütte (2447 m); Seilbahn ab Milland mit Mittelstation St. Andrä zum Hotel „Kreuztal" (2016 m, Höhenunterschied 1430 m); ab Bergstation Gondellift zur Plosehütte; von Palmschoß (Abzw. der Plosestraße, „Sporthotel" u. a., 1850 m) Sessellift zum Pfannberg (2547 m) und in das Gebiet des Gablers (2562 m), außerdem Schlepplifts in dem bestens erschlossenen Skigebiet; Autobusdienst auf der Plosestraße; zahlreiche Gasthöfe und Fremdenbetten. — Auskünfte Kurverwaltung Brixen, Bahnhofstraße; Postamt, Raiffeisenkasse (Geldwechsel) und öffentl. Fernsprecher in St. Andrä (Postleitzahl 39040).

Die ganze herrliche Thalsohle mit allen Mittelgebirgen liegt im Gesichtskreis; die zahlreichen Spitzthürme, welche bald aus verschiedengestaltigen Häusergruppen hervorstechen, bald mit ihren Kirchen frei sich erhebend die Hügel krönen, geben dieser Gegend einen eigenthümlichen Reiz.

(Joh. Jak. Staffler)

In einem bequemen Tagesausflug läßt sich diese ganze Talflanke durchstreifen, aber wer die zahlreichen Zeugnisse hoher Kunst, wer die historischen und volkskundlichen Aspekte und die Blickpunkte erlesener landschaftlicher Schönheit tief in sich aufnehmen will, der wird auf vielen Wegen über dieses Mittelgebirge stets Neues und noch Schöneres erleben.

Wir beginnen unsere Runde im Stadtteil Unterdrittl bei der sogenannten „Guggenberg-Brücke" über die Rienz (Neubau aus dem Jahr 1975) und verfolgen ein kurzes Stück die Straße nach

Lüsen; aber schon nach wenigen Minuten heißt es auf einen Fußweg (Nr. 6) geradeaus zuhalten. Im Blickpunkt liegen die bereits erwähnten Edelsitze Köstlan und Trunt, und mit dem weiteren Ansteigen wird der Blick auf Brixen immer umfassender und schöner. In einer knappen Stunde ist der liebliche Kapellenhügel erreicht, auf dessen Kuppe weithin sichtbar das Heiligtum S t . J o h a n n i n K a r n o l (925 m) steht.

Die auf schon prähist. besiedeltem Hügel gelegene Kirche wurde 1113 geweiht (Urkunde im „Karnoler Missale" in der Seminarbibliothek Brixen) und 1500 in die heutige Form gebracht. Der F r e s k e n s c h m u c k des Kirchleins ist beachtlich und sehr gut restauriert. Ein nicht näher zu bestimmender Brixner Meister hat hier um 1500 das Martyrium der hl. Ursula und die sieben Werke der Barmherzigkeit dargestellt (WG). Die einsam gelegene Kirche wurde erst vor kurzem völlig ausgeplündert, doch konnte das gesamte Beutegut (Leuchter, Figuren, Meßgeräte) am Brenner beschlagnahmt werden, als es die Diebe über die Grenze schaffen wollten. — An die Herren von Karnol und an das Geschlecht der Neuenburger (beide im 12. Jh. erwähnt), erinnern die Namen Turner in Niederkarnol und Burger in Burgstall. Oberhalb des Putzerhofes zwischen Karnol und Burgstall entdeckte der Verf. im Jahre 1966 noch beachtliche Reste von Mauerwerk, die laut Aussage der Bauern „ein Ritterschloß" waren. —
B u r g s t a l l , einst ein beliebter Badeort (1060 m), wird heute als Pension (Schwimmbad) geführt. Früher suchte man hier Heilung bei Asthma, Gicht und Magenleiden; *die Lage dieses Bades ist ungemein anziehend. Fast möchte man glauben, daß schon die reinen, frischen Lüfte, die heiteren Spaziergänge und die Anmuth dieser aussichtsreichen Berglandschaft zur Genesung genügen würden* (Staffler).

Und so ist es heute noch, auf diesen Wald- und Wiesenwegen, die uns schließlich hinauf nach S t . L e o n h a r d (1095 m) bringen. Früher führte hierher, wo noch vor kurzem die höchste Weinrebe im Brixner Talkessel gedieh, eine berühmte Wallfahrt der Fuhrleute, Kutscher, Postillone und Hausknechte zum Pferdepatron St. Leonhard; die Wallfahrer umritten dreimal die Kirche und schlugen ein Hufeisen an die Kirchentür.

Die Kirche ist zur Gänze, ja zu einem Teil sogar doppelt von einer grobgliedrigen Kette umspannt, die als Votivgabe für St. Leonhard gedeutet wird, dessen Attribut die Kette ist. Hierüber weiß die S a g e zu berichten: *Alle sieben Jahre wird ein Hufeisen zu einem Ring geschmiedet, und wenn die Kette dereinst dreimal um die Kirche herumgeht, dann geht die Welt unter* (Fink, Dalla Torre, dem Verf. mündlich überliefert). — Ein kleiner Dorfbub wußte dem Verf. jedoch zur Beruhigung mitzuteilen, daß es mit dem Untergang der Welt noch lange Zeit habe, da es ja nur mehr Autos und kaum mehr Pferde und Hufeisen gebe. — Die E x p o s i t u r k i r c h e ist schon früh, um 1194, erwähnt; sie wurde verschiedentlich vergrößert, eingewölbt (1430) und um 1770 barockisiert. Der Hochaltar stammt aus dem Jahre 1800, verwendet jedoch ältere Teile; die Wand- und Deckengemälde von Tony Kirchmayr entstanden um 1921. — Die bemerkenswerten Holzskulpturen (Magdalena nach der Art Klockers, Madonna, St. Leonhard mit Bartholomäus, alle Mitte bis Ende 15. Jh.) dürften derzeit deponiert sein.

Nun ist es Zeit, zur Mittagsrast auf einem neu angelegten Wanderweg (Nr. 12) nach S t. A n d r ä (958 m; Skilift) weiterzupilgern. Eiligere Zeitgenossen sind hierbei über die Plosestraße gekommen oder sie haben ab Milland die Plose-Seilbahn bis zu ihrer Mittelstation benützt. Für alle bietet sich St. Andrä mit guten Gasthäusern und schattigen Gärten zu angenehmer Rast an.

Die schon 1177 erwähnte P f a r r k i r c h e z u m h l. A n d r e a s gilt nach der Volksüberlieferung als die älteste der ganzen Gegend, erhielt ihre heutige Form aber um 1500 (Turm) und um 1556 (Verlängerung des Langhauses, Einwölbung) und wurde schließlich auch barockisiert; aus dieser Zeit stammen auch die Wandgemälde und Kanzel (Mitte bis Ende 18. Jh.). — Der Kunstfreund wird es hier wie auch in der benachbarten M a r i a h i l f - K a p e l l e dankbar vermerken, daß ihn ein fachkundig abgefaßter Text (an den Kirchtüren) gut in Geschichte und Kunstgeschichte der Gotteshäuser einweiht — ein Beispiel, das Schule machen sollte. — Die Mariahilf-Kapelle, ein auffallender achteckiger Kuppelbau, soll schon 1071 geweiht worden sein und erhielt ihre heutige Gestalt um 1696; im Jahre 1957 wurde die Kapelle *gut restauriert* (WG). Als *sehr originelle Arbeit, Ende des 17. Jh.s* wird die geschnitzte Standarte mit St. Jakob, Engelköpfen, Hl. Familie und Dreifaltigkeit bewertet und ebenso die von der gleichen Hand stammende Hl. Familie und Dreifaltigkeit unter einem Baldachin. Die reichverzierten Altäre sind Ende des 17. Jh.s, die Seitenstatuen des Antoniusaltares stammen aus der Mitte des 18. Jh.s. — Im September 1970 wurde auch in diese Kirche eingebrochen, wobei sieben Statuen entwendet worden sind (heute alles von Wert deponiert). — Aus Sankt Andrä stammt der unter den Brixner Persönlichkeiten bereits genannte Kirchenmusiker Vinzenz G o l l e r (1873—1953), dem man hier ein Jahr nach seinem Tod ein Denkmal gesetzt hat; Gedenktafel auch am Geburtshaus.

Wir bleiben weiterhin auf dem Weg 12, der uns von St. Leonhard hierher gebracht hat; er senkt sich über Wiesen zur Plosestraße, verfolgt diese für etwa eine Viertelstunde und zweigt dann wieder auf Wiesenpfade, die uns das ebenso reizend gelegene wie auch historisch bedeutsame M e l a u n (894 m) erschließen.

In den sog. R e i f e r f e l d e r n entdeckte im Jahre 1908 der damalige Museumskustos von Innsbruck, Dr. Franz von W i e - s e r, das bereits unter der Geschichte von Brixen genannte Gräberfeld, auf das der Brixner Forscher Dr. Ignaz M a d e r aufmerksam gemacht hatte. Die reichen, typenmäßig der jüngeren Hallstattperiode angehörenden Keramikfunde wurden vom Entdecker unter Berücksichtigung der Alpenraum-Retardierung dem 6.—4. Jh. vor Chr. zugewiesen. — Der Turmrest, der im Bischofhof in Melaun steckt, erinnert an die Herren „vom Berge" *(de Monte),* die im Bereich von St. Andrä mehrfach nachweisbar sind. — Beständiger als diese Spuren haben sich jedoch die F r e s k e n im K i r c h l e i n S a n k t J o h a n n erhalten, wenngleich sie 1873 eine ungute Übermalung über sich ergehen lassen mußten, die diesem Zyklus, den Weingartner ein *charakteristisches Hauptwerk der Brixner Malerschule* nennt, recht geschadet hat. Das Jüngste Gericht — eine Darstellung von unerhörter Ausdruckskraft —, das Abendmahl, der Einzug in Jerusalem und die Johanneslegende werden dem Meister L e o n h a r d selbst zugeschrieben (Jahrzahl 1464), die übrigen Darstellungen einem vom Meister abhängigen Gehilfen (WG). Nicht minder wertvoll ist der F l ü g e l a l t a r von 1482, 1873 neu gefaßt. Der Schrein birgt eine liebliche Maria mit Christkind, zwischen Johannes Ev. und St. Wolfgang. Zwei flankierende Engel wurden gestohlen. Am Aufsatz findet sich eine Kreuzigungsgruppe, und die Flügel enthalten innen Reliefs, außen die Verkündigung. — Die Wirkung des freskengeschmückten Raumes mit dem schönen Flügelaltar ist von großer Einheitlichkeit und Schönheit; hier, in diesen entlegeneren Landkirchen, kam die Welle der Barockisierung nicht mehr zur Auswirkung. — Den Schlüssel zur Kirche erhält man im gegenüberliegenden Bauernhof.

Unser Weg 12 — in seinem ganzen Verlauf vielleicht der schönste und dankbarste Wanderweg der näheren Brixner Umgebung — führt uns weiter nach K l e r a n t (851 m) mit Raststätte und mit der kostbaren S t . - N i k o l a u s - K i r c h e.

Hier finden sich nicht nur keinerlei Spuren einer Barockisierung, sondern auch die am besten im Urzustand erhaltenen Fresken der bisher genannten Kirchen. Sie sind ebenfalls ein Hauptwerk der Brixner Malerschule (um 1474), *dessen Urheber neben Meister Leonhard selbständig arbeitete und auch sonst mehrfach, z. B. in den Bildern der dritten Arkade des Kreuzganges nachweisbar ist* (WG). Der Chor wird beherrscht von 19 Darstellungen aus der Nikolauslegende, überwölbt von Darstellungen der hl. drei Jungfrauen von Meransen, der Gegen-

überstellung Eva und Maria und Hostienregen sowie Gregorius-
messe. An der linken Langhauswand die Leiden Christi, die
Bilder an der Westwand erst 1959 aufgedeckt. Der F l ü g e l -
a l t a r hat im (abgenommenen) Gespreng Statuen und im
Schrein Maria zwischen St. Andreas (mit Andreaskreuz) und
St. Nikolaus, in den Seitenflügeln Laurentius und Sebastian,
letzterer fraglich (WG). An allen Flügeln Gemälde (Verkündigung, Kindermord an der Predella, Schmerzensmann an der
Rückseite; zur Deutung und Baugeschichte sei der diese Kirche
behandelnde Kleine Kunstführer von E. Theil, Bozen 1971,
empfohlen). — Auch hier ist die Gesamtwirkung des Innenraumes von hinreißender Schönheit, und nicht minder gilt dies
vom Blick, der sich aus dem Kirchhof gegen Brixen hin bietet.

Unser Höhenweg durch das östliche Brixner Mittelgebirge führt
nun an Einzelgehöften vorbei zum großen Hof Platzlung und
biegt dort gegen das Tal hin ab; dieser schmale Waldweg nach
Platzlung vereinigt viele Elemente landschaftlicher Schönheit,
an denen die Brixner Umgebung so reich ist.

Wir steigen nun (stets Nr. 12) in steilen Kehren nach Albeins
ab, vorbei an einem gewaltigen Schotter- und Sandbruch für
den Bau der Autobahn, die hier wie im ganzen Brixner Talkessel
an dessen Westrand verläuft. Man kann im allerletzten Stück
von Weg 12 rechts abbiegen, Albeins für diesmal noch nicht besuchen und so direkt auf die Straße kommen, die Albeins mit
Sarns und Milland verbindet (Gehzeit für den gesamten Weg 12
etwa 4 Stunden, mit geringen Höhenunterschieden).

Die sonnige Lehne zwischen S a r n s (599 m, Gemeinde Brixen)
und M i l l a n d (641 m, ebenfalls Gemeinde Brixen) hat man
nicht zu Unrecht mit dem Überetscher Adelsparadies oder auch
mit den Gärten, Villen und Ansitzen von Meran verglichen; inmitten schöner, mit seltenen Edelhölzern bestandener Parks
stehen burgähnliche Edelsitze, die einem Böcklin als Modell
dienen hätten können, während sich in dem mit Brixen nunmehr fast zusammengewachsenen Milland einige Beispiele überaus gekonnter moderner Architektur und schöne Gartenanlagen
finden.

Die K a p l a n e i k i r c h e z u m h l. S e b a s t i a n in Sarns
wurde 1502 in der heutigen Form errichtet und 1510 geweiht.
Der Turm aus schönem Brixner Granit (1483) ist — wie häufig
in der Brixner Umgebung — dem „Weißen Turm" der Stadtpfarrkirche nachempfunden. Der neugotische Altar enthält neben
älteren Statuen als besondere Kostbarkeit über den Wimpergen
sechs Büsten des Meisters L e o n h a r d (3. Viertel des 15. Jh.s);
auch das Sakramentshäuschen ist eine *gute Arbeit um 1500*
(WG). Außerdem ist noch eine Maria mit Christkind (Meister

Leonhard; an der linken Seitenwand, leider kitschig gefaßt) und ein Totenschild (Hans Palauser, gest. 1506) beachtenswert, ebenso die *dramatische Bewegung* (WG) in den Kreuzwegbildern (erste Hälfte des 18. Jh.s) und eine Reihe von Grabsteinen aus weißem und rotem Marmor für die Herren der Edelsitze in der Umgebung, zwischen 1431 und 1773. — Von diesen E d e l - s i t z e n nennen wir S a r n f e l d, das mit seinen Erkern, Fenstergittern und Gewölben in den Sälen des Inneren um 1504 gestaltet und später modern umgebaut wurde. Sarns hat, wie auch die übrigen Brixner Vororte, mehreren Bildungsstätten Unterkunft gegeben, so etwa der hauswirtschaftlichen Schule „Bühlerhof" und einer Mittelschule (in Sarnfeld). — Auffallend ist ein großer Bildstock an der Straße, auf der Höhe der Kirche von Sarns; er wurde zu Beginn unseres Jahrhunderts neu errichtet, nach dem Vorbild eines alten Bildstockes, der anläßlich der Straßenregulierung beseitigt wurde (Wolfsgruber); Weingartner bezeichnet die Imitation als *unbedeutend* (in „Tiroler Bildstöcke", Wien 1948, S. 20). — Überaus malerisch ist die Burg P a l l a u s inmitten eines schönen Parks, als Privatbesitz jedoch nicht zugänglich. Der Edelsitz wurde 1515 für die Herren von Pallaus erbaut, deren Nachfahren bis 1828 hier saßen. Im Inneren Pilastergetäfel, Kassettendecke und ein schöner Majolika-Ofen mit einer Ansicht von Bozen, aus einem Bozner Laubenhaus hierher übertragen (WG). — Der Vollständigkeit halber sei auch der um 1273 schon erwähnte Ansitz K a m p a n erwähnt, der seine heutige Gestalt allerdings erst um 1900 erhielt.

So sind wir an Pallaus vorbeigekommen und bewundern auf dem Weiterweg in Richtung Brixen zwei herrliche Edelkastanienriesen links an der Straße. Wie bereits erwähnt, ist Milland heute mit Brixen fast zusammengewachsen, fast wie eine Satellitenstadt — leider auch durch eine teilweise unorganische Entwicklung als solche gekennzeichnet, was die ansonsten reizvolle und klimatisch überaus begünstigte Lage ein wenig beeinträchtigt. Naturkundlich interessant ist das hinter der Kirche gelegene „Kitzloch" im Graben des Tramötschbaches mit seinen ungewöhnlichen Verschiebungen von Pflanzengrenzen (Alpenrose - Rebe); man kommt von Brixen hierher in angenehmem S p a z i e r g a n g über die „Karlspromenade" in etwa einer haiben Stunde. Diese Promenade hat ihren Namen nach dem letzten österr. Kaiser Karl (gest. 1922 in der Verbannung auf Madeira), der als Erzherzog in der Kuranstalt Guggenberg weilte und diesen Waldweg besonders geliebt hat. (Eine Fortsetzung dieser Promenade gegen Norden bis zur Rienzschlucht und, nach deren Überbrückung, weiterhin quer den Hang unter der Seeburg schneidend bis zur Elvaser Straße, ist geplant; Brixen hätte damit einen prächtigen Spaziergang sozusagen um die halbe Stadt herum.)

Die Pfarrkirche zu Mariä Himmelfahrt hat die ältesten Teile aus dem Jahre 1305, wurde 1464 eingewölbt und erhielt damals auch ihr Spitzbogenportal und — wiederum — einen „Weißen Turm". 1766 wurden die Gewölbe barockisiert und mit Wandmalereien geschmückt; der uns vom Priesterseminar her bekannte F. A. Z e i l l e r schuf im Chor eine Himmelfahrt Mariens, Peter D e n i f l e gestaltete im Schiff der Kirche weitere Szenen aus dem Marienleben. — Die aus neuerer Zeit (17. und 18. Jh.) stammenden Altäre enthalten wertvolle gotische Skulpturen, so eine Madonna, die dem Kind eine Birne reicht am Hauptaltar, neuerdings dem Meister Hans Klocker zugeschrieben, und eine weitere sehr schöne Muttergottes mit Kind, *edler Kopf* (WG), Ende des 15. Jh.s (das Kind neu), eine vielverehrte Wallfahrtsstatue, deren Übertragung in den Gottesdienstraum des neuen Gemeinschaftshauses (Arch. O. Barth) derzeit (gegen den Willen eines Teiles der Bevölkerung) erwogen wird. Ebenso ist ein hl. Sebastian zu nennen, mit *langem, flatterndem Lendentuch,* um 1500 (WG). — Ähnlich wie in Sarns ist auch die Millander Kirche Begräbnisstätte für die Besitzer der umliegenden Ansitze geworden und hat eine Reihe von Grabsteinen aus rotem und weißem Marmor, teils in der Kirche und teils davor. Aus neuerer Zeit stammt die Kreuzigungsgruppe am Friedhofeingang (Karl O b e r s t a l l e r, 1964), während die Grabstätte der Familie Dejaco ein Bronzerelief von Franz S a n t i f a l l e r (geb. Meran 1894 - gest. in Innsbruck 1953; Prof. für Bildhauerei an der Wiener Akademie) ziert. — Schließlich sei noch auf das volkskundlich interessante V o t i v - b i l d hingewiesen, das der Koflerbauer Jakob Steiner stiftete, der 1809 Bauernführer war und weit in der Welt herumgekommen ist. Er dankt der Gottesmutter für einen Steinschlag, der 1809 ihn verfolgende Feinde zurückhielt, für wunderbares Glück bei einem Sturz vom Pferd auf dem Weg nach Konstantinopel und für Errettung aus einem zusammenstürzenden Palast dortselbst; schließlich wurde er auf der Fahrt nach Spanien aus einem schrecklichen Sturm gerettet, der zwei Mastbäume seines Schiffes abgerissen hatte. — Von den E d e l s i t z e n in und um Milland sind die meisten von den Franzosen in jener Schreckensnacht des 6. Dezember 1809 angezündet worden. P l a t s c h wurde wiederaufgebaut und ist heute Missionshaus. R a t z ö t z hat sich um 1904/5 der Amerikaner Mac Nutt stilvoll ausgebaut; wir kennen ihn als Gönner des Diözesanmuseums. Der Ansitz ist heute wiederum in privaten Händen und kann nicht besichtigt werden. An der Umfassungsmauer ein schöner Bildstock mit Werken des Meisters L e o n h a r d (Ölberg, St. Andreas). — Besondere Beachtung verdient der Winkelhof, unter dem Namen K a r l s b u r g bekannt, und in seiner beherrschenden Lage gewissermaßen das Wahrzeichen von Milland. Ursprünglich war die Karlsburg Meierhof des Domkapitels (1250 erwähnt), wurde jedoch 1618 von Carl Hannibal von Winkelhofen angekauft und in die heutige Form gebracht. Nach diesem „Carl", der sich wohl im Sinne seiner humanistischen Studien den Namen „Hannibal" zugelegt hatte, heißt nunmehr der Ansitz und trägt über dem Rundbogentor auch dessen Wappen. Außer zahlreichen schönen Bauelementen sei besonders die durch zwei Stockwerke reichende Mittelhalle erwähnt, *ein Raumbild von großem, malerischem Reiz* (WG); der Altar in der Kapelle mit Kreuzgratgewölbe wurde vom Erbauer der Burg 1627 gestiftet. — Genannt sei noch der große B i l d s t o c k in der Millander Au nahe der Mündung Mozartstraße—Plosestraße (Widmannbrücke); er ist erst 1855 errichtet worden und stellt eine Nachahmung der gotischen Bildstöcke der Gegend dar; der Bildstock erinnert laut Inschrift an das Massengrab, das man den an Typhus gestorbenen Soldaten im Jahre 1796/97 hier ausschaufelte. Sparber meint (in „Die Bischofsstadt Brixen"), daß die angegebene Zahl von 15 000 stark übertrieben sei und wohl 1500 zu setzen ist. Der Volksmund weiß — laut Fink — zu erzählen, daß infizierte Kranke noch lebendigen Leibes verscharrt wurden, wobei es einem gelungen wäre zu entkommen; hilfreiche Bauern der Umgebung hätten ihn dann gesundgepflegt.

War und ist demnach Milland immer schon einer der gesegnetsten Plätze im sonnigen Brixner Talkessel gewesen, und zog es schon seit eh und je Freunde eines idyllischen Landlebens in seinen Bann, so hat es sich den Anschluß an unsere Zeit durch eine ebenso moderne wie gut projektierte Anlage geschaffen: wir meinen die bereits erwähnte S e i l b a h n a u f d i e P l o s e. Sie erschließt ein schneesicheres und ideales S k i g e b i e t, durch das Brixen als Kurort und als idealer Ferienaufenthalt für alle Jahreszeiten in hohem Maße gewonnen hat. Auf der Plose, also auf rund 2000—2400 Metern skifahren und dann ins Tal absteigen, wo sich schon allenthalben der Frühling regt — das ist ein typisches Eisacktal-Erlebnis, ein Wandern an der Grenze zweier Welten, wie man es in den Alpen nicht häufig finden wird.

Die sanfte Kuppe der P l o s e, die im G r o ß e n P f a n n b e r g (2547 m) ihre höchste Erhebung hat, ist von Natur aus zum S k i l a u f sehr gut geeignet und durch mechanische Anlagen bestens erschlossen; der N a m e *Plose* hat nichts mit *blasendem* Wind zu tun, sondern bezieht sich wohl auf die unbewaldete, kahle *Blöße* der Gipfelkuppe. Der Gondellift Kreuztal (2016 m)—Plosehütte (2447 m) eröffnet herrliche Abfahrten („Trametsch" mit 9 km eine der längsten Südtirols), der Sessellift zum Pfannberg (Palmschoß, 1894 m — Bergstation, 2426 m) steht ihm nicht nach, und beide eröffnen auch für den T o u r e n l ä u f e r ein schönes Gebiet für ausgedehnte Skiwanderungen, so etwa in das Gebiet der P e i t l e r k n a p p e n h ü t t e (Eigentum Alpenverein Südtirol, Plätze beschränkt, Selbstversorger) oder der S c h a t z e r h ü t t e (beide auf 2000 m; die Schatzerhütte hat 14 Schlafplätze und ist von Februar bis Oktober und außerdem zu Weihnachten geöffnet); weitab vom lauten Betrieb um die Skilifts läßt sich hier eine großartige Berglandschaft erleben, im Sommer und im Winter; stets hat man den eigensinnigen Block des Peitlerkofels vor sich, des nördlichsten Eckpfeilers der Dolomiten. Von Lüsen oder eben von der Plose her kann man über das „Halsl" (1866 m, in Grödner Sandstein) zu den „Gungganwiesen" und weiter bis zum W ü r z j o c h wandern (Schutzhaus auf den herrlichen Wiesen unterhalb der Nordwände des Peitlerkofels, auf 2002 m, privat, ganzjährig geöffnet, mit 24 Schlafplätzen; von U n t e r m o i im Gadertal her bereits mit Auto erreichbar). Die bereits mehrfach genannte, von Brixen ausgehende H ö h e n s t r a ß e über Afers/Palmschoß und über das oben erwähnte „Halsl" ist im Bau und wird die urtümliche Hochgebirgslandschaft zu Füßen des P e i t l e r k o f e l s (2875 m) zum Segen des Fremdenverkehrs beeinträchtigen; die etwa 700 m hohe Nordwand des Peitlerkofels wurde etwas östl. der Gipfelfall-Linie schon 1919 erstmals durchstiegen (Neuner, Ratschiller, Kerschbaumer, Hruschka), während den westl. Teil die Seilschaft Schließler-Mayr im Jahre 1952 eroberte. In direkter Gipfelfall-Linie erkämpften sich die Brüder Reinhold und Günther Meßner aus Villnöß (Bezwinger der Rupalflanke des Nanga Parbat im Karakorum, 8125 m, im Juni 1970) im Sommer 1968 einen neuen Weg. —

Von B e r g t o u r e n im Gebiet der Plose seien noch drei Wege genannt, die sich auch recht günstig mit Benützung der Seilbahn im Abstieg begehen lassen: so kann man von der Bergstation auf Nr. 3 den gegen Südwesten ziehenden Kamm der Plose bis zur beliebten Wallfahrtskapelle M a r i a h i l f a m F r e i e n b ü h e l (1734 m) verfolgen, von wo aus man eine prächtige Aussicht genießt. Die unscheinbare, kunsthistorisch nicht bedeutsame Kapelle an einer prähist. Station, entzückt durch ihre idyllische Lage inmitten köstlicher Waldeinsamkeit. Interessant die Votivgaben, Gliedmaßen in Miniatur aus Holz oder Wachs geformt, zum Dank für Erhörung von Wallfahrern hierher verbracht. — Viel besucht wird auch die neu erbaute, architektonisch gut in die Bergnatur gefügte Kapelle in Kreuztal selbst (Entwurf von Arch. Lindner, Stuttgart).

Vom Freienbühel auf Weg 5 durch den Melauner Wald nach St. Andrä (Mittelstation) oder weiter zu Fuß nach Milland 3—4 Std.). Etwas steiler ist am Anfang der Weg 4, der von der Plosehütte über den wunderbar gelegenen Hof P l a t z b o n

243

(1332 m, am sog. Rutznerberg, auch „Platzwun" genannt) ebenfalls nach St. Andrä führt (2½ Std.; das Stück Platzbon—Sankt
Andrä ist heute Forststraße); eine Tagestour schließlich ist der
Weg Nr. 6, der von der Plosehütte zunächst auf den T e l e g r a p h
(2504 m) führt; diese Erhebung hat den seltsamen Namen davon, daß anläßlich der letzten mitteleuropäischen Gradnetzmes-
sung auf dem Gipfel vorübergehend eine Telegraphenstation bestand (Delago); heute ist der Gipfel Militärzone; von hier führt
der Weg 6 — die Sperrzone südlich umgehend — zur Plose-
scharte und Ochsenalm und weiter über den Ackerboden nach
Burgstall bei St. Leonhard (3 bzw. ab Brixen 5 Std.); sehr empfehlenswert ist auch die weniger anstrengende Querung der
Plosekuppe auf der Höhe von Kreuztal, ebenfalls hinüber zur
Ochsenalm (Mark. 30). Diese von der Sektion Brixen des Südtiroler Alpenverein betreuten und markierten Wege werden wegen der günstigen Seilbahnbenützung vielfach nur im Abstieg
begangen; sie vermitteln immer wieder schönste Ausblicke auf
den Brixner Talkessel, auf die Geislerspitzen, den Peitlerkofel,
auf die Pfunderer Berge im Norden und auf die gegenüberliegenden Sarntaler Berge.

> ALBEINS UND AFERS. Albeins (586 m) an der Mün-
> dung des Aferer Baches („Sade") in den Eisack, ist die
> größte Ortschaft des 15 km langen Tales (589 Einw.)
> und ist wie St. Jakob (1343 m) und St. Georg (1505 m)
> Fraktion der Gemeinde Brixen; Albeins hat Zufahrt mit
> Autobahnüberführung zur Staatsstraße und außerdem
> eine direkte Straßenverbindung über Sarns und Milland
> nach Brixen; Autobusverbindung und Eisenbahnhalte-
> stelle; öffentl. Fernsprecher im Gasth. „Tauber", Frem-
> denbetten. — Die Weiler St. Jakob und St. Georg liegen
> direkt an der Straße Brixen—Plose (10 bzw. 12 km ab
> Brixen). — Auskünfte durch Kurverwaltung Brixen.

Das Tal von A f e r s bietet den ersten direkten Zugang vom
Eisacktal zu den Dolomiten, deren nördlichste Zacken, Furchetta
und Odla di Valdussa aus dem Zug der G e i s l e r g r u p p e,
schon von der Brennerstraße aus — auf Höhe der Mündung
des Aferer Tales — sichtbar werden, allerdings nicht zum aller-
erstenmal auf unserer Fahrt, wie oft behauptet wird; schon in
Oberau bei Franzensfeste war die Nordwand der Furchetta erste
und fast geheimnisvolle Verheißung des Dolomitenlandes.
A l b e i n s selbst liegt etwas abseits vom vorüberbrandenden
Verkehr in reizvoller Abgeschlossenheit, einer der vielen idealen
Sommerfrischorte im Brixner Talkessel, klimatisch so sehr be-

244

günstigt, daß uns schon aus dem Jahre 1255 für diesen Ort der Weinbau verbürgt ist (Dalla Torre). In unseren Tagen liegt das Hauptgewicht auf dem Edelobstanbau, dem eine von der Sade gespeiste, 140 Hektar umfassende Großberegnungsanlage dient. Völlige Waldeinsamkeit umfängt den Wanderer gleich hinter der Ortschaft, da im Talgrund selbst keine Straße führt, nur der alte Fußweg nach Sankt Georg, das wie Sankt Jakob heute durch die Lage an der Plosestraße nach Brixen orientiert ist. Der alte Talweg — teilweise noch mit schöner Plattenpflasterung versehen und zwischen Sankt Georg und den Schnatzhöfen wieder zur Forststraße ausgebaut —, der Übergang nach Villnöß und ebenso der Weiterweg über das „Halsl" (auch Kofljoch, 1866 m) nach Lüsen oder ins ladinische Untermoi — all diese Wege sprechen noch heute von der ehemaligen g e s c h i c h t l i c h e n B e d e u t u n g der uralten Pfarre Albeins.

Die Tatsache, daß die Pfarrkirche von Albeins dem hl. Hermagoras, dem legendären Gründer des Patriarchats *Aquileja* geweiht ist, spricht für das auch in der Volkstradition verankerte hohe Alter dieser Pfarre, die einstmals ein riesiges Gebiet umfaßte, und zwar Villnöß, Gröden, Lajen und Kastelruth, ja sogar Gebiete jenseits des Grödner Joches; dies hatte zur Folge, daß die Toten noch bis ins 17. Jh. etwa von Colfuschg zur Beerdigung in diesen Pfarrbezirk gebracht werden mußten. — Urkundlich wird der Ort um 955—62 als *Allpines,* später als *Albines* erwähnt (Fink, „Schlern" 1960). Um 1560 wird im Aferer Tal in mehreren Stollen nach Kupfer gegraben, 1885 und 1898 wird das Tal vom Sadebach überschwemmt. Dieser N a m e ist heute nur mehr als Hofname „Sader" lebendig. Fink (siehe oben) will den Namen aus drawid. *ada* („Ausschütter") und *rives* (aus lat. *ripa,* Ufer) ableiten, also *rives-ada - risada - sada* - „Sade" mit „Hof, Siedlung, am wilden Bach" deuten. — Großen Schrecken hatte die Bevölkerung im Zweiten Weltkrieg zu erleiden, als die nahe der Ortschaft gelegenen Eisenbahnbrücke über den Eisack das Ziel zahlreicher Bombenangriffe war und die Gegend ringsum verwüstet wurde (6 Tote); heute verläuft die Autobahn zwischen Eisack und Staatsstraße. Die P f a r r k i r c h e mit H e r m a g o r a s als Haupt- und F o r t u n a t u s als Mitpatron ist im Gegensatz zu ihrem vermutlich viel höheren Alter erst 1214 erwähnt und soll 1320 erbaut worden sein. Umbau und neue Weihe ist für 1488/89 bezeugt, die Barockisierung wurde 1784 vorgenommen; im Westen hat sich jedoch ein sehr schönes Spitzbogenportal erhalten. Die gesamte Einrichtung der Kirche (Altarblatt mit Schutzpatronen, von Anton S i e ß, 1794) stammt aus dem 19. Jh., die zwei Seitenstatuen am Hochaltar (Ingenuin und Albuin) sind *gute Arbeit mit starker Bewegung, 18. Jh., erste Hälfte* (WG). Die wertvolle Maria mit Kind des Meisters L e o n h a r d (15. Jh., drittes Viertel, neue Fassung) und die Patrone der Kirche, Statuen um 1500 mit scharfbrüchigen Gewandfalten, sind derzeit deponiert.

Außer Verwendung ist die zweite Kirche der kleinen Ortschaft, der h l. M a r g a r e t h e geweiht, ebenfalls im 18. Jh. barockisiert, mit einigen erhaltenen Elementen aus gotischer Zeit. Die Einrichtung ebenfalls 18. Jh., mit Ausnahme einer thronenden Maria mit Christkind, von Meister L e o n h a r d. —

Einer der schönsten W a n d e r w e g e im mittleren Eisacktal ist der in den Karten mit Nr. 10 angegebene alte Talweg am Sonnenhang des Musberges, das ist die Berglehne des äußeren Tales hoch über dem Sadebach; man schlendert von Hof zu Hof und ist in etwa 2 Stunden auf der Höhe des Kirchleins S t. J a k o b (1343 m), das den Mittelpunkt einer zerstreuten Höfegruppe bildet.

Die Form der Kirche stammt aus dem 15. Jh., der große Christophorus an der Außenwand und die Fresken des Inneren (St. Jakob, Agnus Dei, Kreuzigungsgruppe und Ölberg) sind das Werk eines unbekannten Brixner Meisters aus der Mitte des 15. Jh.s. — Das hübsche Kirchlein mit schmiedeeisernen Grabkreuzen vor dem Eingang und der Zackenreihe der Geislerspitzen im Hintergrund ist eines der schönsten Motive der ganzen Brixner Umgebung.

Auf einem Feldweg unterhalb der Straße kann man in einer halben Stunde zum Weiler S t. G e o r g kommen, dessen P f a r r - k i r c h e schon 1232 erwähnt wird.

Der heutige Bau ist das Ergebnis zahlreicher Umgestaltungen und wurde 1778 so gut wie neu errichtet; nur der Turm stammt von der alten, 1441 geweihten Kirche. Die Einrichtung aus der Zeit des Neubaues, nur Holzskulpturen (Johannes der Täufer und Thomas), mit *reichem, knitterigem Gefältel und ausdrucksstarken Köpfen* (WG) sowie eine heilige Nonne, weiß übermalt, stammen noch aus der gotischen Periode.

Unser Weg durch das Aferer Tal läßt sich nun gut zu einem Übergang ins Villnößtal ausdehnen; wir steigen von St. Georg zum Talgrund ab (Nr. 5) und jenseits den sog. „Kuratensteig" (nach dem Erbauer Ignaz Obersteiner benannt, um 1880 Kurat in Afers) zum V i k o l e r K r e u z (1408 m) empor. Von diesem bewaldeten Sattel hat man wiederum eine überwältigende Schau auf die Nordwände der Geislergruppe und kann absteigend in einer halben Stunde St. Peter in Villnöß (siehe dort) erreichen (stets Weg 5, von St. Georg in Afers hierher 2—3 Stunden). — Ein weiterer, sehr schöner Übergang ins Villnöß ist der Waldweg Nr. 9, der von Albeins ausgehend über den Kasserolerhof (834 m) in etwa eineinhalb Stunden nach T h e i s (963 m) führt.

— Die dem Peitlerkofel im Westen vorgelagerten A f e r e r G e i s e l n (höchste Erhebung der Rueffen mit 2652 m) sind aus dem Aferer Tal schwierig zu besteigen; man wird Ausflüge in diese völlig unberührten und nahezu unbegangenen Berge besser vom innersten Villnößtal aus antreten, sofern man sich überhaupt in dieses kaum markierte Gebiet wagen darf.

Interessant ist die S a g e vom eisernen Ring am Felsgrat zwischen dem Rueffen und der Quote 2623 m, die in manchen Karten als „Wälscher Ring" aufscheint. Der mittlere Zacken von drei Grattürmen hat knapp unter dem Gipfel einen im Durchmesser 10 cm großen Ring in den Fels eingelassen, den Bruno Huber beschreibt („Schlern", Jg. 1925, S. 397; hier auch eine Beschreibung des Weges zum Fundort). Solche Metallringe finden sich auch anderwärts im Eisacktal und auch verschiedentlich im Trentino. — Die Volkssage weiß übereinstimmend zu erzählen, daß diese Ringe zum Festmachen von Schiffen dienten, damals, *als alles noch ein See war und nur die Bergspitzen herausschauten.* — Fink berichtet in seiner Sagensammlung, daß die Größe des Ringes von den Leuten stark übertrieben würde, außerdem heißt es, er sei aus Silber, werde aber von den Riesen vor Dieben bewacht. Der Name „Kalfinring", der unter den Leuten üblich ist, wird von Fink mit ladinisch *colfín, confín* (Grenzberg) zweifellos richtig gedeutet, da die Funktion dieser Ringe als Grenzmarken teilweise ältester (römischer?) Herkunft von der Forschung als erwiesen betrachtet wird.

PFEFFERSBERG UND KÖNIGSANGER. Die Orte Tils (883 m), Pinzagen (804 m), Tschötsch (706 m) und Tötschling (915 m) sowie die Häusergruppe in der Mahr (630 m) mit insgesamt ca. 550 Einwohnern, gehören zur Gemeinde Brixen: die Gegend trägt den Namen nach den 1837 gänzlich eingestürzten Ruinenresten von Pfeffersberg; daran erinnert auch der Flurname „Burgfrieden". Hauptzufahrt ist die Mittelgebirgsstraße Brixen—Tschötsch—Feldthurns (asphaltiert, 8 km) mit Abzw. nach Tils in der Tschötscher Heide und Fortsetzung von Tils (Forststraße) bis zum Weiler Gereut (1390 m) bzw. zum Höhengasthaus „Feichter" (1349 m); außerdem werden die Mahr und Tschötsch auf der ehem. Brennerstraße und von dort durch Zubringer erreicht; Autobus Brixen — Pfeffersberg — Feldthurns. Öffentl. Fernsprecher in Tils (Gasth. „Tils") und Tschötsch (Gasth. „Letzner"); mehrere Gasth. und Fremdenbetten. — Auskünfte Kurverwaltung Brixen bzw. Alpenverein Brixen für Touren und Wanderungen im Bereich Königsanger—Radlsee.

Unter allen Landschaftsbildern des mittleren Eisacktales gebührt der T s c h ö t s c h e r H e i d e ein hervorragender Platz: Weideplätze wechseln mit Felsbuckeln, in die geheimnisvolle Zeichen gemeißelt sind, in winkeligen und vielfach gebrochenen Linien führen schmale Wege zwischen zyklopischen Mauern dahin, an geschützten Stellen und in der Glut heißer Steinwälle gedeiht die Rebe — und alles ist überschattet und umrauscht von den mächtigen Kronen uralter Kastanienbäume. Die Straßenbauer unserer Tage waren schlecht beraten, als sie mitten durch die Heide schnitten und so Unruhe in dieses Gebiet brachten, das den stillen Wanderer so deutlich den Atem der Jahrtausende spüren ließ; aber noch immer ist dieser Bereich geheimnisvoll und voller Rätsel, noch immer wohnt dort Pan und läßt seine Hirtenflöte ertönen. Der Bauernbub Jakob Philipp Fallmerayer wußte davon, er hatte in Kindertagen hier das Vieh gehütet und die Melodie dieser Heide ein Leben lang mit sich getragen, obwohl er bis in die fernen Lande des Orients kam und gewiß berühmtere Stätten gesehen hat als die karge Tschötscher Heide.

Die u r g e s c h i c h t l i c h e n S p u r e n dieser Heide sind mannigfacher Art und noch nicht durchaus geklärt. Der bereits erwähnte „Menhirmantel" (heute im Gasth. „Fink", Brixen) wurde hier gefunden, doch ist seine Deutung umstritten; manche wollen in ihm nur einen Gletscherschliff sehen. — Aus der Gegend (Stillenhof in Tötschling, ca. 850 m) stammt der von Hans Fink entdeckte M e n h i r (Beschreibung und Abbildung in „Schlern", Jg. 1956, S. 42 ff.); auf den obenerwähnten Felsbuckeln hat man schon früh eigenartige Zeichen entdeckt: Schalen, Kreuze, die Figur des Mühlespiels, Quadrate mit Innenkreuz, aber auch christliche Zeichen wie etwa das IHS-Symbol, die bis heute noch nicht befriedigend gedeutet sind. Innerebner gibt im „Schlern" (Jg. 1946, S. 53 ff.) eine genaue Beschreibung mit Lageplan und vergleicht vor allem die „Kreuzquadrate" mit vergleichbaren Zeichnungen bei *Capodiponte* im *Val Camonica;* doch fehlt es auch nicht an Stimmen, die diese Zeichnungen als reine Spielerei der Hirtenbuben gedeutet wissen wollen. — Eine der originellsten F ä l s c h u n g e n kann man an einer schwer zugänglichen Stelle oberhalb der Bahnunterführung der alten Brennerstraße beobachten: Es handelt sich um eine Felsspalte, die man am besten von oben her („Hoadner", also Heidner-Hof) erreicht: an der bergseitigen Felswand sind mit schwarzer Farbe Felszeichnungen angebracht, die an jene von *Capodiponte* in verblüffender Weise erinnern. Wären sie echt, so könnte man vom wichtigsten Fund dieser Art in Südtirol sprechen. Jedenfalls ist der unbekannte Spaßvogel, der hier wohl die Forscher vom Fach auf den Leim führen wollte, ein guter Kenner der Materie.

Wir beginnen unsere W a n d e r u n g über den Pfeffersberg beim Kinderdorf in Brixen (Weg Nr. 8) und erreichen auf schönem und schattigem Weg in einer Stunde T i l s (883 m).

Schon vor Erreichen des Ortes selbst zieht das reizend gelegene S t . - C y r i l l - K i r c h l e i n, auf einer bewaldeten, bereits prähist. nachgewiesenen Kuppe gelegen, den Blick auf sich. Das r o m a n i s c h e Langhaus erhielt die Bemalung seiner flachen Holzdecke im 17. Jh. und wesentliche Teile der Einrichtung (Hochaltar) in ebendieser Zeit. Der Seitenaltar von 1649, mit Kummernus zwischen St. Cyrill und Anton Abt, steht im Diözesanmuseum, nachdem 1964 schon in die einsam gelegene Kirche eingebrochen worden ist. Das durch ein Flugdach geschützte Wandgemälde an der Fassade, wiederum mit einer Kummernus-Darstellung, stammt von einem Brixner Meister, Anf. des 15. Jh.s. — In der Nähe ein großer, markanter Schalenstein.

Das Dorf selbst hat eine reizende Lage und hat sich, an einer wenig befahrenen Zubringerstraße gelegen, erholsame Ruhe bewahrt. Die E x p o s i t u r k i r c h e zum hl. V e i t ist spätgotisch und anläßlich der Deckenbemalung (Martyrium des heiligen Veit, Empire-Ornamente, helle, duftige Farben, von Joh. M i t t e r w u r z e r) der Rippen beraubt worden. Die Einrichtung entstammt, mit Ausnahme der Holzskulpturen am Seitenaltar (Anf. 16. Jh.), dem 18. Jahrhundert. — Ähnliches gilt für die nahe gelegene, spätgotische S t . - U l r i c h - K i r c h e in P i n z a g e n (804 m), deren ebenfalls von Joh. Mitterwurzer stammende Deckengemälde (1786) übermalt sind. Auch hier ist der Seitenaltar 17. Jh., die übrige Einrichtung aus dem 18. Jh. Außer diesen sehr hübsch in das Bild der Landschaft gefügten Kirchen konnte Tils bis vor kurzem noch mit einer n a t u r - k u n d l i c h e n B e s o n d e r h e i t aufwarten, einer Fichte etwa 150 m südlich am Waldrand, im Volksmund die „S c h l a n g e n - f e i c h t" genannt.

Laut einer freundlichen Mitteilung von Hanns Forcher-Mayr, Bozen, handelt es sich hiebei um *eine äußerst seltene Form,* Picea abies inversa; auch Klebelsberg hat schon vor mehr als 30 Jahren („Schlern", Jg. 1930, S. 250) diesen seltsamen Baum beschrieben: *Die Abart ist dadurch gekennzeichnet, daß die Äste gleich vom Stamm weg, diesem fest anliegend, steil herunterhängen.* — Der Zürcher Botaniker C. Schröter bezeichnete das Exemplar (von dem es nur vier in den Alpen gibt) als *Picea excelsa L. lusus pendula.* — 1979 wurde die Schlangenfeicht durch einen Bagger beim Straßenbau entwurzelt — eine der vielen Barbareien, die sich heutzutage in Südtirol ereignen.

Das nun folgende Wegstück verdient alle Superlative, die man für die Brixner Gegend nur erdenken kann; die Gegend ist hier

von einer Weite, die man vom Tal aus nicht vermuten würde —
ein echter „alter Talboden", der die gewaltigen Ausmaße eiszeitlicher Perioden ahnen läßt. Am Waldrand führt unser Weg,
und mitten durch die Höhenschulter schneidet die Straße, durch
das Gold der Ähren im Sommer und vorbei an den rostroten
Buchweizenäckern im frühen Herbst — stets jenseits des Tales
bewacht von den Türmen der Geislergruppe, deren Nordwände
aus dem tiefen Grün der Wälder wie nackte Arme nach den
Wolken greifen.

Nach einer halben Stunde sind wir in T ö t s c h l i n g (915 m),
wo sich zwei hübsche Kirchlein geradezu eigensinnig gegen-
überstehen; die Sage weiß demnach auch zu berichten, daß
die beiden Kirchen von zwei verfeindeten Herren von Tschötsch
einander zu Trutz und Ärger erbaut worden sind — auch eine
Möglichkeit, seinen frommen Sinn zu dokumentieren . . .

> S t. J o h a n n e s E v a n g e l i s t hat noch das Langhaus aus
> der Zeit der ersten Erwähnung (1341), mit flacher Decke, der
> Chor wurde laut Inschrift 1493 erbaut, der Fassadendachreiter
> kam erst im 18. Jh. dazu, trägt aber eine Glocke aus dem
> 15. Jh. Von den Wandgemälden ist jenes am Chorgewölbe zu
> erwähnen. Es zeigt Maria mit Christkind, St. Johann Ev. und
> den hl. Nikolaus, und wird um 1500 datiert. — Noch viel
> hübscher in der Landschaft steht S t. N i k o l a u s, das eben-
> falls die Langhausmauern noch von 1337 hat, wogegen der
> Chor und der Turm mit seinem niedrigen Pyramidendach im
> 16. Jh. dazugekommen sind.

Wollte man eine Rangordnung vornehmen, so müßte Tötschling
mit seinen malerischen Kirchlein, mit schönen alten Bauernhäusern und wahren Kastanienriesen unter allen Plätzen um
Brixen einen bevorzugten Platz erhalten. — Wer die lauten
Straßen meiden will, der kann von Tötschling aus seine W a n -
d e r u n g auf einem unmarkierten, aber kaum zu verfehlenden
Weg am Hang ansteigend durch schöne, pilzreiche Waldstücke
zum einsamen Weiler S t i l u m s (1162 m) fortsetzen (eine Stunde). Von hier ist man in einer halben Stunde in Schnauders/
Feldthurns, wobei man im letzten Wegstück die hier den ganzen
Hang querende Forststraße benützen muß.

Oder wir steigen (Weg 10) in einer halben Stunde nach
T s c h ö t s c h (706 m) selbst ab und besuchen das an der
Straße nach Feldthurns gelegene Geburtshaus des berühmten,
bereits unter „Brixen" erwähnten Jakob Philipp F a l l m e r a y e r
mit Gedenktafel. Inmitten der verstreuten Häuser der Ortschaft,
auf einem kaum angedeuteten Hügel, erhebt sich mit steilem
Giebel und Pyramidenhelm die P f a r r k i r c h e z u m h l. J o -

h a n n e s d. T., der Volksmeinung nach an Stelle der einstigen Burg der Herren von Tschötsch erbaut.

Der heutige Bau dürfte um 1490 geweiht worden sein; das der Rippen beraubte Netzgewölbe wurde 1763 mit einer Taufe Christi aus der Hand des J. A. Z o l l e r und mit Stuckverzierungen geschmückt. St. Christoph an der Fassade, mit Meerlandschaft und Einsiedler (teilw. verdeckt) ist 16. Jh. (Anf.), eine *gute Arbeit* (WG). Der Hochaltar stammt aus dem Jahre 1848, das Altarblatt von Franz Unterberger wurde durch Bombenwurf 1944 zerstört. Eine Maria mit Christkind, Ende des 15. Jh.s, wurde deponiert. — Hervorzuheben sind die schönen Schmiedeeisenkreuze im Friedhof.

Unsere Runde läßt sich nun gut über Fußwege neben der neuen Zufahrtsstraße in die M a h r (630 m) schließen, wobei wir an einem Tabernakelbildstock vorbeikommen, der 1546 errichtet und 1758 mit den heutigen Nischenbildern geschmückt wurde. — Im Abstieg von der Höhe läßt sich gut die neue Verkehrsplanung am Südrand von Brixen beobachten, mit der alten Brennerstraße am Hang, der daneben verlaufenden Autobahn, der neuen Trasse der Brennerstraße, die bald die Autobahn von Ost nach West überbrückt, und schließlich mit der Eisenbahn. — Vor gut hundert Jahren war es die einzige „Poststraße", die sich hier am Hang entlang durch die „Mahr" schlängelte.
Ein wesentlich anderes Bild zeigte sich dem Verf. anläßlich einer Wanderung über den Pfeffersberg im September des Katastrophenjahres 1965: das ganze Talbecken war ein einziger See, aus dem nur der Eisenbahndamm herausragte.

Die Kirche S t. J a k o b i n d e r M a h r ist sehr alt (1173 erwähnt) und hat an den Turmfenstern noch romanische Bauelemente. Der heutige Bau 1428 geweiht. Bedeutend sind die W a n d g e m ä l d e der Kirche, im Chor drei Darstellungen aus der Legende des hl. Jakob, von Meister L e o n h a r d, um 1461; Thema der Darstellung ist u. a. die sogenannte *Hühnerlegende* (auch *Galgenwunder*) vom unschuldig Verurteilten, den St. Jakob vor dem Tod am Galgen rettet, indem er die Brathühner am Tisch des Richters als Unschuldsbeweis wieder lebendig werden läßt (über dieses der Kummernus-Darstellung verwandte Motiv vgl. „Schlern", Jg. 1972, S. 287 ff., mit Abb. aus St. Jakob). — Im Langhaus finden sich neu aufgedeckte und wieder übertünchte Bilder um 1437 (St. Michael mit der Seelenwaage). Der Hochaltar enthält (deponiert?) *gute Skulpturen* (WG); ein St. Kassian, nur mit Lendentuch und Mitra, von zwei Schülern gemartert, wird im Diözesanmuseum verwahrt (17. Jh. von Adam B a l d a u f). — Der Ansitz R e i n e g g unmittelbar neben der Kirche ist ein ehemals brixnerischer Küchenmeierhof und wurde erst 1915 in die heutige Form gebracht.

Er dient heute als Filiale der Mittelschule Brixen, während die früher hier untergebrachte Frauenberufsschule (Säuglingsschwestern) im nahen Neubau der Steyler Missionsschwestern oberhalb der Straße Tschötsch—Feldthurns ihre Heimstatt gefunden hat. Dieser Kloster- und Schulkomplex ist ein supermoderner Bau aus ungefügen Sichtbetonblöcken, in der Innenausstattung gewiß zweckmäßig, in der äußeren Form jedoch ein Fremdkörper, dessen einziger Vorteil es ist, daß er von kaum einem Blickpunkt aus eingesehen werden kann (Arch. O. Barth, 1971).

Damit sind wir an die alte Brennerstraße gekommen, die weiter südlich, beim Gasthaus Z i g g l e r, die bereits erwähnte Abzweigung nach Albeins aussendet. Wenige Schritte gegen Norden in Richtung Brixen jedoch führen uns an das historisch so bedeutsame W i r t s h a u s i n d e r M a h r, neben dem ein Denkmal an den Tiroler Freiheitskämpfer P e t e r M a y r erinnert, der zwar vom Köhlhof in Siffian am Ritten stammte (geb. 15. 8. 1767), aber schon in jungen Jahren diese Raststätte an der Brennerstraße erwarb und als Gastwirt einen guten Namen hatte (Gedenktafel auch gegenüber vom Brixner Dom).

Peter Mayr war 1809 Schützenhauptmann des Landsturms der Brixner Gegend. Er hatte als Gastwirt — ähnlich wie Andreas Hofer, der Sandwirt — viele Fäden in der Hand und genoß als untadeliger Ehrenmann das Vertrauen seiner Landsleute. In den Bergisel-Schlachten befehligte er den linken Flügel der Bauern und erlebte neben Andreas Hofer große Triumphe; wie dieser ließ er sich dazu bereden, auch nach dem Frieden von Schönbrunn weiterzukämpfen, fast gleichzeitig mit Andreas Hofer wurde auch er durch Verrat gefangengenommen; die Gattin des Generals *Baraguay d'Hilliers*, eine geborene Deutsche, nahm sich des gefangenen Tirolers (und seiner schwangeren Frau) in rührender Weise an und erreichte sogar eine Wiederaufnahme des Verfahrens gegen den bereits zum Tode verurteilten Schützenhauptmann; es wurde ihm nahegelegt, zu sagen, er habe das vizekönigliche Edikt vom 12. Nov. 1809 (Todesstrafe auf das Tragen von Waffen) nicht gekannt. Peter Mayr lehnte es jedoch ab, durch solche Kniffe seinen Kopf aus der Schlinge zu ziehen. „Ich will mein Leben durch keine Lüge erkaufen." — Mit dem Kreuz in der Hand stellte er sich auf der sog. Tuchbleiche in Bozen/Gries dem Peloton, überreichte jedoch kurz vor dem Erschießungsbefehl das Kruzifix dem Priester, der ihn begleitete, „damit es durch keine Kugel verletzt werde". Peter Mayr starb am 20. Februar 1810, am gleichen Tag, an dem Andreas Hofer in Mantua das Hinrichtungskommando selbst befehligte, und fast zur gleichen Stunde. (J. J. Staffler u. a.)

Für B e r g t o u r e n ist der Pfeffersberg idealer Ausgangspunkt, so vor allem für eine Besteigung des Brixner Hausberges im

Westen, der König sangerspitze (2439 m) am Radl - see, wo die alte, abgebrannte Hütte nach dem Zweiten Weltkrieg durch die Sektion Brixen des AVS als neue Radlsee - hütte (2257 m) wiederaufgebaut wurde.

Das schöne Schutzhaus ist von Anfang Juni bis Mitte/Ende Oktober geöffnet, hat rund 30 Schlafplätze und ist bestens bewirtschaftet (Auskünfte über Öffnungszeiten, die sich in schönen Jahren zuweilen für Herbstwanderungen verschieben, bei AVS-Sektion Brixen. — Über den Zugang von Schalders her wurde bereits berichtet, s. dort). Von Brixen aus wird heute meist die Bergstraße Brixen—Tils/Gereut (Gasth.) bzw. Perlungerhof benützt und von hier der Weg Nr. 8, der in 2½ Stunden zur Hütte führt. Der Anschluß an Nr. 8 kann auch von Feldthurns-Schnauders her auf Nr. 18 gewonnen werden (etwa 3 Std.). — Von der Hütte aus können die umliegenden Gipfel (außer Königsangerspitze der Hundskopf, 2354 m, und die Radlseespitze, 2236 m) in jeweils etwa 30 Min. erstiegen werden. Mühelos ist auch der Weg Nr. 5, der nahezu eben zur Lorenzischarte (2198 m) führt und damit den Anschluß an den Sarntaler Kamm und das Gebiet der Klau - sener Hütte (1919 m) vermittelt (siehe dort). — Der Verfasser dankt einer freundlichen Mitteilung des Herrn Hanns Forcher-Mayr (Bozen) die Feststellung, daß am Königsanger der einzige Standort in Südtirol (außer Dolomiten) von *Saponaria pumila* (Zwergseifenkraut) zu finden ist. — Luis Oberrauch entdeckte 1951 auf dem Königsanger (Name!) Branderde und Tonscherben, vermutlich also eine prähistorische Opferstätte, jener vom Schlern vergleichbar („Schriften zur Urgeschichte Südtirols", S. 64 f., mit Skizze und Abb.). — Auch in den Radlsee sind per Hubschrauber Regenbogenforellen eingesetzt worden; es gibt dort auch die Bachforelle, den Bachsaibling und die Elritze.

Wer sich längere Zeit in Brixen aufhält, sollte unbedingt einmal zum Radlsee hinaufsteigen. Mag auch die Landschaft um den See selbst ohne bizarre Formen und ohne eigentlichen hochalpinen Charakter sein, so führen doch alle Wege aus dem mittelmeernahen Klima des Brixner Talkessels über die verschiedensten Abstufungen bis zu den weiten und freien Höhen oberhalb der Waldgrenze. — Der wahre Zauber dieser Höhen liegt jedoch darin, daß sie die erhabenste und schönste Warte für den Blick zu den Dolomiten sind; oft liegt dichter Nebel über den Tälern, aber hoch oben spiegeln sich die Zacken und Türme der Geislergruppe beim Licht der ersten Sonne im Radlsee.

FELDTHURNS (auch Velthurns, Velturns geschrieben). Seehöhe des Hauptortes und Gemeindesitzes auf Mittelgebirgsterrasse 851 m; zusammen mit den Weilern Schrambach (580 m, am westl. Rand des Eisacktales) und Schnauders (1030 m) 1735 Einw., davon 21 Ital.; Zufahrt von Brixen über Tschötsch, asphaltiert, 8 km, oder etwas nördl. von Klausen von der Brennerstraße abzweigend 4 km; von Feldthurns nach Schnauders und weiter quer am ganzen Pfeffersberg ebenfalls Straße (im weiteren Verlauf Forststraße); Autobusverbindung ab Brixen und Klausen; öffentl. Fernsprechstelle im Gasth. „Weißes Kreuz" (Postleitzahl 39040). — Postamt, Bank (Geldwechsel) und Fremdenverkehrsverein im neuen Gemeindehaus (1978) zusammen untergebracht. Außenstelle der Alpenvereinssektion Brixen; hier und in den Fraktionen insges. ca. 1000 Fremdenbetten. — Neuer Kindergarten (1971), mit Unterstützung des Vereins „Stille Hilfe für Südtirol" erbaut. — Im Weiler Schnauders Schießstand und Übungsskilift, in der Senke unterhalb des Dorfes das neue (1974) geheizte Freischwimmbad.

Auf halbem Weg zwischen Brixen und Klausen bietet sich dem besinnlichen Reisenden von der Brennerstraße aus ein überaus malerischer Anblick; kaum eine andere Siedlung im Eisacktal ist in ihrer Lage so geschlossen und wie von eines Meisters Hand gruppiert wie der Weiler S c h r a m b a c h mit seinen schönen Höfen, die sich ringartig um die Hügelkuppe mit der Kirche zum hl. Petrus drängen — und dies alles mitten in weiten Wellen von Rebhängen und durch den silberhellen Wasserfall des Schnauderer Baches anmutig belebt.

Die Kirche S t. P e t e r ist 1248 erwähnt und hat 1503 ihre heutige rein gotische Form bekommen; aus dieser Zeit stammt auch die Kanzel, während die Holzskulpturen Peter und Paul (Meister L e o n h a r d, 3. Viertel, 15. Jh.) ins Diözesanmuseum verbracht wurden. Die Altäre stammen aus neuerer Zeit, so etwa der zierliche Seitenaltar (um 1615 von Hans Perkhofer gestiftet, WG); die *derbe, streng frontale Sitzfigur des hl. Ulrich* (WG) wird auf 1300 datiert. — Obwohl die wichtigsten Kunstschätze der Kirche sichergestellt sind, ist sie an Werktagen und auch an den meisten Sonntagen versperrt; den Schlüssel erhält man im Mesnerhof, d. i. der erste Hof, wenn man von der Brennerstraße her kommt. — Der bei Weingartner erwähnte Bildstock unterhalb der Kirche ist heute Nische an einem Neubau im Dorf, mit einer wertlosen Muttergottesstatue. — Das Bild des Weilers, dessen Häuser sich fast versteckt zu Füßen des Kirchhügels gruppieren, ist voller malerischer Winkel. Auffallend ein architektonisch überaus ansprechend gestalteter Erker am obenerwähnten Mesnerhof. — Der bereits gerühmte Kirchhügel selbst jedoch ist in seiner Harmonie von Architektur und Landschaft für den Verfasser d a s Juwel des mittleren Eisacktales und verdient sorgsamsten Schutz.

Von Schrambach nach Feldthurns — das ist zweifellos einer der schönsten Wege im Eisacktal. Der Verf. hat an anderer Stelle versucht, diesen Weg (Mark. 12) zu charakterisieren: *Ich weiß da einen Weg, der die Verschwisterung von Nord- und Südlandschaft so schön zeigt wie kaum ein anderer im Eisacktal: ich meine den uralten, teilweise in den Fels gehauenen und gepflasterten alten Fuhrweg von Schrambach durch die Kühle des Tschiffnoner Grabens; dieser Pfad beginnt im unergründlichen Grün eines baumbestandenen, man könnte fast sagen heimlichen Ortes; kaum woanders auf vielen Wegen habe ich Birke und Kastanie, Lärche und Buche, Tanne und Föhre so geschwisterlich vereint gesehen wie auf diesem Weg, der am allerschönsten im Herbst ist. Er mündet unmittelbar auf die Höhe von Feldthurns. War man bisher eingetaucht in eine verwirrende Dichte von Laub und Gezweig, so nimmt die Landschaft hier größere Formen und Linien an, ihre Weite ist beeindruckend. Da und dort erheben sich Kuppen und felsige Bastionen neben den bizarren Armen einzelner Bäume, in denen der Wind ein uraltes Lied zu harfen scheint; wie es im Etschtal beim Hügel von Castelfeder ist, so ist es hier bei Feldthurns der Atem ältester Zeit, der uns umweht. Diese großen Formen sind reines Arkadien, sind die Linien einer klassischen Landschaft.*

Doch was wäre Feldthurns ohne seine Kastanienkronen! Diese Bäume sollten hier Ehrenbürgerrecht genießen, sie sind Wahrzeichen dieser Landschaft, sind grüne Inseln im goldenen Schimmer der Kornfelder; ihre knorrigen und zerfurchten Äste sind wie Hände, die sich an der Erde festhalten wollen; da und dort ragt ein vom Blitz zerschmetterter Arm wie eine abgebrochene Schwertspitze. —

Mehrere Urzeitstationen, vor allem im Bereich von Schnauders, weisen auf die alte G e s c h i c h t e der Gegend hin. Der ebenfalls schon urzeitl. besiedelte „Pflegerbühel" an der bergseitigen Mündung des obenerwähnten Weges von Schrambach her trug das alte Schloß Velthurns der gleichnamigen Herren, die seit 1112 nachweisbar sind. Von diesem Schloß, das ähnlich wie die Pfarrkirche seinen Standort auf einem der gegen das Eisacktal vorgeschobenen Kuppen hatte, ist außer konzentrischen Mauerführungen rings um den Burghügel nichts mehr erhalten; aus seinen Trümmern ließ Kardinal Christoph M a - d r u z 1578 das heutige Schloß im Dorf selbst erbauen, das als S o m m e r s i t z d e r B r i x n e r B i s c h ö f e bis zur Säkularisation im Jahre 1803 diente. Unter dem Neffen und Nachfolger des Madruz, Thomas S p a u r, wurde es 1587 vollendet; der Wappenstein am Tor erinnert daran. Berühmt war der H i r s c h g a r t e n des Schlosses, ebenso ein riesiges Freigehege für Vögel aller Art, mit einem gewaltigen Gitter aus Messingdraht umspannt (Dalla Torre). Noch heute sieht man in der Mauer die zahlreichen Nistlöcher der Vögel; auch Fischteiche wurden für das Lustschloß angelegt. — Das Schloß, das heute dem Land Südtirol gehört, kann besichtigt werden; bezügl. der Öffnungszeiten und der Führungen findet sich am Schloßtor ein Hinweis. Als besondere Sehenswürdigkeit gelten die F ü r - s t e n z i m m e r mit herrlicher Täfelung (Rosettenschmuck, Kassettendecken; im 2. Stock noch reicher als im ersten); darüber in beiden Stockwerken Wandgemälde, z. T. von *Michael* und *Horazio* aus *Brescia* (1581—1583), im Fürstenzimmer u. a. die Sieben Weltwunder, nach Max Schrott (Führer durch Neustift) wie die Bilder dort am Wunderbrunnen nach Vorbildern des Holländers van Heemskerck (gest. 1574), ausgeführt von *P. M. Bagnadore* aus *Brescia* zw. 1581 und 1583 (WG). Die Decke im Fürstenzimmer ist nach Weingartner *das schönste Getäfel im Stil der deutschen Renaissance von Südtirol*. Die Arbeiten wurden von einheimischen Schnitzern durchgeführt, nach Anweisung des Baumeisters Matthias P e r l a t i in Brixen, Es wurden für diese Arbeiten, wie ein zeitgenössischer Bericht vermeldet, *Eschen-, Nuß-, Kirschen-, Ölbaum-, Zirm-, Linden-, Buchen-, Birnbaum- und aus Augsburg bezogenes Fladerholz* verwendet. Eine naturgetreue Nachbildung der Fürstenzimmer im *Chateau Tyrolien* der Pariser Weltausstellung des Jahres 1900 ist seinerzeit viel bestaunt worden. — Ein Zimmer ist als Kapelle eingerichtet, mit einem Altar vom Ende des 16. Jahrhunderts. — Als besonderes Prunkstück der fürstlich ausgestatteten Räume gilt neben einfacheren, grünglasierten Wappenöfen mit dem Spaurschen Wappen der große, achteckige O f e n im Fürstenzimmer im zweiten Stock, mit gemalten Szenen aus dem Alten und Neuen Testament und bischöflichem Wappen, vom Bozner Hafner Paul P i e d e n s d o r f e r. Die Türbeschläge im Prunkzimmer stammen von einem Augsburger Schlosser (WG). — Das Schloß, in dem alljährlich Konzerte und Kunstausstellungen geboten werden, ist mehr und mehr von gefährlichem Verfall bedroht. — Pläne für eine durchgreifende, demnächst durchzuführende Restaurierung liegen jedoch vor (1980).

Im Schatten dieser fürstlichen Residenz stehen die Ansitze R a f f e n b e r g (Wappen und Jahrzahl 1468 überm Tor) und das restaurierte Z i e r n f e l d (Torbogen, Freitreppe, Zinnengiebel, an einer Türrahmung Jahrzahl 1556). Wie Weingartner nachweist, wollten die Erbauer des bischöflichen Schlosses ihrem Werk den schmückenden Beinamen *Ziernberg* (Zier' den Berg) geben, wohl nach dem Muster des schon bestehenden *Ziernfeld,* doch hat sich diese künstliche Taufe nie durchgesetzt, und man sagt seit eh und je in Erinnerung an die alte geschleifte Burg eben *Schloß Feldthurns.* — Der N a m e (in einer Urkunde um 975 *Velturnes)* ist noch nicht befriedigend gedeutet; Hans F i n k, der zur Jahrtausendfeier des Ortes (1975) ein mustergültiges Ortsbuch verfaßte, denkt an einen *etruskischen Gentilnamen Velturna* (ebda. S. 12).

In Feldthurns hat sich einiges an altem B r a u c h t u m erhalten. Vom „Klöckeln" ging schon unter dem Stichwort „Schalders" die Rede; Haider zitiert in „Tiroler Brauch" (siehe Lit.-Verz.) eine Schilderung von Hans Fink über das sog. „Klöckeldreschen": Krapfen, Würste und Wein warten auf die Burschen, die draußen in der Tenne zum Schein den Roggen dreschen, damit die nächste Ernte gut wird. — Einen weiteren, in seiner Schlichtheit geradezu ergreifenden Brauch schildert Hans Fink in seinen „Eisacktaler Sagen" (S. 320): *Als am 14. Jänner 1939 in Feldthurns der alte Platscherbauer Josef Hofer starb, übte man noch einmal einen einst allgemein üblichen Brauch aus. Der Knecht erhielt nämlich den Auftrag, den Todesfall dem ganzen Hof zu melden, indem er von Raum zu Raum, von Stall zu Stall ging, zu den Bienenstöcken, an den Gartenzaun, zum Stadel und zur Korntruhe, wo er überall anpochte und rief: „Der Bauer ist gestorben!"*

Als n a t u r k u n d l i c h e B e s o n d e r h e i t sei die Bärenjagd von Schrambach hier mitgeteilt, wie sie Fink in den „Eisacktaler Sagen" im Anhang angibt; diese Jagd aus dem Jahre 1820 ist mehrfach bezeugt (Dalla Torre) und dürfte historisch sein. Jedenfalls stieß der Taschlerbauer Hans Pliger während der Hasenjagd in einem Eichengehölz nahe dem Tschiffnoner Graben auf eine Bärin mit zwei Jungen; zunächst versagte sein Gewehr, dann aber traf er das Tier in die Augen; erst herbeigerufene Nachbarn jedoch machten der beklagenswerten Bärenmutter den Garaus; was mit den jungen Bären geschah, ist nicht überliefert. — Einen Hirschgarten hatten die Bischöfe, wie bereits erwähnt, in ihrem Sommerschloß, doch erzählt man, daß Bischof Bernhard G a l u r a (1829—1856) auch in der Hofburg in Brixen zwei gezähmte Hirsche gehalten habe. Fink berichtet, der Bischof habe die beiden Tiere vor die Pferde seines fürstlichen Gespannes geschirrt; als der Bischof in seiner leutseligen Art Münzen unter die Kinder warf, da scheute einer der Hirsche inmitten der Balgerei der Kinder, riß aus und wurde erst nach Tagen in der Nähe von Tils tot aufgefunden.

Schon zu Beginn dieses Abschnittes wurde der landschaftliche Reiz der Feldthurnser Gegend gepriesen; demnach gehört dieser Ort seit eh und je zu den „klassischen" Ausflügen im Eisacktal und bietet eine Fülle von W a n d e r u n g e n und B e r g -

257

t o u r e n, die im kleinen Ortsführer vollständig verzeichnet sind. Der schöne Zugang vom Tal her über Schrambach wurde bereits genannt; der alte Weg nach Brixen, einst ein von Baum und Strauch gesäumter, malerischer Feldweg ist Straße geworden, die sich jedoch auf dem Weg 11a umgehen läßt. Direkt kann man auch über einen Weg Nr. 12 von der Eisackbrücke an der Mündung des Villnößtales aus ansteigen. Auch die weit ausholende Straße zum Weiler S c h n a u d e r s (1030 m) läßt sich auf einem hübschen alten Pflasterweg abkürzen, und von Schnauders aus erreicht man den bereits erwähnten Weg 18, der einen schönen Anstieg zu R a d l s e e und K ö n i g s a n g e r vermittelt; ebenso läßt sich hier sehr gut über die Höfegruppe S t i l u m s eine Verbindung nach T ö t s c h l i n g herstellen (in umgekehrter Richtung S. 250).

Reizende Spazierwege, zunächst durch Kastaniengruppen und dann durch herrliche Wiesen — stets mit den Dolomitenzacken im Blick gegenüber — führen hinauf zum Weiler G a r n und weiter ins Wandergebiet L a t z f o n s oder eben hinüber in das reizend gelegene V e r d i n g s; besonders dieser letztgenannte Weg ist für die Gegend typisch; Beda Weber fand hiefür die treffenden Worte: ... *luftig und heiter (ist die) Mittelebene, die reich in Korn und Wein durch ihre Zierlichkeit dem Auge schmeichelt* ... — Seit von Feldthurns aus eine nunmehr asphaltierte Straße nach Verdings und Latzfons führt (Autobus), muß man allerdings die Fußwege zu den genannten Orten abseits davon suchen und wird sie dank der Arbeit des Alpenvereins auch finden; besonders schön ist der untere Weg, der von der Antonkapelle am südwestl. Ende von Feldthurns über den prächtigen Hof Mayr in Viers (siehe Ausflüge ab Thinnetal) nach Verdings führt und auf einem etwas höher verlaufenden Wiesensteig die Rückkehr nach Feldthurns ermöglicht.

Haben wir somit die Möglichkeiten aufgezeigt, die von der Feldthurnser Umgebung geboten werden, so erscheint es angebracht, daß wir noch einen Blick auf die Kunstwerke in den Kirchen des Dorfes und seiner Weiler in der Umgebung werfen.

Die frei außerhalb des Ortes stehende P f a r r k i r c h e z u r H i m m e l f a h r t M a r i ä aus Granitquadern wurde unter Matthias Puntner aus Vahrn um 1500 zugleich mit dem Turm erbaut und 1894—98 vergrößert und umgestaltet; aus dieser Zeit stammt auch der neugotische Hochaltar mit schöner Muttergottes aus der ersten Hälfte des 15. Jahrhunderts. Das ehemalige Hochaltarblatt, eine von Rubens beeinflußte Himmelfahrt Mariens, von Weingartner Stephan K e ß l e r zugeschrieben (zweite Hälfte 17. Jh.) findet sich an einem der neugotischen Seiten-

258

altäre (von Bachlechner). — Das beeindruckende Kriegerdenkmal von Feldthurns schuf Othmar W i n k l e r 1980 (vgl. auch Brixen).

S a n k t L a u r e n t i u s unter einem hohen Kastanienbaum im Dorf selbst hat die Langhausmauern noch aus der Zeit um 1302 (erste Erwähnung) und wurde 1400 um den Chor verlängert; der Turm wurde im 16. Jahrhundert hinzugebaut. Der Hochaltar ist Spätrenaissance um 1681, die bemerkenswerte Laurentiusstatue ist eine *sehr gute Arbeit* (WG) um 1520. Die Marienstatue des Seitenaltares *(außergewöhnlich qualitätvolle und reiche Fassung* (WG) ist ebenfalls um 1500· anzusetzen, aber im 18. Jh. neu gefaßt; das Kind ebenfalls neu. — Der Raum östl. der Kirche wurde zu einem hübschen kleinen Platz gestaltet, an dem besonders die altertümliche Fassade des Nagele-Hofes auffällt; das Haus hat außerdem bemerkenswerte Fresken an der Eingangsseite. Am Schmiedehaus schräg gegenüber ist eine Gedenktafel für den Schützenanführer Simon Rieder eingelassen, der nach dem unglücklichen Ausgang des Krieges von 1809 von den Franzosen erschossen wurde, während Simon Rieder, der Jüngere, nach Wien entkommen konnte.

Ein Bildstock in der Dorfmitte (17. Jh., Gemälde 19. Jh.) sei der Vollständigkeit halber erwähnt; ein würdigeres Denkmal ist die Jahrhunderte alte Kastanie zwischen Dorfbrunnen und Schloßmauer.

S a n k t G e o r g in Schnauders schließlich wurde ebenfalls von Puntner um 1520 in die heutige Form gebracht; die Inneneinrichtung stammt weitgehend aus dem 18. Jh., die schönen Kerzenstangen wurden ins Diözesanmuseum verbracht, ebenso ein Gemälde (Kreuzigung) aus dem Jahre 1596. Zwei wertvolle Statuen von Meister L e o n h a r d (St. Georg und St. Barbara) wurden schon 1940, die restlichen barocken Statuen 1975 gestohlen, fünfzehn an der Zahl.

Bau und Einrichtung der S t . - A n t o n - K a p e l l e im Dorf, am Weg nach Verdings, entstammen dem 17. Jh. — Am Fuß der Mittelgebirgsterrasse von Feldthurns, in der sogenannten K l a m m auf einer Felskuppe zwischen Brennerstraße und Autobahn steht das Kirchlein S t . F l o r i a n, ebenfalls dem 17. Jh. angehörend, mit hübschem Altarbild und Statuen. —

Im Zusammenhang mit dem Rundgang durch die Kirchen der Gegend muß auch zweier Künstler gedacht werden, die aus dem Dorf Feldthurns stammen. Als Sohn der Schmiedleute Johann und Gertraud wurde 1676 Johann G e b h a r d geboren, der nach Lehrjahren in Italien und den Niederlanden ein bedeutender Barockmaler geworden ist, der vor allem in Regensburg und den umliegenden Ortschaften, zeitweilig zusammen mit den Brüdern Asam, gearbeitet hat. Als er 1756 starb, hinterließ er ein gewaltiges Werk an barocker Kirchenmalerei und hatte sich auch als Porträtist einen Namen gemacht. — Bis in unsere Tage reicht die Bedeutung des Bildschnitzers Peter S e l l e m o n d (1884—1942) aus Feldthurns, dessen Kruzifixe berühmt geworden sind, da er alles Leid und alle Qual der bitteren Jahre unseres Jahrhunderts im Ausdruck des Gekreuzigten zu gestalten wußte; auch als Krippenschnitzer hat er sich hervorgetan. — Mit dem Abstieg zum Kirchlein St. Florian in der K l a m m (547 m) endet unser Rundgang durch Feldthurns. Diese Schwelle der Klamm, eine Engstelle, die den alten Brennerweg nahe an den Westhang des Tales drückte, ist jetzt durch den Bau der Autobahn stark verändert und zum Teil abgetragen worden; Kirchlein und Gasthaus „Stern" in der Klamm liegen jetzt wie bereits erwähnt zwischen den beiden Straßen.

Bald danach führt die Brennerstraße an einem gewaltigen Steinbruch vorbei; es handelt sich wie bei dem bald sichtbar werdenden Felsen von S ä b e n um ein D i o r i t v o r k o m m e n, das hier abgebaut wird (allgemein als „Klausenit" bezeichnet, *feinkörnige, graugrüne noritische, dioritische bis diabasporphyritische Gesteine,* nach Staindl); die Autobahn wechselt hier, an der Mündung des V i l l n ö ß t a l e s (vgl. unten) an das linke Eisackufer, stößt mit einem Tunnel unter den Höhen von G u f i d a u n *(Putzenhügel)* durch und bleibt nun am linken Ufer. Hier beginnt der dritte Abschnitt des Eisacktales, doch haben wir vor dessen Betrachtung noch dem Tal von Villnöß einen Besuch abzustatten.

DAS VILLNÖSSTAL ist ein von Ost nach West verlaufendes Seitental des Eisacktales; Seehöhe: Reinthaler- (auch Sulfer-)Brücke an der Mündung 540 m — Hauptort St. Peter 1150 m — Schlüterhütte am Kreuzkofeljoch 2300 m; Länge des Tales etwa 24 km, befahrbar (bis Zanser Alm, 1669 m) auf ca. 20 km, Autobus ab Klausen und Brixen bis Ranui (1352 m); Eisenbahnhaltestelle an der Talmündung. Der Hauptort und Gemeindesitz Sankt Peter hat zusammen mit den Orten Theis und St. Magdalena 2167 Einwohner, davon 23 Ital.; Post- und Telegraphenamt in St. Peter (Postleitzahl 39040); Geldwechsel (Raiffeisenkasse). In St. Peter, in den Fraktionen und an der Talstraße zahlr. gute Gasthäuser und Fremdenzimmer; Skilift bei St. Magdalena, Straßenanschluß an das Skigebiet Plose geplant. In St. Peter die Sektion Villnöß des Südtiroler Alpenvereins; alle übrigen Auskünfte (800 Betten im Gemeindebereich) durch Fremdenverkehrsamt Villnöß, St. Peter, bzw. für Theis Verschönerungsverein Theis. — Das Wappen, silberne Spitzen vor Blau, symbolisiert die Zacken der Geislergruppe.

Wer Villnöß sagt, sagt Geisler, denkt Furchetta und Sass Rigais, denkt an die Almen von Glatsch und Gschnagenhart, an diese grünen Waldinseln unter den wilden Nordwänden der Geisler; kaum eine andere Dolomitengruppe kennt so unmittelbaren Übergang von lieblich modellierter Landschaft mit Einödhof und spitzem Kirchturm, mit Blütenbaum und Waldesdunkel zur unerhörten Symphonie von Größe und Gewalt grauer, uralter Felsen. Hier ist die Schwelle zu den Dolomiten, hier tritt der aus dem Norden kommende Wanderer aus den weichen Linien der Urgesteinsberge ein in den turmbewehrten Palast des rätischen Königs Laurin. Jene Spitzen und Wände, die schon da und dort ins Tal herab gegrüßt haben, die vom Radlsee aus wie eine unwirkliche Vision zu schauen waren — jetzt sind sie Wirklichkeit geworden, sehr groß, sehr schweigsam, nur manchmal ein Wort — Steinschlag in den Gewandfalten der Mächtigen, ein fernes Aufrauschen, Widerhall in vielen Wänden und wieder Stille. —

Villnöß vereinigt die Vorzüge einer sanften Wald- und Mittelgebirgslandschaft mit dem Erlebnis „Dolomiten"; trotzdem ist das Tal nicht laut geworden, es kennt kaum den hektischen Fremdenrummel benachbarter Dolomitentäler, ja, man könnte fast sagen, es sei noch „verträumt" — in des Wortes wahrster und bester Bedeutung. — Die Mündung des Tales verrät keineswegs die Pracht seiner Hochlagen, denn der Villnösser Bach bahnt sich durch eine wilde Schlucht den Weg zum Eisack, die noch schmerzlich von den Spuren der Unwetterkatastrophen der Katastrophenjahre 65/66 gekennzeichnet ist. Fast alle Seitentäler des Eisacktales haben, von Brixen abwärts, diesen zunächst abweisenden Schluchtcharakter, und demnach ist auch hier in Villnöß die Schluchtstraße relativ jung, erst 1859 erbaut und heute weitgehend ausgebaut und verbessert; die alten Wege nach Villnöß kommen von Brixen her über Nafen und Theis, von Klausen her über Gufidaun; bevor wir zur Fahrt durch das Tal aufbrechen, wollen wir daher den alten Villnösser Weg an der Sonnseite des Tales begehen. Um jedoch die naturkundlichen Besonderheiten dieser Wege besser zu erkennen, ist es notwendig, vorerst die im Villnöß für die Bildung der Landschaft so entscheidende g e o l o g i s c h e   S i t u a t i o n zu betrachten:

In dem die flachere Sonnseite des Tales bildenden P h y l l i t ist in der Talmitte bereits eine vorgeschobene Einlagerung von Q u a r z p o r p h y r festzustellen, der sich gut an der Quadermauer des Friedhofes von Sankt Peter beobachten läßt; an der Südseite setzt dieser Porphyr erst viel höher oben, an den Abhängen der R a s c h ö t z (2300 m) ein, deren Namen Tarneller wegen der Rotfärbung des Porphyrs aus *rusaceus* deuten will.

Wegen einer Störung („*Villnösser Linie*", nach v. Klebelsberg) liegt die Nordseite ungleich tiefer als die Südseite. Das Tal selbst ist — östlich der Mündungsschlucht — durch interglaziale Schotter ausgefüllt, denen das Landschaftsbild seine abwechslungsreichen Formen mit Kuppen und Hügeln verdankt, so daß wir einleitend ganz unfachmännisch von einer „modellierten" Gegend sprachen. Noch auf dem Phyllit liegt der prächtige Waldgürtel des Talinneren. Über Sankt Magdalena finden wir die ersten Triasformationen, auf denen sich der Schlerndolomit der A f e r e r G e i s e l n (Rueffen) und der G e i s l e r selbst aufbaut. Die Terrassensedimente ergeben heute — vor allem für den Bau der Autobahn verwendet — Sand und Schotter; durch große Abraumhalden hat das Bild der Landschaft an der Talmündung sehr gelitten. — Interessant ist ein sehr gut zu beobachtendes Vorkommen von K o h l e n s t o f f p h y l l i t nahe der Abzweigung des Sträßchens nach Bad F r o y von der Talstraße. Unweit davon mündet auch von der Theiser Seite ein Wassergraben, in dessen Verlauf die Fundstellen der berühmten T h e i s e r K u g e l n liegen (siehe unten); in diesem Zusammenhang muß auch die F l i t z e r E i s e n q u e l l e erwähnt werden, am Nordabhang der Raschötz, oberhalb der Flitzhöfe in sehr unwegsamem Gelände. H. Psaier schreibt im Villnösser Führer, daß man das Mineralwasser in trockenen Sommern wegen seiner Stärke nicht unverdünnt trinken könne. Man erreicht die schon 1238 erwähnten, einsamen und heute von Entsiedlung bedrohten Flitzer Höfe über einen guten Fahrweg, der an einem schönen Wasserfall (45 m) vorbeiführt.

Dieses an seiner Sonnseite siedlungsgünstige Tal muß schon sehr früh bewohnt gewesen sein. Für die Wildnis, die hier herrschte, und für die Mühen der Rodung mögen die zahlreichen Sagen von Riesen sprechen, die den Bauern zum Teil das Leben recht sauer werden ließen (vgl. S. 266). Greifbare Gestalt nimmt die G e s c h i c h t e des Tales mit der Feststellung von nachweisbaren und vermuteten p r ä h i s t o r i s c h e n S i e d l u n g s - s t ä t t e n an:

Innerebner zählt deren nicht weniger als 16 auf, davon vier vermutete. Die interessanteste und auch am besten zugängliche dieser Stellen ist die das äußere Tal beherrschende, bewaldete Felskuppe nächst dem schönen alten Hof M i g l a n z (mittl. Höhe 1100 m), wo Adrian Egger gleich drei Siedlungen feststellte; auch einige Münzfunde aus römischer Zeit wurden getätigt *(Trajanus, Domitian,* ein goldener *Nerva* u. a.) — Die Germanisierung des „rätischen" Tales hat zwar so gut wie zur Gänze stattgefunden (im Gegensatz zum benachbarten Gröden), dürfte aber erst später als im Eisacktal beendet worden sein (nach dem bei Psaier zit. *D. Marini* erst um 1500). Heute noch gemahnen viele Hof- und Flurnamen an das Ladinische, so etwa

Miglánz, Pardèll (aus *pratellum,* „Wiese"), *Kantiól, Vikól, Pramstrál* (aus *pra monasteriale,* „Klosterwiese") u. v. a. m., woraus sich auch in Südtirol häufige Familiennamen entwickelten. — Der Hof *Rife in Volnes* ist 1307 erwähnt, als Schwaighof des Klosters Neustift (in der heutigen Fraktion Coll); der N a m e taucht schon 1050 als *V a l n e s* auf, seine Deutung ist umstritten: „Viel Nässe" ist die heitere Volksetymologie, die sich an eine Natursage von einstigen Seen knüpft (Dalla Torre), ernster zu nehmen ist die Ableitung von *Vallis avelanosa* nach dem Haselstrauch, also „Haseltal"; der sehr ortskundige langjährige Gemeindearzt von Villnöß, Dr. H. Psaier, schlägt nach einem Beispiel im nahen Gadertal *(Campill)* ladinisch *Villes nöes* („Neudorf") vor („Schlern", Jg. 1972, S. 280). — Weltlich unterstand das Tal den Herren von Gufidaun, kirchlich gehörte es bis 1428 zur Urpfarre Albeins, wohin auch die Leichen gebracht werden mußten, die im Winter oft „eingefroren" wurden, wenn der Schnee die Wege blockierte. — Im Jahre 1809 führte der Zellenwirt Georg G a n e i d e r die Villnösser Schützen an; wie Peter Mayr wurde er in Bozen wegen bewaffneten Widerstandes nach dem Schönbrunner Frieden erschossen, vier Tage vor seinem Landsmann Matthias F r e n n e r aus Pardell (21. 12. 1809). — Ganeiders Name scheint auch auf dem Peter-Mayr-Denkmal nächst der Bozner Pfarrkirche auf, und ebenso erinnert an ihn und seine Gefährten ein Denkmal vor dem heutigen Zellenwirtshaus in Pitzak, das die beiden Füsilierten vor dem Peloton am Boden liegend darstellt. — Gebürtiger Villnösser ist übrigens auch der kurfürstl. bayer. Hofmaler Johann D e g l e r gewesen (geb. 1666 in St. Peter, gest. 1729 in Tegernsee), der als Schöpfer von zahlreichen Altarblättern für Kirchen in Bayern und Tirol einen guten Namen hatte (hiezu „Schlern", Jg. 1970, S. 341 ff.).

Heute noch ist der H o l z r e i c h t u m des Tales bedeutend, der früher vor allem zum Kalkbrennen und auch für ein 1867 außer Betrieb gesetztes Schmelzwerk an der Talmündung diente, in dem Kupfer- und Schwefelkies aus der Nähe von Bad Froy und vor allem dieser zusammen mit Bleiglanz vom Pfunderer Berg nächst Klausen verhüttet wurde (Name „Sulferbruck"!). Heute sind die meisten Talbewohner in der Land- und Forstwirtschaft tätig; es gibt in Villnöß relativ große Bauernhöfe. Für viele ist in letzter Zeit auch das Bau- und Transportwesen sowie vor allem der Fremdenverkehr zur wichtigsten Einnahmequelle geworden. — Im Zweiten Weltkrieg (1944) richtete ein Bomben-Notabwurf im Bereich der Weiler St. Valentin und St. Jakob einigen Schaden an (siehe dort).

Wir beginnen unsere Talwanderung an der Villnösser Haltestelle und wählen den hier in Serpentinen durch den Wald ansteigenden Weg Nr. 11; auf ihm wollen wir bis Sankt Peter oder weiter bis Sankt Magdalena pilgern und können von dort über die Talstraße mit dem Omnibus zurück zu dem an der Talmündung abgestellten Fahrzeug; dies ist eine der allerschönsten W a n d e r u n g e n im ganzen Eisacktal und schon allein wegen des D o l o m i t e n b l i c k e s überaus lohnend.

Gleich nachdem wir unter der Autobahn hindurch sind, die hier in den Tunnel des Putzenhügels eintritt, beginnt linkerhand unser Weg und führt in etwa einer Stunde zum reizend gelegenen Weiler N a f e n (750 m) mit seiner sehenswerten Kirche zum hl. B a r t h o l o m ä u s, deren vorwitziger Kirchturm schon von Feldthurns aus zu diesem Weg verlockt hat.

Die 1307 erwähnte und 1489 spätgotisch umgebaute Kirche (Schlüssel im Bauernhaus gegenüber) zeigt da und dort noch Spuren des früheren roman. Baues (Säulchen an den Spitzbogenfenstern des Turmes). Außen ein schöner St. Christoph um 1510, mit *guter anatomischer Durchbildung* (WG), vom gleichen Maler wie die Bilder am Hochaltar (Ruprecht P o t s c h und Philipp D i e m e r, um 1520), die Weingartner nur eine *mittelmäßige Arbeit* sein läßt. Von den bemerkenswerten Schnitzfiguren um die Muttergottes mit Kind im Flügelaltar wurde einiges gestohlen, anderes mußte in Sicherheit (Widum Theis) gebracht werden. Die Krönung Mariens am Aufsatz entstand 1701 und ist mit den Initialen des Grödner Schnitzers Balthasar V i n a z e r gezeichnet, der auch am Seitenaltar gearbeitet hat, wo jedoch der hl. Leonhard 15. Jh. ist. Die aus dem Jahre 1503 stammenden Brustbilder der 14 Nothelfer sind leider übermalt, ein schönes Kruzifix stammt aus der Werkstatt des Ruprecht Potsch.

Nafen mit seinem stimmungsvoll gelegenen Kirchlein ist einer der hübschesten Punkte im ganzen Eisacktal. An den sonnigen Hängen wächst noch der allerletzte Silvaner auf fast 900 Metern Höhe (der höchste im ganzen Eisacktal), der Weiterweg leitet schon über zum großen Erlebnis einer umfassenden Schau auf eine Bergwelt von wahrhaft himmelhohen Ausmaßen. Man genießt sie am besten vom Kalvarienberg in T h e i s (963 m), der von Nafen aus auf Weg 11 in einer halben Stunde leicht zu erreichen ist. Dieser Hügel ist nachweisbar vorgeschichtlich besiedelt (Scherbenfunde) und wurde außerdem 1915 mit Schützengräben zur ev. Verteidigung eingerichtet. Die Geisler beherrschen den Blick, aber man sieht auch bis zu den Zillertaler Gletschern und zum Rittner Horn.

Theis wurde früher und wird noch wegen der bereits mehrfach erwähnten T h e i s e r K u g e l n (vgl. auch den Abschn. IV) häufig besucht, wenngleich nur mehr Einheimische entlegene Fundstellen anzugeben wissen und solche auch verheimlichen, da sie mit den wertvollen Stücken Handel treiben. Neuerdings darf nur mehr mit schriftlicher Genehmigung der Gemeinde (Gasth. „Stern" und „Mittermühl") nach Theiser Kugeln geschürft werden. Sehr schöne Exemplare finden sich im Museum Ferdinandeum in Innsbruck. Theis hat Gasth. mit öffentl. Fernsprecher und ist durch eine Zufahrtsstraße von der Talstraße aus erreichbar; Abzweigung beim Gasth. „M i t t e r m ü h l" (Autobus nach Klausen und St. Peter). Etwas vorher schon zweigt ein einfacher Fahrweg in das noch sonst kaum „befahrene" Nafen ab. — Die P f a r r k i r c h e z u m hl. H e r z e n J e s u in Theis stammt samt Einrichtung aus der Zeit um 1880, der hohe, für das äußere Villnöß kennzeichnende Spitzturm wurde um 1500 erbaut; beachtenswert eine Pietà in überaus lebendiger Darstellung, von Konrad Wieser aus Brixen um 1750.

Berühmt ist die große Glocke der Pfarrkirche Theis aus dem Jahre 1734 (gegossen von J. Grasmair, 1700 kg schwer); als sie im Kriegsjahr 1917 abgeliefert werden sollte und alles Bitten der Bevölkerung nichts fruchtete, wurde die „Große" bei Nacht und Nebel von den Bauern versteckt und kam erst nach Kriegsende wieder zum Vorschein. Die alte Volksüberlieferung, daß dereinst die Gufidauner Herren schon die Theiser Glocke rauben wollten, diese aber Widerstand leistete und im Turm bleiben „wollte", ist so in unserer modernen Zeit zur Wirklichkeit geworden (Fink).

Von großer landschaftlicher Schönheit ist der Weiterweg bis zum uralten Hof M i g l a n z, der eine wichtige Station am alten Villnösser Weg war. Die Nähe vorgeschichtlicher Stätten, die weite und freie Gemarkung eines wahren Bergbauernkönigreiches und das ehrwürdige Alter von Mauerwerk und Täfelung des Hofes geben diesem Platz jenen bestimmten Zauber, der von geschichtsträchtigen Stätten stets ausgeht. Kein Wunder, daß sich um diesen Platz auch die S a g e rankt:

Auf Miglanz — oder „Melans", wie man im Tal auch sagt — hauste einst ein Riese. Vom mittleren der drei Melanser Felsblöcke schaute er böse ins Tal und wollte den ganzen Berg hinabschieben, damit der Villnösser Bach das Tal aufstaue und alle Leute zum Ersaufen bringe. Aber wie das Pfeifer-Huisele in Ratschings, so hatte auch der Miglanzer Riese nicht mit den geweihten Glocken gerechnet, die sein Werk zunichte machten. Da stieß er vor Zorn den Fuß so sehr auf den Felsen, daß man den Abdruck davon heute noch sehen kann. Früher herrschten im inneren Tal die Riesen überhaupt, sie wurden erst durch den Bau von St. Magdalena und St. Johann in Ranui vertrieben; die innersten Höfe von Coll, die Munthöfe, heißen heute noch die „Heidenhöfe". — Auf der Ebene von Pitscheförd *(Piceverd)* hausten auch die Riesen und hüteten dort eine Herde weißer Schafe, wenn sie sich nicht gerade mit ihrem goldenen Kegelspiel vergnügten. Einer der Riesen, mit drei Köpfen und Augen so groß wie Kegelkugeln, der sagte dem Kantioler Bauern immer an, wenn im Frühjahr die beste Zeit für den Anbau gekommen war. Einmal meldete sich der Riese lange nicht, und die Bauern begannen schon mit der Arbeit. Da erschien der Riese bitterbös und rief:

> *I woaß in Kofelwald*
> *Neunmal Wies' und neunmal Wald,*
> *Ober sölla lötza Mander, wie ös seid,*
> *Dö 's Baud'n nit derwartn,*
> *Han i no nia g'söch'n.*
> *Weil es mi nimmer braucht, geah i.*

Und wirklich, in diesem Jahr wuchs kein einziger Halm.

(Nach Psaier, Fink, Heyl)

Doch zurück nach Miglanz und weiter den Weg an der Sonnseite talein, bis wir auf das kostbare Kirchlein S t. V a l e n t i n stoßen, das zweite Zeugnis gotischer Kirchenbaukunst in diesem an Kunstschätzen so reichen Tal.

An der Außenwand dieser um 1090 vermutlich, sicher aber 1303 bezeugten Kirche, fällt eine wunderbare, in den Farben sehr frische Christophorusdarstellung auf, eine der allerschönsten im Lande (Anf. 15. Jh.); besonders wertvoll in der Kirche, deren Turm noch romanisch ist, der spätgotische F l ü g e l - a l t a r mit Maria, St. Valentin und St. Wolfgang im Schrein und mit Heiligen im Halbrelief an den Flügeln, in der oberen Reihe vier Frauengestalten, in der unteren Heilige. Die Predella ist durch einen barocken Tabernakel ersetzt. Im Gespreng eine Kreuzigungsgruppe und zwei Büsten, St. Barbara und St. Katharina. An den Flügelbildern schließlich sind vier Szenen aus dem Leben des hl. Valentin dargestellt. — Der Altar ist das Werk eines Brixner Meisters, um 1500 (WG; laut Egg Klocker-Werkstatt), die Gemälde *von Michael Pacher beeinflußt.* — Anton Maurer (in „Kirchen in Villnöß") vermerkt, daß das *schematische Nebeneinanderstellen von Figuren ein Rückschritt gegenüber Pacher* sei. — Wie bereits erwähnt, wurden hier von einem USA-Flieger mit brasilianischer Besatzung 1944 Bomben abgeworfen, die wohl der Albeinser Brücke zugedacht waren. Die Kirche erlitt einige Schäden und der Altar mußte vorübergehend entfernt werden. Ein Bildstock mit einem Bomben-Blindgänger und Inschrift erinnert an diese unguten Zeiten. — Der Altar mußte in der Folgezeit nochmals (1951) abgetragen werden, da ein Erdrutsch das Kirchlein bedrohte, aber heute ist das wertvolle Kunstwerk restauriert und wieder an seinen Platz verbracht worden.

In eineinhalbstündiger Wanderung sind wir so von Theis nach S a n k t   P e t e r (1150 m), dem Hauptort des Villnößtales, gekommen; der Ort besteht aus den um die Kirche gescharten Häusern mit dem altbekannten Gasthaus „Kabis", während der Ortsteil an der Straße mit dem Zellenwirtshaus und dem Gasth. „Lamm" den Namen P i t z a k trägt.

Die P f a r r k i r c h e wird angeblich schon 1058 erwähnt; der heutige Bau stammt im wesentlichen aus dem Jahre 1801 und wurde 1905 neuerlich renoviert. Der 63 m hohe, in den Formen ungewohnte Turm, den Weingartner in seinem „Südtiroler Bilderbuch" einen *pompösen Neubau* nennt, entstand erst 1897. Hauptschmuck der Kirche sind die Fresken des Tiroler Malers Joseph S c h ö p f, der ein Schüler Martin K n o l l e r s war. Maurer sagt von ihm: *Er hatte in Rom die neue Kunstrichtung des Klassizismus aufgenommen, in der die Kirche erbaut wurde.* Die von religiöser Innigkeit beseelten Gemälde zeigen in den drei Kuppeln eine Krönung Mariä, die Schlüsselübergabe an Petrus und eine Predigt des heiligen Paulus. — Durch die reiche (und farbige) Fassung vieler Bauelemente anläßlich der Renovierung von 1905 hat sich die im Grunde klassizistische Kirche wieder dem Typ einer Barockkirche genähert. — Die früheren Seitenaltarbilder der Pfarrkirche finden sich heute in der kleinen Michaelskirche im Ortsteil Pitzak. — Erwähnt sei an dieser Stelle auch, daß der berühmte Bergsteiger Ludwig Norman-Neruda (abgestürzt 1898) auf dem Friedhof von Sankt Peter begraben liegt.

Sankt Peter lockt zu Aufenthalt und Urlaub; der Ort ist idealer Ausgangspunkt für schönste W a n d e r u n g e n und für Hochtouren im Talschluß, wo sich allerdings mit S t. M a g d a l e n a (2 Gasth.), mit der Z a n s e r A l m (2 Gasth.) und schließlich mit der S c h l ü t e r h ü t t e noch weitere Stützpunkte anbieten. Doch bleiben wir zunächst in der Umgebung von Sankt Peter. Sehr beliebt ist der Weg Nr. 30, der leicht ansteigend zunächst zum Kirchlein S a n k t J a k o b a m J o c h (1288 m) führt, in einer halben Stunde genußreichster Wanderung.

Wiederum stehen wir inmitten bezaubernder Bergeinsamkeit vor einem Juwel tirolischer Kirchenbaukunst. Die von einer Mauer umgebene Kirche erhielt die heutige Form um 1500. Wiederum ist der F l ü g e l a l t a r, signiert mit 1517, besonders bemerkenswert. *Der Altar hat ein doppeltes Gesicht: Der Schnitzer bewegte sich in den Bahnen der Gotik, der Maler aber ist schon vom Geist der Renaissance beeinflußt* (Maurer). Im Schrein steht Maria mit Christkind, flankiert von Jakobus d. Ä. und Sankt Michael. Die Kunsthistoriker loben einmütig die Freude an der Ornamentik und die feine Durchführung in den Details, so z. B. im Haarschmuck. Die Flügel zeigen acht Heilige im Halbrelief und die Predellaflügel zwei männliche Heilige mit Buch, deren Behandlung Weingartner sehr lobt; die

267

Schnitzwerke werden heute ziemlich übereinstimmend dem Ruprecht P o t s c h und Philipp D i e m e r (vgl. Nafen) zuge-schrieben. — Die Gemälde, *sehr schöne Arbeiten im Stil der Donauschule* (WG), zeigen die Enthauptung des hl. Jakobus, das grausige Martyrium des hl. Erasmus und schöne Land-schaften mit Ornamenten am Rande, die schon völlig der Re-naissance zuzuschreiben sind. — Der Seitenaltar mit einem Bild des bethlehem. Kindermordes ist Anfang des 17. Jh.s, die Statuen aus dem 15. Jh. wurden deponiert. — Als der Verf. das Kirchlein 1973 besuchte, waren noch alle Statuen an ihrem Platz, doch ist es mittlerweile sicher notwendig geworden, noch weitere Figuren wegen der einsamen Lage der Kirche sicher-zustellen. — Der Christophorus an der Außenwand ist hier aus dem 17. Jh.

Nach der Rast beim Jakobskirchlein steigen wir den Weg Nr. 30 weiter bergan bis zum prächtig gelegenen Aussichtspunkt B e l - v e d e r e (1 Std. ab St. Peter, Wegtafeln); man sieht hier die Geisler, den Brixner Talkessel mit seiner Bergumrahmung und die Zillertaler Alpen (Hochfeiler-Blick). Die nahe gelegene „Otto-höhe" (nach einem langjährigen Kurgast, Dr. Otto Pawel, der hier eine Ruhebank errichten ließ) schenkt ebenfalls prächtige Ausblicke, wird aber mehr und mehr vom Wald überwuchert. Schließlich läßt sich diese Höhenkuppe auf Weg 30 gegen die Aferer Seite hin umrunden, so daß man den uns schon bekann-ten Übergang V i k o l e r - K r e u z (1408 m) erreicht. An diesem Weg 30 liegt eine umzäunte, ausgemauerte Grube, der sog. „Wolfskeller", eine alte Fanggrube für Wölfe mit Jahrzahl 1518. Solche Gruben sind in Südtirol nicht selten, und ihr vielfach noch guter Erhaltungszustand erklärt sich daraus, daß vor nicht allzulanger Zeit die letzten Wölfe erlegt wurden. So ist der letzte Abschuß eines Wolfes in Villnöß noch für das Jahr 1896 mehr-fach bezeugt (Dalla Torre, Fink u. a.).

Im Abstieg vom Joch auf Weg 5 berühren wir den burgartigen, schönen V i k o l e r - H o f, der dem Übergang den Namen ge-geben hat, und schließen unsere Runde wiederum in St. Peter, wobei wir am Gsoierhof vorbeikommen, mit altertümlichem Bau-bestand und Kapelle. — Von St. Peter nun entweder über den Fußweg Nr. 32 oder über die Straße weiter nach St. Magdalena.

Ungefähr auf halbem Weg ab Sankt Peter zweigt die Mar-kierung 11 links (nordöstl.) ab und führt nach C o l l und zu den letzten Höfen von M u n t. Im Weiterwandern erreicht man (3 Std. ab St. Peter) das schon mehrfach erwähnte „ H a l s l " (1866 m) zwischen Lüsen und Afers-Villnöß; Teile des genannten Weges Nr. 11 sind heute in die neue Straße einbezogen (3 m breit, am Anfang asphaltiert), die zunächst in Serpentinen ober St. Peter an Höhe gewinnt, unter dem genannten Vikoler-Hof durchzieht und schließlich Munt erreicht (zuvor Jausenstation). Man kann heute bereits bis zum Russis-Kreuz (Gemeindegrenze Brixen) fahren und wird sehr bald schon den Anschluß an die Höhenstraße Brixen—Afers—Würzjoch—Untermoi haben. Wo nahe bei St. Peter der Fußweg 32 von der neuen Straße abzweigt, steht die alte P e s t k a p e l l e mit der Jahrzahl 1636. Damals hauste der Schwarze Tod so arg, daß man den Leuten von St. Magdalena (in völlig richtiger Einschätzung der Infektionsgefahr) die Teilnahme am Gottesdienst in St. Peter verboten hatte; sie durften nur bis zu diesem Bildstock kommen, wo im Freien eine hl. Messe gelesen wurde. Ein Priester, der von Sankt Peter aus einen Versehgang nach St. Magdalena unternommen habe, sei am Pestbild von der Seuche dahingerafft worden (Psaier).

Sehr treffend wird der Weiler S a n k t M a g d a l e n a (1339 m), von den Leuten „Im Berg" genannt, und die Bewohner der vor dem gewaltigen Hintergrund der Geisler in liebliche Matten verstreuten Bauernhöfe heißen die „Berger". Dieser letzte größere Weiler des Weges kann, wie beschrieben, auf dem schönen „oberen Weg" oder natürlich auch von Pitzak aus auf der nunmehr gut ausgebauten Talstraße am Sonnenhang erreicht werden (zwei Gasthäuser an der Straße); ein hübscher Fußweg führt zum Kirchhügel empor.

Die M a g d a l e n e n k i r c h e hat aus dem Jahr der ersten Erwähnung (1394) wohl nur mehr den Turm; das Langhaus wurde in der heutigen Form laut Inschrift (Rötel) um 1492 errichtet. Besonders schön ist hier wiederum St. Christoph, *lebhafte und virtuose Bewegung, flatterndes, knittriges Gewand. Gute Arbeit, 16. Jh., erstes Drittel* (WG). Die Inneneinrichtung der Kirche entstammt dem 18. Jh. und ist z. T. 1928 von J. M. Peskoller geschaffen worden (Gewölbedekoration). Sehr altertümlich wirkt die Friedhofskapelle mit einem kleinen Altar aus dem 17. Jh., und seiner Lage nach kann sich kaum ein anderer Friedhof im Lande mit dem von St. Magdalena messen. Wie Hans Fink berichtet, gab es bis zum Beginn des vorigen Jahrhunderts wahrscheinlich auf Grund eines Pestgelöbnisses Kreuzzüge mehrerer Nachbarpfarreien nach St. Magdalena zum Kirchtag am 22. Juli; für all diese Wallfahrer wurde ein Stier geschlachtet und in großen Kesseln gesotten, wobei die ärmeren Leute umsonst bedacht wurden. — Dieser Brauch erinnert lebhaft an das Stieropfer in Lüsen und wurde auch um ungefähr dieselbe Zeit (ca. 1822) abgeschafft.
Eine Gedenktafel neben der Kirchentür erinnert an den 1762 in Villnöß verstorbenen Frühmesser Christoph Carl Schenk, der hier begraben liegt. Dieser Priester hatte sich um St. Magdalena, an dem er mit allen Fasern seines Herzens hing, sehr

269

verdient gemacht und wird von den Leuten — heute noch — wie ein Heiliger verehrt. Eine Bäuerin versicherte noch 1966 dem Verfasser eifrig, daß es an der Heiligkeit dieses Priesters keinen Zweifel gebe. Von seinen Wundertaten erzählt man sich noch heute im Tal. —

Auf der Fahrstraße setzen wir unseren Weg nach St. Johann in Ranui (1352 m) fort und statten dem frei auf einer Wiese stehenden Kirchlein, aus dem im April 1970 zwei wertvolle Statuen gestohlen worden sind, einen Besuch ab; es wurde von Michael von Jenner 1744 neben seinem Jagdsitz erbaut und im Stil dieser Zeit geschmückt. Die Altarbilder werden dem bedeutenden Franz Unterberger aus *Cavalese* zugeschrieben, der 40 Jahre in Brixen wirkte. Der Hof Ranui (schon 1370 als Gut *Rumenuye* erwähnt) wurde von den Jenner zum Jagdschlößchen umgebaut; Hubertusjünger sollten sich die köstlichen Jagdszenen im Flur ansehen, die leider zum Teil arg zerstört sind.

Nur kurz mußten wir uns auf die Straße begeben und können schon wieder gleich hinter Ranui (Endstation der Autobuslinie) den schattigen alten Fußweg (Mark. Nr. 33) am linken Ufer des Caserilbaches bis zur Zanser Alm (Gasth. „Zanser Alm" und Hotel „Sass Rigais", 1709 m) verfolgen (1 Std. ab Ranui). In diesem Gebiet von Zans sollte ein großer Skizirkus entstehen, doch hatten die Naturschutzvereinigungen Erfolg, und es kam 1979 statt dessen unter Einbeziehung dieses Gebietes zur Errichtung des Naturparkes Puez-Geisler. Zerstört ist jedoch der alte Villnösser „Heuweg" an der Sonnenseite des Tales; er sollte Zubringer zum Skigebiet werden und ersetzt jetzt die Straße durch den Schwarzwald, die nun auf Forstzwecke beschränkt und auf der erwähnten Nr. 33 abgekürzt wird. Erhalten bleibt jedoch die Fortsetzung des Weges Nr. 33 ab Zans in Nordrichtung zu den Aferer Geiseln („Rueffen" bzw. Kofel-Alm) und ebenso die gerade Fortsetzung des Weges am rechten Ufer ab Zans, wobei man an einem originellen „Marterl" vorbei auf die Wiesen der Gampen-Alm (2063 m) und zu dieser selbst kommt. Da es üblich geworden ist, auf der gegenüberliegenden Seite die beklagenswerten Autos ab Zans über den ausgebauten Weg 33 bis zu dieser Alm emporzuquälen, wird der Wanderer ab Zans (Parkplatz) besser die orogr. rechte Talseite benützen.

Die vorerwähnte Behelfsstraße (Nr. 33) kommt bei Überschreitung des San-Zeno-Baches an San Zenon (1890 m) vorbei, einer nunmehr wiedererrichteten Unterkunft (privat) mit einer Kapellenruine in der Nähe.

Hans Fink weist darauf hin, daß der Name *San Zenón* einem Irrtum entspringt, da die Kapellenruine mit diesem Heiligen nichts zu tun hat. Der Name, im Volksmund nur *Tschantsche-nón*, geht vielmehr auf ein ladinisches *tschamp tschanónta* („Abendweide") zurück.

Nachzutragen ist, daß von der Fahrstraße schon v o r Zans bei einem Forsthaus eine Nr. 34 zur herrlichen G s c h n a g e n h a r t - A l m (1982 m) emporführt, von der man in 10 Min. Anschluß zum A d o l f - M u n k e l - W e g (Nr. 35) hat, der von der B r o g - l e s - A l m (2045 m) her entlang der Nordwände der Geisler-gruppe verläuft; es ist dies einer der s c h ö n s t e n H ö h e n - w e g e d e r g e s a m t e n O s t a l p e n (benannt nach dem Gründer der Sektion Dresden des DÖAV); auch dieser Weg führt (ab Brogles in 3—4 Std., bis Nähe Brogles ein Sessellift ab St. Ulrich in Gröden) zur vorerwähnten Gampen-Alm und weiter zur Schlüter-Hütte.

Auf Halbweg zwischen Zans und *Tschantschenón* zweigt von der Talstraße (Parkplatz) ein Fußweg zur G l a t s c h - A l m (1902 m; Bergkapelle) ab, die unmittelbar unter den Abstürzen der Geisler-Nordwände liegt, die hier von der urgewaltigen Flanke der Fur-chetta beherrscht werden.

Die Nordwand der Furchetta wurde erstmals von den Berg-steigern E. Solleder (München) und F. Wießner (Dresden) im Jahre 1925 durchstiegen. Sie gilt noch heute als Prüfstein für die besten Felsgeher. 1964 stieg der Meraner Heini Holzer allein durch die 800 m hohe Felsmauer, am 5, März 1967 be-zwangen sie Reinhold und Heindl Messner, Villnöß, unter winterlichen Verhältnissen; 1968 bekam sie die erste Damen-begehung durch Hermi Lottersberger aus Mayrhofen im Ziller-tal mit Reinhold Messner, Villnöß. — Die übrigen Nordwände der Geisler (Sass Rigais, Fermeda usw.) sind brüchig und schwierig zu ersteigen. Wichtiger für den Touristen sind die Ü b e r g ä n g e (Wasserscharte, 2643 m, und Mittagsscharte, 2597 m) an die Südseite der Geisler (Regensburger Hütte). — In diesem Gebiet führt der aus Villnöß stammende Bergsteiger Reinhold M e s s n e r eine Alpinschule; Messner gilt mit seinen vielen Erst- und Alleinbegehungen (Everest und andere Acht-tausender) als der erfolgreichste Alpinist der Welt.

Wir kehren zurück zur Gampen-Alm; eine Fahrverbotstafel hält unentwegte „Bergsteiger" nicht immer zurück, auch noch den letzten Aufschwung (30 Min.) zur S c h l ü t e r - H ü t t e moto-risiert zurückzulegen. Hier zu fahren ist eine höchst überflüssige Belästigung der Mitmenschen und zeugt von großer Rücksichts-losigkeit. Körperbehinderte und ältere Bergwanderer jedoch kön-nen sich vom Hüttenwirt hinaufbringen lassen, mit dem Jeep, der notwendigerweise zur Versorgung der Hütte verkehren muß.

Die Schlüter-Hütte (ital. *Rif. Genova)* liegt nahe dem Kreuz-kofeljoch auf 2300 m in prächtiger Bergumrahmung. Die vor-bildlich geführte Hütte verfügt über fast 70 Schlafplätze und ist meist von 20. Juni bis 30. Sept. geöffnet (Auskunft in St. Peter). Sie ist nach dem Erbauer Franz Schlüter, Sektion Dresden, benannt. Von ihr aus kann man d i e Tour des Vill-nößtales machen, nämlich eine Besteigung des P e i t l e r - k o f e l s (2875 m). Man quert auf Weg 4 zunächst zur Peitler-scharte und verfolgt von hier einen rot markierten Serpentinen-steig bis zum Vorgipfel. Schon von hier prächtige Sicht. Geübte und Schwindelfreie steigen von hier über drahtseilgesicherte Felsen bis zum Gipfel (1½ Std. ab Hütte). Die Rundsicht ist wegen der isolierten Lage berühmt und umfaßt die meisten Dolomitengruppen sowie weite Teile der Zentralalpen. Beson-ders schön sind auch die Tiefblicke ins ladinische Gadertal.

Die Rückfahrt vollzieht sich auf dem bereits genannten „Heu-weg", der jetzt als Zubringer für den Talgrund von Zans dient. Über Sankt Peter geht es nun im Talgrund weiter, bis ein Stück vor dem Gasthaus „Kreuz" in M i t t e r m ü h l (etwa auf 800 m; hier das oben erwähnte gut sichtbare Vorkommen von Kohlen-stoffphyllit gegenüber der Abzweigung) nach links (Süden) eine schmale Straße zum Heilbad F r o y (1125 m) abzweigt, das früher den Augustiner-Chorherren von Neustift gehörte, heute aber im Besitz von Jesuitenpatres ist und nach und nach ver-fällt. (Eisen- und Schwefelquellen, radioaktive Magnesiaquelle; zum Bad Froy führt außer der Straße auch ein Fußweg Nr. 7 A, der vom Weiler P a r d e l l ausgeht, in ca. 1 Stunde; das Bad Froy wurde noch bis zum letzten Krieg von Bäuerinnen aus dem ganzen Etschtal aufgesucht, denen Kindersegen versagt geblie-ben war). Die schmale Straße von Villnöß her ist bis Bad Froy und weiter bis zum G s t a m m e r h o f (Bad) befahrbar. Von hier Verbindung zum G n o l l h o f (vgl. hiezu „Umgebung von Klausen"). Schließlich muß noch die Straßenabzweigung bei A u ß e r m ü h l (ca. 700 m, Gasth. „Sonne") erwähnt werden, die den heute noch allgemein befahrenen Zugang nach G u f i - d a u n und zum G n o l l h o f vermittelt (1 bzw. 3 km). Im Rück-blick ist hier von der Villnösser Talstraße Schloß Summersberg in Gufidaun besonders schön sichtbar. —

Unser Abstecher ins Villnößtal ist damit zu Ende. Längst schon liegt die Talschlucht im Schatten, während hoch droben noch die Sonne scheint, auf Theis und die Felskuppen von Miglanz, mit denen der böse Riese das schöne Tal von Villnöß abriegeln wollte.

VII. Klausen und unteres Eisacktal

Durch die Eisackschlucht und über alte Höhenwege nach Bozen

Durch die Felsenschwelle der „Klamm" unterhalb Feldthurns, durch die Talmündung von Villnöß und durch den Gufidauner Berg ist das Brixner Becken nach Süden abgeriegelt. Schon scheint sich das Tal zu schluchtartiger Enge zu schließen, scheint die in Brixen so hell tönende Verheißung südlicher Pracht wieder zu verklingen — da tut sich das Tal plötzlich von neuem zu lieblicher Weite auf und bildet die sonnige Mulde, an deren südlichem Ende sich die altersgrauen Türme und Mauern von Klausen drängen. Hier ist alles näher beisammen als in Brixen, Wiesenplan und Kastanienkrone schauen fast in die Fenster der Häuser hinein, und das alte Gesicht der engen, kleinen Stadt ist ganz und gar Linie der Landschaft geworden, die vom Säbener Fels, dem heiligen Berg von Tirol, mütterlich beschützt wird.

Diese heimelige Welt von Klausen ist die Nachzeichnung größerer Welten in feiner Miniatur; die Häuser, Türme, Weingärten und Edelsitze ringsum sind wie von kundiger Hand hingesetzt auf einen Tiroler Krippenberg. So hat Klausen immer schon Künstler bezaubert, die hier vorbei nach Italien zogen; einer der ersten davon war Albrecht Dürer, der das Bild der Stadt als Hintergrund für jenes Blatt wählte, das wir unter dem Namen „Das große Glück" kennen.

KLAUSEN UND UMGEBUNG

Angaben allgemeiner Art: Seehöhe 525 m; rund 3958 Einw. (Gemeinde, mit Gufidaun, Verdings und Latzfons), davon 469 Italiener und 20 Ladiner; Einwohner der Stadt 2400 (im Jahre 1921 904, davon 57 Ital. — im Jahre 1847 651 Einw., nach Staffler); nach Brixen 11 km — nach Bozen 29 km; auf den Namen und die Bedeutung der Siedlung an einer Engstelle des Brennerweges weist das Wappen hin, ein schräg nach rechts gelegter silberner Schlüssel auf rotem Grund; K. ist Schnellzughaltestelle und war Bahnhof für die im

Ersten Weltkrieg erbaute, 44 km lange und 1960 einge-
stellte Schmalspurbahn nach Gröden, deren Bahnkörper
als Zufahrtsstraße nach Gröden derzeit nahezu fertig ausgebaut ist; die Autobahnausfahrt nördl. der Stadt ermöglicht den Anschluß nach Klausen selbst, nach Gröden, Feldthurns und Gufidaun; Bezirksgericht, Mittel-
schulen, Kulturhaus „Albrecht Dürer" und Volksbüche-
rei; mechanische Werkstätten und Automobilvertretun-
gen, Tankstellen und Taxi; Post- und Telegraphenamt
(Postleitzahl 39043). Ärzte und Apotheke; Schwimmbad,
Tennisplätze, Luftgewehrschießstand. — Banken und
Wechselstube. — Auskünfte im Amt des Verkehrsver-
bandes Klausen am Thinneplatz (dort auch Orientierungstafel), ebenso bei Südtiroler Alpenverein, Sektion
Klausen.
Über 1000 Betten in mehreren Gasthäusern und Hotels,
darunter bekannt schöne Häuser an der mittelalterlichen Hauptstraße (teilw. Fußgängerzone; vgl. „Rundgang durch die Stadt"). — Temperatur im Jahresdurchschnitt 9° C (Brixen 9,6° C — Bozen 12,4° C). — Elemente der südländischen Flora ähnlich wie Brixen.

Heute wie einst verdankt Klausen Existenz und Bedeutung seiner
Lage am Brennerweg; ist es ursprünglich die „Klause" und Zollstätte an einer von der Natur begünstigten, auch militärisch bedeutsamen Stelle gewesen (vgl. „Geschichte"), so hat die Stadt
im 14. und 15. Jh. ähnlich wie Sterzing und Gossensaß durch
den Bergbau eine neue Blütezeit erlebt. Dabei ist die Siedlung
stets in den Grenzen geblieben, die ihr durch die Natur vorge-
schrieben sind, und erst in unseren Tagen beginnt sich Klausen
gewaltig gegen Norden und Süden auszubreiten. Die Altstadt,
die nach wie vor nur aus einer engen, winkeligen Hauptstraße
besteht, hat zwar nicht so prunkvolle Häuser wie Brixen oder
Sterzing, dafür hat sich aber hier der alte Charakter weit besser
bewahrt und verleiht dem Städtchen jenen idyllischen Reiz,
dessentwegen es mit Recht „Künstlerstädtchen" genannt wird.

*Klein ist der Siedlungskern, wo sich in einer einzigen malerischen
Straße das Leben gleichsam verdichtet, eng ist der Rahmen gespannt, aber aus den reichgestalteten Erkerfenstern blickt die Welt-
geschichte mit ihren unendlich vielfältigen Schicksalen und Wand-
lungen* (Wolff). Dies ist nur ein Urteil unter vielen; Steub hat
Klausen wegen seiner vielfältigen Beziehungen zu Kunst und
Künstlern das *rätische Capua der Geister* genannt, und Carl Ritter von Lama, der die unsterblichen Klausener Geschichten von
Ernst Loesch herausgab, von denen noch zu sprechen sein wird,
schreibt in der Einleitung dazu: *Klausen ist bei allem zeitbedingten
Wandel wie ein Wunder das geblieben, was es immer war: das*

Urbild der altertümlichen Tiroler Kleinstadt. An keinem Punkt der Brennerstraße hat sich das Mittelalter so treu und unverfälscht bewahrt wie hier, Sterzing vielleicht ausgenommen. Aber Klausen übertrifft es in der Einzigartigkeit der Lage . . .

Das Klausen von heute hat sich den Erfordernissen unserer modernen Zeit angepaßt — ja, es mußte dafür harte Opfer bringen; die umfangreichen Bauten für die Trassierung der Brennerautobahn und für die Ausfahrt aus dieser sowie Industrieanlagen im Norden und Süden der Stadt haben den ohnehin kleinen Raum bis zu einem Übermaß belastet und werden den schmerzlich berühren, dem vor allem der Blick über Schloß Anger gegen Gufidaun als einer der schönsten im Eisacktal gegolten haben mag.

Es ist jedoch zu erwarten, daß diese Verkehrssituation trotzdem den Fremdenverkehr beflügeln wird und damit den Rang der alten Raststätte weiterhin durch die Jahrhunderte tragen kann. Der besondere Liebreiz der Umgebung und das weite touristische Hinterland mit Dolomiten und Sarntaler Bergen und einer entzückenden Mittelgebirgslandschaft werden stets zu längerem Verweilen in Klausen locken. Neben diesem Fremdenverkehr schafft die genannte Industrie (Textilien, Holzverarbeitung, Futtermittel, Baumaterialien, Elektrogeräte usw.) die so dringend benötigten Arbeitsplätze für die Landjugend aus der Umgebung, soweit diese nicht von den vorwiegend Viehzucht betreibenden Höfen aufgenommen werden kann. In den tieferen Lagen gedeiht Obst und Wein von guter, wenn auch etwas herber Art. Der Ertrag wird zum Großteil durch die vor einigen Jahren gegründete Eisacktaler Kellereigenossenschaft verwertet, doch kann man auch in die Klausener Umgebung noch zu manchem Weinbauern „törggelen" gehn; die Voraussetzungen dazu, das Wandern unter Kastanien- und Nußbäumen, die köstliche Färbung der Herbsttage im Buschwerk zwischen falben Wiesen, das Rasten auf sonnigen Söllern oder im Halbdunkel getäfelter Stuben — all das ist trotz der *alles nivellierenden, stolzen und räuberischen Technik* auf manchen Wegen um Klausen noch gegeben. Zwar ist der muntere Eisack nördlich der Stadt in einem Staubecken abgefangen worden und so nur mehr kümmerliches Rinnsal neben den Gärten der Bürgerhäuser, aber in den Kronen der Kastanienbäume am Weg nach Verdings und Gufidaun rauscht noch der mächtige Atem großer Tage, die Engpaß und Festung am Brennerweg einst gesehen haben.

Die Geschichte Klausens löst gewissermaßen die von Säben ab; zum Zeitpunkt, in dem Klausen in der Verleihungsurkunde Konrads II. an Bischof Hartwig (1027) als *clusa sub Sabione sita* aufscheint, ist Säben selbst schon lange (seit 990) nicht mehr Bischofssitz. Die *clusa* wächst nun als *wichtigste Zollstätte im Brixner Territorium* (Huter) zur befestigten Siedlung heran. So entsteht nach 1202 die Stadtgasse, die gegen den Eisack hin ihren natürlichen Schutz hat und mit der darüberliegenden Burg B r a n z o l l durch Mauern verbunden wurde. Spätestens 1222 ist Klausen Pfarre, es hat um 1300 eine Pfandleihanstalt, wird 1308 *stat* genannt und erhält 1428 ein Jahrmarktprivileg. Ähnlich wie Brixen bleibt die Stadt aber weitgehend unter dem Einfluß des bischöflichen Stadtrichters, der allerdings Klausener sein mußte (Huter); die Gründung eines Pilgerhospizes in der nördl. Eisackau, das später vom Eisack überschwemmt wurde, weist auf die Bedeutung der Stadt zur Zeit der Kreuzzüge hin. Die Kirche, die dazugehörte, ein um 1208/1213 entstandener romanischer Rundbau, besteht heute noch als Sebastiankapelle.

Für frühen Weinbau spricht das um 1283 erwähnte *Klausner Weinmaß* (Huter). — Wolff meint, daß der Zoll in Klausen zur Folge gehabt hätte, daß viele Kaufleute ab Sterzing den Weg übers Penser Joch und durch das Sarntal benützt hätten, um dem Zoll auszuweichen. Derselbe Autor will damit die auffallend reiche Bestückung des äußeren Sarntales mit Burgen erklären. — Zu Beginn des 16. Jh.s lockerte sich ähnlich wie in Brixen die Abhängigkeit der Stadt vom bischöflichen Stadtherrn. Das B e r g g e r i c h t Klausen, dessen Zuständigkeit bis nach Buchenstein *(Ampezzo)* reichte, war ab 1500 vom Brixner Bischof und von den Grafen von Tirol besetzt. — Aus dem Jahr 1512 ist uns eine C h o l e r a e p i d e m i e überliefert (Dalla Torre) und schon um 1515 ein schrecklicher Wolkenbruch, gewissermaßen ein Vorläufer der Ü b e r s c h w e m m u n g von 1921; seit 1859 sind zwölf Erdbeben registriert, die jedoch keinen Schaden anrichteten, auch 1976 nicht.

Zu einigen Scharmützeln in der Gegend von Klausen kam es bereits im Krieg des Jahres 1797 (vgl. unter „Pardell"); der aus dem Gsieser Tal, einem Seitental des Pustertales, stammende Pater Joachim H a s p i n g e r (siehe unten) kämpfte schon damals bei Salurn und Spinges und brach wiederum im Heldenjahr aus der Stille des Klausener Klosters, dem er angehörte, zu den Schlachten am Bergisel auf; er führte den Landsturm von Klausen auch bei den Kämpfen in der bereits erwähnten „Sachsenklemme" bei Franzensfeste. Die Stadt selbst entging nur mit knapper Not schweren Repressalien durch die Franzosen, da die schwache Garnison (kaum 300 Mann) nach dem Frieden von Schönbrunn von aufgehetzten Bauern besetzt wurde, wobei die Besatzung allerdings fliehen konnte. Die Bauern mußten aber dem bald einrückenden Korps des Generals *Severoli* weichen; besonnenen Vertretern der Bürgerschaft, die dem verzweifelten Kampf der Bauern ablehnend gegenübergestanden waren, gelang es, den aufgebrachten General zu besänftigen, der schließlich nahezu alle verhafteten Rädelsführer amnestierte, nicht jedoch den Zellenwirt von St. Peter in Villnöß. Die Szene dieser diplomatischen Verhandlungen, die vor allem durch den Bürgermeister Josef von Perlath geführt wurden, ist als Relief an der Außenmauer der Pfarrkirche dargestellt, und ebendort die Füsilierung des Landesverteidigers Josef Plaitz (25. 12. 1809).

Die zweite Hälfte des 19. Jh.s brachte Klausen einen großen kulturellen Aufschwung, da der Germanist Ignaz Vinzenz Z i n - g e r l e, Schloßherr auf Summersberg in Gufidaun (siehe dort), einen Kreis von Künstlern und Gelehrten um sich scharte, der vor allem im Zeichen W a l t h e r s v o n d e r V o g e l - w e i d e stand, dessen Heimat und Herkunft man mit dem Vogelweiderhof im Lajener Ried gedeutet zu haben glaubte (vgl. S. 283 und S. 336); Klausen ist in jenen Jahren Mittelpunkt einer neuromantischen, schwärmerischen Welle, die dem Städtchen weithin Ruhm und Ruf verschafft, wie der Verfasser in einem Aufsatz des Sonderheftes „Klausen" („Schlern", Jg. 1972, Nr. 7/8) ausführlich dargestellt hat. — Im Ersten Weltkrieg ist die Stadt Etappe, kurz danach erlebt sie ihre schwerste K a t a s t r o p h e : Am 9. August 1921 tobte gegen 16 Uhr auf den Höhen nordwestlich von Klausen ein wildes Gewitter mit sintflutartigem Regen, während in der Stadt noch die Sonne schien. Gegen 17.30 Uhr kam der Murbruch durch das Thinnetal daher, riß geschlagenes Holz, Felsblöcke und entwurzelte Bäume mit und stürzte mit einer bis zu zehn Meter hohen Flutwelle zur Mündungsstelle des Thinnebaches in den Eisack, diesen mit einem gewaltigen Damm abriegelnd. Sofort bildete sich ein Stausee, so daß in Klausen die Häuser teilweise bis zu 5 m unter Wasser standen; in der Kapuzinerkirche (heute noch sichtbare Wassermarke) schwammen die Holzbänke im Kirchenschiff umher (auch am Chor der Pfarrkirche, straßenseitig, eine Wassermarke). Obwohl man versuchte, den sperrenden Damm zu sprengen, gelang es erst nach und nach, die Wasserstauung zu beheben. Die Zahl von zwei Todesopfern ist zwar im Verhältnis zum Ausmaß der Katastrophe gering, doch hat sich die Stadt von den schweren Schäden nur langsam erholt. — Im Zweiten W e l t k r i e g wurde im Februar und im April 1945 die Thinnebachbrücke angegriffen, wodurch Klausen in höchste Gefahr geriet. Beschädigt wurde vor allem das Kloster Säben (90 Fenster), der Turm der Burg Branzoll und die Klausener Pfarrkirche, jedoch gab es auch hier vor allem nur Schäden an den Fenstern. In Gufidaun vernichtete ein Volltreffer ein Bauernhaus mit allen Bewohnern. Auch in Villanders fielen Bomben, wobei in einem Krater Bergkristalle freigelegt wurden (Wolff). — Die Unwetter der Jahre 1965 und 1966 verwüsteten wiederum das Thinnetal, haben aber dank der Verbauung der Mündung des Thinnebaches Klausen selbst nicht mehr gefährdet.

Unser Rundgang durch die Stadt hat kaum etwas von einer „Runde" an sich, da wir uns im wesentlichen auf die alte Hauptstraße beschränken können, den historischen Weg, den einst alle Fahrzeuge und Pilger passieren mußten. Diese Straße allein ist schon eine Sehenswürdigkeit und steckt voller malerischer Winkel, hat blumengeschmückte Erkerfenster mit Butzenscheiben, winzige Seitengäßchen, die auf malerische Höfe führen, und straßenseitig wiederum schöne Portale und kostbare Wirtshausschilder; alles ist von so traulicher Enge, daß man sich gut vorstellen kann, wie die hochgetürmten Reisekutschen vergangener Zeiten sich nicht ohne Mühe durch diese in vielen Linien gebrochenen und schmalen Häuserschluchten winden mußten.

Der Verkehr unserer Tage mußte demnach schon beizeiten um das Städtchen herum geführt werden, mit Hilfe eines westseitigen Tunnels, der den Diorit des Säbener Burgfelsens nahe der Stadtburg Branzoll durchbohrt; die Autobahn führt wie die Eisenbahn ostseitig vorbei, und so ist Klausen zwischen große Verkehrsadern gestellt, eine Insel fast, ein Eiland köstlicher Stille zwischen zwei lauten Strömen.

In der Mitte der Hauptstraße, gegen die Eisackbrücke hin, geben die engbrüstigen Häuser Raum für einen kleinen Platz vor der schönen Dekanatskirche zum hl. Andreas.

Die Kirche entstand 1464—83 (Langhaus) und 1494 (Chor) unter dem Brixner Meister Benedikt Weibhauser und ist ein *typisches Beispiel der Brixner Bauhütte* (Egg), wobei Teile eines älteren Baues mit einbezogen wurden. Von Wandmalereien nennen wir außen neben dem Hauptportal Andreas und Johannes d. T. von Valentin *Rovisi* (1758), einem Schüler des *Tiepolo;* im Inneren sind die Schlußsteine des Malers Nikolaus von Brixen bemerkenswert (1493). Die Orgelempore nennt Egg zusammen mit dem Sakristeigewölbe *Glanzstücke der Brixner Spätgotik*. Der Hochaltar ist neugotisch, doch hat sich vom alten Altar eine Madonna des Ruprecht Potsch erhalten (um 1509; über dem Chorgestühl). Die Seitenaltarbilder stammen von J. Schöpf. Im weiteren enthält die Kirche noch eine Reihe von sehr bemerkenswerten Holzskulpturen, die teilweise aus anderen Kirchen hierher verbracht wurden: wir nennen vor allem eine Herabkunft des Hl. Geistes (um 1500) im Presbyterium (aus der Apostelkirche), eine Grablegung Christi, die dem Hans Reichle zugeschrieben wird (um 1600), mit einer Dolorosa (1700) und einem sehr schönen Kruzifix darüber (um 1500). Besondere Hervorhebung verdienen einige Werke des Meisters Leonhard von Brixen, so der segnende Heiland mit seiner Mutter (aus Säben; über dem Südportal) und eine Verkündigung Mariens im Chor. Unter der Empore steht eine schlecht gefaßte Madonna (15. Jh.), aus deren Armen 1973 das Kind gestohlen wurde. Ein hl. Nikolaus über dem Chorgestühl (um 1500) und Johannes Nepomuk im Presbyterium vervollständigen diese reiche Ausstattung, von der vor allem noch eine Reihe von überaus schön gearbeiteten Zunftstangen zu erwähnen sind, die bei Prozessionen mitgetragen werden. — Das Kreuzigungsbild des hl. Andreas vom ehem. Hochaltar stammt von J. G. Grasmair aus Brixen. — Zu Einzelheiten sehe man den an Ort und Stelle aufliegenden Laurin-Kunstführer über die Klausener Kirchen von E. Theil ein. — Im Bereich der Pfarre steht die sogenannte Jenner'sche Grabkapelle, die das Gedenken an den Stadtpfarrer Matthias J e n n e r wachhält, der Säben von 1681 bis 1685 in ein Benediktinerinnenstift umwandelte. Die südseitig an das Presbyterium angebaute Kapelle, von eben der Gewerkenfamilie der Jenner schon 1636 erbaut, hat ein schönes Spiralgitter und als Altarschmuck eine bemerkenswerte Kupferplatte mit Relief der Kreuzigung, bez. mit Maximilian R ö c k h aus Klausen; dieser Klausener Kupferschmied ist auch der Schöpfer des Pegasus im Mirabellgarten in Salzburg (Egg). — Die Tradition des Kunstschmiedehandwerkes ist in Klausen bis auf den heutigen Tag lebendig mit Grabkreuzen des Klausener Meisters Karl K n o l l s e i s e n (1899—1980).

Im Jahre 1653 wurde im Zoppoltgut im Ortsteil „Frag" in Klausen dem Bauern Pontifeser ein Sohn geboren, der 1673 zu Augsburg in den Kapuzinerorden eintrat. Dieser Pater Gabriel P o n - t i f e s e r kam dadurch zu hohen Ehren, daß er zunächst als Beichtvater an den Hof von Pfalz-Neuburg kam und von dort der Prinzessin M a r i a A n n a an den Hof von Madrid folgte, als diese 1690 die Gattin Karls II. von Spanien (1665—1700) wurde. Als königlicher Hofkaplan kam nun dieser Kapuziner aus Klausen zu hohen Ehren. Sein Name (nach Pontives in Gröden, an der deutsch-ladinischen Sprachgrenze) weist auf die rätoromanische Herkunft der Familie. Der Tiroler lehnte alle kirchlichen Ehrenämter ab, erbat aber von seiner königlichen Gönnerin die Stiftung eines Kapuzinerklosters in Klausen; dieser Wunsch wurde erfüllt, so daß schon 1701 Kloster und Kirche des seligen Felix *a Cantalicio* eingeweiht werden konnte. — Nach dem Tode des Königs begleitete Pater Gabriel die Königin-Witwe nach Toledo; in dieser Zeit (1702/3) kaufte Maria Anna das Geburtshaus ihres Beichtvaters und ließ hier, in unmittelbarer Nachbarschaft des Klosters, eine Loretokapelle erbauen, in der ein kostbarer Schatz kirchlicher Gewänder und Geräte aufbewahrt wurde. Aus diesem Bestand und aus Kunstgegenständen fast durchwegs sakraler Art setzt sich nun der berühmte L o r e t o s c h a t z zusammen, den Pater Gabriel seinem Kloster und seiner Heimatstadt hinterließ, als er auf der Rückkehr von einer Reise 1706 in seiner Heimat starb; der große Sohn Klausens ist in dem durch seine Initiative entstandenen Kloster zur letzten Ruhe gebettet.

Dieser Loretoschatz, auch K a p u z i n e r s c h a t z genannt, ist eine hervorragende Sehenswürdigkeit der Stadt. Waren die kostbaren Gerätschaften früher in einem ungünstig beleuchteten Raum neben der Kapelle aufgestellt, so ist diesem Zustand in dankenswerter Weise durch die Südtiroler Landesregierung abgeholfen worden. Seit 1963 sind die Bestände des Schatzes in einem neuen, hellen Schauraum untergebracht worden und kommen erst hier in ihrer ganzen Schönheit zur Geltung. Doch ist auch dieser Raum ebenso wie der frühere Aufbewahrungsort des Schatzes außerhalb des eigentlichen Klosterbereiches, da es einem Bettelorden nicht anstünde, Kostbarkeiten von solcher Art sozusagen unter dem eigenen Dach zu haben. Der Eingang zum Ausstellungsraum liegt etwas südlich der Kirche (Klingel; die Führung erfolgt werktags von 9—10 und 16—18 Uhr und sonntags nach Vereinbarung (Tel. 4 75 71).

Es ist hier nicht der Platz, eine Liste der Kunstgegenstände des Loretoschatzes wiederzugeben. Eine solche findet sich in Laurin-Kunstführer Nr. 28 („Der Loretoschatz von Klausen") von E. Theil. — In diesem Rahmen sei jedoch vor allem der in älteren Verzeichnissen weitverbreitete Irrtum ausgeräumt, daß hier Gemälde von Rubens, Dürer, *Leonardo da Vinci* usw. vorhanden seien. Diese gutgemeinten Angaben sind richtigzustellen, ohne dadurch den Wert der Sammlung beeinträchtigen zu wollen. Es handelt sich um einige nicht signierte B i l d e r — darunter eine meisterhafte Darstellung der Stifterin Maria Anna — um niederländische (17. Jh.) und niederrheinische (16. Jh.) Arbeiten, um eine *Immaculata* von *Luca Giordano*, um einen Kreuzweg aus der S c h u l e des Rubens und um eine Anbetung der Hirten derselben Herkunft. Ein Christkind mit Lamm wird der Schule des *Leonardo da Vinci* zugeschrieben, eine Madonna mit Kind in Schildpattrahmen dem *Carlo Cignani*.

In acht Vitrinen sind die übrigen Kostbarkeiten aufbewahrt, von denen wir vor allem den herrlichen F e l d a l t a r des spanischen Königspaares hervorheben. Daneben finden sich Monstranz (spanisch, 17. Jh.), Kelch (Mailand, 1695), Meßkännchen (die drei letztgenannten Stücke in der oben erwähnten Arbeit mit Gemälden abgebildet), Reliefarbeiten in Silber, chinesisches Porzellan der Ming-Dynastie, Meßgarnituren mit Türkisen, aus vergoldetem Kupfer mit Korallenornamenten, eine Prunkgarnitur aus Bergkristall (!) und kostbare P a r a - m e n t e, zum Teil von den Hofdamen der Königin gestickt. — Anläßlich der genannten Überschwemmung des Jahres 1921 haben manche Stücke des Schatzes (Feldaltar, Paramente) Schaden gelitten.

Auch die K a p u z i n e r k i r c h e zum hl. Felix *Cantalicio,* ein ansonsten *typischer Kapuzinerbau* (WG), hat gute Altarblätter von *Mario P a g a n i* und *Carlo C i g n a n i,* Geschenke der Großherzogin Dorothea von Parma, der Schwester der Stifterin, und auch Chor, Sakristei und Refektorium des Klosters enthalten wertvolle Bilder. Die L o r e t o k a p e l l e selbst schließlich hat eine Nachbildung des Altares von Loreto mit schwarzer Madonna, gute Bilder und eine köstliche Kücheneinrichtung von Nazareth in einer vergitterten Wandnische, Majoliken, maurische Garnituren und Metallgeschirr in Miniatur — kulturgeschichtlich hochinteressante Arbeiten; gegenüber ein schöner Bildstock an der Straßenmauer, aus dem Jahr 1750.

Dem aufmerksamen Beobachter wird ungefähr gegenüber dem heutigen Eingang zum Loretoschatz, an der westlichen Straßenmauer, ein Doppelwappen auffallen; es handelt sich um die Wappen der Hochstifte Brixen und Trient, deren Diözesangrenze bis zum 2. Mai 1818 hier verlaufen ist, nach diesem Datum aber durch eine Bulle Pius VII. weiter gegen Brixen hin, bis in die Gegend von Albeins verlegt wurde.

Aus dem Bereich des Kapuzinerklosters muß auch noch das „Kapuzinerbergl" genannt werden, eine reizvolle Hügelkuppe inmitten der klösterlichen Umfriedung. Dem geübten Auge mußte dieser Platz, der dem Reisenden nicht mehr ist als köstliche Augenweide, sogleich „verdächtig" erscheinen. Tatsächlich konnte Adrian Egger seine Vermutung bestätigt finden, als er den Hügel untersuchte und dabei Funde aus prähistorischer Zeit tätigte, die allerdings nur erwähnt und nirgends genauer beschrieben sind (Innerebner in „Schlern", Jg. 1959, S. 393, mit Hinweis auf Jg. 1929, S. 456).

Abschließend zum Kapitel über den Bereich der Kapuzinerpatres ist die betrübliche Feststellung zu treffen, daß dieses Kloster mit Beginn des Jahres 1972 aufgegeben werden mußte. Die letzten Barfüßermönche im braunen Habit sind aus Klausen weggegangen, fast unbemerkt von der Öffentlichkeit, und doch vor allem von den älteren Leuten mit wehem Herzen verabschiedet. Nur von Fall zu Fall wird in der Kapuzinerkirche noch eine Messe gelesen, und bald wird nur mehr der Loretoschatz lebendige Erinnerung an das Leben und Wirken der Kapuziner in Klausen sein; das weitere Schicksal des Klostergebäudes ist noch ungewiß, doch wird es voraussichtlich zu Museumszwecken verwendet. Im Garten wurde ein Kinderhort gebaut.

Haben wir uns mit der Betrachtung des Loretoschatzes in den südlich gelegenen Stadtteil der „Frag" begeben, so lenken wir unsere Schritte jetzt durch die enge Stadtgasse gegen Norden, wo das Säbener Tor zusammen mit der A p o s t e l k i r c h e eine hübsche Einheit bildet. Der erst 1963 innen und außen restaurierte Bau hat einen kleinen achteckigen Fassadendachreiter, Spitzbogenportal und ebensolche Fenster im schön eingewölbten Bau (Mitte 15. Jh.; die Inneneinrichtung gehört vorwiegend dem 18. Jh. an). Interessanter ist die alte Rundkapelle S t. S e b a s t i a n auf der Spitalwiese nördlich der Stadt in völlig isolierter Lage.

Der Kunsthistoriker Egg bringt diesen 1208—1213 errichteten, von Bischof Konrad von Rodank gestifteten Bau in Verbindung mit dem Grab Christi in Jerusalem; Nachbildungen dieser Kirche kennen wir aus Neustift, und auch die Klausener Rundkirche mit ihren 13 angedeuteten Nischen (die 12 Apostel mit Christus), eine *einmalige Erscheinung in der romanischen Kunst* (Egg) gehörte ursprünglich zu einem Spital *(Zwelfbotenhospital)*, einem Hospiz für Kreuzfahrer, das erst später, nach der genannten Überflutung durch den Eisack, in den Stadtbereich verlegt wurde; immerhin wissen wir, daß die urspr. E r l ö s e r - kirche lange Zeit als Klausener Pfarrkirche diente und erst in der Pestzeit die heutige Weihe zum Pestheiligen Sebastian erhielt. — An der hochinteressanten Kirche wird derzeit gearbeitet, vor allem an der Freilegung der Unter- oder Gruftkirche; sie ist durch eine in die Mauer eingelassene Treppe mit dem Obergeschoß verbunden. — Von den zahlreichen schönen Häusern der Oberstadt sei vor allem das ehemalige b i - s c h ö f l i c h e Z o l l h a u s genannt, mit Wappenfresken der Brixner Bischöfe und einem sehr schönen Bischofswappen über dem Portal; hier amtierte Michel Gaismairs Bruder Hans als Zollbeamter des Bischofs. — Reste der sog. Pernthalerschen Sammlung und des Haspinger-Museums waren hier verwahrt und sollen nun im neuen Kulturhaus „Albrecht Dürer" bzw. im alten Kapuzinerkloster neu aufgestellt werden.

Man kann sich auf allen Wegen in und um Klausen keinen geeigneteren Begleiter denken als den Nürnberger Maler Ernst L o e s c h. Durch Jahrzehnte verbrachte er einen guten Teil des Jahres in seinem geliebten Klausen, wo er — gleich den meisten prominenten Künstlern seiner Zeit — im legendären Gasthaus „Lampl" Quartier zu nehmen pflegte. Viele der Zeichnungen Loeschs sind im „Schlern" wiedergegeben worden, und dort stehn auch die meisten seiner feinsinnigen und von goldenem Humor erfüllten Geschichten, die 1919/21 unter dem Titel „Verschwundene Gestalten" und „Aus sonnigen Tagen im Eisacktal" erschienen. Diese köstlichen Geschichten überlebten Jahrzehnte und sind, 17 Jahre nach dem 1946 erfolgten Tode des Künstlers, in einer entzückenden Ausgabe neu aufgelegt und von Carl Ritter von Lama mit trefflichen Worten eingeleitet worden (vgl. Lit.-Verz.). Diese zwei schmalen Bändchen, mit Zeichnungen des Verfassers geschmückt, sind die allerbeste Führung durch Klausen und seine reizende Umgebung, wenngleich auch den Leser stets eine leichte Wehmut darüber beschleichen wird, daß so viele von den leisen und feinen Dingen, die in diesen Büchern leben, von der Walze des „Fortschritts" überrollt worden sind.

Das Klausen der Vorkriegsjahre und wohl auch noch zwischen den beiden Kriegen war d e r ideale Ferienort für Menschen, denen künstlerisches Einfühlungsvermögen ebenso wie die Liebe zu unverfälschter Lebensart gegeben war, und vieles davon hat sich bis in unsere Tage herübergerettet. Wer „Attraktionen" sucht, ist mit Klausen schlecht beraten — aber wer Erholung und Anregung findet in einer Welt, die ebenso vom Zauber unvergänglicher Kunstwerke wie vom goldenen Schimmer bukolischen Landlebens erfüllt ist, der wird immer wiederkommen. Wie schon unter „Geschichte" erwähnt, hatte Klausen dadurch einen ungeheuren Aufschwung erfahren, daß 1867 der damalige Pfarrer von Lajen und nachmalige Fürsterzbischof von Salzburg, Kardinal Johann H a l l e r, in einem Zeitungsartikel auf die Tatsache hingewiesen hatte, daß es im Lajener Ried zwei Höfe mit der Bezeichnung „Vogelweiderhof" gebe. Sofort griff der Germanist Ignaz Vinzenz Z i n g e r l e von Summersberg (geb. 1825 in Meran, gest. 1892 in Innsbruck) die Sache auf und stellte es als nahezu unzweifelhaft hin, daß der große W a l t h e r von ebendort stamme, also Südtiroler sei. (Über den heutigen Stand der Forschung in dieser Frage vgl. „Lajener Ried" und das bereits erwähnte Sonderheft „Klausen" des „Schlern".)

Allenthalben erhob sich flammende Begeisterung; an dem unscheinbaren Kleinbauernhof „Innervogelweid" wird eine Gedenktafel angebracht, 1889 wird auf dem Bozner Johannesplatz das vom Bildhauer Heinrich N a t t e r geschaffene Waltherdenkmal enthüllt und der Platz trägt seither des Minnesängers Namen. Klausen selbst wird geradezu ein Mekka der Germanisten und der Romantik; im Gasthaus „Lampl" feiert man im „Walthersaal", wandelt im „Walthergarten", und Zingerle versammelt nach der Art des Königs Artus eine Tafelrunde erlauchter Geister in heiliger Zwölfzahl um sich, oben auf seinem Schloß Summersberg in Gufidaun (siehe dort). Den Gelehrten folgt das fröhliche Volk der Künstler; S p i t z w e g hatte schon 1846 ein Motiv aus Klausen gezeichnet (hiezu „Schlern", Jg. 1969, S. 492, mit Abb.) und D e f r e g g e r wohnt im „Lampl", dessen Gästebuch ein Lexikon berühmter Namen wird, der Seidl, Grützner, Riß, Schmutzer und vieler anderer, die von den Klausenern Hans R a b e n s t e i n e r und den genialen Bildhauern Hans und Josef P i f f r a d e r bestens geführt werden, im Verein mit den Architekten v. Thiersch, Wallot, Kirchmayr und noch manchen anderen, auch solchen, die nur zu gern die Brosamen vom Tisch der hohen Kunst auflesen. *Man malte, zeichnete, zechte, begeisterte sich an dem alten Winkelwerk der Stadt, man machte Ausflüge, liebte und sang in den abendmilden Gärten, und der Klang der Laute tönte zum Zirpen der Zikaden, zum Rauschen des Eisacks* (Tschurtschenthaler).

Hauptquartier war das „Lampl", in dem Loesch vor allem residierte und *Spiritus rector* war. Das „Lampl" war ein einfaches Tiroler Gasthaus und Familienbetrieb, der Wirt Kantioler mit Gattin und viel umschwärmten Töchtern ein wahrer Freund seiner treuen Gäste; Loesch erzählt, daß Stammgäste oft einen guten Teil ihrer Habe im „Lampl" bis zum Wiederkommen deponierten; die Wirtsleute kannten all diese Eigenheiten, und immer wenn ein 30 Jahre „alter" Stammgast wieder zu den Wirtsleuten Kantioler kam, dann lagen stets schon auf dem Tisch Stock und Nachthemd, Horaz und Homer und noch einige Habseligkeiten bereit, mit denen sich der Gast nicht jeweils abschleppen wollte.

Ständig hatte das Künstlervolk Ulk und Unsinn im Kopf. Malte da einer auf einem wackeligen Gerüst an einem Walther-Fresko im Garten, da tut's einen gewaltigen Krach, und Freunde bringen den Künstler, halbtot, mit verbundenem Kopf zum Lamplwirt. Der sucht verzweifelt Hilfe für den „Verunglückten", aber bis es soweit ist, sitzen alle schon um einen Liter Leitacher und lachen den hereingefallenen Lamplwirt herzhaft aus.

Wenn in diesem Buch (vgl. S. 218) versucht wurde, den Südtiroler Brauch des „Törggelens" in Worte zu fassen, so muß aufrichtig gesagt werden, daß diese Schilderung an Meisterschaft der des Malers Loesch (Bd. 1, S. 110 ff.) wohl nachstehen muß. Und so geht es hin und hin, Kegelpartie und Sängerwettstreit, Zechkumpanei und Schwärmerei, und dies alles in einem durchaus einfachen, ja fast bescheidenen Rahmen, mit Typen wie etwa der des Apothekers in Goethes „Hermann und Dorothea", und dann wieder mit einer unverwechselbaren Schwabinger Atmosphäre — kurzum: Loesch hat mit seinen Klausener Erinnerungen ein Stück Südtiroler Kulturgeschichte festgehalten, die ebenso künstlerisch bedeutsam wie von bezauberndem Frohsinn war. Das alte „Lampl" gibt es heute nicht mehr, das schöne alte

Haus ist traurigem Verfall preisgegeben, und kürzlich wurde sogar das alte Wirtshausschild mit dem Brixner Lamm gestohlen; dennoch aber lebt der Geist der alten Künstlerklause in den Winkeln von Klausen weiter, und wer ihn sucht, wird ihn finden. Es mag sein, daß er dazu länger braucht als vorgesehen, und es mag ihm ergehen wie dem Universitätsprofessor Kreuter aus München, der dem Lamplwirt ins Gästebuch schrieb:

> *Franz Xaver Jakob Johann Kreuter*
> *Professor, Ingenieur und so weiter*
> *Der dies am 29. August 1870 und sieben*
> *Nach dreitägigem statt dreistündigem*
> *   Aufenthalt geschrieben,*
> *Somit gerade 24mal zu lange dageblieben,*
> *Wiewohl der Obengenannte*
> *Die Gefahr von früher her kannte.*

Es mag an dieser Stelle angezeigt sein, all jener bedeutenden P e r s ö n l i c h k e i t e n zu gedenken, die aus Klausen stammen oder hier ihr eigentliches Wirkungsfeld gefunden haben. Jene, die mit der frühesten Kirchengeschichte unseres Landes zu tun haben, werden wir unter dem Stichwort „Säben" zu behandeln haben, und wie es mit Walther von der Vogelweide als „Klausener" bestellt ist, wird unter „Lajener Ried" genauer erörtert; L e u t h o l d   v o n   S ä b e n (eigentl. „Seven", vgl. „Schlern", Jg. 1955, S. 222), ein ritterlicher Sänger und Zeitgenosse Walthers, wird gerne auf der Klausener Stadtburg Branzoll angesiedelt, doch ist dies nicht beweisbar; neuerdings neigt die Forschung dazu, ihm die tirolische Herkunft abzusprechen. Angehöriger des Klausener Kapuzinerklosters war der bereits genannte Pater Joachim H a s p i n g e r , der 1776 in Sankt Martin in Gsies geboren wurde und 1858 in Salzburg gestorben ist. Der streitbare Kapuziner, dessen führende Rolle im Tiroler Aufstand einhellig gewürdigt wird, zog noch im Jahre 1848 mit der Innsbrucker Studentenkompanie nach Italien. Ein Denkmal für ihn steht in der Heimatgemeinde St. Martin (von Othmar Winkler), und in Klausen ist er durch den vom Ort stammenden Meister Josef P i f f r a d e r verewigt worden; das Bronzedenkmal (1909) steht an der Eisackpromenade. — Viel weiter über die Grenzen der Heimat hinaus ist H a n s Piffrader (1888 bis 1950) bekanntgeworden; er hat u. a. auch an der Wiener Akademie gearbeitet. Nach dem Zweiten Weltkrieg erwarb er sich dadurch große Verdienste, daß er zusammen mit Gleichgesinnten den „Südtiroler Künstlerbund" wieder ins Leben rief, dessen Vorstand er nach dem Tode von Albert S t o l z (1947) wurde, und als dessen Ehrenpräsident er 1950 starb. — Akademischer Bildhauer war auch Valentin G a l l m e t z e r (geb. 1870 in Obereggen, Eggental; gest. 1958 in Klausen), der nach Absolvierung der Wiener Akademie zunächst in Kaltern arbeitete, wo er in einem Abstellraum die Großplastik des „Kalterer Palmesels" (um 1500, vermutl. von Hans Klocker) entdeckte, die heute Prunkstück des Bozner Museums ist. Im Jahre 1905 ließ sich Gallmetzer in Klausen nieder — auch er einer der vielen, die das Musenstädtchen in seinen Bann zog. Hier entwickelte er eine ungeheure künstlerische Schaffenskraft und schnitzte zahlreiche Altäre, Krippen, Madonnen und Christusfiguren, die vielfach auch im Ausland angekauft wurden. Durch 16 Jahre war er außerdem überaus verdienstvoller Bürgermeister der Stadt. — Schließlich müssen noch die Kruzifixe und Skulpturen des Klauseners Ferdinand K a r g r u b e r (altdeutsche Stube in der „Rose"), wie auch die Werke des Klausener Kunsttischlers Karl N u ß b a u m e r erwähnt werden.

Einen bedeutenden Platz auf dem Tiroler Parnaß nimmt der Lyriker Arthur Ritter von W a l l p a c h zu Schwanenfeld ein, der zwar auch nicht in Klausen geboren wurde (6. März 1866 in Vintl), dem aber Burg Anger bei Klausen zur eigentlichen Heimat wurde, wo er am 31. Juli 1946 auch gestorben ist. Wallpach gehört unstreitig zu den größten literarischen Talenten, die Tirol hervorgebracht hat, doch war es seine Tragik, daß er sich in kulturkämpferische und revolutionäre Ideen verstieg, denen er seine Kunst dienstbar machte. Vieles steht in seinem Schaffen fast unerträglich gegensätzlich nebeneinander, heidnisch und mythisch anmutende Hymnen neben Liedern, die von der Sehnsucht nach dem Kinderglauben künden. Wo sich Wallpach der Naturschilderung, und vor allem hier wiederum der Hochgebirgswelt oder seinem Heim und seiner Familie zuwendet, sind seine schönsten Lieder entstanden, die heute leider vielfach vergessen sind. Dabei ist der Parteienzank um Wallpach längst verstummt und die Zeit für eine objektive Würdigung seines bedeutsamen Schaffens könnte anbrechen. Doch steht der Zeitgeschmack — derzeit — nach anderen Dingen. —

Schließlich muß von den heute lebenden Künstlern Klausens Heiner G s c h w e n d t (geb. 1914 in Bozen) genannt werden, dessen Fresken- und Fassadenmalereien die Zierde architektonisch wohlgelungener Bauten im ganzen Land sind und auf eine sehr glückliche Weise Motive aus Geschichte und Leben des Landes mit den Linien unserer Zeit auszudrücken wissen. — Seit Jahren ist in Klausen auch der international anerkannte Maler und Porträtist Lesley d e V r i e s ansässig.

In Klausens, engerer und weiterer Umgebung finden sich mehrere erwähnenswerte B u r g e n und E d e l s i t z e, von denen vor allem die als Wohnsitz des Dichters Wallpach genannte Burg A n g e r zu nennen ist, deren märchenumsponnener Zauber heute allerdings durch den Lärm der nahen Autobahn und deren Zubringerstraßen sehr gelitten hat. Der 1288 erwähnte Hof zu Anger wurde von den Herren von Theis ausgebaut und im Inneren weitgehend geschmackvoll erneuert. Die zeitweilig von den Nachkommen Wallpachs bewohnte Burg hat Zwinger und Zinnenmauer, Erker und einen malerischen Mittelhof mit Freitreppe. Im Inneren eine hierher verbrachte gotische Stube (um 1500, aus Albeins), aus einer Kirche stammende Wandverkleidung (1800) und mehrere schöne Öfen aus dem 17. und 18. Jh., von denen einer 1969 in die Trostburg verbracht wurde. Die Burg, inmitten schöner Laubbäume idyllisch am Hang gelegen, zählte vor der buchstäblichen Umklammerung durch die verschiedensten Verkehrslinien zu den schönsten Edelsitzen Südtirols.

Die bereits mehrfach genannte Burg B r a n z o l l hat nur mehr wenige Bauelemente (Turm, 1945 durch Bomben beschädigt, Grundmauern des Palas) aus der Erbauerzeit im 13. Jh. Das den Herren von Säben gehörende Schloß brannte 1671 vollkommen aus und wurde 1894 vom bekannten Burgenforscher Otto P i p e r angekauft und restauriert; heute ist der nicht in allen Teilen stilreine Bau im Privatbesitz des Grafen Corti alle Catene und kann nicht besichtigt werden. — Der N a m e „Branzoll", der als Flurname im Eisacktal wiederholt vorkommt und vor allem durch den Namen des Dorfes Branzóll südl. von Bozen nochmals belegt ist, soll laut Wolff rätisch sein und (nach idg. *bhru = hervorsprudelndes)* soviel wie *Flußmündung* (?) bedeuten. Jenseits des Eisacks, an seinem Ostufer, liegt der stattliche Ansitz G r i e s b r u c k mit Kapelle, Gewölben, Deckengemälden und Stukkaturen im Inneren. Das Anwesen, in dem noch drei schöne Öfen aus der Zeit um 1700 stehen, wurde 1680 zum Edelsitz erhoben. Höher am Hang steht S e e b e r g, ein dreiflügeliger Bau mit einem geräumigen, freskengeschmückten Festsaal in reicher Ausstattung aus der Zeit um 1735; den mit Stukkaturen und Schmiedeeisengittern schön geschmückten Bau ließ die Gewerkenfamilie J e n n e r errichten (vgl. auch Säben, Jennerkapelle und Pfunderer Bergwerk).

Kennzeichnend für die malerische Berglehne im Osten der Stadt ist der zinnenbewehrte Ansitz L u s e n e g g, ein sehr schöner und charakteristischer Bau, ursprünglich 1174 als *Hof in Lusen* erwähnt und im 16. Jh. von der Familie Preu in die heutige

Form mit schönen Gittern und Gewölben gebracht. In Stube und Kammern hat sich noch schöne Täfelung erhalten, die Ringmauer ist verfallen. Im Bereich des Hofes steht eine Riesenkastanie mit fast elf Metern Umfang.

SÄBEN. Rund 200 m über Klausen, auf Weg Nr. 1 zu erreichen; der Weg beginnt auf dem Thinneplatz gegenüber dem Gasthof „Post", führt an Schloß Branzoll vorbei und benützt den alten Wallfahrerweg mit Kreuzwegstationen. Die Mark. 1 zweigt auf halber Höhe des Felsens nach links ab und erreicht direkt den Weiler Pardell, der jedoch auch auf dem Umweg über die Höhe des Säbener Felsens und das Benediktinerinnenstift gewonnen werden kann. Verbindung zu diesem Steig hat auch die schöne „Säbner Promenade" (1927 angelegt), deren Beginn von der Apostelkirche am Brixner Tor aus mit Überquerung der Umfahrungsstraße (beim Nordausgang des Tunnels) erreicht werden kann. — Die Schwestern führen ein Gästehaus; Besuch der Klosterkirche, in der zur Zeit das Gnadenbild der Säbner Muttergottes steht, jederzeit möglich. Die übrigen, restaurationsbedürftigen Heiligtümer von Säben können nur teilweise besichtigt werden. Gehzeit für den guten, gepflasterten Weg ab Klausen etwa 30 Min. — Literatur: Dr. Oda Hagemeyer, „Säben", 2. Aufl., Bozen 1968; zwei Laurin-Kunstführer über Kloster und Kirchen (1978); Trapp, Burgenbuch IV und „Schlern" (Sonderheft Jg. 1977/1).

Gleich nach der Mündung des Villnösser Tales auf der Staatsstraße oder unmittelbar nach Ausfahrt aus dem Autobahntunnel, der die Gufidauner Höhe durchbohrt, wird unmittelbar der Blick auf den mit Mauern, Zinnen und Türmen gekrönten Dioritfelsen von S ä b e n frei. Das Bild prägt sich dem Südlandreisenden unauslöschlich ein, denn man kann es mit Weingartner halten, der meinte, daß dem Platz *auch der ungünstige Umbau um 1890 die ungewöhnlich malerische Wirkung nicht zu rauben vermochte.* Dem Verfasser ist unvergeßlich, wie er als Abc-Schütze an dieser Stelle den seinerzeit unvermeidlichen phonetischen Lehrsatz memorierte, der gut hier entstanden sein könnte: *Hoch oben thront der Nonnen Kloster, loben Gott voll froher Wonne...*

Aus der Erinnerung an diese Wegstelle ließ auch Hans Christian A n d e r s e n in seinem entzückenden „Bilderbuch ohne Bilder" den Mond erzählen: *Ich sah auf Tyrol herab, sagte der Mond, ich ließ die dunklen Fichten tiefe Schatten auf die Felsen werfen. Ich betrachtete den hl. Christoph mit dem Jesuskind auf den Schultern,*

wie er an den Mauern der Häuser steht; der hl. Florian goß Was-
ser auf das brennende Haus und Christus hing blutend an dem
großen Kreuz am Wege . . .

Hoch an dem Bergabhang hängt wie ein Schwalbennest ein ein-
sames Nonnenkloster; zwei Schwestern standen droben im Thurme
und läuteten; sie waren beide jung und deshalb flog ihr Blick hin
über die Berge, hinaus in die Welt . . .

Sehr gut kann man von da oben *hinaus in die Welt* schauen;
nur wer auf dem Säbener Fels gestanden ist, kennt Klausen, das
winkelige Nest mit den grauen, steilen Dächern, hingekuschelt
in die Enge des Tales und auf halber Höhe umwallt von Wiesen
und Wäldern. Dieses Säben ist so hervorragend und wehrhaft
gelegen, daß es wie kaum ein anderer Platz im Eisacktal für
frühe Besiedlung geeignet schien. Die Beweise dafür sollten
nicht lange auf sich warten lassen:

Anläßlich eines Osterspazierganges im Jahre 1895 fand der
berühmte Pathologe und Anthropologe Rudolf von V i r c h o w
auf Säben eine Flachaxt aus Serpentin, die leider später ver-
lorenging. Immerhin beginnt mit diesem Fund die G e -
s c h i c h t e bzw. Vorgeschichte des Säbener Felsens schon
in der Jungsteinzeit. Bronzezeitlich sind drei ebenfalls hier ge-
fundene Armreifen, die heute im Brixner Diözesanmuseum erliegen. Der N a m e (früher *Sebona*) wird mit „heilig" gedeutet, woraus man schließt, daß der Fels schon zu Zeiten der
Räter ein Heiligtum trug; dazu kommt noch der Name des zu
Füßen von Säben mündenden Thinnebaches, der auf eine etruskische Gottheit *Tinna* zurückgeführt wird (Hagemeyer). Wolff
stellt sich vor, daß die anrückenden Römer unter *Drusus*
(15 v. Chr.) die Festung der Räter von Pardell her angegriffen
und die besiegten Feinde über den Felsen ·von Säben hinunter-
geworfen hätten. — Nach Ansicht vieler (u. a. Hagemeyer)
wurde der Thinnebach nunmehr Grenze zwischen Italien und
der Provinz Rätien, andere nehmen dafür Kollmann/*Sublavione*
an (Stolz).

Sehr umstritten ist die Herkunft von römischen Votivtafeln,
die dem Mithras, der Isis und dem Mars geweiht sind. Es kann
nicht bewiesen werden, daß sie aus Säben stammen, wie man
früher behauptet hat, und dasselbe gilt für eine verlorengegangene Statue des Isis-Sohnes Harpokrates, deretwegen man auf
Säben gern ein Heiligtum der Isis gesehen hat. Die Inschriftensteine wurden nachträglich auf der Trostburg eingemauert;
laut A. Egger muß der Fundort Waidbruck sein.

Seit 1977 sind in Säben umfangreiche Grabungsarbeiten im
Gang (Univ. Innsbruck und München, Leitung Dr. Hans Noth-
durfter). Unter der Liebfrauenkirche kam eine spätrömische
Siedlung (Münzen) zum Vorschein, deren Bewohner bereits

289

Christen waren. — In die Völkerwanderungszeit weist ein Gräberfeld mit 20 Skeletten (kleinere Geräte, prächtiger Schmuck), wahrscheinlich schon bajuwarischer Herkunft. Weitere Gräber wurden 1979/80 aufgedeckt. Ein umfassender, mehrbändiger Grabungsbericht ist für die nächste Zeit (1982 ?) zu erwarten.

Das B i s t u m Säben ist sehr alt; schon Adrian Egger hatte Reste einer frühchristlichen Kirche ausgegraben, die ins vierte Jahrhundert datiert wird. *Maternus Sabionensis* (auch *Marcianus*) scheint der erste Bischof gewesen zu sein. St. Kassian, der heute noch Patron der nachmaligen Diözese Brixen ist, war nicht Bischof und konnte nicht der Gründer Säbens sein; Sparber meint, daß ihn ein Missionsbischof zum Patron von Säben erhob. Hiezu genau F. Vonficht in „Schlern", Jg. 1980, S. 444 ff.

Unter I n g e n u i n (579—591/605) muß Säben zum Zankapfel zwischen Langobarden und Bajuwaren geworden sein, bis sich schließlich die bayrische Herrschaft festigte. Es scheint aber, daß Ingenuin zunächst vor den Bajuwaren fliehen mußte (so bei Hagemeyer); unter Bischof Z a c h a r i a s (893 bis 907) erfolgt endlich die mehrfach erwähnte Schenkung des Hofes P r i h s n a (901), womit die Verlagerung des Bistums nach Brixen beginnt. Zacharias konnte diese jedoch nicht mehr weiter betreiben, da er im Heerbann der Bayern gegen die Ungarn bei Preßburg im Jahre 907 im Kampf getötet wurde. Erst unter A l b u i n erscheint die Verlegung des Bischofssitzes als vollendete Tatsache (etwa um 990). Aber noch lange Zeit nannten sich die Inhaber des Kassians-Thrones *Bischof von Säben und Brixen.* — Nachzutragen ist in diesem Zusammenhang, daß Säben 798 von der Metropole A q u i l e j a losgetrennt und Salzburg unterstellt wurde (Huter).

Säben hat mit der Verlegung des Bischofssitzes seine historische Sendung erfüllt. Es bleibt bischöfliche Festung und Sommersitz, aber auch dieser wird später nach Feldthurns verlegt. Huter bringt die Ummauerung des Bezirkes mit der Türkengefahr in Verbindung. Durch Blitzschlag wird die Festung 1533 in Schutt und Asche gelegt. Sie bleibt Ruine, bis der Pfarrer Dr. Matthias J e n n e r aus der bereits erwähnten Gewerkenfamilie die Burg zu K l o s t e r ausbauen läßt und Benediktinerinnen aus Nonnberg bei Salzburg hierher holt. Diese fünf ersten Klosterfrauen legen selbst beim Neubau der Behausung Hand an; 1699 wird das junge Priorat zur Abtei. In den Wirren des Krieges von 1797 erlebt Säben schlimme Tage (siehe unter „Pardell), 1808 wird das Kloster von den Bayern aufgehoben und auch ausgiebig geplündert. Nach den Siegen von 1809 können die Klosterfrauen wieder zurück, werden jedoch wieder vertrieben, und erst 1814 zieht wieder Ruhe in das vielgeprüfte Kloster ein; 1816 werden neue Kandidatinnen aufgenommen, und bald danach eröffnen die unermüdlichen Benediktinerinnen eine Schule, um einige Einkünfte zu haben. Um 1890 wird das Kloster renoviert, im April 1945 richten amerikanische Fliegerbomben schwerste Schäden an. — Heute sticken die frommen Schwestern Paramente, sind im Kunstgewerbe tätig, betreiben Obst- und Weinbau und umsorgen ihre Gäste.

Dem Besucher Säbens sollen zwei A n e k d o t e n nicht vorenthalten werden, da sie immerhin auf historischen Tatsachen beruhen und außerdem oft so verzerrt dargestellt worden sind, daß sich der Verfasser gerade deshalb um eine gut fundierte Wiedergabe bemüht.

Die eben wiedereingezogenen Nonnen wurden am 5. Dezember 1809 aufs höchste erschreckt, als französische Soldaten in Verfolgung der aufrührerischen Bauern auch ins Kloster drangen. Man muß sich vor Augen halten, was die Insassen von Säben an Einquartierung, Plünderung und Belästigung schon alles erlebt hatten. Eine Nonne, Benedicta S e n o n e r, suchte in höchster Eile ein Versteck und stürzte bei dieser Gelegenheit über die Felsen zu Tode, obwohl sie nicht direkt verfolgt worden war. Die Soldaten verhielten sich — so berichtet J. J. Staffler glaubwürdig — durchaus korrekt, beruhigten die übrigen Schwestern und bedauerten den schrecklichen Vorfall. Der kommandierende General der französischen Truppen beteiligte sich selbst an der Beerdigung der unglücklichen Nonne.

Wesentlich romanhafter klingt die glaubwürdig überlieferte Geschichte der Chorfrau Maria Magdalena T o l d t aus Niederdorf im Pustertal. Als während der Besetzungszeit die Not am höchsten war und die Aufhebung des Klosters befohlen wurde, da rettete die besonnene Klosterfrau vor allem das Archiv und den notwendigsten Hausrat. Nicht genug damit; sie schlich sich in die Wachstube der Soldateska und entwendete dort einen Uniformmantel der französischen Artillerie. In dieser Tarnung eilte sie durch die Postenkette über den Rittner Berg nach Bozen — einen Weg von gut acht Stunden! Dort bat sie zunächst die Gottesmutter in der Pfarrkirche um Mut für ihr Unterfangen und ließ sich schließlich beim französischen General *Baraguay d'Hilliers* melden. Dieser, der sich auch Peter Mayr gegenüber edelmütig erweisen sollte, war von der Tapferkeit der Klosterfrau nicht nur ergriffen, sondern so sehr überwältigt, daß er tatsächlich den Abzug der Besatzung anordnete; er konnte dies um so mehr tun, als er rein strategisch gesehen von einer Befestigung des Säbener Felsens nicht viel hielt und eher eine Fanatisierung der Bevölkerung fürchtete. — Im Kloster wird ein Votivbild aufbewahrt, das offensichtlich Bezug auf die tapfere Klosterfrau nimmt. Man sieht hier eine ähnlich dem hl. Michael gewandete Beterin vor dem Gnadenbild der „heiligen Maria im Moos" in Bozen, worauf auch unverkennbar im

Hintergrund der Bozner Pfarrturm hinweist. Zur rechten der Knienden, aus deren Mund die Worte *Erzeige dich (als) eine Muther* kommen, liegt der abgelegte Klosterhabit und der Schleier einer Benediktinerin, neben Schwert und Lorbeerkranz. — Die an antike Heroinnen gemahnende, phantastische Gewandung der betenden Gestalt sollte wohl einerseits verschleiern, daß Maria Magdalena Toldt sich sogar in die Uniform des Feindes warf, um ihr Kloster zu retten; anderseits sind die Anspielungen auf den historisch bezeugten Vorfall unverkennbar (Abbildung auch im „Schlern", Jg. 1932, S. 530).

Soviel zu den Nonnen des Klosters Säben. Wir müssen uns nun noch kurz mit dem Rang des Klosters als W a l l f a h r t s o r t befassen, bevor wir zu einer kurzen, kunstgeschichtlichen Würdigung übergehen. Wallfahrten nach Säben sind urkundlich seit 1406 bezeugt, und zwar galten sie in erster Linie der Heiligkreuzkirche auf der Spitze des Säbener Felsens; sie wurden erst später auch mit dem Besuch der Marienkapelle und des Gnadenbildes verbunden. Im 17. Jh. kamen vor allem am Karfreitag Tausende von Pilgern in sog. „figurierten" Prozessionen, als Kreuzträger, Flagellanten — das sind Büßer, die sich selbst geißeln — und in anderen Arten der Darstellung in bezug auf die Passion. Im Jahre 1861 kamen 5000 Pilger aus elf Ortschaften, 1943 waren es 4000. Volkskundlich von besonderem Interesse ist die seit dem frühen Mittelalter bezeugte Männerwallfahrt aus dem Gadertal nach Säben am Wochenende nach dem Antoniustag (13. Juni). Noch heute kommen die Wallfahrer, mit dem Priester hoch zu Roß an der Spitze, singend und betend aus den Dolomiten nach Säben. So betrug die Zahl der Männer, die 1967 aus zwölf ladinischen Gemeinden kamen, noch rund 600 (Hagemeyer), 1973 waren es 450 Pilger, die in dreitägigem Fußmarsch durch das Villnöß zur Säbener Kreuzkirche zogen, 1976 zählte man sogar 700 Wallfahrer, und 1979 waren es an die 500; genaueres hiezu bei K. A. Irsara, „Schlern", Jg. 1977, S. 68.

Von der christlichen Kirche des 4. Jh.s, deren Reste in einem Acker etwas unterhalb der heutigen Rundmauer gefunden wurden, war bereits die Rede. Leider wurde die Stelle später wieder zugeschüttet. Von diesen frühen Bauten stammt wohl ein Kapitellfragment aus weißem Kalkstein in Flechtbandornamentik, das A. Egger *frühgermanisch* nennt und älter sein läßt, als etwa die Ornamente von St. Benedikt in Mals (9. Jh.); vielleicht darf es auf Grund von Vergleichen mit ähnlichen Werkstücken aus Südtirol (Untermais, Hafling) und dem Trentino als „langobardisch" bezeichnet werden (Abb. im „Schlern", Jg. 1930, S. 222, Taf. 3; Zeichng. auch bei Hagemeyer, S. 30). — Auf halber Höhe steht die in den Ursprüngen romanische M a -

r i e n k a p e l l e (nach Nothdurfter ebenfalls frühchristl.). Die
früher hier aufbewahrte, dem Christkind eine Birne reichende
Maria (um 1500) wurde später in die Klosterkirche übertragen.
Die auf gleicher Höhe liegende L i e b f r a u e n k i r c h e wurde
1652—1658 von *Giacomo D e l a i* neu aufgeführt. Sie ist eine
Stiftung der Klausener Bürger zum Dank für die Errettung aus
den Schrecken der Pest. Der barocke Achteckbau hat im In-
neren acht Rundbogennischen mit feinsten Stukkaturen und
an der Kuppel acht Szenen aus dem Marienleben von Stephan
K e ß l e r. Der Hochaltar ist Mitte 17. Jh. wie fast die ganze
übrige Einrichtung. Die K l o s t e r k i r c h e auf der Höhe des
Säbener Felsens verwendet teilweise noch den Palas der alten
Burg mit romanischen Fenstern als Langhaus. Der Schmuck des
Innenraumes ist *früher Barockstil, in beuronischem Geschmack*
(WG). Das Blatt des Hochaltares stammt von dem Klausener
Maler Hans Rabensteiner. Der Gründer des Klosters, Matthias
Jenner, ist hier begraben. — Die H e i l i g k r e u z k i r c h e
nimmt die höchste Stelle ein. Weingartner schließt es nicht
aus, daß die *regelmäßig bearbeiteten und geschichteten Hand-
quadern aus Klausenit ohne ausgestrichene Mörtelfugen* des
Langhauses auf die Zeit des Bischofs Ingenuin (um 600) zurückgehen. Im übrigen ist die Kirche das Ergebnis eines Umbaues in spätgotischer Zeit und von Renovierungen und Umbauten im 17. Jh. Damals erhielt das Langhaus seine Bemalung, auf Sackleinen, die *virtuose Theatermalerei eines Italie-
ners* (WG). Das schöne Kruzifix am Hochaltar ist ein Werk
des Meisters L e o n h a r d von Brixen. — Der Rest des einstigen Hochschlosses ist der K a s s i a n s t u r m mit Kapelle;
in ihm soll nach der Legende der Patron von Säben und Brixen
gefoltert worden sein, doch weist Weingartner darauf hin, daß
der Turm höchstens bis 1300 zurückreicht. — Auf einem im
Kloster deponierten Bild ist zu sehen, wie der Heilige ein
Götzenbild zerstört; im Hintergrund des etwa um 1570 entstandenen Bildes sieht man Klausen und Säben. — Das weithin
sichtbare, riesige Kreuz an der Außenwand wird nach einer
volkstümlichen Überlieferung vor allem von Augenleidenden
verehrt. Wer vom gegenüberliegenden Dorf Theis aus das Kreuz
mit freiem Auge erblickte, durfte sich als geheilt betrachten.
Nach anderer Version stiftete ein Bauer aus Theis das Kreuz
zum Dank dafür, daß er von einem Augenleiden geheilt wurde.
Kloster und Klosterkirche sind in vorbildlich restauriertem Zustand, die übrigen Kirchen (die dem Dekanat Klausen zuge-
hörig sind) wurden zum Teil durch Diebstähle geschändet,
zum Teil sind sie baufällig geworden, wie auch die Umfassungsmauer und der Kreuzweg. Derzeit sind Bemühungen im Gange,
die „Akropolis von Tirol" wiederum großzügig und fachgerecht
zu restaurieren, unter Mithilfe kulturbewußter Institutionen und
der Bevölkerung selbst.

293

DAS THINNETAL. Es ist mit rund 10 km Länge in seinem Verlauf von Nordwest nach Südost ein westliches Seitental des mittleren Eisacktales und war seinerzeit wegen seines B e r g b a u s von großer Bedeutung. Seehöhe von 520 m (Mündung) bis zu den Übergängen beiderseits der Kassianspitze (Lückl- oder Latzfonser Joch nach Reinswald bzw. Fortschell-Scharte nach Durnholz) 2370 m/2305 m; im Talgrund selbst findet sich keine größere Siedlung; nur eine häufig vermurte, schmale Straße führt bis zum Schloß Garnstein im Talgrund und weiter nach Latzfons (6 km ab Klausen, Taxidienst, Abzweigung dieser Straße nicht von der Umfahrung Klausen, sondern bei der Thinnebrücke im Ortsteil „Frag"). Pardell (und damit die Höhenstraße Feldthurns—Verdings—Latzfons) hat von der Talstraße aus einen Anschluß, der etwa 2 km taleinwärts ab der „Frag" abzweigt. — Auskünfte bezügl. Unterkunft im Fremdenverkehrsamt Klausen.

Nach unserem Besuch in Säben bietet sich wie von selbst eine der schönsten M i t t e l g e b i r g s w a n d e r u n g e n im Eisacktal an, und zwar der Weg über Pardell nach Verdings und weiter bis Latzfons, stets am sonnigen Hang südlich der Königsangerspitze, die wir vom Radlsee ausgehend bereits besucht haben. Latzfons selbst ist guter Stützpunkt für eine leichte B e r g t o u r zur Klausener Hütte oder weiter zum Latzfonser Kreuz und zur Kassianspitze. Alle diese Höhenwege sind der Fahrt durch das enge und schluchtartige Tal unbedingt vorzuziehen.

Von Säben erreicht man in einer Viertelstunde den historisch bedeutsamen Weiler P a r d e l l (740 m), eine reizvoll gelegene Höfegruppe mit einer Kapelle zu Unserer lieben Frau aus dem 17. Jh. (das Kruzifix eine Kopie des Originals um 1400), mit bäuerlichen Freskomalereien an den Häusern und einem guten Gasthaus. An der Kapelle eine Inschrift, die an das hier ausgetragene Gefecht vom 3. April 1797 erinnert:

Pardell bei Latzfons und Verdings
Fürwahr, du bist ein kleines Spings!
Die Schützenkugel sang ihr Lied,
Die Jungfrau stand in Reih und Glied,
Da floh der Feind zum Tal hinaus.
Gott schütze unser Felsenhaus.

Diese schaurig-schönen Verse von der Jungfrau, die im Singular in „Reih und Glied" stand, beziehen sich auf einen Vorfall, der gerne in Verbindung mit dem Heldenmädchen von Spinges gebracht wird, das bekanntlich im selben Jahr die Männer zur Verteidigung ihres Dorfes am Eingang ins Pustertal mitriß.

Schon seit dem 24. März hatten die Franzosen Kollmann und Klausen besetzt, wurden aber durch Angriffe der Bauern beunruhigt. So wurden 400 Mann nach Säben verlegt und gleichzeitig wollte man das darüberliegende Pardell besetzen, was den Franzosen zunächst auch gelang. Da waren es aber die Frauen und Mädchen des Ortes, die in weiße Schafwollmäntel gehüllt die Feinde erschreckten und immer wieder *eine Salve von Pöllern krachen ließen, daß es eine Art hatte* (Michaeler). Die Täuschung gelang, denn die Franzosen hielten die weißen Mäntel für Uniformmäntel der österr. Artillerie; noch dazu hatten die Pardeller Mädchen eine „Mohnstampfe" (Holzmörser zum Zerreiben des Mohns) als Geschützattrappe mitgenommen. Tatsächlich mußten sich die Franzosen wiederum nach Säben zurückziehen, worauf die Bauern auch noch auf das Kloster „böllerten", was jedoch der Klosterkaplan gleich abzustellen wußte. Es wurde nun tatsächlich eine Art „Friede von Säben" geschlossen, des Inhalts, daß die Franzosen sich nicht mehr in Pardell und Verdings sehen lassen dürften. *Im Redezimmer des Klosters zu Säben, wo sich die Bevollmächtigten des Landvolkes und Capitän Renard versammelten, ward das Friedensdokument aufgesetzt, während die Bauern und Franzosen sich damit unterhielten, die vollen Gläser anzustoßen* (Staffler). — Im Jahre 1804 erhielten die tapferen Frauen von Pardell eine schriftliche Anerkennung durch die k. u. k. Hofkanzlei, die Männer wurden hochdekoriert und erhielten Ehrenfahnen. Die Eintragung in den Kirchenbüchern von Latzfons vermerkt bei der Anführerin der tapferen Frauen, Margareta Rautner, vulgo Unterthiener-Gretel, ausdrücklich *„Virgo heroica"*; dazu paßt gut das überlieferte Bild von dem gewaltigen Schwert, das sich die Unterthiener-Gretl aus dem nahen Schloß Garnstein geholt hatte, um damit auch nach außen ihre Führerrolle zu dokumentieren (nach Staffler und Otto Michaeler, „Schlern" 1947, S. 100—101).

Von Pardell kann man direkt nach Verdings aufsteigen, oder in einem Bogen gegen Nordosten ausholen und den Hof M a y r in V i e r s erreichen. Dieser Weg führte einst durch ein liebliches Wiesental, das von den weitausladenden Kronen herrlicher Edelkastanien umschattet war; heute führt hier eine häßliche, gänzlich unnotwendige Straße durch. Der Mayr scheint schon im 10. Jh. als Brixnerischer Küchenmeierhof auf, mit Kapelle (um 1720). Im Umkreis des malerischen Platzes mit einem Wallburgenhügel in der Nähe wurden röm. Münzen und eine Jupiter-

Statuette gefunden. — Von hier führt ein direkter Weg nach Feldthurns, der die neue Straße vermeidet.

In einem Bogen gegen Nordwest hingegen erreicht man das schön gelegene V e r d i n g s (960 m) mit knapp 200 Einwohnern. Früher bot die Kirche von Süden her aus dem Eisacktal einen beherrschenden Blick; heute ist dieses hübsche Bild durch die Bergstation der 1978 eingestellten Seilbahn beeinträchtigt. Auch dieser Kirchhügel barg Spuren einer Urzeitstätte.

Verdings war bis vor kurzem nur über steile Wege von Klausen-Säben her erreichbar. Ein schöner ebener Weg, der parallel unterhalb der neuen Straße verläuft, verbindet den Ort mit dem benachbarten Feldthurns, und ebenso wird man auf alten Feld- und Waldwegen der neuen Verbindungsstraße nach Latzfons ausweichen können, in einem landschaftlich besonders reizvollen Ried, das vor allem im Herbst zu ausgedehnten Wanderungen und Streifzügen verlockt. — Die E x p o s i t u r k i r c h e z u m h l. V a l e n t i n ist in den Grundzügen romanisch (1202 erstmals genannt) und wurde später gotisiert. Bemerkenswert sind die Wandgemälde, so außen ein St. Christoph aus der Mitte des 15. Jh.s und im Inneren um 1954 und 1980 aufgedeckte Fresken (Opfer Kains und Abels, Sankt Kassian und Laurentius, Muttergottes, am Frontbogen Geißelung Christi u. a.) nach der Art des Meisters Hans von Bruneck, 1. Hälfte 15. Jh. (WG). Die übrige Einrichtung bis auf zwei Skulpturen (Maria und St. Valentin, um 1500) aus dem 17. und 18. Jh. — Die prächtig gelegene, sehr sorgfältig betreute Kirche mit schönem Friedhof ist eine Zierde der Landschaft. Interessant ist die in den Grundzügen uralte Friedhofskapelle, ein im 17. Jh. umgebauter romanischer Viereckbau; im Inneren findet sich eine köstlich unbeholfene Darstellung der Lebensalter, ein sog. „Lebensrad". Verdings hatte früher Pfarrhaus, Gasthaus und Schule in einem Gebäude, das „Zur ersten Hilfe" hieß; dies bezog sich jedoch nicht auf durstige Wanderer, sondern auf die Volksschüler. Heute steht gegenüber ein neues Gasthaus.

Der Sonnenhang, der sich von Verdings bis Latzfons und weiter über die Almen bis zur Kassianspitze hinzieht, ist sicher schon seit urvordenklichen Zeiten besiedelt; dafür sprechen schon die Namen, die überwiegend rätischer Herkunft sind. Bedeutsam waren auch hier die zum Pfunderer Bergwerk und Klausener Berggericht gehörenden Stollen unterhalb von Verdings; man sieht von ihnen heute kaum mehr eine Spur, doch sind an der gegenüberliegenden Seite des Thinnetales die Abraumhalden der größten Stollen noch gut auszumachen.

Sehr hübsch ist der steile Abstecher von Verdings zum luftig gelegenen Weiler G a r n (1174 m; neuerdings auch Zufahrt) hinauf, einem Platz so richtig „am End der Welt" — oder wenn

Gufidaun mit Schloß Summersberg; im Hintergrund erkennt man die ausgedehnten Fluren von Feldthurns mit der etwas vom Dorf entfernt stehenden Kirche und etwas höher den Weiler Schnauders (zu S. 327)

Die Trostburg oberhalb Waidbruck, unmittelbar vor Beginn der in letzter Zeit in Angriff genommenen Restaurierungsarbeiten (zu S. 335)

Nebelmeer überm Eisacktal, von der Schlern-Hochfläche aus gesehen, mit Santnerspitze (2414 m) in der Bildmitte; rechts davon die niedrigere Euringerspitze (2397 m) und der Schattenriß des Burgstalls (zu S. 387)

300 Blick auf Kastelruth, im Hintergrund die Geislergruppe (zu S. 373)

Bergbauernhof („Ratzeser") oberhalb Bad Ratzes bei Seis am Schlern (zu S. 379)

Harmonie von Landschaft und Kunst — das Kirchlein St. Valentin in Seis unter der Santnerspitze (zu S. 377)

Die Ruine Hauenstein oberhalb von Seis am Schlern, einstmals Wohnsitz des Ritters und Dichters Oswald von Wolkenstein (zu S. 379)

Der Völser Weiher mit seinen Seerosen und dem Schilfgürtel ringsum gehört zu den kostbarsten Landschaftsbildern im Eisacktal (zu S. 390)

Klausen und Säben, auf halber Höhe die Burg Branzoll.
Der Standpunkt des Lichtbildners ist ungefähr dort,
wo Dürer das Städtchen zeichnete (zu S. 273 u. 329)

Aus dem „Kapuzinerschatz" von Klausen:
Ausschnitt aus einem Altarantependium, mexikanische
Arbeit des 17. Jahrhunderts (zu S. 280)

Ruine Aichach und Pflegerhof zwischen Sankt Oswald und Seis am Schlern. Im Hintergrund Santnerspitze, Burgstall, Mullwand und Jungschlern (zu S. 370)

Die Silhouette von Burgstall, Euringer- und Santnerspitze beherrschen das Skiparadies Seiser Alm (zu S. 385)

Schloß Prösels, einst Burg des Landeshauptmanns
Leonhard von Völs-Colonna (zu S. 401)

Die Eisackbrücke am Kuntersweg bei Atzwang (zu S. 415)

Die berühmten Erdpyramiden von Mittelberg am Ritten (zu S. 357)

◀ Das alte Postwirtshaus „Mitterstieler" in Atzwang (zu S. 415)

Die Ruine Stein, der alte Gerichtssitz am Ritten (zu S. 364)

314 Der Weiler Völser Aicha gegen den Bozner Talkessel (zu S. 405)

Im Talschluß von Tiers — König Laurins Rosengarten (zu S. 404)

Kleiner als die berühmten Rittner Erdpyramiden sind jene von Steinegg (zu S. 410)

man will: am Anfang der schöneren Welt der Berge. Auch hier ist die A n d r e a s k i r c h e sehr alt, mit Langhausmauern aus romanischer Zeit und Spitzbogen des 15. Jahrhunderts; der köstliche Schatz an zahlreichen Skulpturen von Haupt- und Seitenaltären mußte aus der einsam gelegenen Kirche leider geborgen und sichergestellt werden, darunter eine Pietà um 1400; doch mag sich der Wanderer, der da heraufgestiegen ist, mit dem wunderschönen Christophorus (um 1500) trösten; der paßt mit seinem eigenwilligen Kopf gut hierher in die Bergwelt, und der Wind zerrt unablässig am Mäntelchen des Christkindes, man hört fast, wie es flattert. —

Der Weiterweg von hier oder von Verdings aus gehört, wie schon erwähnt, zu den schönsten Wegen im Eisacktal. *Hier schwelgt man in Idyllen, denn man geht im Licht und schaut die reizvollsten Hütten, Baumgruppen, Halden und Tälchen. Und was es da für eine Blütenfülle in den feuchten Mulden gibt, die vom Königs-anger herabziehen!* (Wolff); dies gilt allerdings nur mehr für die Fußwege, die sich jedoch unschwer unter- oder oberhalb der neuen Straße finden lassen.

Wie Verdings gehört auch das Dorf L à t z f o n s (1160 m; um 1050 *Lazefunes)* mit seinen weitverstreuten Gehöften und Gast-haus „Zum Kreuz" (öffentlicher Fernsprecher, 1100 Einw.) bzw. Gasth. „Zum Hirschen" zur Gemeinde Klausen, von wo es durch das bereits genannte Thinnetal per Auto zu erreichen ist (6 km); auf der Strecke Brixen bzw. Klausen—Feldthurns—Verdings—Latzfons verkehrt neuerdings auch ein Autobus.

Nicht nur der Volksmeinung nach ist Latzfons die älteste Pfarre der Gegend; die P f a r r k i r c h e S t. J a k o b ist immerhin schon um 1153 erwähnt. Der Turm der heutigen Kirche stammt aus dem 14. Jh., das Langhaus bekam das Gewölbe um 1523, während der Chor 1857 verlängert wurde. Die Einrichtung ist neugotisch, die bemerkenswerten Holzskulpturen mußten deponiert werden (St. Jakob, 15. Jh. u. a.). — Der romanische Bau U n s e r e l i e b e F r a u i m D o r f wurde 1869 er-neuert, wobei die alte Rundapsis wiederhergestellt werden konnte. Im Inneren ein neuromanischer Altar mit einer Geburt Christi an der Mensa (um 1500). — Als älteste Kirche der gan-zen Gegend gilt S t. P e t e r i m W a l d e etwa eine Viertel-stunde außerhalb des Ortes, wohl eine der ersten von Säben ausgehenden Gründungen. Der romanische Bau mit Fassaden-glockenmauer und Rundapsis verrät hohes Alter, ist aber erst 1373 nachweisbar (WG). Im Inneren ein Flügelaltar aus der Zeit um 1520 in einer Fassung des 19. Jh.s (Figuren deponiert) und ein Gemälde von Stephan K e ß l e r (1700, Dreifaltigkeit, Land-leute und Vieh). — Im Dorf bemerkenswert noch der Hof

M a i r i m D o r f mit Mariahilf-Bild und zwei Wappen am
Süderker und schöner Täfelung in der Stube mit Jahrzahl 1583
(WG).

Von Latzfons wird in gut 2 Stunden die K l a u s e n e r H ü t t e
auf Weg Nr. 2 erreicht. Die Hütte liegt sehr schön auf 1919 m
Höhe unterhalb der L o r e n z i s p i t z e (2483 m), die von hier
in 1½ Stunden erstiegen werden kann.

Die Klausener Hütte wurde 1909 von der Sektion Klausen des
D. u. Ö. Alpenvereins erbaut und gehört heute dem *Club Alpino
Italiano*. Sie hat 25 Schlafplätze und ist meist von Mai bis Oktober bewirtschaftet (Auskunft Fremdenverkehrsamt Klausen).
Der Hüttenweg wird neuerdings auch mit geländegängigen Wagen befahren. Auf Weg Nr. 5 kann man von hier über die Fortschellscharte (2305 m) in 3 Std. nach Durnholz (1558 m) kommen oder auch über Nr. 7 den Anschluß an Lorenzischarte—
Radlsee gewinnen bzw. von der Fortschellscharte zur Schalderer Scharte queren und somit an die Kammwanderung bis
zum Penser Joch anschließen.

Weit häufiger wird jedoch von der Klausener Hütte der Weg
Nr. 1 zum Schutzhaus und Wallfahrtsort L a t z f o n s e r K r e u z
(2298 m) auf der Alm R i t z l à r gewählt (1 Std. ab Klausener
Hütte). Diese weitum berühmte Wallfahrtsstätte inmitten einer
himmelnahen Almlandschaft gehört zu den höchstgelegenen
Heiligtümern Europas und ist noch immer im Sommer Ziel von
Wallfahrten (Kirchtag zu St. Magdalena, am 22. Juli). Das
Gnadenkreuz (eine Figur aus dunklem Holz, der „Schwarze Herrgott") stand ursprünglich in der Totenkapelle von Latzfons und
wurde um 1700 als Wetterkreuz am Joch aufgestellt; später
wurde daraus ein Bildstock und um 1867 erbaute man die heutige Wallfahrtskapelle. In unmittelbarer Nähe findet sich im
Gestein eine kleine Höhle, die von Innerebner („Schlern", Jg.
1959, S. 389) als Stelle angesprochen wird, die *in urgeschicht-
licher Zeit eine namhafte Rolle gespielt zu haben* scheint. — Das
Gasthaus wird meist mit dem Almauftrieb geöffnet und schließt
wieder, wenn die kühlen Herbsttage kommen. Es ist Stützpunkt
für die Kammwanderung zum R i t t n e r H o r n (2260 m), eine
der schönsten H o c h w a n d e r u n g e n, die sich in Südtirol
unternehmen lassen, mit einer unablässigen Schau auf blumenreiche Almwiesen ringsum und auf die gegenüberliegende Zak-
kenreihe der Dolomiten.

Der Weg (Nr. 1) führt zunächst über die Jocherer-Alm bis zur
einsamen Kapelle mit dem seltsamen, aber treffenden Namen
„Am Toten". Abseits dieses Weges, gegen die Sarner Seite zu,
finden sich mehrere kleinere Bergseen, um die sich verschiedentlich Sagen ranken, so auch eine um ein versunkenes Gold-

bergwerk. Die Höhenwanderung führt nun über die Villanderer Alm zum Kreuz am Gasteiger Sattel und in insgesamt 4—5 Stunden zum Rittner Horn mit Schutzhaus und etwas unterhalb Gasth. „Unterhorner" (2044 m). —

Als unschwierige B e r g t o u r bietet sich vom Latzfonser Kreuz aus die K a s s i a n s p i t z e (2581 m) an, ein prächtiger Aussichtsberg in beherrschender Lage, auf Steig 17 in einer guten Stunde zu erreichen.

Vom Gipfel aus überblickt man die endlosen Matten der Sarntaler Berge, darunter auch jene Höhen, auf denen sich nach einem für diese Gegend typischen Hochgewitter Hagelkörner, Wassermassen und Erdrutsche zu jenen schrecklichen Muren verdichteten, die 1921 Klausen und das Thinnetal verwüsteten; noch heute erzählen die Leute davon, daß ganze Waldstücke mit aufrecht stehenden Bäumen *wie Männer in einem Schlitten* herabgeschossen seien, vor sich eine Luftwalze treibend, die weitere Bäume abrasierte; die Wellen sollen bis zu den Mauern des Schlosses Garnstein emporgeschossen sein, das auf 20 Meter hohem Fels über dem Zusammenfluß von Thinnebach (Nockbach) und Plankenbach steht.

Mit dem Besuch dieses Schlosses G a r n s t e i n sind wir aus den lichten Höhen von Latzfonser Kreuz und Kassianspitze wieder zurückgekehrt ins düstere Thinnetal. Ober dem Schloß, an den Lehnen der P f r e i n e r N o c k e (1926 m), hängen noch die letzten Höfe von R u n g g a l l e n (nach ladin. *roncàl* — roden); sie gehören zu den unzugänglichsten des Landes. Der Pfreinerhof auf etwa 1850 m war noch bis vor wenigen Jahren ganzjährig besiedelt, doch waren die Leute zu gewissen Zeiten des Jahres vom Kirchgang dispensiert; heute ist der Pfreiner eine Alm geworden. Die Wildnis und Ungangbarkeit des Gebietes der Pfreiner Nocke kann sich nicht vorstellen, wer sie nie gesehen hat. Nur ein Forststeig verfolgt das Nockbach-Tal noch ein Stück, biegt dann aber gegen Siebenbrunn auf der Villanderer Alm ab und läßt sich somit für wegekundige Bergsteiger zu einer hübschen Runde mit Ausgangsort Klausen schließen (großteils unmarkiert).

Schloß Garnstein wurde Ende des 12. Jh.s von dem Brixner Ministerialen Gerro oder Garro erbaut, verfiel seit dem 16. Jh. und wurde 1880 von dem preußischen Generalleutnant Fritz von Gernstein-Hohenstein neu aufgebaut, der den Ursprung seiner Familie auf dieses Schloß zurückführen wollte. Die Renovierung ist — ganz ähnlich wie in Welfenstein bei Mauls — nicht glücklich ausgefallen und Zeugnis einer vielfach in jener Zeit mißverstandenen Burgen-„Romantik". Trotzdem wirkt der Bau durch seine einmalige Lage, die er ursprünglich wohl der Situation an einem vielbegangenen Saumweg mit Übergang

319

ins Sarntal und der Nachbarschaft des Pfunderer Bergwerkes verdankt. Das Schloß wurde bäuerlicher Besitz und kam 1970 in die Hände eines neuen, kunstsinnigen Besitzers (privat).

Von Garnstein führt ein heute sehr wenig begangener Weg (Nr. 3) durch die einsame, kaum besiedelte Schattseite des Thinnetales; man stößt hier auf zwei schöne Grenzsteine mit der Jahrzahl 1547 und dem Brixner Lamm auf der einen und dem österr. Bindenschild auf der anderen Seite. Es handelt sich also um die umstrittene Grenze zwischen dem Hochstift Brixen und der Grafschaft Tirol, die in diesem ehemals wichtigen Bergbaugebiet (heute noch Stollen und Abraumhalden) sehr genau markiert war (über die ganze Grenze mit sämtlichen Steinen vgl. Innerebner in „Schlern", Jg. 1972, S. 360 ff., mit Skizzen und Abb.). — Bald danach kommt man zum einsam auf einer Bergwiese gelegenen Heiligtum S a n k t A n n a (1133 m), das zu Beginn des 18. Jahrhunderts für die Bergknappen erbaut wurde. Aus dem entlegenen Kirchlein wurden 1964 alle Statuen (durchwegs Stücke des 18. Jh.s) gestohlen. — Doch sind wir mit St. Anna schon im Bereich des nunmehr sich ganz der Sonne zuwendenden V i l l a n d e r e r B e r g e s.

VILLANDERS. Seehöhe des Hauptortes und Gemeindesitzes (um die Pfarrkirche) 880 m; zusammen mit den Weilern Gravetsch (960 m), Sauders (790 m) und zahlreichen, über den ganzen Villanderer Berg verstreuten Einzelgehöften 1680 Einwohner, davon 21 Italiener; Zufahrtsstraße von Klausen (ca. 4 km, Abzweigung in der „Frag" von der Umfahrungsstraße), tägl. Autobusverbindung; Güterfahrweg bis zur Villanderer Alm; Gästeschwimmbad beim Hof „Winterle" am Weg nach Barbian (Mark. 4); öffentl. Fernsprechstelle im Gasth. „Schwarzer Adler" (Postleitzahl 39040). — Skilanglaufloipen auf der Villanderer Alm. Auskünfte durch Verkehrsbüro im neuen Gemeindehaus.

Auch der Villanderer Berg reicht *von der Weinrebe bis zum Zirbelzapfen*, er umfaßt von der rund 500 Meter liegenden Talsohle bis zu den Felsen des V i l l a n d e r e r s (2509 m) rund 2000 Meter Höhenunterschied; alle Wege führen hier aus hitzeflimmernden Weingärten über Ackerland mit Obstbäumen am Rand bis zu tiefen Wäldern und hinauf bis zur Hochalm. Wein, Milch und Brot, Kastanien, Feigen, Nüsse und Kirschen — all das kann ein Villanderer Bauer gut und gern selbst vom Hof haben, und früher einmal setzte man seine Ehre darein, nur Tabak und Salz kaufen zu müssen.

Wenn auch Acker und Wiese oft sehr steil sind, so gehört der Villanderer Berg doch zu den gesegnetsten Landstrichen des ganzen Tales, und demnach ist es auch kein Wunder, daß er schon in rätischer Zeit relativ dicht besiedelt war, wie die vielen vordeutschen Namen eindeutig belegen. Zwar hat sich ausgerechnet hier, an einem der ältesten Siedelböden des Landes, kein richtiges wehrhaftes Schloß erhalten, aber so mancher Bauernhof hat heute noch durchaus edelsitzartiges Gepräge. Es scheint, daß sie alle (Gravetsch und Pardell vor allem) Heimstätten der Herren von Villanders und ihrer weitverzweigten Familie gewesen sind; diese sind seit dem 12. Jahrhundert nachweisbar, doch kennt man ihren eigentlichen Stammsitz nicht.

Zur G e s c h i c h t e dieser Familie ist zu bemerken, daß sie im Kampf der Wittelsbacher und Luxemburger um Tirol eine bedeutende Rolle gespielt haben. Der Landeshauptmann E n - g e l m a r von Villanders verbündete sich mit der böhmisch-luxemburgischen Partei gegen den Markgrafen Ludwig von Brandenburg, den zweiten Gemahl der Margarethe Maultasch; er wurde jedoch vom Herzog von Teck gefangen genommen und 1349 als Rebell und Hochverräter auf Schloß Stein am Ritten enthauptet. — Während diese Linie nach dem Tod Engelmars bald ausstirbt, gewinnt eine andere (laut Staffler von Pardell stammende) Linie große Bedeutung: sie erhält von den Grafen von Tirol die Burg W o l k e n s t e i n in Gröden und nennt sich nunmehr nach diesem Felsennest am Eingang ins Langental, dessen Mauerreste man heute noch sehen und besuchen kann. Diese Familie erlangt Ende des 14. bzw. Anfang des 15. Jh.s die Gerichte T r o s t b u r g und Rodeneck und darüber hinaus als Pfand noch eine Reihe von tirolischen Herrschaften; aus der Trostburger Linie stammt der bedeutende ritterliche Dichter und Sänger O s w a l d v o n W o l k e n - s t e i n (vgl. S. 379), dessen Ahnen mithin ursprünglich am Villanderer Berg ansässig waren.

Auffallenderweise sind an diesem siedlungsgeschichtlich so bedeutsamen Villanderer Berg nur drei Urzeitstätten sicher nachgewiesen, von denen der Besuch der aus Granitfindlingen gefügten Steinbank am G l a r t z n e r k n o t t (1317 m) oberhalb Gravetsch schon wegen der prächtigen und aussichtsreichen Lage dieser Wallburg zu empfehlen ist. Man erreicht den Platz auf einem Steig von Gravetsch aus oder auch vom H o f M o a r i n U m s (ca. 1000 m), in dessen nächster Nähe ebenfalls eine prähistorische Station festgestellt wurde, und zwar eine gut drei Meter hohe, am Sockel wie ein Stuhl abgeplattete, etwa fünf Tonnen schwere Steinsäule, der M e n h i r v o n V i l l a n d e r s: Innerebner hat beide Fundstellen beschrieben und abgebildet („Schlern", Jg. 1938, S. 142 f., und Jg. 1937, S. 184 ff.). — Die Steinbank wurde leider 1974 beschädigt.

Schließlich müssen wir uns noch kurz mit dem N a m e n Villanders befassen, in dem Wolff mit Recht ein romanisches *villa* sieht, gepaart mit *d'andres,* was er mit *Grubendorf* deutet, da die *antrischen,* d. h. die *wilden Leute,* in Gruben wohnten, wobei Wolff an das nahe Pfunderer Bergwerk dachte. Dies die fachmännische Deutung, die ihre Gegner finden wird. Im Volksmund ist noch immer die köstliche S a g e lebendig, die uns schon Dalla Torre überliefert: *Früher hieß die Gegend „Schönberg"; ein Unwetter zerstörte alles, da rief ein Mann aus: Oh, wie ist es da oben jetzt v i e l - a n d e r s !*

Zweifellos hat der Villanderer Berg vor allem durch den einst blühenden B e r g b a u größte Bedeutung besessen. Urkundlich taucht er 1141 auf (Schenkung an das Kloster Neustift, 1177 von Friedrich Barbarossa in Venedig bestätigt), doch wird mit Recht angenommen, daß er viel weiter zurückreicht; vom Anfang des 13. Jahrhunderts bis 1580 ist der Bergbau im Besitz der Brixner Bischöfe und des Landesfürsten zugleich und erreicht nach dieser Glanzzeit ein zweites Aufblühen unter der Klausener Gewerkenfamilie der J e n n e r im ausgehenden 17. und beginnenden 18. Jahrhundert; danach wird der Bergbau Staatsbesitz und erscheint ab 1908 als aufgelassen.

Eine S a g e berichtet, daß dereinst ein wild gewordener Stier mit den Hörnern oben am Villanderer Berg pures Gold aus der Erde geschart habe. Außerdem läuft von der Seebergalm eine Goldader, so dick wie ein Hektoliterfaß bis nach Säben (Fink/Heilfurth). — Der Berg enthält *Kupfer- und Schwefelkies mit Bleiglanz und Blende in Diorit, Tonschiefer und Glimmerschiefer. Die reichsten Bleierze enthalten 0,457% Silber und 77% Blei, der Kupferkies 0,120% Silber und 28% Kupfer.* Umfangreicher Bergbau auf Silber, und zwar an einer noch älteren Lagerstätte, wurde auch auf der Samalpe am Villanderer Berg betrieben und ebenso auf Seeberg (Bleiglanz am Kontakt von Glimmerschiefer und Porphyr, etwas Silber, Spuren von Gold; nach Staindl, „Schlern", 1957, S. 29 ff.). — Spuren des Bergbaues lassen sich heute noch auf dem vorerwähnten Weg 3 von Schloß Garnstein nach St. Anna gut beobachten. Reinhard Exel nennt zahlreiche (über 30) Mineralienvorkommen in diesem Gebiet.
Von n a t u r k u n d l i c h e m I n t e r e s s e mag weiterhin sein, daß um 1833 hier der letzte Wolf und noch 1900 auf der Villanderer Alm ein Bär erlegt wurde. Es gibt in Villanders *grüne Eidechsen* (Dalla Torre), und wenn man ihnen ein Leid antut, dann kommen nacheinander s i e b e n — und die letzte ist die schrecklichste. Es handelt sich hier um eine der weitverbreiteten Volksmeinungen zum „Basiliskenblick" der Smaragdeidechse. — Braunkohle und ausgedehnte Grünlands- und Hochmoortorflager kennzeichnen die Höhen der Villanderer

Alm, und im „Seaba", einem moorumgürteten See, ist nach der Volksmeinung wegen des ausgelassenen Treibens der Bewohner und Knappen ein ganzes Dorf versunken; auch ein goldenes Kegelspiel war dabei (Heilfurth). — Zur Ausnutzung der Torflager wurde 1843 in Villanders eine Dampfköhlerei gegründet, in der mit heißen Wasserdämpfen die Verkohlung in gemauerten Öfen betrieben wurde (Dalla Torre). Versuche zur Nutzbarmachung der Torflager wurden auch in allerletzter Zeit wieder unternommen, doch scheiterten sie daran, daß die Villanderer Bauern ihre Hochalmen nicht der Verödung preisgeben wollen.

Eine *anthropologische Berühmtheit* (Klebelsberg in „Landeskunde") sind die *Turmschädel* von Villanders mit einem extremen Indexwert (bis 106) der im ganzen Land als überwiegend gemessenen *Kurzköpfigkeit.* — Das Gebiet von Villanders mit dem ausgedehnten Villanderer Berg ist demnach für den Biologen ein hochinteressantes Forschungsgebiet. —

Nicht minder wird der B e r g w a n d e r e r auf seine Rechnung kommen, wenn er über B a d D r e i k i r c h e n (1120 m) auf Weg 4 zum R i t t n e r H o r n (2260 m) ansteigt (4 Std.), oder auch nur die freien Weiten der schönen Villanderer Alm genießt. Von ihr aus wird in 2 Stunden die Spitze des V i l l a n d e r e r s (2509 m) teils weglos, aber unschwierig erreicht. Die Aussicht von hier ist noch umfassender als vom benachbarten Rittner Horn.

Der malerische Dorfkern von Villanders selbst und ebenso die Weiler und weitverstreuten Höfe sind samt und sonders Ausflugsziele von Rang. Berühmt ist die Dorfgasse von Villanders, die dem hinreißenden Gemälde „Das letzte Aufgebot" von Defregger als Rahmen und Hintergrund diente. Auf der einen Seite steht, mit seinen gewaltigen Buckelquadern als alter Edelsitz unverkennbar, der Gasthof „Zum Steinbock"; seine S t u b e kennzeichnet heute noch den unverfälschten Typus des behäbigen, zur Gänze getäfelten Tiroler Gastraumes. Im schönen Schmiedehaus gegenüber wurde leider im Herbst 1968 die Fassade durch den Einbau eines industriemäßigen Werkstatt-Tores stark beeinträchtigt. — Verfolgt man die Dorfgasse aufwärts, so weitet sie sich zum Platz vor dem zwischen alter und neuer Kirche liegenden F r i e d h o f, der zu den schönsten von ganz Südtirol zählt und durch kein störendes Element verunziert ist; warum die Grabinschriften in Villanders vom Grabhügel wegschauen, konnte der Verf. trotz vieler Umfragen nicht ermitteln.

Die P f a r r k i r c h e z u m h l. S t e p h a n hat den Turm aus der Zeit um 1400, das Langhaus in der heutigen Form um 1521 von dem auch in Klausen tätigen Benedikt Weibhauser;

das stattliche Gotteshaus ist schöner Mittelpunkt der Streusiedlung am Sonnenhang und wirkt vor allem in der Betrachtung von der gegenüberliegenden Talseite aus. Der riesige Christophorus und Heilige an der Außenwand sind stark verblichen. Die Einrichtung der Kirche ist neugotisch und hatte ehemals am Hochaltar, jetzt an der Nordseite des Chores, das Martyrium des hl. Stephan von Franz U n t e r b e r g e r (1767). Den Taufstein (1510) nennt Weingartner *eine für unser Gebiet auffallende Renaissancearbeit, wahrscheinlich von Alessio Longhi.* Die schöne Rosenkranzkönigin stammt aus dem Jahre 1700, ebenso Petrus und Paulus, die früher am Hochaltar waren, dann die Fassade schmückten, und jetzt in der alten Kirche verwahrt werden. An den nahen Pfunderer Bergbau erinnert ein altes Glasfenster im Langhaus, das Maria zwischen Daniel und Barbara sowie Knappenszenen zeigt (1520). — S t. M i c h a e l a m F r i e d h o f, 1344 geweiht, zeigt noch eine Rundbogennische als Ansatzpunkt der früheren Rundapsis. Im Herbst 1970 wurden von den hier sichergestellten Skulpturen (17./18. Jh.) zwölf Apostel gestohlen. — Die Kapelle ist restauriert und dient jetzt als Versammlungssaal bzw. Depotraum für die verbliebenen Statuen. — S t. V a l e n t i n hat seine gotische Form nach einem Brand zu Beginn des 15. Jh.s bekommen. Die direkt an der neuen Straße liegende Kirche bildet zusammen mit einem Bauernhof eine überaus malerische Gebäudegruppe und ist eine echte Zierde des Villanderer Berges. Das Fassadengemälde (St. Anna selbdritt, Kreuzigung und Christoph) ist bemerkenswert, vermutlich vom Meister der vierten Arkade in Brixen, Hans von Bruneck, stammend (um 1520); die übrige Ausstattung ist neugotisch. — S t. M o r i t z i n S a u d e r s wird erst 1406 erwähnt und wurde 1670 erneuert. Die letzte Änderung erfolgte nach einem Brand um 1793; die Einrichtung stammt aus der Mitte des 18. Jh.s. —

Von den edelsitzartigen Gebäuden können hier nur einige hervorgehoben werden. Als das schönste mag die geschlossene Anlage von P a r d e l l gelten, etwas oberhalb des Weges nach Dreikirchen gelegen; die einfache Kapelle hat die Jahreszahl 1565 am Gewölbe, im Innern des Hauses fällt vor allem die prächtige Täfelung des Wohnraumes auf. Noch höher liegt der schöne und stattliche Hof P r a c k f i e d, dessen Namen Tarneller auf *furdieren* (fördern, halten) der *Bracken,* also der Jagdhunde, zurückführt. — Das Gemeindegebiet von Villanders reicht mit seinen Weiderechten heute noch über den Kamm hinüber ins Sarntal; dort finden sich im S t a l l w a l d verfallende Mauerreste verlassener Höfe, die noch höher lagen als die zum Sarntal gehörigen Schwalbennester von W i n d l a h n. Von den Bauern im Stallwald weiß man heute noch in Villanders zu erzählen, daß sie zum Weihnachtsgottesdienst über das Joch kamen, mit

Schneereifen an den Füßen mühsam einherwatend; erst wenn der Fackelschein dieser einsamen Kirchgänger am Waldrand oben sichtbar wurde, läuteten in Villanders die Glocken zur Mette. Die Stallwalder aber blieben zwei Tage im Dorf, bevor sie sich wieder auf ihren weiten Heimweg machten; sie blieben für die strengste Winterzeit vom Kirchgang dispensiert. Der höchste Hof von Villanders ist heute der R o t h o f in etwa 1540 m Höhe; Pächterleute bewirtschaften den der Pfarre gehörenden Hof und haben hier für ihr Vieh ein uraltes Weiderecht. Patriarchalisch mutet auch der Zins an, den die Pächter zu entrichten haben: einen feisten „Gstraun" (d. i. ein Hammel) und ein gemästetes Schwein — ein Zehent, der so manche Währung überdauert hat. —

Als Bauernhof gut gehalten und in Teilen von einer kundigen Hand sorgsam als Edelsitz gehütet ist der mächtige Bau von G r a v e t s c h mit einer kleinen Kapelle aus barocker Zeit; älter ist ein gewölbter Raum mit Resten von Wandmalereien, die „lutherische Kirch", auch „Heidentempel" genannt — zweifellos die Vorgängerin der heutigen Kapelle, lebendige Erinnerung an die Bergknappen von Villanders, die zu Gaismairs Zeiten sicher der „neuen Lehr'" anhingen und derart die alte Kapelle entweiht haben; der hochinteressante Raum ist erst in allerjüngster Zeit fachkundig restauriert worden. — Der Weg vom Dorfkern zu dem in Sichtverbindung liegenden Gravetsch, auf selbst zu entdeckenden, schmalen Feldwegen, der Weiterweg von hier zum M o a r i n U m s und über den alten E r z w e g nach Klausen, wobei man den burgartigen J o h a n s e r h o f am Rand einer prähist. besiedelten Kuppe berührt, die W a n d e r u n g von Hof zu Hof hinüber nach Dreikirchen — all das sind Spaziergänge von besonderem landschaftlichem Reiz, wenn auch da und dort ein nicht gerade sehr gelungener Neubau dem Auge ein wenig wehtun mag. Doch genügt ein Blick hinüber auf Schlern und Langkofelgruppe, auf die hervorlugenden Zacken von Furchetta und Fermeda oder auf die Aferer Geiseln und den Peitlerkofel, um zu zeigen, wie eben nur die Berge ewig sind und wie vergänglich und unvollkommen aller Menschen Werk. —

Dies ist nur eine Seite der mit Recht gerühmten Umgebung von Klausen; auf der anderen liegt das nicht minder schöne Gebiet der Dörfer, Edelsitze und Berggasthöfe, die sich am Rand der tiefen Wälder des T s c h a n b e r g e s (2008 m) ausbreiten. Wir überschreiten, von Klausen ausgehend, die Eisackbrücke und wählen im Viertel Griesbruck den Weg 7, der uns durch eine Eisenbahnunterführung zunächst zum Schloß A n g e r und dann nach dem Passieren von Autobahn und Grödnerstraße in die idyllischen Fluren von G u f i d a u n führt. Durch den Bau der Zufahrtsstraße Klausen—Gufidaun ist der schöne alte Zugangsweg teilweise zerstört, sonst aber wiederhergestellt worden. Wanderungen in diesem Gebiet sind immer schön, besonders aber im Herbst zu empfehlen, da es hier bei den Bauern noch immer einen köstlichen Eigenbauwein aufzuspüren gibt. Bei ihm mag man sich darüber trösten, daß der untere Teil des Weges durch die Straßenbauten unserer Tage schwer gelitten hat.

GUFIDAUN. Seehöhe 730 m; der zur Gemeinde Klausen gehörende Ort hat rund 470 Einwohner. Fußweg Nr. 7 von Klausen hierher. Eine Zufahrtsmöglichkeit von Klausen zunächst zur Villnösser Talstraße und von dieser abzweigend in insges. 6 km nach Gufidaun, oder über die neue Zufahrtsstraße ab Klausen bzw. Autobahnausfahrt. — Taxidienst, fünf Gastbetriebe (insges. ca. 500 Betten), Schwimmbad im nahen, per Auto erreichbaren Gnollhof. Auskünfte durch Fremdenverkehrsverein Gufidaun. Öffentl. Fernsprecher im Gasthaus „Unterwirt"; Gufidaun hat ein Partnerschaftsabkommen mit Schwarzenbruck bei Nürnberg.

Die Doppelaussicht (von Gufidaun) *nach Brixen und Klausen ist äußerst angenehm, und der Windzug immer rege, die heißen Sommerlüfte auszufegen; daher mancher Flüchtling aus heißerer Gegend zur Sommerfrische hierher gelocket wird.*

(Beda Weber)

Gufidaun war das eigentliche Mekka der frohen Künstlerrunde aus Klausen, als deren Führer wir Ernst L o e s c h bereits kennengelernt haben; wer sich die Wege um diesen reizenden Eisacktaler Ort erwandert hat, wird sich gut vorstellen können, daß hier dereinst auf jedem Aussichtspunkt eine Malerstaffelei stand; heute kann man allenthalben die Kenner und Feinschmekker mit ihren Photoapparaten beobachten, denn hier ist eine seltene Harmonie von Landschaft und Kunst, von reichem Spiel der Formen und Farben erreicht.

Auch dieser Ort ist uralt, wie von den Urzeitstätten am Kirchhügel und dem westlich vorgelagerten, landschaftlich ungemein anziehenden Aichholzbühel bestätigt wird. Der N a m e erscheint um 948 als *Cubidunes* und wird von Fink als ein rätorom. Wort in der Bedeutung „hügeliges Talknie" gedeutet. Schloß Summersberg (Näheres siehe unten) war der Sitz des einst ausgedehnten Gerichtes (um 1221 *castrum Summersperch)* Gufidaun, das die Sonnseite Grödens und das Gebiet bis Colfuschg im innersten Gadertal einschloß (Huter). Hartnäckig hält sich bei den älteren Autoren die Meinung, daß die Buckelquadern des Viereckturms in Summersberg römischen Ursprunges seien, eine Ansicht, die von der heutigen Forschung (Weingartner) nicht mehr geteilt wird. — Im 16. Jahrhundert sieht das Gericht Gufidaun mehrere Prozesse gegen die Wiedertäufer, die sich hier besonders hartnäckig gehalten haben. Der Name „Hexenturm" weist auf Prozesse anderer und ebenfalls düsterer Art hin, die hier abgewickelt wurden. Mitte des 17. Jh.s hielt hier die Erzherzogin Claudia von Medici, Landesfürstin von Tirol, fröhliche Hofjagd. In aller Munde kommt der kleine Ort schließlich anläßlich der in Klausen aufblühenden Walther-Renaissance, da auf Summersberg I. V. Zingerle, der bedeutende Sagenforscher und Germanist, als Burgherr eingezogen war.

Z i n g e r l e war der erste Tiroler Germanist und ein bedeutender Sagensammler; sein Hauptwerk, die 1891 in Innsbruck erstmals erschienenen „Sagen aus Tirol", ist erst vor kurzem (1969) in einem unveränderten Neudruck wieder zugänglich gemacht worden (vgl. Lit.-Verz.). Da sich Zingerle auch um die Erforschung der Laurin- und Rosengartensage sehr verdient gemacht hatte, stiftete ihm sein Freund und Mitglied der „Tafelrunde" zu Summersberg, der Meraner Dichter Gottlieb P u t z, einen Hag edler luxemburgischer Rosen als „Laurins Garten". Wolff berichtet (in „König Laurin"), daß er 1938 noch weiße und rote Rosen aus dieser Zeit vorgefunden habe. — Summersberg wird heute noch zeitweilig von Nachkommen des berühmten Germanisten bewohnt und man meint, an diesem stimmungsvollen Platz noch Sang und Klang dieser ebenso gebildeten wie fröhlichen Tafelrunde vernehmen zu können.

Schloß S u m m e r s b e r g steht auf einem Fels, der gegen Villnöß in wilden Wänden abbricht. Kern der Anlage ist der Viereckturm (um 1270), während der vom Innenhof zugängliche Rundturm (mit Sprechenstein bei Sterzing der einzige dieser Art) im Volksmund „Hexenturm" heißt; er hält die Erinnerung an Wiedertäuferprozesse und an die Funktion als Gerichtsgefängnis wach (Trapp, „Tiroler Burgenbuch" IV/70). Im nebenstehenden Palas finden sich ein dreiteiliges Rundbogenfenster (16. Jh.) und ältere Flachbogenfenster. Die Vorburg und ebenso die dort befindliche Kapelle sind neuere Zutaten, die jedoch den Reiz der gesamten Anlage nur erhöhen. Auf einem Hügel am Rande des Dorfes erhebt sich mit mächtigem Walmdach und schönem Erker die K o b u r g mit Gewölben und Getäfel im Inneren. Sie wurde wohl von den Herren von Gufidaun errichtet, kam aber 1525—1814 in den Besitz der Herren von M a y r h o f e r, aus deren Familie der Kanonikus S t e p h a n v. M. als Genealoge in der tirolischen Geschichtsforschung Rang und Namen hat; heute Privatbesitz. — Gufidaun hat neuerdings ein sehr hübsches D o r f m u s e u m, in dem neben bäuerlichem Gerät auch eine der wertvollen Probst-Krippen (vgl. S. 82) gezeigt wird, die durch die „Freunde der Südtiroler Museen" aus München hierher verbracht wurde (1979).

D i e P f a r r k i r c h e z u m h l. M a r t i n, 1280 erwähnt und im 15. Jh. in die heutige Form gebracht (die Seitenkapellen älter), hat an der Fassade schöne Fresken (Tod Mariä, Apostel), nordseitig einen guten Christophorus und ebenso in der Sakristei; sie stammen von Ambros G a n d e r (1425) und sind im Stil des Hans von Bruneck gehalten. Mit Ausnahme einer thronenden Maria mit Christkind von Meister L e o n h a r d (schlecht gefaßt, um 1460) und eines Glasgemäldes mit Wappen in der Sakristei ist die Einrichtung vorwiegend 18. Jh. — Das Kruzifix am Wege nach Summersberg (15. Jh.) wurde sichergestellt, ein anderes schönes Stück aus der gleichen Zeit ist an einem Haus im Dorf nahe der Kirche angebracht. — Sehenswert die Veranda des „Turmwirtes" mit guten Wandmalereien von Hugo Atzwanger. — Im nahen Gut Aichholz lebte und wirkte der feinsinnige Maler Josef T e l f n e r (1874—1948), dessen genial flüchtig und doch mit großer Treffsicherheit hingeworfene Landschaftsbilder und Figurenstudien die Atmosphäre der typischen Eisacktaler Landschaft wiedergeben (hiezu Barbara Zingerle-Summersberg in „Schlern", Jg. 1974, S. 325 ff., mit Abb.) — Aus Gufidaun stammte der Maler Franz Z o l l e r (1726—1778), Gehilfe Trogers bei den Arbeiten im Dom zu Brixen (vgl. Ringler I/142).

Ein beliebter A u s f l u g führt über wenige Kilometer neue Straße oder schöner über den Fußweg 7 in einer guten Stunde zum Alpengasthaus G n o l l h o f mit Schwimmbad in prächtiger Lage (ganzjährig geöffnet). Wandert man eine halbe Stunde weiter (nunmehr auf Nr. 7 A), so erreicht man das Bad G s t a m m e r h o f, das vom 1. Juni bis zum 30. September offenhält und auch von Bad Froy (Villnöß) her eine Zufahrt hat. Von diesen prächtigen Höhen bietet sich geradezu der Weiterweg (Nr. 6) über den Weiler F r e i n s (1104 m) hinüber nach Lajen an, eine prächtige, etwa zweistündige Wanderung auf nahezu ebenen Waldwegen. Dieser neumarkierte Weg macht es möglich, die neue Straße Gnolhof—Freins—Lajen zu umgehen, die einen der schönsten Eisacktaler Wanderwege über mit Lärchen und Birken bestandene Wiesen regelrecht verschluckt hat. Es ist jedoch ausdrücklich anzuerkennen, daß durch die Trassierung des neuen, etwas höher verlaufenden Weges ein Ersatz geschaffen wurde.

Inmitten der verstreuten Höfe von Freins steht in anmutiger Lage die Kapelle S t. J o h a n n e s d e r T ä u f e r. Die Mauern des Westteiles der Kirche gehen bis 1239 zurück, doch wurde sie in spätgotischer Zeit verlängert und 1727 barock umgebaut. Von der Einrichtung ist eine Maria mit Kind aus der Werkstatt des Meisters Leonhard zu nennen, eine überaus liebliche Darstellung (Abbildung im „Südtiroler Wanderbuch" des Verf.), und ebenso eine Johanneskopfschüssel aus der Zeit um 1400 in strengen Linien (deponiert). — Schlüssel zur Kapelle im etwa 5 Min. darüberliegenden Hof.

Nachdem die neue Straße einigen Lärm in die Idylle von Freins gebracht hat, wählen wir zur Rückkehr nach Gufidaun den wenig begangenen Weg, der uns über den überaus anmutig gelegenen Ansitz F o n t e k l a u s (ca. 900 m) nach Gufidaun zurückführt (Mark. 6 A).

Fonteklaus war noch vor kurzem einer der einsamsten Edelsitze im ganzen weiten Eisacktal, ein verlassenes Gemäuer ohne einen Laut des Lebens — nur die Bienen summten in den Kronen mächtiger Laubbäume ringsum, und dann und wann kreischte der rostige Turmhahn im Sommerwind.

Das alles hat sich vor kurzem (1978) grundlegend geändert, denn aus dem stillen Fonteklaus ist — unter Aufsicht des Landesdenkmalamtes — ein Gastbetrieb geworden, und auch eine Restaurierung der arg beschädigten Rochuskapelle ist vorgesehen. — Zwar sind die alten Fußwege um Fonteklaus zum Großteil noch erhalten, aber es führt jetzt bereits eine Behelfsstraße ab Albions (siehe dort) über den Hof „Moar in Tassis" (Gasth.) nach Fonteklaus, wo jetzt unter den Schattenbäumen die Autos parken. — Aus der Geschichte des Ansitzes ist wenig bekannt; im Jahre 1317 wurde Fonteklaus von Adelheid von Säben dem Kloster Neustift geschenkt, ging aber schon ziemlich früh in bäuerlichen Besitz über. — In einer halben Stunde erreicht man, weiterhin auf Weg 6 A bleibend, wiederum Gufidaun. Am Eingang ins Dorf von dieser Seite ein schöner B i l d s t o c k mit Nischenbildern aus der Zeit um 1500. —

Ein weiterer hübscher S p a z i e r g a n g führt von Klausen gegen Südosten, wiederum zu den Hängen des Tschanberges, wo man nach einer knappen halben Stunde den schönen Rastplatz der D ü r e r b a n k erreicht; es ist hiezu der bei der Eisackbrücke beginnende Weg 5 zu wählen, dessen Verlauf allerdings durch den Bau der Autobahn und der Grödner Zufahrtsstraße im allerersten Stück derzeit sehr beeinträchtigt ist. Die Dürerbank wurde als der mutmaßliche Standpunkt des Malers mit ziemlicher Genauigkeit ausgemacht; von hier aus (Tafel mit Inschrift) zeichnete Dürer während seiner Italienreise 1494/95 die Stadt und verwendete diese (verlorengegangene) Originalzeich-

nung als Hintergrund für seinen Kupferstich der „Nemesis",
auch das „Große Glück" genannt. Man muß das durch den Druck
von der Platte seitenverkehrt gewordene Bild jedoch im Spiegel
betrachten, um Klausen als unverkennbares Vorbild sofort zu
erfassen, und meist bilden Reiseführer und Prospekte die Stadt-
ansicht bereits „richtig" ab.

Unser Weg 5 schneidet also Autobahn und Grödner Straße und
zieht an den Lagederhöfen vorbei in den schütteren Wald, in
dem sich das urtümliche Dörflein A l b i o n s fast versteckt
(890 m; 1 Std. ab Klausen, Zufahrt mit Auto auf neuer, von
der Strecke Klausen—Gröden abzweigenden Straße, auch von
Waidbruck her; erst seit 1975 ein Gasthaus im Ort.)

Dieser kleine Ort, der sich mit Kirche, Bildstock und einigen
Bauernhäusern um eine gletschergeschliffene Felskuppe drängt,
gehört heute noch zu den unversehrtesten und in seinem Bestand am echtesten erhaltenen Dörfern des Eisacktales, auf das
man einen umfassenden Blick genießt; besonders schön zeigt
sich von hier aus auch das gegenüberliegende Villanders.

Die S t . - N i k o l a u s - K i r c h e wird um 1147 erstmals erwähnt und hat ein in den Grundzügen noch romanisches Langhaus. Chor, Turmhelm und Langhausgewölbe stammen aus der
2. Hälfte des 15. Jh.s. Ein Christophorus an der Außenwand,
mit St. Nikolaus und St. Georg und einer Heimsuchung oberhalb ist eine *gute Arbeit mit auffallender zeichnerischer Mo-
dellierung der nackten Körperteile, 1496* (WG). — Der Hochaltar ist ein Werk des Grödner Schnitzers Dominikus V i n a -
z e r (1720), der Seitenaltar ein ganz besonders beachtenswerter
Flügelaltar mit St. Georg im Hochrelief, eine beeindruckende
Gestalt in der Rüstung eines Ritters zur Zeit Maximilians. Der
Hintergrund ist teilweise gemalt, die Flügel zeigen ebenfalls
schöne Schnitzwerke. — Die Predellaflügel sind innen *Fäl-
schungen,* doch ist der Rückkauf der gestohlenen Originale
(1978 in München aufgefunden) im Gange. — Die Außenbilder
der Haupt- und Predellaflügel (Nikolaus, Erasmus, Sebastian
und Rochus) sind gute Arbeiten.

Der bemerkenswerte Altar wurde dem Ivo S t r i g e l zugeschrieben, während Egg in ihm das Werk eines Brixner Meisters sieht (vielleicht des 1523 urkundl. genannten Michael
Luptfried). — Außerdem steht in der Kirche noch eine Maria
mit Christkind, eine *derbe Arbeit, 13. Jahrhundert,* ein aus
der Zeit um 1440 stammender Nikolaus und eine weitere
Marienstatue, die auf 1470 datiert wird, mit *scharfbrüchigem
Faltenwurf* (WG). — Der oben erwähnte Bildstock nahe der
Kirche ist laut Inschrift gestiftet von Mair Paul aus Lajen,
1503, und zeigt in den Nischen Kreuzigungsgruppe, Laurentius
und Stephan, Katharina und Barbara, Nikolaus und Georg. —
Nach Lajen auf Weg 5 in 30 Min.

Auch für diesen Weiterweg von Albions hinauf nach L a j e n gilt, was für die Landschaft um Gufidaun und Fonteklaus gesagt wurde: dunkle Waldstücke wechseln mit lichtem Lärchengrün, Haselsträucher kriechen am Rand welliger Wiesenkuppen und kleine Bäche laufen mit hohen Wolken um die Wette; weiße Birken stehen wie Salige Fräulein am Wegrand. —

Solche Salige gab es wirklich in Albions, beim Hof „Moar am Bach", so weiß es die S a g e (Fink) zu berichten. Seit Menschengedenken waren hier zwei solche Märchenwesen treue Mägde, und sie hatten nur e i n e Eigenart — sie waren allen Neuerungen feind. Der Bauer aber, der kam einmal vom Markt und brachte vier Ochsen heim, die wollte er lieber halten als zu viele Kühe. *Kuhmilch rauscht nur, aber Ochsenmilch klingelt*, meinte er, klingelt nach barem Geld. Da er aber wußte, daß dies den Saligen nicht recht sein werde, hatte er für die beiden schöne Kleider als Geschenk mitgebracht — aber das half nichts, die Saligen waren am nächsten Tag spurlos verschwunden, sie kamen nie wieder. —

Mag sein, daß es deshalb keine Saligen mehr im Eisacktal gibt, weil allzuviele Neuerungen getroffen werden, manche gewiß gut und notwendig, andere aber nicht so behutsam und mit schonender Hand durchgeführt, wie es der kostbaren Schönheit dieses Tales anstünde. —

DIE TALSOHLE ZWISCHEN KLAUSEN UND WAIDBRUCK

Schon hier kündigt sich der Schluchtcharakter an, der für den südlichsten Teil des Eisacktales, für die gigantische Porphyrklamm des „Kuntersweges", kennzeichnend ist; die Talsohle wird fast zur Gänze von Brennerstraße, Eisack, Eisenbahn und Autobahn ausgefüllt; nach einem Abänderungsprojekt sollte diese auf halber Höhe am sonnseitigen Hang von Villanders geführt werden, doch hat man sich endgültig für die ursprüngliche Trassierung am l i n k e n Eisackufer entschlossen, wo nur wenige Höfe stehen und kaum Kulturgrund geopfert werden mußte. Die Autobahn bleibt bis zum Weiler „Beim Deutschen" etwas südl. von Atzwang auf dieser Seite, weicht jedoch mehrmals in Tunnels und auch gegen das Flußbett hin aus.

Die alte Brennerstraße verlief hier wohl schon immer am rechten, sonnseitigen Eisackufer, doch ist zweifellos der auf der Höhe verlaufende Weg über Villanders und Dreikirchen (siehe dort) noch älter. Immerhin findet sich in der Talsohle, etwa 1½ km südlich von Klausen, schräg gegenüber von einer das

Landschaftsbild störenden Industriezone eine prähist. Station, der R a b e n s t e i n k o f e l (590 m), unmittelbar neben der Brennerstraße; der malerische Felshügel ist heute durch mehrere Elektromasten grausam entstellt. Wiederum ist es D ü r e r gewesen, der sich den Ausblick von der Kuppe des Hügels nicht entgehen lassen wollte: das Blatt „Brennerstraße" (Original im Escorial) zeigt im Vordergrund Straße und Straßenmauer, den Flußknick um die hier vorspringende Felsnase (Quarzphyllit) und dahinter eine Baumgruppe, die nach Untersuchungen von Hans E. Pappenheim (vgl. Lit.-Verz.) erst zwei Kilometer weiter südlich bei der Mündung des Zargenbaches sichtbar wird; man wird sich allerdings fragen müssen, warum dann Dürer die von hier aus sichtbare Trostburg n i c h t einbezogen hat.

Gasthäuser und Parkplätze geben in diesem Straßenstück immer wieder günstige Möglichkeit, auf unmarkierten Wegen Wanderungen zu den Höfen des Villanderer Berges und von dort weiter nach Klausen oder Dreikirchen-Barbian zu unternehmen. Man wird staunen, wie sich hier in unmittelbarer Nähe der großen Verkehrsadern inmitten sonniger Weinberge urtümliches Bauerntum erhalten hat; so führt etwa der Pflasterweg, der bei der Mündung des Zargenbaches (linkes Ufer) beginnt, hinauf zum schönen E i s e n s t e c k e n - H o f mit edelsitzartigem Charakter; im Garten dieses Hofes stand bis vor kurzem ein prächtig bearbeiteter Wassertrog aus Granit, der heute im Garten eines Gasthauses an der Klausener Südeinfahrt aufgestellt ist; ihn sollen *die Heiden von Siebenbrunn am Villanderer Berg* zum Eisenstecken gebracht haben, oder er stammt von der Einsiedelei „Krößbrunn" über Dreikirchen. Die *Heiden* sind wohl die *Lutherischen*. — Bald nach der Mündung des Zargenbaches passiert die Brennerstraße das alte und traditionsreiche Gasthaus „Z u m K a l t e n K e l l e r", eine landauf und landab berühmte Einkehrstätte, die durch die Verlagerung des Massenverkehrs auf die Autobahn nur Gewinn gezogen hat. Fuhrleute und Poeten, Studenten und Künstler haben hier Station gemacht und allzeit die Gaben des Wirtes aus Küche und kühlem Keller zu preisen gewußt; ein Bild an der Holztäfelung der Stube erinnert daran, daß Propst Josef Weingartner, der verdiente Kunsthistoriker und feinsinnige Schriftsteller, hier gerne Einkehr hielt. —

Auch von hier führt ein Fußweg von Hof zu Hof, entweder gerade ansteigend gegen Bad Dreikirchen oder auf der Höhe nach Süden abzweigend zum Gemeindesitz Barbian, in dessen Bereich wir nach Überschreiten des Zargenbaches bereits übergewechselt sind. An der Brennerstraße selbst liegt hier ein großes Kraftwerk, die zweite große Stufe des Eisacktal-Systems, die vom Staubek-

332

ken an der Villnösser Talmündung gespeist wird. Neben dem Werkeingang stand auf mächtigem Steinsockel einst das Standbild eines Reiters, dessen Züge stark an *Benito Mussolini* erinnerten; dieses Denkmal wurde 1961 von Attentätern gesprengt und ist vom demokratischen Italien als eine Art faschistisches Mahnmal nicht wieder errichtet worden. —

Kurz danach erreicht die Straße den Ort W a i d b r u c k und damit eine der wichtigsten Brücken im Eisacktal; diese im Volksmund „Starzer Brücke" genannte Verbindung spielte schon in vorgeschichtlicher Zeit eine bedeutsame Rolle.

LAJENER RIED UND DEUTSCHER TEIL VON GRÖDEN

Zwischen Wiesen und Kornfeldern rauschte der Bach, und über dem Bach, über Häusern, Wiesen und Kornfeldern dunkelte der Wald und über der Anmuth des Tales dräuten, obwohl jetzt rosenfarb angeschienen, die geisterhaften, gespenstischen Schrofen...

(Ludwig Steub)

Das muß auf dem Weg hinauf ins Lajener Ried empfunden worden sein, auf dem sich die schluchtartige Enge des Eisacktales aufzulösen beginnt. In Waidbruck selbst ist von diesen lichten Weiten nur Ahnung und Verheißung, die Bedeutung des Ortes ist von anderer Art. Von dieser Bedeutung kündet die königlich gelegene T r o s t b u r g hoch über der Mündung des Grödner Tales, während die Spuren älterer Zeit heute von den Wassern des Eisack-Stausees überflutet sind; auf jener Wiese, die jetzt von der dritten Stufe des Eisacktaler Stauwerkes bedeckt ist, fand Adrian Egger im Jahre 1927, schon von den Greifern riesiger Bagger gründlich zerstört, die vermutlichen Reste der römischen Straßenstation *S u b l a v i o n e*, von deren Existenz und ungefährer Lage Peutinger-Tafel und *Itinerarium Antonini* künden. Egger konnte zahlreiche röm. Münzen, Ziegelscherben, Glas- und Tonscherben — zum Teil von größeren Amphoren —, Heizröhren u. a. feststellen (vgl. „Schlern", Jg. 1929, S. 346—354). Schließlich sind auch die heute in der Trostburg eingemauerten Römersteine (vgl. hiezu S. 289 und S. 335) höchstwahrscheinlich hier gefunden worden. Wir sind also offensichtlich in *Sublavione*, dessen Name laut Egger eigentlich *S u b l a v i o* heißen müßte, was mit *labi* (fallen, stürzen) und somit mit der beständigen Vermurungsgefahr in Kollmann (siehe

18   333

dort) in Verbindung gebracht wird, und ebenso mit dem nahen Ortsnamen „Lajen"; Klarheit gibt es darüber nicht.

Es scheint demnach, daß die römische Station zwischen Waidbruck und Kollmann gelegen haben muß, an einer Stelle von überragender h i s t o r i s c h e r und v e r k e h r s g e o g r a p h i s c h e r Bedeutung.

An der „Starzer Brücke", nach Weiler und Gasthaus am rechten Eisackufer so benannt, trafen nicht weniger als f ü n f wichtige Wege zusammen: von Norden her ist der B r e n n e r w e g, der ab Waidbruck/Kollmann in die düstere Schlucht des K u n t e r s w e g e s sich fortsetzt, auch heute noch der Hauptverkehrsstrang mit Staatsstraße, Autobahn und Eisenbahn. Als aber der Kuntersweg, also die Talsohle, nicht oder besser noch nicht befahren werden konnte, war Waidbruck wichtig als Ausgangspunkt für den westlichen Höhenweg — die K a i s e r s t r a ß e über den Ritten — und ebenso als Fußpunkt für einen wichtigen Verbindungsweg über das östliche Mittelgebirge von K a s t e l r u t h , S e i s und V ö l s; die Trostburg steht als Wächter an diesem Weg. Schließlich mündete, höher als die erst seit 1856 befahrene Talstraße, bei Waidbruck der Verbindungsweg nach Gröden, der wichtige T r ò y P a y á n („Heidenweg").

Wie schon im Abschn. III erwähnt, dürfte hier die Südgrenze der römischen Provinz „Rätien" verlaufen sein; als Grenze spielte die Örtlichkeit noch eine Rolle durch die Errichtung der tirolischen Zollstätte durch Erzherzog Sigmund um 1480 in Kollmann; der Zoll wurde erst 1829 aufgehoben.

WAIDBRUCK. Seehöhe 471 m; mit 2,33 km² Gemeindebereich eine der kleinsten Gemeinden des Landes mit rund 257 Einwohnern, davon ca. 78 Italiener; nach Klausen 6 km — nach Bozen 23 km; Schnellzugsstation. Tankstelle, Taxi, mech. Werkstätte; Gasthäuser und Fremdenzimmer; Sitz eines Gemeindearztes, Post- und Telegraphenamt (Postleitzahl 39040); Autobus nach Klausen, Bozen, Kastelruth (9 km, Straße, stellenweise schmal) und auch nach Barbian (4,5 km); ebenso Autobus nach Lajen auf neuer, asphaltierter Straße (5 km); Anschluß von Barbian über Rotwand und Lengstein zur von Bozen ausgehenden Rittner Straße ist bereits projektiert (Fertigstellung der noch fehlenden Teile bis etwa 1984); Auskünfte (auch für Barbian und Kollmann) durch Fremdenverkehrsamt Waidbruck; Bank und Wechselstube. Rettungsdienst Weißes Kreuz, Tel. 4 44 44. — Die A u t o b a h n umfährt Waidbruck in einem Bogen gegen Osten, wobei ein kürzerer Nord- und ein ziemlich langer Südtunnel notwendig ist, der genau unter der Trostburg durchschneidet; die Grödner Talstraße und der Dürschingbach (Grödner Bach) werden von einer Brücke überspannt. — Das Wappen deutet durch den Balken die Brücke, durch den roten Wellenschnitt das Wappen der Wolkensteiner auf Trostberg an.

Durch den Anschluß der nördlichen Grödner Zufahrt an die Autobahnausfahrt in Klausen hat Waidbruck in seiner verkehrsgeographischen Bedeutung eine Einbuße erlitten; früher ging der gesamte Verkehr nach Gröden über die „Starzer Brücke". Immer noch hat der Ort jedoch Bedeutung als Talort und Ausgangspunkt für das berühmte Feriengebiet von Kastelruth, Seiser Alm und Schlern; die Umgebung — allem voran das Lajener Ried — ist von besonderem Liebreiz und macht Waidbruck noch immer zu einem günstig gelegenen Urlaubsort, wenngleich das Dorfbild durch die gigantischen Straßenbauten unserer Tage stark gelitten hat.

Der erste Weg von Waidbruck aus wird stets der prächtigen T r o s t b u r g gelten, einem echten Wahrzeichen des unteren Eisacktales, noch immer in teilweisem Besitz der Familie von W o l k e n s t e i n, und zwar der direkten Verwandtschaft des Dichters Oswald von Wolkenstein; die Burg hat — vor allem auch durch Bombardierungen im Zweiten Weltkrieg — schwere Schäden erlitten, die jedoch durch das Südtiroler Burgeninstitut mit Hilfe aus Bayern („Freundeskreis Trostburg") restauriert worden sind, so daß die Burg heute in gutem Zustand ist und in der guten Jahreszeit auch besichtigt werden kann (nur über den alten Schloßweg zu Fuß, ab Parkplatz Waidbruck; zur Auffahrt über die schmale, von der Kastelruther Straße abzweigende Zufahrt ist eine besondere Genehmigung notwendig). — Palas und Bergfried sind um 1200 von den Herren von Trostberg, einem Seitenzweig der Herren von Kastelruth, errichtet worden; 1370 kam die Burg durch Heirat in Besitz des Friedrich von Wolkenstein, der einem Seitenzweig der Villander entstammte und dessen Nachkommen sich Grafen von Wolkenstein-Trostburg nennen, bis auf den heutigen Tag. Dieser Friedrich ist der Vater des Dichters Oswald, doch ist Oswald wahrscheinlich nicht — wie die frühere Forschung allgemein annahm — auf der Trostburg geboren, sondern auf Schloß Schöneck im Pustertal (vgl. hiezu S. 380). — Ihre Glanzzeit erlebte die Trostburg zwischen 1594 und 1625 unter Graf E n g e l - h a r d D i e t r i c h, der die ursprünglich eher einfache Feste glänzend umbauen und für die damalige Zeit zur uneinnehmbaren Festung ausbauen ließ; es entspricht der humanistischen Gesinnung des Grafen, daß er damals die mehrfach genannten, von Säben oder weit eher von *Sublavione* stammenden römischen Inschriftensteine auf seiner Burg (an der Haupttreppe) einmauern ließ (vgl. hiezu Maria Außerhofer, „Römische Weihesteine" in „Schlern", Jg. 1976, S. 135 ff., mit Abb.). Ebenso legte er eine Bibliothek wertvoller humanistischer Werke und eine Antiquitätensammlung an und verwahrte überdies seltene Reliquien in der Kapelle, von denen eine erst 1972 aufgefunden wurde (dzt. Museum Bozen). — Zur Zeit Dietrichs entstand auch der Rittersaal mit seinen Stuckrahmungen und den Relieffiguren der Wolkensteiner Ahnen, die von manchen dem Hans Reichle (vgl. Brixner Hofburg) zugeschrieben werden; damals wurde dem Bergfried ein Pyramidendach aufgesetzt und die Kapelle in die heutige Form gebracht (die dortigen Stifterfiguren sind leider zerstört bzw. gestohlen). — Viel älter (um 1400) ist die Stube mit herrlichem Tonnengewölbe. Ebenfalls aus älterer Bauepoche stammt der etwas höher stehende „Römerturm" (um 1400). — Zum jetzigen Baubestand der Burg vgl. Trapp, Burgenbuch IV („Eisacktal"). — Vom Schloß führt ein schöner Fußweg (Nr. 2) vorbei am verfallenen Gallreinerhof in den einsamen Weiler T a g u s e n s (siehe dort).

Wir müssen noch, bevor wir uns zum Gang ins Lajener Ried aufmachen, dem Ort Waidbruck selbst einen kurzen Besuch abstatten; mehrere edelsitzartige Gebäude mit schönen Wappen, Eisengittern und stuckgerahmten Fenstern verweisen auf die Nachbarschaft zur Trostburg. Die S t . - J o d o k - P f a r r k i r c h e ist als Kapelle durch Ekkehard von Villanders 1331 erbaut worden und hat im Erdgeschoß des Turmes mit Rundbogenportal noch alte Formen bewahrt. Der übrige Bau wurde 1649 umgebaut und 1930 um den nördlichen Teil vergrößert; die Einrichtung hat in den Figuren St. Rochus und St. Florian (1725) vom Grödner Schnitzer M. V i n a z e r ihre besten Stücke. Neuerdings wurden Fresken aus dem 16. und 17. Jh. freigelegt.

> *. . . liut unde lant, dar inn ich / von kinde bin erzogen,*
> *die sint mir worden frömde / reht als ez sî gelogen,*
> *die mîne gespilen wâren / die sint traege unt alt.*
> *b e r e i t e t   i s t   d a z   v e l t*
> *v e r h o u w e n   i s t   d e r   w a l t . . .*
>
> (Walther von der Vogelweide)

Bebaut ist das Land, gerodet ist der Wald — wie gut paßt die Stelle aus Walthers berühmter E l e g i e auf das LAJENER RIED ! Wie sehr ist man noch immer von Vogelgezwitscher umspielt, auf dieser köstlichen Flur, wie ist hier der dunkle Wald zurückgedrängt und dazwischen Feld, Wiese und Weingarten ausgebreitet, überschattet nur von den breiten Kronen der Edelkastanien! Drüben die Trostburg, jenseits der Eisacktaler

Furche die Lieblichkeit des Kirchleins von Sankt Verena, über den Wäldern die ersten Felszacken der Dolomiten — weiß Gott, das Lajener Ried ist ein Platz der Schönheit, voll Poesie und Zauber, und es wäre ganz und gar wert, die Heimat des großen Sängers zu sein.

Die F o r s c h u n g hat sich, wie bereits unter „Klausen" dargetan wurde, ausgiebig mit dem Lajener Ried und den zwei V o g e l w e i d e r - H ö f e n befaßt. Mehr noch als diese Namen weist der gesamte urtümliche Charakter der Gegend darauf hin, daß hier dereinst durchaus die Ansitze von Angehörigen eines niederen Adels gestanden haben mögen. Der Bozner Forscher Luis O b e r r a u c h - G r i e s hat in einer sehr dankenswerten und gut illustrierten Arbeit („Schlern", Jg. 1967, S. 507—515) dargelegt, wie viele Bauelemente hier nachzuweisen sind, die durchaus edelsitzartigen Charakter haben; demnach hat man schon früh den stattlichen U n t e r f i n s e r - H o f in den Mittelpunkt der Betrachtung gezogen, da dieser viel eher als das kleine „Höfl" zu I n n e r v o g e l w e i d als mögliche Heimat eines Sprosses aus ritterlichem Geschlecht anzusehen wäre; der Vogelfang, also die Vogelbeiz als solche, ist deutlich nachgewiesen, vor allem durch die Mauerreste verschiedener „Vogeltennen", meist neben Quellen gelegen, und durch den Hofnamen „Tenner" im Ried. — Die germanistische Forschung hat auch darauf hingewiesen, daß um 1151 ein *Waltherus de Gredena* in einer Neustifter Urkunde bezeugt ist als ein Dienstmann des Ritters Heinrich von Lajen, dessen Burg — laut Oberrauch — der Burgstallhügel (Name!) gegenüber der Trostburg im Ried sein könnte, der allerdings nur mehr durch spärliches Mauerwerk ausgewiesen ist. Schließlich weist Prof. T h u r n h e r (Universität Innsbruck) auf die „Schule" von Minnesängern hin, die nach Walthers Wirken in Tirol zu belegen ist, und Prof. Karl Kurt K l e i n macht darauf aufmerksam, daß Wolfram von Eschenbach einmal in einem Zug von Walther, der „Nachtigall", und dem *bozenaere*, dem Bozner Wein, spricht. — Soviel zu den „Indizien" im Fall Walther; sie haben dazu geführt, daß in Bozen 1889 ein Walther-Denkmal errichtet wurde, das heute allerdings nicht mehr am gleichnamigen Hauptplatz der Stadt steht, sondern im abgelegenen Roseggerpark (die Rückführung auf den angestammten Platz für 1981 vorgesehen). Ein Walther-Denkmal wurde aber auch anderwärts errichtet, und zwar in Dux in Böhmen, im Jahre 1911, da man auch dort eine *Vogelweyder*-Familie urkundlich festgestellt hatte; dieses Denkmal für Walther als einen Sudetendeutschen steht heute nicht mehr. —

Rund 20 Orte haben sich ernsthaft darum beworben, als Walthers Heimat anerkannt zu werden, darunter besonders eifrig das schweizerische Sankt Gallen und das fränkische Feuchtwangen; die heutige Forschung äußert sich sehr vorsichtig, da ja auch in Walthers Sprache keine besonderen dialektalen Eigenheiten nachzuweisen sind. Immerhin nennt Kurt Herbert H a l b a c h die Südtirol-These den *populärsten aller Walther-Mythen* (vgl. Lit.-Verz.). —

Mag man derart auch über die Herkunft des großen Walther rätseln — niemand sollte den Gang durch das idyllische Lajener Ried versäumen und ebensowenig die Einkehr in den urtümlichen Höfen am alten Pflasterweg (Markierung Nr. 35), der sich schon gleich nach Waidbruck von der neuen Lajener Straße abwendet und in Richtung Burgstall führt; beim Unterfinser kommt man wieder auf die Straße, kann sie aber bald wieder nach rechts durch den überwachsenen alten Weg verlassen und erreicht so das liebliche Kirchlein S a n k t K a t h a r i n a i m R i e d.

Der um 1343 geweihte Bau bekam erst im 17. Jh. sein Tonnengewölbe. An der Fassade finden sich Spuren von Fresken aus der Brixner Schule. Der schöne Barockaltar aus der ersten Hälfte des 18. Jh.s enthält Figuren vom ehemaligen Flügelaltar, die 1970 gestohlen, bald danach wiedergefunden und seither sichergestellt wurden; was an neueren und weniger wertvollen Statuen, Leuchtern usw. in der Kirche belassen wurde, fiel 1972 den Kirchenräubern in die Hände. — Ebenso aus der Brixner Schule stammen die Nischenmalereien des schönen B i l d s t o c k e s nahe der Kirche, der mit 1459 oder 1479 zu datieren ist.

Schon von hier ist, oberhalb der ein Stück über der Kirche durchziehenden Trasse der neuen Grödner Straße, ein kleiner Hof mit auffallend knapp unter dem Giebel sitzendem Söller sichtbar, den man über einen Fußsteig von der Straße aus in wenigen Minuten erreicht; der Hof liegt an den Hang geduckt, im Schutz einer mächtigen Kastanienkrone. Wir sind an der Stelle, die für Generationen eine Wallfahrt zum „Geburtsort" des Walther von der Vogelweide war, und wo man 1874 eine Marmortafel enthüllte, mit dem berühmten Spruch des Hugo von T r i m b e r g : *Her Walther von der Vogelweide / swer des vergaess, der taet mir leide!*

Auch heute noch lohnt ein Besuch der ehrwürdigen Gedenkstätte, noch heute ist der urtümliche und typische Bauernhof mit seiner getäfelten Stube sehenswert. Besonderes Augenmerk verdienen die riesigen G ä s t e b ü c h e r, die von den Bauersleuten als kostbarer Schatz gehütet werden; manch klingender Name findet sich in ihnen, mancher schwungvolle Vers und da und dort auch der rührend unbeholfene Versuch, dem Erlebnis „Walther und Lajener Ried" poetischen oder auch zeichnerischen Ausdruck zu verleihen; der Hof wird nicht als Gaststätte geführt, doch bekommt der durchs Lajener Ried

338

streifende und forschende Wanderer von den Hütern des Vogelweider-Hofes einen mit Herzlichkeit gebotenen Trunk aus eigenem Weingut; da laut einer Neustifter Urkundennotiz schon Michael Pacher 1491 seinen Jahresbedarf an Wein aus dem Lajener Ried deckte, kann man diesen herben, aber eben deshalb typischen Tropfen mit Fug und Recht loben. — So verdichtet sich ein Besuch des Vogelweider-Hofes im Glanz einer köstlichen Gegend und durch die archaische Wirkung des stimmungsvollen Platzes trotz aller Strenge germanistischer Forschung zu einem unvergeßlichen Erlebnis. — Die Gedenkstätte ist leicht zu finden, da der alte, teilweise schön gepflasterte Fußweg (durchgehend Nr. 35) ohne längere Berührung mit der neuen Zufahrtsstraße nach Lajen durch das Ried führt, direkt zum Vogelweider und von dort auf hübschem Waldweg bis ins Dorf (vom Vogelweider ist auch eine Querung nach Albions möglich). — Wo die ehemalige Trasse der Grödner Bahn gequert wird, stand der Bahnhof Lajen der im Ersten Weltkrieg durch russische Kriegsgefangene gebauten Front-Bahnstrecke; das interessante Gebäude wurde 1978 durch Brandlegung zerstört.

Hier, im Lajener Ried, mündete auch der bereits erwähnte *Tròy Payán*, der uralte „Heidenweg" der Grödner, ursprünglich wohl auch ein Erzweg, über den das Eisen des vorgeschichtlichen Bergwerkes *Fursil* am *Monte Pore* im Ampezzanischen durch das ganze Tal bis zur Eisackfurche transportiert wurde (Innerebner, in „Gröden", vgl. Lit.-Verz.); dieser Weg läßt sich heute noch von ungefähr verfolgen und ist, ebenso wie der viel jüngere P o s t s t e i g (siehe unten), ein sehr lohnender Ausflug von Lajen aus.

LAJEN. Seehöhe 1100 m; Sitz der Gemeindeverwaltung, zusammen mit den Weilern Tschövas, Tanürz und St. Peter rund 1820 Einwohner, davon 105 Ital. und 9 Ladiner; Zufahrt (und Autobus) entweder von Klausen auf der neuen Grödner Straße (9 km) oder von Waidbruck an der Brennerstraße aus (5 km, ebenfalls Autobus), neuerdings Fortsetzung der Straße über Tanürz und St. Peter auf die Grödner Zufahrten (alte Bahntrasse bzw. Talstraße); Taxi; mehrere gute Gasthäuser und Fremdenzimmer, Schwimmbad; Wechselstube in der Raiffeisenkasse, Postamt im neuen Gemeindehaus (Postleitzahl 39040); Auskünfte und Prospekte durch Fremdenverkehrsamt Lajen. — Das Wappen nimmt Bezug auf die mutmaßliche Abstammung des Vogelweiders aus dem Lajener Ried.

Die Lage Lajens auf gletschergeschliffenem Felsbuckel hat nicht ihresgleichen im unteren Eisacktal: der Ort ist die Schwelle zwischen den weichen Linien der Eisacktaler Landschaft und dem erregenden Fortissimo heller Dolomitfelsen. Wer allen Reiz der Gegensätzlichkeit im Eisacktal erleben will, wer einen Platz sucht, der zwischen Weingärten und Almen liegt, einen Platz, an den die tiefen Wälder heranbranden und der im Norden noch das Licht der Zillertaler Gletscher, von Süden her aber die grauen Steinberge so hoch wie die Wolken sieht — wer einen solchen Platz sucht, der soll sich zu langer Rast beim Wetterkreuz auf Lajen niederlassen oder besser noch die paar Schritte hinüber zum W a s s e r b ü h e l (1104 m) gehen und erleben, was das heißt: „Eisacktal"!

Die eben genannten Aussichtspunkte sind, zusammen mit dem Kirchhügel, als prähistorische Stationen nachgewiesen und künden vom hohen Alter der 990 urkundlich erstmalig erwähnten Ortschaft, deren Bedeutung wohl ursprünglich durch die hier anzusetzende Gabelung des *Tròy Payán* nach Norden bzw. hinab und hinüber zum Ritten gegeben war. —

Die aussichtsreiche Lage der Ortschaft legt es nahe, an dieser Stelle einen kurzen Überblick über die g e o l o g i s c h e S i t u a t i o n des unteren Eisacktales zu geben: Wir stehen hier unmittelbar an der Nordgrenze der gewaltigen B o z n e r P o r p h y r p l a t t e, die gegen Süden an Mächtigkeit zunimmt; so ist der sich über Lajen aufbauende R a s c h ö t z e r P o r - p h y r (grau bis braunrot) mit 300—400 Metern anzusetzen, während die Stelle der größten Mächtigkeit östlich von Bozen 1400 Meter mißt (Staindl). — Bei Waidbruck selbst fällt noch Quarzphyllit unter den Quarzporphyr ein, der ab hier das Bild der Landschaft vor allem im Westen (Ritten) beherrscht; eine besondere Rolle spielen hier die Eiszeitmoränen, aus denen die weltberühmten Rittner E r d p y r a m i d e n herausgewittert sind (vgl. das Stichwort „Maria Saal"). — Auf die besonderen geologischen Verhältnisse auf der Mittelgebirgsterrasse von Kastelruth-Seis-Völs wird an Ort und Stelle eingegangen. — Der rote bis braunrote Farbton der Porphyrplatte (grünlich nur der B l u m a u e r P o r p h y r, in den unteren Lagen auch am Ritten) gibt der Landschaft — vor allem in Verbindung mit den rostroten Flecken des da und dort zutage tretenden „Grödner Sandsteines" — ihr unverwechselbares Gepräge und vor allem im Bozner Becken jenen berühmten Zauber südlicher Landschaft, für die vor allem die Zone des Flaumeichengürtels typisch ist. Man wird sich bei kurzem Aufenthalt und nur flüchtiger Betrachtung der Tatsache kaum bewußt werden, daß gerade diese warme Rottönung so sehr zur Schönheit des unteren Eisacktales und des Bozner Kessels beiträgt und daß sie es ist, die zusammen mit dem Grau und Gelb der Kalkgesteinszonen jene unvergeßlichen Kontraste bewirkt, die sich vom ersten Licht des Morgens bis zum Abendglühen beständig in wunderbarer Weise ändern. —

Während die Forschung heute den Stammsitz der mehrfach bezeugten H e r r e n v o n L a j e n am Burgstall im Lajener Ried zu suchen geneigt ist, spricht Weingartner noch die Vermutung aus, daß er im stattlichen M a i e r h o f im Dorf selbst zu lokalisieren wäre. Die bei Weingartner erwähnte mächtige Linde steht heute nur mehr als gewaltiger Baumstumpf neben der Mairhofer-Kapelle; diese Linde, die wohl eine alte Gerichtsstätte bezeichnet haben mag, muß zu den größten und schönsten Bäumen des ganzen Eisacktales gezählt haben.

Wie nicht selten in Tiroler Dörfern, ist der F r i e d h o f ein ganz besonders schöner Platz; dies trifft jedenfalls in Lajen voll und ganz zu, sei es was die Lage betrifft, sei es im Hinblick auf die schönen Schmiedeeisenkreuze des gepflegten Gottesackers. In den Proportionen zweifellos z u groß geraten ist die P f a r r k i r c h e z u m h l. L a u r e n t i u s :

Die Fundamente des romanischen Turmes reichen noch in die Zeit der ersten Erwähnung der Kirche zurück (1147); der gesamte klassizistische Bau stammt aus der Mitte des vorigen Jahrhunderts, wurde 1845 geweiht und zur Gänze im Stil der damaligen Zeit eingerichtet; bemerkenswert ist der romanische Taufstein (um 1300) mit neuem Kupferdeckel (M. Rainer, Brixen). — Beim Neubau der Pfarrkirche kam manches von der alten Einrichtung in die nahe K i r c h e z u U n s e r e r L i e b e n F r a u, die ebenfalls schon 1147 erwähnt wird und einen aus gotischen und Renaissance-Elementen gemischten Altar hat. Der heutige, spätgotische Bau wurde 1482 geweiht, dient jedoch derzeit nur als Abstellraum; eine Restaurierung ist geplant. Eine Geburt Christi aus der Hand des Meisters L e o n h a r d (um 1460) heute wieder in der Hauptkirche, wo zu Weihnachten auch eine gotische Anbetung der Könige zu sehen ist.

Die Umgebung von Lajen reizt zu schönen W a n d e r u n g e n und B e r g t o u r e n, von denen wir als erste den Weg zur R a s c h ö t z (Schutzhaus Außerraschötz, 2165 m) nennen, der am Südhang des ausgedehnten T s c h a n b e r g e s ansteigt und in Teilen den alten Heidenweg benützt. Man wird für diese prächtige Wanderung (Nr. 35) etwa vier Stunden ab Lajen rechnen müssen und kann von der Raschötz mit dem Sessellift nach St. Ulrich in Gröden „absteigen". —

Beliebt ist auch der P o s t s t e i g, so benannt, weil auf ihm vor Erbauung der Talstraße (1856) zweimal wöchentlich der Briefträger die Post von Klausen nach St. Ulrich brachte. Der Weg (P) schließt in Lajen an den überaus reizvollen Steig an, der von Klausen über Albions nach Lajen führt, und setzt sich

341

am Sonnenhang des äußeren Grödentales fort. Hier stellt er die Verbindung zu den Weilern T s c h ö f a s (1229 m), Tanürz und Sankt Peter her, die mittlerweile asphaltierte Straße geworden ist; der Wanderweg wurde jedoch in dankenswerter Weise daneben erhalten. Er führt durch die genannten Orte und berührt dann Wald und Bergsturz von Pontives (siehe unten). Eine genaue Beschreibung dieses Weges aus den Mittelgebirgen des Eisacktales zum Felsreich der Dolomiten findet sich im „Südtiroler Wanderbuch" des Verfasser (5. Aufl. 1977). — Als A u s - f l u g von Lajen aus sei auch hier der bereits unter „Gufidaun" erwähnte Waldweg Nr. 6 empfohlen, der ober der Forststraße neu angelegt wurde; er nimmt beim Gasth. „Radlhof" in Lajen seinen Ausgang und führt in genußreicher Wanderung oberhalb von Freins durch bis zum Gnollhof (2. Std.).

Lohnend ist die Besichtigung der inmitten windschiefer Höfe gelegenen kleinen Kirche zu S t. J a k o b u n d S t. V a l e n t i n in Tschöfas. Die spätgotische Kirche, für deren Langhausmauern Weingartner ein höheres Alter als das der Weihe (1465) annimmt, fügt sich hübsch in den kleinen Weiler, der etwas abseits von der Fahrstraße nach St. Peter liegt; die Wandgemälde stammen aus der Zeit der Erbauung, der Altar ist ein Werk des Grödners Dominikus V i n a z e r aus dem Jahre 1731. Die Holzskulpturen St. Jakob (15. Jh.) und St. Valentin mit einem Rind, *reiche scharfbrüchige Gewandfalten, um 1500,* sind derzeit deponiert.

Auch der Weiler T a n ü r z (1182 m) hat eine bemerkenswerte Kirche, dem h l. B a r t h o l o m ä u s geweiht (1437), doch dürfte der mit Rundbogenfenstern und Rundbogenportal versehene Bau älter sein.

Der Altar ist auch hier eine Grödner Schnitzerei, vom Ende des 18. Jahrhunderts, in schöner, ursprünglicher Fassung, wie Weingartner ausdrücklich vermerkt. An seiner Stelle ist ein älterer Flügelaltar zu vermuten, in dem ein hl. Bischof und St. Bartholomäus standen, beides schöne Arbeiten eines unbekannten Meisters um 1500. Eine andere Statue des Kirchenpatrons, die Haare und Bart in Röllchen zeigt, stammt aus der Werkstatt des Meisters Leonhard (um 1460).

In geschützter, klimatisch milder Lage, wo noch Weizen und Kastanien gedeihen, steht im Blickfeld vor dem mächtigen Langkofel der hübsche Zwiebelturm des Kirchleins von S a n k t P e t e r (1210 m); das ist der letzte Ort des deutschen Teiles von Gröden am Sonnenhang, Mittelpunkt einer weitverstreuten Höfegruppe mit Gasthaus, Sägewerk, Kirche und wenigen Häusern als Ortskern.

Wie immer weist der Patron S t. P e t e r auf ein hohes Alter der Kirche, die angeblich schon im 11. Jh., sicher jedoch 1240 erwähnt ist. Der heutige Bau wurde erst 1764 errichtet und hat außen ein sehr schönes Wandgemälde, Christkind mit Leidenswerkzeugen und Maria, um 1764; die Bilder an der Empore stammen aus derselben Zeit, während die übrigen Bilder im Inneren 1845 von Josef Arnold geschaffen wurden. Der barocke Hochaltar ist mit 1778 datiert, die Seitenaltäre sind 19. Jh., mit Seitenfiguren aus dem 16. Jh., die Mittelfiguren neu. — Die F r i e d h o f s k a p e l l e hat eine schöne steingerahmte Rundbogentür und am Altar ein Bild nach *Giovanni Bellini* aus dem 16. Jh. — Vor allem auch wegen ihrer schönen Lage als Hauskapelle neben dem stattlichen Rabanserhof ist schließlich noch die Kapelle M a r i a   S c h n e e zu nennen, ein Bau des 17. Jh.s, mit schönem Altar und Statuen aus der Erbauungszeit. — Der Hof liegt etwas unterhalb des Poststeiges, etwa 20 Min. östl. von St. Peter. — Gehzeit Lajen—St. Peter 1 Stunde.

Von Sankt Peter führt die Zubringerstraße auf die neue Grödner Straße und von dort weiter zur Talsohle, die beim Gasth. „Bräuhaus" (Postautohaltestelle) erreicht wird. Der „Poststeig" hingegen wird ab Sankt Peter wieder zum prächtigen Wanderweg, der über weite Wiesen und an Einzelgehöften vorbei in tiefe Wälder führt, fast immer in ebenem Verlauf, bis man plötzlich zwischen hausgroße Blöcke kommt, die als B e r g s t u r z   v o n P o n t i v e s das ganze Tal abriegeln und auch die Sprachgrenze zwischen deutschem und ladinischem Bereich bezeichnen. Mühsam windet sich der „Poststeig" durch diese Sperre, in manchen Karten als „ *P o r t a   L a d i n i a* " bezeichnet; auch die Talstraße muß diese Sperre in steilem Gefälle überwinden, während der Grödner Bach (auch „Dürschingbach") daneben munter von Block zu Block schäumt.

K. F. Wolff berichtet in seinen D o l o m i t e n s a g e n vom Riesen von Pontives; dieser bedrohte ängstliche Wanderer, warf ihnen Felsblöcke nach, und niemand anderer war an des Riesen Grimm schuld als dessen böses Weib, einst das schönste Bauernmädchen weit und breit. Nun hatte es aber seinem Mann die alten Kleider verbrannt, und der jammerte darob und trieb sein Unwesen. Erst als ihm mitleidige Kinder wieder ein Gewand schenkten, wurde der Riese erlöst; den Kindern aber zeigte er zum Dank einen Platz, den *Plan de Musnàta,* wo sie immer Himbeeren finden würden. Die wachsen heute noch dort. Von einer anderen Volksüberlieferung weiß Fink zu berichten. Demnach stand hier einst eine große Stadt, in die einmal der Herrgott als Bettler verkleidet kam; überall wurde er hartherzig abgewiesen. Erst im letzten Haus gab man ihm gnadenhalber eine Kelle mit Wasser; davon trank er, den Rest schüttete er aus. Da wurde ein Wildbach daraus und brachte den Bergsturz ins Rollen.

Der Felsriegel von Pontives ist wie eine von der Natur geschaffene Grenze, und in grauer Vorzeit mag ihre Bedeutung auch strategischer Natur gewesen sein. Heute schneiden moderne Verkehrslinien durch den Felssturz, aber immer noch ist er wie die Dornenhecke des Märchens, hinter der sich eih köstlicher Schatz verbirgt — oder ist es jener Seidenfaden, den König Laurin um sein Reich zog?

Die Talstraße von Pontives nach Waidbruck zurück zeigt hier, in ihrem oberen Verlauf, einige bemerkenswert schöne Blickpunkte, bevor sie im Unterlauf des Dürschingbaches tief in die schattige Schlucht eingeschnitten werden mußte. In diesem Teil wurde sie durch die Herbstunwetter der Jahre 1965—67 schwer zerstört und für Monate unpassierbar gemacht; damals schon leistete der alte Bahnkörper der Grödner Bahn ab Klausen wertvolle Dienste, und schon bald wird er die endgültig ausgebaute Zufahrtsstraße von Norden her sein. Eine weitere Straße, von Kastelruth ausgehend, umgeht die Grödner Talschlucht von Süden her und führt direkt nach St. Ulrich.

AM OSTABHANG DES RITTNER HORNS

Wir sind von unserm Ausflug ins Lajener Ried und ins deutsche Gröden wieder zur „Starzer Brücke" bei Waidbruck zurückgekehrt und haben nun der gegenüberliegenden Talseite einen Besuch abzustatten; es wird sich zeigen, daß wir im Verlauf der Betrachtung des unteren Eisacktales immer wieder zu dieser Brücke zurückzukehren haben, sei es, daß wir die Kaiserstraße über den Ritten verfolgen (S. 353), daß wir den Kuntersweg, also die Talsohle, begehen (S. 412), oder daß wir von hier aus das Mittelgebirge von Kastelruth und Völs besuchen.

Die Siedlung am westlichen Kopf der „Starzer Brücke" ist allerdings etwas nach Süden verschoben und liegt an der Mündung des gefürchteten G a n d e r b a c h e s mit einem prächtigen Wasserfall (45 m); in leichter Steigung wird der Murkegel erreicht, auf dem die typische Straßensiedlung Kollmann liegt.

KOLLMANN. Seehöhe 490 m; etwa 500 Einw., Fraktion der Gemeinde Barbian; Gasthäuser, Lebensmittelgeschäft, Privatzimmer, Tankstelle; Autobushaltestelle, nächste Eisenbahnhaltestelle ist Waidbruck. Abzweigung der Zubringerstraße nach Barbian auf dem Straßenstück zwischen Waidbruck und Kollmann. Auskünfte durch Fremdenverkehrsamt Waidbruck bzw. Barbian.

Über die G e s c h i c h t e des Ortes war schon unter „Waidbruck" bzw. *Sublavione* die Rede; die Bedeutung des Ortes reicht von römischer Zeit bis in Mittelalter und Neuzeit, denn hier mündet die vom Ritten herunterkommende Straße in den Kuntersweg (vgl. S. 412) und erforderte somit die Errichtung einer Z o l l s t a t i o n.

Den N a m e n wollte man aus lat. *columa* (Nebenform zu *columna*, Säule) mit Beziehung zu einem Meilenstein deuten, doch ist dies umstritten. Den Zoll hatten zunächst die Erbauer des Kuntersweges inne, aber spätestens 1390 wurde er in landesfürstliche Verwaltung übernommen (Huter). 1483 ließ Erzherzog Sigismund das heute noch bestehende Zollhaus errichten, unter dessen mit Zinnen bewehrten Tortürmen die alte Brennerstraße hindurchführte. Kollmann war somit bis 1829 tirolische Zollstätte gegenüber der bischöflich-brixnerischen in Klausen und wird in älteren Quellen auch *Ritenfuez* (Rittenfuß) genannt. Das Leonhardpatrozinium der kleinen Kirche an der Straße (Kunstgeschichtliches siehe unten) weist auf den regen Verkehr an dieser wichtigen Straßengabel hin. Wolff berichtet, daß 1870 die letzte Wallfahrt der Fuhrleute hierher unternommen wurde, wobei man das Kirchlein nach altem Brauch dreimal umritt. — Nach dem Bau der Brennerbahn gerieten diese Traditionen fast gänzlich in Vergessenheit. Ebenso erinnert heute nichts mehr daran, daß der kleine Ort im Jahre 1891 (17. August) das Opfer einer furchtbaren W a s s e r - k a t a s t r o p h e wurde, wobei 13 Häuser vom wilden Ganderbach mitgerissen und 33 Menschen getötet wurden; die Schuttmassen stauten den Eisack zu einem See, der bis zur „Starzer Brücke" reichte — ungefähr im Bereich des heutigen künstlichen Stausees, von dem jetzt der Eisack durch einen 20 km langen Stollen bis zum Kraftwerk von Kardaun geleitet wird. — Die Katastrophe verlief nahezu analog zur Klausener Überschwemmung; hier wie dort bewirkten Wolkenbrüche im weiten Einzugsgebiet der Bäche ein überraschendes Anschwellen der Wildwasser, wozu im Falle Kollmann noch die Bildung eines Stausees kam, der in der Nacht urplötzlich ausbrach, den kleinen Ort fast zur Gänze verwüstete und auch die an der gegenüberliegenden Talseite verlaufende Eisenbahnstrecke auf eine Länge von 700 Metern verschüttete. — Die Gedenktafel für die 33 Opfer von Kollmann wurde 1969 neu geweiht; an dieser

Stelle sei angefügt, daß auch in Barbian drei Häuser zerstört und sechs Menschen getötet worden sind.

In der Umgebung von Kollmann lassen sich einige sehr schöne S p a z i e r g ä n g e unternehmen, deren schönster zweifellos jener auf dem alten Steinplattenweg ist, den wir als die alte Rittner Straße anzusehen haben (Mark. Nr. 8); er führt unter den *berühmt schönen Kastanienbäumen* hin, die schon Dalla Torre rühmt, und kann bis S a u b a c h oder bis zum reizenden Kirchlein von S t. V e r e n a fortgesetzt werden (siehe dort). Leider ist dieser historisch so bedeutsame und überaus archaisch wirkende Altstraßenzug durch Ausbauarbeiten in jüngster Zeit beeinträchtigt worden, obwohl er unter strengen Denkmalschutz gestellt werden sollte.

Die K a p l a n e i k i r c h e z u r H l. D r e i f a l t i g k e i t wurde als Kapelle für das überaus malerische Z o l l h a u s erst 1588 erbaut. Das Innere der 1938 abgebrannten Kapelle und auch des Zollhauses ist weitgehend erneuert. Die um 1500 erbaute L e o n h a r d k i r c h e hat eine Fassadenglockenmauer und am barocken Hauptaltar ein Bild der Heiligen Kosmas und Damian, eine gute Arbeit des berühmten C. H e n r i c i.

Zurück zur „Starzer Brücke"! Zwischen den beiden Gasthäusern an der Westseite beginnt der alte Fußweg (Mark. Nr. 3), der die Kehren der neuen, von der Brennerstraße abzweigenden Zubringerstraße nach Barbian abkürzt und als selbständige W a n d e r u n g unbedingt zu empfehlen ist (1 Std.). Das liedumwobene Lajener Ried, die Trostburg und der Schlern rücken mit jedem Schritt bergauf schöner ins Blickfeld, gegen Norden breitet sich die Weite von Villanders, und im Süden sticht der Kirchturm von Sankt Verena in einen Himmel voller Verheißung. Bald sind wir in Barbian, dessen Kirchturm fast ebenso schief dasteht wie der viel berühmtere von Pisa, mit dem sich unser bescheidener Dorfkirchturm ansonsten allerdings keineswegs messen kann. Dafür lachen den Wanderer von überall her blitzblaue Zwetschken an, deren Güte und Menge dereinst den „Zwetschkeler" von Barbian ebenso zur Berühmtheit werden ließen wie den schiefen Kirchturm.

Schon unter Österreich war es, und auch laut einem ital. Staatsgesetz ist es den Bauern verboten, aus Trestern, Holunder, Vogelbeeren, Kirschen, Pflaumen (Zwetschken) und anderen Früchten Schnäpse zu brennen, es sei denn, es würden dafür unerschwinglich hohe Lizenzgebühren erlegt. Diese im Grunde durchaus verständliche und vor allem in früheren Jahren sicher notwendige Verordnung könnte jedoch zu Gunsten aller gelockert werden: der Bauer hätte einen wertvollen Nebenverdienst und der Städter und Urlaubsgast käme in den Genuß einer Köstlichkeit, die sonst im Handel kaum in unverfälschter Form zu erwerben ist. Außerdem ist die volksmedizinische Bedeutung vieler selbstgebrannter Schnäpse einwandfrei erwiesen, und so kommt es, daß die Bauern da und dort auch hohe Strafen riskieren, um sich diese *Materia medica* dennoch zu beschaffen.

BARBIAN. Seehöhe 830 m, Sitz der gleichnamigen Gemeinde, zu der die Fraktionen Kollmann, Saubach und Dreikirchen gehören, mit insges. 1309 Einw., davon 177 Ital. und 3 Ladiner; gute Gasthäuser, Lebensmittelgeschäft, Privatzimmer in sehr schöner Lage (375 Betten); Eisenbahnhaltestelle Waidbruck und von hier 4,5 km Zufahrtsstraße, mit Autobus dreimal tägl., auch Taxi; Auskünfte auch bezüglich der Gasthöfe in Dreikirchen durch Fremdenverkehrsamt Barbian; öffentl. Fernsprecher im Gasthaus „Traube", Postamt in Waidbruck (Postleitzahl 39040). — Das Wappen versinnbildlicht das uralte Heiligtum Dreikirchen und die Zollstelle Kollmann an der Brennerstraße. — Barbian hat eine der ältesten Musikkapellen des Landes; laut einer Dorfchronik soll sich der 1810 durchreisende russische Zar von ihr vorspielen haben lassen, *ein Stück sogar zweimal.* —

Die prächtige Lage dieses typischen Eisacktaler Dorfes ist bereits gerühmt worden; es bietet sich zu längerem Aufenthalt an und ist ebenso idealer Ausgangspunkt für eine ganze Reihe von W a n d e r u n g e n in der reizvollen Kontaktzone zwischen dem Phyllit der Brixner Gegend und der Bozner Porphyrplatte. Als naturkundliche Besonderheit sei erwähnt, daß in einem schattigen Graben, etwa eine halbe Stunde oberhalb des Dorfes, schon die Alpenrose steht, also auch hier in unmittelbarer Nachbarschaft von Kastanie, Nußbaum und Rebe.

Zur Straße ausgebaut ist der alte W a n d e r w e g (Mark. Nr. 8) hinüber zum kleinen Weiler S a u b a c h (791 m) mit seiner sehenswerten Kirche S t. I n g e n u i n u n d A l b u i n inmitten schöner alter Bauernhöfe (45 Min. von Barbian; Gasthaus).

Die heutige Kirche wurde um 1500 erbaut, doch weist Weingartner mit Recht auf die Wahl der Patrone hin und nimmt deshalb ein viel höheres Alter als das der ersten Erwähnung (1398) an. Das Innere der Kirche ist ein Beispiel zierlichster Gotik und bietet hübsche Motive, so etwa den Stiegenaufgang zur Glockenstube mit schöner Kerzenstange davor. — Der Hauptaltar mit Krönung Mariä zwischen Ingenuin und Albuin wurde von Weingartner zwar bewundert, aber *derb* genannt. Der Bearbeiter der Neuauflage der „Kunstdenkmäler", Josef Ringler, spricht jedoch zu Recht von *reicher Arbeit unter Pacherschem Einfluß, um 1500*, während Egg die Formulierung *der Werkstatt Hans K l o c k e r s angehörend* gebraucht. — Auch die Seitenaltäre haben die Form des Flügelaltares und sind mit schönen Statuen versehen, darunter St. Ingenuin (2. Hälfte 14. Jh.) sowie Maria mit Kind, Barbara und Margaretha (1514). — Das Kirchlein St. Ingenuin in Saubach ist nach Lage, Bauform und Einrichtung ein Juwel des unteren Eisacktales. Um so mehr hat die Nachricht erschüttert, daß im Oktober 1970 hier eingebrochen wurde, wobei die Diebe alles an sich rissen, was sie nur schleppen konnten; doch diesmal hatten die sofort eingeleiteten Nachforschungen Erfolg, und nahezu das gesamte Diebsgut (Maria im Gespreng und Schrein des Hochaltares, flankierende Engel sowie St. Martin und Wolfgang aus der Predella; der gesamte Figurenschmuck des südl. Seitenaltares) konnte in Mailand sichergestellt werden. Die Rückführung des Kunstgutes und die Restaurierung bzw. Sicherung der Kirche erfolgte 1978, so daß ein Besuch dieses bedeutenden Kunstdenkmales heute wieder möglich ist und ausdrücklich empfohlen wird. — Ebenfalls restauriert wurde die diesem Bereich angehörende Marienkapelle an der Straße Waidbruck—Barbian.

Barbian selbst hat außer dem berühmten schiefen Turm, der *wohl noch dem 13. Jahrhundert angehört* (WG), ein hübsches Dorfbild, einen Friedhof in schönster Lage und in der P f a r r - k i r c h e z u m h l. J a k o b u s ein ehrwürdiges Gotteshaus von hohem Alter, das jedoch samt Einrichtung 1874/75 völlig umgebaut und in neuromanische Formen gepreßt wurde. Schöne Holzskulpturen (Maria am linken Seitenaltar, St. Florian, Sankt Nikolaus und ein Johannes) gehören dem 15. bzw. frühen 16. Jahrhundert an. — Im weiteren Bereich von Barbian finden sich mehrere schöne Bauernhöfe, von denen vor allem der F r ü h a u f - H o f als letzter am obenerwähnten Weg (Straße) nach Saubach zu erwähnen ist.

Dieser Hof ist erst vor kurzem in den Besitz eines kunstverständigen Freundes der Eisacktaler Landschaft gekommen, der ihn mit viel Liebe vor dem Verfall bewahrt und mit glücklicher Hand dem ursprünglichen Baubestand wieder nahegebracht hat. Besonders schön wirkt der Eingang und der für den Eisacktaler Hof typische, an das Haus angebaute Backofen. Ein Fachmann für alpenländisches Bauwesen, Dr. M. Rudolph-Greiffenberg, lobt den Hof mit folgenden Worten: *Man darf dieses Haus als eines der vortrefflichsten Werke alpenländischen Bauens im Raum zwischen Großglockner und dem Wallis bezeichnen, als eine klassisch-alpenländische Architektur-schöpfung. Alles an ihm ist von naturhafter Frische und offenbart das stark ausgeprägte Gefühl für den Körper, für plastisches Modellieren, abgelauscht der Melodie seiner Umwelt von Berg, Baum und Fels* (in „Tiroler Heimatblätter", 1957, S. 85). — Leider haben die Straßenbauingenieure ihre Betonpiste ohne jedes Gefühl an das schöne Haus herangeführt und so die natürliche Verschwisterung von Eingang, Vorplatz und mauergesäumtem Pflasterweg gestört. —

Da die gegen Bozen schauende Flanke des Rittner Hornes (2260 m) heute schon von Straßen durchschnitten ist und in höchst unnotwendiger Weise von „Bergsteigern" befahren wird, da hier außerdem Lifts und dergleichen zu segensreicher „Erschließung" errichtet worden sind, empfiehlt es sich mehr und mehr, andere Wege zum Rittner Horn zu wählen, auf denen man dem „Fortschritt" in Form von Konservenmusik, Lärm und Abfällen noch nicht ausgeliefert ist. Ein solcher Weg ist der von Dreikirchen zum Horn führende (Nr. 4, 3½ Std.) oder auch — vorteilhaft in Verbindung mit Nr. 4 — der mit Nr. 3 markierte, der in etwa 3½ Stunden von Barbian zum Horn führt und ein ganz außergewöhnlich schönes Panorama bietet. Wer jedoch auf halber Höhe bleiben will, verläßt diesen Weg 3 nach etwa einer Gehstunde nach links und erreicht damit die liebliche Höhenterrasse des Barbianer Schritzenholzes; von dieser Hochalm quert der Weg gegen Süden die Gräben von Gander- und Dicktelebach, führt zum aussichtsreichen Grindleck (1462 m) und steigt nach Maria Saal am Ritten ab. Diese Querung des Rittenhanges, stets mit dem Gegenblick auf den Schlern, ist vielleicht die schönste Wanderung im unteren Eisacktal, doch erfordert sie einige Trittsicherheit und ist auch orientierungsmäßig nicht ganz einfach. (Eine genaue Beschreibung mit Skizze findet sich im „Südtiroler Wanderbuch" des Verfassers, vgl. Lit.-Verz.)

Der „klassische" Spaziergang von Barbian aus führt jedoch in die geheiligte Waldeinsamkeit von DREIKIRCHEN (1120 m); vom Söller des Badgasthauses aus muß man das Eisacktal gesehen haben. *Wie vom Deck eines glücklichen Seglers schaust du hier die glänzende Pracht der Frühlingsberge* — so hat Franz Junger diesen Blick gepriesen, während der genaue Staffler die Kirchtürme zählte, die man von hier aus überall hervorlugen sieht, ganze einundvierzig an der Zahl; ein anderer Reisender hatte gar dreiundvierzig zusammengebracht, und Staffler streitet's nicht einmal ab: über die zwei fehlenden werden wohl die hohen Bäume hinausgewachsen sein, so meint er. —

> *. . . noch gürten*
> *Reben dich und der Pflaumen*
> *dunkles Gebüsch. Darüber ragen*
> *mächtig der breiten Kastanien Kronen*
> *hell hinein in den Wald. Föhren*
> *tragen die rötlichen Leiber stolz, die*
> *Fichten mischen sich schweigend darein*
> *und silberne Birken.*
>
> > *Unter der Lärchen wehenden Fahnen*
> > *sitze ich oft und schaue ins Land . . .*
> > (Aus dem Gedicht „Dreikirchen" von Erich Kofler)

Von Barbian aus ist die Markierung 8 A (Barbian—Dreikirchen, 1 Std.) noch ein Stück Fahrstraße, bis zum Hof Palwitt; ab hier herrscht striktes Fahrverbot für alle Motorfahrzeuge, so daß die köstliche Stille der lichten Wälder und der heimlichen Wiesen durch nichts gestört wird. Feriengäste mit Gepäck und ältere Leute können sich jedoch auf Wunsch (telephonisch, ab Barbian oder Waidbruck) mit einem geländegängigen Fahrzeug nach Dreikirchen bringen lassen. Mit gutem Grund haben sich die Besitzer dieser Sommersiedlung — samt und sonders Mitglieder einer weitverzweigten Bozner Kaufmannsfamilie — alle unnotwendige Lärmbelästigung und alle Verschmutzung im Gefolge gewisser „Autotouristen" vom Leibe gehalten; nach Dreikirchen d a r f man noch wandern, hier ist motorisiert, was der Landwirtschaft und dem Dauergast dient, und ansonsten herrscht die gesegnete Stille einer unversehrten Mittelgebirgslandschaft von außerordentlichem Liebreiz. Demnach ist Dreikirchen eine jener klassischen Südtiroler „Sommerfrischen", wie es sie am Ritten bei Bozen, auf dem Kohlerer Berg und unterm Schlern da und dort noch gibt. Dies spiegelt sich auch in den hübschen architektonischen Formen der Sommerhäuser wider, die nicht auf eine Nachahmung des Bauernhauses, sondern vielmehr ganz bewußt auf den eigenständigen Typus des Ferienhauses ausgerichtet sind und teilweise überaus gelungene Lösungen zeigen. Dies gilt auch für den prächtig gelegenen Höhengasthof B r i o l (1300 m, Schwimmbad), der an der Obergrenze der malerisch am Hang verstreuten Siedlung liegt; noch umfassender als von den tiefen Lagen ist hier der Blick, noch vielgestaltiger die Schau auf Säben und Klausen, hinüber gegen Lajen und Albions, auf Sella, Langkofel und Schlern. —

Das Alter der Grundmauern des heutigen B a d g a s t h a u s e s wird bis 1315 zurückgeführt; seit dem 17. Jh. ist es als

Taverne des Barbianer Kreuzwirtshauses nachgewiesen. 1759 wurde der Mitteltrakt des heutigen Badwirtshauses hinzugebaut. Dalla Torre bestimmt die Quelle wie folgt: *Zwei alkalisch-salinische Quellen, die dritte alaunhältiges Bitterwasser: hoher Lithiongehalt.* — Das Haus wird heute als Pension geführt, mit vier Heilbadekabinen und offenem Gästeschwimmbad; das nahezu unerschöpfliche Netz von Dreikirchner Wanderwegen ist auf einer eigenen an Ort und Stelle erhältlichen Karte verzeichnet). Gäste kommen hierher aus aller Welt, um 1855 wurden mehr als 400 Badegäste gezählt. Der Dichter Christian M o r g e n s t e r n weilte 1908 in Dreikirchen und lernte dort seine Gemahlin kennen, die er bald darauf in Meran ehelichte, wo er schon 1914 starb. Verehrer dieses Künstlers, ruhesuchende Menschen aus allen Landen und Freunde dieser ebenso von hoher Kultur wie von landschaftlicher Schönheit geprägten Gegend machen eine Art „Stammpublikum" des Dreikirchener Badgasthauses aus. So nimmt es nicht wunder, daß hier zur Erholung weilende Wissenschaftler sich eifrig bemühten, Licht in das Geheimnis der drei Kirchen in einsamer Höhe zu bringen.

Diese Deutung zur G e s c h i c h t e Dreikirchens gehen zumindest darin einig, daß wir es hier mit einer vorgeschichtlichen Kultstätte zu tun haben, mit einem alten Wasserheiligtum, in dem die einen germanische, weibliche Quellgottheiten ansiedeln (Schöll), andere ein römisches *Capitolium* von Jupiter, Juno und Minerva (Radke), das später auf Nikolaus, Gertraud und Magdalena übergegangen sei. Doch weist R i n g l e r mit Recht darauf hin, daß alle diese Theorien über Vermutungen nicht hinauskommen. In einer zusammenfassenden Arbeit über Dreikirchen, der derzeit neuesten und fachkundigsten („Schlern", 1967, S. 319 ff.), behandelt Ringler auch die kunsthistorischen Aspekte der eigenartig ineinander verschachtelten Kirchen; vgl. hiezu auch den neuen Führer von E. K o f l e r (Lit.-Verz.).

Die Kirchen werden von dem Kunsthistoriker *geradezu ein Unikum, das ohne Beispiel im ganzen Land dasteht,* genannt. S t. N i k o l a u s wurde im 14. Jh. umgebaut, heute profaniert und wegen Bauschäden geschlossen; es wurden jedoch erst 1969 neue Fresken freigelegt. Wie die übrigen Kirchen, trägt auch diese einen hübschen, hölzernen Dachreiter. Der Flügelaltar mit einem schönen Nikolaus, dem zwei Engel die Infel aufsetzen, mit Flügelreliefs und Außengemälden, eine Arbeit der Brixner Werkstatt um 1500, ist heute Hochaltar der Gertraudkirche. Daß die Nikolausfigur von Hans K l o c k e r selbst stamme, läßt Ringler in der genannten Arbeit nur als Vermutung gelten. Der Altar ist, laut Überlieferung, Stiftung der Villanderer Bergknappen. S t. G e r t r a u d ist 1237 als wohl eine der ältesten Kirchen dieser Heiligen in deutschen Landen erwähnt und um 1400 durch den Chor vergrößert worden. Der hl. Christophorus der Außenwand stammt von anderer Hand als die *vortrefflich erhaltene* (WG) Kreuzigungsgruppe im Inneren, an der Rückwand des Chores, die dem Meister der Gewölbemalerei der IX. Arkade des Brixner Kreuzganges zugeschrieben wird (WG). Links vom Chorbogen steht der zu dieser Kirche gehörende Barockaltar mit gotischen Figuren; weitere Skulpturen (Bischofsbüsten, Christus an der Geißelsäule, 17. Jh.) sind deponiert. — Etwas größer als die beiden genannten Kirchen ist S t. M a g d a l e n a, eine erstmals 1422 urkundlich bezeugte Kirche, die in ihrer gegenwärtigen Form erst Ende des 15. Jh.s entstanden sein dürfte (Ringler). Wie vieles in Dreikirchen, bräuchte auch diese durch Wassereinbruch beschädigte Kirche dringend eine Renovierung. Der Flügelaltar der Magdalenenkirche stammt aus *einer Brixner Werkstätte der Klocker-Nachfolge* (Ringler). Im Schrein des Altares ist die Krönung Mariens dargestellt, der ganze Altar laut Weingartner *eine sehr gute Arbeit, um 1500* — die leider in der Neujahrsnacht von 1975 auf 1976 bis auf den Mittelschrein sämtlicher Figuren beraubt worden ist. — Ein Grabstein in dieser Kirche erinnert daran, daß hier der älteste Einsiedler von Dreikirchen 1677 begraben wurde. Diese Einsiedler — bis 1790 bezeugt — geben wiederum einige Rätsel auf; sie hausten nicht in Dreikirchen selbst, sondern eine Gehstunde oberhalb der Kirche an der Quelle K r ö ß b r u n n, wo heute noch Mauerreste der Einsiedlerklause zu sehen sind.

So schenkt Dreikirchen eine Fülle von Schönheit, aber sein eigentliches Geheimnis gibt das Heiligtum im Walde nicht preis. Sicher ist nur, daß der Weg vom Ritten her viel begangen wurde; dafür sprechen schon der weithin sichtbare Christophorus an der Gertraudkirche und Sankt Nikolaus als Patron der Reisenden und Pilger. Der Name des S t a n g e n h o f e s in Dreikirchen läßt weiterhin annehmen, daß es hier einst auch eine Zollstange am wichtigen Weg nach Villanders gab. Dies würde für Wolffs Theorie sprechen, nach der hier am Hang, und zwar bis nach Brixen, der wichtigste und älteste Fernweg schon in vorrömischer Zeit geführt habe. *Die ältesten Wege sind fast immer die am höchsten verlaufenden,* schreibt er in der Arbeit „Der Ritten und sein Fernweg".

DIE „RÖMERSTRASSE" ÜBER DEN RITTEN —
KRÖNUNGSWEG DER DEUTSCHEN KAISER

Das alte landesfürstliche Zollhaus in Kollmann steht heute still und verträumt neben der vielbefahrenen Brennerstraße, abseits von Autobahn und Eisenbahn. Aber noch bis in neuere Zeit war hier eine wichtige Straßengabel, auch dann noch, als der Weg durch die Eisackschlucht längst gangbar gemacht worden war; denn immer, wenn der Eisack die Kunstbauten in der wilden Porphyrschlucht des Kuntersweges zerschmetterte — und er tat dies noch im Jahre 1966 — immer dann besann man sich auf die alte Umgehungsstraße der Schlucht über den Ritten, die im Volksmund in Teilen heute noch „Römerstraße" genannt wird. Besser wäre es, wollte man „Räterstraße" sagen, denn zweifellos war die älteste Nord-Süd-Verbindung zwischen Bozen und Brixen jener Hangweg am westlichen Mittelgebirge, der schon durch die Menhirfunde von Tschötsch, Villanders und schließlich von Sankt Verena wie durch das Heiligtum auf dem Piperbühel (vgl. S. 365) und zahlreiche andere Urzeitstätten ausgewiesen ist. Ob die Römer nun diesen „Rittner Fernweg" übernahmen, ob sie ihn begradigten, ob schon sie sich durch die Talschlucht wagten und den Rittner Weg als Ausweichstrecke benützten — all das ist heiß umstritten und bislang noch nicht mit Sicherheit geklärt worden; die wichtigsten Theorien hierüber sollen unter dem Stichwort „Kuntersweg" noch kurz dargestellt werden. Viel besser beweisbar ist, daß der Rittner Weg der Weg des Hochmittelalters war, und daß die Züge der deutschen Könige zur Kaiserkrönung nach Rom über diese lichten Höhen führten.

In Lengstein bewilligt Kaiser Friedrich I. dem Kloster Neustift im Jahre 1177 einen Jahrmarkt. In Lengmoos bewilligen die Trientner Bischöfe 1211 ein Marien-und-Johannes-Hospital für den Pilgerverkehr, das bis spätestens 1237 an den Deutschen Ritterorden übergegangen war (Huter); über den Deutschen Orden in Südtirol siehe unter „Lengmoos" und beim Weiler „Deutschen" am Kuntersweg. — Schließlich muß noch die Theorie erwähnt werden, laut der auf der Flur K a l t e n - b r u n n nächst Lengmoos die für die Geschichte Tirols so bedeutsame Verleihungsurkunde der Grafschaft Bozen an den Bischof von Trient (mit den Begrenzungen Bozen, Breibach in Tiers, Thinnebach bei Klausen und Gargazoner Bach im Etschtal) durch Kaiser Konrad II. am 1. Juni 1027 unterzeichnet wurde, was aus dem Vermerk *in monte Rittena in loco, qui dicitur Fontana Frigida* abgeleitet wird; wenige Tage später, am 7. Juni 1027, wird die Verleihungsurkunde bezügl. der Grafschaft an Eisack und Inn an die Brixner Bischöfe ausgestellt,

353

mit dem Ortsvermerk *Actum Stegon* (vgl. Abschn. III); dieses *Stegon* ist umstritten und wird von der Mehrzahl der Forscher (Sparber, „Schlern" 1925, S. 271) mit dem Ort Stegen nächst Bruneck gleichgesetzt, während andere (Heuberger, „Schlern" 1927, S. 43 ff.) das ominöse *Stegon* weiter nördlich suchen, aber nicht mehr benennen können. Daß der heutige Weiler Steg im Kuntersweg, am Querweg zwischen Völs und Ritten, gemeint sein könnte, wird nicht mehr ernsthaft erwogen.

Soweit die geschichtliche Untermauerung für die „Krönungsstraße". Man wird sich also vorstellen dürfen, daß die gepanzerten Heere der deutschen Könige und Kaiser über den Ritten gezogen sind, und es mag ein prächtiges Bild und Spiel der Farben gewesen sein, schimmernde Harnische und leuchtende Helmzier vor südlichem Himmel, überwölbt von der hehren Größe der mächtigen Schlernwände. —

Mit dem Ausbau des Kuntersweges in der Talsohle verlor der Straßenzug über den Ritten seine eigentliche Bedeutung, und wo einst die kaiserlichen Heere gezogen waren, da rissen die Wildwasser tiefe Furchen, und Buschwerk überwucherte die alten Pflasterwege; nur da und dort treten noch mächtige Steinplatten mit Fahrrillen zutage. Aus der Kaiserstraße waren Feldwege und idyllische Wanderwege geworden, und erst in unseren Tagen wurde eine moderne Straße dort durch das Mittelgebirge gezogen, wo dereinst die alte Straße verlief.

Diese neue R i t t n e r S t r a ß e (Abzweigung im Bozner Vorort Rentsch) ist derzeit noch Zubringerstraße und wird weiter ausgebaut. Bereits gut befahrbar ist das Stück Bozen—Klobenstein—Lengmoos—Maria Saal (ca. 17 km, max. 7% Steigung, asphaltiert). Die Verlängerung über Mittelberg (bis hierher 1973 asphaltiert) nach Lengstein wurde 1979 beendet, der Anschluß an St. Verena vorbei hinüber nach Saubach wird nicht mehr lange auf sich warten lassen; auch diese Stücke können schon notdürftig befahren werden. — Der Ritten ist außerdem durch eine S e i l b a h n und in Fortsetzung durch eine Lokalbahn zu den Hauptorten Oberbozen bzw. Klobenstein mit Bozen verbunden.

Wie bereits im Kapitel über die Abgrenzung dieses Reisehandbuches vermerkt (vgl. Abschn. II), kann nur der Osthang des Rittens mit dem Verlauf der alten und neuen Straße Gegenstand dieser Darstellung sein, während die Gesamtlandschaft des Rittens einer Schilderung der Bozner Umgebung vorbehalten bleiben muß (vgl. Bd. 7 der vorliegenden Landeskunde, vom selben Verf.).

Der erste Teil des uralten Steinplattenweges, der von Kollmann (490 m) aus zur Höhe des Rittens führt, wurde wegen seiner landschaftlichen Schönheit schon gepriesen. Ziel und Verlockung dieses Weges ist die zierliche Hügelkirche von S a n k t V e r e n a (883 m); die Markierung Nr. 8 führt von Kollmann aus in eineinhalb Stunden hierher, nachdem der Graben des Dicktelebaches überwunden und die Höfegruppe R o t w a n d passiert wurde; den Kirchhügel selbst erreicht man auf einem unmarkierten Steig von Nordwesten her in wenigen Minuten.

Kein anderer Platz im unteren Eisacktal liegt so sehr im Brennpunkt der Schönheit wie das einsame Kirchlein der heiligen Verena. Die reizvolle Gegensätzlichkeit einer weiten Tallandschaft im Norden zu den hohen Dolomitriffen überm Tal, der Hügel selbst — mit seinen gletschergeschliffenen Felsbuckeln wie von der Hand des Schöpfers modelliert —, dazu der Hauch jahrtausendealter Geschicke an einst vielbefahrener Straße und dies alles umspielt von Birkenlaub, umrauscht vom Lied der Wälder — das ist Eisacktaler Landschaft in schönster und festlicher Vollendung!

Die S t. - V e r e n a - K i r c h e wird 1256 erstmals erwähnt; der um 1400 erbaute Turm gilt im Volksmund als Bergfried eines abgekommenen Schlosses; an dem aus Porphyrsteinen gefügten Lichtschlitz über der Tür zur Glockenstube die interessante Zeichnung einer Art Lebensbaum (?). Von der gotischen Kirche ist nur mehr die spitzbogige Sakristeitür erhalten, der übrige Bau mit Einrichtung stammt aus dem 17. und 18. Jahrhundert. Die Statuen des Hochaltares, ein Gemälde mit der ausführlichen Lebensbeschreibung der Patronin und ein interessantes Votivbild mußten deponiert werden, da auch hier ein Einbruchsversuch unternommen wurde, und 1974 wurde der Rest gestohlen. — Seither war das ganze Kirchlein samt dem Bühelmesnerhof traurigem Verfall preisgegeben, doch haben die Umwohner 1980 zur Selbsthilfe gegriffen und restaurieren im Verein mit dem Denkmalamt das Heiligtum in vorbildlicher Weise.

Der Kapellenhügel selbst zeigt vielfältige Spuren von menschlicher Hand, die wohl jahrtausendealt sind, so etwa deutlich ausgemeißelte Stufen und Wegführungen. — Da durch die Straßenbauten unserer Tage die Zugänge nach St. Verena ziemlich laut oder staubig geworden sind, sei hier auf den in Kollmann beginnenden K i r c h s t e i g verwiesen, wie ihn der Verfasser in seinem „Südtiroler Wanderbuch" genau mit Skizze beschreibt. Man kommt dabei an der Pension „Alpenfauna" vorbei, in der die hochinteressante Tierschau eines Präparators gezeigt wird, darunter die Mißbildung eines Kalbes mit zwei Köpfen. — Wer im Weiterweg die Straße nach Lengstein vermeiden will, bleibt auf der Höhenschulter von St. Verena und erreicht von Hof zu Hof wandernd bald den dem Verenakirchlein sehr ähnlichen Platz von St. Andreas in Antlas (siehe unten).

Im Jahre 1952 entdeckte Dr. Karl S c h a d e l b a u e r aus Innsbruck beim nahe von St. Verena gelegenen P e n z l h o f einen als Dengelstock in Verwendung stehenden Steinblock, der von ihm als M e n h i r erkannt wurde; wie Leonhard F r a n z im „Schlern" (Jg. 1955, S. 350 ff.) berichtet, lag der Menhir ursprünglich 1000 m südlich des Penzlhofes. In der genannten Arbeit findet sich eine Beschreibung und Abbildung des als „Figurenmenhir von St. Verena" in die Literatur eingegangenen wertvollen Fundstückes, das im Bozner Museum verwahrt wird. Beachtung verdient auch der nahe Penzlhof selbst wegen seiner stattlichen Größe und der schönen, altertümlichen Bauweise; er war früher ein vielbesuchtes Gasthaus an wichtigem Weg, wird aber heute nicht mehr als Gaststätte geführt. — Ein Fußweg (Nr. 9), der in der Eisackschlucht bei der ehem. Eisenbahnhaltestelle Kastelruth (Holzbrücke) beginnt, führt am Penzlhof vorbei zum Rittner Horn (5 Std.).

Von Sankt Verena aus kann man in einer halben Stunde gut L e n g s t e i n (972 m) erreichen, wiederum eine alte Raststätte am Rittner Weg. Die durchgehende Markierung Nr. 8 verläuft hier heute bereits als Behelfsstraße. Lengstein ist ein hübscher Sommerfrischort und außerdem als Wallfahrt beliebt, denn die Patronin der Pfarrkirche, St. Ottilia, wird als Helferin bei Augenleiden verehrt.

Die Kirche wird schon 1177 in der genannten Urkunde Kaiser Friedrichs I. erwähnt; Teile der gotischen Anlage (Turm, Chor und nördl. Querarm) sind erhalten, die Gewölbe mit den Schlußsteinen (Brustbild der hl. Ottilia) sind um 1400 entstanden, desgleichen wohl die Steinskulpturen an der Fassade. 1876 wurde die Kirche erweitert, und aus dieser Zeit stammt auch die Inneneinrichtung, mit Ausnahme zweier Bilder aus der Mitte des 18. Jh.s (Katharina und Martyrium des hl. Sebastian) und Sankt Ottilia, das ehemalige Altarblatt. Nicht weit von diesen frühen christlichen Zeugen kündet noch der „Hexenboden" von heidnischer Zeit; so heißt eine Waldblöße hinter der oberhalb des Dorfes gelegenen baumbestandenen Kuppe. — Lengstein ist Fraktion der Gemeinde Ritten und hat im Gasthof „Sonne" (genannt „beim Schwaiger") ein sehr schönes altes Haus mit gotischen Gewölben und Portalen.

Lengstein hat eine überaus lohnende Verbindung zur Eisackschlucht bei Atzwang, einen alten Steinplattenweg (mit L gekennzeichnet, 1 Std. 15 Min. im Abstieg), der auf halbem Weg die liebliche Mittelgebirgsflur A n t l a s berührt, einen sehr einsam gelegenen Weiler, überragt vom malerischen S a n k t - A n d r e a s - K i r c h l e i n (817 m), dem würdigen Gegenstück zu Sankt Verena und diesem so ähnlich in Lage und Gestalt, daß es von flüchtigen Beschauern mit ihm leicht verwechselt wird.

Der hübsche (unmarkierte) Weg, der von Sankt Verena direkt
und ohne Höhenverlust hierher führt, wurde bereits genannt. —
Die beiden Kirchen auf nahezu gleicher Höhe an dieser Rampe
überm Eisacktal lassen darauf schließen, daß es hier einst einen
wichtigen Parallelweg zum alten Rittner Fernweg gegeben hat,
mit einer Querverbindung an das jenseitige Mittelgebirge, die
in dem obgenannten, sehr urtümlichen Weg L hinunter nach
Atzwang noch ziemlich original erhalten sein dürfte. Der Abstieg
über diesen im Herbst von gelbem und rotem Sumach gesäum-
ten Steinplattenweg gehört zu den ganz typischen und unverwechselbaren Eisacktaler Eindrücken.

Wie St. Verena liegt auch St. Andreas auf einer nachgewiesenen prähistorischen Siedelstätte. Das heutige Kirchlein wurde
in der zweiten Hälfte des 14. Jh.s erbaut, hat Spitzbogentüren
und ebensolche Fenster und ein Kreuzgewölbe im Schiff. Der
Hochaltar stammt aus dem zweiten Viertel des 18. Jh.s und hat
ein Bild des hl. Andreas, das von Weingartner dem Franz
U n t e r b e r g e r zugeschrieben wird. Die Kanzel ist 17. Jh.,
die Bilder am Fahnenkasten nennt Weingartner eine *gute Arbeit*
(17. Jh., erste Hälfte). Den Schlüssel zu der heute leider fast
vollkommen ausgeräumten Kirche erhält man in dem durch
hübsche Hausfresken kenntlichen Zunnerhof zu Füßen des
Kapellenhügels.

Zu berühmten Ausblicken führt der Weiterweg von Lengstein
über M i t t e l b e r g (1131 m) nach M a r i a S a a l (1185 m);
zum Greifen nah wuchten die Schlernwände überm Tal aus
dunklen Wäldern in den tiefblauen Himmel, während aus der
Tiefe des Finsterbachgrabens schon die ersten E r d p y r a m i -
d e n hervorlugen. Der Gegenblick von Lengmoos über die zer-
zackten Pyramiden, mit dem St.-Nikolaus-Kirchlein im Vordergrund und der kühnen Santnerspitze dahinter, zählt zu den am
meisten photographierten Motiven in ganz Südtirol.

Die S t . - N i k o l a u s - K i r c h e in Mittelberg zeichnet sich
nicht allein durch ihre reizende Lage aus, sondern erweist sich
durch die soliden Steinlagerungen am Turm als ein sehr alter
Bau, der bis ins 12. Jh. zurückreichen dürfte. In die heutige
Form ist die Kirche um 1400 gebracht worden. Auch der
hl. Christophorus an der Außenwand ist noch 15. Jh., während die barocke Einrichtung auf eine Restauration der Kirche
im Jahre 1766 zurückgehen. Die Rittner Schützen haben die
Kirche 1976 restauriert, wobei ein wertvoller Freskenzyklus zutage kam (1440/50). — Ein Bildstock in der Nähe der Kirche
stammt aus dem frühen 17. Jh. — Sehr schlicht ist das Kirchlein M a r i a S a a l , das um die Mitte des 17. Jh.s erbaut und
1719 vergrößert wurde; die Einrichtung entspricht der Zeit um

357

1700 (Hochaltar mit Gnadenbild; die Statuen 1974 gestohlen). Die L e g e n d e erzählt, daß das Gnadenbild ursprünglich in einem Schafstall gehangen wäre und daß wegen des immer stärkeren Zustromes dann das Kirchlein erbaut worden sei. Unter Josef II. wurde auch diese Kirche wie so viele andere gesperrt, 1843 unter Fürstbischof Johannes Tschiderer jedoch feierlich wiederum geweiht. — Das aus neuerer Zeit stammende Wandgemälde der Madonna mit dem Regenschirm („ . . . unter deinen Schutz und Schirm . . .") ist von den Rittner Bauern dahingehend ausgelegt worden, daß sie die Muttergottes von Maria Saal bei Trockenheit und Dürre anrufen.

Beide genannten Weiler sind Fraktionen der Gemeinde Ritten und haben Fremdenbetten und Gasthäuser, darunter den „W i e - s e r h o f", aus dem 1973 wertvolle Gemälde und antike Waffen gestohlen wurden.

Der Weiterweg von Maria Saal nach Lengmoos führt durch den Graben des F i n s t e r b a c h e s und gewährt Einblick in das schönste Vorkommen von E r d p y r a m i d e n am Ritten. Diese bizarren Erosionsformen gelten als n a t u r k u n d l i c h e B e s o n d e r h e i t allerersten Ranges; fast alle Nachschlagewerke bringen unter diesem Stichwort Beispiel und Bild der Mittelberger Erdpyramiden, die von den Bauern in sehr treffender Weise *Lahntürme* genannt werden (Wolff). Auch in älteren Reisebeschreibungen werden diese Türme stets als Besonderheit gepriesen und sie wurden vielfach auf älteren Stichen festgehalten. — Die neue Straße umgeht den Graben ziemlich hoch oben mittels einer neuen Brücke, während der alte Fahr- und Fußweg zur regelrechten „Erdpyramidenpromenade" für Fußgänger ausgebaut worden ist, die sehr instruktive Nahblicke vermittelt.

Die Erdpyramiden (maximale Höhe an die 30 m) sind aus dem Lockermaterial eiszeitlicher Moränen herausgewittert, in denen sich Porphyr- oder auch Granitblöcke finden, die dem Turm als Deckplatte dienen. Beschirmt von dieser Platte hält der Unterbau stand, während das Material ringsum abgeschwemmt wird. Stürzt der Deckstein ab, so wird die Pyramide rasch zerstört, aber schon bald bilden sich daneben weitere dieser seltsamen Gebilde. Am Beispiel des Finsterbachgrabens kann dieses „Wandern" und sich Weiterfressen einer solchen Zone gut beobachtet werden: So ist z. B. am nordöstl. Grabenrand, mitten in der Zone der Türme, ein Stein mit deutlich auszunehmender F a h r r i l l e Deckplatte einer im Werden befindlichen Pyramide — Beweis dafür, daß die alten Wege einst viel tiefer den Graben querten, als dies heute Fuß- und Fahrweg tun. Gerade dieser genannte Fußweg wurde in den letzten Jahren zur Gefahrenzone und muß heute künstlich geschützt werden; nur die alte Holzbrücke über den Finsterbach ruht auf „gewachsenem" Fels. — Solche Erdpyramiden finden sich am Ritten noch an einigen anderen Stellen, so etwa im Graben des Gasterer Baches bei Unterinn, bei Pemmern und besonders schön auch im Graben des gegen Rentsch herabziehenden Katzenbaches (von der Seilbahn aus sichtbar). Aber auch am Tschögglberg, im Eggental bei Gummer, bei Steinegg (siehe dort) und bei Platten im Pustertal gibt es Erdpyramiden, und ebenso im benachbarten Trentino, und zwar bei *Segonzano* im Cembratal. (Über das Phänomen der Erdpyramiden handelte neuerdings ausführlich *Giuliano P e r n a,* vgl. Lit.-Verz.)

Nach der Querung des Finsterbachgrabens haben wir L e n g - m o o s (1164 m) erreicht. Von Kaiserurkunde und Pilgerhospiz in Zusammenhang mit dieser sehr alten Siedlung ging bereits die Rede; kirchlich gesehen ist Lengmoos der Mittelpunkt des Rittens, wenngleich früher St. Luzia in Unterinn die einzige Pfarre der ganzen Gemeinde war.

Lengmoos wurde, wie bereits erwähnt, nach 1220 Hospiz und Kommende des D e u t s c h e n R i t t e r o r d e n s, dessen „Ballei an der Etsch und im Gebirge" ihren Sitz in Lana bei Meran hat. Teile des Rittens sind heute noch Besitz der „Deutschhaus-Herren", wie man die geistlichen Nachfolger des Ritterordens in Südtirol noch immer heißt.

Aus der Zeit um 1220 stammt noch der Turm der P f a r r - k i r c h e z u r H i m m e l f a h r t M a r i e n s, und auch die Langhausmauern verraten hohes Alter; der gotische Chor wurde um 1400 hinzugebaut. Die ganze Kirche wurde zu Beginn des 16. Jh.s neuerdings umgebaut und dabei das Langhaus eingewölbt; hier finden sich an Stelle der Schlußsteine Wappen von Hochmeistern und Landkomturen des Deutschen Orden. Die übrige Einrichtung neugotisch, doch sind an der Nordwand Fresken der Bozner Schule (Köpfe, um 1400) zu sehen. — In der Gruft ein schöner Grabstein mit Helmzier aus Sandstein, für die Herren von Velturns als Stifter der Kirche, 1426. — Außen findet sich an der Südmauer ein Fresko des Meisters Ignaz S t o l z als Kriegerdenkmal. — Die aus dem 15. Jh. stammende Kapelle S t. M i c h a e l am (alten) Friedhof ist im oberen Teil heute gänzlich erneuert (WG). Auf den neuen Friedhof wurde eine schöne Lichtsäule (1518) übertragen. Ein Relief im neuen Friedhof ist nach dem Entwurf des S c h n o r r v o n C a r o l s f e l d (Nibelungenbilder in der Münchner Residenz, Bilderbibel) gefertigt. — Beachtung verdient auch das H a u s d e r D e u t s c h o r d e n s k o m m e n d e, das in seiner heutigen Form im 17. Jh. entstand und in den vier Komturzimmern reiche Stuckdecken, prächtig gewebte Gobelins mit mythologischen Szenen und Jagdbildern sowie in allen Räumen buntglasierte Kachelöfen hat (Anf. 18. Jh.). Am Tor ein Wappen-

359

stein von 1740, im Verbindungsgang zur Kirche ein Deutschordenswappen aus dem Jahre 1435 (WG). Das zur Kommende gehörende Gasthaus „Amtmann", ein schöner Bau mit Buckelquadern, wurde 1972 restauriert und wieder eröffnet; außer schönen alten Bauelementen ist ein Majolikaofen im 1. Stock hervorzuheben. Der sog. „Kommendehof" wurde erst 1973 zu einem Veranstaltungsraum ausgebaut, in dem nunmehr die „Rittner Sommerspiele" (Theater- und Konzertaufführungen) ihre Heimstätte gefunden haben. — Für den Wintersport gibt es in der Nähe einen längeren Skilift.

Lengmoos wächst an der Straße mit dem Hauptort K l o b e n - s t e i n (1156 m) fast zusammen; man kann jedoch die Straße gut vermeiden und über die sogenannte F e n n p r o m e n a d e (Markierung blau-weiß, Nr. 20) den östlich vorgelagerten Fennbühel (1235 m) umrunden und auf diesem reizvollen Umweg Klobenstein erreichen. Dieser Spazierweg ist wegen seines grandiosen Blicks auf Geislerspitzen, Langkofel, Schlern, Rosengarten, Latemar und Palagruppe mit Recht berühmt.

KLOBENSTEIN: Seehöhe 1156 m; Sitz der Gemeinde Ritten mit rund 1500 Einw.; Einwohnerzahl der Gemeinde Ritten mit den Fraktionen Oberinn, Unterinn, Atzwang, Lengstein, Oberbozen und Wangen insgesamt 4845, davon 195 Ital.; Endstation der Rittner Bahn; Autobusverbindung nach Bozen und von der Abzweigung in Gasters auch nach Oberbozen. Von Klobenstein auch Autobus nach Oberinn und Wangen; Tankstelle und Taxidienst, Gemeindearzt und Apotheke; Post- und Telegraphenamt (Postleitzahl 39054); Raiffeisenkasse; Tennisplätze, Schwimmbad und zahlreiche Einrichtungen für den Fremdenverkehr, ein seit langem geplanter Golfplatz wird jedoch nicht gebaut werden; Hotels, Gasthäuser, Pensionen und Fremdenzimmer in schönster Lage, Sommer- und Wintersaison, Natureisbahn am Wolfsgrubner See, Zubringerdienst und Skilifts im Bereich Rittner Horn, ein Lift auch in Pemmern. — Auskünfte durch Kurverwaltung Ritten in Klobenstein; im Sommer auch evangel. Gottesdienste. — Temperatur im Jahresdurchschnitt 6,3° (Lengmoos) und 6° C (Oberbozen); Klausen 9°, Bozen 11,7° C. — Das Wappen ist jenes der Herren von Zwingenstein, deren heute bis auf Mauerreste verfallene Burg wir im Weiler Eschenbach begegnen werden (siehe dort).

Klobenstein als der Hauptort der herrlichen Landschaft, deren Name „Ritten" dem Kenner wie ein Zauberwort klingt, hat als schönsten Schmuck jene Fülle von reizenden Landhäusern und Gaststätten, durch die es mit gutem Recht berühmt geworden ist. Diese Sommerfrischhäuser begüterter Bozner Familien sind zum Großteil im 17. Jh. aus älteren Bauernhäusern umgestaltet worden, und manche prächtige Baumgruppe mag auch noch aus dieser frühen Zeit stammen. Schöner jedoch als die parkartigen Anlagen dieser Villen sind die weiten Lärchenwiesen des Rittens, sein eigentlicher und zusammen mit dem Blick zu den Dolomiten sein schönster Schmuck. Es würde jedoch den Rahmen dieses Buches sprengen, wollte es sich mit dem Ritten in seiner Gesamtheit befassen; wie bereits mehrfach angedeutet, müssen sich die vorliegenden Ausführungen streng auf den Ostabhang als Teil des unteren Eisacktales beschränken, und so kann der Ritten nur, wörtlich genommen, „am Rande" einbezogen werden (Gesamtdarstellung in Bd. 7 der vorliegenden Landeskunde). Deshalb werfen wir nur einen kurzen Blick in das Antoniuskirchlein in Klobenstein (im 17. Jh. erbaut, mit Altarbildern, die dem Franz U n t e r b e r g e r zugeschrieben werden), bevor wir uns von hier aus auf den Weg zum R i t t n e r H o r n (2260 m) machen.

Der „klassische" Weg (Markierung Nr. 1) führt zunächst zum Berggasthaus „Tann"; dieses Stück ist neuerdings leider viel befahrene Straße geworden und wird daher besser auf dem Umweg über das alte B a d S ü ß (Weg 3 A) umgangen. Bald danach verlockt die Gaststätte „Pemmern" (Erdpyramiden in der Nähe) zur Rast und man beginnt von hier die weite Fläche der „Schön" (Kapelle, Sennhütte) zu ersteigen. Diese Alm ist alljährlich am 24. August Schauplatz des weitum berühmten „B a r t l m ä m a r k t e s", eines einst echten und großen Volksfestes mit Auftrieb vor allem von Haflingern, das jedoch viel von seinem Reiz eingebüßt hat. Nach insgesamt 3 Std. ist das ganzjährig vollbewirtschaftete U n t e r h o r n h a u s (2040 m) erreicht. Die Hütte ist Privatbesitz mit Unterkunftsmöglichkeit; 1973 wurde in der Nähe eine hübsche Bergkapelle eingeweiht. Das Gebiet ist seit 1976 durch einen Sessellift „erschlossen" (Parkplatz in Pemmern), der die Anmut dieser Landschaft zerstört hat und auch als Wintersportanlage kaum eine Zukunft haben wird. — Von der Bergstation in 30 Min. zum G i p f e l mit Schutzhaus (erbaut von der Sekt. Bozen des Österr. Touristenklubs, heute *Club Alpino Italiano*, Sektion Bozen, 25 Schlafstellen, geöffnet von Anfang Juli bis Ende September).

> *Wer Tirol mit einem Blick überschauen will, der besteige diese Höhen!* (Ludwig Purtscheller)

Die A u s s i c h t vom Rittner Horn gehört zu den bedeutendsten Sehenswürdigkeiten des ganzen Landes. Hans Kiene schreibt hierüber: *Das alte Heilige Land Tirol liegt mit all seinen goldenen Fels- und silbernen Gletscheraltären wie eine gewaltige Kathedrale*

361

vor den Augen des Beschauers! — Die Fernsicht reicht an klaren Tagen (im SW beginnend) von Brenta, Adamello und Presanella über den Ortler bis zu den Ötztaler und Stubaier Alpen im Zentralalpenkamm und weiter vom Tribulaun über die Zillertaler Alpen bis zur Glocknergruppe. Im unmittelbaren Blickfeld jedoch liegen Almen, Wälder und Dörfer und darüber die Felstürme der Dolomiten — der schönste Schmuck des Landes.

Das Rittner Horn, dessen stolzer Name nicht darüber hinwegtäuscht, daß es sich nur um die Aufgipfelung einer Mittelgebirgslandschaft handelt, ist seit eh und je der „Hausberg" der Bozner gewesen, die ja in diesem Mittelgebirge seit Jahrhunderten den alten Landesbrauch der Sommerfrische pflegten. Jeder gesunde Mensch konnte diese sanften Höhen leicht zu Fuß erwandern, zumal es verlockende Stützpunkte zur Genüge gab und gibt. Ältere Leute, die noch einmal die Berge der Jugend mit einem Blick umfassen wollten, konnten auf dem Rücken eines Haflinger Pferdes hier heraufreiten. Gewiß war das Horn auch einer der ersten Skiberge der Bozner, zu Zeiten, als die schlechte Schneebeschaffenheit der relativ niedrig gelegenen Südflanke noch wenig störte. Damals waren es einige wenige Unentwegte, die hier herauf ihre Spur zogen — doch heute will man um jeden Preis ein Massenskigebiet dort aus dem Boden stampfen, wo ganz einfach die Vorbedingungen dafür fehlen, und dies nicht allein wegen des chronischen Schneemangels der letzten Jahre. — Für den S k i t o u r i s t e n jedoch, der lange Anstiege und Übergänge nicht scheut, bietet die Begehung des vom Ritten nach Norden ziehenden Kammes mit dem Gipfel des Villanderers vor allem reizvolle Möglichkeiten. Für sommerliche Touren auf das Horn empfehlen sich in Zukunft die bereits erwähnten, noch ruhig gebliebenen Wege von Barbian bzw. Dreikirchen aus, oder auch der von St. Verena/Penzlhof emporführende Weg 9. — Für alle Rittenwanderungen sei der Gebietsführer „Ritten" von B. Mahlknecht empfohlen; das „Südtiroler Wanderbuch" des Verf. bringt die schönsten Rittenwanderungen in Auswahl mit Wegskizze und genauer Beschreibung.

Wie schon Lengstein, so hat auch Klobenstein eine reizvolle Verbindung zur Eisackschlucht; auf dem im ersten Teil zum Güterfahrweg ausgebauten Weg Nr. 11 (Abkürzungen möglich) steigt man zunächst zum Dörfchen S i f f i a n (936 m) ab, das wie auf einem grünen Söller des Rittens den mächtigen Schlernwänden gerade gegenüber liegt.

Der Ort hat ein bemerkenswertes Alter; manche vermuten hinter Siffian, das heute auf der ersten Silbe betont wird, ein römisches Landgut *Siffiánum*, analog zu *Appiánum - Eppan*. Auf besseren Beinen steht die Theorie, daß die in der *Quartinus*-Urkunde genannte Örtlichkeit *Suczano ad Bauzana* mit Siffian identisch sei (vgl. die versch. Theorien bei Sparber in Schlern-Schrift 12, S. 184).

Laut urkundl. Beleg sind hier von Augsburger Mönchen die Weingüter schon um 1200 genützt worden (Wolff). Jedenfalls ist der Weinbau in Siffian uralt und hat hier gleichzeitig auch seine höchste Lage in Südtirol (Stafflerhof, 1005 m). Die vor allem der Morgensonne ausgesetzten Güter der Höfegruppe und Flur L e i t a c h bringen einen köstlichen Tropfen, den man da und dort noch als Eigenbau an Ort und Stelle verkosten kann. An Fundstücken aus prähist. Zeit ist vor allem ein Bronzebeil zu nennen, das noch bis vor kurzem zum Krautschneiden benützt wurde (Wolff); solche Extremfälle des retardierenden Moments sind in Südtirol auch anderwärts zuweilen belegt.

Vor allem aber wird in Siffian ein Besuch dem K ö h l h o f gelten, der Heimat des Tiroler Freiheitshelden P e t e r   M a y r (vgl. S. 252); eine Gedenktafel an dem heute noch im Besitz von Nachkommen des Peter Mayr stehenden Hof erinnert daran, daß der Anführer des Brixner Landsturmes hier am 15. 8. 1767 geboren wurde.

Sehenswert ist auch die schöne gotische Stube des S c h r o f - h o f e s , heute bewohnt vom „Vogel-Sepp", einem weitum bekannten Tierpräparator, dessen ornithologische Kenntnisse und Beobachtungen von Fachleuten anerkannt und gerühmt werden. Schließlich muß noch erwähnt werden, daß sich um die Jahrhundertwende der Dichter Otto Julius B i e r b a u m (1865—1910) im reizenden Siffian angekauft und dort manchen Sommer verbracht hat; der sonst in München lebende Schlesier ist heute so gut wie vergessen, doch lebt sein von Richard Strauß vertontes Gedicht „Traum durch die Dämmerung" weiter. Den Schlern, den er von Siffian aus stets vor Augen hatte, nannte er ein *Epos in Stein*. — Das Sommerhaus des Dichters ist heute Besitz eines Bozner Bürgers.

Die 1389 erwähnte Kirche S t.   P e t e r wurde 1673 völlig umgebaut und 1760 innen und außen mit Wandgemälden von Joseph G i n n e r geschmückt; das Hochaltarbild malte Franz U n t e r b e r g e r . Das Bild des Seitenaltars (2. Hälfte des 16. Jh.s) stammt angeblich aus Schloß Stein (WG). Die Holzskulptur der hl. Martin *(derbe Arbeit*, WG) ist Ende des 15. Jh.s, der Bettler später hinzugekommen.

Der Weg von Siffian in den Talgrund (Nr. 11, zum Güterweg ausgebaut, 1 Std.) schneidet nun in Kehren durch die weingesegneten Fluren der Streusiedlung L e i t a c h (700—800 m) und verläuft stets am linken Uferrand des hier in wilder Steilheit dem Eisack zustürzenden Steger-Baches; mitten in dieser Schlucht ragt auf einem mächtigen Felsriff in unbeschreiblicher

Wildheit und Einsamkeit die Ruine des Schlosses S t e i n (ca. 500 m). Ein unmarkierter Verbindungssteig führt vom Siffianer Weg hierher.

Die Anlage ist burgenkundlich hochinteressant. Hier wurde alles in den Dienst unbedingter Sicherheit gestellt, und tatsächlich bietet der Burgfels von drei Seiten so gut wie keine Angriffsmöglichkeit. In reizvollem Gegensatz zu den steilen Abhängen steht die liebliche Wiese am bergseitigen Hang, die den einzigen Zugang vermittelt; wo früher eine Zugbrücke war (die Widerlager deutlich sichtbar), muß man heute über einen schmalen Steig zum Tor in der Ringmauer emporturnen und erreicht von hier leicht die Hochburg; sie brauchte keinen eigentlichen Bergfried und hat an seiner Stelle nur einen verstärkten Nordwesttrakt, dessen helle Buckelquadern aus Granit noch heute von der einstigen Unnahbarkeit der Burg künden. Die Palasmauern sind zum Großteil eingestürzt oder über den Hang in die Bachschlucht gekollert, doch findet sich in der Westmauer noch eine kleine Seitenpforte, über die man eine wahrhaft schwindelnde Terrasse hoch über der Schlucht betritt — laut Weingartner das „Rosengärtlein" der Burgherrin; es ist buchstäblich fast der einzige freundliche Platz im Bereich der Hochburg, in deren Mittelpunkt noch der halb verschüttete Schacht eines Ziehbrunnens drohend gähnt; ein Flachbogen- und ein Viereckfenster in der Südmauer jedoch geben einen prächtigen Blick hinüber auf Prösels und den Schlern frei. — Die Burg wurde im 13. Jh. vermutlich von Gastalden des Trientner Bischofs erbaut (WG) und ist seit alters Gerichtssitz. Um die Mitte des 14. Jh.s saß hier der bereits genannte Landeshauptmann E n g e l m a r von Villanders, der zu den Gegnern der Margarethe Maultasch hielt und deshalb hier von deren Feldhauptmann, dem Herzog von T e c k, mit Erfolg belagert wurde. Die bezeugte Enthauptung Engelmars wird allgemein nach Schloß Stein verlegt (Gerichtssitz), doch ist der Ort des Strafgerichtes nicht mit Sicherheit nachzuweisen. — Tatsache ist, daß Stein trotz seiner abseitigen Lage lange Zeit Gerichtssitz geblieben ist, bis zu einem Brand, der das Schloß so sehr zerstörte, daß man das Gericht in die Deutschordenskommende nach Lengmoos verlegen mußte (zw. 1510 und 1551). Wolff nimmt an, daß Stein früher an einem vielbegangenen Hangweg (vgl. die Terrasse St. Verena—Antlas) gelegen sei, der im Laufe der Zeit ein Opfer der Wildbäche wurde. Heute kann man etwa die Querung nach Unterinn nur mehr auf schwindligem Steig unternehmen, doch bietet gerade diese verlassene Gegend Landschaftsbilder von herrlicher Unberührtheit. Das Schloß selbst ist nur wenigen bekannt, da man es von der Brennerstraße, Bahn und Autobahn aus (bei Steg) nur einen Augenblick sieht. Besser im Blickfeld hat man das einsame Schloß, vor allem bei Morgensonne, von der gegenüber verlaufenden Völser Straße aus.

Nach diesem Abstecher gegen Siffian und Schloß Stein verfolgen wir von Klobenstein die sich gegen Süden senkende neue Rittner Straße; sie entspricht in manchen Teilen sicher dem alten Rittner Weg, dessen Pflaster da und dort (so etwa beim Gasth. „Eberle", am Fußweg nach Signat usw.) noch zutage tritt. Sicher hat auch der älteste Rittner Weg am P i p e r b ü h e l (1126 m) vorbeigeführt, der sich unterhalb der letzten Häuser von Klobenstein links von der Straße erhebt.

Dieser heute in privatem Besitz befindliche und nicht zugängliche Hügel ist eine prähistorische Fundstätte ersten Ranges. Hier wurde 1926 aus Pfahlbauresten eines verlandeten Weihers durch *Ettore G h i s l a n z o n i* eine Birkenrute mit rätischer Inschrift gehoben, die heute als kostbarer Schatz im Bozner Museum verwahrt wird. Die gute Konservierung des Fundes ist auf die Lagerung im Torfmoor zurückzuführen. Es ist das Verdienst Oswald M e n g h i n s, den Piperbühel in seiner Bedeutung als *umwallten La-Tène-Pfahlbau* erkannt zu haben (erste Grabung 1913); er entdeckte dort überdies einen Grabstein mit rätischer Inschrift, der als *Grabstein des Laseke* in die Literatur eingegangen ist; auch dieser Stein steht im Bozner Museum. Um die Deutung der rätischen Inschriften hat sich K. M. M a y r verdient gemacht, der über diese Fundstücke im „Schlern" ausführlich geschrieben hat (Jg. 1958, S. 151 ff., und Jg. 1959, S. 469 ff., jeweils mit Abb. und Angabe der ges. Lit.). Keine andere Gegend des Eisacktales ist so dicht mit Urzeitsiedlungen übersät, wie der Süd- und Ostabhang des Rittens; Innerebner verzeichnet am Ritten insgesamt 48 nachgewiesene und 10 vermutete Stationen. —

Unsere Straße erreicht nun den Weiler G a s t e r s, der von manchen der Römerstraße zuliebe von einem lat. *castrum* = Lager abgeleitet wird; hier, beim Gasthof „Weber im Moos", zweigt eine Verbindung zum Weiler W o l f s g r u b e n (1206 m) mit dem gleichnamigen See ab. — Nach wenigen Kilometern erreicht der Haupttrakt der Rittner Straße das stattliche Dorf U n t e r i n n (904 m), die größte Fraktion der Gemeinde Ritten (rund 500 Einw.), eine geschlossene Siedlung in prächtiger Lage, hoch über der düsteren Sohle des Eisacktales und wundersam erhellt vom Glanz der in beständigem Wechsel ihres Farbenspieles prunkenden Schlernwände.

Die einstige E r z p f a r r e S t. L u z i a wird 1211 erstmals erwähnt, um 1400 umgebaut, 1502 neu geweiht, 1724—28 barockisiert und schließlich 1884—87 innen und außen völlig neuromanisch umgestaltet. Der *ungewöhnlich sorgfältig aus Granitquadern aufgeführte* (WG) Turm mit Spitzhelm ist das von überall her sichtbare Wahrzeichen dieser Gegend; S a n k t

M i c h a e l am Friedhof gehört dem Bau nach ins 17. Jh., die Einrichtung (schöne Kreuzigungsgruppe) entstammt dem 18. Jh. An der Friedhofsmauer schöne Lichtsäule, aus rotem und weißem Sandstein, mit kluger Jungfrau am Pyramidendach, um 1400 (WG). — In Unterinn selbst, aber noch mehr am Weg nach Blumau (Weg 0, 1½ Std. im Abstieg, sehr empfehlenswert) und im Weiler Eschenbach (vgl. unten) kann man auf W a n d e r w e g e n noch schöne alte Bauernhöfe mit gotischen Türen und Balkendecken finden; gleich unterhalb des Dorfes, am genannten Weg nach Blumau, beginnt auch hier schon der Weinbau. Wendet man sich von der Kirche auf nahezu ebenem Fußsteig gegen Nordosten, so trifft man in etwa einer halben Stunde auf das schöne Vorkommen der Unterinner E r d p y r a m i d e n. — Neben den alten Höfen finden sich auch einige architektonisch überaus hübsch gestaltete Sommerhäuser, darunter das des Aquarellisten Rudolf C o m p l o y e r, dessen zarte Bilder die Südtiroler Landschaft und vor allem die des Rittens meisterhaft wiedergeben. Unterinn hat Gasthäuser und Fremdenzimmer (ca. 200 Betten) sowie Schalter der Raiffeisenkasse Ritten (Geldwechsel); Auskünfte durch Fremdenverkehrsverein Unterinn (Postleitzahl 39050). — Öffentl. Fernsprechstelle im Gasth. „Wunder" neben der Kirche.

Die langgezogene Flur, die sich vom Dorfkern gegen Südwesten zieht und an ihrem Ende durch das S e b a s t i a n - K i r c h l e i n ihren malerischen Abschluß erhält, heißt „Auf der Weit", die wenigen verstreuten Höfe ringsum bilden den Weiler E s c h e n b a c h (903 m).

St. Sebastian stammt aus dem Beginn des 14. Jh.s und zeigt eine *interessante Übergangsform zwischen romanischer und gotischer Bauweise* (WG). Im Jahre 1637 wurde die Kirche als Pest-Gedächtniskapelle umgebaut, und auch die Einrichtung (Figuren deponiert) stammt aus dem späten 17. und 18. Jh. — Am Westfuß des Kirchhügels beginnt eine blau-weiße Markierung, die in etwa einer Stunde über das „Signater-Bild" (Bildstock) und den Partschunerhof, den nach dem wiederbesiedelten „Silbergütl" (knapp 1000 m) höchsten Weinhof dieser Gegend, nach S i g n a t (852 m) führt. Dieser stille Waldweg, der durch Lärchen- und Eichenwald zu sonnigen Porphyrkuppen zieht und sich dann in die weingesegneten, von Kastanienlaub umhüllten Fluren von Signat senkt, gehört zu- den schönsten W a n d e r u n g e n in der Bozner Umgebung. Signat selbst gehört schon der unmittelbaren Bozner Umgebung an und ist somit nicht mehr Gegenstand dieses Buches. —

Auf dem Gelände der oben genannten „Weit" wird nach manchen (Kiene u. a.) der Schauplatz jener „Räterschlacht" gesucht, die 15 v. Chr. die Unterwerfung der wilden Bergvölker unter das Schwert der Römer bedeutet hat (vgl. Abschn. III). Zahlreiche Sagen von Totengeistern, Irrlichtern und dergleichen scheinen diese Theorie zu untermauern, gehen aber wohl eher auf die Pestzeit zurück. Die heutige Forschung ist geneigt, den Begriff „Räterschlacht" sehr viel vorsichtiger anzuwenden, denn es ist eher anzunehmen, daß die Römer unter Drusus eben einen Stützpunkt (Wallburg) nach dem anderen in hartem Kampf nehmen mußten, da sich die Räter wohlweislich nicht zur offenen Feldschlacht gestellt haben dürften. Zweifellos bedeuteten nun stark mit Wallburgen bestückte Gebiete (wie z. B. auch die Hochfläche von Natz-Schabs, das Übereisch oder der Hügel von Castelfeder im Bozner Unterland u. a.) für die Römer ein nur mit Mühe zu nehmendes Hindernis; ein solches mag der ganze Ritten gewesen sein.

Jenseits des Sebastiankirchleins, über einem deutlich ausgeprägten Sattel, findet der Burgenforscher die kärglichen Reste der Burg Z w i n g e n s t e i n.

Hier läßt sich nicht leicht zwischen vorgeschichtlichem Ringwall und den Mauertrümmern der 1275 durch Meinhard II. gebrochenen Burg unterscheiden; überdies wurden hier und im nahen Sattel, durch den die Straße führt, wiederholt und noch in allerneuester Zeit (1967) römische Münzfunde getätigt, die gerne als Indizien dafür herangezogen werden, daß die Römerstraße hier und nicht unten im schluchtartigen Tal verlaufen sei, wo allerdings der Meilenstein von Blumau ein gewichtiges Gegenargument darstellt (vgl. „Kuntersweg").

Jedenfalls sei dem Naturfreund ein Besuch des malerischen Hügels unbedingt empfohlen; wer sich über die hervorragende Rolle der Zwingensteiner in der tirolischen Geschichte ein Bild machen will und überdies eine gute Zusammenfassung bezügl. der Römerstraßen-Theorien sucht, sei auf die Arbeit „Schloß Zwingenstein" von Paul M a y r verwiesen („Schlern" 1968, S. 135 ff.), die neue Forschungsergebnisse bringt.

Nun senkt sich die Straße rasch, führt am sonnig gelegenen Gasthaus „Eberle" vorbei und kommt zu Bildstock und Wegkreuz, „Plattner-Kreuz" genannt; hier zweigt ein Fahrweg nach Signat ab, während sich die Straße in einigen weiten Serpentinen gegen den Weiler U n t e r p l a t t e n senkt. Von diesen Straßenkehren aus hat man einen umfassenden Blick auf die Mittelgebirge des unteren Eisacktales und darüber auf Schlern, Rosengarten und Latemar. Die weitverstreuten Höfe von Unterplatten und dem anschließenden L e i t a c h haben eine überaus sonnenwarme Lage, so daß hier auch im tiefen Winter der Schnee kaum länger als ein bis zwei Tage liegenbleibt. Das Zusammenwirken von intensiver Sonnenbestrahlung, von einem überaus „nahrhaften" Glazialschotterboden und von künstlicher Bewässerung läßt das Gebiet von Leitach und noch mehr vom benachbarten S a n k t J u s t i n a (452 m) sowie erst recht von S a n k t M a g d a l e n a auf Prazöll zum führenden Gebiet im Südtiroler Weinbau werden; die künstliche Bewässerung erfolgt durch das Überwasser des Eisacktaler Kraftwerkes, dessen Druckrohrleitung für die Zentrale Kardaun ein Stück unterhalb der Rittner Straße im Bereich von Sankt Justina ansetzt. Für Wanderungen ist das Gebiet wegen der Sperrzone um das eben erwähnte Kraftwerk nicht geeignet, doch kann man bergwärts über Weg 5 von St. Justina aus in einer Stunde das sonnige Signat erreichen (Fahrstraße ab St. Justina).

Nahezu im Bereich des Kraftwerkes noch steht bei einem Bauernhof das Kirchlein S t. G e o r g in Wangg, ein ursprünglich romanischer Bau, der 1944 von einer Fliegerbombe völlig zerstört und 1957/58 nach Plänen des Bozner Architekten Erich P a t t i s (Vogelweiderpreis 1968) völlig neu aufgebaut wurde. In der Nähe der Kirche findet sich der Rest einer Grotte, die dereinst der Wasserfassung diente; die Forschung (Innerebner, „Schlern", Jg. 1946, S. 12 ff.) glaubt hier die Spur eines Quellheiligtums erkannt zu haben. — Die Kirche zur h l. J u s t i n a ist mit Ausnahme des Turmes ebenso durch einen Bombentreffer im Jahre 1944 gänzlich zerstört worden. wobei wertvolle Wandgemälde zugrundegingen. Das Schiff wurde in der früheren Form wiederaufgebaut. — Das Kraftwerk selbst, dem alle diese Bomben galten, war geschickt getarnt und wurde niemals direkt getroffen, wohl aber schwerstens (Kirche) das gegenüberliegende Kardaun. — Zur obenerwähnten künstlichen Bewässerung durch das Überwasser des Eisacktaler und zum Teil auch des Sarntaler Kraftwerkes (Leitach) ist zu bemerken, daß es sich hier um die frühesten Anlagen dieser Art handelte, die in der Folgezeit bahnbrechend geworden sind. Im Gedenken an Baurat Emil M a r c h, dessen Bemühungen und dessen Könnnen der Bau der ersten Anlage zuzuschreiben ist, wurde 1968 in Sankt Magdalena eine Gedenktafel enthüllt.

Sankt Justina und Sankt Magdalena, die weinberühmten Orte, liegen einander gegenüber am wilden Katzenbach, der schon mehrmals den Bozner Vorort R e n t s c h (300 m) verwüstet hat; er grenzt unsern Rittner Weg gegen Bozen ab und gehört schon, gleich wie Sankt Magdalena, nicht mehr dem Eisacktal, sondern dem Bozner Talkessel an. In weiten Kehren steigt die neue Straße dort herab, wo man heute noch den alten und steinigen Pflasterweg zum Ritten sieht. Dann stehen wir an der Brücke über den Rivelaunbach, wie der tückische Katzenbach auch genannt wird — der „Krönungsweg" über den Ritten hat hier sein Ende gefunden.

DAS MITTELGEBIRGE UNTERM SCHLERN

Wer sich verliebt am Kastelruther Berg,
des Herz trägt einen Panzer wunderbar
gen alle Teufelsspiele dieser Welt . . .
(Oswald von Wolkenstein in „Spiel
um Mitternacht", von Gunther Langes)

Das Leben aller Menschen auf diesem Mittelgebirge ist — ob
sie es nun wissen oder nicht — beherrscht vom Schlern. Erstmals treten die Bleichen Berge ganz nahe an das grüne Eisacktal, ja, sie überragen es fast und lenken es mit steinerner Ge-
bärde gegen die sonnige Weite des Bozner Talkessels. Um die
Gestalt dieser Landschaft zu erfassen, muß man sich wenigstens
in großen Zügen mit ihrem geologischen Bau vertraut machen:

Auf der Quarzporphyrplatte (Kastelruther Porphyr) liegt röt-
licher Grödner Sandstein mit Bellerophonschichten auf und bildet hier den Acker- und Wiesenboden. Es folgen Werfener
Schichten (Seiser Schichten), Muschelkalk-Konglomerate und
Schichten von Mendeldolomit (Hauensteiner Forst); darüber
schieben sich Buchensteiner Schichten und schließlich folgt,
mit einer Mächtigkeit bis zu 1000 Metern der S c h l e r n -
d o l o m i t, ein *im frischen Bruch hellgraues bis fast weißes*
Gestein, das hell bis gelblich oder — infolge geringen Eisen-
gehaltes — stellenweise auch rötlich anwittert. Von großer Bedeutung sind für den typischen Aufbau des Schlernmassivs die
R a i b l e r S c h i c h t e n, deren Wasserundurchlässigkeit den
darunter liegenden Schlerndolomit *vor der Auflösung in viele*
Einzelgipfel bewahrt hat (Staindl). Das Fehlen dieses „Daches"
aus Raibler Schichten kann man im wildzerzackten Rosen-
gartengebiet deutlich beobachten.

Klebelsberg hat den Schlern ein *geologisches Musterstück* genannt; der Laie wird auch ohne die Kenntnis dieser Zusammen-
hänge im Unterbewußtsein die Farb- und Formensymphonie
dieser Landschaft erleben, das dunkle Grün der Wälder, unterbrochen von hellen Wiesen oder goldenen Äckern, bestickt mit
Höfen, Dörfern und Hügelkirchen — und über allem unmittelbar
den Paukenschlag einer Titanenlandschaft. All dies wechselt im
Lauf der Sonnenrunde, von zarten Frühnebeln am Völser Weiher
über den Mittagsglast an warmen Porphyrfelsen bis zu den
Brandfackeln der untergehenden Sonne an den Schlernwänden
— und nicht minder großartig ist das Bild, wenn graue, kalte
Nebelfetzen in den Runsen des uralten Riesen wehen, wenn
die Gewitter vom Ritten her toben und der Leib des Berges
mit tausend rauschenden Wassern zu reden beginnt.

Das ist der Schlern. Düster und hell, Wildnis und zarte Schönheit, erdfeste Schwere und gelöstes Spiel der Formen an den Türmen von Santner und Euringer stehen sich unmittelbar gegenüber; in schattigen Schluchten liegt manchmal im Juli noch Schnee, aber zu Füßen des Schlerns rauschen die Kastanien, und im Völser Ried trägt die Rebe erste Frucht. So ist der Schlern zum Symbol Südtirols geworden. —
Wieder beginnt unser Weg an der Eisackbrücke unter der Trostburg; sind wir im letzten Abschnitt dieser Beschreibung dem Westhang des Eisacktales gefolgt, so führt unser Weg jetzt zum östlichen Mittelgebirge hinan. Diese mit Recht gefürchtete alte Straße von Waidbruck nach Kastelruth (7 km) ist zum größten Teil breit ausgebaut und zur Gänze asphaltiert.

Nach etwa 3,5 km, beim aufgelassenen Gasthaus „Zoll", zweigt nach rechts eine überaus schmale und steile Straße ab (nur für mittlere Wagen), die auch in anregender Fußwanderung (1 Std.) zum hübschen, zu Kastelruth gehörenden Weiler S a n k t O s w a l d (746 m, 2 Gasthäuser) führt. Auch direkter Fahrweg zur 1968 aufgelassenen Bahnhaltestelle Kastelruth. — Eine Rieseneibe (2,50 m Umfang) beim Unterporzhof. —

Die Fluren von St. Oswald stehen an Liebreiz der Gegend von St. Verena oder Antlas keineswegs nach; die Freunde des unteren Eisacktales mögen rechten, wo sie sich lieber zu Hause fühlen, denn auch Sankt Oswald hat sich noch den Reiz der Abgeschiedenheit bewahrt; dazu kommt hier die noch südlichere Lage und Vegetation, die feierliche Stille der kleinen Kirche und der wahrhaft romantische Mauerrest der Ruine A i c h a c h.

Die 1234 erwähnte Kirche hat den Turm noch aus dieser Zeit, den Chor von 1400 und das Langhausgewölbe laut Jahrzahl um 1521 erhalten. An der nördlichen Chorwand ein Bild der Kreuzigung, um die Mitte des 15. Jh.s, vom Meister der III. Arkade des Brixner Kreuzganges; das schlecht erhaltene Bild zeigt Spuren einer Darstellung eines Ritters mit einem Faß (?), worin manche ein Stifterbild des Oswald von Wolkenstein sehen wollen, mit Bezug auf seinen Schiffbruch *(die swartzen see lert mich ain vas begreiffen),* bei dem ihm eben ein treibendes Weinfaß Rettung brachte (hiezu kritisch H. Stampfer in „Schlern", Jg. 80/155). — Das Hochaltarbild stammt von Franz U n t e r b e r g e r, die Statuen vom Seitenaltar, St. Barbara und Katharina, sind derzeit deponiert. — Die Burg Aichach war als brixnerisches Lehen im Besitz eines Zweiges der Herren von Kastelruth und wurde später wiederholt in die Streitigkeiten Oswalds hineingezogen. Die Lage der Ruine auf einem wilden, gegen den Schwarzgriesbach schaurig abfallenden Felsen, ist einzigartig. Ähnlich wie Schloß Stein ist das heute nur noch an

370

der Angriffsseite erhaltene Mauerwerk mit Schwalbenschwanzzinnen fast von nirgends aus zu sehen, zumindest nicht aus dem
Eisacktal; nur kurz wird die Ruine und das in der Nähe liegende, noch tiefer im Wald versteckte Kirchlein S a n k t   V i g i l
von der Straße Seis—Völs bei St. Konstantin sichtbar.

Besser als die stolze Ritterburg Aichach ist der strohgedeckte
Pflegerhof durch die Jahrhunderte gekommen; fast scheint es,
als wollte er das zerbröckelnde Mauerwerk stützen. In seinem
Umkreis gibt es eine Fülle von Blumen, es gedeiht der Weinstock, der Nußbaum und die Kastanie; hebt man jedoch den
Blick, dann stehn zum Greifen nah die Wände und Schluchten
des Schlerns, in denen oft noch im Hochsommer Firnflecken
liegen.

Zwei wunderschöne Wanderwege haben einst St. Oswald und
die Ruine Aichach mit Seis verbunden; vor allem der untere
Burgweg war einzigartig in die Landschaft gefügt, ein Pflaster-
weg mit Buschwerk und Baum gesäumt. Heute sind aus beiden
Wegen häßliche Straßen geworden, obwohl einfache, schmale
Zufahrten zu den Höfen genügt hätten. So aber hat man die
Landschaft der Bauwut geopfert und für einen Ort von rund
70 Einwohnern nun gleich drei (!) Straßen zur Verfügung. —
Der untere Weg führt, von Aichach kommend, an der einsamen
Kirche St. Vigil vorbei, deren ältere Vorgängerin, 1353 erwähnt,
durch einen Bergsturz zerstört und Ende des 15. Jh.s an der
heutigen Stelle wieder aufgebaut worden sein soll. Die alten
Statuen (Anf. 16. Jh.) des neuen Flügelaltares sind dzt. deponiert. Ähnlich wie im nahen St. Konstantin sind auch hier an
den Konsolen fratzenhafte Figuren bemerkenswert.

Vom alten „Zoll" an der Kastelruther Straße, von dem wir aus-
gegangen sind, führt unser Weg weiter, durch einen Tunnel,
und erreicht bald bei einer heute aufgelassenen Säge (hübsche
Hausfresken) die Abzweigung nach T i s é n s (925 m, Gasthaus)
und T a g u s e n s (932 m), beides Fraktionen der Gemeinde Kastelruth und durch schmale Fahrstraße miteinander verbunden
(4 km).

Tiséns gilt als der Geburtsort der Sabine Jäger, der glücklosen
Geliebten des Oswald von Wolkenstein (vgl. S. 380); ihr keineswegs bezeugtes „Heimathaus" wird von den Leuten im Dorf
bereitwillig gezeigt. Die S t . - N i k o l a u s - K i r c h e hat den
Turm noch aus der Zeit um 1353 (erste Erwähnung), das Langhaus wurde im 16. Jh. erbaut. Der um 1480 anzusetzende Flügelaltar zeigt Maria zwischen St. Nikolaus und Leonhard und an
den Flügeln Silvester und Martin. Weitere Holzskulpturen dzt.
deponiert. — In Tagusens war bis 1971 der alte Kurat gleichzeitig auch Gastwirt, hierin unterstützt von seiner resoluten
Wirtschafterin, die durch volle 53 Jahre hindurch das Pfarrhaus

von Tagusens als gemütliche Einkehrstätte geführt hat; die Holzbank unter dem wilden Kastanienbaum neben der Kirche ist gleichzeitig Idylle und schönster Aussichtspunkt der Gegend. Seit der Widum nicht mehr als Gaststätte geführt wird, findet man im neuen Mesnerwirtshaus am entgegengesetzten Ende des kleinen Dorfes gute Aufnahme (öffentl. Fernsprecher). — Der schönste W a n d e r w e g in diesem Gebiet ist der rot markierte Steig über den Moosbühel (1130 m) und über die Felstreppe der „Katzenleiter" nach Kastelruth, hübsch ist auch die Verbindung zur Trostburg (Nr. 2). Im nahen Wald, nahe der Fortsetzung des Weges Nr. 2 zum einsamen Gehöft Tomines, finden sich Mauerreste einer nicht ganz geklärten frühen Siedlung, im Volksmund „Niemandsfreund" genannt. — Die Siedlung Tagusens ist bereits 1028 erwähnt, der Turm der M a g d a l e n e n k i r c h e gehört noch der ersten Hälfte des 14. Jh.s an, das Langhaus entstand um 1500 und wurde 1667 umgebaut. Der schöne Altar mit Statuen ist ein Werk des Ferd. Schwabl, Hoftischler in Brixen, die Statuen stammen von Konrad Wiser, alles um 1752. Das eindrucksvolle Altarbild — Christus erscheint Magdalena — schuf Franz U n t e r b e r g e r. —

Kurz nach der Abzweigung in Richtung Tiséns biegt die Kastelruther Straße scharf gegen Süden und durchmißt ein hübsches Waldtal mit einer verfallenden Mühle; das Blickfeld begrenzt hier die S a n t n e r s p i t z e (2414 m) in erhabener Schönheit, und mehr und mehr gliedert sich das riesige Schlernmassiv auf. Von hier aus gesehen zeigt sich der Berg nicht so geschlossen wie etwa vom Ritten herüber, und deutlich wird die tiefeingerissene Seiser Klamm sichtbar, welche Santnerspitze, Euringerspitze, Burgstall und den eigentlichen Hauptgipfel des P e t z (2564 m) von den westlichen Kuppen des M u l l (2394 m, auch Gavels genannt) und des J u n g s c h l e r n s (2292 m) abtrennt; das Proszenium wird von einem anmutigen Wiesental erfüllt, in dem einige schöne Höfe ausgebreitet sind, einer davon mit bemerkenswerten Hausfresken. — Die Straße gabelt sich hier und führt mit einem Ast gerade weiter gegen Seis und Seiser Alm; links abbiegend erreicht man nach kurzer Fahrt mit hübschem Rückblick auf Tiséns das stattliche Dorf Kastelruth.

KASTELRUTH. Seehöhe 1060 m; 7 km ab Waidbruck — nach Bozen 26 km über Seis—Völs—Blumau zur Brennerstraße; nach St. Ulrich in Gröden über Sankt Michael ca. 12 km; auf die Seiser Alm 10 km (asphaltiert, 6 m breit). Auf allen genannten Strecken regelmäßige Autobusfahrten. Die Eisenbahnhaltestelle Kastelruth in der Talsohle ist seit 1968 aufgelassen. — Kastelruth ist Gemeindesitz mit 2400 Einw., die gesamte Gemeinde mit den Fraktionen St. Oswald, Seis, Tiséns und Tagusens, St. Michael und dem ladinischen Anteil links des Grödner Baches hat 5162 Einw., davon 221 Italiener und 683 Ladiner; von Grödner Seite wurde der Anschluß dieses ladinischen Teiles betrieben, doch hat die Bevölkerung dagegen entschieden und will in der überwiegenden Mehrheit bei Kastelruth bleiben. Sparkasse (Geldwechsel), Post und Telegraphenamt (Postleitzahl 39040), Arzt, Apotheke, Gemeindespital; Dekanatssitz und Mittelschule; mech. Werkstätte, Taxi, Tankstelle. — Mehrere gute Gasthöfe, teilw. kunsthist. bedeutend (Turmwirt), zahlreiche Pensionen und Fremdenzimmer; zwei Skilifts im direkten Ortsbereich, Gondellift nach Marinzen (mittelschwierige Abfahrt) und gute Verbindung zum Skiparadies Seiser Alm; Tennis, Minigolf usw. im nahen Seis, das neue Freischwimmbad liegt auf dem Telfner Sattel zwischen Kastelruth und Seis in landschaftlich großartiger Szenerie; Orientierungstafel am Kirchplatz, Auskünfte durch Fremdenverkehrsamt Kastelruth. — Das Wappen ist jenes der Herren von Kastelruth, die auf dem Burgkofel neben der Kirche ihren Stammsitz hatten.

Zu den prächtigsten Bildern des ganzen Landes gehört die weit und breit berühmte Kastelruther F r o n l e i c h n a m s p r o z e s s i o n in ihrer unvergeßlichen Farbenpracht, ein buntes Bild der festlichen Trachten und wehenden Fahnen inmitten üppiger Wiesen und überragt vom Hochaltar der Schlernberge. In unnachahmlicher Würde schreiten die Bauern einher, mit hohen Schaftstiefeln und Lederhosen, mit dem „Leibl" aus feinstem Stoff und kunstvoll gestickten Gurten, um den Hals das mit einem Goldring gefaßte rote Tuch und auf dem Kopf den zylinderartigen Stotzhut; die Frauen wiegen sich in ihren weiten Röcken, die schwere „Fazzelkappe" über dem vollen Haar, während sich in der Festtracht der Mädchen aller Glanz und Flitter und alle Heiterkeit der eng benachbarten ladinischen Welt abzeichnet.

Dieser Einfluß ist durch die G e s c h i c h t e der Gegend und des Ortes wohlbegründet: die urkundl. 982 als *de loco Castelorupto* bezeugte Siedlung war noch bis ins 14. Jh. *vorwiegend von ladinischen Bauern bewohnt* (Huter). Später ist allerdings der deutsche Einfluß sehr stark, was sich in zahlreichen Namen und nicht zuletzt auch im hochgewachsenen Körperbau der Kastelruther dokumentiert, die weit und breit als besonders schöner Menschenschlag gelten. — Die Gegend ist uralter Siedelboden, durch zahlreiche Urzeitstationen bestätigt; Innerebner verzeichnet deren 23 nachgewiesene, von denen einige heute noch, auch für den Laien, deutlich zutage treten (siehe unter „Wanderungen"). Kern des heutigen Dorfes ist der in diesem Zusammenhang zu nennende „Kofel", der ursprünglich eine Wallburg getragen hat und später ein römisches *Castellum*, das — wie Huter meint — in den Grenzkämpfen zwischen Bayern und Langobarden zerstört wurde. Daher der N a m e , aus *Castellum ruptum*, doch denkt Teßmann auch an ein langobard. *Castrum Rothari*, wie es für ein weiteres *Castelrotto* (nördl. des Po) belegt ist („Schlern", Jg. 1956, S. 357). Die hier und auf den Schlössern Aichach, Salegg und Hauenstein ansässigen Brixner Ministerialen sind urkundl. um 1050 als Herren von Kastelruth nachgewiesen. Die Burg Kastelruth ging um 1272 als Lehen von Brixen an Meinhard II. von Tirol über und ist zwischen 1406 und 1650 Pfand der Herren von Wolkenstein, später der Kraus von Sala, deren Name heute noch im Volk weiterlebt („Krausenhäuser", darunter der heutige Gemeindesitz mit Tordurchfahrt). — Im Lafay-Hof (siehe unten) wurde 1890 der emerit. Leiter des Inst. für österr. Geschichtsforschung in Wien, Prof. Dr. Dr. h. c. Leo S a n t i f a l l e r geboren (gest. 1974 in Wien; Inhaber von fünf Ehrendoktortiteln) — einer der bedeutendsten Wissenschaftler, die das Land Tirol je hervorgebracht hat; seine Verdienste liegen vor allem auf dem Gebiet der Urkundenforschung. Kastelruth hat ihm die Ehrenbürgerwürde verliehen und ihm in der Turmkapelle seines Heimatortes eine Gedenktafel gesetzt (1976; vgl. „Schlern", Jg. 1965 und 1974 und zu Kastelruth und seinen Edelgeschlechtern die Arbeiten von K. Außerer in „Schlern", Jg. 1927, S. 221 ff.).

Von der Bedeutung des Ortes zeugt seine stattliche, herrenmäßige Anlage im Dorfkern; um den Brunnen am Platz stehen schöne, mit Fassadendekoration und Sinnsprüchen gezierte alte Häuser und Gasthöfe, hoch überragt vom mächtigen, freistehenden Kirchturm, der nach einem Brand im Jahre 1753 neu erbaut worden ist.

Die Dekanatskirche zu S t. P e t e r u n d P a u l ist als Pfarre schon 1191 erwähnt und wird 1482 und 1704 erweitert. Die heutige Kirche ist jedoch ein völlig neuer Bau aus klassizistischer Epoche und wurde 1849 geweiht. Aus dieser Zeit stammt auch der Großteil der Einrichtung, nur der Marmortabernakel ist 18. Jh., und ebenso sind dies die Statuen von Petrus und Paulus, wahrscheinlich aus der Hand des Martin V i n a z e r stammend. Das frühere Altarblatt, eine Madonna mit Christ-

kind und dem hl. Nikolaus von Franz U n t e r b e r g e r, hängt
jetzt an der Eingangswand. — Die M a r i e n k a p e l l e des
freistehenden Turmes hat einen Altar aus buntem Marmor aus
der Mitte des 18. Jh.s. — Die K o f e l k a p e l l e n schließlich sind Reste der 1262 von Bischof Bruno gebrochenen Burg
Kastelruth (WG), in deren Bergfried zwei Kapellen eingebaut
wurden, zu denen über den Hügel ein Kreuzweg emporführt.

Die erste W a n d e r u n g, die wir vom Dorf aus antreten, führt
uns in Richtung Nordost, parallel zur neuen Grödner Straße. Man
kann sehr gut auf Feldwegen die Straße selbst vermeiden und
kommt zuerst am zinnengeschmückten Ansitz Lafay (sprich
Lafòa) vorbei; von hier führen mehrere Wege in eine bezau-
bernd schöne, hügelige Waldgegend, doch müssen wir uns parallel zur Straße halten, um auf markiertem Abkürzungsweg den
durch seine hübschen und blumengeschmückten Höfe ins Auge
stechenden Weiler S a n k t M i c h a e l (1282 m; sprich Sankt
Michèl) zu erreichen (ca. 5 km, zu Fuß eine gute Stunde).

Die E x p o s i t u r k i r c h e z u m h l. M i c h a e l ist ein schönes, ehrwürdiges Gotteshaus mit noch romanischem Turm. Auch
das Langhaus hat noch alte Mauern und erhielt erst im 17. Jh.
Rundbogentür und Tonnengewölbe; der Chor wird mit 1500
datiert. An der Außenwand finden sich teilweise aufgedeckte
Fresken aus dem 15. Jh. (St. Michael mit der Seelenwaage), im
Inneren neuere Gemälde (18. Jh.) mit einer schönen Verkündigung. Der mit guten Skulpturen geschmückte Hochaltar hat ein
sehr schwungvolles Bild des hl. Michael; am Seitenaltar eine
Pietà aus der Zeit um 1500, die 1971 gestohlen, in *Brescia* wieder aufgefunden und anschließend deponiert wurde (dem Ruprecht Potsch zugeschrieben). — An einer Säule des Vorbaues
eine interessante Skulptur, ein Kopf, in den Stein gehauen,
Gegenstück zu ähnlichen Gebilden in St. Martin in Ums und
am Peterbühel bei Völs.

In Sankt Michael läßt sich gut Rast halten, im Ort selbst oder
im ländlichen Wirtshaus „Zum Baum" kurz davor an der Straße.
Nicht mehr weit ist es von hier durch ein Waldstück zum
P a n i d e r S a t t e l (1442 m; Gasth.), dem Übergang ins ladinische Gröden mit schönen Ausblicken auf Geislergruppe, Sella
und St. Ulrich im Tal; die Straße führt vorbei an Pufels und
Runggaditsch in jenen Teil von St. Ulrich, der „Überwasser" genannt wird und ebenso wie die vorerwähnten Weiler noch zur
Gemeinde Kastelruth gehört. Doch sind wir am Panider Sattel
bereits an der eindeutigen Sprachgrenze zum ladinischen Bereich, während Sankt Michael schon seit dem 16. Jh. dem rein
deutschen Sprachgebiet angehört, wie dies aus der Bauweise der
schönen und altertümlichen Höfe fast durchwegs abzulesen ist.

Nur einige sehr alte Gehöfte (der umgebaute Ritschhof z. B.) verraten noch die rätoromanischen Grundzüge.

Eine weitere empfehlenswerte Bergtour (Weg Nr. 8) führt von Kastelruth auf den P u f l a t s c h (2176 m), jene in steilen Felsen abbrechende Randerhebung der Seiser Alm, die auf dem genannten Weg landschaftlich sehr schön, aber etwas mühsam (3—4 Std. ab Kastelruth) erreicht wird.

Der Weg berührt die Höfegruppe T i o s l s (1167 m), in deren Nähe im Wald die sogenannten „H e x e n s t ü h l" zu sehen sind, zwei sesselförmige Steinblöcke von vermutlich vorgeschichtlicher Bedeutung. Noch wichtiger erscheint jedoch jene Stelle am Kuppenrand des Puflatsch, die allgemein als „H e x e n - s e s s e l" bezeichnet wird. Es handelt sich hiebei um eine eigenartige Anordnung von riesigen Augitporphyritsäulen, die wie ein Steinpflaster zutage treten, talseitig jedoch in Sitzbreite treppenförmig abgesetzt erscheinen, so daß ein regelrechter Sessel mit Lehne entstanden ist, der — nach Innerebner — seine Form der Nachhilfe durch Menschenhand verdankt. Die Stelle ist, abgesehen von ihrer geologischen und wohl auch prähistorischen Merkwürdigkeit, von einzigartiger landschaftlicher Schönheit, ein wahrhaft beherrschender, königlicher Sitz; man hat daher auch an Thingstätte, Gerichtsstätte oder an einen Ort des Sonnenkultes gedacht. (Beide Stellen beschreibt Innerebner in „Schlern", Jg. 1947, S. 125 bzw. 113). — Wer den etwas beschwerlichen Anstieg von Kastelruth an diese einzigartige Stelle scheut, kann den „Hexensessel" von der Seiser Alm her verhältnismäßig mühelos erreichen, evtl. auch mit Benützung des Sesselliftes vom Parkplatz „Bellavista" aus; ab Bergstation ist die Stelle in einer halben Stunde zu gewinnen. —

Ein weiterer, sehr empfehlenswerter S p a z i e r g a n g führt von Kastelruth auf die sanfte Kuppen des dem Dorf südwestlich vorgelagerten L a r a n z e r W a l d e s, der sich — ausgehend von der Straßengabel zur Seiser Alm — auf Weg 5 gut umrunden läßt. Auf der südlichen Kuppe bietet die sogenannte „Königswarte" einen prächtigen Weit- und Tiefblick gegen Westen, während die nördliche Höhe eine der schönsten Urzeitsiedlungen des Landes wie eine Krone trägt („Katzenlocher Bühel" oder „Heideng'schloß", 1170 m). Man zweigt beim Hof Vorderlanzin vom Weg 5 nach rechts ab und erreicht die ausgeprägte, bewaldete Kuppe mühelos in etwa einer halben Stunde; auf dem höchsten Punkt finden sich deutlich ausnehmbare, konzentrisch angelegte Steinwälle und in deren Mitte eine gemauerte Wohngrube. Auch abgestützte Reste der uralten Weganlage lassen sich feststellen. — Die terrassenförmige Anlage der Großsiedlung ließ Dalla Torre vermuten, daß hier regelrechte *Gartenanlagen* angenommen werden dürfen (Beschreibung und Skizze der Anlage in „Schlern", Jg. 1973, S. 60 ff., mit Skizzen und Abb.).

Die schönste W a n d e r u n g von Kastelruth aus führt jedoch über die Wiesen des Telfner Sattels hinüber zum Kirchlein von S a n k t   V a l e n t i n ober Seis. Jeder Schritt dieses Weges ist überglänzt von der hehren Berggestalt der Santnerspitze; es ist, als führe der Weg durch die Wiesen mitten in den Himmel und seine Berge hinein.

Dieser Fußweg Nr. 6 beginnt am südlichen Ortsende von Kastelruth und führt zunächst zum Kirchlein von S a n k t A n n a, das wegen seiner Lage berühmt ist, im Innern jedoch kaum Sehenswertes bietet. Bald nachdem sich der Weg von der Sattelhöhe senkt, sieht man vor sich den roten Zwiebelturm der Valentiner Kirche; die lose um die Kirche und an der hier vorbeiführenden Seiser-Alm-Straße gruppierten, zum Teil sehr schönen und altertümlichen Höfe (u. a. der Pseierhof, 1486 erw.) haben ihren Namen nach dem Kirchlein, das im Volksmund nur „Pfalten" genannt wird. Die Wetterglocke von Sankt Valentin, allgemein der „Pfaltener Stier" genannt, hatte nach der Legende besondere Kraft, die gefährlichen Unwetter vom Schlern zu bannen.

Es mögen die Drei Zinnen berühmter sein als die Santnerspitze, und es mag der Ruf des Rosengartens durch alle Lande klingen — Sankt Valentin ist in seiner Art schöner; nirgendwo sonst in den Dolomiten ist eine solche Vollendung des Bildes erreicht, das aus dem Gegensatz zwischen dem feinen Kirchlein inmitten windwallender Felder und der wilden, gelben und grauen Nordwand der Santnerspitze lebt.

Das wegen seiner Lage berühmte V a l e n t i n k i r c h l e i n ist auch kunsthistorisch bedeutsam; der Turm dürfte noch auf die Zeit der ersten Erwähnung zurückgehen (1244), die Zwiebelhaube wurde 1811 aufgesetzt. Das Langhaus wurde im 14. und zu Beginn des 16. Jh.s in die heutige Form gebracht. Bemerkenswert die vorzüglich erhaltenen Fresken an der Südwand (Christoph, Maria, Valentin), an denen vor allem der Versuch auffällt, die Landschaft (Santnerspitze?) als Hintergrund vor der Anbetung der Heiligen Drei Könige einzubeziehen. Die Malereien stammen von einem unter veronesischen Einflüssen stehenden Bozner Maler, Ende des 14. Jh.s (WG), von dem auch im Inneren der Kirche erst 1962/63 Freskenreste aufgedeckt wurden; die Figuren des teilw. neu zusammengestellten Flügelaltares mußten deponiert werden. — In Sankt Valentin lohnt es sich jedoch auch, einen Rundgang zu den schönen, lose um die Kirche gruppierten Höfen anzutreten, so einmal zum bereits erwähnten Pseierhof (Nr. 8, oberhalb der Straße) mit Spitzbogenportalen und Fassadenfresken (Anf. 16. Jh.); 1534

saß hier *Jakob Pasayer, Richter zu Kastelrut.* Der benachbarte
Plunerhof hat über dem Portal die Jahrzahl 1697, im Hof eine
an einen Figurenstein gemahnende Gattersäule und als Haus-
fresko im Süden Kreuzigungsgruppe, Sonnenuhr und ein Lebensrad mit dem Spruch: *Mensch gedenke, daß du von Staub
bist und wieder Staub wirst.* — Schließlich steht im Zwickel
zwischen Seiser Straße und Almstraße der schöne Zatzerhof
(Pension), dem ein weiterer Hof mit schönem Strohdach vor-
gelagert ist. — Wir steigen nun von der Valentiner Kirche
über einen Feldweg in wenigen Minuten zu dem in sonniger
Mulde sich ausbreitenden Fremdenort Seis ab.

SEIS AM SCHLERN. Seehöhe 1004 m; 3,5 km ab Kastelruth — 7 km nach Völs am Schlern, 10 km zur
Seiser Alm; Seis ist Fraktion der Gemeinde Kastelruth
mit ca. 1300 Einw.; Post- und Telegraphenamt (Postleitzahl 39040); mechanische Werkstätte, Tankstellen, Taxi;
Sitz der Sektion „Schlern" des Südtiroler Alpenvereins, Bergführer und Skilehrer, Rennrodelbahn; Tennis,
Minigolf, Kinderspielplatz und sämtliche Einrichtungen
eines hochentwickelten Fremdenverkehrs; Hotels, Gasthöfe und Pensionen aller Kategorien, Fremdenzimmer
fast in jedem Haus; Orientierungstafel am Kirchplatz,
Auskünfte durch Fremdenverkehrsverein Seis am Schlern
und Reisebüro; eigene Karte für das vorbildlich instand
gehaltene Markierungsnetz.

Aus den paar weitum verstreuten Bauernhöfen, zu denen um
die Jahrhundertwende die ersten Sommerhäuser der Bozner
Bürger kamen, ist im Laufe der letzten Jahrzehnte einer der
bedeutendsten und schönsten Fremdenverkehrsorte des Landes
geworden; trotz aller Eleganz eines internationalen Publikums
und trotz dem dadurch bedingten mondänen Charakter eines
Weltkurortes ist Seis im Grunde noch immer „alt" geblieben;
wer dies erfahren will, der soll sich auf den Söller vor dem
Unterwirtshaus setzen und von dort über den rot gedeckten
Turm der alten Mariahilf-Kirche zum Gipfel der Santnerspitze
schauen, die von kaum einer anderen Stelle aus gesehen so
mächtig in die Wolken greift und so spöttisch auf das Getriebe
zu ihren Füßen schaut — sie, der tausend und mehr Jahre sind
wie der Hauch eines Tages.

Unter den Baulichkeiten des Dorfes ist die eben genannte alte
Kirche ebenso wegen ihres hübschen Turmes (restaur. 1969)
wie wegen der gepflegten barocken Innenausstattung zu erwähnen; die Gottesdienste werden nun im wesentlichen auch nicht
mehr in dieser im Jahre 1648 erbauten Kirche, sondern in der

378

neuen Pfarrkirche (Entwurf Marius Amonn, 1950 geweiht) gehalten; Ober- und Unterwirt sind schöne alte Tiroler Gasthäuser, an denen die für den gesteigerten Fremdenverkehr notwendigen Umbauten mit kluger Hand vorgenommen worden sind; bemerkenswert ist das schöne Zunftwappen (1518) am Türsturz aus Porphyr beim Unterwirt. — Architektonisch gelungen und teilweise auch sehr eigenwillig sind manche der vielen Ferienhäuser und Gaststätten des aufstrebenden Fremdenortes, dessen K l i m a so günstig ist, daß unweit des schneesicheren Skigebietes Seiser Alm schon die Mittelmeerflora ansetzt, so etwa dokumentiert durch zwei prächtige Edelkastanien auf 1100 Metern beim Gasth. „Runghof" in Laranz. — In Seis lebt der angesehene Südtiroler Maler und Porträtist Oskar W i e d e n - h o f e r (Ehrenbürger der Gemeinde 1980), während die im nordischen Stil gehaltene „Villa Ibsen" im Oberdorf die Erinnerung daran wachhält, daß sich der norwegische Dichter Henrik I b s e n nach langjährigen Sommeraufenthalten in Gossensaß (siehe dort) in Seis am Schlern angekauft hat.

Zerbröckelndes Mauerwerk, umrauscht von Föhren, knochenbleich schimmernd aus dem tiefen Forst zu Füßen der Santnerspitze — das ist die Ruine H a u e n s t e i n (1237 m), der unser erster Besuch von Seis aus gilt.

Sehr bequem wird die einsame Ruine von dem Sträßchen aus erreicht, das Seis mit dem alten Heilbad R a t z e s (1205 m) verbindet (3 km, Nr. 1, etwa 45 Min.). Dieses Bad mit zwei Quellen (alaunhältig-vitriolisches Eisenwasser und Schwefelwasser) ist seit 1715 als Heilbad bezeugt, ist aber sicher viel älter, da es bereits bei Oswald von Wolkenstein erwähnt wird. Heute sind die Quellen verschüttet und der Badebetrieb ist eingestellt, das Badhaus jedoch darf mit Recht als vorbildlich geführtes, sehr schönes Berghotel in absoluter Waldesstille und Kühle auch an sehr heißen Hochsommertagen gelten (Hallenbad für Gäste); großartig ist auch hier der unmittelbare Blick zur Santnerspitze. Eine vor allem für den Naturkundler sehr lesenswerte Broschüre über Ratzes und Umgebung verfaßte ein Kind der Gegend, Dr. K. Prossliner (vgl. Lit.-Verz.). — Von hier aus — oder schon ein Stück vor Erreichen des Bades direkt von der Straße abzweigend (Nr. 8) — kann die Ruine Hauenstein auf angenehmem Waldweg (Nr. 3 ab Ratzes) erreicht werden. Die Mauerreste gruppieren sich auf und um einen gewaltigen Felsblock, der wohl dereinst aus der wilden Nordwand der Santnerspitze herausgebrochen sein mag. — Die Ruine ist in den Jahren 1976 und 1977 gesichert und in ihrem Baubestand erhalten worden; über die dort gefundenen Fresken H. Stampfer in „Schlern", Jg. 1977, S. 356. — Eine Marmortafel am Fels vom Bozner Alpenverein um die Jahrhundertwende angebracht, erinnert in ungefügen Versen daran, daß hier, in dieser Einsamkeit, der Dichter und Sänger O s w a l d v o n W o l k e n s t e i n nach einem tollen und reichbewegten Leben Ruhe und, wie wir annehmen dürfen, auch den Frieden des Herzens gefunden hat.

Ich han gelebt wol vierzigk jar, leicht mynner zway
mit toben, wüeten, tichten, singen mangerlai.

Von allen, die uns auf der Wanderfahrt vom Brenner durch das Eisacktal nach Bozen begegnet sind, ist er der Größte; nicht der „letzte Minnesänger", als den ihn eine langweilig klassifizierende Literaturgeschichtsschreibung sehen wollte, sondern ein blutvoller Dichter und als Dichter wiederum ein Mensch, dem nichts Menschliches fremd war — das ist Oswald, der Tiroler Ritter, der durch die halbe Welt gezogen war und doch mit einer Verbissenheit sondergleichen um dieses Felsennest Hauenstein, um dessen ungeteilten Besitz gerungen hat, der weltgewandte Diplomat, der die Gunst von Königinnen genoß und doch die Geliebte der Jugendtage nie vergessen konnte, und der es so gut wußte wie kein anderer:

Ich sprich es wol auf meinen ait:
je größer lieb, je merer lait
kumpt von den schonen frauen.

Die heutige Forschung neigt dazu, als Geburtsort Oswalds nicht die Trostburg bei Waidbruck, sondern Schloß Schöneck nächst Bruneck im Pustertal anzunehmen, denn im vermutlichen Geburtsjahr Oswalds, 1377, ist sein Vater Burghauptmann dortselbst. Noch in Kindertagen, angeblich bei einem Fastnachtsspiel auf der Trostburg, verlor Oswald ein Auge, und als Einaug ist er überall dargestellt. Laut eigenem Gedicht als Quelle lief er mit zehn Jahren (!) von daheim fort:

Es fuegt sich, da ich was von zehen jaren alt,
ich wolt besehen, wie die welt wer gestalt ...

Bis etwa 1400, also bis zu seinem 23. Lebensjahr, durchstreift Oswald fast alle europäischen Länder und auch den Vorderen Orient. Bei seiner Heimkehr ist der Vater, Friedrich von Wolkenstein, bereits verstorben, und es beginnt der unselige Erbschaftsstreit um Hauenstein, das Teilbesitz der Wolkensteiner, zum Teil aber auch in Händen der Erben der Herren von Hauenstein ist, der aus Tiséns stammenden Familie des Martin Jäger, dessen Tochter S a b i n e (vgl. S. 382) für Oswald schicksalhaft wird; aus dem — wie einige Forscher vermuten — zweckgebundenen Freien um das auffallend hübsche Mädchen wird tiefe Liebe:

Wie vern ich pin, mir nahent schir
ir rains gesicht durch alle lant,
ir zärtlich blick umbvahent mir
mein hertz in rechter lieb bekant ...

Es scheint, daß Oswald nun auf Wunsch Sabines eine Kreuzfahrt ins Heilige Land unternommen hat (vgl. die Kreuzfahrerfahne am Gedenkstein in Brixen); wie Oswald zurückkehrt, ist Sabine die Frau eines anderen, eines reichen Handelsherren geworden. Dies ist der populäre Teil an der Geschichte des Wolkensteiners, und er ist wiederholt poetisch verklärt worden (siehe unten); wichtiger jedoch ist Oswalds Rolle in der Landespolitik, die den unbeugsamen und eigenwilligen Ritter auf die Seite der Tiroler Adelspartei („Elefantenbund") gegen den Landesfürsten Herzog Friedrich „mit der leeren Tasche" treibt. Auch in der Entzweiung des Herzogs mit dem König Sigismund steht Oswald folgerichtig gegen den Herzog auf seiten des Königs und muß auf Schloß Greifenstein bei Bozen („Sauschloß" im Volksmund) eine harte Belagerung durch den Herzog hinnehmen, bleibt dabei aber siegreich; es entsteht das berühmte Greifensteiner Kampflied. Weiterhin finden wir Oswald im Gefolge des Königs, so auch 1414—1418 beim Konzil zu Konstanz und in verschiedenster diplomatischer Mission; Oswald rühmt sich selbst, zehn Sprachen beherrscht zu haben. In dieser Zeit heiratet er die junge und schöne Margarethe von Schwangau, die ihm im Verlauf einer langjährigen Ehe fünf Söhne und zwei Töchter schenkte. — Doch Sabine ist unvergessen:

So kann ich der vergessen nimmer ewigkleich ...

Die Geliebte von einst, mittlerweile Witwe geworden, scheint wenigstens vorübergehend die Gefährtin des Herzogs gewesen zu sein, und ausgerechnet sie ist es, die den Liebhaber von einst in eine Falle lockt; die Knechte des Herzogs werfen ihn in den Kerker und foltern ihn so sehr, daß er von nun an hinkt; doch er zahlt das geforderte Lösegeld für Hauenstein nicht, wird nochmals vom Herzog eingekerkert und versöhnt sich erst mit ihm, nachdem Sabine ein Jahr zuvor gestorben war. — Auch anderwärts war Oswald in Händel verstrickt, so etwa in den Streit des Brixner Domkapitels mit Bischof Ulrich Putsch, in dem Oswald gegen den Bischof steht; doch auch hier versöhnt sich Oswald — mehr und mehr geht sein Leben ruhigere Bahn. Man haust auf Hauenstein, so mancher Wintertag ist einsam und lang, und im lodernden Feuer der Buchenholzprügel flackert die Erinnerung auf ... das weite Land, alle Pracht der Höfe, Aragonien, Kastilien, Portugal und die Provence ... und jetzt:

Auff einem kofel rund und smal
mit dickem wald umbfangen,
viel hoher perg und tieffe tal
stain, stauden, stöck, snestangen ...

... so tief der Schnee, daß Stangen den Weg nach Seis hinunter markieren, tiefe Stille. Nur die Kinder, die toben durch die Räume:

> *... noch aines tuet mir pangen,*
> *das mir der klainen kindlin schal*
> *mein oren dick bedrangen ...*

Ja, der Winter ist lang in Hauenstein, aber auch er nimmt sein Ende:

> *Zergangen ist meins hertzen we,*
> *seit das nu fliessen wil der sne*
> *ab seuser alben ...*
> *ich hor die voglin, gros und klain,*
> *in meinem wald umb hauenstein ...*

Sie singen noch heute, die *voglin gros und klain,* man kann sie verläßlich hören während stiller und versonnener Rast an dieser Gedenkstätte für den größten Tiroler Dichter. Mag sein Schloß auch in Trümmer gesunken sein, mag auch die heute wiederhergestellte Gedenktafel des Wolkensteiners in dunkler Zeit von freventlicher Hand zerschlagen worden sein — der Geist Hauensteins wird leben, solange es das Wort „Tirol" noch gibt.

Im Gegensatz zu Walther von der Vogelweide gibt es über den Wolkensteiner ein verhältnismäßig reiches Quellenmaterial, dessen aufschlußreichster Teil die Gedichte des Ritters selbst sind. Wie bereits vermerkt, ist das Grab des 1445 verstorbenen Oswald im Kreuzgang des Klosters Neustift (in das er sich schon 1411 eingepfründet hatte) nicht mehr mit Sicherheit auszumachen. Die L i t e r a t u r über Oswald ist fast unübersehbar; anläßlich der Feierlichkeiten zum (vermutlichen) 600. Geburtstag Oswalds im Jahre 1977 erschien im Verlag Athesia eine auf den neusten Forschungen fußende Biographie des Wolkensteiners aus der Feder des in Innsbruck tätigen Dozenten Dr. Anton S c h w o b (3. Aufl. 1979), durch welche die an sich wissenschaftlich einwandfreie, jedoch veraltete Oswald-Biographie eines Nachfahren des Dichters, Arthur Graf von Wolkenstein-Rodenegg (1930), vollwertig ersetzt wird. Bereits 1977 erschienen die Referate der großen philologisch-musikwissenschaftlichen Wolkensteiner-Tagung in Neustift (Athesia, Bozen, Herausgeber Egon Kühebacher; vgl. auch das Lit.-Verz. unter dem Stichwort Mück, Hans Dieter). Besondere Beachtung verdienen auch die Arbeiten des ehem. Innsbrucker Germanisten Karl Kurt Klein, der leider vor der Vollendung seiner geplanten Wolkensteiner-Biographie starb; sein Erbe hat der oben genannte A. Schwob angetreten und würdig weitergeführt. — Nachdem schon Norbert Mayr (Schlern-Schrift 215, Innsbruck 1961) nachgewiesen hatte, daß der Name Sabine für die buchstäblich unsterbliche Geliebte des Wolkensteiners falsch ist (irrtüml. genealogische Lesart), sah er in Sabine eine Barbara von Hauenstein. Schwob hingegen weist nach, daß das Mädchen, das einmal als die „Hausmannin" in den Liedern vorkommt, Anna Hausmann hieß und nur am Rand in den Hauensteinischen Erbschaftsstreit verwickelt war, wodurch auch ihre Beziehung zum Herzog sehr fraglich geworden und sie selbst noch immer nicht recht faßbar geworden ist. — Außer der Wissenschaft hat sich auch die schöngeistige Literatur wiederholt mit der Gestalt des Wolkensteiners befaßt; von all diesen Versuchen muß der Roman des in Sankt Konstantin ansässigen Dichters Hubert Mumelter (siehe unten) als Buch von unerhörter dichterischer Gestaltungskraft und kongeniales Werk an erster Stelle genannt werden. Zum 50. Geburtstag Mumelters schuf Gunther Langes aus der Thematik des Wolkensteiners ein Festspiel, „Spiel um Mitternacht", das 1946 in Seis am Schlern aufgeführt wurde (vgl. Literatur-Verz.). — Im Zusammenhang mit Hauenstein muß auch einer der schönsten bronzezeitlichen Funde erwähnt werden, der im Eisacktal je getätigt wurde: Es ist das sog. H a u e n s t e i n e r S c h w e r t, eine wahrhaft königliche Waffe, die 1919 von Holzarbeitern unweit der Burg, an der Mündung der sog. Wolfsschlucht zwischen Mull und Jungschlern, gefunden wurde (hiezu Innerebner in „Schlern", Jg. 1951, S. 330 ff., mit Abb.).

Von rein burgenkundlichem Interesse ist ein Besuch der nahe gelegenen Ruine S a l e g g, die von nirgends her mehr sichtbar ist, da ihr Turm eingestürzt ist und die Trümmer vom Wald überwuchert werden.

Man erreicht den Platz von dem unterhalb liegenden großen Hotel „Salegg" aus, das in einer Querung von Hauenstein her gewonnen wird (Weg 3); das ehemals größte und eleganteste Hotel von Seis ist heute Sitz einer Ferienkolonie und nicht öffentlich zugänglich. Ein Weg 3 b führt von hier in einer Viertelstunde zur Ruine, die einst Sitz der gleichnamigen Herren war. Ähnlich wie bei Hauenstein sind kulturbewußte Kreise in Seis auch um die Rettung dieser Mauerreste vor dem gänzlichen Verfall bemüht. So sind für das Jahr 1977 als Wolkensteiner-Jubiläumsjahr wirklich Taten gesetzt worden, die des großen Tirolers würdig sind. — Vom Hotel führt, in schönster und aussichtsreichster Wanderung ein Weg 2 quer am Waldhang hin bis zum Völser Weiher (1 Std. Gehzeit ab Salegg). Dieser W a n d e r w e g zählt zu den schönsten der Gegend, vor allem auch wegen der unmittelbaren Einblicke in die wilden Wände des Schlernmassivs. Bevor wir uns aber auf diesem Weg über die Gemeindegrenze begeben, müssen wir von Seis aus der Seiser Alm und natürlich auch dem Schlern einen Besuch abstatten.

SEISER ALM UND SCHLERN. Seehöhe von 1800 bis 2100 m; ab Seis (bzw. Sattel zwischen Seis und Kastelruth oder auch vom Dorf direkt) asphaltierte Autostraße, 6 m breit, die im Winter freigehalten wird, 10 km (bis Parkplatz Hotel „Bellavista" am Westrand der Alm); die Benützung der weiterführenden, landwirtschaftl. Straße ist zwischen Frühjahr und Herbst bei Strafe untersagt (Ausnahme für Zu- und Anfahrt der Gäste); aus dem Grödental ist die Verbindung ab St. Ulrich durch eine leistungsfähige Seilbahnanlage gegeben und ebenso mittels einer Straße durch das Jendertal (im Sommer ebenfalls gesperrt). — Am Parkplatz „Bellavista" ist in den letzten Jahren ein regelrechtes Hoteldorf entstanden, in dem vor allem im Winter großer Verkehr herrscht (in der Saison Postamt, Postleitzahl 39040); die Seiser Alm gehört zum größten Teil zum Gemeindegebiet von Kastelruth und hat eine Vielzahl von altbekannten und zum Teil in allerjüngster Zeit entstandenen Hotels und Pensionen. Berühmtes Skigebiet mit insges. zwölf Sessel- bzw. Gondellifts und an die fünfundzwanzig Skilifts aller Längen und Schwierigkeitsgrade. — Auskünfte durch die Fremdenverkehrsämter Kastelruth, Seis, Sankt Ulrich bzw. St. Christina in Gröden. Meldestelle für alpine Unfälle in der Pension „Urthaler" am Hauptparkplatz. —

Die Seiser Alm gilt nicht allein als die größte Alm Europas (fast 60 Quadratkilometer), sondern auch als die schönste. Gunther Langes nennt sie *eines der dolomitischen Wunder;* leider ist es nicht gelungen, dieses Wunder wirksam vor Verbauung zu schützen, und so kam es, daß ein Teil dieser schönen Hochfläche zur unschönen Hotelkolonie geworden ist. Es sind jedoch Bemühungen erfolgreich gewesen, den südlichen, gegen Schlern und Roterdspitz hin reichenden Teil der Seiser Alm zusammen mit dem gesamten Schlernmassiv zu bewahren und vor weiterer Verbauung zu schützen. Hier soll die w e l t b e r ü h m t e F l o r a (Hochblüte Mitte Juni bis Mitte Juli) und das wunderbare Bild der altersbraunen Heuhütten vor der Silhouette von Schlern und vorgelagerter Euringer- und Santnerspitze rein erhalten bleiben; aber auch anderwärts wird der Bergwanderer trotz aller Übererschließung noch immer zauberhafte Winkel finden, Almwiesen, zirbenbestandene Inseln und urtümliche Sennhütten („Schwaigen"), wo das anspruchslose Leben der Berghirten noch so echt und glückhaft ist wie vor Jahrhunderten.

Der „Castelrutterische Seiser-Almb-Zetl" ist eine sehr alte, bis auf das 15. Jahrhundert zurückreichende Schwaigordnung, die zu zwei Dritteln die Almgerechtsame der Seiser Alm für die

Höfe am Kastelruther Berg regelte. Durch sie wurden auch Ordner und Aufseher („Saltner") bestimmt; der Name lebt noch in der „Saltnerschwaige" fort, die am Weg von der Alm zum Schlern (Nr. 10/5) liegt. Heute noch kann man an die 70 Schwaighütten mit etwa im ganzen 400 Heuhütten („Dillen") zählen. Während früher das Heu der Seiser Alm im Winter mit Schlitten zutal gebracht wurde, geschieht der Transport heute über landwirtschaftliche Nutzungswege und über die Straße vorwiegend mit Traktoren; den Wintergästen stehen jedoch Schlittengespanne zur Verfügung.

Berühmt ist neben der Flora auch der M i n e r a l i e n r e i c h - t u m der Seiser Alm, vor allem im Gebiet von Tschapit und an der sog. „Frommer-Lahn". *Das Ineinandergreifen des aus Meeresablagerungen entstandenen Dolomitkalkes und der vulkanischen Lavamassen des Melaphyrs und Augitporphyrs mit ihren Zwischenschichten aus dem geologischen Mittelalter der Trias schuf eine reiche Vielfältigkeit der Gesteinsarten. Auch sind sehr viele schöne Versteinerungen zu finden* (Kiene).

Wurde derart die Seiser Alm früher hauptsächlich im Sommer von Bergwanderern, Botanikern und Mineralogen besucht, so hat sich heute das Hauptgewicht eindeutig auf den Winter verlagert. Tatsächlich ist die Seiser Alm nicht allein ein landschaftlich großartiges, sondern auch ein für jeden Skiläufer i d e a l e s W i n t e r s p o r t g e b i e t mit allen hiezu erforderlichen technischen Einrichtungen. Aber auch hier gilt, daß der Skitourist noch lange Zeit abseits der vielbefahrenen Pisten die Stille und Erhabenheit dieser Bergwelt wird genießen können.

Um diese letzten Oasen vor dem Zugriff der Übererschließung zu retten, wurde im Auftrag der Südtiroler Landesregierung schon 1972/73 ein Gebietsplan für die Seiser Alm erstellt, der die bereits bebauten Gebiete reguliert. Der Südteil der Alm jedoch, südöstlich einer Linie Spitzbühel-Goldknopf einschließlich des gesamten Schlernmassivs mit Tschafatsch-Zug und Tschamintal wurde 1975 zum N a t u r p a r k S c h l e r n erklärt; dies bedeutet vollkommenen Naturschutz unter Respektierung der landwirtschaftlichen Nutzung und der traditionellen Forst-, Jagd- und Fischereirechte. — Diese Maßnahme hat viel Staub aufgewirbelt, vor allem unter denen, die ihre weiteren Spekulationen mit dem Allgemeingut „Landschaft" in Frage gestellt sahen. Die Haltung der Bevölkerung war zwiespältig zwischen begeisterter Zustimmung (Alpenvereine, Heimatpflegevereine usw.) und scharfer Ablehnung (Fremdenverkehrsverbände, auch Gemeinden, da — angeblich — die Interessen der Bauern beeinträchtigt würden). — Die Zeit hat jedoch bereits erwiesen, daß nur mehr rigoroser Naturschutz dieses Juwel Südtiroler Landschaft retten konnte;

schon einmal hatten sich die Gegner des Naturschutzes bekehren lassen — nachdem die Gastwirte zunächst gegen die Straßensperrungen Sturm liefen (1970), dann aber erkannten, daß dies ihren Vorteil bedeutet hatte — und heute ist man ebenso allseits mit der Lösung des Naturparkes voll und ganz zufrieden.

Die zahlreichen W a n d e r w e g e, die von der Seiser Alm nach Gröden, ins Fassatal und in die Langkofelgruppe führen, können nicht mehr Gegenstand dieses Buches sein. Wohl aber soll hier kurz der viel begangene, leichteste und auch kürzeste von allen Wegen angegeben werden, der vom Ende der Seiser-Alm-Straße (1870 m) zum S c h l e r n (2564 m; Schlernhaus 2457 m) führt:

Ab Parkplatz „Bellavista" folgt man der Nummer 10 (rot-weiß), die zunächst ein Stück der Straße zum Hotel „Goldknopf" entlang führt und diese bald nach rechts (Süden) auf die Wiesen verläßt (Mark. hier auf Holzpflöcken); man geht nun geradewegs auf die Ostflanke des Schlerns zu und sieht von hier aus jene Serpentinen, die den Steilhang bergan führen. Nur kurzer Abstieg zur Saltnerschwaige (Jausenstation), Überquerung des Frötschbaches (nunmehr Nr. 5) und jenseits in insges. etwa 3 Std. auf gutem, sicheren Weg zum S c h l e r n h a u s.

Das Haus wurde 1885 von der Sektion Bozen des szt. D. u. Ö. Alpenvereins erbaut und später mehrfach vergrößert, auch um ein Nebengebäude, so daß man heute vielfach von den „Schlernhäusern" spricht. Das Haus wurde 1923 wie alle Schutzhütten enteignet und ist heute Eigentum der Sektion Bozen des *Club Alpino Italiano;* erst vor wenigen Jahren wurde der heutige Südtiroler Alpenverein für diese Enteignung finanziell entschädigt, doch war ein Rückkauf des Schlernhauses leider nicht möglich. Der *Club Alpino* hat das Haus jedoch schon seit Jahren an aus Völs am Schlern stammende und dort wohnhafte Bergführer verpachtet. Das Schlernhaus ist meist von Anfang Juni bis Anfang Oktober geöffnet und ist mit seinen 120 Plätzen so gut wie nie überbelegt. Auskünfte (auch Winterraum) durch Pächter R. Gasser, Völs (Tel. 7 29 52).

In einer halben Stunde ist von der Schutzhütte aus der Gipfel des Petz (Reste von Hauptdolomit) erreicht. Die Aussicht ist auf weite Runde hin mit der des Rittner Hornes zu vergleichen, gegen die Dolomiten und hier vor allem gegen den Rosengarten jedoch unvergleichlich. Die Nähe der Hütte ermöglicht es hier sehr gut, den Aufgang oder Untergang der Sonne auf dieser beherrschenden Höhe zu erleben. — Man sollte es auch keinesfalls versäumen, den unmittelbaren Tiefblick von den Vorsprüngen des Mull oder, gegen Seis und Kastelruth, von der vorgelagerten Kanzel des Burgstalls aus zu erleben; beide Kuppen sind vom Schlernhaus her weglos gut zu erreichen, doch ist

386

bei Nebel größte Vorsicht geboten. Mit Fug und Recht kann gesagt werden, daß nur der um die Geheimnisse der Landschaft des unteren Eisacktales weiß, der die Pracht der Mittelgebirge und die spielzeugkleinen Dörfer von hier aus einmal gesehen hat. Vom Mull aus kann man an schönen Sommersonntagen zuweilen Kletterer beobachten, die auf die luftigen Zacken der S a n t n e r s p i t z e (2414 m, benannt nach dem Erstersteiger Johann Santner, 1880) oder der etwas niedrigeren E u r i n g e r - s p i t z e (2397 m, nach Gustav Euringer, 1884) steigen. Früher nannte man die Türme „Badlspitzen", nach dem Bad Ratzes, oder auch „Paarlspitzen", weil man von Völs aus alle beide sieht, wogegen die Kastelruther den höheren Turm „Teufelsspitz" nannten. — Die Ersteigung der beiden Türme zählt zu den schönsten Felsfahrten in den Dolomiten und ist sehr schwierig.

Der Name „Teufelsspitz" weist darauf hin, daß am Schlern zahlreiche H e x e n - und T e u f e l s s a g e n beheimatet sind (M. Meyer, vgl. Lit.-Verz.). Die „Schlernhexen" aber sind Salige, die damals gelacht und gespottet haben, als der kleine König Laurin von Dietrich in die Gefangenschaft geführt wurde; seither blühen sie als Blumen, immer noch schön, aber der Fluch Laurins bewirkt, daß sie nach der Blütezeit graue Zottelhaare tragen müssen. — Tatsächlich ist die „Schlernhex" (Alpengrasnelke, *Armeria alpina*) hier weit verbreitet, doch darf der ganze Schlern als *Repräsentant der Dolomitenflora* (Dalla Torre) überhaupt gelten.

Auf einen weiteren Zusammenhang mit den Sagen sei noch kurz verwiesen: Im Jahre 1945 fanden Bozner Heimatkundler im Bereich der Schlernhochfläche späteisenzeitliche Gefäßscherben (Laugener Typus) und eine frühlatènezeitliche Fibel; rätselhaft machte den aufsehenerregenden Fund eine Münze des röm. Kaisers Valens (364—378 n. Chr.); seither ist umstritten, ob der Schlern nun als Hochweide schon in prähistorischer Zeit diente oder ob hier gar eine Dauersiedlung mit Kultstätte anzusetzen ist. Auch neuerdings wurden — allerdings anläßlich verbotener und unfachmännischer Grabungen — weitere Funde getätigt. (Über die Funde des Jahres 1945 K. M. Mayr in „Schlern", Jg. 1946, S. 9 ff. und über den neuesten Stand der Dinge Paul Mayr ebda., Jg. 1972, S. 4 ff.). — Der N a m e des Berges ist noch nicht eindeutig geklärt, doch wird man K. F. Wolff zustimmen können, wenn er auf ein ladinisches *sala* (Wasserlauf, Rinne) verweist, das auch mit dem Suffix *saléra* belegt ist; Oswald von Wolkenstein schrieb noch *saléren*. Tatsächlich rinnt das auf der Hochfläche nach Gewittern angesammelte Wasser in mächtig rauschenden *Rinnen* allenthalben durch die Flanken des Berges. — Schließlich sei noch erwähnt, daß dem prähistorischen Heiligtum auf dem Schlern ein christliches nachfolgte, und zwar etwa einen Kilometer südöstl. unterhalb des Schlernhauses die K a s s i a n s k a p e l l e, ein schlichter Bau mit Dachreiter und zwei Glocken; die Innenausstattung ist einfach (der Viehpatron St. Leonhard mit der Kette, der selige Heinrich von Bozen, eine Gedenktafel an Graf Peter Forni, der 1905 im Wilden Kaiser abgestürzt ist und weitere Gedenkbilder für im Schlerngebiet abgestürzte Bauern und Bergsteiger). — Alljährlich wird am 13. August ("Schlernkirchtag") hier eine hl. Messe gelesen, und danach feiern die Bergsteiger und Hirten noch ein kleines Fest.

Zum Abstieg wählen wir nun entweder den Weg 1 zum Völser Weiher und nach Völs oder wieder ein Stück unseren Weg zurück; vor Überschreitung des Frötschbaches jedoch zweigt man nach links auf die den ganzen Berg überschreitende Nr. 1 ab und erreicht — in 2 Std. ab Schlernhaus — die idyllisch gelegene Alp S c h l e r n b ö d e l e (1726 m) mit einer einfach bewirtschafteten Schutzhütte des Südtiroler Alpenvereins, der Sektion Bozen gehörend, die auch gegenüber auf der Seiser Alm (Puflatsch) ein Jugendheim erbaut hat. Die Hütte ist ungefähr zur gleichen Zeit wie das Schlernhaus bewirtschaftet und hat 20 einfache Lager.

Der Platz dieser Hütte gehört zu den schönsten in den gesamten Dolomiten, da hier wiederum Weichheit und Weite der Linien von Seiser Alm und Ritten in schroffem Gegensatz zu den wilden Wänden von Santner und Euringer stehen. Hier und an der sich unmittelbar über der Hütte aufsteilenden Burgstallkante hat so mancher Bergsteiger sein Leben geopfert; in einer kleinen Kapelle neben der Hütte ist ihnen eine Gedenktafel gesetzt worden. Die Madonnenstatue in der Kapelle stammt von der Bozner Bildhauerin Maria D e l a g o. Im Abstieg vom Schlernbödele scheinen Santner- und Euringerspitze immer wilder emporzuwachsen; sie brauchen — von hier aus gesehen — den Vergleich mit der berühmten *Guglia di Brenta* nicht zu scheuen. — In einer Stunde ist Bad Ratzes, in einer weiteren der Ausgangspunkt Seis erreicht. — Wer sein Fahrzeug auf der Seiser Alm zurückgelassen hat, kann dorthin den Omnibus benützen. Neben der neuen Straße verläuft, sehr malerisch und mit schönen Blicken zur gegenüberliegenden Santnerspitze, der mit Nr. 4 gut markierte alte F u ß - w e g auf die Seiser Alm; auf halbem Weg lud früher das Alpengasthaus „G s t a t s c h" zu weitblickender Rast (1460 m); es ist 1975 abgebrannt und heute eine Art Grandhotel.

Weiter führt unser Weg gegen Süden, zu Füßen des Schlerns, entweder auf dem bereits erwähnten Waldweg (Nr. 2 ab Salegg) oder auf der Autostraße in Richtung Völs; nach etwa 3 km Fahrt führt die Straße über den ausgetrockneten Lauf eines Wildbaches, der von den Schlernwänden herabzieht, den sogenannten S t r a s s e r g r a b e n; er bildet die Gemeindegrenze zwischen Kastelruth und Völs. Tiefer unten im Tal sieht man die Schwalbenschwanzzinnen der Ruine Aichach — hier herauf zog auch die Grenze zwischen dem Königreich Bayern und Napoleons Königreich Italien und von hier weiter über den Schlern. Nichts erinnert mehr an diese Zeit und schon nimmt alles Sinnen und Trachten das in seiner Lieblichkeit am Weg träumende Kirchlein S a n k t K o n s t a n t i n (914 m) gefangen. Die gotische Kirche mit ihrem hübschen Zwiebelhelm vor den Schlernwänden auf grünem, birkenbestandenem Hügel — das ist ebenbürtig drüben in Seis zu Sankt Valentin und wiederum letzte Harmonie von Natur und Kunst, wiederum feiner Hauch und Melodie der Landschaft auf den Höhen über dem Tal des Eisacks. —

Die 1281 erwähnte Kirche wurde 1506 zum *zierlichsten spät-gotischen Gotteshaus der ganzen Gegend* (WG) aus älteren Beständen (Turmsockel, Langhausmauern) umgestaltet. Der riesige Christophorus an der Außenwand (Anf. 15. Jh.) ist fast zerstört, der Hochaltar seiner Skulpturen entblößt (deponiert im Pfarrwidum Völs), da auch hier geradezu serienweise eingebrochen wurde, wobei die Diebe beim letzten Raubzug (1974) auch das Hochaltarbild aus der Hand des Meisters der Sterzinger Pfarrkirche, Adam M ö l k h (1762), aus dem Rahmen schnitten; das Steinrelief an der rechten Wand des Langhauses, das einen Heiligen (Konstantin?) darstellt, der einen Knaben aus dem Rachen eines Wolfes befreit, wird am Anf. des 15. Jh.s datiert. — In der gepflegten Kirche wird während der Sommermonate für die Feriengäste an den Sonntagen eine hl. Messe gelesen. Für die übrige Zeit Schlüssel im Völser Pfarrhaus. — Als wichtiges prähistorisches Fundstück der Gegend (Kaschelerhof, 1933 ausgepflügt) sei ein spitznackiges S t e i n - b e i l aus Nephrit erwähnt, das Leonhard Franz in „Schlern", Jg. 1946, S. 213, beschreibt (mit Abb.).

Zwischen Buschwerk und Waldstücken versteckt finden sich im Weiler Sankt Konstantin mehrere Sommerfrischhäuser und eine größere Pension. Der Platz wurde schon früh von Bozner Sommerfrischlern aufgesucht, die sich um den Mittelpunkt des typischen Bauerngasthauses „Gschlieder" (heute Hotel „Schlern") zu sommerlicher Lustbarkeit trafen und von hier aus auch das Schlerngebiet touristisch erschlossen haben.

In einem dieser Häuser lebt der Südtiroler Dichter und Maler Hubert M u m e l t e r; der literarische Durchbruch gelang ihm mit seinem Roman „Zwei ohne Gnade", der das Schicksal des Oswald von Wolkenstein und der Sabine Jäger zum Thema hat und aus eigenem Erleben schöpft. In seinen übrigen Romanen, Gedichten und nicht zuletzt auch in seinen feinen Aquarellen ist Mumelter der unermüdliche Künder von der Schönheit der rätischen Welt und ihrer Berge. — Der 1896 in Bozen geborene Dichter wurde 1964 mit dem Kunst- und Kulturpreis „Walther von der Vogelweide" und 1971 mit der Ehrenbürgerschaft der Gemeinde Völs am Schlern ausgezeichnet.

Von Sankt Konstantin aus wird der Wanderer jenen Fahrweg wählen, der in der Nähe des Kirchleins gegen den Schlern hin abzweigt und durch schütteren Föhrenwald in einer halben Stunde zur Waldlichtung führt, in der sich das Juwel des V ö l s e r W e i h e r s (1036 m) verbirgt. Zu sehen, wie sich im frühen Morgenlicht, im Glast des Mittags oder im brennenden Rot des Sonnenunterganges der Schlern im seerosenbestandenen Moorwasser spiegelt, gehört zu den schönsten Bildern, die uns auf der Wanderfahrt vom Brenner bis Bozen begegnen können.

Der Völser Weiher ist, zusammen mit dem etwas tiefer liegenden „Gflierer-Weiher", der letzte von jenen künstlichen Teichen, die vermutlich von den Herren von Völs-Colonna, die auf Schloß Prösels residierten, zur Karpfenzucht angelegt worden sind. Die Geländemulde unterhalb der Schlern-Westwände eignete sich dazu sehr gut, und erst in unseren Tagen hat die Völser Beregnungsgenossenschaft etwas höher ein Reservoir für die Druckrohrleitung zum Dorf aufgestaut. Gespeist wird dieses Becken hauptsächlich vom Wasser der S c h l e r n b l u t - Q u e l l e, einem Wasserstrahl, der unmittelbar am Fuß gelber Wände zutage tritt und zwar jahraus, jahrein in der gleichen Stärke, gerade so, als ob er von einem See im Berg gespeist würde.
Obwohl der Völser Weiher fast zur Hälfte zugewachsen ist, bietet der übrige Teil eine schöne und beliebte Bademöglichkeit und im Winter eine Natureisbahn in schönster Bergumrahmung. In den letzten Jahren war der Weiher durch ringsum parkende Autos und die dementsprechende Verschmutzung sehr gestört, ja geradezu entwürdigt. In allerjüngster Zeit (Juli 1973) sind nun endlich Maßnahmen getroffen worden, dieses durch Flora und Fauna einzigartige Biotop rigoros wiederum zu Fußgängerzone und Schutzgebiet zu machen, was mit einigem Erfolg geschehen ist. — Das alte W e i h e r g a s t h a u s war zur Erschließungszeit der Schlernwege noch ein richtiges Schutzhaus und hat sich diesen urtümlichen Charakter bis heute bestens bewahrt. In seinem Speisesaal hängen Bilder mit köstlichen Darstellungen der Laurinssage im Jugendstil, aus der Hand des Bozner Meisters Ignaz S t o l z. Von den vielen Malern und Literaten, die gerne in der stimmungsvollen Atmosphäre dieses Hauses weilten, nennen wir den Wiener Dramatiker und Erzähler Arthur S c h n i t z l e r (1862—1931); Büh-

nenanweisungen für das Stück „Das weite Land" haben Bezug auf die Landschaft des Völser Weihers, in dessen Bereich Teile des Schauspiels geschrieben wurden. — Am anderen Ende des Weihers steht die neu erbaute Pension „W a l d s e e" mit Gästehaus nebenan. Beide Häuser haben Autozufahrt, und zwar das alte Haus über eine von St. Konstantin ausgehende Straße (Tafel) und die Pension „Waldsee" (Hallenbad, Tennis) über eine Forststraße, die beim Weiler St. Anton (siehe unten) von der Verbindungsstraße Seis—Völs abzweigt (ebenfalls Wegweiser).

Von Völs ausgehend führt am Völser Weiher vorbei der alte Schlernweg durch die S c h l e r n s c h l u c h t; er berührt die oberhalb des Weihers gelegene T u f f - A l m (1274 m, im Dialekt *tuuf),* eine im Sommer einfach bewirtschaftete Sennhütte, fälschlich als „Duftalm" bezeichnet, und führt an den Westwänden des Schlerns (hier zuweilen, am sog. „Schäufelesteig", die schwarze Abart der Kreuzotter, *var. prester,* „Höllenotter") aufwärts, um dann in die Schlucht einzubiegen; diese wildromantische Klamm ist für den Viehtrieb durch einen Knüppeldamm gangbar gemacht. An ihrem Ende steht die im Sommer meist bewirtschaftete S e s s e l s c h w a i g e (1919 m), von der man, in insges. 3½ Std. ab Völser Weiher, das Schlernhaus erreicht (Mark. durchgehend Nr. 1). —

Im Abstieg vom Völser Weiher passiert man den stattlichen Ansitz Z i m m e r l e h e n, in dessen Turm hübsche Jagdszenen als Wandmalereien zu sehen sind. Im Erdgeschoß eine einfache Kapelle, in der einst ein wertvoller Emaille-Altar stand, der schon seit längerer Zeit im Museum Ferdinandeum in Innsbruck verwahrt wird. Die Kapelle und die Malereien stammen aus der Zeit um 1580, als die Herren von Khuepach den 1336 als brixnerisches Lehen erwähnten Ansitz ausbauten. In neuerer Zeit kaufte ein Altertumshändler den ganzen Komplex, um in den Besitz des Emaille-Altars (Limousiner Arbeit) zu kommen, doch konnte ein geplanter Verkauf des wertvollen Altares nach Amerika verhindert werden. — Zimmerlehen ist heute bäuerlicher Besitz; zu den Fresken vgl. Helmut Stampfer in „Schlern", Jg. 1976, S. 35 ff., mit Abb.; hier wird nachgewiesen, daß die exotischen Jagdszenen ihr Vorbild in holländischen Stichen haben, die Philipp Galle nach Zeichnungen des Hans Bol 1582 in Antwerpen gefertigt hat.

Von den Wiesen um Zimmerlehen aus ist schon längst das stattliche Dorf Völs sichtbar. Wer sich den lohnenden Umweg über den Völser Weiher nicht gegönnt hat und auf der Straße geblieben ist, nähert sich dem auffallend burgartig gelegenen Dorfkern vom Weiler S a n k t A n t o n her, dessen 1712 geweihtes Kirchlein 1964 und 1971 vollkommen ausgeplündert wurde.

391

VÖLS AM SCHLERN. Seehöhe 880 m; ab Seis 7 km — nach Bozen 15 km asphaltierte Straße, 6 m breit, max. Gefälle 11%; regelmäßiger Autobusdienst; die nur auf Fußweg (Nr. 1) erreichbare Eisenbahnhaltestelle im Tal (Weiler Steg) wurde 1966 aufgelassen. — Völs ist Sitz der gleichnamigen Gemeinde mit den Fraktionen Sankt Konstantin, Ums, Aicha, Prösels und einem Teil von Blumau mit insges. rund 2167 Einw., davon 119 Italiener und 4 Ladiner. — Post- und Telegraphenamt (Postleitzahl 39050). — Mech. Werkstätte, Taxi, Tankstellen; mehrere gute Gasthöfe, darunter das geschichtlich bemerkenswerte Turmwirtshaus und das kulturhist. bedeutsame Gasthaus „Heubad" (die Heubäder früher im heutigen Gasthof „Rose" („Wenzerwirt"). — Über die heute noch von Einheimischen und Gästen eifrig gebrauchte Praktik des „Heubadens" vgl. Seite 397. — Außer diesen Häusern gibt es zahlreiche Pensionen und Fremdenzimmer, teilweise auch in schönen alten Bauernhöfen, wie „Schlun" und „Moar" in Obervöls (siehe dort). — Für den Wintersport Möglichkeiten zum Skiwandern, Natureisbahn am Völser Weiher, ebendort Rodelbahn und Möglichkeit zum Eisschießen (internationale Bewerbe); regelmäßige Verbindung zur Seiser Alm (17 km); Badegelegenheit am Völser Weiher und in mehreren hoteleigenen Schwimmbädern; Trimm-dich-Weg am Völser Weiher. Orientierungstafel am Kirchplatz, Bergführer im Ort. Auskünfte durch Fremdenverkehrsverein Völs am Schlern. — Das Wappen ist jenes der Freiherren von Völs und Prösels, in dem auch die römische *colonna* geführt wird (vgl. hiezu den Abschnitt über Schloß Prösels). — Völs unterhält ein Partnerschaftsabkommen mit der Stadt Friedberg bei Augsburg. — Jahresmittel 8,7 °C.

Seit in den fünfziger Jahren aus dem Eisacktal eine neue und gute Straße nach Völs gebaut worden ist, hat das ehemals sehr abgelegene und nur auf dem Umweg über Waidbruck und Kastelruth mühsam erreichbare Völs einen großen Aufschwung genommen. Die ursprüngliche ländliche Sommerfrische, die von den Kaufherren am Ritten immer ein wenig als zweitrangig eingeschätzt wurde, ist heute weit vorgerückt und gehört zu den schönsten Feriengebieten des Landes. Touristisch gesehen war Völs schon immer bedeutend, als Talort zum Schlern und als Kreuzungspunkt vieler Fußwege, die aus der Talsohle durch die sonnigen Riedhänge herauführten und weiterleiten zu Schlern und Rosengarten. Das Klima der Gegend ist für Erholungsuchende so ideal, als es nur sein kann; während man sich auf der nahen Seiser Alm noch auf den Skiern tummeln kann, zieht im Völser Ried schon der Frühling ein, und wenn der Bozner Talkessel unter der Hitze der Hochsommertage stöhnt, dann macht die Völser Gegend ihrem Namen als Sommer-„Frische" alle Ehre. Diese in jeder Hinsicht hervorragende Lage mag dazu beigetragen haben, daß uns auch über diese Gegend zahlreiche Zeugnisse ihrer schon früh einsetzenden G e s c h i c h t e vorliegen.

Die Umgebung von Völs steht dem Ritten an Dichte der prähistorischen Besiedlung kaum nach; Innerebner hat für das Gebiet 20 nachgewiesene und 9 vermutete Stationen aufgezählt. Gerade hier konnte die Forschung für längst Vermutetes Bestätigung finden, als im April 1945 durch Bombenabwürfe amerikanischer Flieger die Erde aufgerissen wurde und Pfeilspitzen, Fibeln, Spangen und Tonscherben zutage kamen; von der Universität Padua wurde daraufhin die Großsiedlung am heutigen Peterbühel systematisch freigelegt — dort, wo nach der Volksüberlieferung einst ein Sonnentempel gestanden sein soll. Innerebner denkt hiebei an eine ehemalige Ortungs- und Kalenderstätte. — Dieser frühen Bedeutung des U r z e i t -r a u m e s „Völs" folgt eine frühe urkundliche Erwähnung, und zwar 888 *in loco Fellis* (Huter); der davon abgeleitete N a m e Völs ist umstritten. Schneller denkt an *Novelles* - „Neusiedlung", Tarneller wollte althochdeutsch *felis* als naheliegende Wurzel für unser „Fels" ansehen und dachte daran, daß die Bajuwaren des gewaltigen Schlerns wegen einen älteren Namen zugunsten von „Fels" abgeändert hätten, wieder andere (Steub) plädierten für eine etruskische Wurzel. Zu bedenken ist jedenfalls, daß heute noch die Hälfte aller bestehenden Hof- und Flurnamen auf das Rätoromanische zurückgeht *(Salmséin, Miól, Martschún* usw. usw.; auch der Bergname *Tschafón* gehört hierher). — Alles deutet jedoch darauf hin, daß die Kolonisierung und Rodung durch die Bajuwaren auf friedlichem Wege vor sich ging. — Die einstmals sehr große P f a r r e Völs, die auch Tiers, Steinegg und Welschnofen umfaßte, wurde 1257 dem Chorherrenstift Neustift übergeben und wird heute noch seelsorglich von dort aus betreut. Völs, Schenkenberg (siehe S. 401) und Tiers waren bis zur bayrischen Herrschaft selbständige Gerichte, kamen 1810 alle zu Bozen, doch wird Völs 1817 wiederum ein eigenes Landgericht, das aber bald zu Kastelruth geschlagen wird. Über die bedeutende Rolle, die den Freiherren von Völs-Colonna in der Geschichte des Ortes zufällt, wird noch unter Schloß Prösels die Rede gehn. — Aus der späteren Geschichte des Ortes soll der H e x e n p r o z e ß des Jahres 1510 erwähnt werden, der in der damais üblichen Weise gegen neun angesehene Bäuerinnen geführt wurde. Er ist der älteste aus Tirol überlieferte Prozeß dieser Art, und seine Akten sind z. T. noch erhalten. Die Akten sagen nicht aus, ob die Urteile vollstreckt wurden, aber es ist mit Sicherheit anzunehmen, daß die „Hexen" verbrannt wurden. Solche Vorkommnisse mögen nicht unbeteiligt daran gewesen sein, daß der B a u e r n a u f s t a n d des Jahres 1525 auch in Völs hohe Wellen schlug; der Widum wurde geplündert, Schloß Prösels besetzt. Nach Niederwerfung des Aufstandes hatten die Bauern hohe Bußgelder zu zahlen; sechs von ihnen, darunter der Rädelsführer Hans Fraesen (vom heutigen Frass-Hof im Ried, vermutlich) wurden zum Tod durch Verbrennen verurteilt. — Auch aus dem F r e i h e i t s k a m p f des Jahres 1809 ist eine Episode mitzuteilen: Aus Versehen — Verwechslung der Orte „Völs" und „Vals" — wurde der greise Pfarrherr Johann Schneider gefangen, gefoltert und sollte hingerichtet werden, da er mit den Rebellen gemeinsame Sache gemacht hätte. Als im letzten Augenblick seine Unschuld an den Tag kam, bereitete ihm seine Gemeinde einen triumphalen Empfang (erste Erwähnung einer Musikkapelle); vor Freude soll der Greis angesichts seiner Pfarrkinder, der Aufregung erliegend, einem Herzschlag zum Opfer gefallen sein, was Hermann von G i l m in einem pathetischen Gedicht verewigt hat. Der Historiker Sparber weist allerdings darauf hin, daß der Pfarrer erst zwei Jahre später verschieden ist; er schließt jedoch nicht aus, daß die Aufregung den Greis von stund an gelähmt habe. — Von den Opfern der Gemeinde im Ersten Weltkrieg kündet das Kriegerdenkmal in der Vorhalle der Pfarrkirche, aus der Hand des Meisters Ignaz S t o l z, von den Bomben-Notabwürfen des Z w e i t e n W e l t k r i e g e s, die in Völs (Spital und Armenhaus) und in Seis Todesopfer forderten, war bereits die Rede. Der Pilot eines angeschossenen Flugzeuges rettete sich mit dem Fallschirm, geriet aber in die Felswände des Schlerns und wurde in schwerverletztem Zustand von Jägern und Bergsteigern aus seiner mißlichen Lage geborgen. — Von großer Bedeutung für Völs war die Erbauung des S c h l e r n h a u s e s im Jahre 1885 und die Verbindung zur Brennerstraße durch den Neubau der leistungsfähigen Zufahrt durchs Prösler Ried. Trasse und Einfahrt dieser neuen Straße sind allerdings nicht als geglückt zu bezeichnen; man hätte anstatt den brüchigen Hang zu schneiden zuerst Höhe gewinnen und dann die Weiler Prösels und Ums anschließen können. Auch die Einfahrt in die Brennerstraße ist sehr unübersichtlich und rettungslos überlastet, heute schon, und wird es noch mehr sein, wenn die im Bau befindliche Tierser Straße, die in jene von Völs mündet, einmal durchgehend in Benützung sein wird. Diese neue Straße berührt die Weiler Prösels und Ums wiederum kaum, sondern schneidet zunächst rücksichtslos durch das mit Edelkastanien bestandene Prösler Ried, berührt im weiteren Verlauf die Fraktion Völser Aicha und erreicht von dort in mäßiger Steigung Tiers. —

Abschließend zu diesem kurzen geschichtlichen Abriß sei bemerkt, daß die bebilderte, umfassende Arbeit von Anselm

S p a r b e r über die Pfarrgemeinde Völs die beste ist. Auch B. Mahlknecht behandelt das Gebiet ausführlich, und zwar im Südtiroler Gebietsführer Nr. 16 (Athesia, Bozen 1978). Eine Auswahl der schönsten Wanderungen im Gebiet Völs, Seis, Schlern, Tschafon, Prösler Ried und Tiers mit ausführlicher Beschreibung und jeweils einer Wegskizze gibt der Verfasser in seinem „Südtiroler Wanderbuch" (vgl. Lit.-Verz.). — Außerdem liegt in der Geschäftsstelle des Völser Fremdenverkehrsvereins eine lesenswerte Chronik (Manuskript) aus der Feder des ehem. Schulleiters O. Baumgartner auf, dazu weitere informative Literatur.

Nach diesem Rückblick in die Geschichte der Gegend von Völs haben wir Zeit, uns in dem burgartig gelegenen Dorf umzusehen. Noch heute haben Pfarrkirche und Friedhofskapelle mit den umstehenden Häusern den Charakter einer wehrhaften, durch gewaltige Mauerterrassen abgestützten Kuppensiedlung. Diese Anordnung gibt dem Dorf einen schönen, geschlossenen K i r c h - p l a t z in harmonischer Anordnung. Wir betreten den Friedhof nun nicht beim Hauptportal der Kirche, sondern an der Südmauer, neben der Apsis der Friedhofskapelle. Hier bietet sich ein eindrucksvolles Nebeneinander von romanischen und gotischen Bauelementen — zur Rechten die feine Gotik des Südportales der Pfarre, zur Linken die schwere, in gewaltigen Quadern abgesetzte Rundapsis der Friedhofskapelle.

Die P f a r r k i r c h e z u M a r i ä H i m m e l f a h r t ist ein zu Beginn des 16. Jh.s begonnener Neubau an Stelle einer viel älteren Kirche. Die 1515 von Meister S i g m u n d fertiggestellte und um 1550 von italienischen Meistern eingewölbte Kirche nennt Weingartner *eines der schönsten Denkmäler der Südtiroler Spätgotik;* die Kirche wurde am 20. April 1945 durch Bomben beschädigt und bis Ende 1949 wiederhergestellt. Das schöne Hauptportal zeigt die Wappen von Neustift und der Herren von Völs, und ebendieses findet sich an dem bereits erwähnten Südportal. Schönste Zier der Kirche ist der um 1902 neu zusammengestellte F l ü g e l a l t a r, der die Elemente eines Altares enthält, der ursprünglich im nahen Weiler Ums gestanden war und laut Inschrift von Meister N a r z i ß v o n B o z e n stammt (1489); Egg nennt die Arbeit eines der *qualitätvollsten Werke der tirolischen Spätgotik.* Neu ist die Predella, der Aufsatz und der Tabernakel für die große Monstranz, durch den der Schrein bei der Neuaufstellung in nicht sehr vorteilhafter Weise gesprengt wurde. Sonst ist der gesamte Schrein mit Reliefs, mit Verkündigung, Aufopferung im Tempel, Anbetung der Könige hoch zu Roß, mit Kirchenvätern und Evangelistensymbolen sowie mit den Flügelbildern und dem Rankenwerk an der Rückseite das originale Werk des Meisters Narziß, jedoch leider nachträglich z u sorgfältig neu in Gold gefaßt. — Zu Unrecht im Schatten dieses Altares steht

395

das am Triumphbogen hängende, ernste, romanische Kruzifix (13. Jh.), eines der würdigsten Stücke seiner Art weitum. — Orgel und Kanzel sind beschwingte Arbeiten der Barockzeit (Ende 18. Jh.), das Altarblatt am rechten Seitenaltar (neugotisch) und die Kreuzwegbilder sind Werke des Joseph R e n z l e r (1825). Viel bewundert wird auch die Monstranz mit gotischem Turmaufbau, Statuetten und Renaissanceornament (um 1620); außerdem besitzt die Pfarre Völs eine Krippe des Augustin Alois P r o b s t aus Sterzing.

S t. M i c h a e l a m F r i e d h o f hat noch die bereits erwähnte Rundapsis, wohl aus dem 12. Jh. Die Kirche wurde um 1500 umgebaut und erhielt um 1725 den schaurigen Armensünderspruch neben der Apsis. Seit 1980 ist der Oberstock ein sehr gepflegtes P f a r r m u s e u m geworden, in dem nun die zahlreichen, aus den Völser Filialkirchen geborgenen Kunstschätze einen würdigen — und sicheren — Platz gefunden haben; auch wertvolle Fresken kamen zum Vorschein und ein sehr zartes Gewölbe. Hier u. a. der unversehrte gotische Flügelaltar von St. Peter am Bühel; über das Museum erschien 1980 eine Broschüre von Helmut Stampfer.
Ein Wort des Lobes ob seiner prächtigen Lage vor den Schlernwänden ebenso wie wegen der Vielzahl sehr schöner Grabkreuze verdient der F r i e d h o f; er hat außerdem an seiner Südostecke einen Bildstock aus Sandstein eingemauert, eine Arbeit mit *reicher und feiner Gliederung* (WG), gestiftet 1518 von Leonhard von Völs. Der früher über dem Südportal angebrachte Totenschild eines Nachfahren der Herren von Khuepach (gute Nachbildung, 1912) hängt heute in der Kirche. — Schließlich sei noch auf das niedrige und massive Tor an der Ostseite des Friedhofes verwiesen, das einen guten Begriff von der Mauerstärke der einstigen Befestigung des Dorfkernes gibt. Von dieser wehrhaften Anlage kündet auch der im Turmwirtshaus steckende alte W o h n t u r m, dessen gewaltige Mauerdicke in den Gasträumen heute noch zu sehen ist. Der Turm ist bereits 1351 erwähnt und dürfte zeitweilig der Sitz des Gerichtes Völs gewesen sein. — An Kleinplastiken erwähnen wir das hübsche Portal des ehemaligen Wirtshauses „Zur Traube" (heute Metzgerei) sowie einen erst neuerdings wieder aufgestellten gotischen Bildstock am Weg zum „Völser Hof", dessen verblichene Felder modern bemalt wurden. — Zu den Kirchen von Völs vgl. den Laurin-Kunstführer Nr. 25 von E. Theil.

Den Kern der ältesten Siedlung „Völs" stellt jedoch die malerisch gelegene Kuppenkirche S t. P e t e r a m B ü h e l dar, wo sich heute noch die Ringwälle und Trockenmauern der prähistorischen Siedlung deutlich abzeichnen. Der von mächtigen Kastanienbäumen umrauschte Hügel mit Blick auf den Schlern und das Dorf mit seinen prächtigen Fluren ist Inbegriff der reizvollen Gegensätzlichkeit zwischen hochalpiner und weicher, lieblicher Landschaft — einer der s c h ö n s t e n P u n k t e des unteren Eisacktales.

Die in den Grundzügen romanische Kirche (12. od. 13. Jh.) wurde 1489 eingewölbt, der Turm erhöht. Bemerkenswert die südliche Seitentür mit einem Allianzwappen der Völs-Firmian. Am Turm, schwer zu erkennen, eine Steinskulptur (Kopf), ähnlich wie in St. Michael bei Kastelruth und in Ums; vielleicht bezeichnet er die ursprüngl. Höhe des Turmes. — Der gotische F l ü g e l a l t a r (1510, Signatur T. S. M.) ist — wie bereits erwähnt — heute im Pfarrmuseum zur Schau gestellt.

Einen Teil der weitausgedehnten und beherrschenden Siedlung bildet am entgegengesetzten Ende von St. Peter die Häusergruppe O b e r v ö l s, am Fahrweg nach Ums gelegen. Wiederum ist hier die Kirche auf einen landschaftlich reizvollen Hügel gestellt, dessen Hänge in allerjüngster Zeit leider verbaut worden sind; der Kirchplatz jedoch, umstanden von Handwerkerhäusern und begrenzt von der altertümlichen Fassade des Löwenwirtshauses, ist ein Dorfkern für sich, alles verkleinert im Gegensatz zum Hauptdorf und gerade deshalb eine Idylle von unnachahmlichem Zauber. Im weiteren Umkreis liegen die ehemals bischöflichen oder herrschaftlichen Meierhöfe S c h l u n und M o a r mit schönen alten Bauelementen wie Spitz- und Rundbogenportalen, Hallen, getäfelten Decken und schönen Gittern; der turmartige Trakt des Moarhofes scheint auf einen ehemaligen Zehentturm hinzuweisen. Beide Höfe haben schöne Stuben mit echtem, altem Hausgerät und werden auch als Gästeheime geführt. In Obervöls gibt es schließlich noch eine weitere Berühmtheit der Gegend: im gleichnamigen Gasthaus kann man das berühmte V ö l s e r H e u b a d praktizieren.

Alte Leute wissen noch immer vom „Heuliegen" zu erzählen, das früher als Wundermittel galt, wenn man auf den Hochalmen des Schlerngebietes schwer um das begehrte Bergheu zu arbeiten hatte. Es zeigte sich nämlich, daß nach der Übernachtung im frischen Heu alle Müdigkeit wie weggeblasen war; daher ist man schon früher dazu übergegangen, dieses Liegen im frischen Heu als regelrechte Badekur durchzuführen, wie es ja auch im benachbarten Fleims- und Fassatal betrieben wird. Es scheint überhaupt so zu sein, daß diese Kur in den Gepflogenheiten der ladinischen Bauern wurzelt. — Das „Heubad" wanderte nach und nach zu Tal, zunächst in die Sesselalm, dann nach Ums, weiter ins Dorf zur „Rose" und schließlich — nachdem der Südtiroler Arzt Dr. Josef C l a r a das Bad medizinisch „salonfähig" gemacht hatte — in eine eigene Anstalt nach Obervöls, wo der umsichtige alte Merlbauer

Anton K o m p a t s c h e r nach ärztlicher Anweisung das erste Badhaus erbaute, woraus das heutige Heubad mit Gastbetrieb modernisiert, aber immer noch stark traditionsgebunden, entstanden ist. — Dr. Clara hatte erkannt, daß das auf dolomitischem Boden gewachsene, mit zahllosen Alpenblumen und Kräutern durchsetzte Gras von Schlern und Seiser Alm einen ganz intensiven, durch besondere Spaltpilze hervorgerufenen Gärungsprozeß durchmacht, bei dem ungewöhnlich hohe Temperaturen auftreten. Die Heilwirkung dieser Stoffwechselkur gegen Ischias, Rheumatismus, Muskelkrämpfe und Fettleibigkeit wurde nun unter ärztlicher Kontrolle eingesetzt, und ganz allgemein galt und gilt das Heubad heute noch als ein Jungbrunnen für abgehetzte Stadtmenschen, die sich einmal richtig entschlacken wollen. Aber auch die Bauern, und hier vor allem die Überetscher und Unterländer Weinbauern, machen eifrig vom Heubad Gebrauch. Trotz der Modernisierung der Anstalt nach einwandfrei hygienischen Grundsätzen, hat das Heubad noch immer etwas Patriarchalisches an sich, und man kann hier gut die Typen aus allen Schichten des Volkes studieren. Die Zeiten, die Heinrich Noë schildert, sind zwar vorbei: *Stundenlang verweilen die Bauern im Bad, und die Maas Wein, die in Reichweite steht, wird fleißig nachgefüllt. Viele rauchen auch, und wenn die Leute durch diese Kur vielleicht nicht gesund werden, so ist es doch offenbar, daß sie schon eine schöne Ausstattung an Gesundheit mitgebracht haben, um eine derartige allgemeine Anfeuchtung wochenlang hindurch auszuhalten . . .* — Das war vor rund hundert Jahren, aber heute noch ist das Heubad eine Kur, die „Leib und Seele zusammenhält" und manchem Heilung oder zumindest Kurzweil gebracht hat.

Der Vorgang des Bades ist einfach: Der Badegast wird vom „Badreiber" — das schöne alte Wort steht noch in Verwendung — er wird also vom Badreiber in eine tiefe Mulde von frischem, dampfendem Heu eingegraben und gut zugedeckt; nur der Kopf schaut heraus, durch ein Tuch vom Heu abgedeckt. Hier liegt man, je nach Konstitution und Badepraxis so lange, bis sich ein schnellerer Puls bemerkbar macht, also etwa 10—25 Minuten. Der nun völlig in Schweiß gebadete Gast wird in ein Leintuch und in mehrere Decken gehüllt. So verpackt hat er Zeit, im Ruheraum zu liegen und gründlich „nachzuschwitzen". Eine lauwarme Dusche beendet die ganze Prozedur nach etwa insgesamt 1½ bis 2 Stunden. — Die scharfe Kur macht natürlich Hunger und Durst, aber dafür ist im angeschlossenen Gasthaus bestens vorgesorgt. Man sitzt im schattigen Garten, absolviert eine Kegelpartie oder kann auch später im Freischwimmbad „nachkuren". Zur üblichen, aus Wein und Speck bestehenden Tiroler „Marende" gibt es Schüttelbrot, das weitum bekannte „Völser Brötl", das Beda Weber schon 1838 gerühmt hat. — Über die Geschichte des Heubades vgl. die im Lit.-Verz. ge-

398

nannte Arbeit von Hugo A t z w a n g e r, der nicht allein Völs, sondern das ganze Eisacktal in feiner Weise gezeichnet und manches heute längst Verlorengegangene auf diese Weise der Nachwelt im Bild erhalten hat (die meisten Zeichnungen in den Jahrgängen des „Schlern"). — In diesem Zusammenhang sei darauf verwiesen, daß eine Gedenktafel am Haus neben dem Gasthof „Rose" im Dorf an den bekannten Anatomen und Univ.-Prof. Dr. Max C l a r a erinnert, der hier als Sohn des „Heubadarztes" Dr. J. Clara geboren wurde.

Einen außergewöhnlich schönen Blick zu den Schlernwänden hat man von der Veranda des Löwenwirtes aus, am Obervölser Kirchplatz. Die Kirche gegenüber, S t. M a r g a r e t h in Obervöls, wurde im 15. Jh. erbaut und 1600 eingewölbt.

Diese kostbare Kirche wurde 1978 durchgreifend restauriert, wobei die Übermalung von den Gewölberippen genommen und ein fast den ganzen Innenraum umfassendes Freskenensemble freigelegt wurde; es ist mit (Jakob) *Menn maller zu potzn* signiert und entstand zugleich mit der Einwölbung (1600). Der Altar — *eine interessante Mischung von Gotik und Renaissance* (Weingartner) — sowie die Kanzel und die Statuen des Altares (Margareth, Leonhard, Beweinung Christi und Kreuzigungsgruppe) sollen in der Kirche nach der Restaurierung und Absicherung durch eine verläßliche Alarmanlage wieder aufgestellt werden. Damit wird sich diese Kirche in ihrem ganzen Bestand aus der Zeit um 1600 als kostbares, durchaus einheitliches Kunstwerk darbieten.

Nach dieser Runde durch Völs und Obervöls schicken wir uns an, einige der schönen S p a z i e r - und W a n d e r w e g e der Völser Umgebung zu begehen.

Vom Völser Weiher und vom Schlernweg war schon die Rede. Die ehemals vielbegangenen Wege durch V ö l s e r R i e d nach Atzwang (Nr. 2), bzw. zur ehemaligen Völser Haltestelle in Steg (Nr. 1), führen in die schöne, aber meist ziemlich steile Übergangslandschaft zwischen Mittelgebirge und Talsohle; hier liegen die Völser Weinbauernhöfe. Vor allem der nach Steg weisende Weg 1 führt in die wilde Einsamkeit der Steilhänge im Kuntersweg, wo die Zikaden musizieren, wo sich die Smaragdeidechse auf warmen Porphyrfelsen sonnt und wo man beachtliche Exemplare der Äskulapnatter beobachten kann. — Eine der allerschönsten W a n d e r u n g e n im ganzen Land führt jedoch von Völs zum reizend gelegenen Weiler U m s (932 m, Gasth.) und von dort weiter über den Weiler P r ö s e l s (857 m, Gasth.) und durch das P r ö s l e r R i e d nach Blumau an der Brennerstraße:

Nach Ums weist ab Völs eine mit Nr. 4 bezeichnete, teilweise schon asphaltierte Fahrstraße (3,5 km); viel schöner ist es, den im Ortsteil Obervöls beginnenden Fußweg 6 zu wählen, der in

399

angenehmer Wanderung (45 Min.) den in das Tal des Schlern-
bachs geduckten Weiler erreichen läßt. Dieses Ums hat sich
trotz einiger Neubauten seinen rein bäuerlichen Charakter gut
bewahrt. Wie U r z e i t f u n d e (u. a. eine sehr schöne Lanzen-
spitze aus Bronze) beim Schneiderlhof bewiesen, ist auch diese
Stelle schon früh besiedelt worden. Die S t. - M a r t i n -K i r c h e
mit ihrem niedrigen, viereckigen Pyramidendach — die gleiche
Art wie in Prösels — stammt laut Jahreszahl über dem Portal
in ihrer heutigen Form aus dem Jahre 1504. Ein derbes Bild
aus neuerer Zeit zeigt an der Fassade den heiligen Martin hoch
zu Roß mit dem Bettler zu seinen Füßen. Beachtung verdient
auch die Steinskulptur am First des Langhauses, ein böse drein-
blickendes Gesicht, vielleicht mit einem alten Abwehrzauber zu
deuten. Eingewölbt und verlängert wurde die Kirche im 17. Jh.,
vor Feuchtigkeit geschützt wurde sie erst in allerletzter Zeit.
An Stelle des nach Völs verbrachten Flügelaltares findet sich
heute ein barocker Altar (1683) mit einem St. Martin als Altarblatt; es ist dies ein Werk des aus Ums gebürtigen Malers
Anton P s e n n e r (1791—1866), dessen gekonnten und ge-
schätzten Bildern wir in der Völser Gegend noch des öfteren
begegnen. Ein St. Martin aus dem 15. Jh. sowie eine Maria mit
Kind und Kerzenstangen sind derzeit im Völser Pfarrmuseum
zur Schau gestellt. — Ums liegt, wie bereits in den einleitenden
Kapiteln erwähnt, in einer für diese Gegend typischen Klima-
Übergangszone, an der sich Alpenrose und Weinstock fast unmittelbar begegnen. Als n a t u r k u n d l i c h e B e s o n d e r -
h e i t mag der alte Maulbeerbaum beim Trafisölerhof genannt
werden, der letzte Zeuge einer Zeit, in der man wohl auch
hier, in dieser geschützten Lage, Futter für die Seidenraupe gewann; die Früchte werden jedenfalls heute noch von den Kindern geschätzt.

Ein guter Weg (Nr. 3) führt nun von Ums zunächst dem
Schlernbach entlang und biegt dann auf die schönen, von einzelnen Baumgruppen und vor allem von leuchtenden Birken
bestandenen weiten Fluren von P r ö s e l s (857 m). Dieser
ganze, heute noch unversehrte und mit heimlichen Schönheiten
gesegnete Rücken wird gekrönt von der Urzeitsiedlung G r o ß -
s t e i n e g g nahe dem sagenumwobenen S c h n a g g e n k r e u z
(Weg 5 ab Prösels), an dessen Stelle ein ganzer blühender
Bauernhof wegen des gotteslästerlichen Treibens seiner Bewohner versunken sein soll. Viele Spuren deuten auf eine einstmals
dichtere Besiedlung der ganzen Gegend hin.

Aus mittelalterlicher Zeit (12. Jh.) dürfte der oberhalb des
Dorfes noch in seinem Verfall großartige P u l v e r t u r m
von Prösels stammen; die S t. - N i k o l a u s - K i r c h e verrät durch ihre abgesetzte Rundapsis ihre Herkunft aus dem

13. Jh., doch erhielt die Kirche erst um 1520 ihre übrige heutige Form. Bemerkenswert ist das große W a n d g e m ä l d e in der Chorwölbung (Krönung Mariens, Kirchenväter, an der Bordüre kluge und törichte Jungfrauen), das 1430 entstand, in späterer Zeit aber übermalt wurde. — Das Altarbild in der sonst innen fast schmucklosen Kirche wird dem obenerwähnten Anton P s e n n e r zugeschrieben, der Bildstock in der Nähe der Kirche ist mit 1492 datiert.

Das Glanzstück des sonst eher unscheinbaren Weilers, der von der Völser Straße aus eine eigene schmale Zufahrt hat (Prösler Haltestelle), ist das trotz Baufälligkeit und Verschleuderung des Inventars durch frühere Besitzer noch immer mächtige und prunkvolle S c h l o ß P r ö s e l s, allein schon wegen seiner Lage unterm Schlern auf einem mit Mischwald bestandenen verträumten Hügel eines der schönsten Schlösser im Lande.

Auch der Burghügel von Prösels hat prähistorische Funde preisgegeben, so 1889 entdeckte Skelette mit Schmuckstücken als Beigaben; auch römische Münzen wurden gefunden, und dazu eine Neptun-Statuette (heute im Museum Ferdinandeum Innsbruck). Trotz des so hohen Alters dieser Spuren war der Stammsitz der Herren von „Vels" nicht hier, sondern wird von den einen (Sparber) beim Miolerhof im Prösler Ried, von anderen (Bruno Mahlknecht in seinem Gebietsführer Nr. 16) jedoch im Dorf Völs selbst gesucht, wo der wehrhafte Charakter unverkennbar ist. Von der im Prösler Ried vermuteten Burg hat sich ebenso wie vom nahen Schloß S c h e n k e n b e r g, dessen Wachtturm Staffler und Beda Weber noch sahen, so gut wie nichts erhalten; zwar figuriert dieses Schenkenberg (früher ein eigenes kleines Gericht) noch in vielen Landkarten, aber wer unmittelbar von der Brücke der neuen Straße über den Schlernbach zum spitzkuppigen Hügel ansteigt, findet nur mehr Trümmer zwischen Gras und Birken; der zu Füßen des Hügels gelegene „Schenk-Hof" erinnert einzig und allein noch an die Burg, aus deren Steinen er wohl erbaut ist.

Die heutige Burg Prösels, zu der wir mittlerweile wieder zurückgekehrt sind, ist nicht sehr alt, sie entstand — wie aus dem Fehlen eines Bergfrieds und älteren Mauerwerkes geschlossen werden kann — erst im ausgehenden Mittelalter und wurde von ihrem berühmtesten Inhaber, dem damaligen Landeshauptmann L e o n h a r d v o n V ö l s - C o l o n n a, in die heutige Form gebracht, zumindest in den noch erhaltenen Grundzügen, *ein Beispiel für die Befestigungsweise wie auch für die verfeinerten künstlerischen Bestrebungen der Maximilianzeit* (WG). Leonhard, der Landeshauptmann (er war dies von 1498 bis 1530), bewährte sich im Venezianerkrieg (1508—1516) und auch im Krieg gegen die Engadiner (1499); im Bauernaufstand verlor er die Gunst seiner unmittelbaren Untertanen und lief

401

Gefahr, sein hohes Amt zu verlieren, konnte sich aber dennoch im Sattel halten, obwohl sogar sein Schloß vorübergehend von den Bauern besetzt gehalten wurde. Es entspricht der humanistischen Tradition der damaligen Zeit, daß er eine Verwandtschaft mit der uralten römischen Familie der *Colonna* regelrecht konstruierte, wie Sparber nachweist; immerhin durfte er sich *Freyherr* nennen und zunächst eine, später sogar zwei Säulen *(colonne)* im Wappen führen, wie man es an der Völser Pfarrkirche, in St. Konstantin, im Völser Gemeindewappen und in Prösels selbst an zwei Wappen sehen kann, von denen das am äußeren Burgtor leider durch ebenso sinnlose wie mutwillige Steinwürfe teilweise zerstört wurde. Für die Zwiespältigkeit der damaligen Zeit mag sprechen, daß der einerseits so aufgeschlossene und weltmännische Leonhard als Gerichtsherr ein eifriger Verfolger der „Hexen" war. — Sein Neffe Leonhard folgte ihm in der Würde des Landeshauptmannes nach, zeichnete sich in den Türkenkriegen aus und ist in der Lokalgeschichte dadurch unvergessen, daß er seinen prächtigen Leibharnisch der Stadt Bozen vermachte, mit der Bestimmung, daß ihn jeweils der Hauptdarsteller des dem Bozner Fronleichnamsumgang angeschlossenen „Georgi-Spieles" beim „Drachenstechen" tragen solle; auf Umwegen abenteuerlichster Art ist dieser Harnisch in ein Museum in New York gekommen, wo er heute noch gezeigt wird. — Das Schloß blieb bis um 1800 in der Hand der Völs-Colonna und war bis dorthin wohlerhalten und kostbar eingerichtet. Dann setzte unter verschiedenen Besitzern eine Zerstückelung des Besitzes und eine Verschleuderung der Kunstgegenstände ein. Das Schloß wurde nahezu Ruine, um 1872 aber wieder restauriert. Doch wieder ging das Schloß von Hand zu Hand und wurde bis 1979 von einem Landwirt bewohnt und nach besten Kräften erhalten. Seit dessen Tod ist das herrliche Schloß wieder schnell verwahrlost und in Teilen regelrecht ausgeplündert worden. Die Erben des letzten Herrn auf Prösels sind gewillt zu verkaufen; das Schicksal des Schlosses ist demnach derzeit (1980) völlig ungewiß (Besichtigung nicht möglich).

Das Bild des B u r g h o f e s mit Loggiengang, Freitreppe und Ziehbrunnen wird jeden Besucher in seinen Bann schlagen, nachdem er im Halbrund durch die Befestigungsanlage heraufgestiegen ist, vorbei an Rondells und Schießscharten, um die heute in stillem Frieden und weltentrückter Versponnenheit Laubwerk und Blumen wuchern. Die spätgotische (1525) Kapelle im Burghof ist heute weitgehend dem Verfall preisgegeben; von ihrem Vorplatz aus genießt man einen prächtigen Blick über das Völser Mittelgebirge. Der P a l a s enthält einige schöne Räume mit gotischen Türen, Gewölben, Wappen und schönen Türeinfassungen am g r o ß e n S a a l (1590). — Die im Hof eingelassenen Steinreliefs wurden von einer italienischen Adelsfamilie hierher verbracht, in deren Besitz Prösels vorübergehend war; Einzelheiten bei Oswald Trapp, Burgenbuch IV, vgl. Lit.-Verz.

Wir verfolgen von Prösels weiter den bereits genannten Weg 3, der noch einmal einen Rückblick auf Burg und Schlernwände schenkt — ein Bild, wie es seinesgleichen weit und breit nicht gibt. Der Weg senkt sich nun durch das fast unbegangene, nur von wenigen Weinbauernhöfen bestandene Prösler Ried, führt am bereits genannten Miolerhof (Gastwirtschaft) vorbei und mündet dann, schon ganz nahe an Blumau, in die Völser Straße und mit dieser gleich danach in die Hauptstraße im Tal (Gesamtgehzeit von Ums über Prösels hierher etwa 1½ Std., stets Nr. 3); dieser wegen seiner Schönheit einst berühmte Wanderweg ist durch die mitten ins Ried und in die Kastanienhaine geschnittene neue Tierser Straße stark beeinträchtigt worden, doch wird man mit einiger Kennerschaft und Phantasie noch immer auf alte Wege und Steige ausweichen und sehr schöne Landschaftsbilder genießen können. Auch einige alte Hofformen (Unterpsenner, Gemoaner, Wolfram mit hübscher Freitreppe usw.) verdienen Beachtung.

Die klassische B e r g t o u r von Völs auf den Schlern ist bereits beschrieben (vgl. S. 391); bleibt noch die lohnende Ersteigung des aussichtsreichen T s c h a f o n (1834 m) zu skizzieren. Man erreicht ihn ab Ums (Gasthaus „Kircherhof") auf Weg 4, der zunächst bis zu den letzten Höfen dieses Weilers am rechten Ufer des Schlernbaches emporzieht, diesen überschreitet und in ziemlich steilem Anstieg zur T s c h a f o n h ü t t e (1728 m; 1½ bis 2 Std. ab Ums) führt.

Diese private Hütte, die meist ab Anfang Juni bis in den Oktober hinein voll bewirtschaftet ist, hat über 20 Betten und liegt in einem entzückenden Waldsattel zwischen Tschafon und Hammerwand unter gewaltigen, oft zu dreien und zu vieren zusammengewachsenen Fichten. Von hier aus ist in etwa 20 Minuten der Tschafongipfel erreicht; er ist einer der berühmtesten Aussichtspunkte in der Bozner Umgebung. — Ganz besonders schön, im Aufstieg oder Abstieg obenso zu empfehlen, ist der mit Nummer 7 markierte Weg, der vom Tschafonhaus absteigend zunächst fast eben die Westseite der wilden Hammerwand an ihrem Fuß quert und dann, nach Überschreiten des Schlernbaches, in den Schlernschluchtweg mündet, der weiter bis zum Völser Weiher verfolgt werden kann. (Im Abstieg knapp 2 Std., im Aufstieg ab Völser Weiher 2—3 Std.) — Häufig wird die Tschafonhütte auch von Tiers her erreicht, und zwar (im Sommer heiß) auf Weg 4 (2 Std.), an der einsam im Wald gelegenen Sebastiankirche (vgl. unter „Tiers") vorbei oder — der kürzeste Weg — mit Auto bis Weißlahnbad (siehe

403

dort) und danach evtl. noch ein Stück weiter zum „Großen Leger" und von dort zu Fuß in 1 Std. zur Hütte. Der Hüttenwirt, Michael Lunger aus Tiers, befördert auf Wunsch ältere oder gehuntüchtige Gäste mit geländegängigem Fahrzeug zur Hütte, die ansonsten von Lärm, Motorisierung und Verschmutzung sorgsam freigehalten wird. — Eine sehr schöne H ö h e n - w a n d e r u n g führt von Ums am Fuß des Tschafon entlang (Weg Nr. 0) zur Höfegruppe M u n g a d o i mit Jausenstation am Wege und weiter zum Hof Völsegg (1224 m), dessen Name an die hier einst seßhaften Herren von V e l s e c k erinnert, deren sagenumwobene Burg (goldenes Kegelspiel) längst über die steilen Halden aus rötlichem Grödner Sandstein abgestürzt ist. — Von hier (ab Ums insges. 2—3 Std.) weiter nach T i e r s.

TIERS, STEINEGG UND KARNEID

Die Westwand von Rosengarten und Laurinswand, das Gegenüber der nadelfeinen Türme von Vajolet und des Kirchturms von Sankt Cyprian, das ist ein weltberühmtes Bild; mit den Drei Zinnen, dem *Cimone della Pala*, der Santnerspitze über Sankt Valentin und der *Guglia di Brenta* gehört dieser Blick zu den faszinierendsten im Reich der Bleichen Berge. Die Nähe von Bozen jedoch und vor allem die Sage vom kleinen rätischen König Laurin und von Dietrich, dem germanischen Recken, die hat den Rosengarten für viele Südlandreisende vollends zum Inbegriff der Dolomitenlandschaft werden lassen. Das Spiel der scheidenden Sonne um Felswände und Türme haben Maler aus aller Welt einzufangen versucht, doch ist es Geheimnis geblieben — vor allem dann, wenn auf Grund atmosphärischer Spiegelungen zuweilen noch nach Sonnenuntergang das geisterhafte Licht des Nachglühens die Felsen ein zweites Mal aufleuchten läßt, bevor sich die schwarzen Schatten der Nacht endgültig um ihre Stirn legen. *Auch wenn Südtirol gar nichts anderes hätte als den Rosengarten und die Laurin-Sage — es wäre schon dadurch eines der herrlichsten Länder so weit die deutsche Zunge klingt;* dies sind die Worte des 1966 verstorbenen Gelehrten Karl Felix Wolff, der sein Leben lang die Sage vom Rosengarten und die übrigen Dolomitensagen erforscht und gedeutet hat. —

Wie alle Seitentäler des unteren Eisacktales hat auch das Tierser Tal seine Straße im Grund der Mündungsschlucht erst relativ spät — 1811 — bekommen; diese schmale und steile und mit Recht gefürchtete Straße wurde immer wieder das Opfer von Unwettern, so das letzte Mal im Jahre 1966, wobei furchtbare Schäden angerichtet wurden, die noch immer nicht zur Gänze behoben sind. Das Tal von Tiers leidet sehr unter dieser mangelhaften und mit Recht gefürchteten Zufahrt, doch ist Abhilfe in Sicht; einmal wurde die alte Straße in jüngster Zeit wenigstens asphaltiert, und zum anderen ist die bereits erwähnte Höhen-straße über Völser Aicha schon zu zwei Dritteln fertig (1980).

Wir wollen uns daher auch nicht zu lange mit der Fahrt auf der bei Blumau abzweigenden, 11 km langen und teilweise nur 3 m breiten Straße aufhalten, die überdies noch in ihrem letzten Drittel bis zu 22% Steigung aufweist, sondern uns dem Tal von Tiers von jener Seite her nähern, von der es wohl schon vor Jahrhunderten erschlossen wurde; es ist dies die Seite von Völs, und von hier aus wiederum der Weg über das uns bekannte Prösels, wo eine schmale Autostraße in weitem Bogen ohne sonderliche Steigung hinüber führt zu den weitverstreuten Höfen im V ö l s e r A i c h a (862 m).

Dieser Weiler, bestehend aus Unter- und Oberaicha mit rund 600 Einwohnern, ist zwar noch Gemeindegebiet von Völs, gehört aber orographisch eindeutig zum Tierser Tal, und zwar zu den Sonnenhängen des äußeren Tales. Entsprechend dieser günstigen Lage gedeiht hier wiederum die Rebe, was offensichtlich schon die Herren von Völs-Colonna zu schätzen wußten. So wie sie drüben am Völser Weiher ihren Karpfenteich hatten, so legten sie und die Neustifter Chorherren hier Wert darauf, einen guten Keller zu halten: wer den schönen Veranthof in Oberaicha besucht (die Leute sagen „Frant"), wird staunen, welch mächtiges Gewölbe, einer gotischen Kirche würdig, hier den Weinkeller bildet — und er wird auch staunen, wie gut sich hier der Eigenbau aus diesen Lagen hält.

Am Ende der schmalen Fahrstraße, die von Prösels her führt (ca. 2 km) steht ein einfaches, gutes Gasthaus und die P f a r r - k i r c h e z u m h l. J o h a n n e s d. T., von der die jetzt zur Sakristei gehörige Rundapsis und der Turmsockel wegen ihrer romanischen Bauelemente bemerkenswert sind. Angeregt durch den uralten Baubestand hat das Denkmalamt erst in allerjüngster Zeit in der alten Apsis spätromanische bis frühgotische F r e s k e n freigelegt, die den ohnehin künstlerisch so hochstehenden Bezirk der Pfarre Völs noch um eine weitere, bedeutende Sehenswürdigkeit bereichert haben; nach *Rasmos* Urteil sind die Wandmalereien mit etwa 1350 zu datieren. Das heutige Langhaus ist ein einfacher Neubau, geschmückt mit Deckengemälden des uns bekannten Anton P s e n n e r aus Ums, der auch das Altarblatt — eine Taufe Christi — schuf. Die Bilder der Seitenaltäre stammen von dem sehr produktiven Joseph R e n z l e r, alles um 1820. — Im Jahre 1980 hat man, von der bereits genannten Urzeitsiedlung am Großsteinegg ausgehend, nahe dem Veranthof gegraben und aufsehenerregende Funde getätigt, die bis in die Mittlere Steinzeit zurückweisen und damit Völser Aicha als einen der ältesten Siedelplätze des Landes ausweisen. — Es läßt sich von der Kirche aus gut weiterhin von Hof zu Hof streifen, aber alle Wege enden schließlich bei einer der bedeutendsten Sehenswürdigkeiten des ganzen Landes, beim gotischen Kirchlein St. K a t h a r i n a i n B r e i e n, dem Entzücken eines jeden Kunstliebhabers.

Die 1239 erwähnte Kirche bekam ihre heutige äußere Gestalt im wesentlichen um 1500. Ihr würdigster Schmuck sind die an der südlichen Außenwand befindlichen, durch ein Flugdach geschützten W a n d g e m ä l d e, die — vortrefflich erhalten — in zehn Bildern die Legende der hl. Katharina erzählen und zwar (nach Weingartner): Zerstörung eines Götzenbildes, Katharina vor Kaiser Maximin, im Gefängnis, im Disput mit den Philosophen, ihre Verbrennung, die Bekehrung der Kaiserin, deren Enthauptung und von Sankt Katharina die Räderung, Enthauptung und Grablegung. Daneben Kreuzigungsgruppe und Sankt Michael. Die bemerkenswerten Fresken werden der Bozner Schule um 1420 zugeschrieben (WG). — Der Flügelaltar im Inneren der Kirche wurde 1864 neugotisch gefaßt, mit teilweise alten Figuren, die jedoch derzeit deponiert werden mußten. —

Auf unserem Weg von Prösels her, der uns nach Oberaicha und zur Katharinenkirche führte, erreichen wir in schöner Wanderung bald die Fahrstraße an ihrer steilsten Stelle und über sie in wenigen Minuten das Hauptdorf T i e r s (1028 m; prähist. Siedelspuren am Thalerbühel, um 999 bereits als *Tyersch* bezeugt; römische Funde (Fibeln, Münzen) auch im Dorf selbst (1976).

Tiers ist Sitz der gleichnamigen Gemeinde mit insges. 814 Einwohnern, davon 14 Italiener; tägl. Autobus ab Blumau bzw. Bozen bis St. Cyprian bzw. weiter bis Weißlahnbad (3 km ab Tiers). Außerdem touristisch bedeutsame Straße zum Nigerpaß (8 km ab Tiers, Schutzhaus) und weiter zum Karerpaß mit großem Skigebiet, Lift zur Kölner Hütte im Rosengarten usw. Post- und Telegraphenamt (Postleitzahl 39050), Taxi; mehrere gute Gasthäuser und Pensionen im Ort selbst, im Weiler Breien an der Talstraße und im Talschluß in Richtung St. Cyprian und dortselbst; Außenstelle der Alpenvereinssektion Bozen; Auskünfte durch Verschönerungsverein Tiers. —

Tiers selbst ist als Skigebiet wenig erschlossen, hat aber eine Übungswiese beim Manötscherhof in Breien (auch Schwimmbad) und im Talschluß. Der Ort liegt jedoch als Quartier günstig zu den Skigebieten von Karerpaß und Welschnofen. Er ist außerdem touristischer Ausgangspunkt für das wildromantische Tschamintal und Talort der Grasleitenhütte (2129 Meter, auf Weg 3 und 1 von der „Tschamin-Schwaige" hinter Weißlahnbad — Parkplatz — etwa 3 Stunden). Diese Hütte mit über 50 Schlafgelegenheiten ist, ebenso wie die nahe Tierser-Alpl-Hütte (privat) Ausgangspunkt für Touren in der nördl. Rosengartengruppe.

Zwischen Dorf und Talschluß lassen sich einige lohnende S p a - z i e r g ä n g e unternehmen; lohnend deshalb, weil man über hübschen Nahbildern immer wieder das Wunder des Rosengartens schaut. So führt uns einer dieser Wege in Richtung Tschafon (Nr. 4), doch sehen wir uns schon bald auf einer stillen Waldlichtung der einsamen P e s t k a p e l l e z u m h l. S e - b a s t i a n gegenüber.

Ursprünglich stand hier eine der hl. Christina geweihte, ältere Kapelle, die nahezu verfallen gewesen sein muß, als man im Pestjahr 1635 hier eine neue Kapelle errichtete. Die Seuche hatte 124 Menschen dahingerafft, die ohnehin schon kleine Siedlung also fast entvölkert. Die heute ständig verschlossene Kapelle wirkt vor allem durch ihre Lage auf einer malerischen Waldlichtung. Ein Wandgemälde erinnert an Michael von Völs-Colonna, der Pietà, Sebastian und Rochus zum Andenken an seine verstorbene Tochter stiftete. Das Glanzstück der Kirche, eine Maria mit Christkind aus dem 13. Jh., ist derzeit im Bozner Museum deponiert.

Ein parallel zur Straße verlaufender oberer Weg führt uns ins Talinnere. Von der Gegend weiß die S a g e zu berichten, daß sie einst viel fruchtbarer gewesen sei als heute; bei S a n k t C y p r i a n auf den Traunwiesen soll noch Wein angebaut worden sein (Dalla Torre).

Die in der Anlage spätromanische Kirche wurde von den Völser Herren 1583 erneuert, worauf eine Inschrift am Flügelaltar hinweist. Die wertvollen Figuren dieses Altares wurden 1964 gestohlen; außen ein hübsches Votivbild (17. Jh.).

Ein schöner Ü b e r g a n g (Weg Nr. 5) verbindet Tiers mit Welschnofen (2½ Stunden). Diese Wanderung führt durch den dichten Nigerwald (von *niger,* soviel wie düster, dunkel) und über den Sattel der W o l f s g r u b e (1511 m); der Name weist, in Verbindung mit dem düsteren Nigerwald darauf hin, daß in Tiers noch bis vor relativ kurzer Zeit sehr urtümliche Verhältnisse herrschten. In der Nähe der Wolfsgrube liegt der Schiller-

407

hof auf der Zischgl-Alm, ein beliebter Höhengasthof, von dem aus man bequem ins Eggental absteigen kann.

Das Prachtstück der Umgebung ist jedoch das wilde T s c h a - m i n t a l, der linke Ast der Talgabel bei Sankt Cyprian. An seinen Pforten liegt das berühmte W e i ß l a h n b a d (1179 m), ein Heilbad mit leicht säuerlichem Mineralwasser mit einem vorwiegenden Gehalt von Kalk und Magnesium und einer Radioaktivität von 5,7 Mache-Einheiten; die Quelle entspringt in Werfener Schichten. Das im Stil eines einfachen Alpenhotels gehaltene Haus liegt ähnlich wie Bad Ratzes in schönster Waldruhe, hat Schwimmbad, Tennisplatz und wird auch noch immer als Heilbad geführt (radioaktive Bäder vornehmlich gegen Rheumatismus usw.).

Wenn 1880 Heinrich Noë über das hier beginnende Tschamintal schrieb *nicht ein einziges Tal sämtlicher Kalkalpen ist gleich schön und wild*, so sollten das die Straßenbauer von heute bedenken. Zwei Wege führen aus dem Tschamintal zum Schlernmassiv, der durch die „Bärenfalle" (Nr. 2) und der durchs „Bärenloch" (Nr. 3) zum Tierser Alpl, doch sind beides Wege, die man nur sehr erfahrenen und trittsicheren Wanderern anempfehlen kann, wenngleich die Wege erst 1968 bzw. 1972 ausgebessert wurden. Die B e r g w a n d e r u n g durchs ganze Tal jedoch bis zur Grasleitenhütte kann jedem geraten werden, der die Einsamkeit und Größe einer heroischen Landschaft sucht.

Als n a t u r k u n d l i c h e B e s o n d e r h e i t muß hier unbedingt die früher als „Höhle" angesprochene T s c h a m i n - K l a m m genannt werden; wilde Unwetter haben einen um 1920 noch bestehenden „Talboden" über dieser cañonartigen Schlucht weggerissen und die Klamm freigelegt. Die untere Mündung liegt ungefähr dort, wo von Norden her die Runse der „Bärenfalle" mündet, an deren Eingang sich eine weitere Höhle, das sog. „Tschetterloch" findet. Die Klamm wurde 1960/64 von Bozner Bergsteigern in alpiner Technik und teils in Fischerstiefeln durchstiegen (vgl. Franz von Braitenberg in „Schlern", Jg. 1964, S. 19 ff.) — Die höchststehende E i b e Südtirols findet sich in der „Bärenfalle" auf 1470 m.

Wir kehren nun in den Hauptort zurück und statten dort der Kirche und dem schön gelegenen Friedhof einen Besuch ab. Hier liegt so mancher zur letzten Ruhe gebettet, der seine Bergliebe damit besiegeln mußte, daß er in den wilden Wänden des Rosengartens zu Tode stürzte.

Die P f a r r k i r c h e z u m h l. G e o r g hat den Turm noch von der 1257 erwähnten romanischen Kirche, von der auch vor kurzem die Rundapsis freigelegt wurde. Im 14. Jh. wurde der Turm erhöht, der Chor 1487 eingewölbt. Das Langhaus wurde 1766 hinzugefügt; den Schmuck von Chor und Orgelempore besorgte der in Bozen ansässig gewordene Schlesier Carl H e n - r i c i in dieser Zeit. Zwei wertvolle Bischofsbüsten sind derzeit deponiert, die übrige Einrichtung ist neuromanisch.

Wir folgen nun dem wilden B r e i b a c h — der uralten Grenze zwischen den Grafschaften Norital und Bozen — talauswärts, benützen aber ab dem Weiler B r e i e n (633 m, 2 Gasth.; Abzw. eines Weges nach St. Katharina) das Gegenstück zu dem Weg, auf dem wir von Prösels hergekommen sind; es ist der an der Schattseite emporziehende Steig Nr. 2 (im oberen Teil Güterweg), der uns über den Dosser- und Furn-Hof in eineinhalb Stunden zum Dörflein S t e i n e g g führt, das in beherrschender Lage den linken Talsporn des äußeren Tiers krönt und bereits auf Gemeindegebiet des nun wieder ganz dem Eisacktal zugehörigen Karneid liegt.

Die Seehöhe von Steinegg beträgt 820 Meter; der Ort hat 735 fast durchwegs deutsche Einwohner; Steinegg ist seit 1969 durch eine in unschönen, die Landschaft schwer schädigenden Serpentinen angelegte Straße mit Blumau im Eisacktal verbunden und ist seither um rund 70 Neubauten größer geworden; tägl. Autobus nach Blumau und Bozen. Außenstelle Steinegg der Alpenvereinssektion Bozen. Im Ort Taxi, öffentl. Fernsprechstelle beim Oberwirt, Postamt (39050), Raiffeisenkasse; Luftgewehrschießstand und Schwimmbad, 600 Betten (Verschönerungsverein mit eig. Büro). — 1973 neues Kulturhaus mit Kindergarten, vorwiegend aus Spenden der „Stillen Hilfe".

Aus lichter Höhe schaut das in die Wolken gebaute Steinegg auf die düstere Schlucht des Kuntersweges herab, Blickfang für jeden, der auf Staatsstraße oder Autobahn Bozen nach Norden verläßt. Der Ort hat im wesentlichen dieselben Vorzüge wie das Mittelgebirge unterm Schlern oder die gegenüberliegenden Dörfer am Ritten. Er ist ein günstiger Ausgangspunkt für schöne Spaziergänge auf der bewaldeten Kuppe des G u m m e r b e r - g e s, der im L e r c h b e r g (1300 m) gipfelt. An längeren W a n d e r u n g e n nennen wir den Weg 3 nach G u m m e r im Eggental, vorbei an Einzelgehöften und durch endlose Wälder (2 Std.; der Weg berührt nur teilweise die neue Straße Steinegg—Gummer), oder die sog. O l b e r g r u n d e, die auf Weg 4 den Lerchberg umrundet und über den Olgarthof die hübsche Waldschenke V e l z u r g und von der Eggentaler Seite her Schloß Karneid erreicht — einer der schönsten Tagesausflüge in der Umgebung von Bozen (genaue Beschreibung mit

Wegskizze im „Südtiroler Wanderbuch" des. Verf.; für kürzere
Spazierwege verwende man die Wanderkarte der AV-Außenstelle
Steinegg).

Etwas östl. unterhalb des Dorfes künden die Trümmer der
R u i n e S t e i n e g g von der frühen G e s c h i c h t e der
Örtlichkeit. Wie das nahe Karneid ist auch Steinegg Grenzfeste
am Südrand der Grafschaft Eisacktal und der Diözese Brixen
östl. des Eisacks gewesen (Huter); von der erstmals um 1231
bezeugten Burg *(Vlricus de Stainekke)* stehen heute nur mehr
Mauerreste, und zwar Teile der ehemaligen Wohnburg und auf
einem vorgelagerten Felszacken Gemäuer einer davon getrenn-
ten Wehranlage, die wohl auch als Fluchtburg gedient haben
mag. Die Burg gehörte bis 1760 den Liechtensteinern, die sich
jedoch auf den Ausbau von Karneid verlegten und Steinegg
verfallen ließen.

Die P f a r r k i r c h e z u d e n H l . P e t r u s u n d P a u l u s
wird 1322 erstmals erwähnt und hat aus dieser Zeit den Sockel
des Turmes; das Langhaus wurde Mitte des 15. Jh.s, der Chor
um 1664 errichtet. Die Einrichtung ist mit Ausnahme der
Kanzel Ende des 19. Jh.s, die Wandgemälde stammen von
H e n r i c i . — Bemerkenswert ist auch die Bildsäule südlich
des Ortskernes an der Weggabel von Nr. 2 und 3/4, deren
Schaft mit 1523, der Aufsatz mit 1746 zu datieren ist. Man heißt
Bildstock und Kapelle daneben „Weißes Bild", doch dürfte diese
Bezeichnung eher auf die Weisen aus dem Morgenland zurück-
zuführen sein.

Als n a t u r k u n d l i c h e B e s o n d e r h e i t muß schließ-
lich noch die Gruppe von E r d p y r a m i d e n südlich von
Steinegg erwähnt werden, die sich jedoch an Ausdehnung und
Höhe der einzelnen Türme mit den gegenüberliegenden vom
Ritten nicht messen können. —

Zum Weiterweg ans Ende des Eisacktales wählen wir die alte
Fahrstraße, die von Steinegg nach Karneid und Bozen führt
(Mark. Nr. 2). Dort wo sie aus dem Steinegger Ried zum Ebner-
Hof einbiegt, steht am Straßenrand eine bedeutende Sehenswürdigkeit: der B i l d s t o c k mit Pyramidendach ist eines der
ältesten und schönsten Beispiele seiner Art (zweites Viertel
15. Jh.) und außerdem in außergewöhnlich gutem Erhaltungszustand, so daß sich Kreuzigungsgruppe, Maria mit Christoph
und einem heiligen Bischof, Verkündigung und Evangelistensymbole in vollendeter Schönheit und Harmonie darbieten.

Wir steigen nun nicht ganz ins Tal ab, sondern queren von
unserem Fahrweg eben hinüber ins kleine, nur aus wenigen
um die Kirche gescharten Bauernhäusern bestehende K a r n e i d
(512 m).

410

Die Gemeinde Karneid umfaßt die Orte Steinegg, Gummer, Kardaun an der Mündung des Eggentales (Sitz der Gemeindeverwaltung) und den südl. der Breibachmündung liegenden Teil von Blumau, mit insges. 2465 Einw., davon etwa 368 Italiener; Karneid selbst hat mit den umliegenden Höfen rund 270 Einwohner, Gasthaus und neuerdings Autostraße ab Bozen/ Kardaun.

Das winzige Dörfchen liegt am Rande eines Kastanienhains, inmitten üppiger Weingärten, mit schönem Blick auf die sonnenerfüllte und leider bei Südwind auch durch Industrierauch erfüllte Weite des Bozner Talkessels. Der noch aus romanischer Epoche stammende Sockel der ansonsten 1876 neugotisch eingerichteten Pfarrkirche zum hl. Veit weist auf das hohe Alter dieser Siedlung hin, der Friedhof hat schöne schmiedeeiserne Kreuze. Das eigentliche Glanzstück aber ist das nahe Schloß Karneid, eine der allerschönsten Burgen des Landes und zusammen mit Reifenstein, Sprechenstein und der Trostburg schönste Burgenzier am alten Brennerweg.

Wie in Reifenstein betreten wir auch hier das Schloß über eine gemauerte Brücke, die an Stelle der alten Zugbrücke den Halsgraben überspannt. Der fünfeckige Palas umfaßt zusammen mit dem Bergfried einen *engen, malerischen Hof mit Brunnen, im typischen Überetscher Stil, mit Freitreppen und zweigeschossiger Loggia mit Spitzbogen und Gratgewölben* (WG); dem 13. Jh. gehört noch der Bergfried an, der mit der Burgkapelle verbunden ist, deren romanische Rundapsis jedoch von außen nicht sichtbar wird. Ein eigener Wohnturm birgt den Rittersaal mit Erkernischen und Doppelbogenfenstern, durch die sich ein großartiger Blick in die Ferne eröffnet; die Räume des Palas sind teilweise mit Kassettendecken ausgestattet und dienen den heutigen Besitzern als stilvoll eingerichtete Wohnräume. Die Kapellenfresken sind bemerkenswert, wenn auch am Triumphbogen (Kain und Abel, St. Georg, Kreuzigung, zwei Bischöfe, Katharinenlegende, um 1350, sehr gute Arbeit) schlecht erhalten. Zu diesem Zyklus gehört auch die volkskundlich bemerkenswerte Darstellung von Christus in der Weinkelter (nach Isaias 63, 3: *Torcular calcari solus)* sowie eine überaus liebliche Darstellung Mariens, die den Jesusknaben an der Hand zur — Schule führt; so deutet die neuere Forschung jedenfalls das Schreibtäfelchen in der Hand des göttlichen Kindes. Ein St. Christoph und St. Eligius stammen vom Anfang des 15. Jh.s, als *vorzügliche Arbeit* bewertet Weingartner eine Maria mit Kind vom Anfang des 15. Jh.s, und ebenso sind die Glasfenster (1509) bemerkenswert. — Die Burg eignete Mitte des 13. Jh.s den Herren von Völs und ist von 1370 bis 1760 im Besitz der Liechtensteiner, die im „Elefantenbund" (vgl. hiezu Hauenstein, S. 381) gegen den Herzog Friedl „mit der leeren

411

Tasche" stehen; dieser belagerte und brach die Burg, wobei Hans und Wilhelm von Liechtenstein in seine Gefangenschaft gerieten; so hat sich ein Gutteil tirolischer Landesgeschichte an dieser stolzen und noch immer großartigen Burg abgespielt. Nach dem Aussterben der Liechtensteiner ging das Schloß an die Stadt Bozen über, verfiel, wurde von Anton von Goldegg 1849 vollkommen wiederhergestellt und schließlich 1880 von Ferdinand von M i l l e r, dem Münchner Erzgießer und Direktor der Bayr. Akademie der Bildenden Künste angekauft; das wohleingerichtete Schloß ist heute noch im Besitz seiner Nachkommen und wird von ihnen zeitweilig bewohnt. — Die Burg ist nicht allgemein zugänglich; für Studienzwecke wende man sich schriftlich an die Schloßverwaltung Karneid.

Ein steiler Steinplattenweg, die uralte Eggentaler Höhenstraße — durch neuere Straßenbauten leider teilweise zerstört — führt vom Schloß ins Tal, hinunter nach K a r d a u n (290 m), das zu einer verkehrsreichen Drehscheibe am Ausgang des K u n - t e r s w e g e s geworden ist.

Für den jedoch, der von Kastelruth her über Völs, Tiers und Steinegg gekommen ist, endet dieser Weg an der Südostseite des unteren Eisacktales nicht unten in Kardaun, sondern auf den Höhen von Karneid. In eindrucksvoller Weise verwischen sich hier die Grenzen der Jahrhunderte; tief unter dem Beschauer flutet der Verkehr unermüdlich über Eisenbahnlinie, Brennerstraße und Autobahn, ein nicht abreißen wollender Heerzug, eine metallene und dumpfe Musik im Pulsschlag der Motoren, in denen es laut hämmert: neue Zeit, neue Zeit . . .

Versonnen und versunken in die große Vergangenheit des Landes stehen still darüber die schimmernden Mauern von Karneid.

DER „KUNTERSWEG" —

EISACKSCHLUCHT ZWISCHEN TROSTBURG UND BOZEN

Bisher haben wir rechts und links der Eisackschlucht auf Wanderwegen und Höhenstraßen, die den uralten rätischen Wegen folgen, den Bozner Talkessel schon zweimal erreicht; nichtsdestoweniger bleibt uns noch die Begehung dieser Schlucht selbst, die bei der schon mehrmals genannten „Starzer Brücke" oder besser noch beim alten landesfürstlichen Zollhaus in K o l l m a n n beginnt. Mehr und mehr verengt sich hier das schmale Tal zur Schlucht, die zunächst noch buschbestandenen Steilhänge rücken näher und werden zu felsigen Kulissen, die oft direkt an die Talsohle herantreten. Wir sind im Kuntersweg, den Dalla Torre, wie bereits erwähnt, *die größte Porphyrschlucht der Erde* nennt. Bevor wir jedoch auf naturkundliche Besonderheiten dieser tief in die Quarzporphyrdecke eingerissenen, wilden Schlucht eingehen, müssen wir uns kurz dem Gelehrtenstreit stellen, der darüber entbrannt ist, ob nun diese Schlucht schon von den Römern begangen wurde oder erst seit dem Jahr 1314, nachdem der Bozner Bürger Heinrich Kunter die gefürchtete Schlucht gangbar gemacht hatte, wofür er einen Zoll einheben durfte.

Die früher fast allein gültige Meinung war die, daß die Römer ausschließlich über den Ritten gezogen wären; an der Tatsache, daß sie damit rund 700 Höhenmeter zusätzlich zu bewältigen hatten, stieß man sich kaum — obwohl für die römischen Legionen andere Maßstäbe angelegt werden müssen als für die eingesessene Bevölkerung, die nachweisbar Höhenunterschiede kaum als Hindernis empfand. Kein Geringerer als Theodor M o m m s e n war es, der im Gegensatz zur herrschenden Meinung den Verlauf der Römerstraße entlang dem Eisack annahm. F ü r diese Theorie spricht die schwerwiegende Tatsache, daß in Blumau, also bereits ein Stück i n der Schlucht, ein römischer Meilenstein gefunden wurde, und zwar schon 1515 im Blumauer Zollhaus (heute Museum Bozen; es ist nur Name und Titel des *Maxentius* lesbar, doch ist er zwischen 306 und 312 zu datieren). Mit diesem Stein hatten nun die Anhänger der Ritten-Trasse ihre liebe Not. Der entschiedenste Verfechter dieser Theorie, Richard H e u b e r g e r (vgl. Lit.-Verz.), glaubt, daß der Meilenstein entweder von dem humanistisch gesinnten Kaiser Maximilian unabhängig vom Fundort nachträglich in sein Zollhaus eingemauert worden wäre, wie dies nachweisbar öfters vorgekommen ist — oder daß er vom Ritten herabgekollert sei. Gewiß — der Stein ist geborsten, vielleicht *durch Hinabkollern über steiles Gelände* (Heuberger); man sehe sich dieses Gelände an, und man wird sich über diesen Meilenstein-Bergsturz seine eigene Meinung machen. Nun glaubt *Cartellieri,* die Römerstraße sei von Blumau vielleicht über Völs und Kastelruth bis zur Trostburg gegangen, was durch Münzfunde untermauert wäre. Für diese Trasse stimmen aber die Entfernungstabellen nicht mehr, und so wird diese Strecke als H a u p t s t r e c k e nicht mehr so sehr in Betracht gezogen, wenngleich von einem Nebenast mehrfach die Rede ist, was in Zusammenhang mit den römischen Funden von Prösels (vgl. S. 401) als durchaus wahrscheinlich anzunehmen ist.
Neuerdings wurde in Zusammenhang mit einer tiefschürfenden Arbeit über die Ruinenreste von Z w i n g e n s t e i n am Ritten wieder eine Lanze für den Verlauf der Römerstraße ebendort gebrochen, da hier auch neue Münzfunde getätigt worden sind (vgl. die Arbeit von Paul Mayr, Lit.-Verz.). — Absolute Klarheit konnte demnach nicht gewonnen werden, doch mag ein Ver-

gleich mit den Naturereignissen der allerjüngsten Zeit erlaubt
sein: Wiederholt und vor allem im Jahre 1966 wurde der Kuntersweg durch Hochwasser katastrophal heimgesucht; die Bahn-
geleise wurden unterspült und hingen auf Hunderte von Metern
frei in der Luft, ganze Straßenstücke wurden weggeschwemmt.
So und nicht anders mag es durch die Jahrhunderte, ja durch
die Jahrtausende gewesen sein — ein ewiges Hin und Her:
hier lockt der Weg mit geringem Gefälle — aber er führt durch
die unheimliche Schlucht. Dort ist der Weg sicherer — aber
er muß über mühsame Steigungen erkämpft werden; so kommt
es nicht so sehr zu einer „Straße", als vielmehr zu einem
„Wegsystem" mit Ausweichstrecken — deren eine, die über den
Ritten, im Mittelalter den Vorzug erhält; dann kommt es zur
großen T a t d e s H e i n r i c h K u n t e r und zur Vervoll-
kommnung dieser Wegstrecke durch Herzog S i g m u n d, der
1481/83 den Kuntersweg weiter ausbauen läßt, in Kollmann
sein Zollhaus errichtet und bei diesen umfangreichen Bauten
zum erstenmal die Pulversprengung im Straßenbau einsetzt.
Seither verläuft die Hauptstraße — wohl mit unwetterbedingten
Unterbrechungen — in der Eisackschlucht. Sie wird unter Maria
Theresia entscheidend verbessert, nach 1830 verbreitert, um
1930 asphaltiert und in den letzten Jahrzehnten ständig begradigt; die schienengleichen Bahnübergänge werden beseitigt,
neue Tunnels gebaut (Gossensaß). — Auch die Brennerbahn
wird unter großen Mühen durch den Kuntersweg geführt (1867);
man ist so weitblickend, Bahnkörper und Tunnels der ursprünglich eingleisigen Anlage für den geplanten zweigleisigen Betrieb von allem Anfang an breit genug auszubauen. Man ist
aber nicht weitblickend genug, den durch den bequemen Abtransport schwungvoll gewordenen Holzhandel und Raubbau
rechtzeitig abzubremsen; die schütteren, zur Vermurung nei-
genden Hänge sind die Sorge der Straßenbauer von heute.

Nach einem erbitterten, auch mit politischen Mitteln geführten
Kampf siegen beim Autobahnbau die Anhänger der Eisacktal-
trasse, des historischen Weges; eine andere Gruppe hatte die
Linie Sterzing—Jaufen (Tunnel)—Passeier—Meran—Bozen pro-
pagiert, die zweifellos auch manche Vorteile für sich hat und
vor allem kein einziges so problematisches Stück passieren muß,
wie eben die Schlucht des Kuntersweges. (Die wesentlichen
Literaturangaben über diesen historischen Abriß zum Kunters-
weg finden sich in den im Lit.-Verz. genannten Arbeiten von
R. Heuberger; zu den Verkehrswegen vgl. auch Abschn. IV). —
Über die geologische Bedeutung der Schlucht sei hier ein Zitat
aus Dalla Torre angeführt: *Zu beiden Seiten stets prächtige
Aufschlüsse in den mannigfaltigen Abänderungen des bunt-
farbigen Porphyrs, seiner Absonderungsformen, die schon
Goethe aufgefallen sind, und seiner Tuffe. Glazialgerundete
Formen, Flußerosionen an den Wänden der Schlucht, gewaltige
Murschuttmassen aus den Seitentobeln. —*

Mit diesen Kenntnissen gewappnet wollen wir nun die Fahrt durch die Eisackschlucht antreten. Es liegt in der Natur der Sache, daß durch die zahlreichen Baustellen der Autobahn das Bild der Landschaft — vorübergehend — beeinträchtigt wurde. Die erste der malerischen Holzbrücken über den Eisack erreichen wir nach Gasthaus und Tankstelle beim D r e i b r ü c k e n w i r t dort, wo nach links der Fußweg nach St. Oswald und Kastelruth, nach rechts der Weg 9 zum Penzlhof (St. Verena) und weiter zum Rittner Horn abzweigt; an der Brücke war früher die Eisenbahnhaltestelle Kastelruth. Ein Stück danach — nahe dem Gasthaus „T ö r g g e l e" — sieht man am linken Eisackufer eigenartige Felsformationen, denen K. F. Wolff den treffenden Namen *Wollsack-Formationen* gibt; es sind rötliche Tuffschichten, in denen spärliche Reste von Pflanzen der Permformation gefunden worden sind. Die Autobahn tritt an dieser Stelle aus einem Tunnel und schneidet das interessante geologische Phänomen an der Basis an.

Nahe dieser Stelle mündet auch der aus dem Strasser-Graben bei St. Konstantin herabziehende Schwarzgriesbach in den Eisack, und beide Gewässer, der Eisack ab Kollmann und eben dieser Schlerngraben, bezeichnen hier den Verlauf der schon mehrfach genannten „napoleonischen Grenze" (vgl. Abschn. III), die das einheitliche Massiv des Schlerns mittendurch schnitt — ein weiterer Beweis für die Widernatur dieser Grenzziehung, die allerdings nur von 1810 bis 1814 Bestand hatte.

In diesem Teil des Kuntersweges hat man einmal kurz einen schönen Ausblick zum Schlern, der wie eine vom Licht umflossene Gralsburg in den Orkus der Eisackschlucht schaut; bald schließen sich die Felswände wieder und nur bei A t z w a n g weitet sich das Tal wiederum und läßt hüben und drüben ein wenig von der grünen Welt des Rittens und der Völser Fluren ahnen. Hier steht die zweite überdachte Holzbrücke im Kuntersweg.

Im N a m e n der Örtlichkeit (347 m, 322 Einw., zur Gemeinde Ritten gehörend, Bahnhof und Autobushaltestelle, Postleitzahl 39040) steckt eine *Flur des Azzo*, wie bei Wolff nachzulesen ist. Er nimmt mit Recht an, daß dieser bajuwarische Edeling vom Ritten aus die in den höheren Lagen sehr sonnige Talweitung gerodet hat. Urkundlich tritt uns der Weiler 1270 als *Azwang* entgegen. Das ehemalige Postwirtshaus zum „Schwarzen Adler", nach den späteren Besitzern kurz „B e i m M i t t e r s t i e l e r" genannt, gehört zu den schönen und traditionsreichen Gasthäusern an der Brennerstraße und geht in seinem ehrwürdigaltertümlichen Baubestand auf das Jahr 1576 zurück. Das

415

stattliche Gebäude mit breiter Front, Erker und Schmiedeeisengittern sowie schönen Gewölben und Täfelungen im Haus selbst
ist Ursprungsort der Herren von Atzwanger, aus deren Geschlecht der namhafte Südtiroler Maler und Zeichner Hugo
A t z w a n g e r (1883—1960) stammt. Ihm, dem feinsinnigen
Zeichner ungezählter Motive vorwiegend aus dem Eisacktal,
ist an dieser Stelle ein ehrendes Gedenken zu widmen. Den
Namen dieses Geschlechtes trägt auch der oberhalb des alten
Postwirtshauses beherrschend in der Landschaft stehende herrenmäßige Ansitz H o c h a t z w a n g, mit seiner erker- und
gittergeschmückten Fassade und den spitzen Zypressen daneben, ein berühmter Blickpunkt im unteren Eisacktal; dieses Gebäude wurde ebenso wie das an der Straße stehende O b e r -
a t z w a n g e r h a u s, ebenfalls mit einer sehr schönen Fassade,
um die Mitte des 16. Jahrhunderts erbaut. — Die schlichte
P f a r r k i r c h e z u m h l. J o s e f wurde um 1654 errichtet, später mehrmals restauriert und ist leider ihres sakra-
len Schmuckes völlig beraubt worden (1973/74).

Nach der leichten Ausweitung des Tales bei Atzwang drängen
die Schluchtwände wieder so eng zusammen, daß hier die
Eisenbahn durch einen Tunnel führt, die Autobahn den sperrenden Rundbuckel auf der Höhe überbrückt und die neue Umfahrungsstraße in den Hang geschnitten werden mußte. Die davor liegende Eisenbahnbrücke wurde im Jahre 1944 und vor
allem im April 1945 schwer bombardiert, getroffen und sofort
von Pioniergruppen wieder instand gesetzt. Ein wahrer Bomben-
regen ging ringsum nieder, richtete schwere Schäden an, hob
unter anderem im Postwirtshaus die schwere Holztür aus den
Angeln und schleuderte sie durch den ganzen Hausgang; heute
hängen Tür und Wirtshausschild längst wieder am alten Platz
und die Fassade wurde erst 1968 in sehr fachgerechter und gekonnter Art erneuert. Durch den Bau der Umfahrungsstraße
wurde der allzulaute Lärm vom „Mitterstieler" mit seinen schönen wilden Kastanienbäumen genommen, was für die traditionsreiche und gut geführte alte Herberge an der Brennerstraße einen großen Gewinn bedeutet.

> *Mit Tagesanbruch erblickte ich die ersten Rebhügel.*
> *Eine Frau mit Birnen und Pfirsichen begegnete mir,*
> *und so ging es auf T e u t s c h e n los, wo ich um*
> *sieben Uhr ankam und gleich weiterbefördert wurde...*
>
> (Goethe in der „Italienischen Reise")

Als Goethe seiner Südlandssehnsucht folgte, da war die Post-
und Pferdewechselstation noch nicht nach Atzwang verlegt, sondern noch dort, wo schon zu Beginn des 15. Jh.s *der täutschen*

Herren Keller am Kuntersweg (Wolff) bezeugt ist. Dieser Weiler D e u t s c h e n, eine ganz unscheinbar gewordene Häusergruppe etwa 2 km südlich von Atzwang, hat so manchem Goethe-Leser und bildungshungrigen Reisenden durch seinen Namen Rätsel aufgegeben, und es fehlte nicht an allen möglichen siedlungsgeschichtlichen Spekulationen; der Name der alten, später nach Atzwang verlegten Poststation geht indes auf die bereits genannte D e u t s c h o r d e n s k o m m e n d e in Lengmoos am Ritten zurück, die hier Besitz und den obligaten Weinkeller hatte; noch heute führt von hier ein unmarkierter Fußweg über Leitach und Siffian nach Lengmoos.

Der Weiler Deutschen mußte Schritt für Schritt der Verbreiterung der Brennerstraße weichen; so wurde die aus dem 15. Jh. stammende „Deutschenkapelle" 1925 abgerissen, und überdies haben die Überschwemmungen der letzten Jahre dem Ort schwer zugesetzt. In seiner Nähe wechselt die im großen und ganzen seit der Mündung des Villnößtales am linken Eisackufer verlaufende Autobahn nun auf das rechte Ufer, wo sie — mit einer Unterbrechungsstelle in der Hochklause südl. von Blumau — nun auch bis Bozen bleibt.

Kurz nach dem Deutschen kommt der Kuntersweg zu der bereits mehrfach erwähnten kleinen Siedlung am S t e g — der dritten Holzbrücke über den Eisack. Die Brücke war früher sehr wichtig, denn sie vermittelte eine vielbegangene Querverbindung zwischen dem Ritten und dem Völser Mittelgebirge; die S a g e weiß sogar zu erzählen, daß quer durch das ganze Tal mit seinem Gehänge ein unterirdischer Gang (!) die sich hier gegenüberliegenden Schlösser Prösels und Stein am Ritten verbinde. Tatsache ist jedenfalls, daß die untersten Höfe der linken Talflanke früher „Steinhöfe" genannt wurden, da das alte Gericht Stein am Ritten hier über das linke Eisackufer reichte.

Durch die Straßenbauten in die Mittelgebirge haben die genannten Wege ihre Bedeutung völlig verloren; für den Wanderer sind sie ein Dorado sondergleichen geblieben, und Steg ist immer noch wichtiger Ausgangspunkt, wenn auch die Eisenbahnhaltestelle aufgelassen wurde. Dafür halten heute die Omnibusse in Steg beim gleichnamigen Gasthaus, und auf dem Parkplatz neben der Tankstelle des Weilers findet jeder Platz, der von hier aus zu Wanderungen in die beiderseitigen Mittelgebirge aufbrechen will (Weg 1 nach Völs; Weg 11 über Leitach nach Siffian bzw. zum Schloß Stein, das von Steg aus kurz zu sehen ist). Im unteren Teil überbrückt heute die Autobahn, die hier etwas erhöht auf Pfeilern am Hang verläuft, den alten Burgweg.

Nach weiteren dreieinhalb Kilometern einer ziemlich eintönigen Strecke sind wir in B l u m a u (315 m), wo der Eisack den aus dem Tierser Tal kommenden Breibach aufnimmt; dieser teilt den Weiler (570 Einw.) in eine zum Gemeindegebiet Völs und in eine andere, zum Gemeindegebiet Karneid gehörende Hälfte.

Nach dem Ort Blumau hat Richthofen den grünlichen *Blumauer Porphyr* benannt. Von einem Stück *gepflasterter Straße, bei niedrigem Wasserstand sichtbar,* berichtet Dalla Torre; heute ist von diesem auch als „römisch" angesprochenen Pflaster nichts mehr zu sehen. Den N a m e n deutet Schneller nicht aus „Blume" und „Au", sondern aus dem Eisacktaler Dialektwort *Plumme,* was soviel wie *Holzstoß* bedeutet und auch in der Brixner Gegend belegt ist.

Die E x p o s i t u r k i r c h e z u m h l. A n t o n i u s v o n P a d u a wurde 1837 gebaut und besitzt einen Hochaltar, der früher in Klobenstein stand (WG); eine ältere Sebastiankapelle wurde beim Bau der Brennerbahn 1867 abgetragen. — Blumau hat mehrere Gastbetriebe, Bahnhof und ist Autobushaltestelle. Öffentl. Fernsprecher im Tabakladen an der Straße, Tankstelle, mechan. Werkstätte und Taxi. — Der Ort, der früher eine große Brauerei beherbergte, hat heute Sägewerke und verschiedene Handwerks- und Industriebetriebe. — Ebenso ist Blumau als V e r k e h r s k n o t e n p u n k t von Bedeutung, da von hier die Straßen nach V ö l s, T i e r s und S t e i n e g g abgehen. Zwischen Blumau und B o z e n verkehrt bereits ein Omnibus der städtischen Linien. —

Dort, wo die Autobahn in der Talweitung von Blumau aus zwei Tunnelröhren heraustritt, setzt ein Fußweg Nr. 0 an, der zunächst quer über den steinigen und kahlen Hang aufwärts und danach in die aussichtsreichen und freien Höhen von Unterinn am Ritten führt. Diese W a n d e r u n g (2 Std.) sei hier stellvertretend für viele Wege angeführt, die in eindrucksvoller Weise einen Übergang aus den steilen Porphyrwänden des Kuntersweges zu den fruchtbaren Weiten der Mittelgebirge vermitteln. Außer diesen gut gebahnten und vom Alpenverein markierten Wegen wird der Kenner dieser Landschaft nach und nach eine Reihe von unmarkierten, oft halb zugewachsenen Höhensteigen entdecken, die zu den Einzelgehöften emporführen und ein völlig ungestörtes Bild der hochinteressanten Flora und Fauna des Kuntersweges geben, von der schon in den einleitenden Kapiteln die Rede war.

Im Tal hat die Straße gleich südlich von Blumau wiederum eine Sperre zu überwinden, die berüchtigte H o c h k l a u s e, einen

Felskopf, auf dessen Höhe ein Bauernhof liegt. Der alte Kuntersweg stieg von Blumau aus an, um am Hang emporführend diesen Sattel zu überwinden. Die heutige Straße bleibt in der Talsohle und windet sich in einem Bogen um diesen sperrenden Fels herum, Eisenbahn und Autobahn durchbohren ihn mit Tunnels; wir sind hier an der wildesten und unwegsamsten Stelle des Kuntersweges — und gleichzeitig an seinem südlichen Ende. Die Passage ist mehrfach gefährdet, so etwa durch Vermurung des Steinegger Baches, der vor der Klause mündet, und ebenso durch ständig sich wiederholende Felsstürze aus dem brüchigen Gestein, die mehrfach eine Verlegung des Straßenkörpers notwendig machten. Die Autobahn ist streckenweise auf riesigen Betonpfeiler gelagert.

Kein Wunder, daß diese Engstelle von den Fuhrleuten gefürchtet wurde und von Sagen umwoben wird. Da ist einmal ein Gastwirt hierher gebannt, weil er den Wein wässerte, ein Fuhrmann betrog hier den Teufel um seine bereits verpfändete Seele, so daß der Leibhaftige ein großes Loch in die Felswand riß, das man heute noch sehen kann; in diesem „Teufelsloch" hausten nun tatsächlich Zigeuner und Wegelagerer, und die Stelle galt noch bis ins vergangene Jahrhundert hinein als unheimlich.

> Auch „Wein-Nörggelen" (Zwerge) gab es in dieser Gegend, die scharf darauf achteten, daß die Wirte nur gute Ware aufschenkten. Als man einem Nörggele einst Wein vermischt mit Schnaps aufschenkte, verwandelte es zur Strafe den ganzen Vorrat des Wirtes in Eisackwasser — und nur wenn er ihn verschenkte wurde er wieder köstlicher Leitacher (Wolff).

Nach dieser Enge weitet sich mählich das Tal; zur Rechten werden die weingesegneten Fluren von Leitach sichtbar, und die Straße läuft nun in längeren Geraden auf den Bozner Talkessel zu. Sie führt am schon sehr früh belegten Hof P u n t n o f e n (1237 *Puntenove)* vorbei, dessen Name auf eine Brücke weist, die heute noch das linke Eisackufer mit dem Leitach verbindet. Gleich danach teilt sich die Straße in die Rosette der Autobahnausfahrt Bozen-Nord, in die Einfahrt zum Stadtkern Bozen (links) und zur Umfahrungsstraße (rechts), die auf einer bemerkenswert häßlichen Konstruktion von Betonpfeilern an Höhe gewinnt und somit alte Zufahrtsstraße und Eisenbahn überbrückt. Gleich nach dieser Überführung biegt von der Umfahrungsstraße nach links die Straße ins E g g e n t a l ab. Das Ende des Kuntersweges ist somit ein Engpaß der Verkehrslinien geworden, zwei Straßen, Eisenbahn, Autobahnausfahrt, am rechten Eisackufer die gewaltigen Rohre des großen Eisacktaler Kraftwerkes und die dazugehörenden Transformatorenanlagen —

wahrhaftig ein Bild unserer Zeit, ein Bild moderner technischer Entwicklung. Ein anderes Bild als jenes des 10. Septembers 1786, als eine hochbepackte Reisekutsche über ein schmales Sträßchen aus der Enge des Kuntersweges gegen den Bozner Talkessel hin schaukelte. Doch mag der Südlandsreisende, der uns mit diesem Buch in der Hand vom Brenner bis hierher gefolgt ist, noch immer einen Hauch dessen verspüren, was Johann Wolfgang von Goethe in seinem Reisetagebuch vermerkte: *Nun erblickte ich endlich bei hohem Sonnenschein... das Tal, worin Bozen liegt. Von steilen, bis auf eine ziemliche Höhe angebauten Bergen umgeben, ist es gegen Mittag offen, gegen Norden von den Tiroler Bergen gedeckt. Eine milde, sanfte Luft füllt die Gegend.*

VIII. Literaturverzeichnis und Landkarten

Es sind alle Werke und Aufsätze angeführt, die zur Ausarbeitung dieses Buches herangezogen wurden und im engeren und weiteren Sinn zum Thema gehören. Ist im Text lediglich der Name des Autors in Klammer als Quelle vermerkt, so bezieht sich dieser auf das in diesem Register stets an e r s t e r Stelle angeführte Werk des betreffenden Verfassers. In allen anderen Fällen ist bereits in der Klammer im Text auf weitere Werke dieses Verf. so deutlich hingewiesen, daß die betreffende Belegstelle an Hand dieses Literaturverzeichnisses leicht ermittelt werden kann. Auf diese Weise konnte der Text von einem komplizierten wissenschaftlichen Apparat und von Fußnoten so gut wie freigehalten werden, gibt jedoch anderseits die Möglichkeit, sich an Hand der angegebenen Literatur jederzeit in einzelne Teilgebiete zu vertiefen; bezüglich der Aufsätze in der Zeitschrift „Schlern" siehe die Bemerkung unter diesem Stichwort. — Es sei in diesem Zusammenhang auf die T e ß m a n n - B i b l i o t h e k im „Haus der Kultur Walther von der Vogelweide", Bozen, Schlernstraße, Tel. 26 4 49 (Vorwahl 0471 von auswärts) verwiesen, die Besuchern aus dem In- und Ausland kostenlos zur Verfügung steht; diese Studien- und Tirolensienbibliothek mit reichen Beständen auch aus anderen Wissensgebieten wird allen Ansprüchen genügen.

Achammer, Haidrun: Ratschings — Bevölkerung und Wirtschaft, Diss. Innsbruck 1969.
Albasini, Carlo: Castelli e altri monumenti storici della zona di Bressanone, Rovereto/Bolzano 1966: deutsche Übersetzung im selben Verlag 1969.
Andersen, Hans Christian: Sämtliche Märchen, darin „Bilderbuch ohne Bilder", übers. von H. Denhardt, Leipzig o. J.
Atzwanger, Hugo: Das Völser Heubad, Schlern, Jg. 1936, S. 75 ff. (mit Abb.)
Auckenthaler, E: Zur Heimatkunde von Pflersch, Schlern, Jg. 1924, S. 214 ff.
Außerer Karl: Castelrotto-Siusi (speziell Burgen und Edelgeschlechter), Schlern, Jg. 1927, S. 221 ff.
Außerhofer, Maria: Itinerari imperiali dell'Alto Adige da Ottone I a Corrado II, Diss. Bologna 1971/72 (deutsche Übers. in Vorbereitung)
Außerhofer, Maria: Die römischen Meilensteine in Südtirol, Die römischen Weihesteine, Die römischen Grabsteine in Südtirol, alle drei Arbeiten in Schlern, Jg. 1976, S. 3. 135, 452
Benedikter, Hans: Rebell im Land Tirol (Michael Gaismair), Wien 1970.
Brandstätter, Otto: Südtiroler Verkehrswege in alter und neuer Zeit, Sonderdruck aus Reimmichlkalender, Bozen 1970.
Brennerbahn, hundert Jahre; Festschrift der österr. Bundesbahnen, Innsbruck 1967.
Brennerstraße, die; I. Jahrbuch des Südtiroler Kulturinstitutes, Bozen, 1961, mit Beiträgen von Berthold Riehl, Hermann Wiesflecker, Karl Pivec, Otto R. von Lutterotti, Eugen Thurnher, Herbert Seidler, Karl Wolfsgruber, Moriz Enzinger Karl, Kurt Klein, Franz Huter, Karl Finsterwalder, Alois Staindl, Helmut Gams, Eduard Widmoser, Karl Ilg u. a. (es sind nur die Autoren der benützten Aufsätze angeführt).
Brixen und Umgebung. Südtiroler Gebietsführer Nr. 2, hgg. von der Buchhandlung Athesia Brixen, 4. Aufl. Bozen 1980.

Brixner Heimatbuch, hgg. von Hermann Mang, Innsbruck 1937, mit Beiträgen von Adrian Egger, Raimund von Klebelsberg, Ignaz Mader, Albuin Mair unter der Eggen, Hermann Mang, Karl Meusburger, Anselm Sparber, Heinrich Waschgler und Josef Weingartner.

Bröll, P. Camill: Froy im Villnößtal, Lana 1911.

Cescutti, Marjan: Der Südtiroler Dichter Hubert Mumelter, Diss. Innsbruck 1961.

Comployer, Elfriede: Dorfbuch von Unterinn (u. a. komplette Höfebeschreibung), Manuskript i. d. Teßmann-Bücherei, Bozen 1975.

Dalla Torre, K. W. von: Tirol, Vorarlberg und Liechtenstein, Reihe „Junks Naturführer", Berlin 1913.

Delago, Hermann: Dolomiten-Wanderbuch, 13. Aufl. bearbeitet von Josef Rampold, Innsbruck 1979.

Dolomiten, Tageszeitung, Verlag Athesia, Bozen: Notizen, Daten und statist. Angaben.

Egg, Erich: Von Augsburg nach Verona, Innsbruck 1962.

Egg, Erich: Kunst in Tirol (2 großform. Bildbände), Innsbruck 1973.

Egger, Adrian: Die Besiedlung von Brixen und Umgebung in vorgeschichtlicher Zeit, Schlern, Jg. 1925, S. 292 ff.

Egger, Adrian: Die Natzerplatte, eine natürliche Großfestung der Urzeit, Schlern, Jg. 1951, S. 80.

Egger, Adrian: Sabiona, die erste Heimat der Diözese, Schlern, Jg. 1930, S. 223 ff.

Egger, Adrian: Die römische Zollstation Sublavio bei Kollmann, Schlern, Jg. 1929, S. 346 ff.

Egger, Josef: Geschichte Tirols (3 Bde.), Innsbruck 1872—80.

Enzinger, Moriz: Goethe in Tirol, Innsbruck 1932.

Exel, Reinhard: Die Mineralien Tirols (Bd. 1 = Südtirol und Trentino), Bozen 1980.

Fallmerayer, Jakob Phillipp: Fragmente aus dem Orient, München 1963.

Fiebiger, Herbert: Bevölkerung und Wirtschaft Südtirols, Bergisch Gladbach 1959.

Fink, Hans: Eisacktaler Sagen, Bräuche und Ausdrücke, Schlern-Schrift 164, Innsbruck 1957.

Fink, Hans: Verzaubertes Land (Volkskult und Ahnenbrauch in Südtirol), 2. Aufl. Innsbruck 1973.

Fink, Hans und Finsterwalder, Karl: Tiroler Wortschatz an Eisack, Rienz und Etsch, Schlern-Schrift 250, Innsbruck 1972.

Fink, Hans: Feldthurns — ein Südtiroler Dorfbuch, hgg. 1975 anläßlich der 1000-Jahr-Feier von Gemeinde und Verkehrsverein Feldthurns.

Fink, Hans: Lüsen — 160 Jahre Musikkapelle (mit zahlr. Lit.), Bozen 1974.

Finsterwalder, Karl: Die Familiennamen in Tirol, Schlern-Schrift 81, Innsbruck 1951.

Fischnaler, Conrad: Führer durch Sterzing und Umgebung, neu bearb. von Elisabeth Kofler-Langer und Baron Eduard von Sternbach, Bozen o. J.

Fischnaler, Conrad: Das Eisacktal in Lied und Sage, Innsbruck 1883.

Fischnaler, Festschrift zu Ehren Konrad F., Schlern-Schrift 12, Innsbruck 1927, mit Beiträgen von Karl Schadelbauer, Anselm Sparber, Otto Stolz, Josef Weingartner, Hermann Wopfner u. a.

Fliri, Franz: Das Klima der im Raum Tirol, Innsbruck 1975

Franz, Leonhard: Der Figurenmenhir von St. Verena, Schlern, Jg. 1955, S. 350 ff. (Abb.).

Frei, Mathias (Bearb.): Gröden und sein Heimatmuseum, St. Ulrich 1966.

Freiberger, Friedrich: Maria Trens, Schnell und Steiner-Kleine Kunstführer 708, München 1959.

Frick, Ildefonsa: Der Sieg des Säbener Soldaten von 1809, Schlern, Jg. 1932, S. 529 ff.

Gasser, Rudolf: Dorfbuch von Schabs, Manuskript i. d. Teßmann-Bücherei, Bozen 1975.

Goethe, Johann Wolfgang von: Italienische Reise, zitiert nach dtv-Gesamtausgabe, München 1962.

Gordon, Maria M. Ogilvie: Geologisches Wanderbuch der westlichen Dolomiten, Wien 1928.

Granichstaedten-Czerva, Rudolf von: Johann Kravogl, der Erfinder des Elektromotors, Schlern, Jg. 1929, S. 4.

Gruber, Karl: Der Barockbildhauer Johann Perger aus Stilfes, Diss. München 1972.

Gruber, Karl: Kirchendiebstähle in Südtirol seit 1958, Schlern, Jg. 1973, S. 28 ff.

Hagemeyer, Oda: Säben, Bozen 1968.

Haider, Friedrich: Tiroler Brauch im Jahreslauf, Innsbruck 1968.

Halbach, Kurt Herbert: Walther von der Vogelweide, Sammlung Metzeler, 2. Aufl. Stuttgart 1968 (mit umfangreichen Literaturangaben).

Hallauer, Hermann: Die Schlacht im Enneberg, „Kleine Schriften der Cusanus-Gesellschaft", Nr. 9, Trier 1969 (mit umfangreichen Literaturangaben).

Harasser, Josef: Dorfbuch von Teis, Manuskript i. d. Teßmann-Bücherei, Bozen 1975.

Hegi-Merxmüller: Alpenflora, 20. Aufl., München 1963.

Heilfurth, Gerhard: Südtiroler Sagen aus der Welt des Bergbaues, Reihe „An der Etsch und im Gebirge" Bd. XXV, Brixen 1968.

Heuberger, Richard: Aus der Frühgeschichte des Eisacktales, Schlern, Jg. 1933, S. 103 ff.

Heuberger, Richard: Die Römerstraße von Bozen ins Eisacktal, Schlern, Jg. 1929, S. 43 ff.

Heuberger, Richard: Römerstraße und Brennersattel, Schlern, Jg. 1929, S. 150 ff.

Heyl, Johann Adolf: Volkssagen, Bräuche und Meinungen aus Tirol, Brixen 1897.

Hochtourist in den Ostalpen, der: Bd. IV—VII, hgg. von Hanns Barth, Leipzig 1926—1929.

Hofer, Sonja: In Klausen leben, Bozen 1980.

Hollaender, Albert: Zu den Bauernunruhen im Gebiet des Bistums Bressanone 1561—1564, Schlern, Jg. 1931, S. 384 ff.

Holzmann, Hermann: Berge und Bergbauern des oberen Eisacktales, in „Reimmichls Volkskalender", Bozen 1962.

Holzmann, Hermann: Romantik der Brennerstraße, Bozen 1958.

Holzmann, Hermann: Pfeifer Huisele, der Tiroler Faust, Innsbruck 1954.

Hootz, Reinhard: Südtirol und das Trentino (Reihe „Bildhandbuch der Kunstdenkmäler"), München 1973.

Hörmann, Ludwig von: Tiroler Volksleben, Stuttgart 1909.

Hörmann, Ludwig von: Der tirolisch-vorarlbergische Weinbau, Zeitschrift des Deutsch-Österr. Alpenvereins, Jg. 1905, S. 66 ff. u. Jg. 1906, S. 98 ff.,

Huber, Bruno: Die Pflanzengesellschaften des mittleren Eisacktales, Schlern, Jg. 1927, S. 266 ff.

Huber, Rudolf: Die Tschuggmal'schen Automaten, Schlern, Jg. 1921, S. 383 ff.

Huter, Franz: Handbuch der historischen Stätten Österreichs, Bd. 2 — Alpenländer mit Südtirol; Kröners Taschenausgabe Nr. 279, Stuttgart 1978.

Huter, Franz: Historische Städtebilder aus Alt-Tirol, Innsbruck 1967.

Innerebner, Georg: Südtiroler Wallburgenstatistik, I. Einleitung und Übersicht, (alle in) Schlern, Jg. 1956, S. 432 ff.; VIII. Mittleres Eisacktal und Sterzing, Jg. 1960, S. 373; VII. Brixner Becken und Lüsen, Jg. 1960. S. 301 ff.; VI. Unteres Eisacktal mit Gröden und Villnöß, Jg. 1959, S. 388 ff.; Bozner Becken und Sarntal (Ritten), Jg. 1958, S. 357 ff.; — die zahlreichen Einzelaufsätze, auf die in diesen Kapiteln verwiesen wird, sind nicht gesondert aufgeführt.

Innerebner, Georg: Die Wallburgen Südtirols, Bd. III (Eisacktal, Bozner Becken und Unterland), bearb. von Reimo Lunz (die Einzelarbeiten Innerebners in Buchform), Bozen 1975—77.

Innerebner, Georg: Über den Fundort des Hauensteiner Schwertes, Schlern, Jg. 1951, S. 330 ff. (mit Abb.).

Kiene, Hans: Bozner Wanderführer, Bozen 1965 (3. Aufl.; vergriffen).

Kiene, Hans: Rittner Führer, Bozen 1969 (bearb. von Hans Rottensteiner).

Kiene, Hans: Aus den Sarntaler Alpen, Zeitschr. des Deutsch-Österr. Alpenvereins, Jg. 1926, S. 61 ff.

Klausen, Sonderheft des Schlern, Jg. 1972, Heft 7/8 (= S. 319—428).

Klebelsberg, Raimund von: Südtiroler Landeskunde, Südtirols Berge und Täler, beide in der Reihe „An der Etsch und im Gebirge" Bd. V, 3. Aufl. bzw. Bd. VIII, Brixen 1965 bzw. 1948.

Klebelsberg, Raimund von: Südtiroler Mittelgebirgswanderungen, in Zeitsch. d. Deutsch.-Österr. Alpenvereins, Jg. 1933, S. 197 ff und Jg. 1935, S. 207 ff.

Klebelsberg, Raimund von: Geologische Einführungen zu „Der Hochtourist in den Ostalpen" (siehe dort).

Klebelsberg, Raimund von: Südtiroler geomorphologische Studien. Das obere Eisacktal; Forschungen zur deutschen Landeskunde, Bd. 80, Bonn-Bad Godesberg 1952.

Kofler, Erich: Barbian und Villanders (= Südt. Gebietsführer Nr. 25), Bozen 1980.

Kohlhaupt, Paula und Reisigl, Herbert: Blumenwelt der Dolomiten (Bildband), Bozen 1972.

Kramer, Hans mit W. Pfaundler und Erich Egg: Tirol 1809, Innsbruck 1959.

Kramer, Hans: Beiträge zu einer Chronik aus Mauls und Umgebung, Schlern, Jg. 1964, S. 155 ff.

Kramer, Hans: Beiträge zu einer Chronik von Mittewald am Eisack, Schlern, Jg. 1964, S. 235 ff.

Kramer, Hans: Edgar Meyer als Künstler und Bauherr, Schlern, Jg. 1951, S. 458 ff.

Kramer, Hans: P. Joachim Haspinger, Schlern-Schriften 41, Innsbruck 1938.

Kühebacher, Egon: siehe Tirolischer Sprachatlas.

Kühebacher, Egon: Mundartforschung und Mundartpflege in Tirol, Schlern, Jg. 1963, S. 51 ff.

Kühebacher, Egon: Zur Dialektgeographie des unteren Eisacktales, Schlern, Jg. 1972, S. 436 ff.

Kußtatscher, Josef: Geschichte der Pfarre Villanders, Diss. Innsbruck 1974.

Ladurner-Parthanes, Matthias: Vom Perglwerk zur Torggl (Weinbau in der vorindustriellen Zeit), Bozen 1972.

Lang, Paul: Beiträge zur Kulturgeschichte des Brixner Beckens, Diss. Innsbruck 1975.

Lang, Paul: Lajen und Umgebung mit Waidbruck (= Südt. Gebietsführer Nr. 21), Bozen 1979.

Langes, Gunther: Autorama — Bd. 1, Südtirol-Dolomiten-Gardasee, 9. Aufl., Innsbruck 1980.

Langes, Gunther: Ein Spiel um Mitternacht, Brixen 1946.

Loesch, Ernst: Südtiroler Erinnerungen, hgg. von Carl Ritter von Lama, München 1963.

Lübke, Anton: Nikolaus von Kues, München 1968.

Lukan, Karl: Alpenwanderungen in die Vorzeit, Wien 1965.

Lunz, Reimo: Ur- und Frühgeschichte Südtirols, Bozen 1973.

Macek, Josef: Der Tiroler Bauernkrieg und Michael Gaismair, Prag 1960, deutsche Ausg. von R. F. Schmiedt, Berlin 1965.

Mader, Ignaz: Die Bäder und Heilquellen im Hochetsch, Bozen 1929.

Mader, Ignaz: Häusergeschichte von Brixen, Schlern-Schrift 224, Innsbruck 1963.

Mahlknecht, Bruno: Völs und Seis am Schlern, Kastelruth-Seiser Alm (= Südt. Gebietsführer Nr. 16), Bozen 1978.

Maier unter der Eggen, Ed.: Balthasar Dosser, sein Verhör und sein Prozeß, Schlern, Jg. 1953, S. 239 ff.

Mang, Hermann: Heimatliche Kirchfahrten, Brixen 1941.

Mang, Hermann: Volksbrauch in Südtirol, Reihe „An der Etsch und im Gebirge", Bd. III. 2. Aufl., Brixen o. J.

Mayr, Karl Maria: Die Römersteine der Trostburg, Schlern, Jg. 1926,S. 479 ff.

Mayr, Karl Maria: Die Birkenrute von Klobenstein am Ritten und ihre Inschrift, Schlern, Jg. 1958, S. 151 ff. (Abb.).

Mayr, Karl Maria: Der Grabstein des Laseke vom Piperbühel bei Klobenstein am Ritten, Schlern, Jg. 1959, S. 469 ff.

Mayr, Karl Maria: Vorgeschichtliche Siedlungsfunde auf der Hochfläche des Schlern, Schlern, Jg. 1946, S. 9 ff. (Abb.).

Mayr, Karl Maria: Die Schlernfunde von 1945 und ihr Echo in der Fachwelt, Schlern, Jg. 1951, S. 338 ff.

Mayr, Norbert: Die Reiselieder und Reisen Oswalds von Wolkenstein, Schlern-Schrift 215, Innsbruck 1961.

Mayr, Paul: Die Enteignung der Alpenvereinshütten 1923, Bozen 1966.

Mayr, Paul: Schloß Zwingenstein (u. a. zum Verlauf der „Römerstraße" über den Ritten), Schlern, Jg. 1968, S. 135 ff.

Mayr, Paul: Die neuen Funde vom Schlern und die alpine Retardierung, Schlern, Jg. 1972, S. 4 ff.

Menara, Hanspaul und Rampold, Josef: Südtiroler Bergseen, 2. Aufl., Bozen 1976.

Menara, Hanspaul und Rampold, Josef: Südtiroler Bertouren, 2. Aufl. Bozen 1978.

Menara, Hanspaul: Südtiroler Wasserfälle, Bozen 1980.

Menara, Hanspaul: Südtiroler Urwege, Bozen 1980.

Menara, Hanspaul: Südtiroler Schutzhütten, Bozen 1978.

Meyer, Martinus: Schlern-Sagen und Märchen, Innsbruck 1891.

Michaeler, Otto: Die tapferen Mädchen und Weiber von Latzfons und Verdings, Schlern, Jg. 1947, S. 100 ff.

Mück, Hans Dieter: Vorträge der 600-Jahr-Feier für Oswald von Wolkenstein, Göppingen 1978.

Müller, Theodor: Gotische Skulptur in Tirol, Bozen 1976.

Mumelter, Hubert: Zwei ohne Gnade, 2. Aufl. Leipzig 1938 und Rosenheim 1976.

Mumelter, Hubert: Bekenntnis zum Schlern — ein Hubert-Mumelter-Buch, Bozen 1971.

Mumelter, Hubert: Zwischen den Zeiten (hist. Novellen), Bozen 1972.

Noë, Heinrich: Brennerbuch, München 1869.

Oberrauch, Luis: Mittelalterliche Edelhöfe und Vogeltennen im Layener Ried und Waltherus de Gredena, Schlern, Jg. 1967, S. 507 ff. (mit vielen Abb.).

Pappenheim, Hans E.: Dürers Alpenlandschaften, Zeitschr. d. Deutsch-Österr. Alpenvereins, Jg. 1940, S. 237 ff. (Abb.).

Penk, Albrecht: Der Brenner, Zeitschrift d. Deutsch-Österr. Alpenvereins, Jg. 1887, S. 1 ff.

Perlunger, M. (= Franz Junger): Etwas über das Künstlerstädtchen (Klausen) am Eisack, Schlern, Jg. 1927, S. 303 ff.

Perna, Giuliano: Erdpyramiden im Trentino und in Südtirol (Übersetzung aus dem Ital. von V. Welponer, mit zahlr. Abb.), Calliano (Trento) 1971.

Pernthaler, Anselm: Gesellschaftliche Verhältnisse in Klausen am Ausgang des Mittelalters, Schlern, Jg. 1921, S. 419 ff.

Pitra, Franz: Klausen und Umgebung, Brixen o. J. (1910).

Pittioni, Richard: Stand und Aufgaben der ursprünglichen Forschung im Oberetsch, Beihefte zum „Jahrbuch für Geschichte, Kultur und Kunst", hgg. v. K. M. Mayr, Bolzano 1940.

Prossliner, Karl: Das Bad Ratzes, Bilin (Böhmen) 1895.

Prünster, Hans: Die Wappen der Gemeinden Südtirols (mit den Einwohnerzahlen von 1961 und 1971), Bozen 1972.

Psaier, H.: Führer durch das Villnösser Tal, Villnöß 1971.

Rampold, Franz: Der wilde See (Gedicht) und Das heimatliche Künstlergeschlecht der Mitterwurzer, beides in Schlern, Jg. 1933, S. 402 bzw. S. 333 ff.

Rampold, Josef: Südtiroler Wanderbuch, 6. Aufl., Innsbruck 1980.

Rampold, Josef: Der Schlern — eine Monographie, Jahrbuch des DAV 1967 und Jahrbuch des ÖAV 1968.

Rampold, Josef, siehe auch Menara, Hanspaul.

Rampold, Josef: Bozen und Umgebung (= Bd. 7 der vorliegenden Landesbeschreibung, grenzt an Eisacktal), Bozen 1979.

Rampold, Josef und Fischer, Wenzel (Bildteil): Südtirol, Land der Bergbauern, 3. Aufl. Bozen 1978 (auch ital.)

Rasmo, Nicolò: Der Multscher-Altar in Sterzing, Bozen 1963.

Rasmo, Nicolò: Michael Pacher, München 1969.

Redlich, Oswald: Ein alter Bischofssitz im Gebirge (Säben), Zeitschr. d. DuÖAV, Jg. 1890, S. 35 ff.

Reinalter, Helmut: Michael Gaismair und die frühbürgerliche Revolution. Der Tiroler Bauernführer aus der Sicht der neueren Geschichtsschreibung, Schlern, Jg. 1979, S. 610 ff.

Ringler, Josef: Die barocke Tafelmalerei in Tirol, 2 Bde., Innsbruck 1972.

Ringler, Josef: Alte Tiroler Weihnachtskrippen (zahlreiche Abb.), Innsbruck 1969.

Ringler, Josef: Dreikirchen und Briol, Schlern, Jg. 1967, S. 319 ff.

Rottensteiner, Ferdinand: Das Gericht zum Stein auf dem Ritten im Mittelalter, Diss. Innsbruck 1969.

Rutz, Werner: Die Brennerverkehrswege, Forschungen zur deutschen Landeskunde, Bd. 186, Bonn-Bad Godesberg 1970.

Säben, Sonderheft Schlern, Jg. 1977, S. 6 ff. (mit Abb.).

Sailer, Oswald: Der Maler Josef Telfner, Schlern, Jg. 1949, S. 23 ff.

Sayn-Wittgenstein, Franz Prinz zu: Südtirol und das Trentino, München 1971.

Schadelbauer, Karl: Sterzing im 15. Jahrhundert, Schlern-Schrift 220, Innsbruck 1962.

Schadelbauer, Karl: Das Gossensaßer Bachmandl' — zu Henrik Ibsens 100. Geburtstag, Schlern, Jg. 1928, S. 186 ff.

Schadelbauer, Karl: Vom Sitz des Gozzo zum blühenden Knappendorf, Schlern, Jg. 1930, S. 266 ff.; hier weitere Beiträge zu Gossensaß.

Scheffler, Gisela: Hans Klocker, Schlern-Schrift 248, Innsbruck 1967.

Schlern, der: Illustrierte Monatshefte für Heimat- und Volkskunde, 1920 ff. hiezu Verfasserverzeichnis (1920—62), Bozen 1964 (Ergänzungsheft bis 1967, Bozen 1968) und Gesamtregister (1920—78), Bozen 1980; in diesem vorliegenden Literaturverzeichnis scheinen nur die eingehend behandelten Aufsätze aus dem Schlern auf; Belegstellen und Kurzverweise sind im Text durch Angabe von Jg. und Seitenzahl zitiert.

Schrott, Leonhard: Führer durch Klausen, Bozen o. J.

Schrott, Max: Neustift bei Brixen, Schnell und Steiner-Kleine Kunstführer, Nr. 717, 4. Aufl., München 1968.

Schwarz, Josef: Zwei Künstler aus Feldthurns, Schlern, Jg. 1968, S. 272.

Schwob, Anton: Oswald von Wolkenstein, ein Lebensbild, Bozen 1979.

Seelaus, Georg: Einiges über das Thinnetal und den Bergbau am Pfunderer Berge bei Klausen, Schlern, Jg. 1921, S. 409 ff.

Seibert, A. E.: Wegweiser im Villnöß, 1926.

Seyr-Gliera, Veronika: Karl Domanig. Eine Monographie, Diss. Innsbruck 1970.

Skipanorama, hgg. vom Landesfremdenverkehrsamt, Bozen o. J. (1971/72; wird laufend ergänzt).

Sparber, Anselm: Sterzinger Heimatbuch (Herausgeber, siehe dort).

Sparber, Anselm: Zur Geschichte von Trens, Schlern, Jg. 1928, S. 249 ff.

Sparber, Anselm: Kirchengeschichte Tirols, Bozen 1957.

Sparber, Anselm: Die Bischofsstadt Brixen in ihrer geschichtlichen Entwicklung, Reihe „An der Etsch und im Gebirge", Bd. XII, 2. Aufl. Brixen 1962.

Sparber, Anselm: Die Brixner Fürstbischöfe im Mittelalter, Bozen 1968.

Sparber, Anselm: Das Chorherrenstift Neustift in seiner geschichtlichen Entwicklung, Brixen 1953.

Sparber, Anselm: Nikolaus von Kues, Kardinal und Fürstbischof von Brixen in seinem Leben und Wirken, Schlern, Jg. 1964, S. 278 ff.

Sparber, Anselm: Zur Geschichte des Bistums Sabiona, Schlern, Jg. 1927, S. 1 ff.

Sparber, Anselm: Aus der Geschichte der Völser Pfarrgemeinde, Schlern, Jg. 1930, S. 148 ff. und 182 ff.

Sparber, Anselm: Abriß der Geschichte der Pfarrei und des Dekanates Stilfes im Eisacktal, Brixen 1945.

Staffler, Johann Jakob: Das deutsche Tirol und Vorarlberg topographisch, Bd. II, Innsbruck 1847.

Staindl, Alois: Kurze Geologie von Südtirol, Reihe „An der Etsch und im Gebirge", Bd. XXII, 4. Aufl. Brixen 1976.

Staindl, Alois: Südtirols Bergbau in Vergangenheit und Gegenwart, Schlern, Jg. 1957, S. 29 ff.

Staindl, Alois: Die geologischen Verhältnisse des Pfitschertales, Bozen 1956.

Steinitzer, Alfred: Das Land Tirol, Innsbruck 1922.

Sternbach, Eduard von: Bearb. von Fischnaler C., Führer v. Sterzing und Umgebung.

Sterzinger Heimatbuch, hgg. von Anselm Sparber, Schlern-Schrift 232, Innsbruck 1965, mit Beiträgen von Anton Dörrer, Erich Egg, Hermann Holzmann, Franz Huter, Georg Innerebner, Raimund von Klebelsberg, Hans Kramer, Elisabeth Langer-Kofler, Georg Mutschlechner, Georg Rampold, Josef Rampold und Eduard Sternbach.

Steub, Ludwig: Drei Sommer in Tirol, München 1895.

Stifte und Klöster, II. Jahrbuch des Südtiroler Kulturinstitutes, Bozen 1962.

Stoll, Andreas: Geschichte der Lehrerbildung in Tirol (zahlr. Angaben zum Volksschulwesen überhaupt), Weinheim und Berlin, 1968.

Stolz, Otto: Geschichte des Landes Tirol, I. Bd., Innsbruck 1955 bzw. photomechan. Nachdruck, Bozen 1973.

Stolz, Otto: Die Schwaighöfe in Tirol, Wissenschaftl. Veröffentlichungen des Deutschen und Österr. Alpenvereins Nr. 5, Innsbruck 1930.

Stolz, Otto: Politisch-historische Landesbeschreibung von Tirol, Schlern-Schrift 40, Innsbruck 1939, bzw. photomechan. Nachdruck, Bozen 1971.

Tarneller, Josef: Tiroler Familiennamen und Deutsche Stammwörter in tirol. Hofnamen, Bozen 1923.

Tarneller, Josef: Die Hofnamen des unteren Eisacktales, in Archiv für österr. Geschichte, Bde. 106 und 109, Wien 1914 und 1921.

Theil, Edmund: St. Nikolaus in Klerant bei Brixen (1971), Spitalkirche in Sterzing und Multscher-Altar in Sterzing (beide 1972) = Nr. 13, 15 und 18 der Reihe Kleine Laurin-Kunstführer, Bozen. — Ergänzungen zu Klerant vgl. Franz Trenkwalder in Schlern, Jg. 1980, S. 471

Theil, Edmund: Schloß Velthurns bei Brixen, Kleiner Laurin-Kunstführer Nr. 20, Bozen 1973.

Theil, Edmund: Die Kirchen von Klausen, Laurin-Kunstführer Nr. 28, Bozen 1976.

Theil, Edmund: Der Loretoschatz von Klausen, Laurin-Kunstführer Nr. 28, Bozen 1976.

Theil, Edmund: Burg Reifenstein bei Sterzing, Laurin-Kunstführer Nr. 27, Bozen 1975.

Theil, Edmund: Kloster Säben, Kleiner Laurin-Kunstführer Nr. 31, Bozen 1977.

Theil, Edmund: Die Kirchen von Säben, Laurin-Kunstführer Nr. 32, Bozen 1977.

Thurnher, Eugen: Dichtung in Südtirol, Innsbruck 1966.

Thurnher, Eugen: Südtiroler Anthologie, Graz 1966.

Thurnher, Eugen: Tiroler Drama und Tiroler Theater, Innsbruck 1968.

Tierser Tal, Südtiroler Gebietsführer Nr. 3 (hgg. von einer Arbeitsgemeinschaft) 3. Aufl., Bozen 1980.

Tiroler Volksschauspiel (= Beiträge der wissenschaftlichen Tagung in Neustift bei Brixen, 1975), Bozen 1976, herausgegeben von Egon Kühebacher.

Tirolischer Sprachatlas, hgg. von Karl Kurt Klein und Ludw. Erich Schmitt, bearb. von Egon Kühebacher, 3 Bde., Marburg-Innsbruck 1965-71.

Trapp, Graf Oswald: Tiroler Burgenbuch, Bd. III (Wipptal), Bozen 1974; Bd. IV (Eisacktal), Bozen 1977.

Trenkwalder, Alois: Beiträge zur Ortsgeschichte von Brenner, Manuskript 1977 (Teßmann-Bücherei).

Tripps, Manfred: Hans Multscher, Weißenhorn 1969.

Tschurtschenthaler, Paul: Südtiroler Wanderbilder, Bozen 1954.

Tschurtschenthaler, Paul: Berg- und Waldwege in Südtirol, Innsbruck 1947.

Tschurtschenthaler, Paul: Ein Buch vom Eisacktal, Bozen 1935.

Walde-Psenner, Elisabeth: Die vorrömischen und römischen Bronzestatuetten aus Südtirol (= Archäol.-Hist. Forschungen in Tirol, Nr. 6, hgg. von Reimo Lunz, Calliano (Trient) 1979.

Weber, Beda: Das Land Tirol, 3 Bde., Innsbruck 1837/38.

WG, Abkürzung für Weingartner, Josef.

Weingartner, Josef: Die Kunstdenkmäler Südtirols, 1. Aufl. in 4 Bänden, Wien 1923—30, 4. und 5. Aufl., bearb. von Josef Ringler; Neuauflage in 2 Bänden, Innsbruck 1973.

Weingartner, Josef: Landschaft und Kunst in Südtirol, ausgewählt, eingeleitet und mit Anmerkungen versehen von Josef Rampold, Bozen 1973.

Weingartner, Josef: Tiroler Burgen, bearb. von Oswald Graf Trapp, Innsbruck 1971.

Weingartner, Josef: Südtiroler Bilderbuch, München 1953.

Weingartner, Josef: Gotische Wandmalerei in Südtirol, Wien 1948.

Weingartner, Josef: Bozner Burgen, 3. Aufl., Innsbruck 1959.

Weingartner, Josef: Oswald von Wolkenstein, Zeitschr. d. Deutsch-Österr. Alpenvereins, Jg. 1934, S. 238 ff.

Werth, Artur: Festschrift zur Pfarrerhebung von Seis (am 24. November 1974), Bozen 1974.

Widmoser, Eduard: Südtirol-Brevier von A—Z, München 1966.

Widmoser, Eduard: Tirol von A bis Z, Innsbruck 1970.

Wipptalheft, Sondernummer des Schlern, Jg. 1970, Heft 9 (= S. 385—442).

Wolff, Karl Felix: Der Ritten und sein Fernweg, in „Bozner Hauskalender", Bozen 1961.

Wolff, Karl Felix: Auf alten Wegen in Südtirol (Das Eisacktal von Bozen bis Klausen), in „Bozner Hauskalender", Bozen 1968 und 1969.

Wolff, Karl Felix: Auf alten Wegen in Südtirol (Das Obere Eisacktal), in „Bozner Hauskalender", Bozen 1970.

Wolff, Karl Felix: König Laurin und sein Rosengarten, 7. Aufl. Bozen 1975, mit einem Vorwort von Josef Rampold.

Wolff, Karl Felix: Dolomitensagen, 11. Aufl. Innsbruck 1963.

Wolfsgruber, Karl: Ein Besuch im Diözesanmuseum Brixen, Bozen 1963.

Wolfsgruber, Karl: Dom und Kreuzgang von Brixen, Brixen 1980.

Wolfsgruber, Karl: Geschichtliches und Rechtliches über Brixner Fischwässer, Reihe „An der Etsch und im Gebirge", Bd. XVII, Brixen o. J.

Wopfner, Hermann: Bergbauernbuch (Von Arbeit und Leben der Tiroler Bergbauern in Vergangenheit und Gegenwart), 1. Bd., 3 Lieferungen, Innsbruck 1951-60.

Wolkenstein, Marx Sittich von: Landesbeschreibung von Südtirol (um 1600), Schlern-Schrift 34, Innsbruck 1936.

Wolkenstein, Arthur Graf von: Oswald von Wolkenstein, Schlern-Schrift 17, Innsbruck 1930.

Wolkenstein, Oswald von, Beiträge zur philologisch-musikwissenschaftlichen Tagung über O. v. W. in Neustift bei Brixen 1973, hgg. von Egon Kühebacher, Innsbruck 1974.

Zingerle, Ignaz Vinzenz: Sagen aus Tirol, 2. Aufl. Innsbruck 1890 (photomech. Neudruck Graz 1969).

Zingerle-Summersberg, Barbara: Josef Telfner, 1874-1974 (Katalog der Gedächtnisausstellung, Gufidaun 1974).

Zingerle-Summersberg, Barbara und Berthold: Klausen und Umgebung (= Südt. Gebietsführer Nr. 26), Bozen 1980.

LANDKARTEN

Der Dreiteilung des Buches in oberes, mittleres und unteres Eisacktal entsprechen die Karten des K o m p a ß - V e r l a g e s im Maßstab 1 : 50.000, und zwar

a) Blatt 44 - Sterzing

b) Blatt 56 - Brixen

c) Blatt 54 - Bozen, Grödner Tal und Rosengarten

d) Ausschnitt aus Bl. 54, mit Wegangaben für Seis-Kastelruth-Völs-Sankt Konstantin-Seiser Alm (nur in den genannten Orten erhältlich).

Fast das ganze Gebiet des Eisacktales umfaßt ein Blatt der kartogr. Anstalt F r e y t a g - B e r n d t im Maßstab 1 : 100.000, und zwar

a) Blatt 45 - Bozen-Meran und Umgebung; es muß in der Brixner Gegend (Lüsen) ergänzt werden durch

b) Blatt 16 - Westliche Dolomiten; für den Raum nördlich von Sterzing ist

c) Blatt 15 - Zillertaler Alpen nötig.

Aus dem Verlag F r e y t a g - B e r n d t gibt es ebenfalls Blätter 1 : 50.000. Die Karten S 1 (Bozen) und S 4 (Sterzing) umfassen das ganze Eisacktal. M e ß t i s c h b l ä t t e r (1: 25.000) des militärgeogr. Institutes (nur ital. beschriftet) sind in den größeren Buchhandlungen vorrätig oder können dort kurzfristig bestellt werden.

Schließlich sei auf die zahlreichen Lokalkarten der Fremdenverkehrsvereine und auf die Prospekte verwiesen, die meist kostenlos vergeben bzw. versandt werden; sie enthalten nicht selten sehr brauchbare Übersichten in Reliefdarstellung mit Zeit- und Wegangaben. Ebenso verteilen die Fremdenverkehrsämter F a h r p l ä n e für die öffentlichen Verkehrsmittel. — Gute A u t o k a r - t e n erhält man, häufig kostenlos, an den Tankstellen. —

Bildernachweis

	Seite
Braunmüller R.,	111
Delfauro Foto, Sterzing	103
de Vries Lesley, Klausen	100
Fischer Wenzel, Garmisch-Partenkirchen	213, 216, 299, 301, 314
Fuchs-Hauffen Elisabeth, Überlingen	102, 104, 109, 208, 210, 297, 298, 300, 302, 303, 304, 305, 307, 309, 312, 315, 316
Gufler Leo, Brixen	116
Keitsch Fritz, Bozen	105, 306
Kofler Oswald, Meran	**99, 202**
Löbl Robert, Bad Tölz	199, 201 (2 Bilder), 212
March Foto, Brixen	101, 107, 110, 112, 113, 115, 198, 200, 203, 209 (2 Bilder), 211, 310, 311
Oberrauch-Gries Luis, Bozen	214, 313
Rampold Josef, Bozen	98
Sternbach, Baron Eduard von, Mareit	97
Tappeiner Jakob, Meran	Umschlag, 108, 205, 206, 308
Walder Foto, Brixen	106, 204, 207, 215
Walder Hubert, Brixen	114

IX. Personen- und Ortsregister

Angaben zur Sekundärliteratur (Autorennamen usw.) sind in dieses Verzeichnis nicht aufgenommen, soweit es sich nicht um besondere Hervorhebung mit Bezug auf einen längeren Abschnitt handelt. Ausführlicher Text (Hauptbelegstellen) sind mit „f" gekennzeichnet. Fettgedruckte Ziffern (jeweils an letzter Stelle) beziehen sich auf die Bildseiten, Vermerk „Abb." auf die Textillustration.

A

Afens 93
Aferer Geiseln 247
Afers 244
Aicha (Franzensfeste) 156
Aicha (Völser) 405, **314**
Aichach (Ruine) 370, **307**
Aichner, Simon (Bischof) 189
Albeins 244 f., **204**
Albions 330, **207**
Albuin (Bischof) 162, 173, 290
Alrieß 56
Altmutter, A. F. 94
Amthor, Eduard 48
Andersen, Hans Christian 288
Andre, Hans 193
Andreas von Österreich (Kardinal) 180
Anger (Burg) 287 f., 325
Anichen 56
Antlas 356
Arostages (sagenh. König) 14, 289
Ast 56
Atzwang 415 f., **310**, **311**
Atzwanger, Hugo 398, 416

B

Bacher, Walter 188
Bachlechner, Josef 259
Barbian 347 f., **216**
Barth, Othmar 165, 182, 252
Battisti, Cesare 19
Becherhütte 127
Benedetti, Cristoforo 138, 181
Benedetti, Teodoro 170, 172, 193
Benedikter, Martin 189
Bierbaum, Otto Julius 363
Blumau 418
Boden 56
Bozen 25, 37, 420
Brenner 38 f.
Brenner (Straße, Bahn, Autobahn) 33 f., Abb. 36
Brennerbad 43 f.
Bresgen, Cesar 383
Briol 350
Brixen 23, 25, 32, 160 f., **199**, **200**, **201**, **202**, **203**, **204**, **206**, **209**

Brixner Hütte 149
Brixner Klause 11, 157
Bruneck 37
Bruno (Bischof) 180, 221
Burgstall (Bad) 236
Burgum 24, 94

C

Cignani, Carlo 281
Clara, Josef 397
Clara, Max 399
Clemens III. (Papst) 162
Colin, Alexander 72
Comployer, Rudolf 366
Consiglio, Carlo 193

D

Damasus II. (Papst) 162
Dax, Paul 81
Defregger, Franz von 283, 323
Degasperi, Alcide 20
Degler, Johann 263
Dejaco, Alexander 188
Delago, Maria 40, 388
Delai, Giacomo 293
Delai, Giuseppe 74, 123, 138, 170, 192 f.
Delai, Pietro 74
Delai, Simone 193
Deutschen (Weiler) 417
de Vries, Lesley 289
Diemer, Philipp 264, 268
Domanig, Karl 82
Dosser, Balthasar 234
Dreikirchen 323, 349 f., **215**
Drusus 14
Dürer, Albrecht 273, 329, 332
Durst, Josef 188
Durst, Julius und Gilbert 188

E

Egg (Höfe, Tal) 142 f.
Eggental 419
Egger, Adrian 173
Eisack (Name) 41
Elvas 227
Elzenbaum 85
Engelmar von Villanders 321, 364
Enzianhütte (Zirog) 43

431

Eppan 13
Erl 57
Eschenbach 366
Etzel, Karl von 35, 39
Euringerspitze 387, **299**

F

Faber, Felix 196
Fallmerayer, Jakob Philipp 185 f.,
  250
Fastnauer, Maria („Tiroler Moidl")
  126
Feldthurns 254 f., **211**, **297**
Ferrari, Eddy von 188
Feuersteinhütte 127
Feur, Hans 71, 81
Fink, Hans 31, 176, 186, 248
Finsterbach 359
Fischnaler, Conrad 82
Flading 131
Flaggerschartenhütte 152
Flaggertal 152
Flains 83
Flans 64
Fonteklaus (Ansitz) 329
Forcher-Mayr, Hanns 28
Franzensfeste 154 f., **197**
Freienfeld 136 f.
Freins 328
Friedrich I. 353, 356
Friedrich mit der leeren Tasche
  381 f.
Froy (Bad) 272
Furchetta 153
Fußendraß 94

G

Gaismair, Michel 18, 64, 81 f., 163
Gallmetzer, Valentin 286
Galura, Bernhard (Bischof) 257
Ganeider, Georg 263
Gänsbacher, Johann Baptist 82
Gargitter, Joseph (Bischof) 189,
  235
Garn 258, 296
Garnstein (Schloß) 319
Garten (Ansitz) 221, **198**
Gasser, Joseph 195
Gasser, Vinzenz (Bischof) 164, 189
Gasteig 120
Gebhard, Johann 295
Gaislergruppe **210**, **300**
Geizkofler, Familie 43, 80, 121
Ghislanzoni, Ettore 365
Gilfenklamm 117, 121, **100**
Giner, Chrysostomus (Abt) 193
Glantschnigg, Ulrich 181, 196
Goethe, Johann Wolfgang von 8, 41,
  63, 416, 420
Goller, Vinzenz 189
Goppel, Alfons 335
Göring, Hermann 74
Gossensaß 46 f.
Grasmaier, Familie 187
Grasmaier, Johann Georg
  Dominikus 178, 193, 196

Grasser, Karl 93
Graßstein 143, 149
Gratl, Jakob 140
Gravetsch (Ansitz) 325
Gregor VII. (Papst) 162
Grießmair, Hans 186
Gröbner, Hotelierfamilie 47 f.
Gröden (deutscher Teil) 353 f.
Grohmannhütte 127
Gschnitzer, Peter 87
Gschwendt, Heiner 45, 72, 286
Gufidaun 260, 272, 326 f.
Guggenberg, Otto von (sen.) 179,
  188
Guggenberg, Otto von (jun.) 188 f
Günter, Matthäus 49, 74, 123, 191,
  193
Gummer 409

H

Haller, Johann (Kardinal) 283
Hamsun, Knut 9
Harder, Hans 72, 79, 81
Hartmann (Bischof) 163, 191
Hartwig (Bischof) 17, 162
Haspinger, Joachim 276, 285
Hauenstein (Ruine) 379 f., **303**
Heinrich II. 17
Henrici, Carl 346, 409, 410
Heyl, Johann Adolf 188, 234
Hirn, Josef 82
Hitler, Adolf 19
Hochfeiler 90 f.
Hofer, Andreas 70
„Höll", die (Innerpflersch) 59 f.,
  98
Holzmeister, Clemens 49
Hornstein, Jobst von 184
Hühnerspiel (= Amthorspitze) 51
Humer, Sebastian 188
Hundskopf 253

I

Ibsen, Henrik 47, 379
Ingenuin (Bischof) 175, 290

J

Jäger, Sabine 194, 380 f.
Jaufenpaß 66, 128, 135
Jaufensteg 121, 132
Jaufenstraße 134 f.
Jaufental 66, 96, 133 f.
Jele, Kaspar 181
Jenner, Matthias 279, 290, 293, 322
Jöchlsturm (Ansitz) 73, 78
Johann (Hans) von Bruneck
  (Meister der IV. Arkade) 73, 167,
  324, 328
Jud, Eduard 406
Junger, Franz (Pseud. Perlunger)
  186

K

Kalch 135
Kampelespitz 151
Kardaun 412
Kargruber, Ferdinand 286

Karneid (Burg und Ort) 410 f.
Kassianspitze 319
Kastelruth 37, 373 f., **300, 308**
Kematen (Pfitsch) 94
Keßler, Stephan 62, 85, 187, 196,
    258, 293, 296
Kieserengern 56
Klausen 24, 25, 32, 37, 273 f., **208,
    212, 213**
Klausener Hütte 253, 318
Klebelsberg, Raimund von 186
Klerant 238, **204, 205**
Klobenstein 360 f.
Klocker, Hans 163, 174, 178, 187,
    348, 351
Knollseisen, Karl 279
Kofler, Johann 67
Kölderer, Jörg 76
Kollmann 345 f., **412**
Kompatscher, Anton 397
Königsanger 159, 225, 247, 253, 258
Konrad II. 17, 353
Konrad von Rodank (Bischof) 169,
    191
Kravogl, Johann 188
Kraxentrager 91
Kronplatz-Hügel (Custoza) 68
Kühebacher, Egon 31
Kuen, Anton 234
Künigl, Ignaz (Bischof) 180
Kunter, Heinrich 414
„Kuntersweg" 412 f.

L

Ladurns 52, 56
Lajen 331, 339 f.
Lajener Ried 336 f.
Landshuter Hütte 90
Latzfons 258, 296, 317
Laurin (sagenh. König) 14
„Lauterfresser" (Matthäus Perger)
    229 f.
Lechner, Erika 141
Lechner, Leonhard 195
Leinberger, Hans 171
Leitach 363, 367
Leitner, Gebrüder 67
Lengmoos 359
Lengstein 356
Leonhard von Brixen, Meister 174,
    187, 239, 241, 245, 246, 251, 259,
    278, **293, 328**
Leuthold von Säben 285
Lidofens 56
Löffler, Peter 81
Loesch, Ernst 282, 326
Lueg, Am 38
Lurx **62**
Lüsen (Dorf) 233, **116**
Lüsental 230 f.
Lüsner Alm 231
Lutz, Volker 29

M

Mader, Ignaz 189, 238
Madruz, Christoph v. (Bischof) 255

Magdeburger Hütte 55
Mahr, die 251
Maiern 96, 126
Mang, Hermann 187
March, Emil 368
Mareit 96, 122
Margarethe Maultasch 18
Maria Anna, Königin von Spanien
    279 f.
Maria Saal 357
Matzes 64
Mauls 137, 145 f., **112**
Maximilian I. 18, 71, 413
Mayr, Karl M. 186, 365
Mayr, Paul 55, 367
Mayr, Peter 164, 252, 363
Mazzini, Giuseppe 19
Meinhard II. 17
Melaun 13, 161, 238
Menghin, Oswald 365
Meran, 66, 117
Messner, Reinhold 243, 271
Milland 239 f.
Milldorfer, Ignaz 193
Miller, Ferdinand von 412
Mittelberg 357, **312**
Mitterer, Ignaz 189
Mitterrutzner, Johann Chr. 195
Mitterwurzer, Anton und Friedrich
    82
Mitterwurzer, Johann 139, 250
Mittewald 151 f.
Möders (Bad) 141
Moling, Dominikus 171
Mölkh, Adam 72, 138, 389
Mommsen, Theodor 414
Moos (Schloß) 93
Müllerhütte 128
Multscher, Hans 72, 74 f.
Mumelter, Hubert 383, 389
Mussolini, Benito 19, 74

N

Nafen 264
Napoleon I. 18
Narziß von Bozen, Meister 395
Nas, Johann (Weihbischof) 185
Natz 161, 226 f.
Neustift 163, 190 f., **107, 108**
Niederried 142
Nikolaus von Kues (Cusanus; Kar-
    dinal) 18, 163, 174, 183 f.
Nißl, Franz Xaver 174
Noë, Heinrich 48
Nußbaumer, Karl 286
Nutt, Mr. Mac 173, 241

O

Oberau 153
Oberhornhaus (Ritten) 361
Oberkofler, Joseph Georg 9
Obervöls 399
Ortner, Peter 29

P

Pacher, Friedrich 73, 174, 187, 191 f., 196
Pacher, Michael 79, 163, 187, 191 f.
Pagani, Mario 281
Paracelsus 77, 88
Pardell (Klausen) 294
Pardell (Ansitz in Villanders) 321, 324
Pardell (Villnöß) 272
Paßler, Peter 163
Peintner, Martin 192
Peitlerkofel 242, 272, **106**
Penser Joch 166, 143 f.
Perger, Johann 125, 140
Perlunger, siehe Junger
Petschied 233
Pfeffersberg 247 f.
„Pfeifer Huisele" (= Matthäus Haensele) 23, 132 f.
Pfitscher Joch 88 f.
Pfitschtal 66, 88 f.
Pflerschtal 53 f., 87
Pfulters 142 f.
Pichler, Josef Anton 187
Pichler, Giovanni und Luigi 187 f.
Piffrader, Hans und Josef 284 f.
Pinzagen 249
Piperbühel 365
Pirchstaller, Jakob 140, 170
Pitzak 267
Plangger, Hans 182
Plank, Herbert 87
Plattner, Ferdinand 174
Plattner, Luis 40
Ploner, Josef Eduard 82
Plose 159, 235, 242 f.
Pontifeser, Gabriel 279 f.
Pontigl 44
Pontives 343
Portjoch 42
Potsch, Rupert 187, 264, 268, 278
Pretz, von, Familie 151 f.
Probst, Augustin Alois und Josef Benedikt 82, 174, 328, 396
Prösels (Ort, Burg, Ried) 399 f. **309**
Psenner, Anton 341, 400, 401, 406
Puflatsch 376
Puntleider See 143, 150
Putz, Gottlieb 327

R

Raas 228
Rabensteiner, Hans 284
Raber, Vigil 80
Radlsee (auch Schutzhaus) 225, 253, 258
Rainer, Martin 170, 341
Raminges 87
Rampold, Familie 79
Rasmo, Nicolò 75, 79, 138, 152, 406
Raspenstein (Ruinenplatz) 50
Ratschingstal 66, 96, 131 f.
Ratzes (Bad) 279, **301**

Redwitz, Oskar von 47
Reginbert von Säben 191
Reichle, Franz 180
Reichlich, Marx 147, 187, 191, 196
Reifenegg (Ruine) 121
Reifenstein (Burg) 83 f., **111**
Rentsch 14, 368
Renzler, Josef 57, 92, 138, 152, 406
Resch, Joseph 182, 189
Richer (Bischof) 181
Ridnaun 66, 96 f., 125
Ried (Ober- und Unter-) 61 f.
Rieder, Simon (Vater und Sohn) 259
Riehl, Berthold 62
Riemenschneider, Bartlmä Dill 181
Riol 154, 222
Ritten 354 f.
Rittner Horn 318, 323, 349, 361 f.
Ritzail 145, 147
Röckh, Maximilian 279
Rodank, Konrad von, siehe Konrad
Rodenegg 229
Rosengarten **315**
Roßkopf 87
Rubatscher, Maria Veronika 187

S

Säben 16, 288 f., **208, 213**
Säben, Leuthold von, s. Leuthold
„Sachsenklemme" 150 f.
Salegg (Ruine) 383
Sandjoch 51
St. Andrä 235, 237 f.
St. Andreas (Antlas) 356
St. Anton (Pflersch) 57
St. Cyprian (Tiers) 407
St. Cyrill (Tils) 249
St. Georg (Afers) 246
St. Georg (Bozen) 368
St. Jakob (Afers) 246
St. Jakob (Pfitsch) 95, **102**
St. Jakob (Villnöß) 267
St. Johann (Karnol) 236
St. Johann (Ranui) 270
St. Justina (Bozen) 368
St. Katharina (Breien) 406
St. Konstantin (Völs) 389 f.
St. Leonhard (Brixen) 236
St. Lorenz (Ridnaun) 126
St. Magdalena (Bozen) 368
St. Magdalena (Ridnaun) 124 f., **101**
St. Magdalena (Villnöß) 267, 269 f. **201**
St. Michael (Kastelruth) 375
St. Oswald (Kastelruth) 370
St. Peter (Gröden) 342 f.
St. Peter (Villnöß) 266 f.
St. Peter (Völs) 393, 396
St. Sebastian (Ritten) 366
St. Valentin (Seis) 377, **302**
St. Valentin (Villanders) 324
St. Valentin (Villnöß) 266
St. Verena 346, 353, 355 f., Umschlagbild

St. Vigil (Seis) 317
Santifaller, Franz 45, 241
Santifaller, Leo 374
Santnerspitze 387, 299, 302, 307, 308, 309
Sarns 239
Sartori (Baumeister) 193, 195
Sattelbach 41
Saubach 346 f.
Sauders 324
Schabs 162, 190, 226 f., 229
Schalders 220, 223 f.
Schalderer Bach 223
Scheffel, Joseph Viktor von 48
Scheibenspitze 147, 149
Scheitter, Thomas und Adam 71, 81
Schelleberg 44
Schenkenberg (Ruinenhügel) 402
Schlern 369 f., 372, 384
Schlern, Naturpark 29 f., 385
Schlernbodenhütte 388
Schlernhaus 386, 394
Schluppes 134
Schlüsseljoch 42
Schlüterhütte 267, 271 f.
Schnatterpeck, Hans 81
Schnauders 259, 297
Schneeberg (Bergwerk) 117, 128 f.
Schnitzler, Arthur 390
Schöpf, Joseph 138, 171, 178, 278
Schöpfer, Ämilian 186
Schor, Ägyd 193, 196
Schrambach 254 f.
Schrott, Max 187, 192
Schrüttenseen 224
Schussenried, Hans Lutz von 71
Schütz, Michael (gen. Toxites) 82
Seis am Schlern 378 f.
Seiser Alm 384 f., 308
Sellemond, Peter 260
Senges 146
Senoner, Benedikta 291
Septimius Severus 15
Sieß, Anton 73, 95
Siffian 362
Sigismund (Herzog) 18, 163, 183, 414
Signat 366
Sinnacher, Franz Anton 189
Sojer-Zelger, Familie 79
Sonklar (-hof, Edler von, -spitze) 125, 128
Sparber, Anselm 140, 189
Spaur, Thomas 256
Spiluck 222, 199
Spitzweg, Karl 283
Sprechenstein (Schloß) 83, 140
Stange 96, 120
Steckholz 60, 64
Steg 417
Stein (Ruine) 364, 313
Steinalm 42
Steinegg (Ort und Ruine) 409 f., 316
Steinhöfe (Pfitsch) 95
Steinhöfe (Pflersch) 57
Sternbach, Franz Andreas 61, 123

Sterzing 22, 24, 25, 31, 37, 65 f., 103, 105
Sterzinger Hütte 90
Sterzinger Moos 85
Steub, Ludwig 48
Stilfes 37, 137, 140
Stilums 250, 258
Stöberl, Mattheis 71, 80 f., 124
Stolz, Albert 285
Stolz, Ignaz 359, 390, 394
Stolz, Rudolf 49
Straßberg (Ruine) 61
Strigel, Ivo 330
Summersberg (Schloß) 327

T

Tagewaldhorn 152
Tagusens 336, 371
Tangl, Georg 181
Tanürz 342
Tassilo III. 16
Tatschspitze 143, 147
Teck, Herzog von 364
Telfes (Ober- und Unter-) 118 f.
Telfner, Josef 328
Theis 246, 264 f.
Thinnetal 294 f.
Thöny, Eduard 188
Thuins 63, 86
Thumburg 86
Tiberius 14
Tiers 404, 406 f.
Tils 249
Tinkhauser, Georg 167
Tisens 371
Tofring 56
Toldt, Maria Magdalena 291 f.
Tötschling 250, 258, 353
Treibenraiff, Peter 185
Trens 137, 113
Tribulaun (Pflerscher) 54, 97
Tribulaunhütte 55
Troger, Paul 170
Trostburg 333, 335 f. 298
Tschafon (Berg und Hütte) 403 f.
Tschamintal 408
Tschöfs 63 f.
Tschötsch 250 f.
Tschötscher Heide 248, 114
Tschöfas 342
Tschuggmal, Josef Christian 188
Tulfer 93
Türing, Christof 138

U

Ums 399
Unterau 154
Unterberger, Christoph 171
Unterberger, Franz 171, 172, 178, 187, 193, 196, 324, 357, 361, 363, 370, 372, 375
Unterberger, Michelangelo 171
Unterhornhaus (Ritten) 361
Unterinn 365 f.
Unterplatten 367
Uttenheim, Meister von 196

V

Vahrn 218, 220 f., **198, 199**
Vahrner Bad 220, 222 f.
Vahrner Obersee 222 f.
Valgenein 139
Vallmingtal 56
Vambéry, Hermann 48
Verdings 258, 296
Verena von Stuben (Äbtissin)
183 f.
Villanders 320 f., **214**
Villanders, Engelmar von 321, 364
Villnößtal 260 f.
Vinazer, Balthasar 264, 336
Vinazer, Dominikus 330
Vinazer, Martin 374
Virchow, Rudolf von 289
Viums 228, **115**
Vogelweide, Walther von der 277,
283, 337 f.
Völs am Schlern 392 f.
Völs-Colonna, Leonhard von 401
Völser Heubad 397 f.
Völser Weiher, 390, **304**

W

Waidbruck 333, 334 f.
Waldmann, Caspar 193
Wallpach zu Schwanenfeld, **Arthur**
Ritter von 286
Waschgler, Heinrich 189
Wechselalm 42
Wehr (Pfitsch) 91, 93
Weingartner, Josef 186

Weißhorn, Sarntaler 143
Weißlahnbad 408
Weißspitz 22, 52
Welfenstein (Ruine) 144
Wieden (Pfitsch) 94
Wiedenhofer Oskar 379
Wiener Hütte 91
Wiesen 92
Wieserhof 358
Wilde Kreuzspitzen 148
Wildenburg (Ansitz) 79
Wilder Freiger 127
Wilder See 148 f.
Windlahn 324
Winkler, Othmar 171
Wolfendorn 42, 91
Wolfsgruben 365
Wolfsgruber, Karl 167, 173, 186, 189
Wolfsthurn (Schloß) 122, 99
Wolkenstein, Engelhard Dietrich v.
335
Wolkenstein, Oswald von 172, 194,
321, 371, 379 f.

Z

Zacharias (Bischof) 290
Zeiller F. A. 181, 241
Zimmerlehen (Ansitz) 391
Zingerle von Summersberg, Ignaz
Vinzenz 283, 327 f.
Zinseler 133, 143
Ziroger Alm 42
Zoller, J. A. 123, 251
Zoller, Franz 328
Zuckerhütl 128
Zwingenstein (Ruine) 367, 413

X· Register der Wanderungen, Spaziergänge und Bergtouren

Dieses Verzeichnis verweist nur auf Textstellen, die den gesamten Bereich einer Wanderung erschließen und hierüber Auskunft geben. Meist sind auch die Markierungsnummern und Gehzeiten angegeben. Keinesfalls aber können diese Angaben eine gute Karte bzw. die betreffende Spezialliteratur (Wanderführer usw.) ersetzen.

A) OBERES EISACKTAL

1. Brennerbad — Schlüsseljoch — Pfitsch, S. 42
2. Gossensaß — Flaner Wald, S. 51
3. Gossensaß — Schelleberg — Sandjoch, S. 51
4. Gossensaß — Hühnerspiel — Weißspitz — Plonhöfe — Sterzing, S. 52
5. Pflerscher Höhenweg, S. 55
6. Innerpflersch — Alrieß — Ridnaun, S. 56
7. Pflersch — Hinterstein („Höll"), S. 59
8. Gossensaß — Straßberg — Ried — Sterzing, S. 61
9. Tschöfs — Thuins, S. 63
10. Sterzing — Roßkopf, S. 87
11. Pfitscher Höhenweg, S. 91
12. Telfes — Hochparegg — Innerridnaun, S. 119
13. Gilfenklamm, S. 121
14. Mareit — Mareiter Stein, S. 124
15. Ridnaun — Schutzhütten im Talschluß, S. 127
16. Ridnaun, Sieben-Seen-Runde, S. 128
17. Ridnaun — Schneeberg, S. 128
18. Jaufental — Gospeneid — Zinseler, S. 133
19. Jaufen — Jaufenspitz, S. 135
20. Sterzing — Sprechenstein — Trens, S. 136
21. Elzenbaum — Stilfes, S. 136
22. Trens — Valgenein — Partinges, S. 139
23. Bergtouren vom Penser Joch aus, S. 143
24. Mauls — Niederflans — Valgenein (Ritzail), S. 147
25. Mauls — Wilder See, S. 148

26. Graßstein — Puntleider See, S. 150
27. Mittewald — Flagger Alm — Flaggerscharten-Hütte, S. 152
28. Franzensfeste — Riol, S. 154

B) MITTLERES EISACKTAL

1. Brixen — Neustift — Riggertal — Schabs, S. 190
2. Vahrn — Spiluck, S. 222
3. Spiluck — Riol, S. 222
4. Spiluck — Scheibenberg, S. 222
5. Spiluck — Karspitze, S. 222
6. Vahrn — Vahrner Obersee, S. 222
7. Vahrn — Schalders — Schrüttensee, S. 224
8. Brixen — Krakofl — Elvas — Neustift, S. 227
9. Elvas — Raas — Natz — Viums — Rodeneck, S. 228 f.
10. Lüsen — St.-Jakob-Stöckl — Montal, S. 232
11. Lüsen — Flitt — Kreuzwiesen-Hütte, S. 233
12. Brixen — St. Johann in Karnol — Burgstall — St. Leonhard, S. 236 f.
13. St. Andrä — Melaun — Klerant — Sarns, S. 237 f.
14. Milland — Karlspromenade, S. 240
15. Plose — Freienbühel — St. Andrä, S. 243
16. Plose — Telegraph — St. Leonhard, S. 244
17. Albeins — Musberg — St. Jakob in Afers, S. 246
18. St. Georg in Afers — „Kuratensteig" — Villnöß, S. 246
19. Albeins — Kasserolerhof — Theis, S. 246
20. Brixen — St. Cyrill — Tils, S. 249
21. Tils — Tötschling — Stilums, S. 250
22. Brixen — Tils — Gereut — Radlseehütte (Touren von dort), S. 252 f.
23. Schrambach — Feldthurns, S. 254
24. Eisacktal — Feldthurns — Schnauders — Radlsee, S. 258
25. Feldthurns — Garn — Verdings — Latzfons, S. 258 und 294
26. Villnösser Haltestelle — Theis — St. Valentin — St. Peter, S. 263 f.
27. St. Peter in Villnöß — St. Jakob — Belvedere, S. 267 f.
28. St. Peter in Villnöß — St. Magdalena — Zanser Alm — Schlüterhütte, S. 268 f.
29. Adolf-Munkel-Weg, S. 271
30. Schlüterhütte — Peitlerkofel, S. 272
31. Pardell in Villnöß — Bad Froy — Gstammerhof — Gnollhof, S. 272

C) UNTERES EISACKTAL

1. Klausen — Säben, S. 288
2. Säben — Pardell — Garn — Latzfons, S. 294
3. Latzfons — Klausener Hütte, S. 318
4. Klausener Hütte — Latzfonser Kreuz — Kassianspitze, S. 318
5. Latzfonser Kreuz — Rittner Horn, S. 318
6. Garnstein — Nockbachtal — Siebenbrunn — Villanders, S. 319
7. Garnstein — Sankt Anna — Villanders, S. 320
8. Villanders — Dreikirchen — Rittner Horn, S. 323
9. Villanders — Moar in Ums — Erzweg — Klausen, S. 325
10. Klausen — Gnolhof — Gstammerhof — Bad Froy, S. 328
11. Gufidaun — Fonteklaus — Freins, S. 328 und 342
12. Klausen — Dürerbank — Albions — Lajen, S. 329 f.
13. Brennerstraße (Zargenbachmündung) — Eisensteckenhof — Villanders, S. 332
14. Waidbruck — Vogelweiderhof — Lajen, S. 336 f.
15. Lajen — Tschanberg — Raschötz, S. 341
16. Lajen — Poststeig — St. Ulrich in Gröden, S. 341 f.
17. Kollmann — Saubach — St. Verena, S. 346 f. und 355
18. Eisackschlucht (Törggelebrücke) — St. Verena — Penzlhof — Rittner Horn, S. 356
19. Waidbruck — Barbian, S. 346
20. Barbian — Saubach, S. 347
21. Barbian — Rittner Horn, S. 349
22. Barbian — Barbianer Schritzenholz — Grindleck — Maria Saal, S. 349
23. Barbian — Dreikirchen, S. 350
24. Lengstein — Antlas — Atzwang, S. 356 f.
25. Lengstein — Mittelberg (Erdpyramiden) — Lengmoos, S. 357
26. Klobenstein — Rittner Horn, S. 361
27. Klobenstein — Siffian — Ruine Stein — Steg, S. 362 f. und 418
28. Unterinn — Blumau, S. 366
29. Eschenbach — Partschunerhof — Signat, S. 366
30. St. Oswald — Ruine Aichach — Seis, S. 370
31. Trostburg — Tagusens — Katzenleiter — Kastelruth, S. 372
32. Kastelruth — St. Michael, S. 375
33. Kastelruth — „Hexenstühl" — „Hexensessel" — Puflatsch, S. 376
34. Kastelruth — Laranzer Wald, S. 376

35. Kastelruth — St. Anna — St. Valentin — Seis, S. 377
36. Seis — Bad Ratzes — Hauenstein, S. 379
37. Seis — Salegg — Völser Weiher, S. 383
38. Seiser Alm — Schlern, S. 386
39. Schlern — Schlernbödele — Bad Ratzes — Seis, S. 388
40. Seis — Gstatsch — Seiser Alm (Fußweg), S. 388
41. Völser Weiher — Tuffalm — Sesselschwaige — Schlern, S. 391
42. Völs — Völser Ried — Atzwang bzw. Steg, S. 399 und 418
43. Völs — Ums — Prösels, S. 399 f.
44. Völs — Ums — Tschafon, S. 403
45. Tschafon — Hammerwandsteig — Schlernweg — Völser Weiher, S. 403
46. Ums — Mungadoi — Völsegg — Tiers, S. 404
47. Tschafon — Tiers, S. 404
48. Prösels — Völser Aicha — St. Kathrein in Breien — Tiers, S. 405
49. Prösels — Gemoanerhof, S. 403
50. Tiers — Sebastiankapelle — Tschafon, S. 407
51. Weißlahnbad — Tschamintal („Bärenfalle", „Bärenloch") — Grasleitenhütte, S. 408
52. Tiers — Wolfsgrube — Schillerhof — Welschnofen, S. 407 f.
53. Breien — Dosser- und Furnhof — Steinegg, S. 409
54. Steinegg — Lerchberg — Ölgart — Velzurg — Karneid, S. 409
55. Weiler Deutschen an der Brennerstraße — Siffianer Leitach — Lengmoos, S. 417
56. Blumau — Unterinn, S. 418

Inhaltsübersicht

	Seite
Vorwort	5
Vorwort zur 3. Auflage	6
I. EISACKTAL — GESTALT UND WESEN	7
II. DIE DREI HAUPTTEILE DES TALES (Übersicht)	
Das obere Eisacktal (Wipptal) und Sterzing . . .	10
Das Brixner Becken	11
Klausen und unteres Eisacktal	12
III. HISTORISCHER ÜBERBLICK	13
IV. ALLGEMEINE GEOGRAPHISCHE SITUATION	
Geologischer Aufbau — Bergbau — Klima — Flora — Fauna — Wirtschaft — Siedlungsform und Mundart — Verkehrswege — kirchliche Einteilung . . .	22
V. DAS OBERE EISACKTAL (WIPPTAL) UND STERZING	
(Vom Brenner bis zur alten Brixner Klause) . .	38
Der Brenner	38
Vom Brennerbad bis Gossensaß	44
Gossensaß	46
Das Pflerschtal	53
Von Gossensaß nach Sterzing	60
Sterzing	65
Die nähere Umgebung von Sterzing	83
Die Seitentäler des Sterzinger Talkessels . . .	88
Das Pfitschtal	88

	Seite
Das Ridnauntal	96
Das Ratschingstal	131
Das Jaufental	133
Die Jaufenstraße	134
Das Eisacktal südlich von Sterzing	136
Die Straße übers Penser Joch	143
Von Mauls bis Franzensfeste	144
Franzensfeste	154

VI. DAS BRIXNER BECKEN

(Von Franzensfeste bis zur Talmündung von Villnöß) 158

Brixen	160
Die Umgebung von Brixen	190
Neustift	190
Vahrn und Schalders	220
Die Hochfläche von Natz-Schabs	226
Das Lüsental	231
Plose und Sankt Andrä	235
Albeins und Afers	244
Pfeffersberg und Königsanger	247
Feldthurns	254
Das Villnößtal	260

VII. KLAUSEN UND UNTERES EISACKTAL

(Durch die Eisackschlucht und über alte Höhenwege nach Bozen) 273

Klausen und Umgebung	273
Säben	288
Das Thinnetal	294
Villanders	320
Gufidaun	326
Die Talsohle zwischen Klausen und Waidbruck . . .	331

	Seite
Lajener Ried und deutscher Teil von Gröden . .	333
Waidbruck	334
Lajener Ried	336
Lajen	339
Am Ostabhang des Rittner Horns	344
Kollmann	345
Barbian	347
Dreikirchen	349
Die „Römerstraße" über den Ritten — Krönungsweg der deutschen Kaiser	353
Klobenstein	360
Das Mittelgebirge unterm Schlern	369
Kastelruth	373
Seis am Schlern	378
Seiser Alm und Schlern	384
Völs am Schlern	392
Tiers, Steinegg und Karneid	404
Der „Kuntersweg" — Eisackschlucht zwischen Trostburg und Bozen	412
VIII. LITERATURVERZEICHNIS UND LANDKARTEN . .	421
Bildernachweis	429
IX. PERSONEN- UND ORTSREGISTER	431
X. REGISTER DER WANDERUNGEN, SPAZIERGÄNGE UND BERGTOUREN	437

Weitere Werke von Josef Rampold

- **Vinschgau.** Das westliche Südtirol zwischen Reschen und Meran. 448 S., 60 Bildtaf., davon 12 farb., 3 Karten, 20 Textillustr. (= Südt. Landeskunde 1)
- **Pustertal.** Das östliche Südtirol zwischen Sextener Dolomiten und Mühlbacher Klause. 455 S., 60 Bildtaf., davon 12 farb., 1 Karte, 27 Textill. (= Südt. Landeskunde 2)
- **Bozen, Salten, Sarntal, Ritten, Eggental.** 448 S., 60 Bildtaf., davon 12 farb., 2 Karten, 16 Textill. (= Südt. Landeskunde 7)
- **Südtiroler Bergtouren.** Ein Bildführer. Fotos und Sachtexte von Hanspaul Menara. 188 S., 50 Farbtaf., 2 Karten, 18,5 x 25 cm, lam. Pp.
- **Südtiroler Bergseen.** Ein Bildwanderbuch. Fotos von Hanspaul Menara. 164 S., 43 Farbtaf., 22 Farbfotos im Text, 1 Karte, 18,5 x 25 cm, lam. Pp.
- **Zauber der Natur.** Ein Buch von den stillen Dingen dieser lauten Welt. Fotos von Hanspaul Menara. 80 S., 45 Farbtaf., 18,5 x 25 cm, lam. Pp.
- **Südtirol, Land der Bergbauern.** Schicksal und Leben im Gebirge. Fotos von Wenzel Fischer. 128 S., 42 mehrfarb. und 28 einfarb. Abbild., 18,5 x 25 cm, lam. Pp.

ATHESIA VERLAG

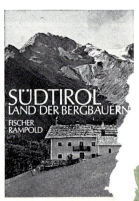